徐州统计年鉴

XUZHOU STATISTICAL YEARBOOK

2014

（总第27期）

徐 州 市 统 计 局
国家统计局徐州调查队 编

中国统计出版社
China Statistics Press

图书在版编目(CIP)数据
徐州统计年鉴. 2014 / 徐州市统计局, 国家统计局徐州调查队编.
- 北京：中国统计出版社, 2014.9
ISBN 978-7-5037-7177-4

Ⅰ. ①徐…
Ⅱ. ①徐… ②国…
Ⅲ. ①统计资料 - 徐州市 - 2014 - 年鉴
Ⅳ. ①C832.533-54

中国版本图书馆 CIP 数据核字(2014)第 181062 号

徐州统计年鉴-2014

作　　者 / 徐州市统计局　国家统计局徐州调查队
责任编辑 / 陈越月　张玉强　李　广　唐子午　王　楠　徐　燕　徐向忠
责任校对 / 李　广
封面设计 / 王　亚　李　广
出版发行 / 中国统计出版社
通信地址 / 北京市西城区月坛南街 57 号
邮　　编 / 100826
办公地址 / 北京市丰台区西三环南路甲 6 号
电　　话 / 邮购(010)63376909　　书店(010)68783171
网　　址/ http://csp.stats.gov.cn
印　　刷 / 徐州市今日彩色印刷有限公司
经　　销 / 新华书店
开　　本 / 890×1240 毫米 1/16
字　　数 / 1200 千字
印　　张 / 32.6
印　　数 / 1200 册
版　　别 / 2014 年 9 月第 1 版
版　　次 / 2014 年 9 月第 1 次印刷
书　　号 / ISBN 978-7-5037-7177-4
书　　价 / 300.00 元

《徐州统计年鉴 -2014》编辑委员会

《徐州统计年鉴 -2014》编辑部

编 者 说 明

《徐州统计年鉴—2014》是一部全面、系统反映徐州市国民经济和社会发展情况的资料性年刊。书中汇集了徐州市及各县(市)2013年经济和社会各方面的统计数据,以及历史重要年份和改革开放以来的主要统计数据。

全书内容分为26个篇目,即:1.综合;2.国民经济核算;3.人口;4.就业人员和职工工资;5.固定资产投资;6.对外经济贸易和国际旅游;7.能源消费与库存;8.财政、金融和保险;9.物价指数;10.人民生活;11.自然资源、城市概况和环境保护;12.农林牧渔业;13.工业;14.建筑业;15.交通运输和邮电;16.批发零售和住宿餐饮业;17.科技和教育;18.卫生和社会服务;19.文化和体育;20.公共管理及其他;21.县(市)社会经济;22.乡镇基本情况; 附录1.小康社会进程监测;附录2.江苏省市、县主要经济指标; 附录3.淮海经济区主要经济指标; 附录4.企业选介。为方便读者使用,大部分篇末附有《主要统计指标解释》。

与2013版《徐州统计年鉴》相比较,本年鉴在统计内容和编辑上主要做了如下修订:

1.根据统计方法制度的变化和用户需求,对部分篇章作了适当的修订和完善。

2.根据实际情况,对第二篇综合、第七篇能源消费与库存、第十四篇建筑业、第十六篇批发零售和住宿餐饮业、第十七篇科技和教育等部分内容进行了调整。

本年鉴部分数据合计数或相对数由于单位取舍不同产生的计算误差均未作机械调整;年鉴文稿中所用数字,如有与表中数据不一致的,读者在引用时均以表中数据为准;凡与本年鉴有出入的历史资料数据,均以本年鉴为准。

本年鉴表中的符号使用说明:“…” 表示数据不足本表最小单位数;“空格”表示该项统计指标数据不详或无该项数据;“#”表示其中的主要项。

本年鉴编辑过程中,得到中国统计出版社和江苏省统计局综合处的悉心指导,得到市各有关部门、单位以及广大统计人员的大力支持,在此,我们一并表示衷心的感谢, 并恳祈各界人士和读者对年鉴的不足之处批评指正,以便进一步提高年鉴的编辑水平,以期更好地为广大读者服务。

目　录

六、对外经济贸易和国际旅游

七、能源消费与库存

八、财政、金融和保险

九、物价指数

十、人民生活

十一、自然资源、城市概况和环境保护

十二、农林牧渔业

十三、工　　业

十四、建筑业

十五、交通运输和邮电

十六、批发零售和住宿餐饮业

十七、科技和教育

十八、卫生和社会服务

十九、文化和体育

二十、公共管理及其他

二十一、县（市）社会经济（1978-2013）

二十二、乡镇基本情况

CONTENTS

CHART OF THE ACHIEVEMENTS OF XUZHOU'S NATIONAL ECONOMY AND SOCIAL DEVELOPMENT

Chapter 1 GENERAL SURVEY

Chapter 2 NATIONAL ACCOUNTS

Chapter 3 POPULATION

Chapter 4 EMPLOYMENT AND WAGES

Chapter 5 INVESTMENT IN FIXED ASSETS

Chapter 6 FOREIGN ECONOMY & TRADE AND INTERNATIONAL TOURISM

Chapter 7 ENERGY CONSUMPTION AND STOCK

Chapter 8 FINANCE, BANKING AND INSURANCE

Chapter 9 PRICE INDICES

Chapter 10 PEOPLE´S LIVELIHOOD

Chapter 11 NATURAL RESOURCES, GENERAL SURVEY OF CITIES AND ENVIROMENTAL PROTECTION

Chapter 12 AGRICULTURE FORESTRY, ANIMAL HUSBANDRY AND FISHERY

Chapter 13 INDUSTRY

Chapter 14 CONSTRUCTION

Chapter15 TRANSPORTATION, POSTAL AND TELECOMMUNICATIONS SERVICES

Chapter 16 WHOLESALE, RETAIL AND ACCOMMDATIONS CATERING INDUSTRY

Chapter 17 SCIENCE AND TECHNOLOGY, EDUCATION

Chapter 18 PUBLIC HEALTH AND SOCIAL SERVICES

Chapter 19　CULTURE AND SPORTS

Chapter 20　PUBLIC MANAGEMENT AND OTHERS

Chapter 21　SOCLAL ECONOMIC OF COUNTIES (CITIES) (1978-2013)

Chapter 22 BASIC CONDITIONS OF COUNTRY AND TOWN (1978-2013)

地区生产总值（亿元）

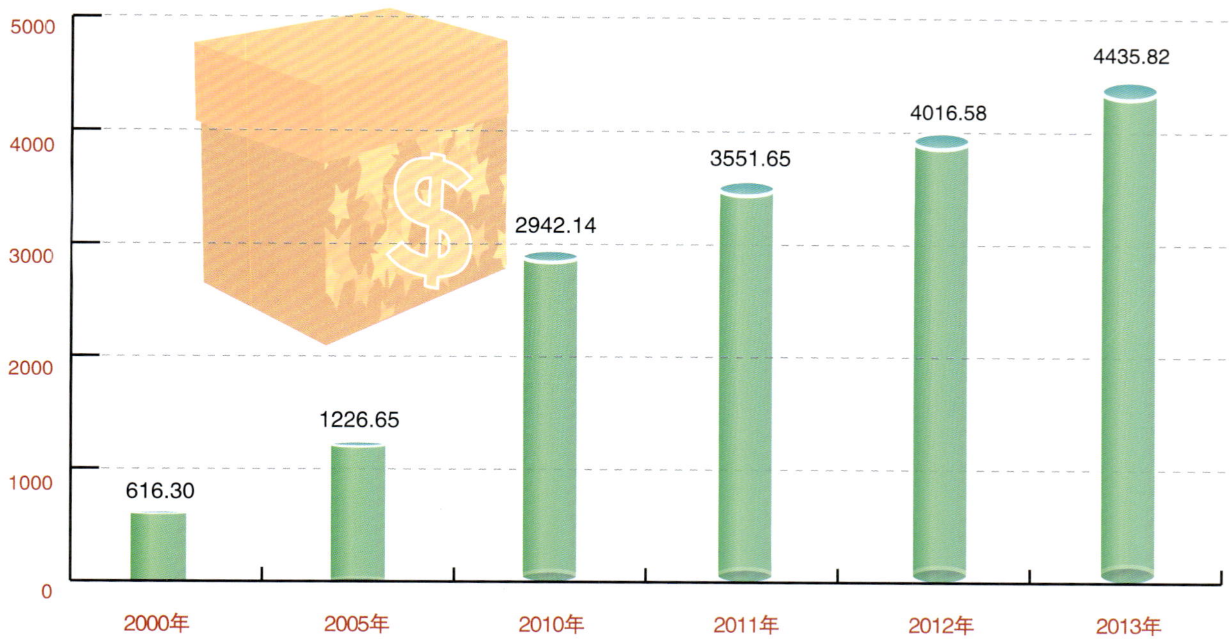

三次产业比重（%）

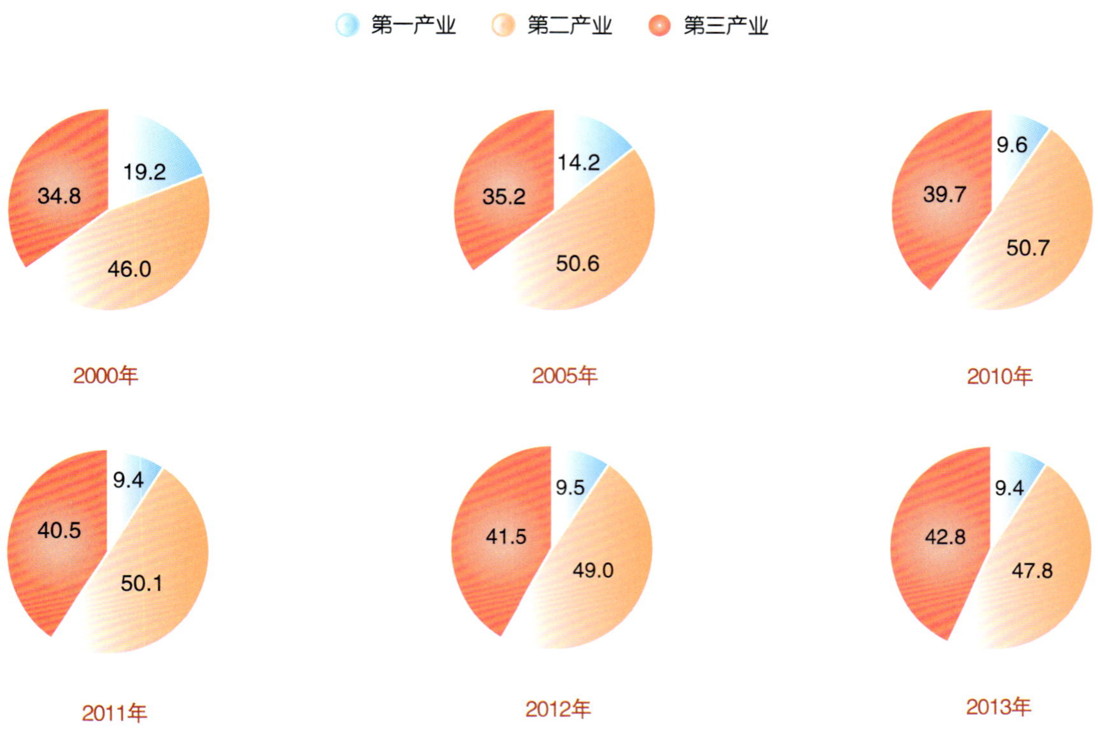

总人口（万人）

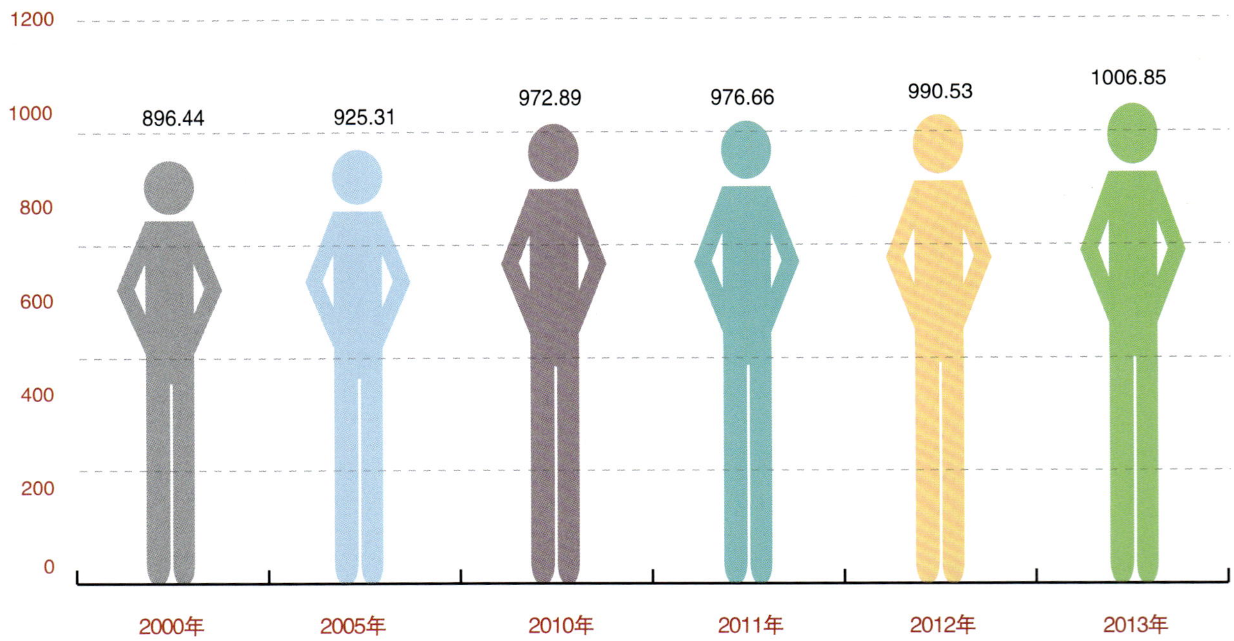

农业人口与非农业人口之比（%）

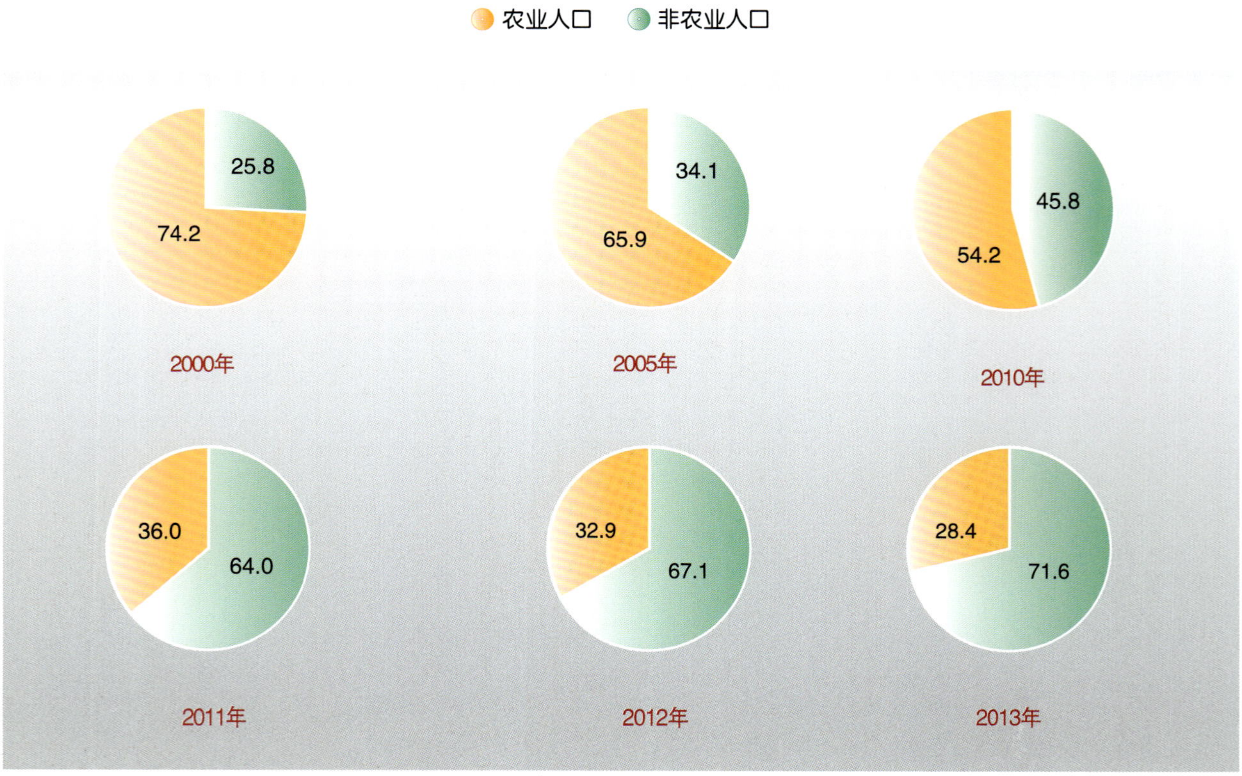

全社会从业人员与职工人数（万人）

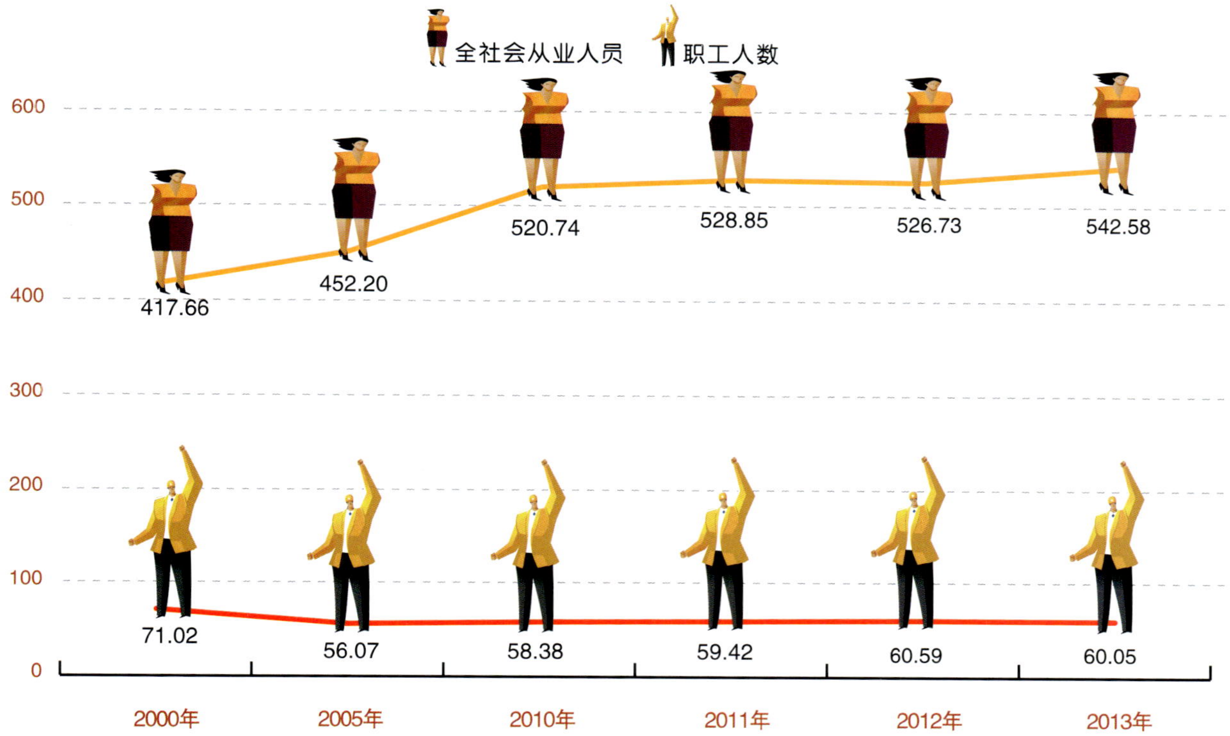

全社会从业人员三次产业构成（%）

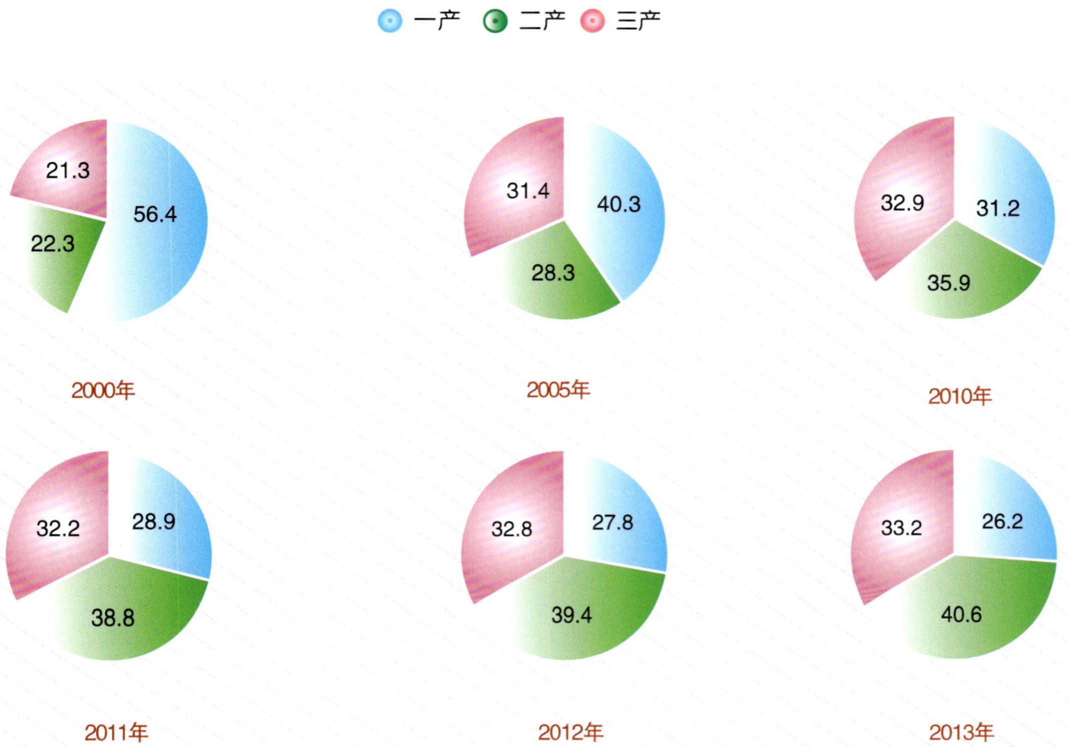

固定资产投资完成额（亿元）

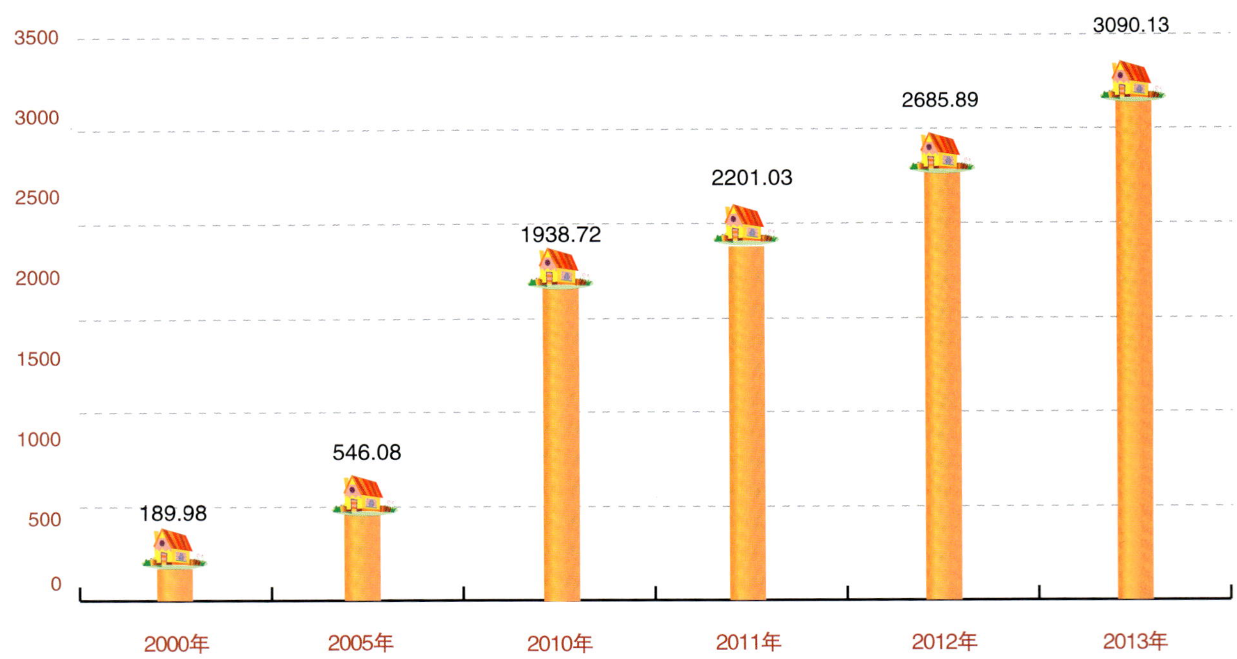

固定资产投资竣工房屋面积（万平方米）

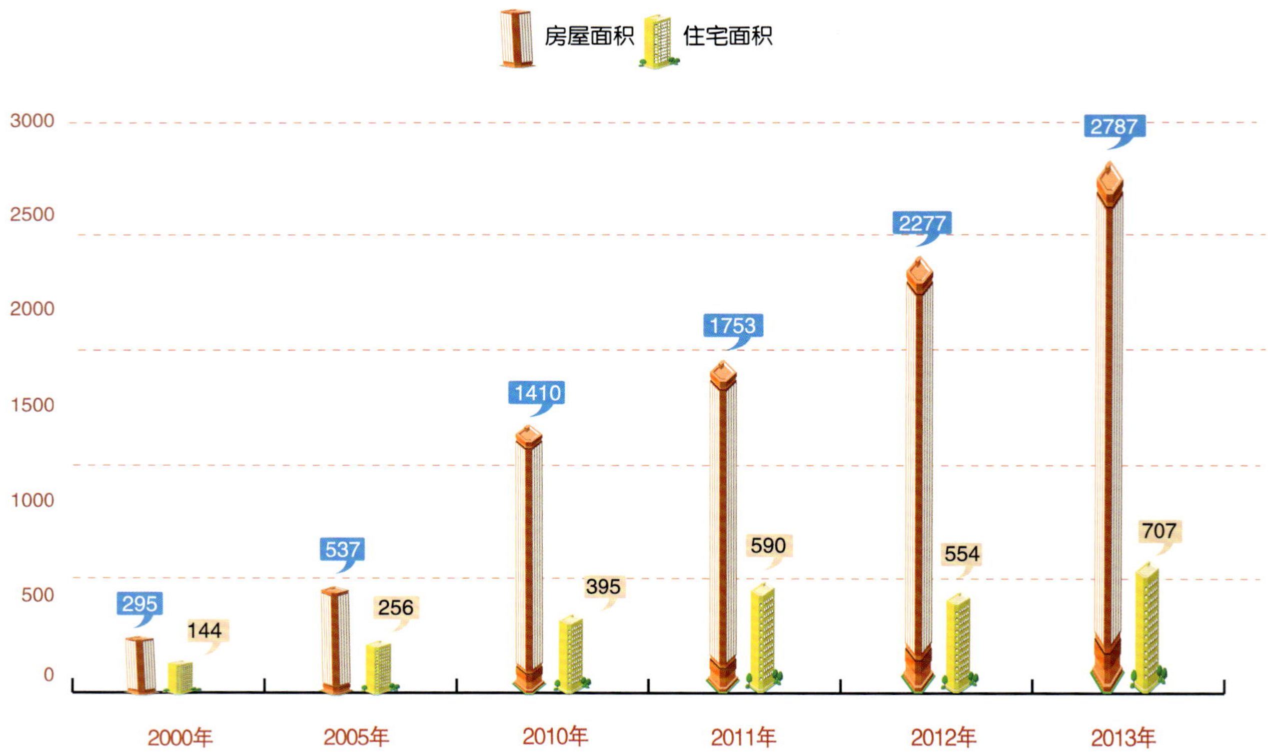

财政收支（亿元）

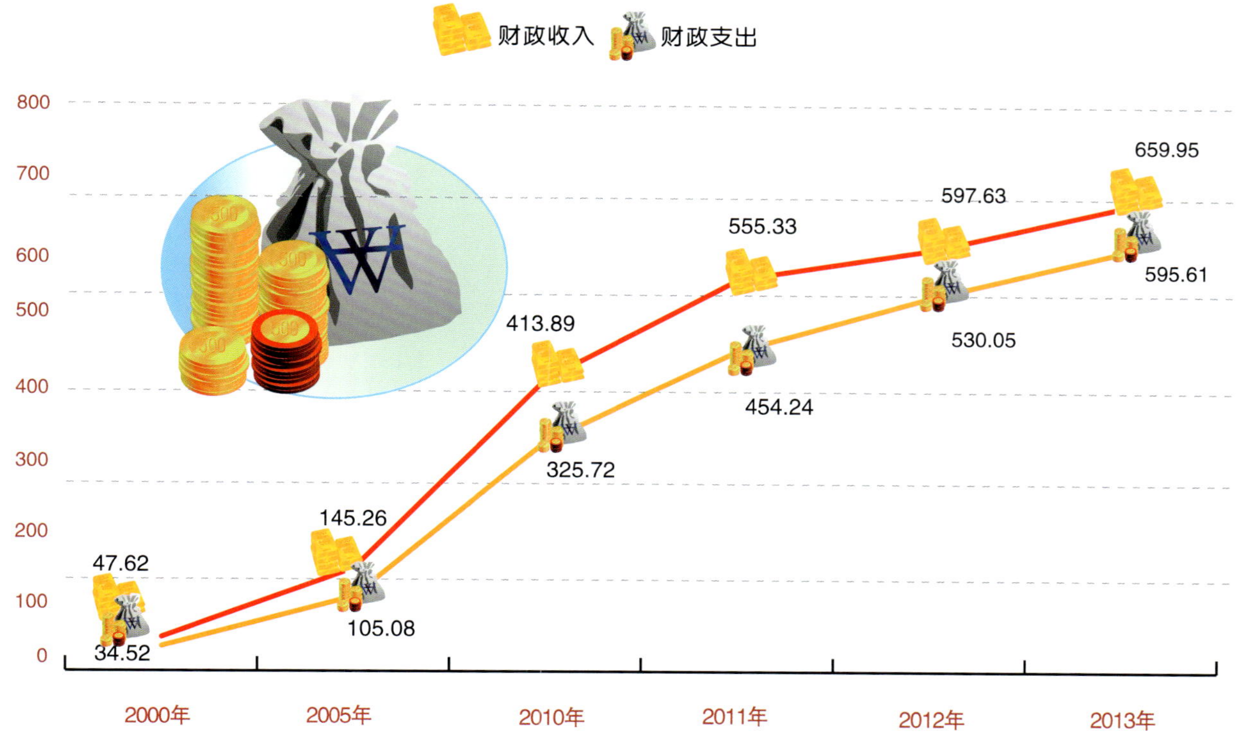

金融机构存贷款（亿元）

社会消费品零售总额（亿元）

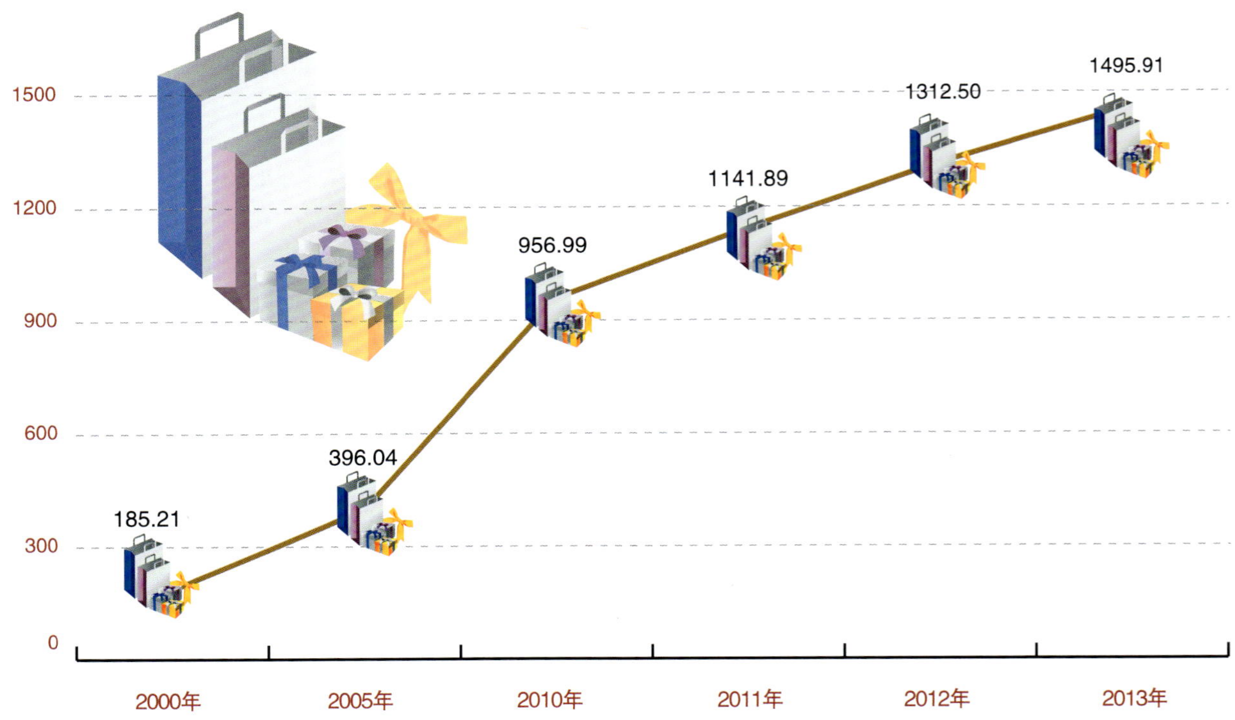

价格总指数（%）

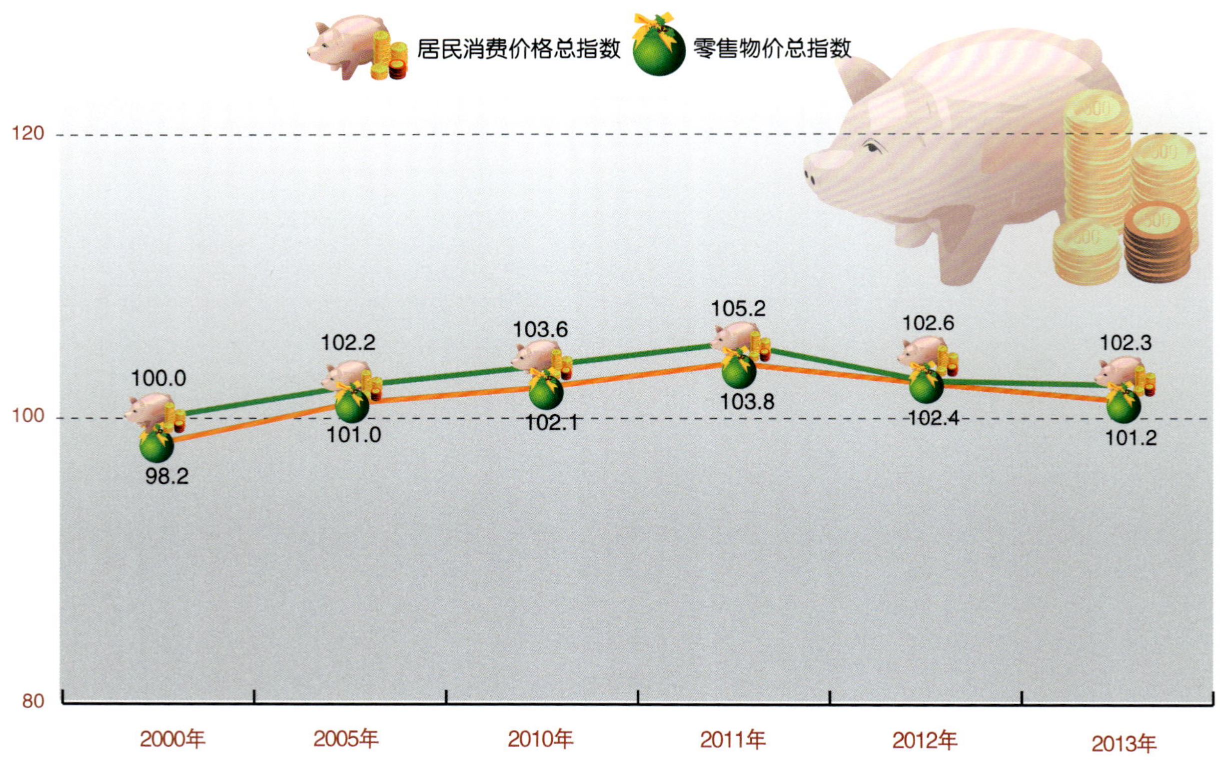

农村居民收入与支出（元）

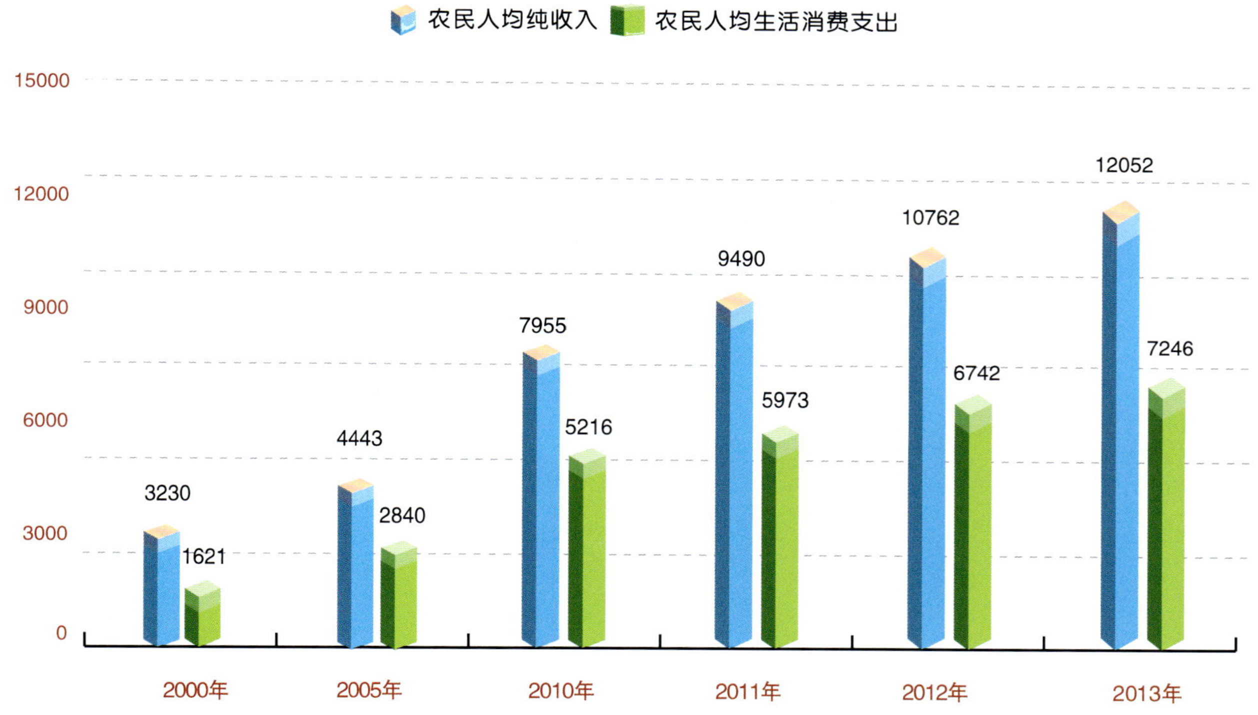

城市居民收入与支出（元）

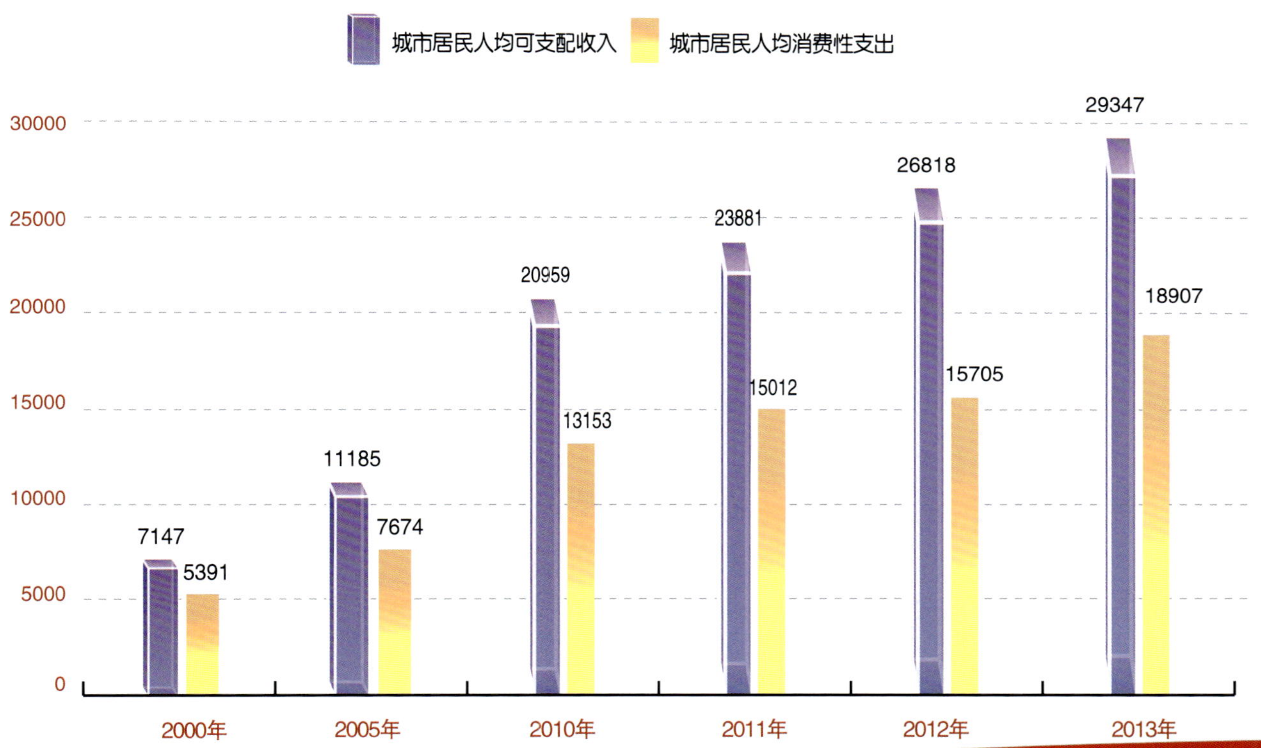

粮食总产量（万吨）

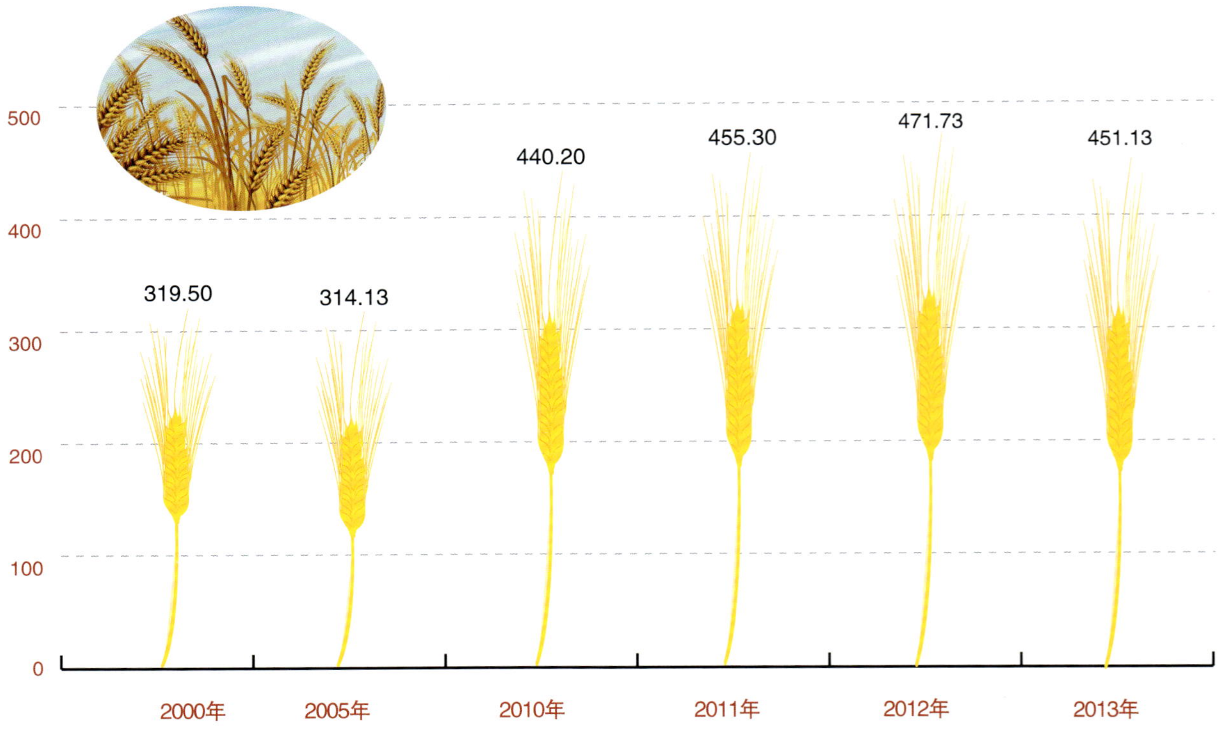

棉花总产量（万吨）

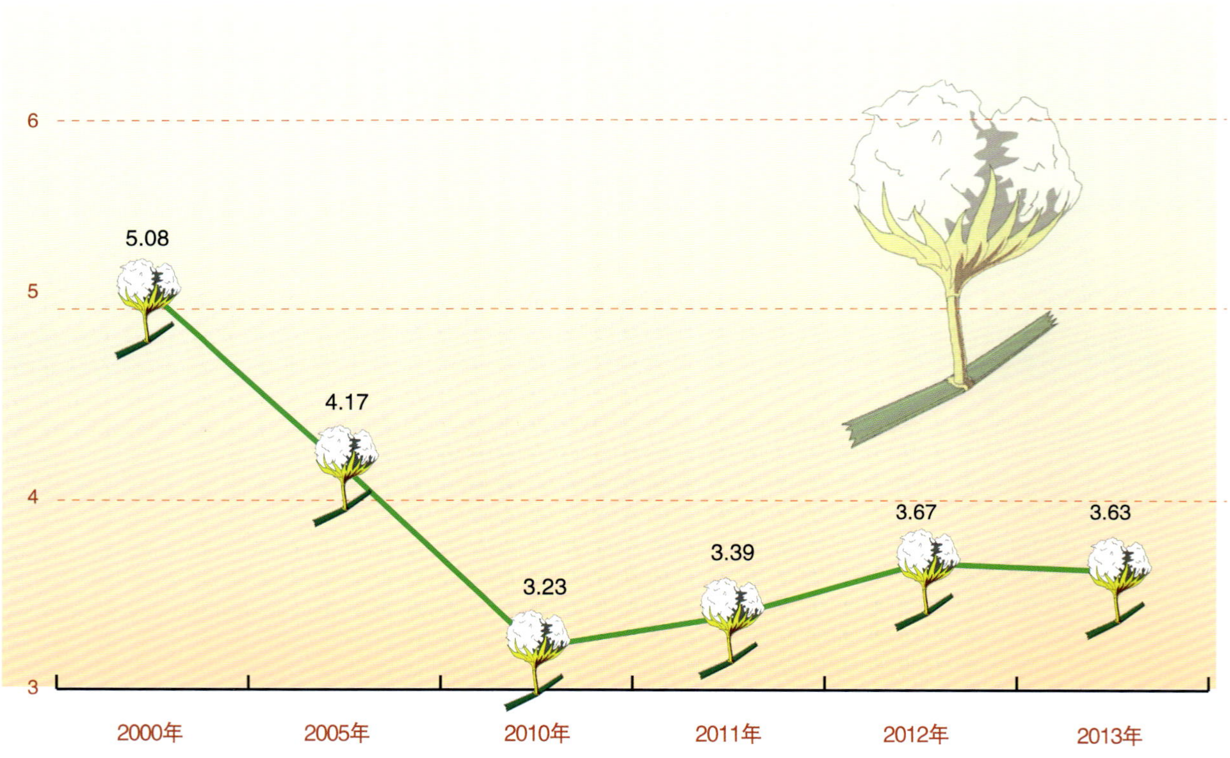

油料总产量（万吨）

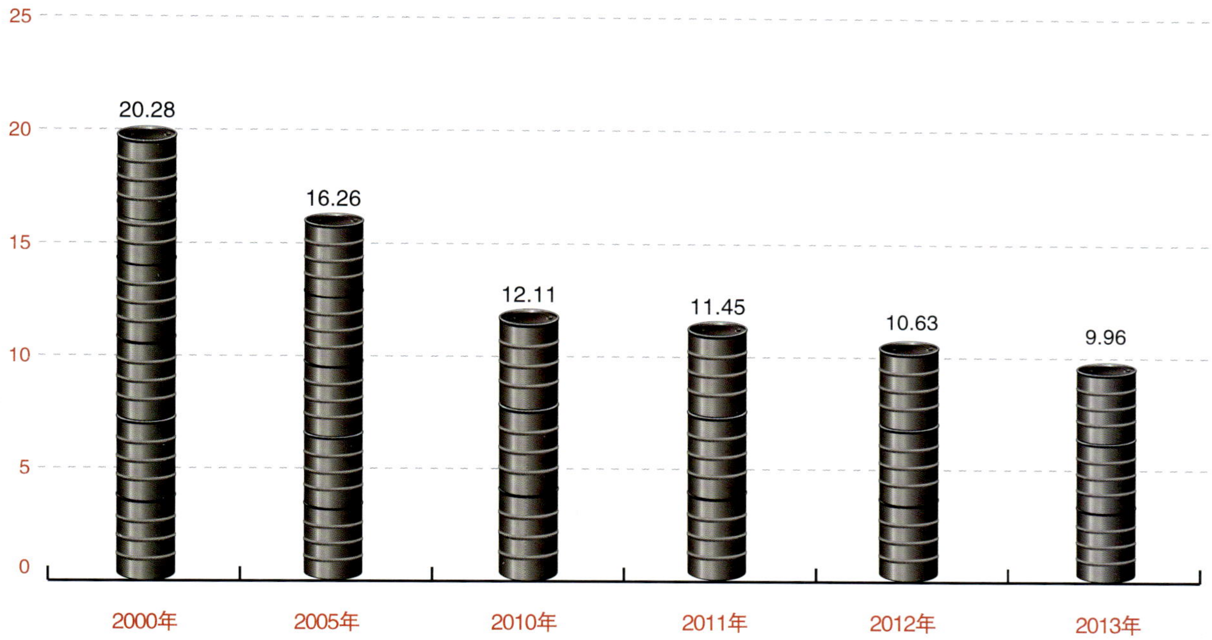

水产品总产量（万吨）

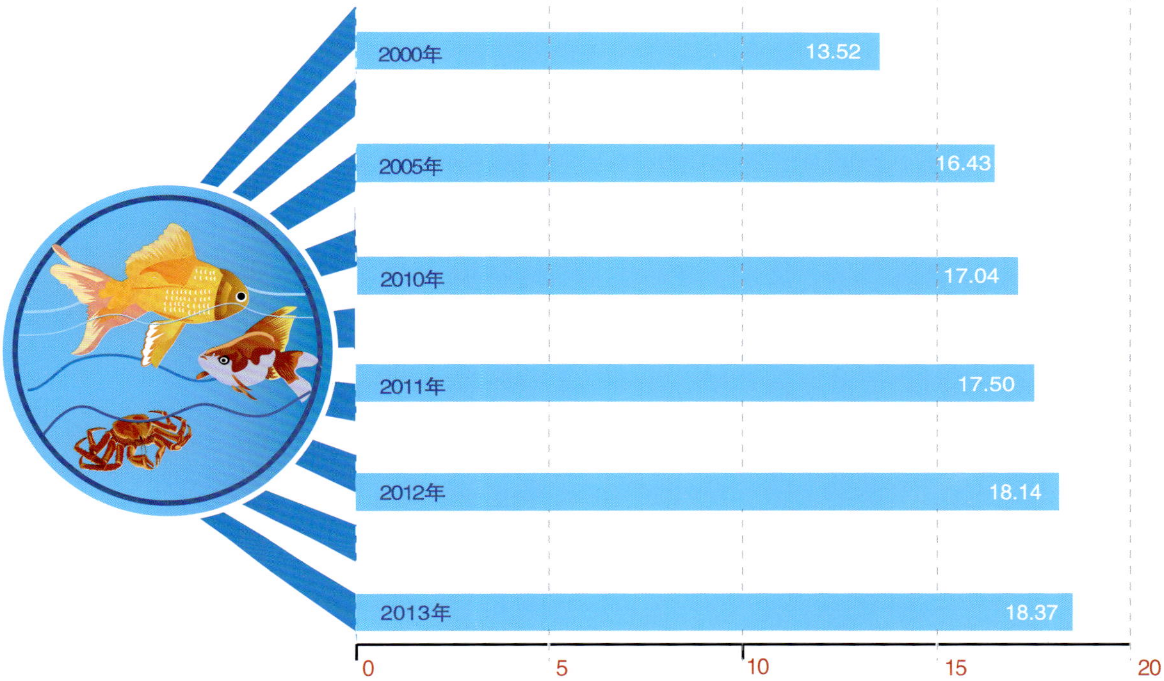

发电量（亿千瓦时）

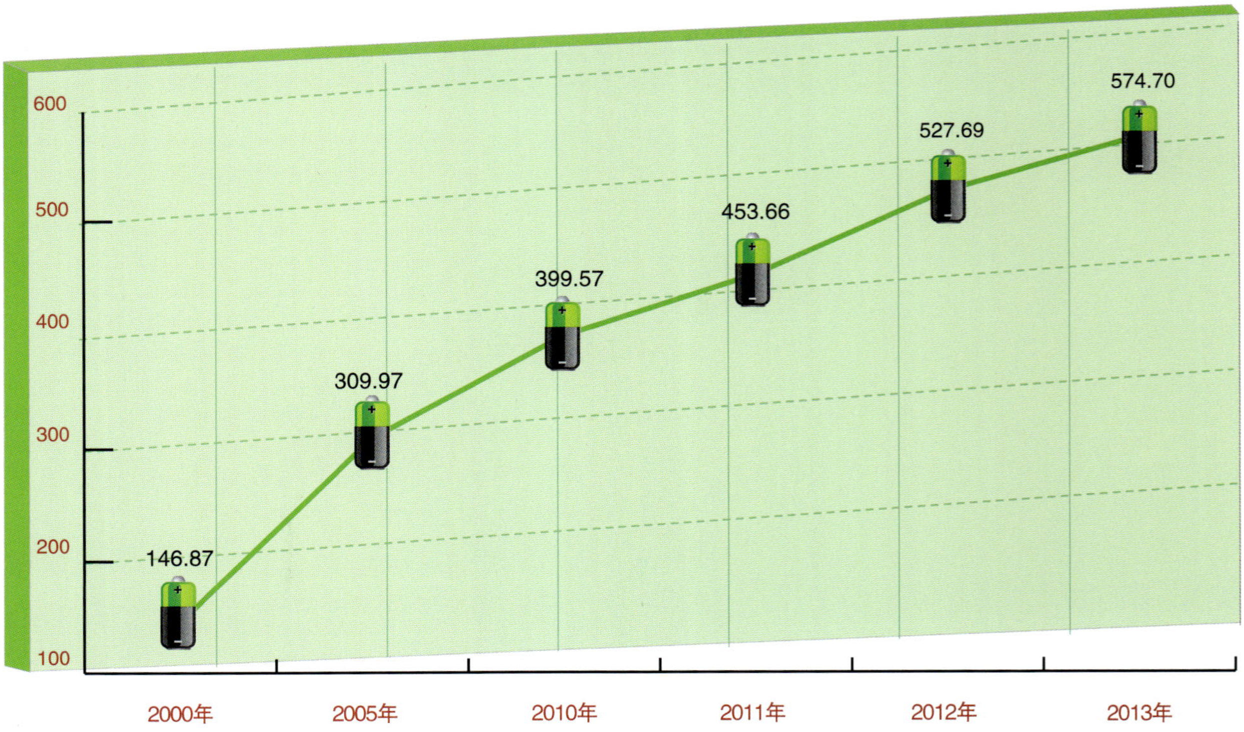

原煤（万吨）

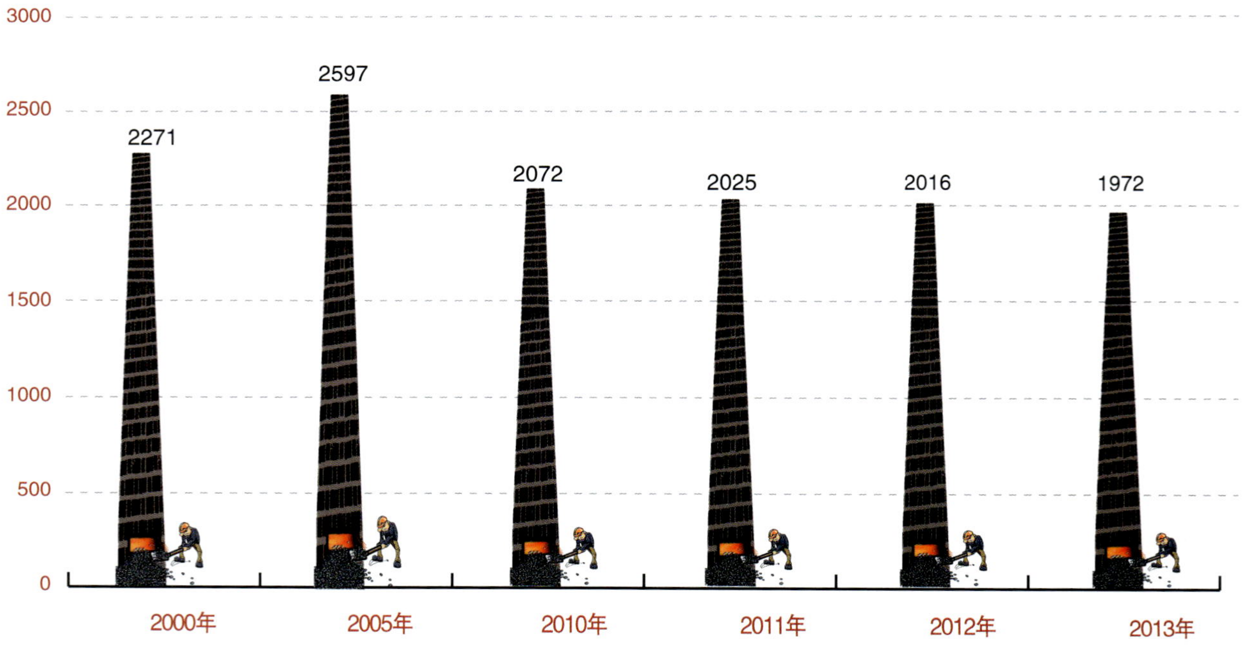

全社会供水量（万立方米）

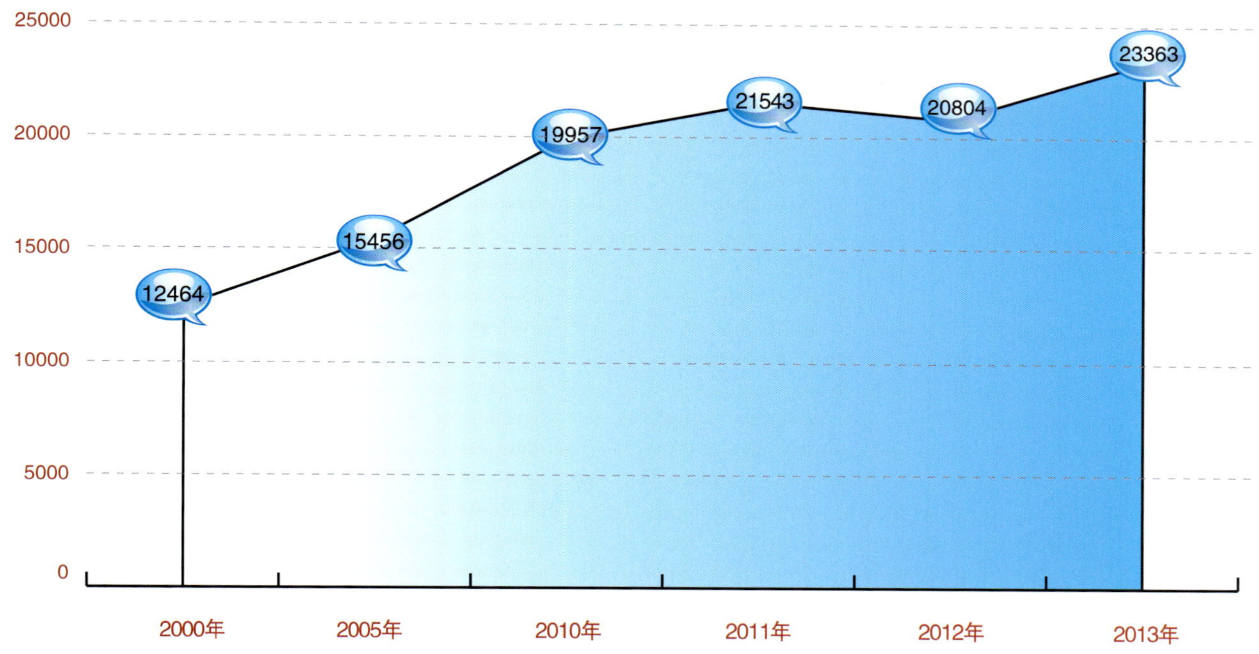

煤气、天然气供应量（万立方米）

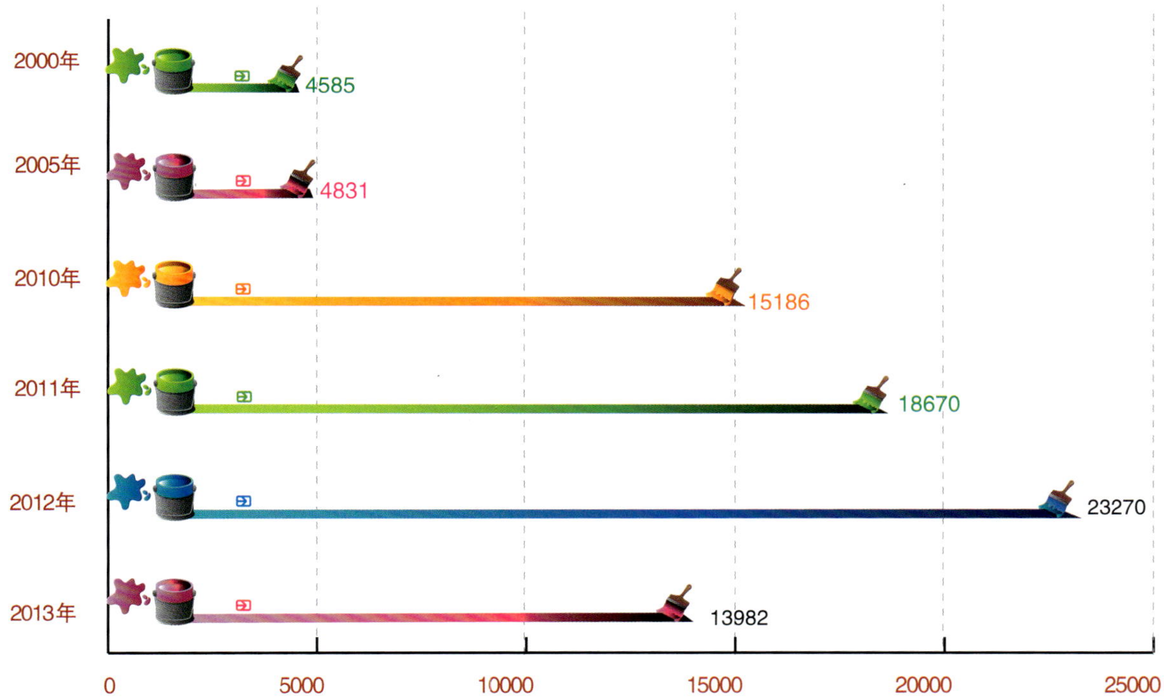

全社会客运量（万人）

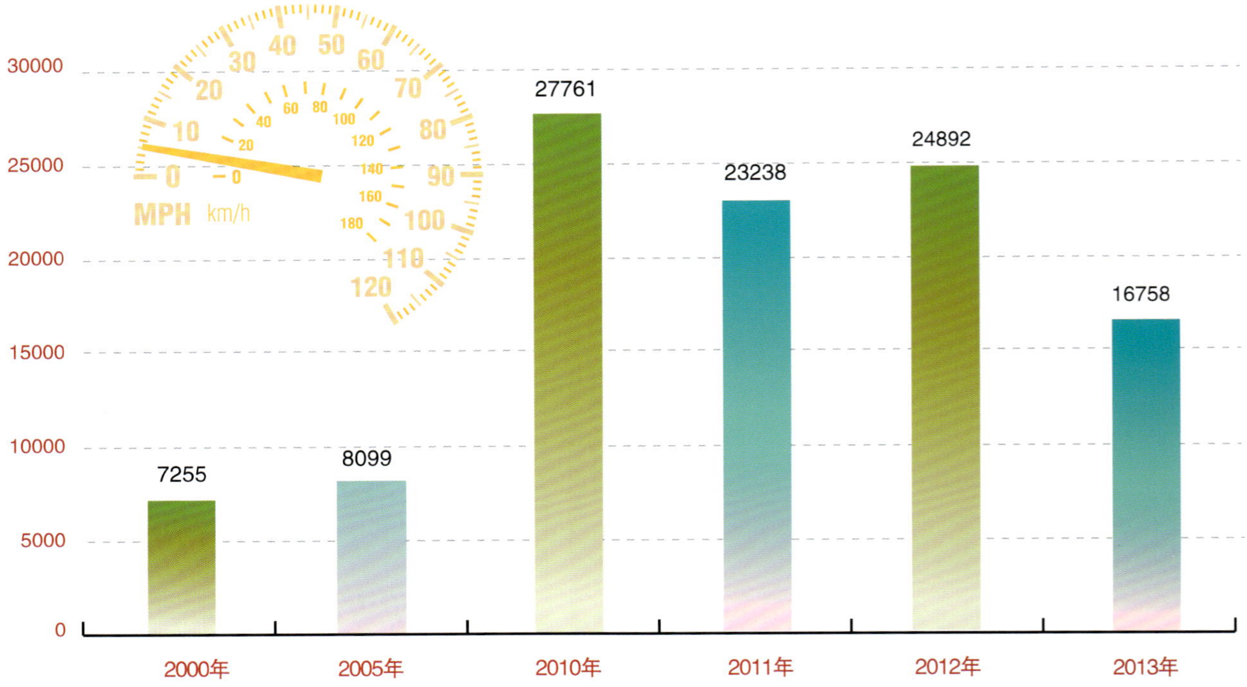

全社会货运量（万吨）

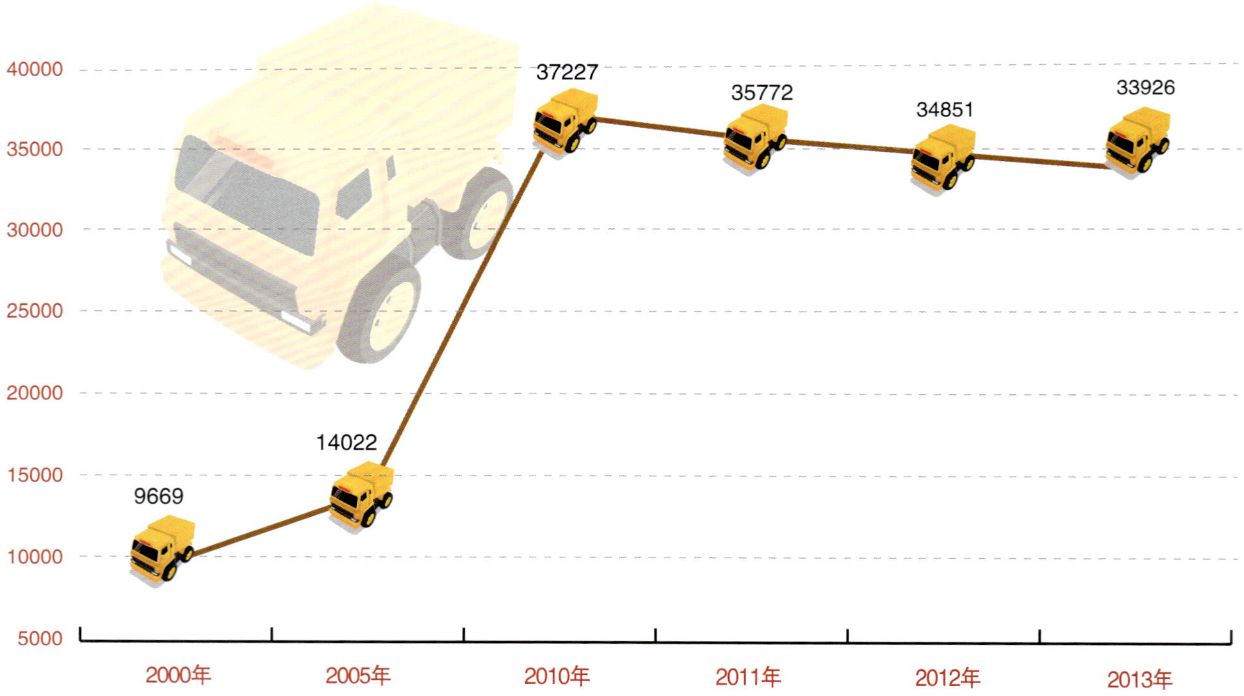

城市铺装道路长度（公里）

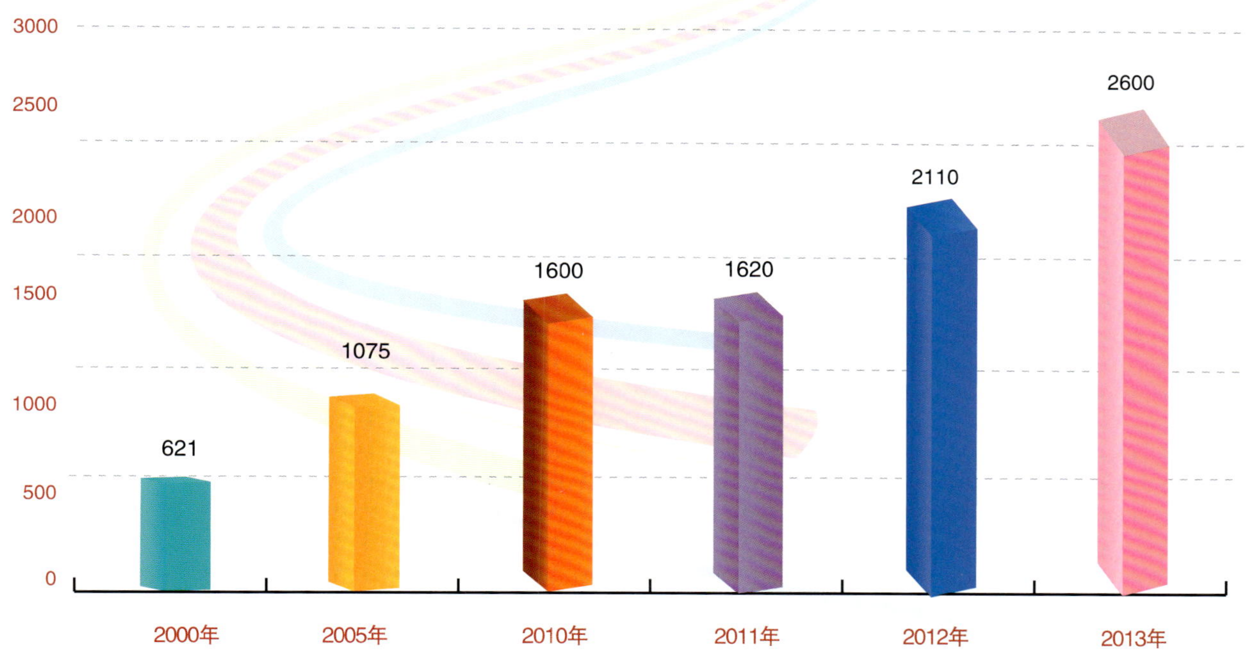

城市人均绿地（平方米）

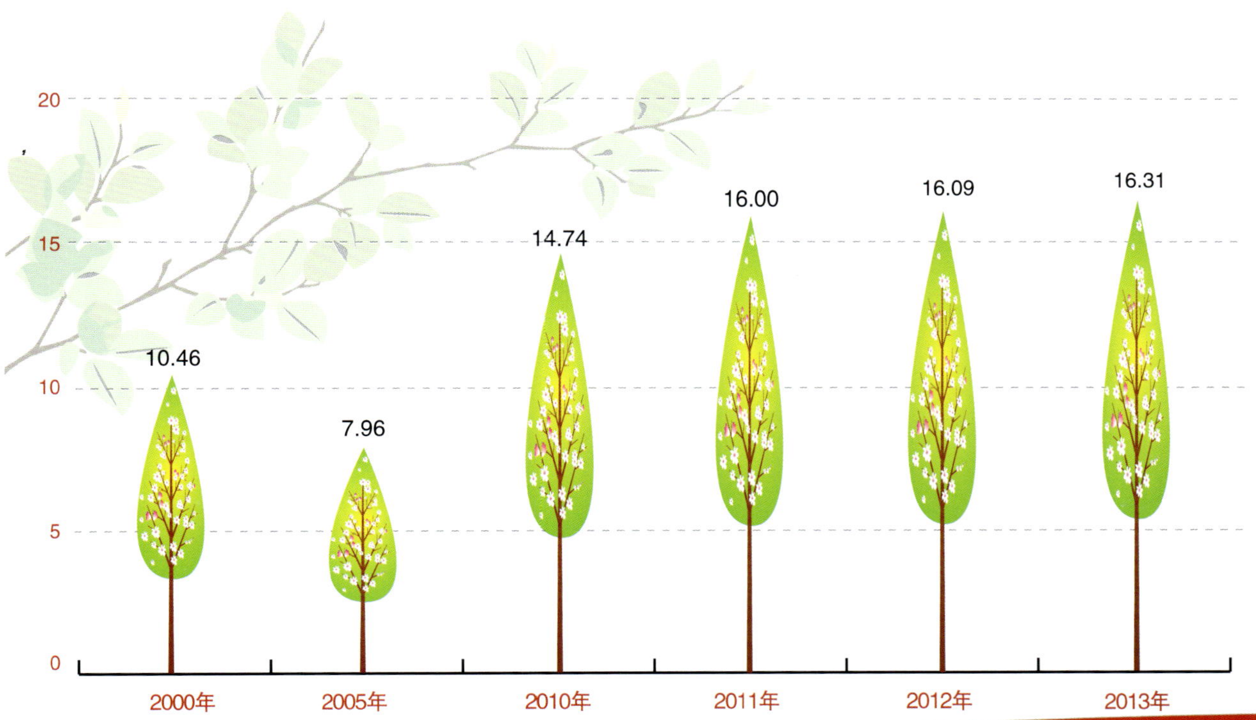

固定电话用户（万户）

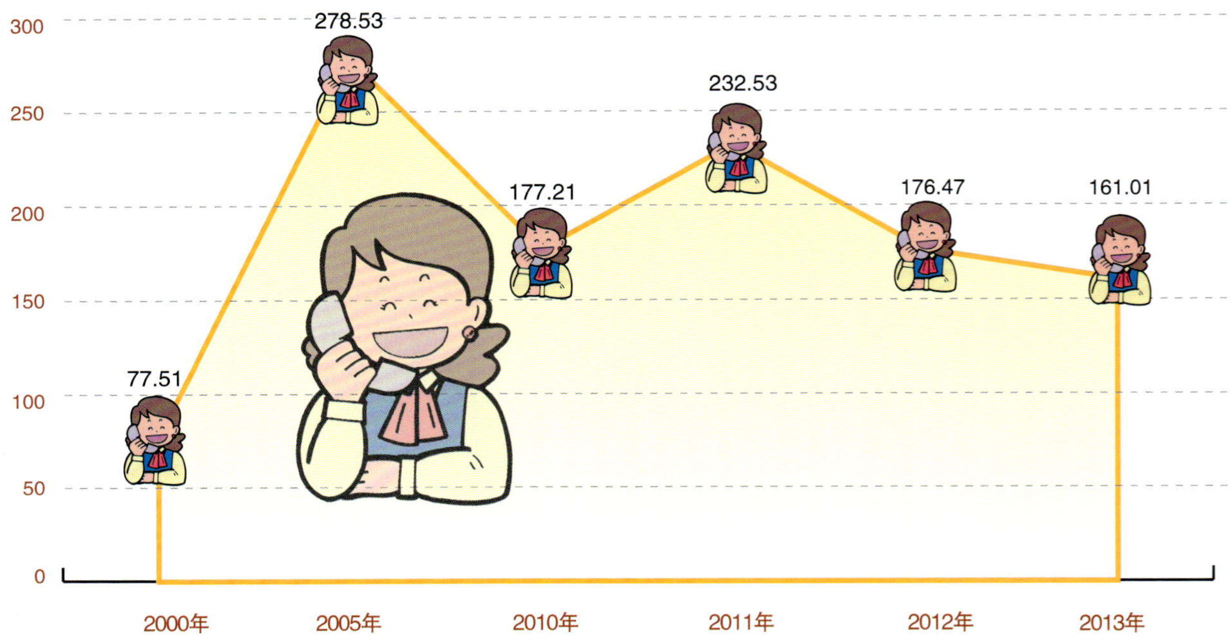

邮电业务总量（亿元）

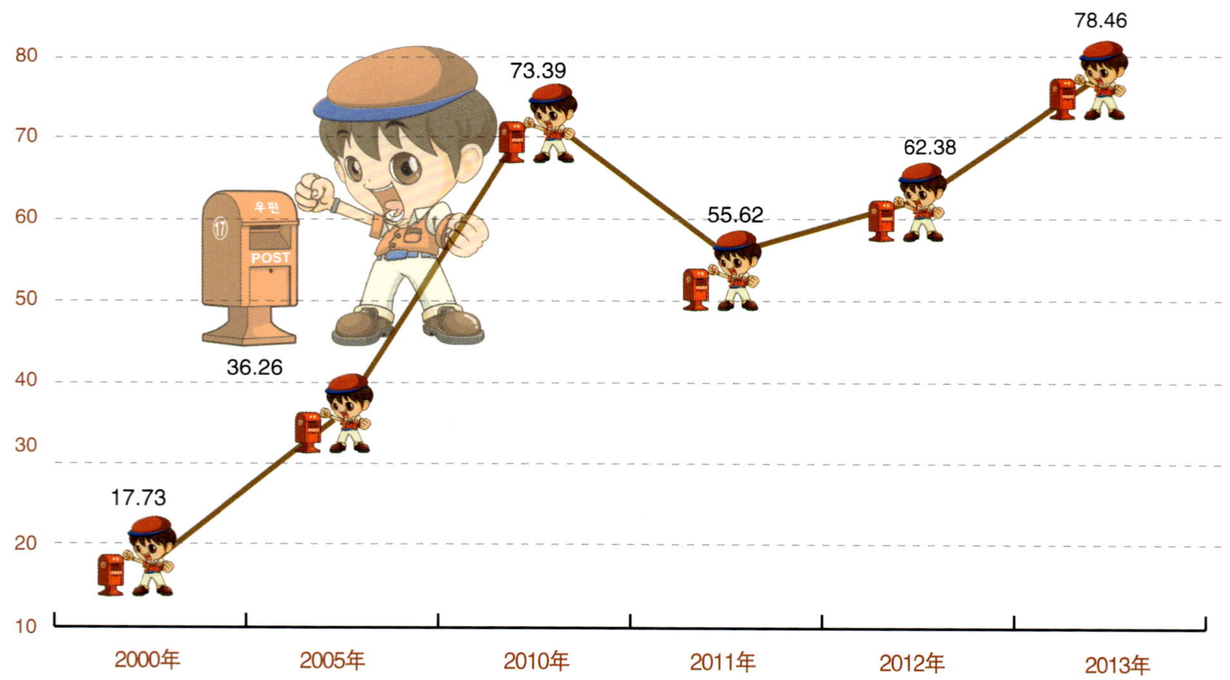

实际到帐注册外资（万美元）

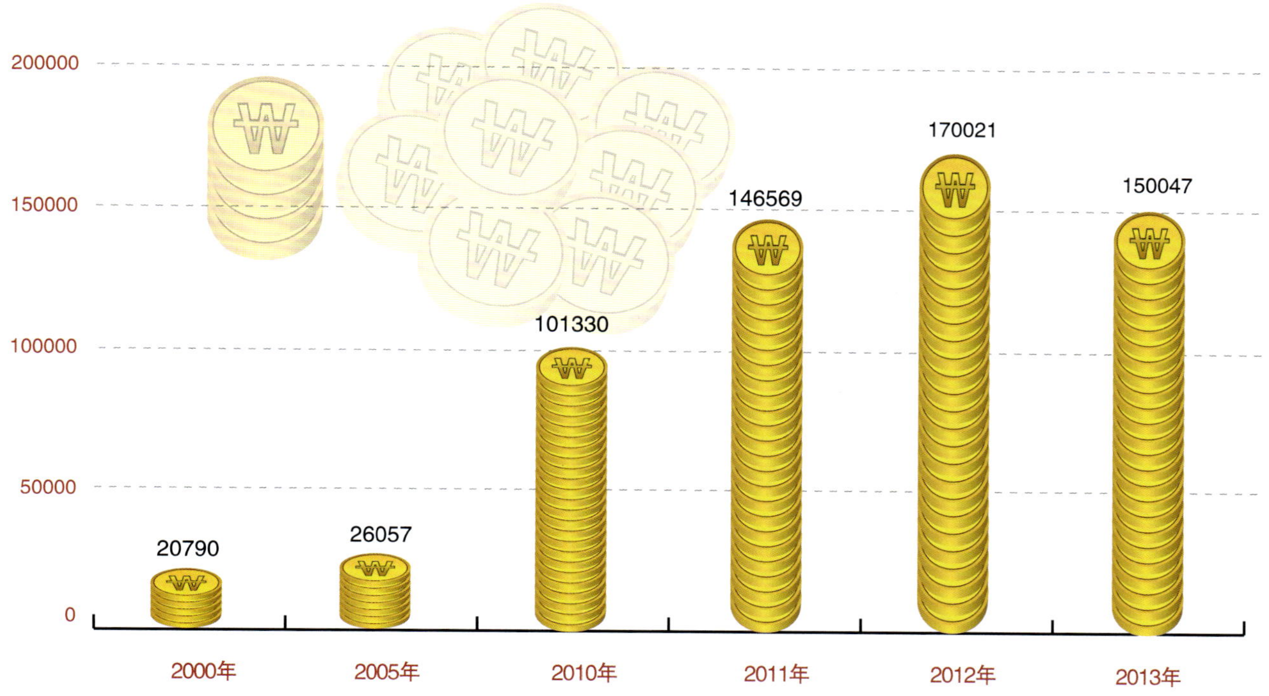

进出口总额（万美元）

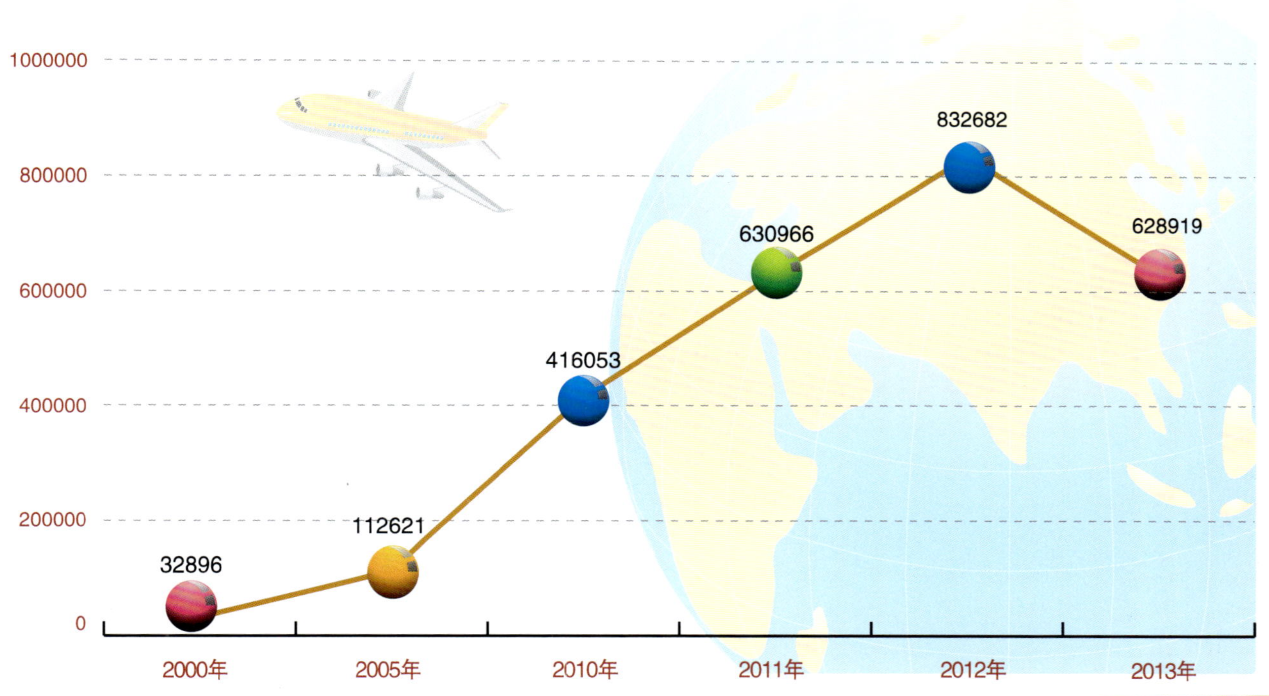

医生与床位数

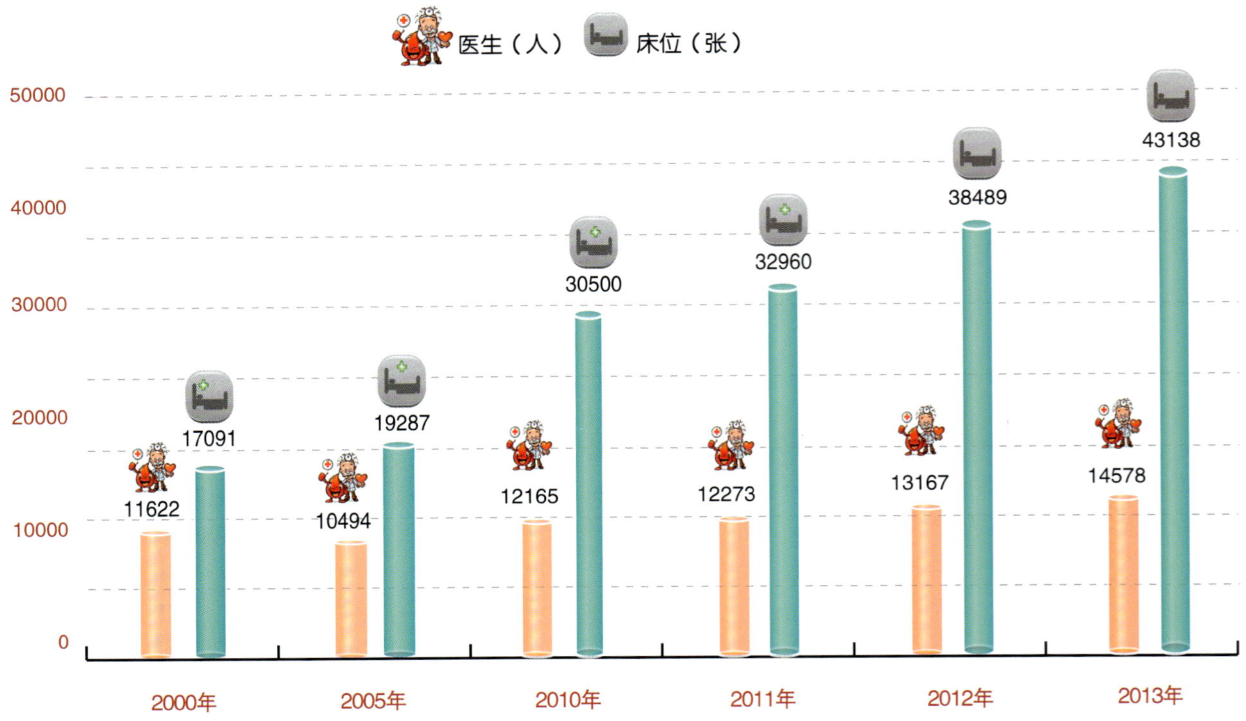

全社会专业技术人员（万人）

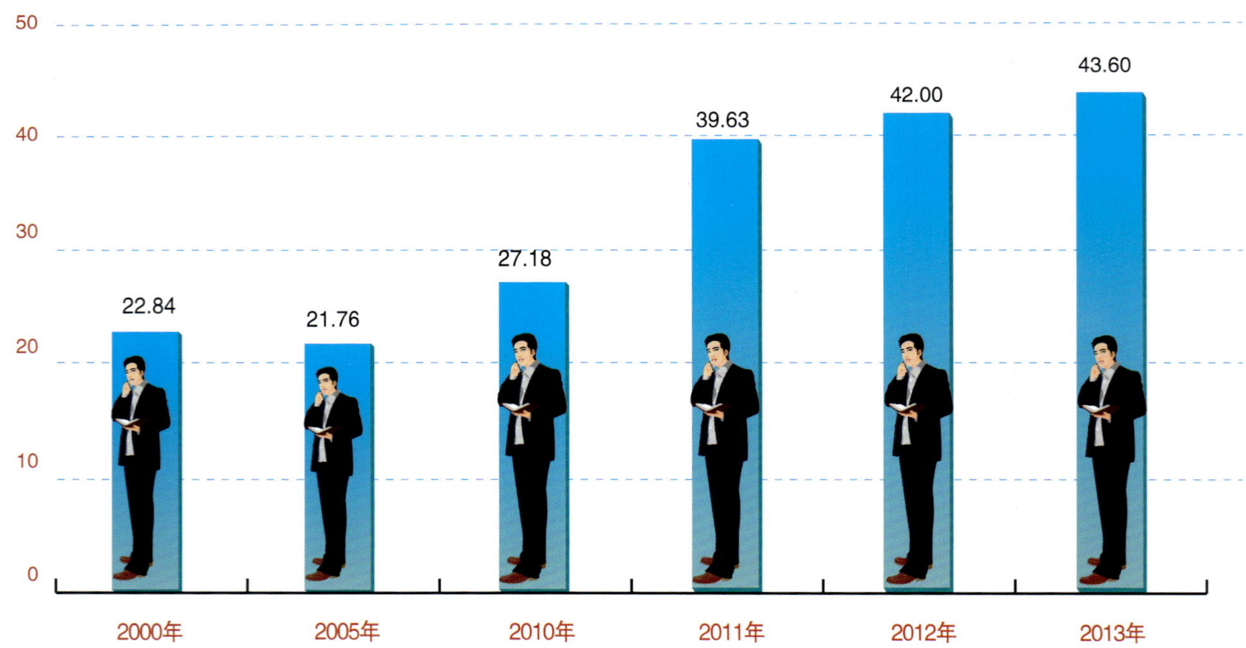

第1部分 综合

GENERAL SURVEY

版面负责人：张玉强

编　　辑：王　楠

江苏省统计条例

（2014 年 1 月 16 日江苏省第十二届人民代表大会常务委员会第八次会议通过）

第一章　总　则

第一条　为了加强统计管理和监督，规范统计行为，维护统计调查对象的合法权益，保障统计资料的真实性、准确性、完整性和及时性，发挥统计服务经济社会发展的作用，根据《中华人民共和国统计法》等法律、行政法规，结合本省实际，制定本条例。

第二条　本条例适用于本省行政区域内地方各级人民政府、县级以上地方人民政府统计机构和有关部门组织实施的统计活动与统计监督管理。

第三条　县级以上地方人民政府应当加强对统计工作的组织领导，将统计事业纳入本地区国民经济和社会发展规划，建立健全统计机构，加强统计队伍建设，为统计工作提供必要的保障，确保统计工作正常开展。

第四条　县级以上地方人民政府统计机构（以下简称政府统计机构）负责本行政区域内统计工作的组织实施、管理协调和监督检查。

县级以上地方人民政府有关部门依法组织、管理本部门职责范围内的统计工作，实施统计调查。

第五条　县级以上地方人民政府应当加强统计信息化建设，构建统计公共信息系统和业务平台，支持和实现资源共享、业务协同。

省人民政府统计机构应当会同有关部门对全省统计信息化建设进行统一规划，推进统计信息搜集、处理、传输、存储技术和统计数据库体系的现代化。

政府统计机构应当制定统计信息安全应急处置预案，建立和完善统计资料备份系统，保障统计资料安全。

第六条　政府统计机构应当建立统计信用制度，定期将政府统计调查对象依法履行统计义务的信用信息提供给公共信用信息机构，供社会公众查询。

第七条　地方各级人民政府和有关部门应当鼓励支持、依法规范民间统计调查，引导从事民间统计调查活动的社会中介机构等民间统计调查组织（以下称民间统计调查组织）参与政府统计调查活动，发挥其在促进经济社会发展中的作用。

地方各级人民政府和有关部门应当扶持统计调查行业组织，发挥其联系政府、社会的作用，促进行业的自律和有序发展。

编辑：李　广

徐州自然概貌

位　置

徐州市位于江苏省的西北部，东经 116°22′ ~ 118°40′、北纬 33°43′ ~ 34°58′ 之间，东西长约 210 公里，南北宽约 140 公里，土地总面积 11259 平方公里。地处苏、鲁、豫、皖四省交界，为东部沿海与中部地带、上海经济区与环渤海经济圈的结合部。“东襟淮海，西接中原，南屏江淮，北扼齐鲁”，素有“五省通衢”之称。京沪、陇海两大铁路在此交汇，京杭大运河傍城而过贯穿徐州南北，公路四通八达，北通京津，南达沪宁，西接兰新，东抵海滨，为全国重要水陆交通枢纽和东西、南北经济联系的重要“十字路口”。

地　貌

徐州市地貌，根据成因和区域特征自西向东大致可分为丰、沛黄泛冲积平原，铜、邳、睢低山剥蚀平原，沂、沭河洪冲积平原三个地貌区。地形由平原和山丘岗地两部分组成，以平原为主，约占全市总面积的 90%，属黄淮平原一部分，地势低平，海拔高度在 20 ~ 50 米之间，大致由西北向东南降低，系黄河、淮河的支流长期合力冲积所成。丘陵岗地约占 10%，为鲁中南低山丘陵向南延续部分，海拔高度大都在 100 ~ 300 米之间，多属顶平坡缓的侵蚀残丘。

水　系

徐州市位于淮河流域，分属三个水系：故黄河水系、沂沭泗水系、濉安河水系。故黄河是历史上的黄河故道，自成独立水系，是沂沭泗水系和濉安河水系的分水岭，徐州境内长 196km，流域面积 885km²。故黄河以北为沂沭泗水系，境内面积 8479km²，流域内主要骨干河道有沂河、沭河、中运河及邳苍分洪道，并有南四湖及骆马湖两座湖泊调蓄洪水。故黄河以南为濉安河水系，境内面积 2020km²，分为安河和濉河，均直接排入洪泽湖。主要支流有龙河、潼河、徐沙河、闸河、奎河、灌沟河、琅河、阎河、看溪河、运料河等。徐州境内有两座湖泊、五座中型水库及六十九座小型水库。各水系河网密布，河、湖、库相互沟通，已初步形成具有防洪、除涝、供水、灌溉、降渍等功能的水利工程体系。

气　候

徐州市位居中纬度地区，属暖温带季风气候区，既受东南季风影响，又受西北季风控制，资源丰富，光、热、水配合较好，有利于农作物的生长，气候资源的地区差异较大，有利于农林牧渔的综合发展。其主要气候特点有：气候温和，四季分明，光照充足，雨量适中；四季之中，冬、夏季长，春、秋季短，春季天气多变，夏季高温多雨，秋季天高气爽，冬季寒潮频袭；以中运河为界，东部属暖温带湿润季风区，西部属暖温带半湿润季风区；主要气象灾害有旱、涝、风、霜冻、冰雹等；全年太阳辐射总量约 119.4 千卡 / 平方厘米，平均日照时数 2100 小时左右，平均降水量 900 毫米左右，无霜期 200–230 天。

土　壤

徐州市土壤，根据成土条件、过程、土体结构和性质的差异，主要分为棕土、褐土、紫色土、潮土、砂姜黑土、水稻土六大类。其中棕土、褐土为暖温带湿润、半湿润气候和落叶植被环境下的地带性土壤，面积分别为 33.9 千公顷和 77.5 千公顷；潮土类为本区冲积平原的主要土类，面积约为 649.9 千公顷，占全市土壤总面积的 79.5%。此外在一些湖荡洼地中还有少量的沼泽土类。

矿　产

徐州市地层发育齐全，地质构造复杂，岩浆活动频繁，地质历史时期环境多变，为不同类型矿产的形成和储存，提供了良好的条件。现已查明和开采的矿产资源有铁、铜、煤、石灰石、大理石、钾、磷、岩盐、石膏、石英岩（砂）、粘土、白云岩等。其中铁矿主要属接触交代型内生铁矿，以磁铁矿、赤铁矿为主，矿石品位高，含量多为大于 50% 的富矿，同时，部分矿体中还伴有铜、金、银等有色和稀贵金属，具有较高的综合开发利用价值，已探明储量 8300 万吨；煤矿具有储量大、层次多、煤层厚、质量好、分布稳定而有规律等特点，已探明储量 39 亿吨以上，预测储量在 69 亿吨以上；岩盐已探明储量 5.53 亿吨，预测储量 21 亿吨；石膏已探明储量 3.2 亿吨，预测储量 44.4 亿吨。此外，金刚石及其伴生矿物亦多处有所发现。

1-1 行政区划、土地面积与人口密度

（2013年底）　　单位：个

地　区	镇	办事处	村民委员会	居民委员会	土地面积（平方公里）	人口密度（人/平方公里）
全市合计	**102**	**56**	**2 029**	**730**	**11 259**	**894**
市　区	23	48	473	315	3 038	1 074
鼓楼区		11	36	78	68	7 445
云龙区		8	24	47	118	2 729
贾汪区	5	4	97	54	834	611
泉山区		14		110	108	5141
铜山区	18	11	316	26	1 909	718
县(市)	79	8	1 556	415	8 221	828
丰　县	14		355	59	1 446	818
沛　县	15		253	140	1 349	956
睢宁县	16		268	132	1 767	797
新沂市	13	4	219	45	1 571	698
邳州市	21	4	461	39	2 088	876

注：根据区划调整，2010年以后市区范围新增加铜山区，与往年数据不可比。

1-2　各行政区划街道办事处(镇)名称

(2013年底)

地　区	街道办事处或镇数(个)	街道办事处或镇名称
鼓楼区	11	黄楼街道、丰财街道、琵琶街道、牌楼街道、铜沛街道、环城街道、九里街道、金山桥街道、东环街道、大黄山街道、大庙街道
云龙区	8	彭城街道、子房街道、黄山街道、骆驼山街道、大郭庄街道、翠屏山街道、大龙湖街道、潘塘街道
贾汪区	9	老矿街道、大泉街道、大吴街道、潘安湖街道、青山泉镇、紫庄镇、塔山镇、汴塘镇、江庄镇
泉山区	14	王陵街道、七里沟街道、永安街道、湖滨街道、段庄街道、翟山街道、奎山街道、和平街道、金山街道、泰山街道、庞庄街道、火花街道、桃园街道、苏山街道
铜山区	29	三河尖街道、张双楼街道、垞城街道、张集街道、义安街道、利国街道、电厂街道、拾屯街道、铜山街道、新区街道、三堡街道、何桥镇、黄集镇、马坡镇、郑集镇、柳新镇、刘集镇、大彭镇、汉王镇、棠张镇、张集镇、房村镇、伊庄镇、单集镇、利国镇、徐庄镇、大许镇、茅村镇、柳泉镇
丰　县	14	中阳里办事处、凤城镇、首羡镇、顺河镇、常店镇、欢口镇、师寨镇、华山镇、梁寨镇、范楼镇、孙楼镇、宋楼镇、大沙河镇、王沟镇、赵庄镇
沛　县	15	龙固镇、杨屯镇、大屯镇、沛城镇、胡寨镇、魏庙镇、五段镇、张庄镇、张寨镇、敬安镇、河口镇、栖山镇、鹿楼镇、朱寨镇、安国镇
睢宁县	16	睢城镇、王集镇、双沟镇、岚山镇、李集镇、桃园镇、官山镇、高作镇、沙集镇、凌城镇、邱集镇、古邳镇、姚集镇、魏集镇、梁集镇、庆安镇
新沂市	17	新安街道、北沟街道、墨河街道、唐店街道、瓦窑镇、港头镇、合沟镇、草桥镇、窑湾镇、棋盘镇、马陵山镇、新店镇、邵店镇、时集镇、高流镇、阿湖镇、双塘镇
邳州市	25	东湖街道、运河街道、戴圩街道、炮车街道、邳城镇、官湖镇、四户镇、宿羊山镇、八义集镇、土山镇、碾庄镇、港上镇、邹庄镇、占城镇、新河镇、八路镇、铁富镇、岔河镇、陈楼镇、邢楼镇、戴庄镇、车辐山镇、燕子埠镇、赵墩镇、议堂镇

1–3 主要年份国民经济和社会发展主要指标

指　　标		1978	1990	1995	2000	2005	2010	2011	2012	2013
年末人口	（万人）	**645.41**	**807.14**	**851.15**	**896.44**	**925.31**	**972.89**	**976.66**	**990.53**	**1 006.85**
# 非农业人口		74.51	138.26	168.62	231.11	315.85	445.38	625.50	665.06	720.62
从业人数	（万人）	**283.64**	**408.50**	**425.43**	**417.66**	**452.20**	**520.74**	**528.85**	**526.73**	**542.58**
# 职工人数		60.12	87.35	92.39	71.02	56.07	58.38	59.42	60.59	60.05
# 国有经济单位		41.16	63.69	72.52	57.74	40.13	38.59	38.94	39.50	32.98
城镇集体经济		18.96	23.53	19.13	8.30	3.60	2.89	2.93	2.62	3.04
乡村劳动者		223.52	317.88	323.77	326.17	348.00	366.23	365.05	356.67	361.44
地区生产总值(当年价格)	（亿元）	**21.39**	**112.84**	**403.46**	**616.30**	**1 226.65**	**2 942.14**	**3 551.65**	**4 016.58**	**4 435.82**
第一产业		9.40	38.69	100.67	118.57	174.24	282.82	334.54	382.46	418.88
第二产业		8.95	44.91	184.14	283.56	620.13	1 490.92	1 777.04	1 968.52	2 118.32
# 工业		8.06	40.93	165.94	243.54	527.93	1 268.61	1 509.82	1 666.62	1 793.48
第三产业		3.04	29.24	118.65	214.16	432.29	1 168.40	1 440.07	1 665.60	1 898.62
固定资产投资	（亿元）									
固定资产投资						546.08	1 938.72	2 201.03	2 685.89	3 090.13
# 房地产开发投资			1.22	6.07	28.05	62.57	205.32	255.12	310.07	380.47
# 住宅投资					19.18	46.79	169.70	235.97	238.37	288.94
固定资产投资竣工的住宅建筑面积	（万平方米）	36.40	58.40	91.90	143.62	255.92	395.22	589.50	554.30	702.67
财政	（亿元）									
财政总收入		3.27	10.23	25.30	47.62	145.26	413.89	555.33	597.63	659.95
# 公共财政预算收入					22.45	55.22	222.16	318.42	366.76	422.84
地方财政支出		1.77	8.56	18.02	34.52	105.08	325.72	454.24	530.05	595.61
物价	（%）									
城市居民消费价格总指数		100.0	104.5	116.9	100.0	102.2	103.6	105.2	102.6	102.3
城市商品零售价格总指数		100.1	103.9	113.2	98.2	101.0	102.1	103.8	102.4	101.2
人民生活										
职工工资总额	（亿元）	3.14	18.59	50.68	65.31	107.26	198.51	234.77	266.48	458.72
职工平均工资	（元）	554	2 179	5 537	9 339	18 849	34 243	39 493	44 070	47 013
农民人均纯收入	（元）	112	661	1 800	3 230	4 443	7 955	9 490	10 762	12 052

注：1、2005 年及以后从业人员及乡村劳动者中未剔除外出打工人员数；2007 年及以后财政总收入及财政支出中不包括基金收入（支出）。
2、2010 年以前固定资产投资竣工的住宅建筑面积为城镇口径。

1-3　续表 1

指　　标		1978	1990	1995	2000	2005	2010	2011	2012	2013
城市居民人均可支配收入	（元）		1 687	4 665	7 147	11 185	20 959	23 881	26 818	29 347
城乡居民储蓄存款余额	（亿元）	0.89	44.64	140.06	305.80	650.61	1 324.39	1 495.42	1 794.72	2 089.77
城市居民人均住房使用面积	（平方米）		11.07	12.71	14.51	17.12	21.16	23.44	23.81	
农民人均生活用房面积	（平方米）		18.73	19.51	22.52	29.36	41.83	44.75	45.60	47.50
国有工业企业	**（亿元）**									
利税总额		2.14	5.32	20.62	13.11	56.68	127.88	147.40	173.01	189.46
利润总额			−0.71	5.27	0.24	15.37	33.21	33.86	44.58	48.24
固定资产原价		17.20	72.97	173.09	132.63	47.47	111.45	180.74	194.74	
固定资产净值		10.19	50.92	117.62	84.14	28.22	68.14	134.90	138.00	
运输、邮电										
全社会客运量	（万人次）	2 030	3 156	6 071	7 255	8 099	27 761	23 238	24 892	16 758
全社会货运量	（万吨）	2 608	6 073	10 859	9 669	14 022	37 227	35 772	34 851	33 926
内河港口货物吞吐量	（万吨）		837	1 399	1 452	4 189	6 308	6 662	7 208	8 226
邮电业务总量	（亿元）	0.07	0.62	3.88	17.73	36.26	73.39	55.62	62.38	78.46
邮电业务收入	（亿元）				13.06	27.05	48.14	55.41	61.58	69.40
计费函件（不含广告）	（万件）		2 463	2 579	2 512	2 041	4 728	4 770	4 527	2 613
订销报刊累计份数	（万份）		10 291	17 075	16 451	9 116	10 845	10 133	10 117	12 236
国内外贸易、旅游										
社会消费品零售总额	（亿元）	7.71	42.23	115.07	185.21	396.04	956.99	1 141.89	1 312.50	1 495.91
进出口总额（海关数）	（万美元）		1 015	24 696	32 896	112 621	416 053	630 966	832 682	628 919
# 出口总额			599	14 724	18 715	75 196	263 060	415 941	628 769	489 709
实际到帐注册外资	（万美元）		1 324	10 432	20 790	26 057	101 330	146 569	170 021	150 047
接待国外旅游人数（含港澳台）	（人次）		4 325	4 988	17 825	73 010	158 277	182 180	199 488	25 849
科技、教育	**（万人）**									
专业技术人员		3.09	12.53	18.40	22.84	21.76	27.18	39.63	42.00	12.54
高等学校在校学生		0.21	1.16	1.86	4.61	9.27	11.88	13.17	13.36	13.63
中等专业学校在校学生		0.29	1.11	2.45	3.41	5.12	5.54	3.93	4.72	4.81
普通中学在校学生		45.98	31.38	42.47	58.43	81.51	52.07	46.36	42.61	37.52
小学在校学生		95.62	84.77	110.34	126.06	72.24	53.02	57.10	62.85	66.18

注：进出口总额、出口总额 1997 年及以前年度数字为自营进出口总额；实际利用外资 2005 年及以后实际到帐注册外资，口径与往年不可比；2011 年及以后邮电业务总量按 2010 年价格计算。2013 年接待国外旅游人数和专业技术人员统计口径有调整，与往年不可比。

1-3 续表 2

指标		1978	1990	1995	2000	2005	2010	2011	2012	2013
卫生										
卫生机构数	（个）	652	1 058	1 052	993	1 384	1 213	1 365	1 311	4 454
床位数	（张）	11 325	17 303	18 596	17 736	19 888	30 500	32 960	38 489	43 138
卫生技术人员数	（万人）	1.57	2.44	2.94	3.05	2.83	3.24	3.53	3.81	4.36
# 医生		0.49	0.99	1.12	1.16	1.05	1.18	1.23	1.32	1.46
主要工农业产品产量	**（万吨）**									
粮食		206.15	399.00	406.13	319.50	314.13	440.20	455.30	471.73	451.13
棉花		2.47	5.57	5.91	5.08	4.17	3.23	3.39	3.67	3.63
油料		1.59	4.77	8.35	20.28	16.26	12.11	11.45	10.63	9.96
水果		2.62	14.13	35.78	81.91	87.52	106.31	114.21	118.77	92.81
生猪存栏	（万头）	149.21	170.81	215.78	201.07	214.26	293.19	315.36	313.49	297.20
猪、牛、羊肉		5.18	18.73	31.15	27.51	35.05	46.58	48.13	52.97	47.87
蚕茧	（吨）	525	6 032	22 100	15 176	13 212	6 805	7 510	6 941	6 815
水产品		0.72	3.70	8.49	13.52	16.43	17.04	17.50	18.14	18.37
生铁		15.19	29.22	52.00	37.10	152.53	304.92	337.63	375.37	522.43
铝锭		0.31	0.76	1.94	0.50	1.08	10.87	11.00	11.25	5.71
原煤		1 445	2 032	2 344	2 271	2 597	2 072	2 025	2 016	1 972
发电量	（亿千瓦时）	27.08	104.40	119.38	146.87	309.97	399.57	453.66	527.69	574.70
合成氨		7.07	13.40	14.86	19.16	36.96	66.40	82.35	74.82	98.61
农用化肥	（折 100%）	4.91	12.52	19.76	15.42	29.58	48.05	52.73	53.36	53.98
水泥		66.68	297.67	1 031.48	983.36	1 295.66	3 205.35	2 850.29	2 778.85	2 488.69
纱		1.68	3.63	4.64	7.16	23.01	81.58	77.76	83.89	103.88
布	（万米）	5 474	12 112	13 883	8 196	10 551	16 056	11 064	16 966	18 059
机制纸及纸板		2.47	16.44	71.60	32.65	48.91	105.54	79.13	123.11	38.34
卷烟	（万箱）	14.74	33.50	34.00	34.40	57.57	60.94	64.01	64.41	68.46
饮料酒	（万千升）	1.35	4.99	11.42	8.50	20.28	45.73	52.37	66.23	68.02
合成洗涤剂		1.27	7.25	11.00	11.72	10.25	1.44	1.78	1.39	
汽车起重机	（台）		419	683	1 087	5 368	18 623	18 695	14 139	7 939
装载机	（辆）			1 298	1 777	9 442	15 212	23 895	19 199	18 967
压路机	（台）		802	1 897	2 466	2 434	6 874	5 070	3 604	4 460

注：2013 年卫生机构数与往年不可比。

1–4　国民经济主要指标发展速度

指　　标	指数(2013年为以下各年的%)							1979–2013年平均增长(%)	2001–2013年平均增长(%)
	1978	1990	1995	2000	2005	2010	2012		
从业人数	**191.3**	**132.8**	**127.5**	**129.9**	**120.0**	**104.2**	**103.0**	**1.9**	**2.0**
# 职工人数	99.9	68.7	65.0	84.6	107.1	102.9	99.1	…	–1.3
# 国有经济	80.1	51.8	45.5	57.1	82.2	85.5	83.5	–0.6	–4.2
城镇集体经济	16.1	12.9	15.9	36.7	84.6	105.3	116.1	–5.1	–7.4
地区生产总值(可比价格)	**5 616.0**	**1 927.9**	**898.3**	**510.2**	**281.4**	**143.7**	**111.8**	**12.2**	**13.4**
第一产业	620.6	416.5	271.0	181.8	143.0	113.2	103.1	5.4	4.7
第二产业	11 129.5	2 893.0	1 117.4	609.2	308.6	147.3	112.3	14.4	14.9
# 工业	11 405.5	2 928.2	1 131.3	631.5	320.6	149.5	113.1	14.5	15.2
第三产业	10 337.5	2 263.5	1 020.8	565.3	299.4	146.3	112.8	14.2	14.3
固定资产投资额									
# 房地产开发投资		31 185.8	6 268.0	1 356.4	608.1	185.3	122.7		22.2
财政									
财政总收入	20 182.0	6 451.1	2 608.5	1 385.9	454.3	159.5	110.4	16.4	22.4
# 公共财政预算收入				1 883.5	765.7	190.3	115.3		25.3
地方财政支出	33 650.3	6 958.1	3 305.3	1 725.4	566.8	182.9	112.8	18.1	24.5
人民生活									
职工年平均工资	8 486.1	2 157.5	849.1	503.4	249.4	137.3	106.7	13.5	13.2
农民人均纯收入	10 761.1	1 823.4	669.6	373.1	271.3	151.5	112.0	14.3	10.7
城市居民人均可支配收入		1 739.6	629.1	410.6	262.4	140.0	109.4		11.5
城乡居民年末储蓄存款余额	234 805.8	4 681.4	1 492.1	683.4	321.2	157.8	116.4	24.8	15.9
运输、邮电									
全社会旅客运输量	825.5	531.0	276.0	231.0	206.9	60.4	67.3	6.2	6.7
全社会货物运输量	1 300.8	558.6	312.4	350.9	241.9	91.1	97.3	7.6	10.1
邮电业务总量	112 092.1	12 655.6	2 022.3	442.6	216.4	106.9	125.8	22.2	12.1
国内外贸易、旅游									
社会消费品零售总额	19 402.2	3 542.3	1 300.0	807.7	377.7	156.3	114.0	16.2	17.4
进出口总额		61 962.5	2 546.6	1 911.8	558.4	151.2	75.5		25.5
# 出口总额		81 754.4	3 325.9	2 616.7	651.2	186.2	77.9		28.5
实际利用外资		11 332.9	1 438.3	721.7	575.8	148.1	88.3		16.4
国际旅游人数									

1-4 续表

指标	指数（2013年为以下各年的%）							1979–2013年平均增长（%）	2001–2013年平均增长（%）
	1978	1990	1995	2000	2005	2010	2012		
科技、教育									
专业技术人员									
高等学校在校学生	6 491.1	1 175.1	732.9	295.7	147.0	114.7	102.0	13.1	9.5
中等专业学校在校学生	1 660.1	433.7	196.5	141.2	94.0	86.9	102.0	8.6	2.9
普通中学在校学生	81.6	119.6	88.3	64.2	46.0	72.1	88.1	–0.6	–3.6
小学在校学生	69.2	78.1	60.0	52.5	91.6	124.8	105.3	–1.1	–5.2
卫生									
卫生机构数	683.1	421.0	423.4	448.5	321.8	367.2	339.7	5.8	13.3
床位数	380.9	249.3	232.0	243.2	216.9	141.4	112.1	4.0	7.7
卫生技术人员数	277.5	178.6	148.2	142.9	154.0	134.5	109.7	3.0	3.0
# 医生	298.0	147.5	130.4	125.9	139.0	123.7	110.6	3.3	1.9
主要工农业产品产量									
粮食	218.8	113.1	111.1	141.2	143.6	102.5	95.6	2.3	2.9
棉花	147.0	65.2	61.4	71.5	87.1	112.4	98.9	1.1	–2.8
油料	626.4	208.8	119.3	49.1	61.3	82.2	93.7	5.5	–5.8
水果	3 542.4	656.8	259.4	113.3	106.0	87.3	78.1	11.1	1.0
生猪存栏	199.2	174.0	137.7	147.8	138.7	101.4	94.8	2.0	3.3
水产品	2 551.4	496.5	216.4	135.9	111.8	107.8	101.3	10.0	2.6
生铁	3 439.3	1 787.9	1 004.7	1 408.2	342.5	171.3	139.2	11.0	24.7
铝锭	1 841.2	751.0	294.2	1 141.5	528.5	52.5	50.7	8.9	22.5
原煤	136.5	97.1	84.1	86.8	75.9	95.2	97.8	0.9	–1.2
发电量	2 122.2	550.5	481.4	391.3	185.4	143.8	108.9	9.4	12.0
合成氨	1 394.7	735.9	663.6	514.7	266.8	148.5	131.8	8.1	14.6
农用化肥（折100%）	1 099.4	431.2	273.2	350.1	182.5	112.3	101.2	7.3	11.0
水泥	3 732.3	836.1	241.3	253.1	192.1	77.6	89.6	11.2	8.0
纱	6 183.2	2 861.6	2 238.7	1 450.8	451.4	127.3	123.8	12.9	25.0
布	329.9	149.1	130.1	220.3	171.2	112.5	106.4	3.6	6.8
机制纸及纸板	1 552.2	233.2	53.5	117.4	78.4	36.3	31.1	8.4	1.3
卷烟	464.5	204.4	201.4	199.0	118.9	112.3	106.3	4.6	5.9
饮料酒	5 038.8	1 363.2	595.7	800.3	335.4	148.7	102.7	12.2	18.9
汽车起重机		1 894.7	1 162.4	730.4	147.9	42.6	56.1		18.0
装载机			1 461.2	1 067.4	200.9	124.7	98.8		21.8
压路机		556.1	235.1	180.9	183.2	64.9	123.8		5.1

1–5　各时期国民经济主要指标平均增长速度

单位：%

指　　标	"一五"时期	"二五"时期	调整时期	"三五"时期	"四五"时期	"五五"时期
年末总人口	**2.9**	**0.6**	**1.9**	**2.9**	**1.7**	**1.4**
职工人数	**4.4**	**11.0**	**–3.6**	**7.8**	**14.1**	**8.8**
# 国有单位	4.4	11.0	–3.6	7.8	5.7	9.1
地区生产总值	**9.9**	**4.4**	**7.4**	**8.9**	**7.9**	**15.3**
第一产业	–0.2	–1.28	11.1	7.2	5.1	10.7
第二产业	34.3	3.5	12.5	15.7	10.5	20.0
# 工业						
第三产业	16.3	6.0	–0.8	4.2	7.7	16.0
农林牧渔业总产值	**1.3**	**–1.1**	**9.0**	**4.7**	**7.7**	**6.2**
固定资产投资额	**43.3**	**25.2**	**10.2**	**5.3**	**10.6**	**31.7**
# 房地产开发投资						
财政						
财政收入	18.5	3.2	4.5	11.8	5.2	12.9
财政支出	26.0	–4.5	12.0	3.6	11.5	13.4
人民生活						
职工工资总额	9.2	12.5	–2.9	3.5	13.5	16.3
职工年平均工资	2.6	–0.9	3.0	–1.6	–1.6	7.0
城乡居民储蓄存款余额	29.1	4.8	17.3	4.3	14.7	33.6
运输、邮电						
客运量						
货运量						
邮电业务总量	14.9	16.8	–1.8	2.4	7.8	6.8
内外贸易						
社会消费品零售总额	14.3	5.0	1.5	2.9	10.9	13.8
教育						
高等学校在校学生数			–28.4			12.2
中等专业学校在校学生数	7.0	0.8	–7.3			17.1

1-5 续表 1

单位:%

指　　　　标	"一五"时期	"二五"时期	调整时期	"三五"时期	"四五"时期	"五五"时期
普通中学在校学生数	23.2	9.6	0.5	23.9	5.1	10.0
小学在校学生数	8.4	1.6	15.5	–1.9	10.8	–1.3
卫生						
卫生机构数	14.3	6.1	3.7	–0.6	7.4	9.2
床位数	17.6	24.1	–0.5	4.4	5.6	5.3
卫生技术人员数	16.3	13.3	6.5	6.0	8.9	8.7
# 医生	20.4	12.0	5.6	–0.3	4.7	10.6
主要工农业产品产量						
粮食	1.2	0.6	1.4	6.4	7.3	6.0
棉花	13.3	–12.2	34.3	25.6	2.8	5.5
油料	–8.4	–13.7	32.9	–10.4	2.8	21.1
水果	–4.1	–13.2	8.5	14.5	9.9	9.5
生猪存栏	12.5	0.4	13.1	3.0	10.0	2.2
水产品	1.7	–0.1	14.0	–19.3	24.9	18.2
生铁		65.4	–0.6	23.1	19.1	8.1
铝锭			6.7	9.3	7.7	5.3
原煤	10.0	20.0	1.8	6.0	7.3	10.9
发电量	35.1	33.1	5.6	10.3	17.2	24.5
合成氨				80.4	27.0	29.4
农用化肥(折 100%)		89.0	22.9	24.6	30.0	3.1
水泥		68.8	9.7	7.6	23.0	16.7
纱	1.4	22.5	60.8	15.0	5.9	13.5
布	17.7	11.1	17.3	17.9	13.9	16.6
机制纸及纸板	150.6	11.7	–1.6	20.0	4.3	22.9
卷烟	–2.0	1.0	38.4	9.7	1.9	10.1
饮料酒	15.7	2.8	–3.6	9.7	12.8	17.5
合成洗涤剂					51.0	23.7

1-5　续表 2

单位:%

指　　标	"六五"时期	"七五"时期	"八五"时期	"九五"时期	"十五"时期	"十一五"时期
年末总人口	**1.4**	**2.7**	**1.1**	**1.0**	**0.6**	**1.0**
职工人数	**3.7**	**2.3**	**1.1**	**–1.7**	**–4.6**	**0.8**
# 国有单位	4.1	2.9	2.6	–1.6	–7.0	–0.8
地区生产总值	**11.3**	**7.0**	**16.5**	**12.0**	**12.6**	**14.4**
第一产业	8.2	0.8	9.0	8.3	4.9	4.8
第二产业	12.5	8.3	21.0	12.9	14.6	15.9
# 工业	11.7	9.2	21.0	12.4	14.5	16.5
第三产业	14.2	12.1	17.3	12.5	13.5	15.3
农林牧渔业总产值	**10.5**	**3.9**	**10.7**	**8.9**	**4.6**	**9.1**
固定资产投资额	**7.6**	**9.3**	**36.8**	**25.4**	**19.7**	**27.7**
# 房地产开发投资			32.7	38.8	8.5	26.3
财政						
财政收入	10.0	12.2	19.9	13.5	24.5	28.8
财政支出	13.4	20.5	16.1	13.9	24.9	25.4
人民生活						
职工工资总额	15.8	14.8	22.2	6.2	10.4	13.1
职工年平均工资	11.5	12.1	20.5	8.5	15.1	12.7
城乡居民储蓄存款余额	36.6	35.5	25.7	16.9	16.3	15.3
运输、邮电						
客运量	5.7	–2.5	14.0	3.6	1.8	27.9
货运量	14.1	–0.7	12.3	–2.3	7.7	21.6
邮电业务总量	11.2	34.5	44.5	35.5	15.4	15.1
内外贸易						
社会消费品零售总额	16.4	12.6	22.2	10.0	12.7	19.3
进出口总额				15.7	27.9	29.9
实际到帐注册外资				13.0	14.1	34.7
教育						
高等学校在校学生数	31.0	3.1	8.7	19.9	13.2	5.1
中等专业学校在校学生数	6.4	5.0	17.2	6.8	3.6	1.6

1-5 续表 3

单位:%

指　　标	"六五"时期	"七五"时期	"八五"时期	"九五"时期	"十五"时期	"十一五"时期
普通中学在校学生数	-3.0	0.2	6.2	6.6	6.9	-8.6
小学在校学生数	-1.9	-0.7	5.4	2.7	-10.5	-6.0
卫生						
卫生机构数	4.2	0.1	-0.1	-1.1	6.9	-2.6
床位数	4.6	2.3	1.5	-0.9	2.3	8.9
卫生技术人员数	3.8	3.5	3.8	0.7	-1.5	2.7
# 医生	6.2	4.9	2.5	0.7	-2.0	2.4
主要工农业产品产量						
粮食	10.9	1.5	0.4	-4.7	-0.4	7.0
棉花	9.6	-4.6	1.2	-3.0	-3.9	-5.0
油料	27.2	-14.6	11.8	19.4	-4.3	-5.7
水果	9.1	19.6	20.4	18.0	1.3	4.0
生猪存栏	5.7	-2.2	4.8	-1.4	1.3	6.5
水产品	8.2	15.8	18.1	9.8	4.0	0.7
生铁	0.2	12.1	12.2	-6.5	32.7	14.9
铝锭	2.4	19.8	20.6	-23.7	16.6	58.7
原煤	3.7	2.4	2.9	-0.6	2.7	-4.4
发电量	4.1	12.3	2.7	4.2	16.1	5.2
合成氨	2.9	-1.3	2.1	5.2	14.1	12.4
农用化肥(折 100%)	1.5	9.6	-4.8		13.9	10.2
水泥	8.0	28.2	-1.0		5.7	19.9
纱	2.9	8.4	5.0	9.1	26.3	28.8
布	-0.4	10.5	2.8	-10.0	5.2	8.8
机制纸及纸板	15.6	20.5	34.2	-14.5	8.4	16.6
卷烟	6.1	5.1	0.3	0.2	10.8	1.1
饮料酒	7.0	11.9	18.0	-5.7	19.0	17.7
合成洗涤剂	19.2	8.1	8.7	1.3	-2.7	-32.5
锻压机械					10.7	
汽车起重机		5.2	10.3	9.7	37.6	28.2
装载机				6.5	39.7	10.0
压路机		1.9	18.8	5.4	-0.3	23.1

1–6　徐州的一天

指　标	1985	1990	1995	2000	2005	2010	2011	2012	2013
全市每天创造的财富									
地区生产总值（万元）	1 522	3 092	11 054	16 885	33 607	80 607	97 305	110 043	121 529
第一产业	607	1 060	2 758	3 248	4 774	7 748	9 165	10 478	11 476
第二产业	651	1 230	5 045	7 769	16 990	40 847	48 686	53 932	58 036
工业	568	1 121	4 546	6 672	14 464	34 756	41 365	45 661	49 136
建筑业	83	109	499	1 096	2 526	6 091	7 321	8 271	8 900
第三产业	264	801	3 251	5 868	11 843	32 011	39 454	45 633	52 017
# 运输和邮电业		198	810	1 567	3 523	6 648	9 178	8 873	11 298
批发、零售、住宿和餐饮业		187	869	1 594	3 358	10 517	14 133	16 279	19 344
财政总收入（万元）	158	280	693	1 305	3 980	11 339	15 215	16 373	18 081
# 公共财政预算收入				615	1 513	6 087	8 724	10 048	11 585
生铁（吨）	453	800	1 425	1 016	4 179	8 354	9 250	10 284	14 313
原煤（万吨）	4.93	5.57	6.40	6.22	7.12	5.68	5.55	5.52	5.40
发电量（万千瓦时）	1 599	2 860	3 271	4 024	8 492	10 947	12 429	14 457	15 745
水泥（吨）	5 562	8 155	28 247	26 941	35 498	87 818	78 090	76 133	68 183
布（万米）	20.14	33.18	38.00	22.45	28.91	43.99	30.31	46.48	49.48
机制纸及纸板（吨）	178	451	1 962	895	1 340	2 892	2 168	3 373	1 050
卷烟（箱）	715	918	932	942	1 577	1 670	1 754	1 765	1 876
合成洗涤剂（吨）	135	199	301	321	281	39	49	38	
全市每天消费量									
社会消费品零售总额（万元）	640	1 157	3 183	5 074	10 850	26 219	31 285	35 959	40 984
城市居民每人生活费支出（元）	1.85	3.86	10.09	14.77	21.02	36.04	41.13	43.03	51.80
# 食品消费	1.00	2.22	5.04	5.44	7.42	12.32	14.31	15.68	17.36
农民每人生活费支出（元）	0.90	1.47	3.11	4.44	7.78	14.29	16.36	18.47	19.85
# 食品消费	0.47	0.78	1.86	1.87	3.31	5.37	5.95	6.61	7.10
每天其他经济活动									
货物运输量（万吨）	17.21	16.64	29.75	26.49	38.42	101.99	98.01	95.48	92.95
旅客运输量（万人次）	9.84	8.65	16.63	19.88	22.19	76.06	63.67	68.20	45.91
房屋建筑竣工面积（平方米）	3 539	3 063	5 022	8 078	14 720	12 400	15 410	13 192	19 251
# 住宅竣工面积（平方米）	1 839	1 600	2 517	3 935	7 012	10 247	13 538	11 678	16 865
邮寄函件（万件）	7.05	8.15	8.59	6.88	5.59	12.95	13.07	12.40	7.16
每天人口变动和婚姻									
出生人数（人）	235	432	228	460	192	596	487	531	580
死亡人数（人）	93	98	108	122	62	218	196	125	92
结婚对数（对）	145	189	178	153	146	279	321	349	342
离婚对数（对）	2	1	3	4	17	30	35	39	51

1–7 徐州市国民经济主要指标占全省比重

（2013 年）

指　　　标		全　省	徐州市	徐州市占全省的　比　重（%）
年末人口	**（万人）**	**7 939.49**	**1 006.85**	**12.7**
从业人数	**（万人）**	**4 759.89**	**542.58**	**11.4**
在岗职工人数		1 418.57	101.53	7.2
地区生产总值（GDP）（当年价格）	**（亿元）**	**59 161.75**	**4 435.82**	**7.5**
第一产业		3 646.08	418.88	11.5
第二产业		29 094.02	2 118.32	7.3
第三产业		26 421.65	1 898.62	7.2
人均 GDP	（元）	74 607	51 714	69.3
社会消费品零售总额	**（亿元）**	**20 796.50**	**1 495.91**	**7.2**
进出口总额	（亿美元）	5 508.44	62.89	1.1
# 出口总额		3 288.57	48.97	1.5
实际到帐注册外资	（亿美元）	332.59	15.00	4.5
财政总收入	**（亿元）**	17 328.8	659.95	3.8
公共财政预算收入		6 568.46	422.84	6.4
地方财政支出		7 798.47	595.61	7.6
城镇非私营单位在岗职工平均工资	**（元）**	57 985	47 013	81.1
农民人均纯收入	（元）	13 598	12 052	88.6
城镇居民人均可支配收入	（元）	32 538	23 770	73.1
城乡居民储蓄存款余额	（亿元）	33 823.90	2 089.77	6.2

1-7　续表　　（2013 年）

指　标		全　省	徐州市	徐州市占全省的　比　重（%）
全社会客运量	**（万人）**	**152 172**	**16 758**	**11.0**
全社会货运量	（万吨）	194 048	33 926	17.5
邮电业务总量	（亿元）	1 252.18	78.46	6.3
专业技术人数（国有+集体）	**（万人）**	**117.11**	**12.54**	**10.7**
高等学校在校学生		168.45	13.63	8.1
普通中学在校学生		296.74	37.52	12.6
小学在校学生		435.37	66.18	15.2
医院、卫生院	（个）	2 556	277	10.8
卫生机构床位数	（万张）	36.83	4.31	11.7
# 医院、卫生院		34.12	4.02	11.8
卫生技术人员数		42.9	4.36	10.2
# 执业医师、执业助理医师		16.97	1.62	9.5
主要工农业产品产量	**（万吨）**			
粮食		3 422.98	451.13	13.2
棉花		20.93	3.63	17.3
油料		150.37	9.96	6.6
水产品产量		509.38	18.37	3.6
原煤		2 011.18	1 972.11	98.1
发电量	（亿千瓦时）	4 288.91	574.70	13.4
水泥		17 991.86	2 488.69	13.8
农用化肥	（折 100%）	246.95	53.98	21.9
纱		483.33	103.88	18.6
布	（亿米）	81.12	1.81	2.1

1-8　主要年份国民经济和社会发展结构指标

单位:%

指　　　标	1978	1985	1990	1995	2000	2005	2009	2010	2011	2012	2013
人口结构											
农业人口	88.5	85.6	82.9	80.2	74.2	65.9	60.5	54.2	36.0	32.9	28.4
非农业人口	11.5	14.4	17.1	19.8	25.8	34.1	39.5	45.8	64.0	67.1	71.6
就业结构											
产业结构											
第一产业	72.1	63.8	61.0	56.9	56.4	40.3	32.4	31.2	28.9	27.8	26.2
第二产业	15.3	22.5	23.4	25.3	22.3	28.3	35.9	35.9	38.8	39.4	40.6
第三产业	12.6	13.7	15.6	17.8	21.3	31.4	31.7	32.9	32.2	32.8	33.2
经济类型结构											
职工人数	21.2	22.4	21.4	21.7	17.0	12.4	11.6	11.2	11.2	11.5	11.1
#国有经济	68.5	70.7	72.9	78.5	81.3	71.6	66.0	66.1	65.5	65.2	54.9
城镇集体经济	31.5	29.3	26.9	20.7	11.7	6.4	5.2	5.0	4.9	4.3	5.1
农村劳动力	78.8	77.2	77.8	76.1	78.1	77.0	71.6	70.3	69.0	67.7	66.6
城镇私营及个体劳动者		0.4	0.8	1.9	4.6	8.3	13.8	15.4	16.8	17.8	19.3
其他从业人员				0.3	0.3	2.3	3.0	3.1	3.5	3.0	3.0
地区生产总值产业结构											
第一产业	44.0	39.9	34.3	25.0	19.2	14.2	10.5	9.6	9.4	9.5	9.4
第二产业	41.8	42.8	39.8	45.6	46.0	50.6	52.3	50.7	50.1	49.0	47.8
第三产业	14.2	17.3	25.9	29.4	34.8	35.2	37.2	39.7	40.5	41.5	42.8
地区生产总值支出结构											
总消费				45.3	48.9	50.4	48.3	46.1	46.4	47.4	49.1
居民消费				84.9	80.5	79.5	74.8	73.0	72.0	70.9	68.1
政府消费				15.1	19.5	20.5	25.2	27.0	28.0	29.1	31.9
资本形成总额				44.3	49.5	55.6	57.6	58.3	58.6	55.2	59.5
固定资产形成				64.1	85.7	88.0	97.4	97.4	91.1	91.2	94.7
存货增加				35.9	14.3	12.0	2.6	2.6	8.9	8.8	5.3
财政总收入相当于地区生产总值比例	**15.3**	**10.4**	**9.1**	**6.2**	**7.3**	**12.0**	**13.3**	**14.1**	**15.6**	**14.9**	**14.9**
科教文卫事业费占财政支出的比例		**39.5**	**33.1**	**40.4**	**33.5**	**24.1**	**28.6**	**41.4**	**30.5**	**31.9**	**31.5**
农林牧渔业总产值结构											
农　业	84.1	76.1	65.0	59.4	65.7	62.7	62.4	62.9	61.0	61.5	61.7
林　业	2.7	2.1	2.3	2.4	2.6	2.7	2.2	2.0	1.8	1.8	1.7
牧　业	12.5	20.3	30.0	35.0	26.1	27.2	28.1	28.3	30.8	30.3	30.0
渔　业	0.7	1.5	2.7	3.2	5.6	5.4	5.4	4.9	4.3	4.1	4.1
农林牧渔服务业						2.0	2.0	2.1	2.2	2.3	2.5
农作物播种面积结构											
粮食作物	74.1	83.1	86.1	76.8	59.3	56.3	65.2	65.0	65.5	65.0	64.8
经济作物	23.7	13.3	8.8	9.9	10.7	13.0	8.0	7.6	7.3	7.4	7.1
其他作物	2.2	3.6	5.1	13.3	30.0	30.7	26.7	27.4	27.2	27.6	28.1

1-8　续表

单位:%

指　标	1978	1985	1990	1995	2000	2005	2009	2010	2011	2012	2013
工业总产值按经济类型分											
国有工业	74.7	68.1	68.2	57.0	26.9	9.5	5.5	4.5	3.5	3.3	3.0
集体工业	25.3	31.9	31.3	36.2	12.9	0.1	0.5	0.3	0.2	0.2	0.2
其他工业			0.5	6.8	60.2	90.4	93.9	95.2	96.3	96.5	96.8
工业总产值按轻重工业分											
轻工业	39.6	38.1	45.6	42.5	44.0	32.0	28.9	27.4	27.7	28.3	29.7
重工业	60.4	61.9	54.4	57.5	56.0	68.0	71.1	72.6	72.3	71.7	70.3
货运量结构											
铁　路	56.7	43.9	43.8	18.6	17.6	10.6	8.5	26.7	15.7	13.2	3.1
公　路	25.0	19.5	45.9	61.9	49.5	43.6	48.9	39.6	47.0	48.8	45.6
水　运	3.6	2.1	7.6	10.9	5.8	6.3	8.3	6.8	8.0	8.0	14.1
管　道	14.7	34.5	2.7	8.6	27.1	39.5	34.3	26.8	29.3	30.0	37.2
在校学生结构											
大学生	0.1	0.8	1.0	1.2	2.4	5.0	10.2	10.2	10.3	10.3	10.6
中学生	32.6	28.0	28.6	30.1	33.2	53.2	48.0	44.5	44.2	41.5	38.2
小学生	67.2	71.2	70.4	68.8	64.5	41.8	41.9	45.3	44.5	48.2	51.2
专任教师结构											
大　学		3.5	3.6	3.3	3.6	6.3	7.8	8.0	8.4	8.7	9.0
中　学		34.5	37.4	38.1	39.3	46.4	47.7	48.8	51.4	49.8	47.5
小　学		62.0	59.0	58.6	57.1	47.3	44.5	43.2	40.2	41.5	43.4
城市居民消费结构											
食品		53.7	57.4	49.9	36.8	35.3	34.1	34.2	34.8	36.4	33.5
衣着		19.4	14.0	15.1	10.0	9.5	10.3	10.8	10.2	10.0	9.3
娱乐文教		6.9	8.7	8.7	14.4	16.5	12.1	11.4	16.3	13.1	13.4
居住		3.8	2.3	6.0	6.3	11.3	8.5	9.2	9.1	10.3	7.8
用品及其他		16.2	17.5	20.3	32.5	27.4	35.0	34.4	29.6	30.1	35.9
农村居民消费结构											
食品		52.2	53.4	59.9	42.2	42.6	38.6	37.6	36.3	35.8	35.8
衣着		10.5	10.3	7.2	6.2	6.9	8.1	8.3	8.2	8.2	8.3
娱乐文教		2.8	6.2	6.5	12.0	16.7	14.7	15.3	18.5	18.5	18.0
居住		24.2	17.8	15.4	19.9	10.8	16.3	15.6	14.3	14.1	14.7
用品及其他		13.1	18.5	17.6	31.8	23.0	22.3	23.1	22.7	23.4	23.2
卫生技术人员结构											
# 医生	31.0	38.3	40.5	38.1	38.1	37.1	37.7	36.0	36.8	36.4	37.1
护师、护士		22.3	28.3	33.4	28.6	30.3	35.0	36.6	30.7	40.5	41.4
治理污染资金使用结构											
治理废水			69.7	68.2	34.7	15.6	23.4	29.6	37.5	13.3	1.0
治理废气			26.8	18.1	64.4	81.6	45.5	61.4	47.3	86.7	97.3
治理固体废物			1.3	12.8	0.7	0.7	16.5	7.6			
治理噪声			2.0	0.8	0.1	1.3					
其他			0.2		0.1	0.8	14.6	1.4	15.2		1.7

主要统计指标解释

平均每年增长速度 在我国计算平均增长速度有两种方法，一种是习惯上经常使用的“水平法”，又称几何平均法，是以间隔期最后一年的水平同基期水平对比来计算平均每年增长(或下降)速度。另一种是“累计法”，又称代数平均法或方程法，是以间隔期内各年水平的总和同基期水平对比来计算平均每年增长(或下降)速度。

在一般正常情况下，两种方法计算的平均每年增长速度比较接近，但在经济发展不平衡，出现大起大落时，两种方法计算的结果差别较大。

本《年鉴》内所列的平均每年增长速度，除固定资产投资是用“累计法”计算以外，其余均用“水平法”计算。从某年到某年平均增长速度的年份，均不包括基期年在内。如改革开放30年的平均增长速度是以1978年为基期计算的，则写为1979-2008年平均增长速度，余类推。

各个计划时期 表内所用各个“时期”代表的年份如下：恢复时期为1950年到1952年；第一个五年计划时期(简称一五时期)为1953年到1957年；第二个五年计划时期(简称二五时期)为1958年到1962年；三年调整时期为1963年到1965年；第三个五年计划时期(简称三五时期)为1966年到1970年；第四个五年计划时期(简称四五时期)为1971年到1975年；第五个五年计划时期(简称五五时期)为1976年到1980年；第六个五年计划时期(简称六五时期)为1981年到1985年；第七个五年计划时期(简称七五时期)为1986年到1990年；第八个五年计划时期(简称八五时期)为1991年到1995年，第九个五年计划时期(简称九五时期)为1996年到2000年。第十个五年计划时期(简称十五时期)为2001年到2005年；第十一个五年计划时期(简称十一五时期)为2006年到2010年。

“倍数”的用法 倍，就是跟原数相同的数。倍数，只能用于数字的增加，不能用于数字的减少。如“增长多少倍”、“扩大多少倍”、“提高多少倍”都可以，但不能说“降低多少倍”、“缩小多少倍”、“减少多少倍”。因为减少一倍就减完了，再无什么可减了。运用倍数时，还要注意词的准确。如“增加了两倍”即原来是一，现在是三；“增加到两倍”，即原来是一，现在是二。这里的“了”和“到”不能缺少，也不能互换。

“百分数”的用法 百分数，是用一百做分母的分数，在数学中用“%”来表示，在文章中一般都写作“百分之多少”。百分数与倍数不同，它既可以表示数量的增加，也可以表示数量的减少。运用百分数时，也要注意概念的精确。如“比过去增长30%，即过去为100，现在是“130”；比过去降低30%，即过去是100，现在是“70”；“降低到原来的30%”，即原来是100，现在是“30”。

运用百分数时，还要注意有些数最多只能达到100%，如产品合格率，种子发芽率等；有些百分数只能小于100%，如粮食出粉率等；有些百分数却可以超过100%，如产品产量计划完成情况等。

“番”的用法与“倍”的关系 增加一倍，就是增加100%；翻一番，也是增加100%。除了一倍与一番相当外，两倍与两番以上数字含义就不同了，而且数字越大，差距越大。如增加两倍，就指增加200%；翻两番，就是400%(一番二、二番是四、三番就是八)，所以说翻两番就是增加了300%，翻三番就是增加了700%。“番”是按几何级数计算的，“倍”是按算术级数计算的。

计算翻番公式为：

n=[lg(报告期数÷基数)]÷lg2

n表示翻番数 lg是常用对数符号

第2部分 国民经济核算

NATIONAL ACCOUNTS

版面负责人：张玉强

编　　　辑：王　楠

江苏省统计条例

（2014年1月16日江苏省第十二届人民代表大会常务委员会第八次会议通过）

第二章 统计调查

第八条 地方统计调查应当按照地方统计调查项目组织实施。地方统计调查项目包括县级以上地方人民政府、政府统计机构及有关部门的统计调查项目。

地方统计调查项目应当执行国家统计标准和部门统计标准，与国家统计调查项目、部门统计调查项目互相衔接，下级地方统计调查项目不得与上级地方统计调查项目重复。

地方统计调查项目的制定应当进行必要性、可行性论证，听取有关部门、专家和公众的意见，并根据经济社会发展需要科学合理设置统计指标。与人口、社会相关的统计调查项目应当合理设置分性别统计指标。

第九条 制定地方统计调查项目，应当同时制定该项目的统计调查制度，并按照下列规定审批：

（一）省人民政府统计机构单独制定或者与有关部门共同制定的，报国家统计局审批；

（二）设区的市、县（市、区）人民政府统计机构单独制定或者与有关部门共同制定的，报省人民政府统计机构审批；

（三）县级以上地方人民政府有关部门单独制定或者与其他部门共同制定的，报本级人民政府统计机构审批。

变更统计调查制度内容的，应当报经原审批机关批准。

第十条 除涉及国家秘密的以外，地方统计调查项目及其统计调查制度，应当及时向社会公布。经国家统计局批准的，由省人民政府统计机构自批准之日起十日内公布；经县级以上地方人民政府统计机构批准的，由审批机关自批准之日起十日内公布。

第十一条 地方统计调查项目及其统计调查制度未经批准或者虽经批准但未依法公布的，不得组织实施。紧急情况下，经省人民政府批准实施的临时性统计调查项目除外。

前款所称的紧急情况，是指重大自然灾害等突发事件对本省经济社会发展产生重大影响的情形。

第十二条 省人民政府统计机构应当建立全省统一的基本单位名录库，作为政府统计调查的基础。

政府统计机构应当利用行政记录等资料对基本单位名录库进行日常维护和更新。机构编制、民政、工商行政、税务、质量监督等有关部门，应当按照有关规定向本级人民政府统计机构提供统计所需的行政记录，不得以任何理由拒绝提供。

第十三条 国家机关、企业事业单位和其他组织，应当在依法设立或者变更后三十日内，到所在地县（市、区）人民政府统计机构建立或者变更统计调查关系。县（市、区）人民政府统计机构应当书面告知其统计权利和义务，并及时更新基本单位名录库。

县（市、区）人民政府统计机构应当根据基本单位名录库等有关信息，书面告知尚未建立统计调查关系的统计调查对象与政府统计机构建立统计调查关系。

编辑：李　广

2-1　主要年份地区生产总值与构成

（当年价格）

年　　份	绝对数(万元)				构成(%)		
	地区生产总　值	第一产业	第二产业	第三产业	第一产业	第二产业	第三产业
1949	17 274	13 388	1 282	2 604	77.5	7.4	15.1
1952	22 978	16 401	2 717	3 860	71.4	11.8	16.8
1957	36 912	17 195	11 501	8 216	46.6	31.2	22.2
1962	45 752	20 558	14 176	11 018	44.9	31.0	24.1
1965	56 658	26 883	19 016	10 759	47.4	33.6	19.0
1970	86 926	39 808	33 926	13 192	45.8	39.0	15.2
1975	126 877	53 488	54 233	19 156	42.2	42.7	15.1
1978	213 899	94 036	89 475	30 388	44.0	41.8	14.2
1979	248 679	107 103	106 042	35 534	43.1	42.6	14.3
1980	286 203	112 976	129 855	43 372	39.5	45.4	15.1
1981	303 742	125 809	131 965	45 968	41.4	43.4	15.2
1982	354 094	144 961	152 552	56 581	40.9	43.1	16.0
1983	422 603	169 141	177 376	76 086	40.0	42.0	18.0
1984	496 828	203 530	205 616	87 682	41.0	41.4	17.6
1985	555 667	221 573	237 589	96 505	39.9	42.8	17.3
1986	630 445	246 074	259 605	124 766	39.0	41.2	19.8
1987	719 853	272 596	296 863	150 394	37.9	41.2	20.9
1988	846 322	302 814	364 213	179 295	35.8	43.0	21.2
1989	992 598	347 872	402 214	242 512	35.0	40.5	24.5
1990	1 128 406	386 894	449 104	292 408	34.3	39.8	25.9
1991	1 300 510	436 804	501 072	362 634	33.6	38.5	27.9
1992	1 621 503	468 032	702 902	450 569	28.9	43.3	27.8
1993	2 205 695	558 606	1 036 980	610 109	25.3	47.0	27.7
1994	3 147 560	797 131	1 482 083	868 346	25.3	47.1	27.6
1995	4 034 596	1 006 725	1 841 433	1 186 438	25.0	45.6	29.4
1996	4 880 421	1 156 698	2 232 087	1 491 636	23.7	45.7	30.6
1997	5 042 259	1 079 337	2 338 385	1 624 537	21.4	46.4	32.2
1998	5 367 632	1 124 458	2 479 489	1 763 685	20.9	46.2	32.9
1999	5 770 945	1 135 814	2 700 239	1 934 892	19.7	46.8	33.5
2000	6 162 952	1 185 711	2 835 638	2 141 603	19.2	46.0	34.8
2001	6 814 908	1 260 273	3 143 812	2 410 823	18.5	46.1	35.4
2002	7 493 386	1 340 458	3 511 425	2 641 503	17.9	46.9	35.2
2003	8 522 604	1 346 800	4 198 275	2 977 529	15.8	49.3	34.9
2004	10 311 200	1 615 900	5 116 400	3 578 900	15.7	49.6	34.7
2005	12 266 500	1 742 400	6 201 300	4 322 800	14.2	50.6	35.2
2006	14 647 400	1 900 500	7 564 900	5 182 000	13.0	51.6	35.4
2007	17 478 600	2 075 800	9 093 300	6 309 500	11.9	52.0	36.1
2008	21 188 400	2 320 000	11 057 600	7 810 800	10.9	52.2	36.9
2009	23 901 600	2 499 000	12 490 400	8 912 200	10.5	52.3	37.2
2010	29 421 400	2 828 200	14 909 200	11 684 000	9.6	50.7	39.7
2011	35 516 500	3 345 400	17 770 400	14 400 700	9.4	50.1	40.5
2012	40 165 800	3 824 600	19 685 200	16 656 000	9.5	49.0	41.5
2013	44 358 200	4 188 800	21 183 200	18 986 200	9.4	47.8	42.8

注:2013 年第一产业增加值不再包含农林牧渔服务业增加值,行业调整到第三产业中,下同。

2-2　市区主要年份生产总值与构成

（当年价格）

年　份	绝对数(万元)				构成(%)		
	地区生产总值	第一产业	第二产业	第三产业	第一产业	第二产业	第三产业
1949	2 999	130	1 180	1 689	4.3	39.4	56.3
1952	4 800	243	2 416	2 141	5.1	50.3	44.6
1957	13 961	311	9 972	3 678	2.2	71.4	26.4
1962	17 942	330	12 136	5 476	1.8	67.7	30.5
1965	20 029	299	14 484	5 246	1.5	72.3	26.2
1970	34 074	642	27 317	6 115	1.9	80.2	17.9
1975	50 598	1 111	42 074	7 413	2.2	83.2	14.6
1978	76 966	1 473	63 559	11 934	1.9	82.6	15.5
1979	92 885	1 453	76 488	14 944	1.6	82.3	16.1
1980	114 121	1 404	92 906	19 811	1.2	81.4	17.4
1981	115 615	1 911	92 268	21 436	1.7	79.8	18.5
1982	132 620	2 651	102 819	27 150	2.0	77.5	20.5
1983	158 974	3 277	120 463	35 234	2.1	75.8	22.1
1984	178 795	2 573	139 174	37 048	1.4	77.9	20.7
1985	201 382	3 944	155 271	42 167	2.0	77.1	20.9
1986	226 245	3 473	167 736	55 036	1.5	74.2	24.3
1987	261 723	3 641	185 152	72 930	1.4	70.7	27.9
1988	290 004	5 416	197 585	87 003	1.9	68.1	30.0
1989	393 946	26 854	243 492	123 600	6.8	61.8	31.4
1990	465 430	28 945	286 638	149 847	6.2	61.6	32.2
1991	527 063	34 667	302 487	189 909	6.6	57.4	36.0
1992	691 488	35 101	423 675	232 712	5.1	61.3	33.6
1993	1 010 701	43 486	636 807	330 408	4.3	63.0	32.7
1994	1 407 532	48 151	872 348	487 033	3.4	62.0	34.6
1995	1 756 497	65 060	1 023 748	667 689	3.7	58.3	38.0
1996	2 099 264	73 753	1 155 934	869 577	3.5	55.1	41.4
1997	2 268 272	66 222	1 263 562	938 488	2.9	55.7	41.4
1998	2 443 284	69 244	1 395 261	978 779	2.8	57.1	40.1
1999	2 578 059	65 613	1 406 279	1 106 167	2.6	54.5	42.9
2000	2 903 331	66 504	1 561 564	1 275 263	2.3	53.8	43.9
2001	3 225 039	69 606	1 702 464	1 452 969	2.2	52.8	45.0
2002	3 593 285	74 009	1 911 036	1 608 240	2.0	53.2	44.8
2003	4 259 982	74 000	2 343 692	1 842 290	1.7	55.0	43.3
2004	5 383 900	80 700	3 052 100	2 251 100	1.5	56.7	41.8
2005	6 258 100	117 900	3 551 600	2 588 600	1.9	56.8	41.4
2006	7 272 800	111 800	4 111 800	3 049 200	1.5	56.5	41.9
2007	8 686 100	162 800	4 820 900	3 702 400	1.9	55.5	42.6
2008	9 984 800	177 100	5 517 000	4 290 700	1.8	55.3	43.0
2009	11 433 600	174 200	6 189 200	5 070 200	1.5	54.1	44.3
2010	17 794 700	521 200	9 673 700	7 599 800	2.9	54.4	42.7
2011	21 151 700	632 600	11 495 300	9 023 800	3.0	54.3	42.7
2012	24 029 300	677 900	13 070 100	10 281 300	2.8	54.4	42.8
2013	26 417 600	725 100	14 231 800	11 460 700	2.7	53.9	43.4

2–3 主要年份地区生产总值

（当年价格）

单位:万元

年份	地区生产总值	第一产业	第二产业	工业	建筑业	第三产业	#交通、仓储邮电通信业	#批发零售、住宿餐饮业	人均地区生产总值
1978	213 899	94 036	89 475	80 640	8 835	30 388			334
1979	248 679	107 103	106 042	95 109	10 933	35 534			383
1980	286 203	112 976	129 855	117 494	12 361	43 372			436
1981	303 742	125 809	131 965	120 773	11 192	45 968			456
1982	354 094	144 961	152 552	136 971	15 581	56 581			522
1983	422 603	169 141	177 376	152 040	25 336	76 086			468
1984	496 828	203 530	205 616	182 030	23 586	87 682			713
1985	555 667	221 573	237 589	207 209	30 380	96 505			790
1986	630 445	246 074	259 605	219 901	39 704	124 766			886
1987	719 853	272 596	296 863	254 061	42 802	150 394			999
1988	846 322	302 814	364 213	325 963	38 250	179 295			1 152
1989	992 598	347 872	402 214	366 541	35 673	242 512			1 319
1990	1 128 406	386 894	449 104	409 314	39 790	292 408	72 126	68 281	1 438
1991	1 300 510	436 804	501 072	457 482	43 590	362 634	82 331	92 901	1 598
1992	1 621 503	468 032	702 902	623 641	79 261	450 569	96 581	117 949	1 969
1993	2 205 695	558 606	1 036 980	934 658	102 322	610 109	148 636	159 699	2 656
1994	3 147 560	797 131	1 482 083	1 346 900	135 183	868 346	208 401	224 935	3 754
1995	4 034 596	1 006 725	1 841 433	1 659 430	182 003	1 186 438	295 570	317 301	4 762
1996	4 880 421	1 156 698	2 232 087	1 997 969	234 118	1 491 636	374 708	406 308	5 706
1997	5 042 259	1 079 337	2 338 385	2 081 981	256 404	1 624 537	413 969	447 971	5 841
1998	5 367 632	1 124 458	2 479 489	2 158 727	320 762	1 763 685	469 179	488 742	6 159
1999	5 770 945	1 135 814	2 700 239	2 340 678	359 561	1 934 892	518 356	521 626	6 583
2000	6 162 952	1 185 711	2 835 638	2 435 429	400 209	2 141 603	571 968	581 651	6 948
2001	6 814 908	1 260 273	3 143 812	2 698 419	445 393	2 410 823	633 089	653 360	7 579
2002	7 493 386	1 340 458	3 511 425	3 028 844	482 581	2 641 503	685 237	726 092	8 297
2003	8 522 604	1 346 800	4 198 275	3 627 200	571 075	2 977 529	724 227	846 509	9 401
2004	10 311 200	1 615 900	5 116 400	4 353 500	762 900	3 578 900	1 003 800	985 500	11 596
2005	12 266 500	1 742 400	6 201 400	5 279 300	922 100	4 322 900	1 285 800	1 225 700	13 861
2006	14 647 400	1 900 500	7 564 900	6 475 000	1 089 900	5 181 900	1 580 100	1 475 600	16 665
2007	17 478 700	2 075 800	9 093 300	7 870 100	1 223 200	6 309 600	1 917 100	1 818 400	20 003
2008	21 188 400	2 300 000	11 057 600	9 527 000	1 530 600	7 830 800	2 299 100	2 312 000	24 350
2009	23 901 600	2 499 000	12 490 400	10 652 800	1 837 600	8 912 200	2 496 800	2 738 400	27 514
2010	29 421 400	2 828 200	14 909 200	12 686 100	2 223 100	11 684 000	2 851 800	3 838 600	34 084
2011	35 516 500	3 345 400	17 770 400	15 098 200	2 672 200	14 400 700	3 350 100	5 158 700	41 407
2012	40 165 800	3 824 600	19 685 200	16 666 200	3 019 000	16 656 000	3 825 900	5 941 800	46 877
2013	44 358 200	4 188 800	21 183 200	17 934 800	3 248 400	18 986 200	4 123 600	7 060 500	51 714

2–4　主要年份地区生产总值指数

（按可比价格计算、以 1978 年为 100）

年　份	地区生产总　值	第一产业	第二产业	工　业	建筑业	第三产业	#交通、仓储邮电通信业	#批发零售、住宿餐饮业	人均地区生产总值
1978	100.0	100.0	100.0	100.0	100.0	100.0			100.0
1979	106.0	92.1	117.4	117.5	117.2	115.4			105.3
1980	121.3	96.3	143.7	144.5	136.1	133.0			119.2
1981	127.0	104.3	146.7	149.3	122.9	139.2			122.9
1982	145.5	112.8	171.8	172.1	168.9	169.7			138.4
1983	172.7	126.8	202.1	193.8	277.9	228.0			161.6
1984	197.5	144.7	232.9	230.3	256.2	256.5			182.8
1985	207.6	142.9	258.6	251.4	324.4	257.8			190.2
1986	224.3	146.3	276.6	261.5	415.3	311.3			203.2
1987	240.6	146.2	305.0	290.6	436.1	343.2			215.3
1988	251.0	132.2	347.5	346.1	360.5	334.5			220.2
1989	263.4	145.3	345.5	349.6	307.3	387.4			225.6
1990	291.3	149.0	384.7	389.5	340.4	456.7	100.0	100.0	239.4
1991	334.7	165.8	422.8	423.8	417.0	581.4	101.4	139.2	265.3
1992	407.0	176.2	566.1	561.5	611.7	707.6	115.9	162.4	318.6
1993	459.1	184.5	730.3	745.1	592.7	679.3	134.4	188.8	356.7
1994	537.1	200.2	867.6	885.9	695.8	832.8	176.9	218.4	399.3
1995	625.2	229.0	996.0	1 008.2	893.4	1 012.7	229.6	268.2	460.1
1996	722.7	248.0	1 181.3	1 188.7	1 130.2	1 171.7	245.0	320.3	524.2
1997	810.1	282.2	1 319.5	1 326.6	1 265.8	1 311.1	293.5	362.6	582.2
1998	908.9	306.8	1 497.6	1 489.8	1 620.2	1 463.2	331.9	385.8	646.8
1999	1 000.7	325.8	1 653.4	1 637.4	1 874.6	1 632.9	374.1	422.5	707.9
2000	1 100.8	341.4	1 827.0	1 806.1	2 120.2	1 828.8	423.9	475.3	769.6
2001	1 221.9	363.6	2 048.1	2 021.0	2 393.7	2 044.6	469.3	538.0	842.7
2002	1 361.2	386.5	2 320.5	2 310.0	2 599.6	2 277.7	529.4	604.2	934.6
2003	1 531.4	379.5	2 719.6	2 728.1	2 924.6	2 576.1	591.3	705.1	1 047.2
2004	1 745.8	417.5	3 135.7	3 118.2	3 532.9	2 929.0	685.3	798.2	1 185.4
2005	1 995.4	434.1	3 606.1	3 557.9	4 278.4	3 453.3	846.4	956.2	1 360.9
2006	2 297.7	452.8	4 248.1	4 196.3	5 006.0	3 995.7	973.3	1 121.6	1 577.3
2007	2 650.4	471.4	4 998.2	5 037.4	5 200.4	4 637.6	1 137.8	1 296.6	1 829.6
2008	3 009.5	498.7	5 698.9	5 791.1	5 602.7	5 351.0	1 306.2	1 544.3	2 085.3
2009	3 429.3	526.1	6 528.3	6 572.4	6 841.5	6 185.3	1 446.0	1 860.8	2 379.3
2010	3 909.4	548.3	7 554.0	7 630.3	7 742.6	7 063.6	1 534.2	2 223.7	2 729.1
2011	4 439.1	572.9	8 653.8	8 817.2	8 429.9	8 084.7	1 707.2	2 717.4	3 117.2
2012	5 025.1	602.1	9 908.6	10 086.9	9 728.1	9 168.0	1 860.8	3 114.1	3 531.8
2013	5 616.0	620.6	11 129.5	11 405.5	10 488.5	10 337.5	2 021.7	3 685.3	3 942.9

2–5 主要年份地区生产总值指数

（按可比价格计算、以上年为 100）

年 份	地区生产总值	第一产业	第二产业			第三产业			人均地区生产总值
				工 业	建筑业		# 交通、仓储邮电通信业	# 批发零售、住宿餐饮业	
1978	100.0	100.0	100.0	100.0	100.0	100.0			100.0
1979	106.0	92.1	117.4	117.5	117.2	115.4			105.3
1980	114.4	104.6	122.4	123.0	116.1	115.3			113.2
1981	104.7	108.3	102.1	103.3	90.3	104.7			103.1
1982	114.6	108.1	117.1	115.3	137.4	121.9			112.6
1983	118.7	112.4	117.6	112.6	164.5	134.4			116.8
1984	114.4	114.1	115.2	118.8	92.2	112.5			113.1
1985	105.1	98.8	111.0	109.2	126.6	100.5			104.0
1986	108.0	102.4	107.0	104.0	128.0	120.8			106.8
1987	107.3	99.9	110.3	111.1	105.0	110.2			106.0
1988	104.3	90.4	113.9	119.1	82.7	97.5			102.3
1989	104.9	109.9	99.4	101.0	85.2	115.8			102.5
1990	110.6	102.5	111.3	111.4	110.8	117.9			106.1
1991	114.9	111.3	109.9	108.8	122.5	127.3	101.4	139.2	110.8
1992	121.6	106.3	133.9	132.5	146.7	121.7	114.3	116.7	120.1
1993	112.8	104.7	129.0	132.7	96.9	96.0	116.0	116.3	112.0
1994	117.0	108.5	118.8	118.9	117.4	122.6	131.6	115.7	111.9
1995	116.4	114.4	114.8	113.8	128.4	121.6	129.8	122.8	115.2
1996	115.6	108.3	118.6	117.9	126.5	115.7	106.7	119.4	113.9
1997	112.1	113.8	111.7	111.6	112.0	111.9	119.8	113.2	111.1
1998	112.2	108.7	113.5	112.3	128.0	111.6	113.1	106.4	111.1
1999	110.1	106.2	110.4	109.9	115.7	111.6	112.7	109.5	109.4
2000	110.0	104.8	110.5	110.3	113.1	112.0	113.3	112.5	108.7
2001	111.0	106.5	112.1	111.9	112.9	111.8	110.7	113.2	109.5
2002	111.4	106.3	113.3	114.3	108.6	111.4	112.8	112.3	110.9
2003	112.5	98.2	117.2	118.1	112.5	113.1	111.7	116.7	112.0
2004	114.0	110.0	115.3	114.3	120.8	113.7	115.9	113.2	113.2
2005	114.3	104.0	115.0	114.1	121.1	117.9	123.5	119.8	114.8
2006	115.1	104.3	117.8	117.9	117.0	115.7	115.0	117.3	115.9
2007	115.3	104.1	117.7	120.0	103.9	116.1	116.9	115.6	116.0
2008	113.5	105.8	114.0	115.0	107.7	115.4	114.8	119.1	114.0
2009	113.9	105.5	114.6	113.5	122.1	115.6	110.7	120.5	114.1
2010	114.0	104.2	115.7	116.1	113.2	114.2	106.1	119.5	114.7
2011	113.5	104.5	114.6	115.6	108.9	114.5	111.3	122.2	114.2
2012	113.2	105.1	114.5	114.4	115.4	113.4	109.0	114.6	113.3
2013	111.8	103.1	112.3	113.1	107.8	112.8	108.6	118.3	111.6

2–6　市区主要年份地区生产总值

（当年价格）

单位：万元

年　份	地区生产总　值	第一产业	第二产业	工　业	建筑业	第三产业	#交通、仓储邮电通信业	#批发零售、住宿餐饮业	人均地区生产总值
1978	76 966	1 473	63 559	59 772	3 787	11 934			1 169
1979	92 885	1 453	76 488	72 392	4 096	14 944			1 347
1980	114 121	1 404	92 906	87 787	5 119	19 811			1 588
1981	115 615	1 911	92 268	86 945	5 323	21 436			1 564
1982	132 620	2 651	102 819	96 100	6 719	27 150			1 742
1983	158 974	3 277	120 463	104 405	16 058	35 234			2 031
1984	178 795	2 573	139 174	127 450	11 724	37 048			2 236
1985	201 382	3 944	155 271	142 093	13 178	42 167			2 469
1986	226 245	3 473	167 736	146 660	21 076	55 036			2 717
1987	261 723	3 641	185 152	162 570	22 582	72 930			3 086
1988	290 004	5 416	197 585	183 348	14 237	87 003			3 357
1989	393 946	26 854	243 492	229 027	14 465	123 600			3 036
1990	465 430	28 945	286 638	267 966	18 672	149 847	47 377	34 909	3 486
1991	527 063	34 667	302 487	281 089	21 398	189 909	52 387	52 176	3 864
1992	691 488	35 101	423 675	380 596	43 079	232 712	60 256	66 734	5 005
1993	1 010 701	43 486	636 807	584 435	52 372	330 408	95 675	101 473	7 217
1994	1 407 532	48 151	872 348	809 989	62 359	487 033	128 744	144 742	9 922
1995	1 756 497	65 060	1 023 748	938 593	85 155	667 689	174 146	214 297	12 199
1996	2 099 264	73 753	1 155 934	1 039 063	116 871	869 577	223 403	283 423	14 356
1997	2 268 272	66 222	1 263 562	1 122 431	141 131	938 488	244 896	308 787	15 291
1998	2 443 284	69 244	1 395 261	1 186 598	208 663	978 779	253 128	337 690	16 224
1999	2 578 059	65 613	1 406 279	1 175 659	230 620	1 106 167	277 688	371 413	16 945
2000	2 903 331	66 504	1 561 564	1 289 353	272 211	1 275 263	329 705	429 898	18 551
2001	3 225 039	69 606	1 702 464	1 401 992	300 472	1 452 969	376 668	482 627	19 959
2002	3 593 285	74 009	1 911 036	1 585 572	325 464	1 608 240	410 094	544 230	21 970
2003	4 259 982	74 000	2 343 692	1 998 038	345 654	1 842 290	461 838	628 954	25 672
2004	5 383 900	80 700	3 052 100	2 607 600	444 500	2 251 100	575 700	761 400	28 544
2005	6 258 100	117 900	3 551 600	3 116 700	434 900	2 588 600	622 500	936 100	31 203
2006	7 272 800	111 800	4 111 800	3 720 300	391 500	3 049 200	683 300	1 167 000	38 836
2007	8 686 000	162 800	4 820 900	4 432 500	388 400	3 702 300	750 000	1 478 200	45 407
2008	9 984 800	177 100	5 517 000	5 183 700	333 300	4 290 700	937 900	1 803 400	50 586
2009	11 433 600	174 200	6 189 200	5 775 800	413 400	5 070 200	1 078 500	2 119 300	56 833
2010	17 794 700	521 200	9 673 700	8 831 100	842 600	7 599 800	1 532 100	2 906 400	57 743
2011	21 151 700	632 600	11 495 300	10 340 000	1 155 300	9 023 800	1 239 300	3 266 900	68 564
2012	24 029 300	677 900	13 070 100	11 792 100	1 278 000	10 281 300	1 845 900	4 021 400	76 923
2013	26 417 600	725 100	14 231 800	12 819 300	1 412 500	11 460 700	2 043 100	4 584 100	81 584

2–7 市区主要年份地区生产总值指数

（按可比价格计算、以 1978 年为 100）

年份	地区生产总值	第一产业	第二产业	工业	建筑业	第三产业	#交通、仓储邮电通信业	#批发零售、住宿餐饮业	人均地区生产总值
1978	100.0	100.0	100.0	100.0	100.0	100.0			100.0
1979	119.4	79.8	119.5	120.6	102.4	123.6			114.0
1980	145.1	76.4	144.9	145.7	131.5	154.7			132.9
1981	146.9	101.1	144.5	145.0	136.3	165.2			130.8
1982	169.5	131.6	163.3	162.9	169.9	207.4			146.6
1983	204.3	156.8	193.3	179.5	410.9	268.9			171.8
1984	228.6	116.8	222.3	217.6	297.1	276.0			188.2
1985	244.4	162.4	238.3	232.6	328.3	286.8			197.2
1986	264.7	131.8	251.9	235.3	514.4	349.6			209.2
1987	289.4	124.6	267.9	250.9	536.7	423.8			224.5
1988	286.3	150.9	265.6	262.6	313.0	413.3			218.2
1989	334.9	716.1	294.5	294.7	290.7	502.8			249.8
1990	391.6	711.7	345.8	344.1	372.7	595.9	100.0	100.0	286.5
1991	456.6	911.7	358.9	352.0	467.4	833.7	100.4	160.4	329.2
1992	591.3	859.7	479.5	463.2	734.8	1 079.6	115.9	176.0	419.7
1993	667.0	1 097.8	625.3	623.5	648.8	909.0	129.3	223.3	465.0
1994	779.1	999.0	704.7	706.4	675.4	1 163.5	176.4	247.6	341.8
1995	867.9	1 273.7	741.3	733.9	870.6	1 432.3	230.7	306.8	417.1
1996	979.9	1 348.8	813.9	793.3	1 175.3	1 713.0	262.8	357.4	455.0
1997	1078.9	1 583.5	904.2	873.4	1 446.7	1 846.6	293.5	375.3	493.7
1998	1 173.8	1 721.3	1 010.9	945.0	2 162.8	1 913.1	306.1	409.5	529.2
1999	1 270.1	1 772.9	1 064.5	985.6	2 446.1	2 180.9	337.6	447.6	566.8
2000	1 432.7	1 804.8	1 185.9	1 089.1	2 869.3	2 529.8	419.0	490.6	621.5
2001	1 580.3	1 913.1	1 279.4	1 186.0	3 193.5	2 820.7	490.2	535.2	664.0
2002	1 776.3	2 012.6	1 472.5	1 363.9	3 445.8	3 147.9	537.7	587.1	737.4
2003	2 064.1	1 934.1	1 750.8	1 668.0	3 618.1	3 585.5	625.1	655.2	844.3
2004	2 435.6	2 282.2	1 988.9	2 035.0	4 204.2	4 105.4	715.7	750.2	987.0
2005	2 813.2	2 257.1	2 337.0	2 376.8	5 150.2	4 667.8	959.8	865.7	1 072.9
2006	3 251.5	2 056.2	2 731.7	2 802.3	5 721.3	5 357.7	1 104.7	1 009.4	1 208.0
2007	3 765.6	2 118.8	3 175.0	3 262.3	6 584.2	6 196.4	1 289.4	1 151.3	1 369.0
2008	4 266.4	2 226.9	3 603.6	3 735.3	7 005.6	7 070.1	1 454.4	1 341.3	1 518.1
2009	4 890.7	2 426.5	4 061.7	4 178.6	8 959.5	8 293.5	1 690.1	1 535.7	1 706.3
2010	5 678.0	2 318.7	4 613.1	4 679.6	11 934.1	10 059.6	1 789.8	1 934.4	1 953.0
2011	6 401.0	2 373.2	5 222.1	5 248.3	14 822.0	11 352.0	1 939.6	2 064.2	2 181.5
2012	7 225.8	2 466.9	5 913.3	5 944.3	16 748.0	12 827.2	2 168.8	2 419.6	2 432.4
2013	8 042.3	2 541.4	6 563.8	6 598.1	18 591.5	14 386.0	2 412.3	2 778.1	2 682.9

2–8　市区主要年份地区生产总值指数

（按可比价格计算、以上年为 100）

年　份	地区生产总　值	第一产业	第二产业	工　业	建筑业	第三产业	#交通、仓储邮电通信业	#批发零售、住宿餐饮业	人均地区生产总值
1978	100.0	100.0	100.0	100.0	100.0	100.0			100.0
1979	119.4	79.8	119.5	120.6	102.4	123.6			114.0
1980	121.5	95.7	121.3	120.8	128.4	125.2			116.6
1981	101.2	132.3	99.7	99.5	103.7	106.8			98.4
1982	115.4	130.2	113.0	112.3	124.7	125.5			112.1
1983	120.5	119.1	118.4	110.2	241.8	129.7			117.2
1984	111.9	74.5	115.0	121.2	72.3	102.6			109.5
1985	106.9	139.0	107.2	106.9	110.5	103.9			104.8
1986	108.3	81.2	105.7	101.2	156.7	121.9			106.1
1987	109.3	94.5	106.4	106.6	104.3	121.2			107.3
1988	98.9	121.1	99.1	104.7	58.3	97.5			97.2
1989	117.0	474.6	110.9	112.2	92.9	121.7			114.5
1990	116.9	99.4	117.4	116.8	128.2	118.5			114.7
1991	116.6	128.1	103.8	102.3	125.4	139.9	100.4	160.4	114.9
1992	129.5	94.3	133.6	131.6	157.2	129.5	115.4	109.7	127.5
1993	112.8	127.7	130.4	134.6	88.3	84.2	111.6	126.9	110.8
1994	116.8	91.0	112.7	113.3	104.1	128.0	136.4	110.9	73.5
1995	111.4	127.5	105.2	103.9	128.9	123.1	130.8	123.9	122.0
1996	112.9	105.9	109.8	108.1	135.0	119.6	113.9	116.5	109.1
1997	110.1	117.4	111.1	110.1	123.1	107.8	111.7	105.0	108.5
1998	108.8	108.7	111.8	108.2	149.5	103.6	104.3	109.1	107.2
1999	108.2	103.0	105.3	104.3	113.1	114.0	110.3	109.3	107.1
2000	112.8	101.8	111.4	110.5	117.3	116.0	124.1	109.6	109.7
2001	110.3	106.0	107.9	108.9	111.3	111.5	117.0	109.1	106.8
2002	112.4	105.2	115.1	115.0	107.9	111.6	109.7	109.7	111.1
2003	116.2	96.1	118.9	122.3	105.0	113.9	116.3	111.6	114.5
2004	118.0	118.0	113.6	122.0	116.2	114.5	114.5	114.5	116.9
2005	115.5	98.9	117.5	116.8	122.5	113.7	134.1	115.4	108.7
2006	115.6	91.1	116.9	117.9	111.1	114.8	115.1	116.6	112.6
2007	115.8	103.0	116.2	116.4	115.1	115.7	116.7	114.1	113.4
2008	113.3	105.1	113.5	114.5	106.4	114.1	112.8	116.5	110.9
2009	114.6	109.0	112.7	111.9	127.9	117.3	116.2	114.5	112.4
2010	116.1	95.6	113.6	112.0	133.2	121.3	105.9	126.0	114.5
2011	112.7	102.4	113.2	112.2	124.2	112.8	108.4	106.7	111.7
2012	112.9	103.9	113.2	113.3	113.0	113.0	111.8	117.2	111.5
2013	111.3	103.0	111.0	111.0	111.0	112.2	111.2	114.8	110.3

2-9　分行业地区生产总值

（当年价格）

单位：亿元

行　　业	全　市			市　区		
	2011	2012	2013	2011	2012	2013
地区生产总值	**3 551.65**	**4 016.58**	**4 435.82**	**2 115.17**	**2 402.93**	**2 641.76**
农、林、牧、渔业	334.54	382.46	432.38	63.26	67.79	74.59
农业	230.25	263.00	297.87	41.91	47.10	49.61
林业	6.78	7.61	8.58	0.65	0.74	1.55
牧业	72.63	83.22	92.23	16.71	15.48	17.80
渔业	15.70	17.80	20.21	2.88	3.25	3.55
农、林、牧、渔服务业	9.17	10.82	13.50	1.12	1.21	2.08
工业	1 509.82	1 666.62	1 793.48	1 034.00	1 179.21	1 281.93
采矿业	182.72	168.00	143.56	169.28	156.12	146.63
制造业	1 291.96	1 447.43	1 581.71	831.13	975.96	1 081.10
电力、燃气及水的生产和供应	35.15	51.19	68.21	33.59	47.13	54.19
建筑业	267.22	301.91	324.84	115.53	127.80	141.25
批发和零售业	456.32	530.85	637.10	272.85	367.31	414.03
批发业	356.34	375.84	463.20	215.36	274.84	313.53
零售业	99.98	155.01	173.90	57.49	92.47	100.50
交通运输、仓储和邮政业	284.99	323.85	345.59	123.93	131.71	146.33
住宿和餐饮业	59.56	63.34	68.95	53.85	34.83	44.38
住宿业	15.36	15.47	17.85	6.36	3.39	3.50
餐饮业	44.20	47.87	51.11	47.49	31.45	40.88
信息传输、计算机服务和软件业	50.01	58.74	66.77	45.83	52.88	57.98
金融业	120.96	144.31	154.67	97.62	100.69	104.70
房地产业	135.65	148.26	172.83	68.14	73.45	79.35
房地产开发经营业	46.33	45.53	55.53	26.41	22.93	26.87
物业管理、中介服务业和其他房地产活动	9.91	10.82	14.54	12.26	14.47	14.44
居民自有住房服务业	79.41	91.92	102.76	29.47	36.05	38.04
租赁和商务服务业	44.93	62.94	70.22	33.10	43.74	49.40
科学研究、技术服务和地质勘查业	20.25	22.61	23.50	16.21	17.73	20.59
水利、环境和公共设施管理业	10.67	11.85	12.07	6.67	7.29	8.85
居民服务和其他服务业	37.23	43.42	53.53	11.57	13.02	16.21
教育	61.84	67.96	74.17	58.87	63.87	71.25
卫生、社会保障和社会福利业	56.91	63.53	68.18	41.96	44.42	47.16
文化、体育和娱乐业	12.62	14.76	15.50	6.35	6.52	7.07
公共管理和社会组织	88.12	109.18	122.03	65.44	70.69	76.69

2–10 按行业划分的资本形成总额

（当年价格）　　单位:亿元

行业	全市		市区	
	2012	2013	2012	2013
固定资本形成总额	**2 023.44**	**2 498.74**	**993.33**	**1 358.62**
#住宅	50.61	46.81	46.50	68.49
非住宅建筑物	1 181.32	1 288.83	601.85	905.01
机器和设备	732.25	1 006.69	301.92	385.12
土地改良支出	6.27			
存货增加	**194.75**	**140.02**	**111.58**	**102.36**
农林牧渔业	9.92	–1.57	1.95	1.82
工业	73.71	–13.35	40.07	–11.46
建筑业	17.71	23.22	11.51	14.23
交通运输、仓储和邮政业			–0.95	
批发和零售业	–1.43	–4.36	–0.18	
住宿和餐饮业	–0.27	–1.81	59.18	
房地产业	95.11	116.00		97.77
其他服务业		21.89		

2-11 最终消费支出

（当年价格）　　　　单位:亿元

行业	全市			市区		
	2011	2012	2013	2011	2012	2013
最终消费支出	**1 648.92**	**1 902.45**	**2 177.98**	**772.96**	**810.75**	**958.35**
居民消费支出	**1 186.50**	**1 348.94**	**1 482.12**	**585.24**	**579.14**	**687.26**
农村居民	**303.25**	**333.57**	**352.02**	**59.66**	**65.24**	**69.61**
食品类支出	87.13	90.66	94.75	18.87	19.16	20.01
衣着类支出	19.38	20.86	21.89	3.79	4.45	4.91
居住类支出	32.72	35.85	38.88	7.45	6.82	7.41
家庭设备、用品及服务类支出	16.06	19.25	14.28	2.60	3.21	3.56
医疗保健类支出	17.86	18.76	19.01	3.16	4.61	4.90
交通和通信类支出	24.87	27.80	29.22	5.13	4.87	5.41
文教娱乐用品及服务类支出	42.18	46.91	47.71	9.01	10.11	10.64
银行中介服务支出	21.35	25.50	33.73	2.80	2.81	2.83
保险服务消费支出	12.11	13.45	15.92	0.44	1.38	2.33
自有住房服务虚拟支出	26.53	31.12	33.60	5.89	6.88	6.62
其它商品和服务类支出	3.06	3.41	3.03	0.52	0.94	0.99
城镇居民	**883.25**	**1 015.37**	**1 130.10**	**525.58**	**513.90**	**617.65**
食品类支出	206.12	231.77	264.89	119.70	134.05	153.05
衣着类支出	69.53	76.67	86.72	35.25	36.87	42.67
居住类支出	55.20	56.07	58.77	31.15	37.85	35.81
家庭设备、用品及服务类支出	42.81	46.53	64.25	26.49	26.26	36.37
医疗保健类支出	85.99	123.59	125.63	94.11	100.21	101.75
交通和通信类支出	91.12	74.71	115.58	37.07	42.39	84.64
文教娱乐用品及服务类支出	110.07	112.03	125.20	56.17	48.13	61.37
银行中介服务支出	25.67	45.67	52.11	12.38	12.50	13.79
保险服务消费支出	57.36	76.96	55.30	11.90	14.76	17.20
自有住房服务虚拟支出	79.41	85.67	133.29	77.33	37.57	38.76
实物消费支出	32.81	42.89	19.43	7.41	8.26	17.20
其它商品和服务类支出	27.16	42.81	28.93	16.62	15.05	15.04
政府消费支出	**462.42**	**553.51**	**695.86**	**187.72**	**231.61**	**271.09**

主要统计指标解释

国内生产总值(GDP) 指一个国家(地区)所有常住单位在一定时期内生产活动的最终成果。国内生产总值有三种表现形态,即价值形态、收入形态和产品形态。从价值形态看,它是所有常住单位在一定时期内所生产的全部货物和服务价值超过同期投入的全部非固定资产货物和服务价值的差额,即所有常住单位的增加值之和;从收入形态看,它是所有常住单位在一定时期内所创造并分配给常住单位和非常住单位的初次分配收入之和;从产品形态看,它是所有常住单位在一定时期内最终使用的货物和服务减去进口货物和服务价值。在实际核算中,国内生产总值的三种表现形态表现为三种计算方法,即生产法、收入法和支出法。三种方法分别从不同的方面反映国内生产总值及其构成。对于地区(省、市、县),GDP 中文名称为“地区生产总值”。

当年价格 指报告期的实际价格,如工厂的出厂价格,农产品的收购价格,商业的零售价格等。使用当年价格计算的数字,是为了使国民经济各项指标互相衔接,便于考察当年社会经济效益,便于对生产和流通、生产和分配、生产和消费进行经济核算和综合平衡。

按当年价格计算的价值指标,在不同年份之间进行对比时,因为包含有各年间价格变动的因素,不能确切地反映实物量的增添变动。必须消除价格变动因素后,才能真实反映经济发展动态。因此,在计算增长速度时都使用按可比价格计算的数字。

可比价格 指在不同时期的价值指标对比时,扣除了价格变动的因素,以确切反映物量的变化。按可比价格计算有两种方法:一种是直接用产品产量乘某一年的不变价格计算;另一种是用价格指数换算。

不变价格 指用同类产品的年平均价格作为固定价格,来计算各年产品价值。按不变价格计算的产品价值消除了价格变动因素,不同时期对比可以反映生产的发展速度。新中国成立后,随着工农业产品价格水平的变化,国家统计局先后五次制定了全国统一的工业产品不变价格和农业产品不变价格,从 1949 年到 1957 年使用 1952 年工(农)业产品不变价格,从 1957 年到 1971 年使用 1957 年不变价格,从 1971 年到 1981 年使用 1970 年不变价格,从 1981 年到 1990 年使用 1980 年不变价格,从 1990 年开始使用 1990 年不变价格。

三次产业 根据社会生产活动历史发展的顺序对产业结构的划分,产品直接取自自然界的部门称为第一产业,对初级产品进行再加工的部门称为第二产业,为生产和消费提供各种服务的部门称为第三产业。它是世界上通用的产业结构分类,但各国的划分不尽一致。我国的三次产业划分是:

第一产业:农、林、牧、渔业。

第二产业:工业(包括采掘工业、制造业、自来水、电力、蒸气、热水、煤气)和建筑业。

第三产业:除第一、第二产业以外的其他各业。由于第三产业包括的行业多、范围广,根据我国的实际情况,第三产业可分为两大部门:一是流通部门,二是服务部门。

第 3 部分 人口

POPULATION

版面负责人：周天恩

编　　　辑：闫礼建

江苏省统计条例

（2014年1月16日江苏省第十二届人民代表大会常务委员会第八次会议通过）

第十四条 国家机关、企业事业单位和其他组织，应当配备与统计任务相适应的统计信息技术设备，按照统计调查制度规定的使用计算机网络报送等方式报送统计资料。

第十五条 有下列情形之一的，政府统计机构、有关部门应当告知政府统计调查对象在规定期限内补正：

（一）未按照统计调查制度规定的方式报送统计资料的；

（二）以纸介质方式报送统计调查表，没有填表人、统计调查对象单位负责人签字，或者未加盖单位公章的；

（三）以数据电文方式报送统计资料，没有电子签名等身份识别标志的；

（四）发现报送的统计数据有错误的；

（五）其他按照统计调查制度应当补正的情形。

第十六条 政府统计调查对象未按照统计调查制度规定时间报送统计资料的，政府统计机构和有关部门应当书面催报。政府统计调查对象应当在催报规定的期限内报送统计资料。

第十七条 地方各级人民政府、政府统计机构和有关部门、单位的主要负责人及其他负责人，应当支持和保障政府统计机构、统计人员独立行使法定职权，不得有下列行为：

（一）自行修改统计资料、编造虚假统计数据；

（二）要求政府统计机构、统计人员或者其他机构、人员拒报、虚报、瞒报或者伪造、篡改统计资料；

（三）对依法履行职责或者拒绝、抵制统计违法行为的统计人员打击报复；

（四）对揭发、检举统计违法行为的人员打击报复；

（五）对本地区、本部门、本单位发生的统计违法行为不履行监督管理职责。

第十八条 省人民政府统计机构应当建立健全统计数据质量监控制度，规范统计方法，统一指标口径，避免政府部门统计数据的重复、交叉和不一致，保障统计数据的客观真实。

第十九条 地方各级人民政府、政府统计机构和有关部门可以按照政府采购的法律、法规规定，委托民间统计调查组织进行统计调查，实施数据搜集、核实、整理、分析和相关培训等活动。

民间统计调查组织应当在受委托的权限和范围内实施统计调查。未经委托，民间统计调查组织不得以政府或者政府部门的名义实施统计调查。

第二十条 接受委托实施政府统计调查活动的民间统计调查组织，应当有三名以上具有统计从业资格或者统计专业技术职务资格的专职人员，主管统计业务的负责人应当具有中级以上统计专业技术职务资格或者与统计专业相关的中级以上职称。

第二十一条 民间统计调查组织者开展民间统计调查活动时，应当向调查对象表明身份，告知调查目的，不得以任何方式强迫调查对象接受调查，不得冒用政府统计调查的名义组织实施调查，不得欺骗、蒙蔽调查对象。

民间统计调查组织者对能够识别或者推断单个调查对象身份的信息和数据应当予以保密，未经调查对象同意，不得对外提供、泄露。

编辑：李　广

3-1　主要年份人口数及构成

（年底数）　　　　单位：万人

年　份	总人口	按性别分				按户口性质分			
		男		女		农业人口		非农业人口	
		人口数	比重(%)	人口数	比重(%)	人口数	比重(%)	人口数	比重(%)
1949	372.61	186.90	50.2	185.71	49.8	340.89	91.5	31.72	8.5
1952	390.60	195.09	49.9	195.51	50.1	362.62	92.8	27.98	7.2
1957	450.86	225.50	50.0	225.36	50.0	401.62	89.1	49.24	10.9
1962	463.94	233.10	50.2	230.84	49.8	410.56	88.5	53.38	11.5
1965	490.87	248.12	50.5	242.75	49.5	434.30	88.5	56.57	11.5
1970	565.88	286.11	50.6	279.77	49.4	508.33	89.8	57.55	10.2
1975	616.98	313.92	50.9	303.06	49.1	549.55	89.1	67.43	10.9
1978	645.41	329.21	51.0	316.20	49.0	570.90	88.5	74.51	11.5
1979	652.47	333.30	51.1	319.44	48.9	572.40	87.7	80.34	12.3
1980	659.86	336.37	51.0	323.49	49.0	576.22	87.3	83.64	12.7
1981	672.02	343.13	51.1	328.89	48.9	585.14	87.1	86.88	12.9
1982	684.45	350.08	51.1	334.37	48.9	594.34	86.8	90.11	13.2
1983	692.94	355.10	51.2	337.84	48.8	599.89	86.6	93.05	13.4
1984	700.04	358.91	51.3	341.13	48.7	603.98	86.3	96.06	13.7
1985	707.56	363.42	51.4	344.14	48.6	605.66	85.6	101.90	14.4
1986	715.41	367.27	51.3	348.14	48.7	610.43	85.3	104.98	14.7
1987	725.88	372.76	51.4	352.12	48.6	616.53	84.9	109.35	15.1
1988	743.78	382.42	51.4	361.36	48.6	621.93	83.6	121.85	16.4
1989	761.81	390.65	51.3	371.16	48.7	629.65	82.7	132.16	17.3
1990	807.14	412.92	51.2	394.22	48.8	668.88	82.9	138.26	17.1
1991	820.17	419.73	51.2	400.44	48.8	675.69	82.4	144.48	17.6
1992	826.74	423.34	51.2	403.40	48.8	676.90	81.9	149.84	18.1
1993	833.94	427.03	51.2	406.91	48.8	678.33	81.3	155.61	18.7
1994	843.21	431.56	51.2	411.65	48.8	683.15	81.0	160.06	19.0
1995	851.15	435.79	51.2	415.36	48.8	682.53	80.2	168.62	19.8
1996	859.43	440.95	51.3	418.48	48.7	682.89	79.5	176.54	20.5
1997	867.16	444.54	51.3	422.62	48.7	684.73	79.0	182.43	21.0
1998	875.78	450.53	51.4	425.25	48.6	687.36	78.5	188.42	21.5
1999	877.53	452.68	51.6	424.85	48.4	684.36	78.0	193.17	22.0
2000	896.44	461.12	51.4	435.32	48.6	665.33	74.2	231.11	25.8
2001	901.86	463.64	51.4	438.21	48.6	661.15	73.3	240.71	26.7
2002	904.44	465.45	51.5	438.99	48.5	654.14	72.3	250.30	27.7
2003	908.66	467.80	51.5	440.86	48.5	624.16	68.7	284.50	31.3
2004	916.85	471.36	51.4	445.49	48.6	614.31	67.0	302.54	33.0
2005	925.31	476.08	51.5	449.23	48.5	609.46	65.9	315.85	34.1
2006	934.73	481.46	51.5	453.27	48.5	613.97	65.7	320.76	34.3
2007	940.95	484.56	51.5	456.39	48.5	617.49	65.6	323.46	34.4
2008	946.86	488.31	51.6	458.55	48.4	610.21	64.4	336.65	35.6
2009	957.61	494.55	51.6	463.06	48.4	579.09	60.5	378.52	39.5
2010	972.89	502.44	51.6	470.45	48.4	527.51	54.2	445.38	45.8
2011	976.66	505.72	51.8	470.94	48.2	351.16	36.0	625.50	64.0
2012	990.52	513.26	51.8	477.26	48.2	325.46	32.9	665.06	67.1
2013	1 006.85	521.91	51.8	484.94	48.2	286.23	28.4	720.62	71.6

3-2 主要年份户口数、平均人口及人口密度

年份	户数（万户）	平均每户人口（人）	年平均人口（万人）	农业人口	非农业人口	人口密度（人/平方公里）
1949	85.85	4.34				331
1952	91.05	4.29	384.46	357.37	27.07	347
1957	104.97	4.30	445.51	398.88	46.63	400
1962	115.02	4.03	458.18	402.01	56.17	412
1965	116.76	4.20	485.20	429.36	55.84	436
1970	124.88	4.53	557.98	499.57	58.41	503
1975	132.87	4.64	611.72	545.36	66.36	548
1978	143.57	4.50	640.77	567.85	72.92	573
1979	146.72	4.45	649.07	571.65	77.42	580
1980	149.43	4.42	656.30	574.31	81.99	586
1981	155.52	4.32	665.94	580.68	85.26	597
1982	157.29	4.35	678.24	589.74	88.50	608
1983	158.32	4.38	688.69	597.11	91.58	616
1984	161.16	4.34	696.49	601.93	94.56	622
1985	163.80	4.32	703.80	604.82	98.98	628
1986	168.46	4.25	711.48	608.04	103.44	635
1987	173.15	4.19	720.65	613.48	107.17	645
1988	182.07	4.09	734.83	619.23	115.60	661
1989	191.43	3.98	752.80	625.79	127.01	677
1990	204.40	3.95	784.47	649.26	135.21	717
1991	209.15	3.92	813.65	672.28	141.37	729
1992	214.47	3.85	823.46	676.30	147.16	734
1993	216.59	3.85	830.34	677.62	152.72	741
1994	220.58	3.82	838.58	680.74	157.84	749
1995	227.60	3.74	847.18	682.84	164.34	756
1996	232.50	3.70	855.29	682.71	172.58	763
1997	238.73	3.63	863.29	683.81	179.48	770
1998	249.75	3.51	871.47	686.04	185.43	778
1999	257.66	3.41	876.66	685.86	190.80	779
2000	270.80	3.31	886.99	674.85	212.14	796
2001	275.91	3.27	899.15	663.24	235.91	801
2002	279.22	3.24	903.15	657.64	245.51	803
2003	282.84	3.21	906.55	639.15	267.40	807
2004	285.00	3.22	912.75	619.23	293.52	814
2005	286.44	3.23	921.08	611.89	309.19	822
2006	284.25	3.29	930.02	611.71	318.31	830
2007	279.33	3.37	937.84	615.73	322.11	836
2008	277.76	3.41	943.91	613.86	330.05	841
2009	278.46	3.44	952.24	594.65	357.59	851
2010	277.28	3.51	965.25	553.30	411.95	864
2011	273.21	3.57	974.78	439.34	535.44	867
2012	274.09	3.61	983.59	338.31	645.28	879
2013	275.57	3.65	998.69	305.85	692.84	894

3-3　主要年份人口自然变动

单位：人

年份	出生		死亡		自然增长	
	人数	‰	人数	‰	人数	‰
1949		24.95				
1952	129 371	33.65				
1957	138 958	31.19	40 675	9.13	98 273	22.06
1962	164 440	35.89	34 635	7.56	129 805	28.33
1965	181 877	37.48	44 313	9.13	137 564	28.35
1970	185 564	33.26	37 511	6.72	148 053	26.54
1975	125 373	20.50	36 260	5.93	89 113	14.57
1978	102 744	16.03	35 276	5.51	67 468	10.52
1979	85 371	13.15	34 814	5.36	50 557	7.79
1980	125 947	19.19	44 562	6.79	81 385	12.40
1981	120 099	18.03	36 366	5.46	83 733	12.57
1982	119 391	17.60	32 890	4.85	86 501	12.75
1983	98 387	14.29	32 972	4.79	65 415	9.50
1984	98 214	14.10	35 109	5.04	63 105	9.06
1985	85 653	12.17	33 919	4.82	51 734	7.35
1986	97 011	13.64	33 463	4.70	63 548	8.94
1987	110 981	15.40	33 568	4.66	77 413	10.74
1988	169 348	23.04	35 284	4.80	134 064	18.24
1989	170 011	22.58	34 013	4.52	135 998	18.06
1990	157 605	20.09	35 867	4.57	121 738	15.52
1991	156 429	19.23	40 402	4.97	116 027	14.26
1992	101 899	12.37	42 462	5.16	59 437	7.21
1993	99 582	11.99	42 517	5.12	57 065	6.87
1994	113 310	13.51	41 946	5.00	71 364	8.51
1995	83 162	9.82	39 442	4.66	39 442	5.16
1996	81 414	9.52	41 982	4.91	39 432	4.61
1997	99 902	11.57	40 210	4.66	59 692	6.91
1998	91 325	10.48	41 298	4.74	50 027	5.74
1999	71 921	8.20	34 545	3.94	37 376	4.26
2000	167 764	18.91	44 483	5.02	123 281	13.89
2001	69 383	7.72	29 094	3.24	40 289	4.48
2002	69 905	7.74	33 811	3.74	36 094	4.07
2003	85 756	9.46	34 229	3.78	51 527	5.68
2004	132 605	14.53	42 775	4.69	89 830	9.84
2005	125 308	13.60	22 775	2.47	102 533	11.13
2006	138 879	14.93	34 254	3.68	104 644	11.25
2007	190 322	20.29	133 825	14.27	56 497	6.02
2008	170 661	18.08	106 845	11.32	63 816	6.76
2009	182 950	19.21	68 358	7.18	114 592	12.03
2010	217 399	22.52	79 390	8.22	138 009	14.30
2011	177 663	18.23	71 598	7.35	106 065	10.88
2012	193 812	19.71	45 778	4.65	148 045	15.05
2013	211 582	21.19	33 430	3.35	178 152	17.84

注：2007年以后公安户籍死亡人口中含有补报往年未销户人口。

3-4 市区主要年份人口数及构成

（年底数） 单位：万人

年份	总人口	按性别分				按户口性质分			
		男		女		农业人口		非农业人口	
		人口数	比重(%)	人口数	比重(%)	人口数	比重(%)	人口数	比重(%)
1949	29.94	15.91	53.1	14.03	46.9	4.30	14.4	25.64	85.6
1952	22.21	11.53	51.9	10.68	48.1	3.19	14.4	19.02	85.6
1957	38.66	19.93	51.6	18.73	48.4	3.00	7.8	35.66	92.2
1962	45.35	23.63	52.1	21.72	47.9	8.46	18.7	36.89	81.3
1965	51.73	27.76	53.7	23.97	46.3	7.32	14.2	44.41	85.8
1970	53.86	28.68	53.2	25.18	46.8	8.82	16.4	45.04	83.6
1975	61.24	33.21	54.2	28.03	45.8	10.32	16.9	50.92	83.1
1978	67.07	36.57	54.5	30.50	45.5	11.08	16.5	55.99	83.5
1979	70.87	38.74	54.7	32.13	45.3	10.05	14.2	60.82	85.8
1980	72.85	39.71	54.5	33.14	45.5	9.92	13.6	62.93	86.4
1981	74.96	40.78	54.4	34.18	45.6	10.18	13.6	64.78	86.4
1982	77.29	42.16	54.5	35.13	45.5	10.48	13.6	66.81	86.4
1983	79.28	43.34	54.7	35.94	45.3	10.69	13.5	68.59	86.5
1984	80.64	44.04	54.6	36.60	45.4	10.73	13.3	69.91	86.7
1985	82.48	44.99	54.5	37.49	45.5	10.31	12.5	72.17	87.5
1986	84.08	45.83	54.5	38.25	45.5	10.24	12.2	73.84	87.8
1987	85.57	46.45	54.3	39.12	45.7	10.32	12.1	75.25	87.9
1988	87.20	47.27	54.2	39.93	45.8	9.88	11.3	77.32	88.7
1989	89.27	48.34	54.2	40.93	45.8	9.92	11.1	79.35	88.9
1990	90.66	48.98	54.0	41.68	46.0	10.09	11.1	80.57	88.9
1991	91.86	49.52	53.9	42.34	46.1	10.00	10.9	81.86	89.1
1992	93.65	50.48	53.9	43.17	46.1	9.64	10.3	84.01	89.7
1993	95.17	51.14	53.7	44.03	46.3	9.64	10.1	85.53	89.9
1994	142.84	74.73	52.3	68.11	47.7	49.13	34.4	93.71	65.6
1995	145.14	75.74	52.2	69.39	47.8	48.65	33.5	96.48	66.5
1996	147.34	76.91	52.2	70.42	47.8	47.13	32.0	100.21	68.0
1997	149.34	77.90	52.2	71.44	47.8	47.12	31.5	102.22	68.5
1998	151.87	79.09	52.1	72.78	47.9	47.40	31.2	104.47	68.8
1999	152.41	79.12	51.9	73.29	48.1	46.90	30.8	105.51	69.2
2000	160.61	83.28	51.9	77.33	48.1	51.51	32.1	109.10	67.9
2001	162.54	84.27	51.8	78.27	48.2	50.49	31.1	112.05	68.9
2002	164.55	85.30	51.8	79.25	48.2	43.47	26.4	121.08	73.6
2003	167.33	86.87	51.9	80.46	48.1	31.89	19.1	135.44	80.9
2004	167.42	86.76	51.8	80.66	48.2	28.76	17.2	138.66	82.8
2005	179.87	93.21	51.8	86.66	48.2	30.22	16.8	149.65	83.2
2006	181.61	94.11	51.8	87.50	48.2	27.88	15.4	153.73	84.6
2007	182.93	94.70	51.8	88.23	48.2	26.87	14.7	156.06	85.3
2008	184.40	95.38	51.7	89.02	48.3	26.42	14.3	157.98	85.7
2009	186.22	96.29	51.7	89.93	48.3	26.91	14.4	159.31	85.6
2010	312.72	161.06	51.5	151.66	48.5	108.5	34.7	204.22	65.3
2011	315.67	162.58	51.5	153.09	48.5	70.59	22.4	245.08	77.6
2012	320.85	165.27	51.5	155.58	48.5	71.07	22.2	249.78	77.8
2013	326.36	167.96	51.5	158.40	48.5	40.89	12.5	285.47	87.5

注：2010 年以后市区为包含铜山区口径，与往年不可比。

3-5　市区主要年份户口数、平均人口及人口密度

年份	户数（万户）	平均每户人口（人）	年平均人口（万人）	农业人口	非农业人口	人口密度（人/平方公里）
1949	5.99	5.00				667
1952	5.31	4.18	22.34	3.21	19.13	621
1957	8.73	4.43	38.04	4.50	33.54	721
1962	9.76	4.65	45.74	7.90	37.84	2 153
1965	10.31	5.02	51.27	7.23	44.04	2 970
1970	11.11	4.85	54.52	8.68	45.84	3 092
1975	12.95	4.73	60.16	10.11	50.05	3 515
1978	14.76	4.54	65.82	11.13	54.69	3 636
1979	15.80	4.49	68.97	10.57	58.40	3 842
1980	16.82	4.33	71.86	9.99	61.87	3 950
1981	18.22	4.11	73.90	10.05	63.85	4 063
1982	19.60	3.94	76.13	10.33	65.80	4 189
1983	20.64	3.84	78.29	10.59	67.70	4 297
1984	21.70	3.72	79.96	10.71	69.25	4 371
1985	22.79	3.62	81.56	10.52	71.04	4 470
1986	23.71	3.55	83.28	10.28	73.00	4 557
1987	24.46	3.50	84.83	10.28	74.55	4 638
1988	25.56	3.41	86.39	10.10	76.29	4 726
1989	26.57	3.36	88.24	9.90	78.34	4 838
1990	27.44	3.30	89.97	10.01	79.96	4 914
1991	28.18	3.26	91.26	10.05	81.21	4 979
1992	28.84	3.25	92.76	9.82	82.94	5 076
1993	29.42	3.24	94.41	9.64	84.77	5 158
1994	42.92	3.33	141.86	49.13	93.71	1 483
1995	44.02	3.30	143.99	48.89	95.10	1 507
1996	44.76	3.29	146.24	47.89	98.35	1 530
1997	45.72	3.27	148.34	47.12	101.22	1 551
1998	46.66	3.25	150.60	47.26	103.34	1 577
1999	47.35	3.22	152.14	47.15	104.99	1 583
2000	49.74	3.23	156.51	49.20	107.31	1 547
2001	50.65	3.21	161.58	51.00	110.31	1 566
2002	51.22	3.21	163.55	46.98	116.57	1 576
2003	51.81	3.23	165.94	37.68	128.26	1 612
2004	52.29	3.20	167.38	30.33	137.05	1 613
2005	56.29	3.20	179.03	35.78	143.25	1 543
2006	56.59	3.21	180.74	29.05	151.69	1 566
2007	56.84	3.22	182.27	27.38	154.90	1 577
2008	57.15	3.23	183.67	26.65	157.02	1 590
2009	57.52	3.24	185.31	26.67	158.64	1 605
2010	95.16	3.29	314.58	110.36	204.22	1 029
2011	94.77	3.33	314.20	89.55	224.65	1 039
2012	95.27	3.36	318.26	70.83	247.43	1 056
2013	96.14	3.39	323.61	55.98	267.63	1 074

3–6 市区主要年份人口自然变动

单位:人

年份	出生		死亡		自然增长	
	人数	‰	人数	‰	人数	‰
1949						23.44
1952	8 237	36.87	2 784	12.46	5 453	24.41
1957	14 012	36.84	2 898	7.62	11 114	29.22
1962	18 156	39.70	3 022	6.61	15 134	33.09
1965	12 905	25.10	2 840	5.50	10 065	19.60
1970	14 121	25.90	3 217	5.90	10 904	20.00
1975	10 242	17.02	2 821	4.69	7 421	12.33
1978	7 190	10.92	3 001	4.56	4 189	6.36
1979	9 081	13.17	3 129	4.54	5 952	8.63
1980	11 590	16.13	3 405	4.74	8 185	11.39
1981	13 518	18.29	3 478	4.71	10 040	13.59
1982	13 343	17.53	3 455	4.54	9 888	12.99
1983	10 570	13.50	3 294	4.21	7 276	9.29
1984	9 512	11.90	3 325	4.16	6 187	7.74
1985	9 612	11.78	3 429	4.20	6 183	7.58
1986	12 006	14.42	3 253	3.91	8 753	10.51
1987	14 076	16.59	3 472	4.09	10 604	12.50
1988	13 299	15.39	3 598	4.17	9 701	11.22
1989	12 535	14.21	3 642	4.13	8 893	10.08
1990	7 662	8.52	3 525	3.92	4 137	4.60
1991	8 139	8.92	4 013	4.40	4 126	4.52
1992	8 131	8.77	3 953	4.26	4 178	4.51
1993	8 885	9.41	4 252	4.50	4 633	4.91
1994	15 513	10.94	4 873	3.44	10 640	7.50
1995	11 960	8.31	5 650	3.92	6 310	4.39
1996	11 831	8.09	5 939	4.06	5 892	4.03
1997	14 429	9.73	5 590	3.77	8 839	5.96
1998	14 758	9.80	8 273	5.49	6 485	4.31
1999	12 234	8.04	5 819	3.82	6 415	4.22
2000	23 718	15.15	8 152	5.21	15 566	9.94
2001	11 175	6.92	4 366	2.70	6 809	4.22
2002	11 598	7.09	5 444	3.33	6 154	3.76
2003	11 459	6.91	5 540	3.34	5 919	3.57
2004	13 234	7.91	6 690	4.00	6 544	3.91
2005	17 323	9.68	5 551	3.10	11 772	6.58
2006	19 567	10.83	5 368	2.97	14 199	7.86
2007	23 946	13.14	15 701	8.61	8 245	4.53
2008	24 004	13.07	9 462	5.15	14 542	7.92
2009	25 797	13.92	5 511	2.97	20 286	10.95
2010	64 556	20.72	31 217	9.92	33 339	10.60
2011	59 766	19.02	19 167	6.10	40 599	12.92
2012	58 680	18.43	10 139	3.18	48 541	15.25
2013	62 770	19.40	11 104	3.43	51 666	15.97

3-7　市区分区户数、人口数

（2013 年底）

单位：人

地　区	总户数（户）	总人口（人）	男	女	农业人口	非农业人口
市　区	**961 355**	**3 263 586**	**1 679 567**	**1 584 019**	**408 886**	**2 854 700**
鼓楼区	156 543	506 252	257 837	248 415	69	506 183
云龙区	104 563	322 072	160 929	161 143	36	322 036
贾汪区	139 651	509 346	266 724	242 622	159 029	350 317
泉山区	178 370	555 363	283 132	272 231	136	555 227
铜山区	382 228	1 370 553	710 945	659 608	249 616	1 120 937

3-8　市区分区人口自然变动

（2013 年底）

单位：人

年　份	出　生		死　亡		自然增长	
	人　数	‰	人　数	‰	人　数	‰
市　区	**62 770**	**19.40**	**11 104**	**3.43**	**51 666**	**15.97**
鼓楼区	7 715	15.56	1 776	3.58	5 939	11.98
云龙区	4 645	14.61	863	2.72	3 782	11.89
贾汪区	10 622	20.82	1 895	3.71	8 727	17.11
泉山区	6 266	11.30	1 889	3.41	4 377	7.89
铜山区	33 522	24.69	4 681	3.45	28 841	21.24

主要统计指标解释

总人口数 是指在一定时点、一定地域范围内所有的有生命的个人总和，它是由不同性别、不同年代出生的人所组成，是反映一个国家人口资源的重要指标。

人口总数随人口的出生、死亡、迁入、迁出的变动而变动，也随计算时地域范围和依据的人口范畴（户籍人口和常住人口）的不同而不同，如户籍人口统计中的人口总数和人口普查所取得的人口总数，由于统计的口径不同，在相同地域范围内得到的人口数也不尽相同。

户籍人口 是指在户口管理部门登记了常住户口的人。本《年鉴》内所列人口数均为户籍人口。

农业人口 依靠从事农业生产（包括林、牧、渔业）维持生活的全部人口，包括实际从事农业生产的人口以及由他们所抚养的人口。由于改革开放，一些人外出务工经商，其户口性质仍为农村户口的人也统计在农业人口范围内。

非农业人口 不依靠从事农业生产的职业来维持生活的人口，主要指城镇的非农业户口性质的人口。

年平均人数 是指一年内的各个时点人口的平均数。在实际统计工作中，由于资料的限制，无法按理论上所讲的方法计算，一般根据年初、年末人数按简单算术平均数计算，也常用年中人数来表示年平均人数。

出生率 一定时期内出生人数与同期平均人口数之比。又称总出生率或粗出生率。它反映人口的出生水平。出生人口数是指活产，即离开母体时有生命现象的活产婴儿总和。

出生率通常以年为单位计算，计算方法为：年出生人数除以年平均人数，以千分数表示。

死亡率 一定时期内（通常为一年）死亡人数与同期平均人数（或期中人数）之比。说明该时期人口的死亡强度。计算方法为：年死亡人数除以年平均人数，以千分数表示。

自然增长率 它是表明人口自然增长的趋势和程度（或速度）的指标，即一定时期内人口自然增长数（出生人数减死亡人数）与同期平均人口数之比。通常以一年为期计算，用千分数表示。计算公式为：人口自然增长率 =（全年出生人数减死亡人数）/ 年平均总人数 × 1000‰。实际工作中，一般用出生率减死亡率计算而得。

第 4 部分 就业人员和职工工资

EMPLOYMENT AND WAGES

版面负责人：周天恩　张玉强

编　　　辑：李跃东　徐向忠

江苏省统计条例

（2014 年 1 月 16 日江苏省第十二届人民代表大会常务委员会第八次会议通过）

第三章 统计资料公布和使用

第二十二条 除依法应当保密的以外，政府统计机构、有关部门开展地方统计调查取得的统计资料，应当及时向社会公布。

公布统计资料时，应当同时公布主要统计指标含义、调查范围、调查方法、计算方法、调查样本量等信息；引用其他机构或者部门资料的，应当注明资料来源。

第二十三条 地方各级人民政府编制国民经济和社会发展规划与计划、财政预算，以及制定重大经济社会发展政策等使用统计资料的，应当以政府统计机构提供的统计资料为准。

政府统计机构应当及时向本级人民政府及其有关部门提供统计资料。

第二十四条 民间统计调查组织者发布民间统计调查资料应当客观真实，不得伪造、篡改，同时应当说明调查目的以及主要统计指标含义、调查范围、调查方法、计算方法、调查样本量等内容；引用其他组织、个人或者机构资料的，应当注明资料来源。

新闻媒体和其他单位、组织对外发布信息引用民间统计调查资料的，应当准确引用，并注明民间统计调查组织者名称，不得伪造、篡改民间统计调查资料。

编辑：李　广

4-1 从业人员

单位:万人

年份	从业人数	职工人数	国有经济单位	城镇集体经济单位	其他经济类型单位	城镇私营企业从业人员和个体劳动者	乡村劳动者	其他从业人员
1978	283.64	60.12	41.16	18.96			223.52	
1979	282.72	61.94	41.04	20.90		0.19	220.59	
1980	292.22	64.97	45.16	19.81		0.53	226.72	
1981	302.62	67.64	47.80	19.84		0.74	234.25	
1982	314.75	70.10	50.18	19.92		0.36	244.29	
1983	322.66	72.17	52.60	19.57		0.57	249.92	
1984	337.62	76.65	53.40	23.25		1.10	259.87	
1985	349.04	78.06	55.19	22.87		1.56	269.42	
1986	357.72	80.41	56.82	23.58	0.01	1.15	276.16	
1987	367.36	82.15	58.96	23.17	0.02	1.44	283.77	
1988	381.43	85.87	61.88	23.96	0.04	2.29	293.27	
1989	390.31	85.39	61.88	23.42	0.09	3.16	301.76	
1990	408.50	87.35	63.69	23.53	0.13	3.27	317.88	
1991	419.35	89.59	65.55	23.85	0.19	2.60	327.16	
1992	421.81	90.25	67.10	22.87	0.28	3.04	328.52	
1993	423.40	91.83	69.40	21.54	0.89	3.62	326.87	1.08
1994	423.45	91.39	70.80	19.60	0.99	5.12	325.78	1.16
1995	425.43	92.39	72.52	19.13	0.74	8.03	323.77	1.24
1996	428.26	94.16	73.94	18.78	1.44	8.98	324.22	0.91
1997	432.88	93.85	74.41	17.76	1.68	12.42	325.31	1.30
1998	421.09	77.72	63.66	9.79	4.27	17.33	324.69	1.35
1999	418.65	75.07	61.95	9.39	3.73	17.81	324.35	1.42
2000	417.66	71.02	57.74	8.30	4.98	19.21	326.17	1.26
2001	415.78	67.64	53.65	7.01	6.98	20.58	326.26	1.29
2002	391.81	61.76	44.55	4.92	12.28	16.09	312.46	1.50
2003	382.03	59.15	43.32	4.25	11.58	17.73	303.00	2.15
2004	395.50	56.31	40.19	3.90	12.22	28.73	307.37	3.08
2005	452.20	56.07	40.13	3.60	12.34	37.74	348.00	10.39
2006	469.15	56.91	39.87	3.57	13.47	43.51	352.75	15.98
2007	477.21	57.56	40.00	3.35	14.21	53.61	354.55	11.49
2008	486.05	58.34	39.53	3.44	15.37	59.38	354.38	13.95
2009	501.17	58.29	38.49	2.99	16.81	68.93	358.75	15.20
2010	520.74	58.38	38.59	2.89	16.90	80.17	366.23	15.96
2011	528.85	59.42	38.94	2.93	17.55	88.82	365.05	15.56
2012	526.73	60.59	39.50	2.62	18.46	93.62	356.67	15.85
2013	542.58	60.05	32.98	3.04	24.03	104.88	361.44	16.21

注:从2012年开始,从业人数以劳动力抽样调查推算数为依据,与以往全社会口径不同,不具可比性,其中职工人数为劳资老口径数据。

4-2 从业人员构成

单位:%

年　　份	从业人数	职工人数	国有经济单　　位	城镇集体经济单位	其他经济类型单位	城镇私营企业从业人员和个体劳动者	乡　村劳动力	其　　他从业人员
1978	100	21.2	68.5	31.5			78.8	
1979	100	21.9	66.3	33.7		0.1	78.0	
1980	100	22.2	69.5	30.5		0.2	77.6	
1981	100	22.4	70.7	29.3		0.2	77.4	
1982	100	22.3	71.6	28.4		0.1	77.6	
1983	100	22.4	72.9	27.1		0.2	77.4	
1984	100	22.7	69.7	30.3		0.3	77.0	
1985	100	22.4	70.7	29.3		0.4	77.2	
1986	100	22.5	70.7	29.3	…	0.3	77.2	
1987	100	22.4	71.8	28.2	…	0.4	77.2	
1988	100	22.5	72.1	27.9	…	0.6	76.9	
1989	100	21.9	72.5	27.4	0.1	0.8	77.3	
1990	100	21.4	72.9	26.9	0.2	0.8	77.8	
1991	100	21.4	73.2	26.6	0.2	0.6	78.0	
1992	100	21.4	74.3	25.4	0.3	0.7	77.9	
1993	100	21.7	75.6	23.4	1.0	0.8	77.2	0.3
1994	100	21.6	77.5	21.4	1.1	1.2	76.9	0.3
1995	100	21.7	78.5	20.7	0.8	1.9	76.1	0.3
1996	100	22.0	78.5	20.0	1.5	2.1	75.7	0.2
1997	100	21.7	79.3	18.9	1.8	2.9	75.1	0.3
1998	100	18.5	81.9	12.6	5.5	4.1	77.1	0.3
1999	100	17.9	82.5	12.5	5.0	4.3	77.5	0.3
2000	100	17.0	81.3	11.7	7.0	4.6	78.1	0.3
2001	100	16.3	79.3	10.4	10.3	4.9	78.5	0.3
2002	100	15.8	72.1	8.0	19.9	4.1	79.7	0.4
2003	100	15.5	73.2	7.2	19.6	4.6	79.3	0.6
2004	100	14.2	71.3	6.9	21.7	7.3	77.7	0.8
2005	100	12.4	71.6	6.4	22.0	8.3	77.0	2.3
2006	100	12.1	70.1	6.3	23.7	9.6	75.2	3.1
2007	100	12.1	69.4	5.8	24.6	11.2	74.3	2.4
2008	100	12.0	67.8	5.9	26.3	12.2	72.9	2.9
2009	100	11.6	66.0	5.2	28.8	13.8	71.6	3.0
2010	100	11.2	66.1	5.0	29.0	15.4	70.3	3.1
2011	100	11.2	65.5	4.9	29.5	16.8	69.0	2.9
2012	100	11.5	65.2	4.3	30.5	17.8	67.7	3.0
2013	100	11.1	54.9	5.1	40.0	19.3	66.6	3.0

4-3　市区从业人员

单位:万人

年　份	从业人数	职工人数	国有经济单位	城镇集体经济单位	其他经济类型单位	城镇私营企业从业人员和个体劳动者	乡村劳动者	其他从业人员
1978	43.76	39.20	28.07	11.13			4.56	
1979	46.66	42.12	28.90	13.22		0.02	4.52	
1980	47.26	42.71	30.76	11.95		0.12	4.43	
1981	49.16	44.41	32.44	11.97		0.19	4.56	
1982	51.19	46.28	34.24	12.04		0.21	4.70	
1983	53.74	48.37	36.37	12.00		0.37	5.00	
1984	55.88	50.01	37.69	12.32		0.75	5.12	
1985	58.14	51.42	39.51	11.91		1.18	5.54	
1986	58.95	52.69	40.30	12.38	0.01	0.72	5.54	
1987	59.82	53.34	41.09	12.23	0.02	0.97	5.51	
1988	61.42	54.06	42.03	11.98	0.05	1.90	5.46	
1989	61.35	54.01	42.22	11.70	0.09	1.72	5.62	
1990	62.50	55.05	43.12	11.81	0.12	1.82	5.63	
1991	63.48	56.05	43.93	11.93	0.19	1.93	5.50	
1992	63.35	56.07	44.57	11.27	0.23	2.06	5.22	
1993	63.95	56.13	44.88	10.59	0.66	2.65	4.92	0.25
1994	80.20	55.75	45.21	9.69	0.85	3.11	20.71	0.63
1995	82.89	55.92	45.98	9.52	0.42	5.11	21.19	0.67
1996	82.21	56.12	45.78	9.30	1.04	5.24	20.45	0.40
1997	82.85	55.41	45.53	9.00	0.87	7.17	19.85	0.42
1998	74.39	44.72	38.92	3.60	2.20	10.52	18.87	0.28
1999	71.29	42.84	37.62	3.48	1.74	9.09	18.96	0.39
2000	72.16	40.10	34.32	2.88	2.90	10.61	21.02	0.43
2001	72.81	38.12	32.08	2.24	3.79	11.91	22.27	0.51
2002	63.22	34.33	25.23	1.70	7.40	6.92	21.27	0.71
2003	62.74	32.64	24.45	1.40	6.79	8.21	21.24	0.64
2004	71.37	30.71	21.99	1.21	7.51	17.42	21.78	1.46
2005	91.10	30.35	22.31	1.02	7.02	23.77	28.19	8.79
2006	99.74	30.18	22.00	1.00	7.18	26.55	30.25	12.75
2007	96.42	30.55	22.39	0.84	7.32	29.74	29.40	6.73
2008	99.17	30.30	21.79	1.14	7.37	30.19	29.68	9.00
2009	103.83	30.00	21.33	0.84	7.83	34.13	31.44	8.27
2010	178.91	35.22	24.17	1.03	10.02	43.98	88.20	11.51
2011	179.52	35.48	24.29	1.13	10.06	48.84	88.82	10.38
2012	182.27	35.82	24.51	0.87	10.43	51.59	87.93	6.93
2013	189.99	39.00	24.69	0.92	13.39	60.36	83.28	7.35

注:2010年以后市区为包含铜山区口径,与往年不可比。

4-4 市区从业人员构成

单位:%

年份	从业人数	职工人数				城镇私营企业从业人员和个体劳动者	乡村劳动者	其他从业人员
			国有经济单位	城镇集体经济单位	其他经济类型单位			
1978	100	89.6	71.6	28.4			10.4	
1979	100	90.3	68.6	31.4		…	9.7	
1980	100	90.4	72.0	28.0		0.2	9.4	
1981	100	90.3	73.0	27.0		0.4	9.3	
1982	100	90.4	74.0	26.0		0.4	9.2	
1983	100	90.0	75.2	24.8		0.7	9.3	
1984	100	89.5	75.4	24.6		1.3	9.2	
1985	100	88.5	76.8	23.2		2.0	9.5	
1986	100	89.4	76.5	23.5	…	1.2	9.4	
1987	100	89.2	77.0	22.9	0.1	1.6	9.2	
1988	100	88.0	77.7	22.2	0.1	3.1	8.9	
1989	100	88.0	78.2	21.7	0.1	2.8	9.2	
1990	100	88.1	78.3	21.5	0.2	2.9	9.0	
1991	100	88.3	78.4	21.3	0.3	3.0	8.7	
1992	100	88.5	79.5	20.1	0.4	3.3	8.2	
1993	100	87.8	80.0	18.9	1.1	4.1	7.7	0.4
1994	100	69.5	81.1	17.4	1.5	3.9	25.8	0.8
1995	100	67.5	82.2	17.0	0.8	6.2	25.5	0.8
1996	100	68.3	81.6	16.6	1.8	6.4	24.9	0.4
1997	100	66.9	82.2	16.2	1.6	8.6	24.0	0.5
1998	100	60.1	87.0	8.1	4.9	14.1	25.4	0.4
1999	100	60.1	87.8	8.1	4.1	12.8	26.6	0.5
2000	100	55.6	85.6	7.2	7.2	14.7	29.1	0.6
2001	100	52.4	84.2	5.9	9.9	16.3	30.6	0.7
2002	100	54.3	73.5	5.0	21.5	10.9	33.6	1.1
2003	100	52.0	74.9	4.3	20.8	13.1	33.9	1.0
2004	100	43.0	71.6	3.9	24.4	24.4	30.5	2.0
2005	100	33.3	73.5	3.4	23.1	26.1	30.9	9.7
2006	100	30.3	72.8	3.3	23.9	26.6	30.3	12.8
2007	100	31.7	73.3	2.7	24.0	30.8	30.5	7.0
2008	100	30.6	71.9	3.8	24.3	30.4	29.9	9.1
2009	100	28.9	71.1	2.8	26.1	32.9	30.3	8.0
2010	100	19.7	68.6	2.9	28.4	24.6	49.3	6.4
2011	100	19.8	68.5	3.2	28.4	25.0	49.5	5.8
2012	100	19.7	68.4	2.4	29.1	28.3	48.2	3.8
2013	100	20.5	63.6	2.4	34.3	31.8	43.8	3.9

注:2010年以后市区为包含铜山区口径,与往年不可比。

4–5　分三次产业的从业人数及构成

单位:万人、%

年　份	从业人数	第一产业		第二产业		第三产业	
		人　数	比　重	人　数	比　重	人　数	比　重
1978	283.64	204.41	72.1	43.56	15.3	35.67	12.6
1979	282.72	204.52	72.4	45.06	15.9	33.14	11.7
1980	292.22	209.96	71.8	49.69	17.0	32.57	11.2
1981	302.62	216.86	71.7	51.80	17.1	33.96	11.2
1982	314.75	221.17	70.3	57.62	18.3	35.96	11.4
1983	322.66	223.59	69.3	61.30	19.0	37.77	11.7
1984	337.62	223.01	66.0	69.74	20.7	44.87	13.3
1985	349.04	222.57	63.8	78.65	22.5	47.82	13.7
1986	357.72	222.38	62.2	84.04	23.5	51.30	14.3
1987	367.35	225.07	61.3	89.84	24.4	52.45	14.3
1988	381.43	226.65	59.4	97.06	25.5	57.72	15.1
1989	390.31	235.21	60.2	95.49	24.5	59.61	15.3
1990	408.50	249.36	61.0	95.41	23.4	63.73	15.6
1991	419.35	260.56	62.1	93.90	22.4	64.89	15.5
1992	421.81	258.67	61.3	98.13	23.3	65.01	15.4
1993	423.40	247.05	58.3	105.18	24.9	71.17	16.8
1994	423.45	247.36	58.4	103.56	24.5	72.53	17.1
1995	425.43	242.09	56.9	107.66	25.3	75.68	17.8
1996	428.26	239.60	55.9	108.63	25.4	80.03	18.7
1997	432.88	240.85	55.6	106.11	24.5	85.92	19.9
1998	421.09	242.24	57.5	92.02	21.9	86.83	20.6
1999	418.65	235.80	56.3	92.26	22.0	90.59	21.7
2000	417.66	235.35	56.4	93.24	22.3	89.07	21.3
2001	415.78	230.49	55.4	95.79	23.0	89.50	21.6
2002	391.81	216.01	55.1	94.83	24.2	80.97	20.7
2003	382.03	196.26	51.4	103.31	27.0	82.46	21.6
2004	395.50	189.72	48.0	111.45	28.2	94.33	23.8
2005	452.20	182.63	40.3	127.69	28.3	141.88	31.4
2006	469.15	177.20	37.8	144.99	30.9	146.96	31.3
2007	477.21	170.31	35.7	152.18	31.9	154.72	32.4
2008	486.05	163.19	33.5	168.99	34.8	153.87	31.7
2009	501.17	162.08	32.4	180.01	35.9	159.08	31.7
2010	520.74	162.36	31.2	187.13	35.9	171.25	32.9
2011	528.85	152.81	28.9	204.94	38.8	171.10	32.2
2012	526.73	146.43	27.8	207.69	39.4	172.61	32.8
2013	542.58	142.21	26.2	220.01	40.6	180.37	33.2

4–6 市区分三次产业的从业人数及构成

单位:万人、%

年 份	从业人数	第一产业		第二产业		第三产业	
		人 数	比 重	人 数	比 重	人 数	比 重
1978	43.76	3.90	8.9	24.66	56.4	15.20	34.7
1979	46.66	3.83	8.2	27.73	59.4	15.10	32.4
1980	47.26	3.65	7.7	29.47	62.4	14.14	29.9
1981	49.16	3.65	7.4	30.60	62.3	14.91	30.3
1982	51.19	3.56	7.0	32.25	63.0	15.38	30.0
1983	53.74	3.50	6.5	34.59	64.4	15.65	29.1
1984	55.88	3.28	5.9	36.60	65.5	16.00	28.6
1985	58.14	2.78	4.8	39.89	66.9	16.47	28.3
1986	58.95	2.84	4.8	38.85	65.9	17.26	29.3
1987	59.82	2.79	4.6	40.25	67.3	16.78	28.1
1988	61.42	2.71	4.4	40.46	65.9	18.25	29.7
1989	51.35	2.86	4.7	39.94	65.1	18.55	30.2
1990	62.50	2.91	4.7	39.41	63.0	20.19	32.3
1991	63.48	2.83	4.4	39.97	63.0	20.68	32.6
1992	63.35	2.71	4.3	41.23	65.1	19.41	30.6
1993	63.95	2.24	3.5	40.79	63.8	20.92	32.7
1994	80.20	11.46	14.3	43.90	54.7	24.84	31.0
1995	82.89	11.83	14.3	45.71	55.1	25.35	30.6
1996	82.21	11.86	14.4	44.61	54.3	25.74	31.3
1997	82.85	10.96	13.2	44.24	53.4	27.65	33.4
1998	74.39	10.21	13.7	34.85	46.9	29.33	39.4
1999	71.29	10.06	14.1	33.38	46.8	27.85	39.1
2000	72.16	11.18	15.5	32.22	44.6	28.76	39.9
2001	72.81	12.78	17.6	31.19	42.8	28.84	39.6
2002	63.22	11.73	18.6	27.21	43.0	24.28	38.4
2003	62.75	10.71	17.1	26.78	42.7	25.26	40.2
2004	71.38	10.01	14.0	27.80	39.0	33.56	47.0
2005	91.10	12.06	13.2	32.08	35.2	46.95	51.5
2006	99.74	12.41	12.4	34.35	34.5	52.98	53.1
2007	96.42	9.26	9.6	33.07	34.3	54.09	56.1
2008	99.17	10.70	10.8	39.72	40.0	48.75	49.2
2009	103.83	11.82	11.4	42.22	40.7	49.79	47.9
2010	178.91	37.58	21.0	64.85	36.2	76.48	42.8
2011	179.52	36.11	20.1	70.85	39.5	72.56	40.4
2012	182.27	35.58	19.0	72.88	40.0	74.81	41.0
2013	189.99	32.72	17.2	76.36	40.2	80.92	42.6

注:2010 年以后市区为包含铜山区口径,与往年不可比。

4-7 分行业城镇私营个体从业人员

（2013 年底）

单位：人

行　　业	全　市	市　区
合　计	**1 048 751**	**603 619**
第一产业	13 226	5 861
第二产业	327 063	150 419
工业	233 157	110 383
建筑业	93 906	40 036
第三产业	708 462	447 339
交通运输、仓储和邮政业	410 455	262 958
信息传输、计算机服务和软件业	67 709	32 282
批发和零售业	37 080	23 398
住宿和餐饮业	11 396	8 067
金融业	1 464	711
房地产业	28 235	16 152
租赁和商务服务业	60 321	41 314
科学研究、技术服务和地质勘查业	35 263	24 576
水利、环境和公共设施管理业	1 699	1 198
居民服务和其他服务业	46 646	31 660
教育	1 457	807
卫生、社会保障和社会福利业	1 808	1 393
文化、体育和娱乐业	4 640	2 539
其他	289	284

4-8 分行业乡村从业人员

（2013 年底）

单位：万人

行　　业	全　市	市　区
合　计	**361.44**	**83.28**
第一产业	140.10	31.84
# 农业	113.15	25.20
第二产业	150.51	33.22
工业	99.77	23.13
建筑业	50.74	10.09
第三产业	70.83	18.22
交通运输、仓储和邮政业	14.62	4.64
信息传输、计算机服务和软件业	1.45	0.47
批发和零售业	21.59	5.58
住宿、餐饮业	9.80	2.21
金融和保险业	1.17	0.29
房地产和社会服务业	1.80	0.36
科学研究、技术服务和地质勘查业	0.46	0.11
教育、文化、艺术和广播电视业	2.96	0.54
卫生、体育和社会福利业	1.90	0.38
公共管理和社会组织	0.89	0.15
其他	14.19	3.49

4-9 主要年份在岗职工人数

（年底数） 单位:万人

年 份	全市合计	国有经济单 位	城镇集体经济单位	其他经济类型单位	市区合计	国有经济单 位	城镇集体经济单位	其他经济类型单位
1949	6.11	6.11			4.88	4.88		
1952	8.11	8.11			6.00	6.00		
1957	10.04	10.04			6.86	6.86		
1962	16.94	16.94			16.81	12.21	4.60	
1965	15.18	15.18			15.23	10.45	4.78	
1970	22.12	22.12			18.94	13.84	5.10	
1975	42.69	29.21	13.48		27.06	19.86	7.20	
1978	60.12	41.16	18.96		39.20	28.07	11.13	
1979	61.94	41.04	20.90		42.12	28.90	13.22	
1980	64.97	45.16	19.81		42.71	30.76	11.95	
1981	67.64	47.80	19.84		44.41	32.44	11.97	
1982	70.10	50.18	19.92		46.28	34.24	12.04	
1983	72.17	52.60	19.57		48.37	36.37	12.00	
1984	76.65	53.40	23.25		50.01	37.69	12.32	
1985	78.06	55.19	22.87		51.42	39.51	11.91	
1986	80.41	56.82	23.58	0.01	52.69	40.30	12.38	0.01
1987	82.15	58.96	23.17	0.02	53.34	41.09	12.23	0.02
1988	85.87	61.88	23.96	0.04	54.06	42.03	11.98	0.05
1989	85.39	61.88	23.42	0.09	54.01	42.22	11.70	0.09
1990	87.35	63.69	23.53	0.13	55.05	43.12	11.81	0.12
1991	89.59	65.55	23.85	0.19	56.05	43.93	11.93	0.19
1992	90.25	67.10	22.87	0.28	56.07	44.57	11.27	0.23
1993	91.83	69.40	21.54	0.89	56.13	44.88	10.59	0.66
1994	91.39	70.80	19.60	0.99	55.75	45.21	9.69	0.85
1995	92.39	72.52	19.13	0.74	55.92	45.98	9.52	0.42
1996	94.16	73.94	18.78	1.44	56.12	45.78	9.30	1.04
1997	93.85	74.41	17.76	1.68	55.41	45.53	9.00	0.87
1998	77.72	63.66	9.79	4.27	44.72	38.92	3.60	2.20
1999	75.07	61.95	9.39	3.73	42.84	37.62	3.48	1.74
2000	71.02	57.74	8.30	4.98	40.10	34.32	2.88	2.90
2001	67.64	53.65	7.01	6.98	38.12	32.08	2.24	3.79
2002	61.76	44.55	4.92	12.28	34.33	25.23	1.70	7.40
2003	59.15	43.32	4.25	11.58	32.64	24.45	1.40	6.79
2004	56.31	40.19	3.90	12.22	30.71	21.99	1.21	7.51
2005	56.07	40.13	3.60	12.34	30.35	22.31	1.02	7.03
2006	56.91	39.87	3.57	13.47	30.18	22.00	1.00	7.18
2007	57.56	40.00	3.35	14.21	30.55	22.39	0.84	7.32
2008	58.34	39.53	3.44	15.37	30.30	21.79	1.14	7.37
2009	58.29	38.49	2.99	16.81	30.00	21.33	0.84	7.83
2010	58.38	38.59	2.89	16.90	35.22	24.17	1.03	10.02
2011	59.42	38.94	2.93	17.54	35.48	24.30	1.13	10.05
2012	60.59	39.50	2.62	18.46	35.82	24.51	0.87	10.43
2013	101.53	32.98	3.04	65.51	54.84	14.69	0.92	39.23

注:从 2013 年在岗职工期末人数为新口径,且为在岗职工与劳务派遣工之和。

4-10 在岗职工人数

（2013 年底） 单位：人

项目	在岗职工人数	国有经济单位	城镇集体经济单位	其他经济类型单位
总计	**1 015 350**	**329 828**	**30 444**	**655 078**
按企业、事业、机关分				
企业	781 861	108 416	20 327	653 118
事业	171 818	159 786	10 117	1 915
机关	59 816	59 816		
民间非营利组织	36			36
其他	1 819	1 810		9
按国民经济行业分				
农、林、牧、渔业	13 445	13 339	71	35
采矿业	91 633	3 010	280	88 343
制造业	229 823	5 269	2 199	222 355
电力、煤气及水的生产和供应业	18 613	6 865	123	11 625
建筑业	281 926	41 002	7 310	233 614
交通运输、仓储及邮政业	39 313	7 088	3 813	28 412
信息传输、计算机服务和软件业	44 810	17 526	1 115	26 169
批发和零售业	5 680	1 523	313	3 844
住宿和餐饮业	8 876	1 726	398	6 752
金融业	17 008	6 125	3 324	7 559
房地产业	11 797	2 275	399	9 123
租赁和商务服务业	16 130	6 415	875	8 840
科学研究、技术服务和地质勘查业	9 849	6 433	296	3 120
水利、环境和公共设施管理业	11 273	9 427	799	1 047
居民服务和其他服务业	990	709	69	212
教育	102 109	99 202	29	2 878
卫生、社会保障和社会福利业	41 710	32 110	8 904	696
文化、体育和娱乐业	4 303	3 722	127	454
公共管理和社会组织	66 062	66 062		
按隶属关系分（国有经济）				
中央	26 188			
省	31 376			
省辖市	54 479			
县及县以下	214 950			
其他	2 835			

4-11 市区在岗职工人数

（2013 年底）　　　　单位:人

项　　目	在岗职工人　数	国有经济	城镇集体经济单位	其他经济类型单位
总　计	**548 506**	**146 929**	**9 249**	**392 328**
按企业、事业、机关分				
企业	448 558	49 140	7 467	39 1951
事业	71 826	69 676	1 782	368
机关	28 113	28 113		
民间非营利组织				
其他	9			9
按国民经济行业分				
农、林、牧、渔业	5 368	5 306	27	35
采矿业	61 089	3 010	185	57 894
制造业	143 661	5 269	954	137 438
电力、煤气及水的生产和供应业	14 268	3 859	123	10 286
建筑业	123 270	6 593	2 654	114 023
交通运输、仓储及邮政业	24 326	3 321	952	20 053
信息传输、计算机服务和软件业	32 498	10 803	636	21 059
批发和零售业	4 519	1 381	173	2 965
住宿和餐饮业	5 828	17	4	5 807
金融业	10 340	2 702	844	6 794
房地产业	7 590	1 034	181	6 375
租赁和商务服务业	10 464	4 685	467	5 312
科学研究、技术服务和地质勘查业	5 927	4 084	207	1 636
水利、环境和公共设施管理业	4 861	3 789	161	911
居民服务和其他服务业	362	202	50	110
教育	39 915	38 978	25	912
卫生、社会保障和社会福利业	20 776	18 828	1 606	342
文化、体育和娱乐业	3 132	2 756		376
公共管理和社会组织	30 312	30 312		
按隶属关系分(国有经济)				
中央	20 103			
省	19 344			
省辖市	51 509			
县及县以下	53 669			
其他	2 304			

4-12 女性在岗职工人数

（2013 年底）　　单位：人

项　　目	女性在岗职工人员人数	国有经济单位	城镇集体经济单位	其他经济类型单位
总　计	**330 828**	**137 285**	**12 635**	**180 908**
按企业、事业、机关分				
企业	217 762	31 858	6 130	179 774
事业	94 542	86 940	6 505	1 097
机关	17 689	17 689		
民间非营利组织	35			35
其他	800	798		2
按国民经济行业分				
农、林、牧、渔业	8 025	7 976	24	25
采矿业	16 945	576	69	16 300
制造业	87 318	1 662	802	84 854
电力、煤气及水的生产和供应业	4 666	1 688	52	2 926
建筑业	35 940	4 120	685	31 135
交通运输、仓储及邮政业	20 470	2 611	1 470	16 389
信息传输、计算机服务和软件业	12 897	5 438	459	7 000
批发和零售业	3 284	829	216	2 239
住宿和餐饮业	3 832	746	195	2 891
金融业	12 894	4 694	1 423	6 777
房地产业	4 411	847	191	3 373
租赁和商务服务业	4 540	599	388	3 553
科学研究、技术服务和地质勘查业	3 262	2 203	121	938
水利、环境和公共设施管理业	5 052	4 061	671	320
居民服务和其他服务业	323	202	12	109
教育	55 131	53 679	32	1 420
卫生、社会保障和社会福利业	30 120	23 929	5781	410
文化、体育和娱乐业	1 966	1 673	44	249
公共管理和社会组织	19 752	19 752		

4-13 主要年份职工工资总额

单位:万元

年 份	全市				市区			
	全部职工	国有经济单位	城镇集体经济单位	其他经济类型单位	全部职工	国有经济单位	城镇集体经济单位	其他经济类型单位
1949	1 962	1 962			1 707	1 707		
1952	3 680	3 680			3 177	3 177		
1957	5 709	5 709			4 251	4 251		
1962	10 295	10 295			8 042	8 042		
1965	9 418	9 418			7 106	7 106		
1970	11 199	11 199			8 136	8 136		
1975	21 093	15 939	5 154		14 896	11 824	3 072	
1978	31 439	23 706	7 733		22 573	17 598	4 975	
1979	36 925	27 781	9 144		27 260	21 129	6 131	
1980	44 954	34 084	10 870		32 809	25 473	7 336	
1981	47 170	35 891	11 279		34 194	26 615	7 579	
1982	51 676	39 575	12 101		37 389	29 355	8 033	
1983	55 388	43 349	12 039		40 701	32 699	8 001	
1984	80 714	60 828	19 886		58 779	46 285	12 493	
1985	93 432	72 426	21 006		68 323	55 947	12 376	
1986	110 187	85 424	24 754	9	80 480	65 838	14 633	9
1987	117 231	91 512	25 689	30	84 543	69 518	14 995	28
1988	149 139	117 615	31 454	70	104 028	86 618	17 340	64
1989	165 525	132 521	32 819	185	118 228	100 083	17 960	185
1990	185 938	150 380	35 187	371	132 593	112 898	19 324	371
1991	208 723	169 855	38 397	471	149 964	127 972	21 524	468
1992	244 828	202 261	41 831	736	175 433	151 564	23 203	666
1993	304 255	253 382	47 734	3 139	218 454	189 200	26 586	2 668
1994	407 761	349 729	53 041	4 991	287 245	253 793	28 832	4 620
1995	506 766	437 394	66 563	2 809	355 676	317 499	36 295	1 880
1996	584 442	506 673	68 847	8 922	402 383	358 696	36 286	7 401
1997	609 772	534 263	64 613	10 896	419 217	375 289	36 310	7 618
1998	592 951	514 526	48 949	29 476	396 614	357 549	23 395	15 670
1999	624 029	546 719	49 089	28 221	417 883	378 034	23 453	16 396
2000	653 127	565 585	42 684	44 858	439 909	390 587	18 473	30 849
2001	700 349	596 699	39 062	64 588	482 073	423 530	15 307	43 235
2002	742 489	572 711	31 159	138 619	516 553	397 782	13 763	105 008
2003	802 685	621 748	29 756	151 181	569 467	440 515	12 119	116 832
2004	894 607	679 066	33 849	181 692	641 470	483 484	15 473	142 513
2005	1 072 593	825 124	35 199	212 270	763 816	587 518	14 430	161 868
2006	1 250 866	943 120	40 150	267 595	888 450	679 934	14 744	193 772
2007	1 367 407	1 034 032	42 865	290 510	932 620	720 634	13 729	198 257
2008	1 549 543	1 141 926	56 183	351 434	1 032 278	776 277	20 991	235 010
2009	1 808 200	1 289 097	58 151	460 952	1 179 995	860 207	17 196	302 592
2010	1 985 130	1 431 819	70 534	482 777	1 404 233	1 034 203	29 191	340 839
2011	2 347 680	1 673 845	91 401	582 434	1 621 227	1 187 306	41 355	392 566
2012	2 664 762	1 890 555	92 391	681 817	1 813 377	1 326 132	33 376	453 870
2013	4 587 245	1 617 517	119 932	2 849 796	2 806 363	867 345	37 131	1 901 887

注:2013 年在岗职工工资总额执行新统计口径,与往年不可比(下同)。

4–14 主要年份职工平均工资

单位:元

年份	全市				市区			
	全部职工	国有经济单位	城镇集体经济单位	其他经济类型单位	全部职工	国有经济单位	城镇集体经济单位	其他经济类型单位
1949					349	349		
1952	503	503			529	529		
1957	573	573			619	619		
1962	548	548			590	590		
1965	599	599			594	680	407	
1970	553	553			547	587	436	
1975	509	564	392		580	595	426	
1978	554	593	430		605	664	446	
1979	605	676	459		647	731	464	
1980	715	791	535		768	828	613	
1981	720	772	569		770	820	633	
1982	755	808	609		807	857	667	
1983	780	840	621		841	898	667	
1984	1 105	1 178	884		1 175	1 228	1 014	
1985	1 231	1 351	941		1 220	1 303	944	
1986	1 403	1 537	1 077	1 828	1 400	1 503	1 067	645
1987	1 463	1 601	1 119	2 021	1 511	1 625	1 136	1 934
1988	1 798	1 973	1 349	2 101	1 800	1 935	1 329	1 633
1989	1 965	2 177	1 410	2 224	2 189	2 370	1 535	2 189
1990	2 179	2 417	1 531	3 050	2 708	2 618	1 636	3 091
1991	2 379	2 644	1 647	2 656	2 715	2 913	1 804	2 521
1992	2 753	3 052	1 867	2 838	3 151	3 426	2 068	3 115
1993	3 355	6 698	2 245	3 702	3 914	4 244	2 512	4 119
1994	4 524	5 013	2 732	5 202	5 186	5 658	2 971	5 583
1995	5 537	6 101	3 481	3 957	6 381	6 938	3 791	4 669
1996	6 279	6 933	3 707	6 308	7 208	7 878	3 916	7 197
1997	6 521	7 211	3 636	6 580	7 533	8 214	3 994	8 764
1998	7 717	8 149	5 150	7 023	8 999	9 234	6 998	7 796
1999	8 447	8 955	5 351	7 731	9 911	10 169	7 015	9 945
2000	9 339	9 908	5 243	9 531	11 144	11 442	6 706	11 940
2001	10 501	11 174	5 630	10 171	12 837	13 143	7 041	13 710
2002	11 887	12 683	6 235	11 264	14 929	15 633	8 246	14 027
2003	13 551	14 327	6 777	13 209	17 518	18 073	8 528	17 405
2004	15 809	16 864	8 387	14 789	20 898	22 046	12 735	18 876
2005	18 849	20 373	9 597	16 670	24 838	26 223	13 545	22 230
2006	21 896	23 639	11 058	19 673	29 191	30 969	14 163	26 047
2007	23 711	25 791	12 674	20 465	30 652	32 299	15 904	27 338
2008	26 824	29 000	16 253	23 534	33 982	35 610	18 075	31 689
2009	31 173	33 575	19 527	27 715	39 392	40 387	20 230	38 766
2010	34 243	37 406	24 377	28 737	40 254	43 371	28 185	34 075
2011	39 493	43 102	30 823	33 008	45 909	49 355	36 327	38 794
2012	44 070	47 890	35 540	37 076	50 715	54 249	37 936	43 510
2013	47 013	50 192	40 499	45 680	51 903	59 051	40 505	49 445

4-15 职工工资总额

（2013 年） 单位：万元

项　　目	在岗职工工资总额	国有经济单位	城镇集体经济单位	其他经济类型单位
总　计	**4 587 245**	**1 617 517**	**119 932**	**2 849 796**
按企业、事业、机关分				
企业	3 411 372	494 001	75 767	2 841 604
事业	848 168	795 934	44 165	8 069
机关	318 958	318 958		
民间非营利组织	103			103
其他	8 644	8624		20
按国民经济行业分				
农、林、牧、渔业	30 041	29 705	266	70
采矿业	571 959	16 679	893	554 387
制造业	1 014 798	45 081	5 043	964 674
电力、煤气及水的生产和供应业	123 324	58 841	537	63 947
建筑业	990 681	147 456	21 860	821 365
交通运输、仓储及邮政业	129 483	26 935	9 420	93 128
信息传输、计算机服务和软件业	229 492	100 137	3 555	125 800
批发和零售业	17 127	4 869	1 058	11 201
住宿和餐饮业	52 646	7 286	1 100	44 260
金融业	130 100	39 215	28 650	62 235
房地产业	52 929	10 423	966	41 541
租赁和商务服务业	50 203	15 688	2 458	32 058
科学研究、技术服务和地质勘查业	48 271	32 589	963	14 719
水利、环境和公共设施管理业	44 953	39 199	2 967	2 787
居民服务和其他服务业	3 954	3 275	112	566
教育	500 396	489 123	108	11 166
卫生、社会保障和社会福利业	233 542	190 234	39 661	3 648
文化、体育和娱乐业	18 645	16 084	317	2 245
公共管理和社会组织	344 700	344 700		
按隶属关系分（国有经济）				
中央	148 777			
省	194 440			
省辖市	315 575			
县及县以下	947 092			
其他	11 633			

4-16 市区职工工资总额

（2013 年）

单位：万元

项　　目	在岗职工工资总额	国有经济单位	城镇集体经济单位	其他经济类型单位
总　计	**2 806 363**	**867 345**	**37 131**	**1 901 887**
按企业、事业、机关分				
企业	2 217 945	289 369	29 075	1 899 501
事业	411 420	400 998	8 056	2 367
机关	176 978	176 978		
民间非营利组织				
其他	20			20
按国民经济行业分				
农、林、牧、渔业	12 250	12 015	165	70
采矿业	388 371	16 679	521	371 170
制造业	741 679	45 081	2 569	694 029
电力、煤气及水的生产和供应业	95 148	39 278	537	55 334
建筑业	472 682	34 789	6 684	431 209
交通运输、仓储及邮政业	89 146	16 491	3 066	69 588
信息传输、计算机服务和软件业	183 762	73 626	1 594	108 542
批发和零售业	13 563	4 409	560	8 594
住宿和餐饮业	41 221	50	7	41 163
金融业	87 410	19 781	10 820	56 809
房地产业	36 618	6 187	483	29 948
租赁和商务服务业	29 378	10 875	1 237	17 266
科学研究、技术服务和地质勘查业	31 391	23 507	569	7 315
水利、环境和公共设施管理业	24 735	21 665	737	2 333
居民服务和其他服务业	1 854	1 445	65	345
教育	223 996	219 779	98	4 119
卫生、社会保障和社会福利业	132 982	123 480	7 418	2 084
文化、体育和娱乐业	13 879	11 911		1 968
公共管理和社会组织	186 299	186 299		
按隶属关系分（国有经济）				
中央	117 181			
省	148 820			
省辖市	301 285			
县及县以下	290 329			
其他	9 731			

4-17 职工平均工资

（2013 年） 单位:元

项　　目	在岗职工年平均工资	国有经济单位	城镇集体经济单位	其他经济类型单位
总　计	**47 013**	**50 192**	**40 499**	**45 680**
按企业、事业、机关分				
企业	45 885	48 411	38 857	45 690
事业	49 646	50 109	43 663	42 785
机关	53 589	53 589		
民间非营利组织	28 694			28 694
其他	46 224	46 342		21 667
按国民经济行业分				
农、林、牧、渔业	20 901	20 819	37 451	20 706
采矿业	61 268	54 794	32 129	61 577
制造业	43 945	84 707	23 313	43 174
电力、煤气及水的生产和供应业	64 500	80 516	43 274	54 712
建筑业	41 276	43 861	33 303	41 104
交通运输、仓储及邮政业	33 036	38 044	24 673	32 912
信息传输、计算机服务和软件业	51 423	57 960	31 913	47 948
批发和零售业	29 489	31 391	33 581	28 414
住宿和餐饮业	59 791	42 359	27 633	66 188
金融业	76 760	64 679	86 063	82 354
房地产业	45 460	47 419	24 446	45 901
租赁和商务服务业	31 604	25 016	29 790	36 475
科学研究、技术服务和地质勘查业	48 966	50 385	32 647	47 556
水利、环境和公共设施管理业	40 019	41 626	37 089	27 433
居民服务和其他服务业	39 978	46 263	16 261	26 708
教育	49 323	49 596	37 103	39 849
卫生、社会保障和社会福利业	56 549	59 999	44 567	52 562
文化、体育和娱乐业	42 404	42 237	24 742	48 690
公共管理和社会组织	52 373	52 373		
按隶属关系分（国有经济）				
中央	56 774			
省	60 038			
省辖市	58 120			
县及县以下	45 866			
其他	40 322			

4-18　市区职工平均工资

（2013 年）　　　　单位：元

项　　目	在岗职工年平均工资	国有经济单位	城镇集体经济单位	其他经济类型单位
总　计	**51 903**	**59 051**	**40 505**	**49 445**
按企业、事业、机关分				
企业	50 254	58 237	39 391	49 431
事业	57 704	57 989	45 105	65 562
机关	63 114	63 114		
民间非营利组织				
其他	21 667			21 667
按国民经济行业分				
农、林、牧、渔业	22 829	22 648	61 074	20 706
采矿业	62 032	54 794	28 481	62 507
制造业	51 338	84 707	26 956	50 221
电力、煤气及水的生产和供应业	64 472	91 302	43 274	53 556
建筑业	41 722	52 960	25 866	41 407
交通运输、仓储及邮政业	36 567	49 672	32 242	34 607
信息传输、计算机服务和软件业	56 195	67 541	24 951	51 293
批发和零售业	29 730	31 268	32 370	28 849
住宿和餐饮业	71 328	29 529	18 000	71 489
金融业	84 938	74 169	130 676	83 592
房地产业	49 000	61 376	26 410	47 672
租赁和商务服务业	28 456	23 734	26 490	32 732
科学研究、技术服务和地质勘查业	52 820	57 111	27 617	45 128
水利、环境和公共设施管理业	50 938	56 907	45 519	26 307
居民服务和其他服务业	51 368	71 905	12 900	31 327
教育	56 377	56 578	39 240	47 781
卫生、社会保障和社会福利业	65 047	66 782	46 132	60 237
文化、体育和娱乐业	44 243	43 170		52 074
公共管理和社会组织	61 658	61 658		
按隶属关系分（国有经济）				
中央	58 085			
省	76 632			
省辖市	58 727			
县及县以下	54 141			
其他	41 268			

4-19 城镇登记失业人数及失业率

单位:人

年　份	当年需要安置的人数	当年已安置就业的人数	年末城镇登记失业人数	#失业青年	#失业女青年	年末城镇登记失业率(%)
1981	42 995	22 600	10 294	10 294		1.52
1982	28 451	18 432	5 144	5 144		0.73
1983	20 261	8 336	10 633	10 633		1.44
1984	22 729	13 584	8 396	8 396		1.08
1985	27 051	14 654	11 605	11 605		1.45
1986	30 373	18 158	11 854	11 854		1.43
1987	32 082	16 469	15 200	15 200		1.78
1988	36 679	22 722	13 469	13 469		1.50
1989	74 534	22 780	50 947	50 947		5.44
1990	71 500	44 775	22 440	22 440		2.42
1991	50 367	29 702	18 622	18 622	12 054	1.98
1992	42 113	19 787	18 754	18 754	11 627	1.97
1993	37 681	19 406	16 997	16 275	9 615	1.81
1994	33 896	17 241	15 576	14 875	8 815	1.70
1995	31 238	14 971	15 390	15 078	8 869	1.60
1996	31 431	14 568	15 276	13 795	7 742	1.50
1997	29 154	13 083	15 073	13 181	7 232	1.62
1998	27 155	13 481	13 163	10 398	6 295	1.30
1999	28 125	13 087	15 038	12 981	8 035	1.52
2000	34 107	14 078	18 625	8 482	4 433	1.89
2001	44 654	16 512	26 836	9 956	5 650	2.40
2002	60 674	21 098	38 099			3.58
2003	66 044	22 521	37 980	7 430	3 492	4.30
2004	67 288	27 905	37 231	6 571	3 815	4.03
2005	66 614	31 263	33 560	10 385	5 980	3.44
2006	78 964	45 611	32 581	9 589	5 273	3.03
2007	84 262	50 696	33 488	17 268	9 478	2.80
2008	88 393	54 628	33 665			2.70
2009	96 903	61 063	35 738			2.86
2010	106 308	72 665	33 613			2.63
2011	115 628	77 798	37 824			2.55
2012	117 890	82 521	35 369			2.39
2013	156 404	122 597	33 785			2.14

主要统计指标解释

从业人员 指从事一定社会劳动并取得劳动报酬或经营收入的全部劳动力。包括:

(1)全部职工

(2)城镇私营企业从业人员

(3)城镇个体劳动者

(4)农村社会劳动者

(5)其他社会劳动者

这一指标反映了一定时期内全部劳动力资源的实际利用情况,是研究基本国情国力的重要指标。

各单位的从业人员是指在各级国家机关、政党机关、社会团体及企业、事业单位中工作,并取得劳动报酬的全部人员。包括职工、再就业的离退休人员、民办教师以及在各单位中工作的外方人员和港、澳、台方人员。

各单位的从业人员反映了各单位实际参加生产或工作的全部劳动力。

职工 指在国有经济、城镇集体经济、联营经济、股份制经济、外商和港、澳、台投资经济、其他经济单位及其附属机构工作,并由其支付工资的各类人员。

合同制职工 指各单位根据国务院国发(1986)77号文件和国务院令第99号的规定,通过签订有固定期限劳动合同、无固定期限劳动合同和以完成一项工作为期限劳动合同所使用的职工。包括实行全员劳动合同制单位的全部职工。

使用的农村劳动力 指国有经济、城镇集体经济、联营经济、股份制经济、外商和港、澳、台投资经济、其他经济单位的职工中,现仍保留农村户籍关系的人员。

长期职工 指用工期限在一年以上(含一年)的职工。包括原固定职工、合同制职工、长期临时工以及国有单位使用的城镇集体所有制单位的人员和其他使用期限在一年以上的原计划外用工。

临时职工 指用工期限不超过一年的职工。包括各单位根据国家有关规定招用的,签订一年以内的劳动合同或使用期不超过一年的临时性、季节性用工。

其他从业人员 指劳动统计制度规定不作职工统计,但实际参加社会劳动并取得劳动报酬的人员。

各单位的其他从业人员是指单位中除职工以外的全部参加本单位生产或工作并取得劳动报酬的人员。包括再就业的离退休人员、民办教师以及在各单位中工作的外方人员和港、澳、台方人员。

城镇集体经济单位职工 指在城镇集体经济单位及其管理部门工作并由其支付工资的各类人员。

其他经济单位职工 指在联营经济、股份制经济、外商投资经济、港、澳、台投资经济单位工作,并由其支付工资的各类人员。

城镇个体劳动者 指经工商行政管理部门核准登记,领取营业执照,参加生产经营活动,户口在城镇的全部人员。

农村社会劳动者 指农村人口中经常参加合作经济组织(包括乡(镇)办企业事业单位)和家庭副业生产劳动的劳动力。凡是由合作经济组织分配劳动任务或承包各种生产任务,并从中直接取得实物、现金收入和从承包的生产任务中获得实物、现金收入的劳动力,不管从事何种劳动,都要统计为农村社会劳动者。国家从乡(村)调用的建勤民工;由集体经费支付工资或补贴的乡(村)脱产管理干部;乡(村)劳动力到国有经济单位或城镇集体经济单位工作,其收入交给合作经济组织,并从中取得实物或现金收入的合同工、临时工、亦工亦农人员;自行外出,但户口没有转出的劳动力,都应包括在内。

城镇登记失业人员 指有非农业户口,在一定的劳动年龄内(16岁以上及男50岁以下、女45岁以下),有劳动能力,无业而要求就业,并在当地就业服务机构进行待业登记的人员。

城镇登记失业率 是城镇登记失业人数同城镇在业人数加城镇登记失业人数之比。计算公式为:

$$\text{城镇失业率} = \frac{\text{城镇登记失业人数}}{\text{城镇在业人数} + \text{城镇登记失业人数}} \times 100\%$$

从业人员劳动报酬 各单位一定时期内直接支付给本单位全部从业人员的劳动报酬总额。包括职工工资总额和本单位其他从业人员劳动报酬两部分。

职工工资总额 指各单位在一定时期内直接支付给本单位全部职工的劳动报酬总额。

工资总额的计算原则应以直接支付给职工的全部劳动报酬为根据。各单位支付给职工的劳动报酬以及其他根据有关规定支付的工资,不论是计入成本的还是不计入成本的,不论是按国家规定列入计征奖金税项目的,还是未列入计征奖金税项目的,不论是以货币形式支付的还是以实物形式支付的,均包括在工资总额内。

计时工资 指按计时工资标准(包括地区生活费补贴)和

工作时间支付给个人的劳动报酬,以及根据国家法律、法规和政策规定,因病、工伤、产假、计划生育假、婚丧假、事假、探亲假、定期休假、停工学习、执行国家或社会义务等原因按计时工资标准或计时工资标准的一定比例支付的工资。

计件标准工资 是指实行计件工资制的单位按照批准的计件单价和规定的劳动定额或工作量应支付给计件工人的劳动报酬。

计件超额工资 是计件工资的一部分，指计件工人超额完成定额任务后所得的工资。即计件工人实得的全部计件工资减去应得的计件标准工资后的数额。某些企业的工人由于从事生产的工作物等级高于本人工资等级，因而其计件标准工资高于本人标准工资，其计件超额工资也应是全部工资减去应得的计件标准工资后的数额。

奖金 指支付给职工的超额劳动报酬和增收节支的劳动报酬。

津贴和补贴 指为了补偿职工特殊或额外的劳动消耗和因其他特殊原因支付给职工的津贴，以及为了保证职工工资水平不受物价影响支付给职工的物价补贴。

其他从业人员劳动报酬 指各单位在一定时期内直接支付给本单位其他从业人员的全部劳动报酬。

职工平均工资 指企业、事业、机关单位的职工在一定时间内平均每人所得的货币工资额。它表明一定时期职工工资收入的高低程度,是反映职工工资水平的主要指标。计算公式为:

$$职工平均工资=\frac{报告期实际支付的全部职工工资总额}{报告期全部职工平均人数}$$

职工平均实际工资 指扣除物价变动因素后的职工平均工资。计算公式为:

$$职工平均实际工资=\frac{报告期职工平均工资}{报告期全部职工生活费价格指数}$$

第5部分 固定资产投资

INVESTMENT IN FIXED ASSETS

版面负责人：许　清

编　　　辑：张　虹　孙　伟

江苏省统计条例

（2014 年 1 月 16 日江苏省第十二届人民代表大会常务委员会第八次会议通过）

第四章 统计调查对象权利和义务

第二十五条 政府统计调查对象依法独立填报统计资料。任何单位和个人干涉独立填报的，统计调查对象有权抵制，并可以向地方各级人民政府、政府统计机构或者监察机关等有关部门举报。

第二十六条 有下列情形之一的，政府统计调查对象有权拒绝政府统计调查：

（一）未书面告知统计权利和义务的；

（二）统计调查项目及其统计调查制度未经批准或者虽经批准但未依法公布的；

（三）统计调查表未标明法定标志或者法定标志不完整的；

（四）统计调查表超过有效期限的；

（五）现场调查时，统计人员未出示政府统计机构或者有关部门颁发的工作证件的。

第二十七条 政府统计调查对象发现他人对外提供、泄露能够识别或者推断其身份的资料，或者将上述资料用于统计以外目的的，有权举报。

第二十八条 除依法应当保密的以外，社会公众有权查询统计资料。

在统计资料法定保存期限内，政府统计调查对象可以查询其报送的统计资料以及相关信息。对查询结果有疑问的，政府统计机构、有关部门应当给予解答和说明；确属错误的，应当予以订正。

第二十九条 政府统计调查对象可以通过签订合同，委托民间统计调查组织代理统计调查活动。委托合同应当自签订之日起十个工作日内，由委托方报所在地县（市、区）人民政府统计机构备案。

第三十条 政府统计调查对象应当按照法律、行政法规和本条例以及统计调查制度的规定，真实、准确、完整、及时地提供统计调查所需的资料，不得提供不真实或者不完整的统计资料，不得迟报、拒报统计资料。

第三十一条 国家机关、企业事业单位和其他组织，应当以业务活动或者生产经营中形成的原始记录和凭证为依据，记录统计台账、编制统计调查表，并按照统计调查制度的规定报送统计资料。

原始记录、凭证、统计台账、统计调查表等统计资料应当留存归档。

第三十二条 承担经常性政府统计调查任务的国家机关、企业事业单位和其他组织，应当任用、聘用具有统计从业资格或者统计专业技术职务资格的人员从事统计工作。

编辑：李 广

5-1 全社会固定资产投资

单位:万元

年　份	全社会固定资产投资完成额	#城镇规模以上	农村规模以上	#城乡个私	#城镇个私
1978	32 052	32 052			
1979	39 965	39 965			
1980	46 737	46 737			
1981	31 140	31 140			
1982	45 100	45 100			
1983	61 776	61 776			
1984	72 575	72 575			
1985	81 993	81 993			
1986	186 435	111 793	46 816	27 826	13 530
1987	223 523	120 516	54 252	48 755	15 040
1988	203 704	101 872	62 359	39 473	16 000
1989	211 255	88 112	70 066	73 077	16 730
1990	244 092	117 535	84 417	42 140	19 460
1991	300 167	153 137	99 315	47 715	22 890
1992	448 089	256 335	132 420	59 334	23 160
1993	513 891	308 967	134 000	70 924	15 986
1994	772 145	407 060	247 278	117 807	31 959
1995	1 036 880	532 002	407 263	97 615	20 696
1996	1 365 558	713 616	542 778	109 164	18 626
1997	1 521 073	812 015	573 291	135 767	21 696
1998	1 882 611	1 137 480	510 507	211 098	7 529
1999	2 202 118	1 313 145	404 029	422 971	47 274
2000	2 521 865	1 540 283	359 501	541 440	81 474
2001	2 878 503	1 715 698	137 554	182 724	109 437
2002	3 231 237	1 776 036	121 704	272 936	128 717
2003	3 830 289	2 447 598	412 593	292 571	130 034
2004	4 452 726	3 187 501	717 778	726 871	281 055
2005	6 013 112	4 509 921	950 880	1 613 051	881 267
2006	7 529 941	5 985 211	816 056	2 386 794	1 800 453
2007	9 607 018	7 695 881	1 027 195	6 310 559	5 364 624
2008	12 506 684	10 150 379	1 467 142	4 397 099	3 293 322
2009	16 245 718	13 375 634	2 314 293	7 555 693	5 821 889
2010	20 492 595	16 469 766	2 917 392	9 003 877	6 810 346

注:2002 年以前城镇、农村规模以上分别为城镇、农村集体以上。2010 年以后不再统计全社会固定资产投资(下同)。

5-2 固定资产投资

单位:万元

年份	全市	#城乡个私	市区	#城乡个私
1978	32 052		27 988	
1979	39 965		34 622	
1980	46 737		40 763	
1981	31 140		26 990	
1982	45 100		38 339	
1983	61 776		54 607	
1984	72 575		64 757	
1985	81 993		69 413	
1986	158 609	27 826	106 534	5 816
1987	174 768	48 755	118 110	6 935
1988	164 231	39 473	95 271	7 917
1989	158 178	73 077	85 194	7 378
1990	201 952	42 140	117 947	9 486
1991	252 452	47 715	142 140	10 426
1992	388 755	59 334	233 176	9 293
1993	442 967	70 924	205 394	6 145
1994	654 338	117 807	316 251	11 149
1995	939 265	97 615	425 293	13 867
1996	1 256 394	109 164	584 478	18 347
1997	1 385 306	135 767	752 279	36 649
1998	1 647 987	211 098	1 098 821	19 776
1999	1 717 174	422 971	1 153 101	100 599
2000	1 899 784	541 440	1 269 190	150 387
2001	1 853 252	182 724	1 401 933	87 082
2002	1 897 740	272 936	1 461 694	94 483
2003	2 860 191	292 571	1 788 761	49 681
2004	3 905 279	726 871	2 041 714	130 810
2005	5 460 801	1 613 051	2 492 481	465 764
2006	6 801 267	2 386 794	2 936 655	631 616
2007	8 723 076	6 310 559	3 617 867	2 402 901
2008	11 617 521	4 397 099	5 218 485	2 177 161
2009	15 689 927	7 555 693	6 270 237	2 248 229
2010	19 387 158	9 003 877	10 220 846	3 953 299
2011	22 010 274	8 934 776	11 930 894	3 448 110
2012	26 858 891	9 599 343	14 485 002	2 939 545
2013	30 901 313	12 552 369	16 824 224	4 944 903

注:2011 年起,固定资产投资统计的起点标准从计划总投资 50 万元提高到 500 万元(下同)。

5-3　各时期固定资产投资完成额

单位:万元

时　期	合　计	基本建设	更新改造	其他投资	房地产开发
1949	**257**	**257**			
恢复时期	**2 065**	**2 065**			
“一五”时期	**15 602**	**15 602**			
“二五”时期	**70 222**	**70 222**			
调整时期	**14 262**	**14 262**			
“三五”时期	**18 586**	**18 586**			
“四五”时期	**63 127**	**60 974**	**2 153**		
“五五”时期	**151 718**	**134 899**	**12 287**	**4 532**	
1976	14 432	14 432			
1977	18 532	18 532			
1978	32 052	29 141	1 870	1 041	
1979	39 965	32 579	6 402	984	
1980	46 732	40 215	4 015	2 507	
“六五”时期	**292 584**	**177 653**	**79 905**	**35 026**	
1981	31 140	22 524	5 465	3 151	
1982	45 100	24 312	14 281	6 507	
1983	61 776	37 279	17 443	7 054	
1984	72 575	48 622	17 164	6 789	
1985	81 993	44 916	25 552	11 525	
“七五”时期	**539 828**	**285 696**	**180 358**	**61 560**	**12 214**
1986	111 793	66 508	29 063	16 222	
1987	120 516	75 020	31 166	14 330	
1988	101 872	40 804	46 889	14 179	
1989	88 112	46 274	34 590	7 248	
1990	117 535	57 090	38 650	9 581	12 214
“八五”时期	**1 657 501**	**826 093**	**526 087**	**151 031**	**154 290**
1991	153 137	74 263	50 691	13 114	15 069
1992	256 335	116 204	94 656	29 404	16 071
1993	308 967	126 040	119 234	35 333	28 360
1994	407 060	205 272	131 971	35 682	34 135
1995	532 002	304 314	129 535	37 498	60 655
“九五”时期	**5 516 539**	**2 909 525**	**1 257 699**	**449 088**	**900 227**
1996	713 616	375 182	186 272	71 520	80 642
1997	812 015	419 068	202 617	74 937	115 393
1998	1 137 480	591 413	270 144	90 292	185 631
1999	1 313 145	720 580	283 647	70 847	238 071
2000	1 540 283	803 282	315 019	141 492	280 490
“十五”时期	**13 636 754**	**5 179 894**	**1 925 784**	**847 621**	**1 799 272**
2001	1 715 698	921 817	359 585	120 944	313 352
2002	1 776 036	1 020 760	398 013	107 174	250 089
2003	2 447 598	1 344 223	520 720	281 697	300 958
2004	3 187 501	1 893 094	647 466	337 806	309 135
2005	4 509 921				625 738
“十一五”时期	**53 676 871**				**6 661 018**
2006	5 985 211				707 983
2007	7 695 881				1 001 097
2008	10 150 379				1 308 123
2009	13 375 634				1 590 593
2010	16 469 766				2 053 222
“十二五”时期	**79 770 478**				**9 456 592**
2011	22 010 274				2 551 217
2012	26 858 891				3 100 707
2013	30 901 313				3 804 668

5-4 市区固定资产投资完成额

单位:万元

年 份	合 计	基本建设	更新改造	其他投资	房地产开发
1978	27 988	25 927	1 144	917	
1979	34 622	28 415	5 418	789	
1980	40 763	35 533	3 171	2 059	
1981	26 990	20 409	4 270	2 311	
1982	38 339	21 143	11 801	5 395	
1983	54 607	33 224	15 401	5 982	
1984	64 757	44 088	14 998	5 671	
1985	69 413	38 898	22 367	8 148	
1986	95 150	60 380	24 007	10 763	
1987	104 174	70 483	24 933	8 758	
1988	78 745	35 361	36 892	6 492	
1989	68 047	38 675	27 081	2 294	
1990	95 455	45 083	32 432	5 726	12 214
1991	119 408	60 097	39 380	6 875	13 056
1992	195 860	86 709	75 680	19 008	14 463
1993	201 019	68 547	88 506	20 131	23 835
1994	253 437	130 328	78 598	19 578	24 933
1995	338 392	196 442	76 004	17 063	48 883
1996	443 879	252 482	91 128	38 360	61 909
1997	577 803	316 030	134 249	42 989	84 535
1998	902 936	481 654	205 674	65 758	149 850
1999	1 048 339	614 299	211 568	32 237	190 235
2000	1 205 265	681 585	236 759	62 123	224 798
2001	1 328 481	741 555	295 767	62 149	229 010
2002	1 401 555	832 978	325 980	72 250	170 347
2003	1 788 761	1 134 523	420 109	53 217	180 912
2004	2 231 004	1 557 209	448 594	35 911	189 290
2005	2 451 166				362 170
2006	2 924 555				451 565
2007	3 607 867				478 393
2008	5 185 735				741 589
2009	6 162 667				797 912
2010	9 664 307				1 266 145
2011	11 930 894				1 517 773
2012	14 485 002				1 995 752
2013	16 824 224				2 611 336

5–5 各时期投资新增固定资产

单位:万元

时　期	合　计	基本建设	更新改造	其他投资	房地产开发
1949	**248**	**248**			
恢复时期	**1 776**	**1 776**			
"一五"时期	**12 643**	**12 643**			
"二五"时期	**52 985**	**52 985**			
调整时期	**11 619**	**11 619**			
"三五"时期	**11 759**	**11 759**			
"四五"时期	**35 169**	**35 169**			
"五五"时期	**120 222**	**108 726**	**8 258**	**3 238**	
1976	9 446	9 446			
1977	9 458	9 458			
1978	30 475	27 986	1 789	700	
1979	30 209	25 844	3 807	558	
1980	40 634	35 992	2 662	1 980	
"六五"时期	**225 890**	**129 838**	**63 086**	**32 966**	
1981	22 041	15 323	4 097	2 621	
1982	31 357	15 074	11 754	4 529	
1983	35 124	14 919	12 514	7 691	
1984	51 932	30 733	13 882	7 317	
1985	85 436	53 789	20 839	10 808	
"七五"时期	**439 936**	**226 017**	**147 703**	**54 849**	**11 367**
1986	89 636	48 050	25 724	15 862	
1987	96 080	60 055	27 876	8 149	
1988	95 252	48 063	33 199	13 990	
1989	74 117	34 597	31 245	8 275	
1990	84 851	35 252	29 659	8 573	11 367
"八五"时期	**1 130 113**	**526 560**	**375 736**	**128 774**	**99 043**
1991	114 583	50 726	39 636	10 026	14 195
1992	186 138	92 456	56 505	26 802	10 375
1993	191 284	76 848	84 971	26 428	3 037
1994	252 013	108 300	87 916	33 537	22 260
1995	386 095	198 230	106 708	31 981	49 176
"九五"时期	**4 160 683**	**2 118 938**	**1 041 554**	**417 666**	**582 526**
1996	610 805	319 035	172 302	58 363	61 105
1997	757 218	425 798	178 475	67 624	85 321
1998	752 613	303 985	250 117	80 716	117 795
1999	968 298	520 106	179 786	86 004	182 402
2000	1 071 749	550 014	260 874	124 958	135 903
"十五"时期	**8 627 742**	**2 848 831**	**1 427 736**	**731 525**	**1 122 436**
2001	1 070 252	582 891	134 992	110 582	241 787
2002	1 549 933	786 760	559 860	77 321	125 992
2003	1 295 044	672 868	270 887	225 322	125 967
2004	1 718 860	806 312	461 997	318 300	132 251
2005	2 993 653				496 439
"十一五"时期	**36 739 637**				**3 820 079**
2006	3 024 852				298 673
2007	6 163 555				448 651
2008	5 513 772				497 972
2009	9 252 496				1 261 300
2010	12 784 962				1 313 483
"十二五"时期	**60 179 065**				**5 584 123**
2011	15 040 675				1 539 050
2012	20 447 653				1 360 822
2013	24 690 737				2 684 251

5-6 市区投资新增固定资产

单位:万元

年份	合计	基本建设	更新改造	其他投资	房地产开发
1978	26 866	25 315	970	581	
1979	25 972	22 452	3 066	454	
1980	35 533	31 935	2 033	1 565	
1981	18 034	13 109	3 078	1 847	
1982	25 881	12 913	9 497	3 471	
1983	29 766	12 206	10 875	6 685	
1984	44 568	26 544	11 892	6 132	
1985	75 673	49 688	17 681	8 204	
1986	73 299	42 141	20 519	10 629	
1987	80 186	54 202	21 992	3 891	
1988	75 532	42 957	26 722	5 853	
1989	55 544	28 219	24 011	3 314	
1990	64 294	21 322	13 423	6 171	11 367
1991	84 047	26 233	27 873	4 974	13 000
1992	150 991	81 358	42 839	17 559	9 235
1993	119 722	36 283	52 825	12 914	16 700
1994	135 861	51 271	49 550	16 641	18 399
1995	207 292	64 720	51 384	14 704	43 484
1996	375 765	211 880	91 132	29 017	43 735
1997	537 990	329 431	102 839	42 557	62 163
1998	553 824	205 359	192 031	60 488	95 946
1999	731 316	421 070	124 137	34 668	151 441
2000	772 075	456 828	185 994	40 513	88 740
2001	662 624	408 353	79 246		175 025
2002	1 193 645	600 972	483 374	41 657	67 642
2003	762 273	498 133	183 849	31 992	48 299
2004	909 183	526 150	263 125	38 431	81 477
2005	1 579 550				246 009
2006	1 764 597				89 433
2007	2 344 769				448 651
2008	2 719 346				234 540
2009	3 723 923				797 912
2010	8 237 121				697 580
2011	6 991 822				826 774
2012	10 519 995				623 425
2013	12 075 838				1 583 159

5-7 固定资产投资竣工的房屋建筑面积

单位:万平方米

年 份	竣工的房屋建筑面积	基本建设	更新改造	其他投资	房地产开发
1978	75.6	64.8	4.2	6.6	
1979	97.3	78.0	13.4	5.9	
1980	113.5	96.3	6.8	10.4	
1981	109.4	84.2	14.4	10.8	
1982	110.1	60.5	27.5	22.1	
1983	132.4	63.5	39.0	29.9	
1984	131.6	68.4	30.5	32.7	
1985	129.2	63.7	29.3	36.2	
1986	153.0	63.6	42.4	47.0	
1987	124.2	60.3	27.2	36.7	
1988	105.1	44.7	31.0	29.4	
1989	80.9	42.8	23.9	14.2	
1990	111.8	38.0	27.7	8.9	37.2
1991	115.6	42.3	25.7	14.4	33.2
1992	129.6	54.7	25.9	18.2	30.8
1993	160.1	62.2	32.8	17.3	47.8
1994	140.3	43.5	25.4	15.8	55.6
1995	183.3	89.0	17.8	15.9	60.6
1996	224.0	86.0	37.2	17.8	83.0
1997	261.5	101.9	34.3	21.6	130.7
1998	245.4	84.4	11.7	21.9	127.4
1999	380.8	118.1	6.1	46.9	209.8
2000	294.8	123.7	23.4	60.7	87.0
2001	431.1	179.1	16.1	35.5	200.4
2002	385.5	186.4	20.4	46.5	132.3
2003	211.6	66.6	7.6	26.0	111.4
2004	199.6	53.0	13.0	29.3	104.3
2005	537.3				320.1
2006	463.4				172.3
2007	767.5				265.7
2008	685.2				224.4
2009	689.3				407.9
2010	1 409.6				457.1
2011	1 752.8				562.5
2012	2 276.7				481.5
2013	2 787.0				702.7

5-8 市区固定资产投资竣工的房屋建筑面积

单位:万平方米

年份	竣工的房屋建筑面积	基本建设	更新改造	其他投资	房地产开发
1978	60.7	53.5	2.0	5.2	
1979	80.9	64.5	11.1	5.3	
1980	86.5	72.5	5.1	8.9	
1981	85.2	68.0	9.1	8.1	
1982	78.2	41.9	19.0	17.3	
1983	104.4	48.4	31.3	24.7	
1984	103.4	51.7	25.3	26.4	
1985	98.4	46.7	25.4	26.3	
1986	112.8	52.0	33.5	27.3	
1987	65.3	41.3	21.0	3.0	
1988	52.1	26.0	19.0	7.1	
1989	51.9	31.0	17.3	3.6	
1990	75.2	22.2	20.0	2.0	31.0
1991	67.0	20.3	17.8	2.4	26.5
1992	76.0	28.0	9.0	11.0	28.0
1993	97.4	29.6	17.7	7.7	42.4
1994	84.9	18.2	14.6	7.6	44.5
1995	97.2	31.2	5.1	7.3	53.6
1996	116.1	35.6	13.7	5.2	61.6
1997	136.9	39.7	10.1	10.0	77.1
1998	159.6	35.2	7.3	7.0	110.1
1999	261.1	64.3	3.8	11.9	181.1
2000	162.2	64.1	16.5	23.9	57.7
2001	194.3	48.6	8.9	17.1	119.6
2002	167.6	71.2	12.4	17.7	66.3
2003	75.6	32.5	6.6		36.5
2004	102.8	19.6	7.0	4.3	71.9
2005	231.8				127.7
2006	186.5				43.9
2007	248.2				86.4
2008	251.1				76.4
2009	375.0				233.5
2010	732.4				227.0
2011	710.5				276.0
2012	966.8				179.2
2013	1 223.6				403.9

5-9 固定资产投资竣工的住宅建筑面积

单位:万平方米

年 份	竣工的房屋住宅面积	基本建设	更新改造	其他投资	房地产开发
1978	36.4	33.7	0.4	2.3	
1979	50.5	44.7	3.6	2.2	
1980	61.2	58.2	0.2	2.8	
1981	64.3	53.3	7.7	3.3	
1982	58.8	37.3	9.9	11.6	
1983	73.8	38.5	16.1	19.2	
1984	65.8	35.2	12.3	18.3	
1985	67.1	32.3	10.4	24.4	
1986	76.1	31.9	18.1	26.1	
1987	48.7	25.6	6.9	16.2	
1988	33.0	15.5	8.1	9.4	
1989	29.7	18.0	7.3	4.4	
1990	58.4	12.2	9.4	2.1	34.7
1991	55.4	19.3	5.1	3.4	27.6
1992	64.6	26.2	6.8	4.8	26.8
1993	74.3	25.4	8.0	1.6	39.3
1994	73.8	21.1	4.3	6.4	42.0
1995	91.9	31.5	2.7	2.8	54.9
1996	114.1	31.7	8.4	3.0	71.0
1997	134.7	41.0	2.1	6.1	85.5
1998	140.6	26.9	0.4	6.0	107.3
1999	228.3	32.9	0.1	7.3	188.0
2000	143.6	31.9	3.5	33.7	74.5
2001	213.4	63.2		7.0	143.2
2002	155.7	43.0	0.9	9.3	102.6
2003	101.4	8.0	2.2	1.0	90.2
2004	92.8	3.7			89.1
2005	255.9				250.2
2006	149.3				136.7
2007	226.5				225.6
2008	198.4				198.4
2009	357.5				356.1
2010	395.2				378.6
2011	589.5				494.1
2012	554.3				426.2
2013	706.7				615.6

5-10 市区固定资产投资竣工的住宅建筑面积

单位:万平方米

年份	竣工的房屋住宅面积	基本建设	更新改造	其他投资	房地产开发
1978	32.2	30.4		1.8	
1979	43.9	38.7	3.2	2.0	
1980	50.8	48.3	0.2	2.3	
1981	50.9	42.7	5.6	2.6	
1982	46.8	29.0	7.6	10.2	
1983	63.1	31.9	13.6	17.6	
1984	57.0	28.6	11.4	17.0	
1985	53.4	24.2	9.2	20.0	
1986	68.8	27.6	16.6	24.6	
1987	36.5	19.5	5.8	11.2	
1988	22.9	10.2	11.5	1.2	
1989	22.1	14.8	6.3	1.0	
1990	48.8	8.0	6.8	1.0	33.0
1991	39.8	19.3	5.1	3.4	12.0
1992	46.0	20.0	6.8	4.0	15.2
1993	54.4	12.2	3.8	1.5	36.9
1994	48.8	8.7	3.2	3.8	33.1
1995	63.7	15.2	0.5		48.0
1996	70.9	14.5	2.7	0.2	53.5
1997	81.0	16.8	1.1	2.6	60.5
1998	101.7	7.9	0.4		93.4
1999	173.6	11.3			162.3
2000	73.0	7.5	3.5	14.6	47.4
2001	94.9	13.5		2.8	78.6
2002	65.3	16.2	0.9	1.7	46.5
2003	30.8	1.6	2.2		27.0
2004	91.3	19.6	7.0	4.3	60.4
2005	102.0				102.0
2006	46.7				36.7
2007	65.9				65.9
2008	55.9				55.9
2009	196.3				196.3
2010	177.0				176.9
2011	254.8				252.6
2012	167.0				167.0
2013	377.7				355.7

5-11 固定资产投资情况(不含房地产)

(2013 年) 单位:万元

指标名称	合计	#市区
计划投资		
建设项目计划总投资	44 960 207	24 512 292
#本年新开工项目	27 403 866	13 758 184
自开始建设累计完成投资	36 635 918	19 688 102
自年初累计完成投资	**27 096 645**	**14 212 888**
#本年新开工项目	20 423 165	9 868 798
#国有经济控股	4 041 801	2 997 360
#住宅	277 401	72 500
#基础设施投资	4 380 159	2 548 301
#民间投资	23 048 463	11 250 257
按构成分		
建筑工程	14 151 149	7 965 970
安装工程	1 014 546	428 392
设备工器具购置	10 066 870	4 953 967
#用于更新的设备	705 144	398 249
其他费用	1 864 080	864 559
按建设性质分		
新　建	19 973 463	10 547 345
扩　建	3 855 678	2 124 536
改　建	2 703 411	1 166 264
按登记注册类型分		
内　资	26 284 854	13 618 794
国有	3 590 474	2 677 308
集体	483 592	203 377
股份合作	15 500	5 700
联营企业	403 448	260 723
国有联营	125 775	
集体联营企业	9 040	
国有与集体联营企业	61 700	53 790
其他联营企业	206 933	206 933
有限责任公司	3 742 948	1 896 794
国有独资公司	152 279	146 779
其他有限责任公司	3 590 669	1 750 015
股份有限公司	2 958 579	2 280 458
私营	12 517 898	4 915 807
私营独资企业	4 562 584	778 256
私营合伙企业	94 290	260
私营有限责任公司	7 657 409	4 037 046
私营股份有限公司	203 615	100 245
其他	2 572 415	1 378 627
港澳台商投资	181 832	48 680
合资经营	152 092	34 940
合作经营		
独资	9 200	
股份有限公司	13 740	13 740
其他港澳台商投资企业	6 800	
外商投资	595 488	516 318
合资经营	350 284	323 524
合作经营	24 250	24 250
独资	170 454	138 544
股份有限公司	47 600	30 000
其他外商投资企业	2 900	

5-11 续表 1 （2013 年） 单位:万元

指标名称	合计	#市区
个体经营	34 471	29 096
个体户	29 196	29 096
个人合伙	5 275	
按产业分		
第一产业	310 854	134 727
第二产业	17 079 035	7 624 165
工业	17 079 035	7 624 165
# 能源工业	1 642 131	851 716
原材料工业	3 626 277	1 590 156
机电工业	4 842 767	3 142 881
轻纺工业	5 372 186	1 409 919
第三产业	9 706 756	6 453 996
按国民经济行业分		
农、林、牧、渔业	310 854	134 727
农业	167 355	83 020
林业		
畜牧业	89 821	37 307
渔业	10 800	6 000
农、林、牧、渔服务业	42 878	8 400
采矿业	148 025	39 305
煤炭开采和洗选业	56 050	11 600
石油与天然气开采业业	7 500	
黑色金属矿采选业	44 812	17 112
有色金属矿采选业		
非金属矿采选业	39 663	10 593
开采辅助活动		
其他采矿业		
制造业	15 595 593	6 867 508
农副食品加工业	668 049	120 528
食品制造业	294 770	34 150
酒、饮料和精制茶制造业	309 760	217 898
烟草制品业	166 053	166 053
纺织业	919 536	109 230
纺织服装、服饰业	368 360	107 820
皮革、毛皮、羽毛(绒)及其制品业和制鞋业	172 260	10 800
木材加工及木、竹、藤、棕、草制品业	772 759	58 000
家具制造业	531 877	221 260
造纸及纸制品业	88 390	42 220
印刷业和记录媒介的复制业	103 987	50 787
文教、工美、体育和娱乐用品制造业	115 441	8 200
石油加工、炼焦及核燃料加工业	243 164	122 764
化学原料及化学制品制造业	748 921	209 671
医药制造业	346 846	40 607
化学纤维制造业	28 160	
橡胶和塑料制品业	345 656	30 240
非金属矿物制品业	1 641 201	790 376
黑色金属冶炼及压延加工业	1 392 309	925 849
有色金属冶炼及压延加工业	647 511	137 846
金属制品业	792 724	299 678
通用设备制造业	1 242 175	822 989
专用设备制造业	1 816 319	1 511 260
汽车制造业	191 250	126 615
铁路、船舶、航空航天和其他运输设备制造业	333 735	107 997
电气机械及器材制造业	940 658	457 710
计算机、通信和其他电子设备制造业	212 090	60 220
仪器仪表制造业	86 220	54 590

5-11 续表2 （2013年） 单位:万元

指标名称	合计	#市区
其他制造业	20 320	1 500
废弃资源综合利用业	55 092	20 650
金属制品、机械和设备修理业		
电力、燃气及水的生产和供应业	1 335 417	717 352
电力、热力的生产和供应业	717 833	344 076
燃气生产和供应业	128 516	72 471
水的生产和供应业	489 068	300 805
建筑业		
房屋建筑业		
土木工程建筑业		
建筑安装业		
建筑装饰和其他建筑业		
批发和零售业	1 989 000	1 164 701
批发业	421 288	178 699
零售业	1 567 712	986 002
交通运输、仓储和邮政业	833 411	593 929
铁路运输业	26 345	9 145
道路运输业	336 607	222 386
水上运输业	249 547	229 947
航空运输业		
管道运输业	29 300	
装卸搬运和其他运输服务业	48 541	44 141
仓储业	141 071	86 310
邮政业	2 000	2 000
住宿和餐饮业	1 225 219	1 122 398
住宿业	799 861	734 840
餐饮业	425 358	387 558
信息传输、软件和信息技术服务业	129 363	104 578
电信、广播电视和卫星传输服务	41 554	27 000
互联网和相关服务		
软件和信息技术服务业	87 809	77 578
金融业	51 699	50 014
货币金融服务	50 014	50 014
资本市场服务		
保险业		
其他金融活动	1 685	
房地产业	124 270	28 850
房地产业	124 270	28 850
租赁和商务服务业	962 494	668 427
租赁业	31 030	11 850
商务服务业	931 464	656 577
科学研究和技术服务业	195 600	175 450
研究与试验发展	41 175	41 175
专业技术服务业	19 850	7 500
科技推广和应用服务业	134 575	126 775
水利、环境和公共设施管理业	2 310 848	1 296 330
水利管理业	212 770	70 263
生态保护和环境治理业	65 373	52 013
公共设施管理业	2 032 705	1 174 054
居民服务、修理和其他服务业	500 271	204 123

5-11 续表 3 （2013 年） 单位:万元

指标名称	合计	#市区
居民服务业	418 906	157 908
机动车、电子产品和日用产品修理业	30 230	580
其他服务业	51 135	45 635
教育	285 752	158 380
卫生和社会工作	341 694	234 187
卫生	326 075	234 187
社会工作	15 619	
文化、体育和娱乐业	411 089	340 249
新闻出版业		
广播、电视、电影和音像业	46 250	35 600
文化艺术业	80 942	63 232
体育	31 285	31 285
娱乐业	252 612	210 132
公共管理和社会组织	346 046	312 380
中国共产党机关	20 700	15 500
国家机构	243 814	228 164
人民政协、民主党派		
社会保障	970	
群众团体、社会团体和其他成员组织	41 996	30 150
基层群众自治组织	38 566	38 566
本年新增固定资产	**22 006 486**	**10 492 679**
项目个数 （个）		
施工项目个数	2 675	992
#本年新开工	2 100	768
全投项目个数	2 112	735
房屋建筑面积 （平方米）		
施工房屋面积	36 705 295	15 605 539
#住宅	963 910	219 900
竣工房屋面积	20 842 982	8 197 359
#住宅	911 610	219 900
本年资金来源合计	**29 667 854**	**15 885 380**
上年末结余资金	82 360	47 660
本年资金来源小计	29 585 494	15 837 720
国家预算内资金	537 216	198 836
国内贷款	3 298 537	1 520 483
债券		
利用外资	454 194	353 524
#外商直接投资	65 410	11 250
自筹资金	24 461 928	13 548 218
#企事业单位自有资金	5 542 959	3 807 395
股东投入资金	802 030	116 500
借入资金	563 328	254 732
其他资金来源	833 619	216 659
本年各项应付款合计	**2 727 863**	**2 006 140**
其中:工程款	517 617	261 218

5-12 主要年份房地产投资与销售情况

项目	2000	2005	2007	2008	2009	2010	2011	2012	2013
企业个数 （个）	**108**	**165**	**211**	**282**	**448**	**324**	**374**	**349**	**377**
投资完成额 （万元）	**280 490**	**625 738**	**1 001 097**	**1 308 123**	**1 590 593**	**2 053 222**	**2 551 217**	**3 100 707**	**3 804 668**
按构成分									
建筑工程	207 412	443 842	834 389	1 025 881	1 168 452	1 415 802	1 730 734	2 201 797	2 798 239
安装工程	12 904	27 867	46 890	91 168	162 724	180 429	237 251	248 917	242 240
设备工器具购置	3 104	4 421	5 476	13 413	13 092	48 979	92 012	103 974	106 206
其他费用	57 070	149 608	114 342	177 661	246 325	408 012	491 220	546 019	657 983
按工程用途分									
住宅	191 782	467 936	831 687	1 139 708	1 234 603	1 696 983	2 199 609	2 383 681	2 889 379
#经济适用房屋	50 168	410 893	120 306	149 187	170 740	96 320			
办公楼	6 916	45 104	41 080	23 060	53 094	65 046	56 078	124 277	236 588
商业营业用房	68 964	89 115	120 659	119 464	232 714	233 634	197 678	410 289	539 895
其他	12 828	23 583	7 671	25 891	70 182	57 559	97 852	182 460	138 806
按资金来源分									
#国内贷款	101 610	128 526	149 464	238 007	521 596	564 358	485 349	615 576	731 229
利用外资		30 605	13 324	26 228	6 414	21 247	7 236	111 126	132 597
自筹投资	53 974	249 819	438 451	592 728	668 993	808 743	1 249 202	1 578 584	1 984 130
其他投资	119 564	372 014	591 747	640 962	1 122 305	1 761 756	1 409 150	2 225 886	3 001 351
房屋建筑面积（万平方米）									
施工面积	306.90	672.98	911.26	1 261.87	1 397.46	1 710.17	1 932.97	2 281.57	3 035.43
#住宅	241.70	541.34	793.43	1 074.33	1 188.96	1 438.21	1 657.62	1 904.06	2 451.21
竣工面积	87.00	320.14	265.74	224.40	407.89	457.13	562.47	481.51	702.67
#住宅	74.50	250.15	225.57	198.39	356.09	378.57	494.14	426.23	615.57
土地开发及购置									
本年土地开发面积	63.40	124.56	173.49	199.24	162.44				
本年土地购置面积	110.60	86.34	141.88	187.36	130.28	67.57	86.96	168.67	350.57
商品房销售情况									
房屋实际销售面积	129.00	273.04	357.70	294.27	544.38	621.75	639.38	698.34	856.82
#住宅	119.90	252.99	321.41	267.92	492.73	548.71	575.14	623.84	765.84
#经济适用房	47.60	7.36	26.88	39.60	26.66	37.76			
房屋预售面积	46.00	131.11	245.29	185.65	661.83	685.81			
#住宅	40.00	123.62	223.06	172.08	587.53	580.11			
#经济适用房	6.00	2.52	14.00	6.79	21.27	21.07			
商品房销售额 （万元）	152 149	506 098	852 022	786 881	1 764 117	2 325 498	2 860 072	3 427 468	4 573 050

主要统计指标解释

全社会固定资产投资 固定资产投资额是以货币表现的建造和购置固定资产活动的工作量，它是反映固定资产投资规模、速度、比例关系和使用方向的综合性指标。按照现行国家统计制度规定:全社会固定资产投资分为基本建设、更新改造、房地产投资、其他投资(含国有单位其他投资、城镇集体、未列入基本建设和更新改造计划管理的联营经济、股份制经济、外商投资、港澳台投资等)、农村集体单位固定资产投资和城乡个人投资。

固定资产投资的资金来源 根据固定资产投资的资金来源不同,分为上年末结余资金、本年资金来源小计和各项应付款。其中本年资金来源小计又分为国家预算内资金、国内贷款、债券、利用外资、自筹资金和其他资金来源。

固定资产投资按国民经济行业分 建设项目归哪个行业，按其建成投产后的主要产品或主要用途及社会经济活动性质来确定。基本建设按建设项目划分国民经济行业,更新改造、国有经济单位其他固定资产投资及城镇集体投资根据整个企业事业单位所属的行业来划分。一般情况下,一个建设项目或一个企业、事业单位只能属于一种国民经济行业。为了更准确地反映国民经济各行业之间的比例关系，联合企业（总厂)所属分厂属于不同行业的,原则上按分厂划分行业。

固定资产投资按建设性质分 建设项目的性质一般分为新建、扩建、改建、迁建、恢复。基本建设按建设项目划分建设性质,更新改造、国有经济单位其他固定资产投资及城镇集体投资按整个企业、事业单位的建设情况确定建设性质。房地产投资不划分建设性质。目前基本建设和更新改造是根据我国现行的计划管理体制区分的，所以基本建设和更新改造都可以分别按新建扩建等划分。

固定资产投资按构成分 固定资产投资活动按其工作内容和实现方式分为建筑安装工程,设备、工具、器具购置,其他费用三个部分。

基本建设项目按大中小型划分 基本建设划分大中小型项目原则上应按照上级批准的设计任务书或初步设计所确定的总规模或总投资划分，没有正式批准设计任务书或初步设计的,按国家或省、自治区、直辖市年度基本建设投资计划中所列的总规模或总投资划分。上述两条均不具备的,按本年计划施工工程的建设总规模或总投资划分。生产单一产品的工业项目,按产品的设计能力划分;生产多种产品的工业项目,按其主要产品的设计能力划分。品种繁多,难以按生产能力划分的,按全部计划投资额划分。划分标准以国家颁发的《大中小型建设项目划分标准》为依据。国家曾在1958年、1962年、1977年和1979年先后五次修订《大中小型建设项目划分标准》,因此各历史时期的大中型项目数不完全可比。

施工项目 指报告期内曾进行建筑或安装工程施工活动的建设项目。包括报告期内新开工项目,报告期以前开工跨入报告期继续施工的项目以及报告期施过工并在报告期内全部建设投产或停缓建的项目。

全部建成投产项目 工业项目是指设计文件规定形成生产能力的主体工程及其相应配套的辅助设施全部建成，经负荷试运转,证明具备生产设计规定合格产品的条件,并经过验收鉴定合格或达到竣工验收标准，与生产性工程配套的生产福利设施可以满足近期正常生产的需要，正式移交生产的建设项目。非工业项目是指设计文件规定的主体工程和相应的配套工程全部建成,能够发挥设计规定的全部效益,经验收鉴定合格或达到竣工验收标准,正式移交使用的建设项目。

新增生产能力 指通过固定资产投资活动而增加的设计能力或工程效益，它是用实物形态表示的固定资产投资的成果。新增生产能力的计算,是以能独立发挥生产能力或效益的单项工程(或项目)为对象。当单项工(或项目)建成,经有关部门鉴定合格,正式移交投入生产,即可计算新增生产能力。

施工和竣工房屋建筑面积 房屋建筑面积是从房屋外墙线算起的各层平面面积的总和,包括房屋结构(如柱、墙)占用的面积和地下室面积。多层建筑按各自然层面积总和计算,包括房屋内的楼隔层,突出墙面的眺望间、门斗、有柱雨罩的面积。不包括突出墙面结构的构件、艺术装饰等所占的面积,如台阶等。凹阳台、挑阳台按其水平投影面积一半计算建筑面积。

竣工面积 指在报告期内房屋建筑按照设计要求已全部完工,达到住人和使用条件,经验收鉴定合格,正式移交使用单位的建筑面积。

房屋建筑面积竣工率 指一定时期内房屋竣工面积占同期房屋施工面积的比率。它是从房屋建筑施工速度的角度反映投资效果和建筑业经济效益的指标。

新增固定资产 指通过投资活动所形成的新的固定资产价值。包括已经建成投入生产或交付使用的工程价值和达到固定资产标准的设备、工具、器具的价值及有关应摊入的费用。它是以价值形式表示的固定资产投资成果的综合性指标,可以综合反映不同时期、不同部门、不同地区的固定资产投资成果。

建设项目投资率 指一定时期内全部建成投入生产项目个数占同期正式施工项目个数的比率。它是从项目建设速度的角度反映投资效果的指标。

固定资产交付使用率 指一定时期新增固定资产与同期完成投资额的比率。它是反映各个时期固定资产动用速度,衡量建设过程中投资效果的一个综合性指标。

未完工程占用率 指年末未完工程累计完成投资额占全年实际完成投资额的比率。它反映未完工程的相对规模,并可从资金占用的角度反映固定资产投资效果。由于未完工程是指已经开工,但尚未建成交付使用的工程,有个跨年度问题,因此未完工程占用率会出现大于1的情况。

第 6 部分 对外经济贸易和国际旅游

FOREIGN ECONOMY & TRADE AND INTERNATIONAL TOURISM

版面负责人：王廷宝

编　　　辑：柏　慧

江苏省统计条例

（2014 年 1 月 16 日江苏省第十二届人民代表大会常务委员会第八次会议通过）

第五章 机构和人员

第三十三条 县级以上地方人民政府有关部门根据各自职责和统计任务的需要，设立从事统计工作的机构或者明确承担综合统计工作职责的机构，配备相适应的统计人员，并指定统计负责人，在本级人民政府统计机构的指导下负责本部门、本行业的统计工作。

国家级和省级开发园区根据经济和人口规模，明确承担统计工作职责的机构，配备相适应的统计人员，负责统计资料的搜集、整理、汇总、上报以及催报、查询和数据核查工作。

第三十四条 乡镇人民政府和街道办事处根据经济和人口规模，明确承担统计工作职责的机构，配备相适应的统计人员，负责本区域统计工作的组织实施、管理、协调，履行政府综合统计的职能。

基层群众性自治组织应当指定专人负责统计工作。

第三十五条 政府统计机构、统计人员应当依法履行职责，如实搜集、报送统计资料，不得伪造、篡改统计资料，不得以任何方式要求任何单位和个人提供不真实的统计资料，不得有其他违反法律、行政法规和本条例规定的行为。

政府统计机构、统计人员对其负责搜集、审核、录入的统计资料与统计调查对象报送的统计资料的一致性负责。

第三十六条 政府统计机构、有关部门应当对统计人员开展统计专业培训和职业道德教育，提高其综合素质。

统计人员应当接受统计继续教育，提高业务素质和职业道德水平。

统计人员所在单位应当支持和保障统计人员接受统计继续教育，参加统计专业培训。

编辑：李　广

6-1 利用外资签订协议(合同)情况

单位:万美元

年 份	合 计		对外借款		外商直接投资	
	合同数(个)	合同外资额	合同数(个)	合同外资额	合同数(个)	合同外资额
1980	3	506	2	206		
1981						
1982	3	3 678				
1983	2	29				
1984	2	55				
1985	9	406			2	41
1986	5	414	2	290	3	124
1987	11	973			1	66
1988	17	3 574	5	2 106	8	470
1989	17	2 475	5	1 530	11	937
1990	10	1 604	4	1 113	6	491
1991	27	1 978	1	1 281	26	697
1992	218	8 111	3	525	215	7 586
1993	432	25 022	11	433	421	24 589
1994	173	19 516			173	19 516
1995	159	10 866			159	10 866
1996	122	20 791	6	3 283	116	17 508
1997	59	23 626	8	13 390	51	10 236
1998	83	27 817	4	5 162	79	22 655
1999	56	24 468			56	24 468
2000	99	25 720			99	25 720
2001	62	29 078			62	29 078
2002	119	44 066			119	44 060
2003	166	57 301			166	57 301
2004	186	69 689			186	69 689
2005	173	81 733			173	81 733
2006	151	81 095			151	81 095
2007	166	135 827			166	135 827
2008	122	172 608			122	172 608
2009	145	110 956			145	110 956
2010	204	189 233			204	189 233
2011	218	258 369			218	258 369
2012	211	243 884			211	243 884
2013	171	244 661			171	244 661

注:1989年以前合同数、合同工外资金额分三部分:对外借款、外商直接投资、外商其他投资。本表中不含外商其他投资。1989年以后合同数合同外资额包括两部分:对外借款、外商直接投资。2004年以后合同数、合同外资金额为新批外商投资项目个数和新签协议注册外资额(下同)。

6–2 实际利用外资情况

单位:万美元

年　份	合　计	# 对外借款	# 外商直接投资
1985	55		
1986	618	253	
1987	214		40
1988	434	37	127
1989	2 191	1 022	371
1990	1 324	578	110
1991	1 225	978	247
1992	2 378	1 578	800
1993	4 161	433	3 728
1994	6 898	1 237	5 661
1995	10 432		10 432
1996	17 284	3 232	14 052
1997	19 020	10 091	8 929
1998	22 816		22 816
1999	20 184		20 184
2000	20 790		20 790
2001	21 840		21 840
2002	25 023		25 023
2003	34 095		34 095
2004	30 399		30 399
2005	26 057		26 057
2006	24 433		24 433
2007	44 291		44 291
2008	58 251		58 251
2009	69 781		69 781
2010	101 330		101 330
2011	146 569		146 569
2012	170 021		170 021
2013	150 047		150 047

注:2004 年以后实际利用外资为实际到帐注册外资,下同。

6-3 主要年份对外经济情况

单位:万美元

指 标	1990	1995	2000	2005	2010	2011	2012	2013
自营进出口总额	1 015	24 696	32 896	112 621	416 053	630 966	832 682	628 919
自营出口	599	14 724	18 715	75 196	263 060	415 941	628 769	489 709
#三资企业	599	5 626	7 794	36 282	111 952	113 270	145 400	147 695
自营进口	416	9 972	14 181	37 425	152 993	215 025	203 914	139 210
#三资企业	416	8 454	9 765	29 056	98 975	123 976	91 436	50 105
新批外商投资项目个数(个)	10	159	99	173	204	218	211	171
新批协议注册外资额	1 604	10 866	25 720	81 733	189 233	258 369	243 884	244 661
实际到帐注册外资额	1 324	10 432	20 790	26 057	101 330	146 569	170 021	150 047
新签对外承包工程劳务合同额		3 256	8 010	31 500	12 648	14 459	59 061	25 905
对外承包工程劳务营业额		2 228	6 995	30 000	14 610	16 365	20 812	25 509
期末在外人数(人)		2 316	2 802	18 200	1 761	1 420	2 137	2 494
新批海外投资企业(家)		1		1	6	10	19	20
年末实有三资企业(家)	31	877	553	599	944	1 789	1 393	1 367
#投产开业企业	20	486	415	599	944	1 789	1 393	1 367

注:进出口总额 1998 年以后为海关数;2000 年年末在外人数为当年新派人数。

6-4 主要年份国际旅游人数和收入

单位:人

指 标	1990	1995	2000	2005	2010	2011	2012	2013
过夜旅游者人数	**4 325**	**4 988**	**17 825**	**73 010**	**158 277**	**182 180**	**199 488**	**25 849**
外国人	971	2 985	11 324	51 417	121 446	138 659	151 258	19 973
港澳台同胞	3 354	2 003	6 501	21 593	36 831	43 521	48 230	5 875
过夜者人天数 (人天)	**10 318**	**19 749**	**320 914**	**521 067**	**1 019 251**	**1 174 174**	**1 300 785**	**94 622**
外国人	3 131	12 926	182 885	346 684	724 714	831 461	907 000	71 173
港澳台同胞	7 187	6 823	138 029	174 383	294 537	342 713	393 785	23 449
过夜的外国人按国别分								
日 本	401	792	2 720	5 992	13 409	11 364	9 377	2 580
菲律宾	7	13	20	519	3 815	1 589	782	
新加坡	9	89	1 006	2 107	8 304	10 202	11 271	382
泰 国	33	37	23	727	3 763	1 895	4 750	
印度尼西亚	1	64	51	915	1 485	3 084	2 605	108
美 国	109	494	3 305	9 361	15 615	16 597	18 329	2 108
加拿大	17	56	383	3 020	4 876	8 891	11 868	522
英 国	41	74	198	2 277	7 961	7 642	7 043	716
法 国	25	134	68	2 121	5 374	6 419	6 130	
德 国	100	342	244	6 803	12 568	13 951	13 075	830
意大利	13	66	81	1 009	1 976	1 165	1 303	
俄罗斯	50	51	141	1 027	3 282	4 767	4 236	
澳大利亚	35	62	390	3 225	4 869	6 749	6 965	583
新西兰	6	8	22	1 523	2 536	3 247	3 946	
马来西亚		115	83	860	3 603	2 508	2 674	376
韩 国		216	1 454	2 543	12 362	14 344	14 094	2 585
西班牙		15	10	553	489	462	380	
国际旅游收入 (万美元)		**229**	**1 307**	**5 658**	**15 287**	**18 700**	**21 000**	**2 193**

注:俄罗斯旅游人数 1992 年及以前为前苏联数,德国 1991 年及以前的数字为西德数。2013 年国家旅游局对入境数据进行口径调整,主要以公安部门入境数据为准,与往年不可比。

主要统计指标解释

利用外资 指我国各级政府、部门、企业和其他经济组织通过对外借款、吸收外商直接投资以及用其他方式筹措的境外现汇、设备、技术等。

对外借款 是我国利用外资的主要部分。包括我国通过外国政府贷款,国际金融组织贷款,外国银行商业贷款,出口信贷以及对外发行债券、股票等方式,从境外筹措的资金。

外商直接投资 是指外国企业和经济组织或个人(包括华侨、港澳台同胞以及我国在境外注册的企业)按我国有关政策、法规,用现汇、实物、技术等在我国境内开办外商独资企业、与我国境内的企业或经济组织共同举办中外合资经营企业、合作经营企业或合作开发资源的投资(包括外商投资收益的再投资)以及政府有关部门批准的项目投资总额内,企业从境外借入的资金。

对外承包工程 包括各对外承包公司以招标议标承包方式承揽的下列业务:(1)承包国外工程建设项目;(2)承包我国对外经援项目;(3)承包我国驻外机构的工程建设项目;(4)承包我国境内利用外资进行建设的工程项目;(5)与外国承包公司合营或联合承包工程项目时我国公司分包部分;(6)以服务成果向业主收费的技术服务项目(包括承担地形地貌测绘;地质资源勘探与普查;建设区域规划;提供设计文件、图纸、生产工艺技术资料和工程技术经济咨询;工程项目的可行性考察、研究和评估;进行技术指导和培训人员等);(7)对外承包兼营的房屋开发业务。对外承包工程的营业额是以货币表现的本期内完成的对外承包工程的工作量,包括以前年度签订的合同和本年度新签订的合同在报告期完成的工作量。

对外劳务合作 指以收取工资的形式向业主或承包商提供技术和劳动服务的活动。我国对外承包公司在境外开办的合营企业,中国公司同时又提供劳务的,其劳务部分也纳入劳务合计统计。劳务合作营业额按报告期内向雇主提交的结算数(包括工资、加班费和奖金等)统计。

旅游人数 指来我国参观、访问、旅行、探亲、访友、休养、考察、参加会议和从事经济、科技、文化、教育、体育、宗教等活动的外国人、华侨、港澳和台湾同胞的人数。不包括外国在我国的常住机构,如使领馆、通讯社、企业办事处的工作人员;来我国常驻的外国专家、留学生以及在岸逗留不过夜人员。

旅游外汇收入 指国内各部门为来我国旅游的外国人、华侨、港澳和台湾同胞提供商品和劳务而获得的外汇收入。包括供应商品、饮食和提供住宿、交通、邮电、文化娱乐、导游等各项服务所得到的全部外汇收入。

第 7 部分 能源消费与库存

ENERGY CONSUMPTION AND STOCK

版面负责人：陈晓红
编　　辑：王玉叶

江苏省统计条例

（2014年1月16日江苏省第十二届人民代表大会常务委员会第八次会议通过）

第六章 监督检查

第三十七条 县级以上地方人民政府及其监察机关，应当对下级人民政府、本级人民政府统计机构和有关部门执行统计法律、行政法规及本条例的情况实施监督。

第三十八条 政府统计机构应当加强对政府统计活动、民间统计调查活动的监督检查，依法查处统计违法行为。政府统计机构在实施监督检查时，有关部门、单位和个人应当予以配合。

第三十九条 县级以上地方人民政府有关部门应当对职责范围内的统计活动实施监督检查，及时向本级人民政府统计机构移送有关涉嫌统计违法的材料，协助查处统计违法案件。

第四十条 政府统计机构应当明确承担统计执法检查职责的内设机构，配备相适应的统计执法检查人员。

第四十一条 政府统计机构在调查统计违法行为或者核查统计数据时，可以发出统计检查查询书。被查询对象收到统计检查查询书后，应当按照规定期限如实书面答复，提供相关证明和资料。

编辑：李　广

7-1 规模以上工业企业综合能源分行业消费量

指 标	2013			2012	
	单位数（个）	综合能源消费量（吨标准煤）	产值单耗（吨标准煤/万元）	综合能源消费量（吨标准煤）	产值单耗（吨标准煤/万元）
总计	**2 714**	**25 585 663**	**0.24**	**24 022 431**	**0.27**
按轻重工业					
轻工业	991	2 291 953	0.07	2 189 199	0.09
重工业	1 723	23 293 710	0.31	21 833 233	0.34
按行业分					
采矿业	54	2 277 093	0.61	2 576 641	0.70
煤炭开采和洗选业	12	2 163 144	0.75	2 455 381	0.80
石油和天然气开采业					
黑色金属矿采选业	7	80 939	0.65	87 305	0.61
有色金属矿采选业					
非金属矿采选业	35	33 010	0.05	33 955	0.07
开采辅助活动					
其他采矿业					
制造业	2 632	14 480 187	0.15	12 365 347	0.15
农副食品加工业	229	176 491	0.03	197 804	0.04
食品制造业	46	86 505	0.09	90 468	0.12
酒、饮料和精制茶制造业	30	571 240	0.17	601 291	0.20
烟草制品业	1	10 368	0.01	12 369	0.01
纺织业	244	240 723	0.06	225 644	0.06
纺织服装、服饰业	76	26 084	0.02	27 384	0.03
皮革、毛皮、羽毛及其制品和制鞋业	17	16 068	0.02	20 897	0.04
木材加工和木、竹、藤、棕、草制品业	415	637 526	0.07	727 403	0.09
家具制造业	32	8 478	0.02	7 503	0.02
造纸和纸制品业	43	86 253	0.09	85 366	0.09
印刷和记录媒介复制业	19	6 731	0.03	12 276	0.06
文教、工美、体育和娱乐用品制造业	50	41 445	0.04	40 543	0.05
石油加工、炼焦和核燃料加工业	12	1 323 197	0.65	958 648	0.49
化学原料和化学制品制造业	230	2 593 847	0.16	2 322 167	0.17
医药制造业	57	340 030	0.08	312 277	0.10
化学纤维制造业	18	33 437	0.05	33 992	0.06
橡胶和塑料制品业	98	121 617	0.05	126 086	0.07
非金属矿物制品业	227	1 977 255	0.40	1 593 910	0.43
黑色金属冶炼和压延加工业	109	4 831 436	0.70	4 077 053	0.73
有色金属冶炼和压延加工业	49	119 127	0.06	139 121	0.08
金属制品业	128	711 220	0.22	147 743	0.06
通用设备制造业	97	101 884	0.02	103 268	0.02
专用设备制造业	102	53 990	0.02	53 455	0.02
汽车制造业	33	13 499	0.02	13 447	0.03
铁路、船舶、航空航天和其他运输设备制造业	19	14 332	0.02	17 625	0.02
电气机械和器材制造业	119	215 725	0.03	245 714	0.04
计算机、通信和其他电子设备制造业	49	48 009	0.02	77 281	0.03
仪器仪表制造业	66	67 619	0.01	8 9875	0.02
其他制造业	9	4 220	0.03	3 290	0.03
废弃资源综合利用业	5	1 299	0.01	1 018	0.01
金属制品、机械和设备修理业	3	534	0.02	429	0.02
电力、热力、燃气及水生产和供应业	28	8 828 382	4.35	9 080 443	4.76
电力、热力生产和供应业	21	8 818 685	4.48	9 069 590	4.90
燃气生产和供应业	1	284	0.01	249	0.01
水的生产和供应业	6	9 413	0.27	10 604	0.28

7–2 规模以上工业企业能源购进、消费及库存

（2013 年）

能源名称		企业单位数（个）	年初库存	购进量	消费量合计	工业生产消费	非工业生产消费
原煤	（吨）	674	1 625 047	29 826 440	49 060 089	49 013 078	47 010
无烟煤		19	57 077	1 288 071	1 268 695	1 268 695	
炼焦烟煤		3	34	95 383	14 659 745	14 659 745	
一般烟煤		655	1 567 937	28 442 986	28 721 920	28 683 537	38 382
褐煤		3			4 409 729	4 401 101	8 628
洗精煤	（吨）	14	218 449	12 249 464	12 170 936	12 170 936	
其它洗煤	（吨）	5	90 997	870 859	1 062 636	1 062 636	
煤制品	（吨）	1		2 290	2 290	2 290	
焦炭	（吨）	52	46 693	3 879 888	4 108 789	4 108 789	
其它焦化产品	（吨）	1		52 393	51 091	51 091	
焦炉煤气	（万立方米）	5		902	40 089	40 089	
高炉煤气	（万立方米）	1			47 316	47 316	
转炉煤气	（万立方米）						
发生炉煤气	（万立方米）						
天然气(气态)	（万立方米）	29		7 624	8 013	7 967	46
液化天然气(液态)	（吨）	2		185	185	178	7
煤层气(煤田)	（万立方米）						
原油	（吨）						
汽油	（吨）	58	448	4 234	4 356	2 683	1 673
煤油	（吨）	2	1	1 485	1 485	1 485	
柴油	（吨）	131	3 327	78 152	78 630	69 399	9 231
燃料油	（吨）	3	1 521	646	1 145	850	295
液化石油气	（吨）	2		63	63	63	
炼厂干气	（吨）						
石脑油	（吨）						
润滑油	（吨）	2	1	278	278	278	
石蜡	（吨）						
溶剂油	（吨）						
石油焦	（吨）						
石油沥青	（吨）						
其它石油制品	（吨）	1		30	30	30	
热力	（百万千焦）	48		10 823 441	12 164 555	11 824 585	339 970
电力	（万千瓦时）	2 714		2 580 813	3 029 755	3 000 709	29 047
煤矸石用于燃料	（吨）	1		115 907	115 907	115 907	
城市垃圾用于燃料	（吨）	1			230 700	230 700	
生物质废料用于燃料	（吨）						
余热余压	（百万千焦）						
其它工业废料用于燃料	（吨）						
其他燃料	（吨标准煤）	1			115	115	

7-3 规模以上加工转换工业企业能源消费、投入及产出

（2013年）

能源名称		年末库存	工业生产消费量	#加工转换投入合计	#火力发电
原煤	（吨）	1 352 519	43 717 366	42 887 830	24 492 211
无烟煤		88 964	966 662	198 710	41 774
炼焦烟煤		101	14 659 745	14 659 745	
一般烟煤		1 263 406	23 689 858	23 628 274	20 430 902
褐煤		8	4 401 101	4 401 101	4 019 535
洗精煤	（吨）	296 977	11 383 630	11 383 630	
其它洗煤	（吨）	92 975	1 062 636	1 062 636	420 785
煤制品	（吨）				
焦炭	（吨）	45 503	306 945		
其它焦化产品	（吨）	1 302			
焦炉煤气	（万立方米）		39 055	2 055	1 118
高炉煤气	（万立方米）		47 316	47 316	18 926
转炉煤气	（万立方米）				
发生炉煤气	（万立方米）				
天然气(气态)	（万立方米）		1 097		
液化天然气(液态)	（吨）				
煤层气(煤田)	（万立方米）				
原油	（吨）				
汽油	（吨）	421	682		
煤油	（吨）		1 452		
柴油	（吨）	2 428	7 880	2 703	2 703
燃料油	（吨）	1 022	210	210	210
液化石油气	（吨）		16		
炼厂干气	（吨）				
石脑油	（吨）				
润滑油	（吨）	2	269		
石蜡	（吨）				
溶剂油	（吨）				
石油焦	（吨）				
石油沥青	（吨）		30		
其它石油制品	（吨）		4 921 843		
热力	（百万千焦）		714 855		
电力	（万千瓦时）		115 907	115 907	77 222
煤矸石用于燃料	（吨）		230 700	230 700	230 700
城市垃圾用于燃料	（吨）				
生物质废料用于燃料	（吨）				
余热余压	（百万千焦）				
其它工业废料用于燃料	（吨）				
其他燃料	（吨标准煤）		43 039 477	40 737 938	17 030 656

7-3 续表

（2013 年）

能 源 名 称		供 热	原煤入洗	炼 焦	能源加工转换产出	回收利用
原煤	（吨）	2 054 098	14 659 745	1 681 776		
无烟煤		156 936				
炼焦烟煤			14 659 745			
一般烟煤		1 515 596		1 681 776		
褐煤		381 566				
洗精煤	（吨）			11 383 630	8 601 094	
其它洗煤	（吨）	641 851			3 202 327	
煤制品	（吨）					
焦炭	（吨）				9 607 989	
其它焦化产品	（吨）				508 360	
焦炉煤气	（万立方米）	937			102 172	
高炉煤气	（万立方米）	28 390				47 316
转炉煤气	（万立方米）					
发生炉煤气	（万立方米）					
天然气(气态)	（万立方米）					
液化天然气(液态)	（吨）					
煤层气(煤田)	（万立方米）					
原油	（吨）					
汽油	（吨）					
煤油	（吨）					
柴油	（吨）					
燃料油	（吨）					
液化石油气	（吨）					
炼厂干气	（吨）					
石脑油	（吨）					
润滑油	（吨）					
石蜡	（吨）					
溶剂油	（吨）					
石油焦	（吨）					
石油沥青	（吨）					
其它石油制品	（吨）				42 865 403	
热力	（百万千焦）				5 741 265	
电力	（万千瓦时）	38 685				
煤矸石用于燃料	（吨）					
城市垃圾用于燃料	（吨）					
生物质废料用于燃料	（吨）					
余热余压	（百万千焦）					
其它工业废料用于燃料	（吨）					
其他燃料	（吨标准煤）	1 712 490	10 333 629	11 661 162	28 943 200	60 849

7-4 规模以上工业企业分品种能源消费

（2013 年）

指　　标	原煤（吨）	无烟煤（吨）	炼焦烟煤（吨）	一般烟煤（吨）	褐煤（吨）	洗精煤（吨）	其它洗煤（吨）
总计	**49 048 444**	**1 268 695**	**14 659 745**	**28 710 275**	**4 409 729**	**12 170 881**	**1 062 636**
按轻重工业							
轻工业	1 960 505	5 430		1 955 075			
重工业	47 087 939	1 263 265	14 659 745	26 755 200	4 409 729	12 170 881	1 062 636
按行业分							
采矿业	19 094 625		14 659 745	25 151	4 409 729		193 756
煤炭开采和洗选业	19 089 657		14 659 745	20 183	4 409 729		193 756
石油和天然气开采业							
黑色金属矿采选业	4 966			4 966			
有色金属矿采选业							
非金属矿采选业	2			2			
开采辅助活动							
其他采矿业							
制造业	8 427 183	1 268 695		7 158 489		12 170 881	
农副食品加工业	87 291	90		87 201			
食品制造业	35 017	28		34 989			
酒、饮料和精制茶制造业	702 336			702 336			
烟草制品业							
纺织业	50 275			50 275			
纺织服装、服饰业	2 585			2 585			
皮革、毛皮、羽毛及其制品和制鞋业	12 970			12 970			
木材加工和木、竹、藤、棕、草制品业	682 087			682 087			
家具制造业	3 972			3 972			
造纸和纸制品业	42 554			42 554			
印刷和记录媒介复制业							
文教、工美、体育和娱乐用品制造业	12 172			12 172			
石油加工、炼焦和核燃料加工业	1 456 656			1 456 656		9 308 648	
化学原料和化学制品制造业	2 158 960	1 233 150		925 810		1 743 250	
医药制造业	238 494			238 494			
化学纤维制造业	13 479			13 479			
橡胶和塑料制品业	13 358			13 358			
非金属矿物制品业	2 335 417	10 744		2 324 673			
黑色金属冶炼和压延加工业	350 763	890		349 873		1 030 935	
有色金属冶炼和压延加工业	23 097	1 243		21 854			
金属制品业	43 321	22 524		20 797		88 049	
通用设备制造业	14 897	26		14 871			
专用设备制造业	3 054			3 054			
汽车制造业	1 764			1 764			
铁路、船舶、航空航天和其他运输设备制造业							
电气机械和器材制造业	92 218			92 218			
计算机、通信和其他电子设备制造业	18 551			18 551			
仪器仪表制造业	29 897			29 897			
其他制造业	1 998			1 998			
废弃资源综合利用业							
金属制品、机械和设备修理业							

7-4　续表 1

（2013 年）

指　　标	焦　炭（吨）	其他焦化产品（吨）	焦炉煤气（万立方米）	高炉煤气（万立方米）	天然气（气态）（万立方米）	液　化天然气（液态）（吨）	汽　油（吨）
总计	**4 108 440**	**51 091**	**40 089**	**47 316**	**7 998**	**185**	**4 346**
按轻重工业							
轻工业	9 936				578	171	1 659
重工业	4 098 504	51 091	40 089	47 316	7 420	14	2 687
按行业分							
采矿业	69 300				1 009		1 346
煤炭开采和洗选业					1 009		1 316
石油和天然气开采业							
黑色金属矿采选业	69 300						30
有色金属矿采选业							
非金属矿采选业							
开采辅助活动							
其他采矿业							
制造业	4 039 140	51 091	40 089	47 316	6 988	185	2 941
农副食品加工业							18
食品制造业	2 871				211		46
酒、饮料和精制茶制造业							1 251
烟草制品业					277		
纺织业							56
纺织服装、服饰业							
皮革、毛皮、羽毛及其制品和制鞋业					90		
木材加工和木、竹、藤、棕、草制品业							10
家具制造业	410						
造纸和纸制品业							
印刷和记录媒介复制业							56
文教、工美、体育和娱乐用品制造业	6 225					171	5
石油加工、炼焦和核燃料加工业	26 905		33 992				
化学原料和化学制品制造业	282		867		87		255
医药制造业	420						64
化学纤维制造业							
橡胶和塑料制品业							
非金属矿物制品业			35		926		30
黑色金属冶炼和压延加工业	3 561 291		4 196	47 316	434	14	267
有色金属冶炼和压延加工业	8 213				3 315		
金属制品业	395 288	51 091			1 039		165
通用设备制造业	3 622		999		567		281
专用设备制造业	1 446						182
汽车制造业							34
铁路、船舶、航空航天和其他运输设备制造业	11						
电气机械和器材制造业	32 157						44
计算机、通信和其他电子设备制造业							9
仪器仪表制造业					33		166
其他制造业							
废弃资源综合利用业							
金属制品、机械和设备修理业							

7-4 续表 2

（2013 年）

指标	煤油（吨）	柴油（吨）	液化石油气（吨）	热力（百万千焦）	电力（万千瓦时）	煤矸石用于燃料（吨）	城市生活垃圾用于燃料（吨）
总计	**1 485**	**78 390**	**63**	**12 164 555**	**3 015 828**	**115 907**	**230 700**
按轻重工业							
轻工业		18 188	47	5 501 079	538 381		
重工业	1 485	60 202	16	6 663 476	2 477 447	115 907	230 700
按行业分							
采矿业	1 452	19 467	16	430 612	262 253		
煤炭开采和洗选业	1 452	8 370	16	430 612	238 608		
石油和天然气开采业							
黑色金属矿采选业		441			9 420		
有色金属矿采选业							
非金属矿采选业		10 656			14 226		
开采辅助活动							
其他采矿业							
制造业	33	55 801	47	11 683 467	2 459 542		
农副食品加工业		11 480		32 120	84 419		
食品制造业		6		1 017 852	17 188		
酒、饮料和精制茶制造业		5 488		343 234	42 287		
烟草制品业		490		81 338	3 486		
纺织业		19		38 913	164 169		
纺织服装、服饰业				3 240	19 487		
皮革、毛皮、羽毛及其制品和制鞋业		19			4 539		
木材加工和木、竹、藤、棕、草制品业		29			119 398		
家具制造业					4 255		
造纸和纸制品业				1 092 622	14 908		
印刷和记录媒介复制业		2		5 493	5 226		
文教、工美、体育和娱乐用品制造业		463			20 493		
石油加工、炼焦和核燃料加工业		566		635 931	45 378		
化学原料和化学制品制造业		627		3 796 919	797 980		
医药制造业		41	47	2 803 469	59 842		
化学纤维制造业					19 333		
橡胶和塑料制品业		3 432		855 935	61 638		
非金属矿物制品业		7 969			212 155		
黑色金属冶炼和压延加工业		3 882		736 480	353 706		
有色金属冶炼和压延加工业		385			39 554		
金属制品业		12 448			100 193		
通用设备制造业	33	5 478		239 922	46 659		
专用设备制造业		769			39 762		
汽车制造业		126			9 393		
铁路、船舶、航空航天和其他运输设备制造业		472			11 286		
电气机械和器材制造业		825			94 644		
计算机、通信和其他电子设备制造业					28 263		
仪器仪表制造业		691			36 251		
其他制造业					2 273		
废弃资源综合利用业		94			945		
金属制品、机械和设备修理业					435		

7–5　主要年份全社会用电情况

单位:万千瓦时

项　　目	1990	1995	2000	2005	2009	2010	2011	2012	2013
全社会用电量	**509 155**	**705 549**	**670 550**	**1 382 016**	**2 184 084**	**2 460 074**	**2 873 024**	**3 185 730**	**3 364 173**
全行业用电									
农林牧渔水利业	46 842	52 536	55 689	49 166	27 780	30 234	37 785	40 510	47 357
#排　灌	28 822	29 660	41 439	33 672	12 876	12 969	16 281	15 530	17 079
工业	420 161	560 719	494 267	1 096 270	1 728 119	1 918 967	2 259 107	2 460 756	2 529 738
轻工业	51 213	62 219	64 812	115 283	180 784	220 519	254 005	261 937	288 374
重工业	368 948	498 500	429 455	980 987	1 547 335	1 698 448	2 005 102	2 198 819	2 241 364
建筑业	3 087	3 875	5 401	9 734	17 628	18 841	20 536	22 302	28 825
交通运输、仓储和邮政业	9 292	10 292	18 183	19 110	30 184	35 385	48 085	59 893	62 417
#交通运输业	8 722	9 234	10 735	12 925	23 390	28 022	39 704	51 245	53 157
邮电通信业	570	1 058	2 448	2 915	1 989	2 073	2 110	2 289	2 399
商业、住宿和餐饮业	4 128	7 848	11 280	31 478	45 334	54 311	63 016	71 992	78 945
其他事业合计	9 623	14 049	17 919	49 269	105 581	102 367	76 122	87 685	97 821
#公共照明业	340	513	987	1 587	5 555	6 486	7 300	8 679	9 389
城乡居民生活用电	16 022	56 230	72 811	126 991	236 179	284 906	316 387	379 460	444 750
乡村	7 757	29 393	38 639	65 654	126 742	133 924	141 061	161 805	261 800
城镇	8 265	26 837	34 172	61 337	109 437	150 982	175 326	217 655	182 950

7–6　市区主要年份全社会用电情况

单位:万千瓦时

项　　目	1990	1995	2000	2005	2009	2010	2011	2012	2013
全社会用电量	**352 732**	**435 287**	**417 022**	**487 927**	**724 192**	**1 499 408**	**1 726 166**	**1 700 543**	**1 014 182**
全行业用电									883 273
农林牧渔水利业	1 891	5 122	4 372	5 065	3 748	9 330	10 428	11 315	2 744
#排　灌	492	1 906	1 375	465	1 292	1 731	1 741	2 014	761
工业	329 405	385 287	349 333	364 398	514 315	1 195 500	1 391 151	1 305 919	702 396
轻工业	26 906	36 310	37 963	42 118	52 524		84 414	81 069	34 994
重工业	302 499	348 977	311 370	322 280	461 791	1 112 091	1 306 737	1 224 850	667 402
建筑业	937	1 884	2 342	3 768	9 061	11 073	11 628	12 373	9 609
交通运输、仓储和邮政业	5 944	8 200	9 309	11 673	21 922	27 369	36 407	45 727	38 815
#交通运输业	5 727	7 635	7 789	8 038	19 871	24 253	32 762	41 575	35 934
邮电通信业	217	565	1 520	1 944	992	1 388	1 384	1 470	965
商业、住宿和餐饮业	2 106	4 516	6 927	18 212	26 858	34 289	39 054	44 116	40 125
其他事业合计	7 219	11 192	14 345	32 764	56 988	72 116	77 092	59 165	46 753
#公共照明业	206	306	729	633	2 315	3 040	3 881	5 008	3 987
城乡居民生活用电	5 230	19 086	30 394	52 047	91 300	141 959	151 414	179 378	130 909
乡村	673	4 127	5 389	9 894	21 477	53 882	61 377	102 281	27 467
城镇	4 557	14 959	25 005	42 153	69 823	88 077	90 037	77 097	103 442

7-7 全社会用电分行业、分地区情况

（2013 年） 单位：万千瓦时

	全市合计	丰县	沛县	铜山区	睢宁县	新沂市	邳州市
全社会用电总计	**3 364 173**	**181 281**	**300 512**	**533 952**	**216 097**	**384 907**	**249 737**
全行业用电合计	**2 919 423**	**136 687**	**254 977**	**478 539**	**168 607**	**345 246**	**188 515**
第一产业	47 357	7 363	10 763	7 980	6 435	4 372	6 001
农、林、牧、渔业	47 357	7 363	10 763	7 980	6 435	4 372	6 001
第二产业	2 558 563	112 199	227 312	443 550	143 515	319 384	152 851
工业	2 529 738	110 761	221 842	440 768	140 821	317 429	149 910
轻工业	288 374	19 148	51 539	30 506	60 456	47 134	26 706
重工业	2 241 364	91 613	170 303	410 262	80 365	270 295	123 204
采矿业	124 313	3 627	23 945	14 794	84	409	2 601
煤炭开采和洗选业	104 067	2 102	22 982	1 134			20
石油和天然气开采业	171		4	16	11		
黑色金属矿采选业	5 627		885	4 722			
有色金属矿采选业	6 567			6 553			1
非金属矿采选业	6 396	1 525	74	1 849	66	278	1 802
其他采矿业	1 485			520	7	131	778
制造业	2 039 454	89 937	177 631	398 088	127 721	289 872	122 475
食品、饮料和烟草制造业	71 531	8 832	11 917	12 133	5 817	9 533	8 112
纺织业	103 651	6 580	34 609	3 085	23 017	20 269	3 170
服装鞋帽、皮革羽绒及其制品业	9 828	273	761	211	3 802	2 580	517
木材加工及制品和家具制品业	40 739	6 528	3 493	2 301	6 540	4 103	14 222
造纸及纸制品业	10 423	119	193	3 806	395	1 008	557
印刷业和记录媒介的复制	2 245	83	166	287	66	26	180
文体用品制造业	659	15	84		10	76	289
石油加工、炼焦及核燃料加工业	68 155	3 171	7 944	16 632	2 507	5	27 746
化学原料及化学制品制造业	239 518	45 184	26 693	16 806	1 648	125 231	12 158
医药制造业	5 481	110	146	237	723	1 047	401
化学纤维制造业	3 989	42	70	399	472	26	2 858
橡胶和塑料制品业	50 992	940	21 242	1 657	6 617	3 580	4 075
非金属矿物制品业	209 624	1 695	6 476	72 235	5 632	20 634	8 140
黑色金属冶炼及压延加工业	442 090		30 155	230 840	9 181	53 209	9 853
有色金属冶炼及压延加工业	112 923	25	12 922	1 178	316	4 695	9 055
金属制品业	122 861	1 492	14 112	5 896	40 167	37 311	7 057
通用及专用设备制造业	90 864	10 814	2 899	24 411	13 869	618	3 303
交通运输、电气、电子设备制造业	443 863	3 405	2 493	5 316	6 197	5 154	8 731
工艺品及其他制造业	3 918	504	260	477	79	424	793
废弃资源和废旧材料回收加工业	6 100	125	996	181	666	343	1 258
电力、燃气及水的生产和供应业	365 971	17 197	20 266	27 886	13 016	27 148	24 834
电力、热力的生产和供应业	325 754	16 007	18 955	24 925	12 080	25 097	23 277
燃气生产和供应业	23 630	32	61	112	262	54	428
水的生产和供应业	16 587	1 158	1 250	2 849	674	1 997	1 129
建筑业	28 825	1 438	5 470	2 782	2 694	1 955	2 941
第三产业	313 503	17 125	16 902	27 009	18 657	21 490	29 663
交通运输、仓储和邮政业	62 417	780	924	5 354	1 525	4 908	6 609
信息传输、计算机服务和软件业	21 889	2 144	1 996	2 540	2 193	2 232	2 304
商业、住宿和餐饮业	78 945	5 645	5 511	4 178	6 039	5 878	9 049
金融、房地产、商务及居民服务业	52 431	2 335	2 350	3 039	2 065	2 934	3 493
公共事业及管理组织	97 821	6 221	6 121	11 898	6 835	5 538	8 208
城乡居民生活用电合计	**444 750**	**44 594**	**45 535**	**55 413**	**47 490**	**39 661**	**61 222**
城镇	182 950	12 693	13 311	7 363	13 919	10 065	18 721
乡村	261 800	31 901	32 224	48 050	33 571	29 596	42 501

主要统计指标解释

能源消费量 指能源使用单位在报告期内实际消费的一次能源或二次能源的数量。就每种能源的实物消耗而言，是其消费量；如果将实际消费的各种能源折标准量相加所得到的能源消费量合计数据是企业投入消费的全部能源，没有扣除能源品种加工转换的重复因素。

工业企业的能源消费量 包括工业企业在生产过程中作为燃料、动力、原料、辅助材料使用的能源以及工艺用能、非生产用能。

工业生产能源消费 指工业企业为进行工业生产活动所消费的能源。

用作原材料的能源消费 指能源产品不作能源使用，即不作燃料、动力使用，而作为生产另外一种产品(非能源产品)的原料或作为辅助材料使用，作原料使用时通常构成这种产品的实体。

工业企业非工业生产能源消费 指在工业企业能源消费中，除“工业生产能源消费”以外的能源消费。

能源库存量 本制度中所涉及的能源库存量是指企业能源库存量，它是企业在报告期的某时间点所拥有的各种能源数量。根据企业的生产经营活动性质，企业库存量分为生产企业产成品库存、经销企业(批发、零售企业)用于经营销售的库存、使用企业用于消费的库存。

综合能源消费量 指报告期内工业企业在工业生产活动中实际消费的各种能源的总和净值。计算综合能源消费量时，需要先将使用的各种能源折算成标准燃料后再进行计算。

取水量 指工业企业法人单位从各种水源实际提取的新水量。取水源包括地表水、地下水、自来水、污水处理达标水、未达标污水、收集雨水利用、以及企业从市场购得的其他水或水的产品(如纯净水、矿泉水等)。工业取水量包括采盐业所取的海水、汲取的地下卤水、盐湖水，包括海水淡化企业所取的海水，包括自来水生产企业所取的地表水和地下水，包括污水处理厂处理的污水。

支付费用的取水量 指取水量中需要向供水单位支付水费的水。有些企业取水不需要支付水费。

取水支付金额 是指报告期企业取水所支付的水费，计算范围与形成当地水价格的费用结构相一致，如水费、资源税、排水(污)费等。水费不包括取水过程的成本费，如电费、人工费、设备费等。

外供水量 指供水单位向用水单位提供的符合用水单位质量要求的水量。主要有自来水生产企业向城镇用户供应的自来水量；或者是纯净水、矿泉水生产企业向社会销售的产品水量；或者是污水处理厂将污水处理后得到的中水或符合用户要求标准的水质向用户单位提供的水量；或者是海水淡化水企业外供的淡化水量，或者是一些工业企业提取的地下水、地表水向外单位用户提供的水量。不包括向自然界直接排放的水量。

陆地地表水 指河流、湖泊、水库等地表水源的水，不包括海水。地表水分为淡水和咸水。陆地咸水湖的水为咸水。一般的河流、湖泊、水库的水是淡水。

地下水 指在地质岩层或土层中的水源，地下水的开采一般是通过钻井从地下抽取水量。地下水也分为淡水和咸水。

自来水 指地表水、地下水等经过供水企业加工处理，经认定达到自来水供水标准，通过城镇自来水管道网供应的水。

海水 指工业企业取自海洋的水，主要用来制盐、化工生产、海水淡化。海水用于冷却后直接排放，应统计在河湖海冷却直排水量中。

其他水 指上述水源没有涵盖的，或者界定不清的水。比如一些产品水，如纯净水、矿泉水、海水淡化水，或者污水处理厂处理的水等。其他水不应包括茶饮料、碳酸饮料、果汁饮料、酒类等大量用水的产品。

雨水收集利用 指用水单位专门建立雨水收集设施，将收集到的雨水作为水源的补充。天降雨、雪后，流到江河、湖泊、水库的水不作为雨水收集利用统计。

重复用水量 工业企业重复用水量就是指在企业内部，对生产和生活排放的废水直接或经过处理后回收再利用的水量，不包括企业从城市污水处理厂购买的中水或符合企业用水标准的水。企业废水在报告期每重复利用一次，计算一次重复用水量。重复用水量不包括河湖海冷却直排水量。

河湖海冷却直排水量 指企业采自河流、水库、湖泊、海洋的水用于冷却，不重复使用，又直接排回到的河流、水库、湖泊、海洋的水。河湖海冷却直排水量是作为单独一项指标统计，不应包含在取水量的指标中。河湖海冷却直排水量一般多见于发电厂。

废水排放量 指用水单位将所取水使用后，向本单位外排放的水量。废水排放可能经过本企业的净化处理，达到环保排放标准，也可能没有经过净化处理排放。废水排放量不包括河湖海冷却直排水量。

第 8 部分 财政、金融和保险

FINANCE, BANKING AND INSURANCE

版面负责人：张玉强

编　　　辑：徐向忠　徐　燕

江苏省统计条例

（2014 年 1 月 16 日江苏省第十二届人民代表大会常务委员会第八次会议通过）

第七章 法律责任

第四十二条 违反本条例规定，政府统计机构或者有关部门有下列行为之一的，由本级人民政府、上级人民政府统计机构、本级人民政府统计机构责令限期改正，予以通报；对直接负责的主管人员和其他直接责任人员，由任免机关或者监察机关依法给予处分：

（一）违反第十一条第一款规定，地方统计调查项目未经批准或者虽经批准但未依法公布，擅自组织实施的；

（二）违反第十二条第二款规定，拒绝向本级人民政府统计机构提供统计所需的行政记录的；

（三）违反第三十五条第一款规定，不依法履行职责，不如实搜集、报送统计资料，伪造、篡改统计资料或者要求政府统计调查对象提供不真实统计资料的；

（四）违反第三十八条、第三十九条规定，不依法履行统计监督检查职责或者不依法查处统计违法行为的。

第四十三条 违反本条例第十五条第一项、第二项、第三项规定，政府统计调查对象未在规定期限内补正的，由政府统计机构责令补正，给予警告；拒不补正的，对企业事业单位或者其他组织处以二千元以上一万元以下罚款，对个体工商户处以二百元以上一千元以下罚款。

第四十四条 违反本条例第十七条规定，地方各级人民政府、政府统计机构或者有关部门、单位的主要负责人及其他负责人有下列行为之一的，由任免机关或者监察机关依法给予处分，并由政府统计机构予以通报：

（一）自行修改统计资料、编造虚假统计数据的；

（二）要求政府统计机构、统计人员或者其他机构、人员拒报、虚报、瞒报或者伪造、篡改统计资料的；

（三）对依法履行职责或者拒绝、抵制统计违法行为的统计人员打击报复的；

（四）对揭发、检举统计违法行为的人员打击报复的；

（五）对本地区、本部门、本单位发生的严重统计违法行为不履行监督管理职责的。

第四十五条 违反本条例第十九条第二款规定，民间统计调查组织超出委托权限或者范围实施统计调查活动的，由政府统计机构责令改正，给予警告，并处一万元以上五万元以下罚款。

编辑：李　广

8-1 主要年份财政收入、支出情况

单位:万元

年份	全市			市区		
	财政收入	财政支出	财政收入占地区生产总值的比重(%)	财政收入	财政支出	财政收入占地区生产总值的比重(%)
1952	2 770	1 324	12.1	660	752	13.8
1957	6 476	4 202	17.5	3 327	1 573	23.8
1962	7 564	3 339	16.5	4 720	687	26.3
1965	8 638	4 686	15.2	5 327	1 121	26.6
1970	15 069	6 026	17.3	10 772	2 293	31.6
1975	19 456	9 608	15.3	12 721	3 610	25.1
1978	32 674	17 690	15.3	22 950	7 887	29.8
1979	32 484	18 707	13.1	24 081	6 877	25.9
1980	35 715	17 982	12.5	26 814	6 714	23.5
1981	38 273	17 563	12.6	28 497	6 339	24.6
1982	43 114	21 655	12.2	30 670	7 981	23.1
1983	43 887	25 921	10.4	30 492	9 779	19.2
1984	47 454	30 779	9.6	32 250	12 009	18.0
1985	57 538	33 704	10.4	39 448	13 366	19.6
1986	65 741	45 505	10.4	45 248	19 051	20.0
1987	71 134	49 005	9.9	48 746	20 550	18.6
1988	82 796	58 865	9.8	55 880	23 409	19.3
1989	95 384	74 502	9.6	65 610	30 589	16.7
1990	102 326	85 640	9.1	70 338	34 593	15.1
1991	103 467	98 117	8.0	70 215	41 538	13.3
1992	109 670	95 599	6.8	73 690	37 513	10.7
1993	147 114	122 174	6.7	95 765	50 567	9.5
1994	197 489	143 559	6.3	128 227	62 329	9.1
1995	253 020	180 186	6.3	160 606	78 225	9.1
1996	302 406	213 530	6.2	188 190	85 349	9.0
1997	351 388	250 673	7.0	221 624	103 183	9.8
1998	395 108	283 443	7.4	254 176	119 325	10.4
1999	436 074	130 573	7.6	282 311	130 573	11.0
2000	476 168	345 246	7.7	311 151	153 038	10.7
2001	525 924	400 797	7.7	338 498	172 809	10.5
2002	655 566	520 174	8.7	438 281	258 477	12.2
2003	828 226	624 582	9.7	559 422	301 885	13.1
2004	1 102 216	717 332	10.7	768 436	318 329	14.3
2005	1 452 629	1 050 786	12.0	1 034 482	511 441	16.2
2006	1 808 512	1 270 099	12.7	1 231 212	576 615	16.5
2007	2 207 263	1 474 369	13.1	1 509 317	623 115	16.8
2008	2 685 991	1 990 464	13.4	1 782 700	842 950	17.2
2009	3 188 865	2 565 349	13.3	1 987 842	1 048 541	19.2
2010	4 138 904	3 257 198	14.1	2 887 987	1 621 085	16.2
2011	5 553 294	4 542 420	15.6	3 726 172	2 240 383	17.6
2012	5 976 325	5 300 461	14.9	3 864 175	2 513 222	16.1
2013	6 599 518	5 956 105	14.9	4 207 502	2 776 771	15.9

注:2007 年及以后财政决算报表制度改革,部分指标有变动,财政总收入及财政支出中不包括基金收入,与往年不可比。

8-2 财政收入及构成

指 标	绝 对 数（万元）					构 成（%）				
	2009	2010	2011	2012	2013	2009	2010	2011	2012	2013
财政总收入	**3 188 865**	**4 138 904**	**5 553 294**	**5 976 325**	**6 599 518**	**100.0**	**100.0**	**100.0**	**100.0**	**100.0**
上划中央收入	**1 545 425**	**1 917 346**	**2 369 116**	**2 308 742**	**2 371 078**	**48.5**	**46.3**	**42.7**	**38.6**	**35.9**
增值税(75%)	738 700	860 400	1 025 150	984 252	970 990	47.8	44.9	43.3	42.6	40.9
消费税	529 526	678 801	841 393	898 155	974 277	34.3	35.4	35.5	38.9	41.1
企业所得税(60%)	199 439	267 367	370 898	300 171	312 107	12.9	13.9	15.7	13.0	13.2
个人所得税(60%)	77 760	110 778	131 675	126 164	113 704	5.0	5.8	5.6	5.5	4.8
公共财政预算收入	**1 643 440**	**2 221 558**	**3 184 178**	**3 667 583**	**4 228 440**	**51.5**	**53.7**	**57.3**	**61.4**	**64.1**
税收收入	1 298 854	1 738 977	2 371 229	2 841 376	3 411 115	79.0	78.3	74.5	77.5	80.7
增值税(25%)	246 234	286 798	341 714	328 083	395 202	19.0	16.5	14.4	11.5	11.6
营业税	402 548	564 211	833 989	1 068 992	1 346 986	31.0	32.4	35.2	37.6	39.5
企业所得税(40%)	132 960	178 244	247 266	200 114	208 070	10.2	10.2	10.4	7.0	6.1
个人所得税(款)(40%)	51 839	73 854	87 782	84 111	75 804	4.0	4.2	3.7	3.0	2.2
资源税	34 992	45 833	59 871	88 676	102 190	2.7	2.6	2.5	3.1	3.0
城市维护建设税	122 063	149 811	202 726	217 211	243 124	9.4	8.6	8.5	7.6	7.1
房产税	25 455	30 169	37 804	67 475	100 704	2.0	1.7	1.6	2.4	3.0
印花税	15 203	21 038	28 662	32 997	40 068	1.2	1.2	1.2	1.2	1.2
城镇土地使用税	43 534	46 858	58 839	99 841	126 371	3.4	2.7	2.5	3.5	3.7
土地增值税	43 457	89 594	201 496	336 314	397 922	3.3	5.2	8.5	11.8	11.7
车船税(款)	8 838	11 331	15 943	26 929	27 487	0.7	0.7	0.7	0.9	0.8
耕地占用税(款)	22 700	24 811	29 230	20 475	16 449	1.7	1.4	1.2	0.7	0.5
契税(款)	149 031	216 425	225 907	251 883	330 746	11.5	12.4	9.5	8.8	9.7
非税收入	344 586	482 581	812 949	826 207	817 324	21.0	21.7	25.5	22.5	19.3
专项收入	90 932	91 699	120 194	127 628	136 927	26.4	19.0	14.8	15.4	16.8
行政事业性收费收入	94 137	148 858	234 716	296 023	334 417	27.3	30.8	28.9	35.8	40.9
罚没收入	50 922	69 635	61 056	80 586	115 403	14.8	14.4	7.5	9.8	14.1
国有资本经营收入	102 379	147 468	294 651	198 903	125 362	29.7	30.6	36.2	24.1	15.3
国有资源(资产)有偿使用收入	5 964	24 531	95 666	110 269	92 620	1.7	5.1	11.8	13.3	11.3
其他收入(款)	252	390	6 666	12 798	12 595	0.1	0.1	0.8	1.6	1.5
政府性基金收入	**1 123 251**	**1 872 348**	**2 139 769**	**2 590 958**	**3 759 482**	**100.0**	**100.0**	**100.0**	**100.0**	**100.0**

8–3 市区财政收入及构成

指标	绝对数（万元）					构成（%）				
	2009	2010	2011	2012	2013	2009	2010	2011	2012	2013
财政总收入	**1 987 842**	**2 887 987**	**3 726 172**	**3 864 175**	**4 207 502**	**100.0**	**100.0**	**100.0**	**100.0**	**100.0**
上划中央收入	**1 161 867**	**1 543 943**	**1 875 526**	**1 840 726**	**1 955 624**	**58.4**	**53.5**	**50.3**	**47.6**	**46.5**
增值税（75%）	477 039	620 148	692 713	688 047	703 055	41.1	40.2	36.9	37.4	36.0
消费税	518 204	662 662	823 352	877 555	953 808	44.6	42.9	43.9	47.7	48.8
企业所得税（60%）	118 871	186 632	270 030	195 755	222 847	10.2	12.1	14.4	10.6	11.4
个人所得税（60%）	47 753	74 501	89 431	79 369	75 914	4.1	4.8	4.8	4.3	3.9
公共财政预算收入	**825 975**	**1 344 044**	**1 850 646**	**2 023 449**	**2 251 878**	**41.6**	**46.5**	**49.7**	**52.4**	**53.5**
税收收入	676 072	1 040 761	1 339 674	1 519 320	1 722 820	81.9	77.4	72.4	75.1	76.5
增值税（25%）	159 013	206 715	230 903	229 348	273 622	23.5	19.9	17.2	11.3	15.9
营业税	177 571	303 539	380 144	488 421	550 161	26.3	29.2	28.4	24.1	31.9
企业所得税（40%）	79 246	124 420	180 020	130 502	148 564	11.7	12.0	13.4	6.4	8.6
个人所得税（款）（40%）	31 836	49 668	59 620		50 610	4.7	4.8	4.5		2.9
资源税	4 569	15 382	15 901		29 177	0.7	1.5	1.2		1.7
城市维护建设税	90 822	114 042	149 923	160 380	174 688	13.4	11.0	11.2	7.9	10.1
房产税	13 559	17 604	23 113		57 647	2.0	1.7	1.7		3.3
印花税	8 752	13 987	17 457		23 214	1.3	1.3	1.3		1.3
城镇土地使用税	19 037	24 861	31 933		64 909	2.8	2.4	2.4		3.8
土地增值税	19 706	50 472	101 231		192 672	2.9	4.8	7.6		11.1
车船税（款）	3 282	6 466	8 353		11 611	0.5	0.6	0.6		0.7
耕地占用税（款）	9 652	13 243	14 039		4 997	1.4	1.3	1.0		0.3
契税（款）	59 027	100 362	127 037	119 610	140 948	8.7	9.6	9.5	5.9	8.2
非税收入	149 903	303 283	510 972	504 129	529 058	18.1	22.6	27.6	24.9	23.5
专项收入	46 753	64 318	82 103	83 230	89 736	31.2	21.2	16.1	4.1	17.0
行政事业性收费收入	46 148	100 369	142 651	201 354	249 732	30.8	33.1	27.9	10.0	47.2
罚没收入	16 675	36 361	22 757	35 895	68 871	11.1	12.0	4.5	1.8	13.0
国有资本经营收入	38 500	95 097	234 994	135 835	81 949	25.7	31.4	46.0	6.7	15.5
国有资源（资产）有偿使用收入	1 825	6 756	27 324	40 321	31 493	1.2	2.2	5.3	2.0	6.0
其他收入（款）	2	382	1 143	7 495	7 277	…	0.1	0.2	0.4	1.4
政府性基金收入	**573 957**	**1 308 960**	**1 448 108**	**1 293 136**	**2 031 316**	**100.0**	**100.0**	**100.0**	**100.0**	**100.0**

8-4 财政支出及构成

指　　标	绝 对 数（万元）					构　成（%）				
	2009	2010	2011	2012	2013	2009	2010	2011	2012	2013
公共财政预算支出	**2 565 349**	**3 257 198**	**4 542 420**	**5 300 461**	**5 956 105**	**100.0**	**100.0**	**100.0**	**100.0**	**100.0**
一般公共服务	349 295	378 135	492 195	534 644	569 997	13.6	11.6	10.8	10.1	9.6
国防	5 796	10 062	9 937	11 315	10 854	0.2	0.3	0.2	0.2	0.2
公共安全	172 955	195 787	239 653	275 584	302 717	6.7	6.0	5.3	5.2	5.1
教育	506 643	612 446	901 656	1 125 220	1 217 155	19.7	18.8	19.8	21.2	20.4
科学技术	37 033	45 433	103 526	124 459	144 855	1.4	1.4	2.3	2.3	2.4
文化体育与传媒	29 476	34 833	44 043	55 031	60 216	1.1	1.1	1.0	1.0	1.0
社会保障和就业	306 878	374 081	464 352	521 576	576 373	12.0	11.5	10.2	9.8	9.7
医疗卫生	160 991	213 385	334 539	389 796	451 648	6.3	6.6	7.4	7.4	7.6
环境保护	81 577	100 255	121 122	128 622	134 809	3.2	3.1	2.7	2.4	2.3
城乡社区事务	262 955	455 475	652 692	693 932	800 832	10.3	14.0	14.4	13.1	13.4
农林水事务	362 741	437 373	617 734	802 965	1012 442	14.1	13.4	13.6	15.1	17
交通运输	35 914	82 747	113 919	107 542	106 214	1.4	2.5	2.5	2.0	1.8
资源勘探电力信息等事务			181 265	198 704	212 208			4.0	3.7	3.6
商业服务业等事务			79 382	71 616	66 086			1.7	1.4	1.1
工业商业金融等事务										
采掘电力信息等事务	126 623	111 005				4.9	3.4			
粮油物资储备管理等事务	38 333	6 461				1.5	0.2			
金融监管支出	1 650	3 810	9 115	11 571	2 949	0.1	0.1	0.2	0.2	…
国土资源气象等事务			44 840	63 196	49 469			1.0	1.2	0.8
住房保障支出			61 434	93 984	144 832			1.4	1.8	2.4
粮油物资管理事务			5 463	7 169	9 542			0.1	0.1	0.2
储备事务支出			791					…		
其他支出	85 484	51 690	64 762	58 535	46 987	3.3	1.6	1.4	1.1	0.8
政府性基金支出	**1 071 970**	**1 797 728**	**2 233 656**	**2 586 600**	**3 835 236**	**100.0**	**100.0**	**100.0**	**100.0**	**100.0**
一般公共服务	4 826	60	89	28		0.5	…	…	…	
教育	5 901	13 852	17 788	30 648	94 848	0.6	0.8	0.8	1.2	2.5
文化体育与传媒	657	620	927	745	439	0.1	…	…	…	…
社会保障和就业	1 881	4 714	5 803	10 435	8 594	0.2	0.3	0.3	0.4	0.2
城乡社区事务	1 046 951	1 747 852	2 178 531	2 496 684	3 646 117	97.7	97.2	97.5	96.5	95.1
农林水事务	9 482	15 675	10 066	23 960	53 780	0.9	0.9	0.5	0.9	1.4
交通运输	678	2 238	5 624	3 013	5 774	0.1	0.1	0.3	0.1	0.2
资源勘探电力信息等事务			4 281	4 995	5 353			0.2	0.2	0.1
工业商业金融等事务										
采掘电力信息等事务	1 106	2 255				0.1	0.1			
粮油物资储备管理等事务	296	79				…	…			
其他支出	192	10 383	10 547	16 092	20 211	…	0.6	0.5	0.6	0.5

8–5 市区财政支出及构成

指标	绝对数（万元）					构成（%）				
	2009	2010	2011	2012	2013	2009	2010	2011	2012	2013
公共财政预算支出	**1 048 541**	**1 621 085**	**2 240 383**	**2 513 222**	**2 776 771**	**100.0**	**100.0**	**100.0**	**100.0**	**100.0**
一般公共服务	137 434	196 185	260 357	270 971	290 565	13.1	12.1	11.6	11.6	10.5
国防	4 571	7 935	7 320		6 650	0.4	0.5	0.3	0.3	0.2
公共安全	102 597	131 526	150 852		187 952	9.8	8.1	6.7	6.7	6.8
教育	165 716	275 296	416 511	496 326	509 327	15.8	17.0	18.6	18.6	18.3
科学技术	16 535	21 138	69 493	75 307	84 514	1.6	1.3	3.1	3.1	3.0
文化体育与传媒	15 386	20 390	25 904	30 696	34 802	1.5	1.3	1.2	1.2	1.3
社会保障和就业	181 766	207 939	252 896	265 796	314 533	17.3	12.8	11.3	11.3	11.3
医疗卫生	54 389	95 929	133 669	151 154	169 985	5.2	5.9	6.0	6.0	6.1
环境保护	35 920	67 207	76 162	68 298	64 417	3.4	4.1	3.4	3.4	2.3
城乡社区事务	92 724	178 236	255 042	278 190	322 075	8.8	11.0	11.4	11.4	11.6
农林水事务	74 369	159 370	236 345	313 091	389 367	7.1	9.8	10.5	10.5	14
交通运输	16 373	41 424	61 751	56 849	55 046	1.6	2.6	2.8	2.8	2.0
资源勘探电力信息等事务			125 358		125 443			5.6	5.6	4.5
商业服务业等事务			42 138		38 621			1.9	1.9	1.4
工业商业金融等事务										
采掘电力信息等事务	86 729	89 828				8.3	5.5			
粮油物资储备管理等事务	11 194	3 691				1.1	0.2			
金融监管支出	1 441	2 501	4 402		27 473	0.1	0.2	0.2	0.2	1.0
国土资源气象等事务			29 909		23 444			1.3	1.3	0.8
住房保障支出			37 932	60 247	94 003			1.7	1.7	3.4
粮油物资管理事务			2 775		5 003			0.1	0.1	0.2
储备事务支出			340							
其他支出	50 392	43 508	51 227		33 838	4.8	2.7	2.3	2.3	1.2
政府性基金支出	**565 612**	**1 252 359**	**1 549 351**		**2 082 611**	**100.0**	**100.0**	**100.0**	**100.0**	**100.0**
一般公共服务	3 761	60	89			0.7	…			
教育	3 417	7 872	7 134		58 913	0.6	0.6	0.5	0.5	2.8
文化体育与传媒	441	618	728		431	0.1	…			…
社会保障和就业	887	2 305	3 243		5 117	0.2	0.2	0.2	0.2	0.2
城乡社区事务	553 713	1 221 505	1 521 474		1 978 026	97.9	97.5	98.2	98.2	95.0
农林水事务	1 917	8 743	5 141		22 856	0.3	0.7	0.3	0.3	1.1
交通运输	678	2 238	2 920		2 605	0.1	0.2	0.2	0.2	0.1
资源勘探电力信息等事务			2 135		3 020			0.1	0.1	0.1
工业商业金融等事务										
采掘电力信息等事务	774	1 572				0.1	0.1			
粮油物资储备管理等事务	24									
金融监管支出										
其他支出		7 446	6 487		11 523		0.6	0.4	0.4	0.6

8–6 主要年份城乡居民储蓄存款

（年底数） 单位：万元

年 份	全市				市区			
	城乡居民储蓄存款余额	城镇居民	农村居民	人均储蓄（元/人）	城乡居民储蓄存款余额	城镇居民	农村居民	人均储蓄（元/人）
1952	270	270		1	206	206		9
1957	968	836	132	2	647	647		17
1962	1 222	895	327	3	686	652	34	15
1965	1 974	1 510	464	4	1 157	1 124	33	22
1970	2 442	1 922	520	4	1 449	1 407	42	27
1975	4 839	3 525	1 314	8	2 694	2 581	113	44
1978	8 921	5 642	3 279	14	4 299	4 065	234	64
1979	13 499	7 662	5 837	21	6 018	5 677	341	85
1980	20 596	10 326	10 270	31	8 868	8 179	689	122
1981	27 635	13 100	14 535	41	11 249	10 191	1 058	150
1982	36 462	17 260	19 202	53	14 836	13 280	1 556	192
1983	52 715	22 396	30 319	76	19 645	16 962	2 683	248
1984	74 664	30 525	44 139	107	26 601	22 775	3 826	330
1985	97 867	51 738	46 129	138	37 810	32 609	5 201	458
1986	140 701	78 011	62 690	197	51 139	44 135	7 004	608
1987	191 242	113 634	77 608	263	69 314	60 682	8 632	810
1988	246 993	154 694	92 299	332	88 630	78 650	9 980	1 016
1989	327 806	221 226	106 580	430	125 709	114 108	11 601	1 408
1990	446 418	312 015	134 313	553	174 611	159 152	15 459	1 926
1991	555 370	394 194	161 176	677	213 526	194 377	19 149	2 324
1992	668 470	477 991	190 479	809	258 326	235 349	22 977	2 758
1993	857 542	623 818	233 724	1 028	319 747	291 258	28 489	3 360
1994	1 110 985	815 108	295 877	1 318	477 133	396 479	80 654	3 340
1995	1 400 566	1 064 231	336 335	1 645	578 274	538 785	39 489	3 984
1996	1 828 200	1 423 241	404 959	2 217	811 756	763 152	48 604	5 510
1997	2 163 437	1 701 013	462 424	2 495	970 956	938 568	32 388	6 502
1998	2 438 696	1 906 077	532 619	2 785	1 110 556			7 313
1999	2 692 128	2 117 460	574 668	3 068	1 297 842			8 515
2000	3 058 002			3 411	1 860 652			11 585
2001	3 576 909			3 966	2 202 744			13 552
2002	4 167 882			4 608	2 592 741			15 756
2003	4 822 259			5 307	3 024 793			18 077
2004	5 563 129			6 068	3 445 990			20 584
2005	6 506 064			7 031	3 997 284			22 223
2006	7 228 920			7 734	4 377 454			24 105
2007	7 886 337			8 409	3 488 669			19 140
2008	9 745 131			10 292	5 850 811			31 729
2009	11 397 620			11 902	6 911 095			37 112
2010	13 243 885			13 613	7 908 879			25 291
2011	14 954 211			15 312	8 684 472			27 511
2012	17 947 175			18 119	10 292 339			32 077
2013	20 897 714			24 325	11 833 905			37 356

注：因区划调整，2010 年以后市区人均储蓄存款余额与往年不可比。

8–7 主要年份金融机构综合存贷款

单位:万元

项　　目	1990	1995	2000	2005	2010	2011	2012	2013
金融机构综合存款余额	**724 345**	**2 329 318**	**4 614 682**	**10 108 940**	**26 321 873**	**29 809 912**	**33 644 736**	**38 844 633**
单位存款	153 598	762 950	1 272 226	2 471 686	6 284 714	14 164 769	14 945 580	16 552 677
# 活期		660 835	877 182	1 726 679	4 425 315	5 773 196	6 244 340	6 673 685
定期		102 115	395 044	745 007	1 859 399	2 959 165	3 125 577	4 102 170
财政存款	7 335	15 787	19 308	170 682	424 042	344 933		439 596
机关团体	12 292	21 340	28 401	190 052	2 385 622			
居民储蓄存款	446 418	1 400 566	3 058 002	6 506 064	13 243 885	14 954 211	17 947 175	20 897 714
# 活期		216 436	670 765	1 936 494	5 484 048			
定期		1 184 130	2 387 237	4 569 570	7 759 836			
农业存款		13 712	166 281	288 843	909 257			
信托存款		104 885						
委托存款				3 088	58 923			
其他存款		10 078	95 376	478 525	3 015 431			
金融机构综合贷款余额	**804 071**	**2 046 385**	**3 249 902**	**4 911 786**	**14 364 443**	**17 348 392**	**20 472 296**	**23 608 014**
短期贷款	676 347	1 571 401	2 583 743	3 006 573	7 939 439	9 690 876	11 658 992	13 038 233
工业	245 997	541 257	657 544	632 555				
商业	285 377	547 859	811 340	666 185				
建筑企业		33 615	69 994	73 396				
农业贷款		106 252	172 867	687 551				
乡镇企业	94 504	230 609	475 396	563 468				
三资企业		33 358	51 568	49 464				
私营及个体		1 603	7 741	15 303				
其他短期贷款		76 848	337 293	318 651				
# 个人短期消费贷款								214 832
中长期贷款	86 702	331 751	588 842	1 404 418	5 947 821	6 872 802	7 832 488	9 480 629
技术改造	36 809	149 714	191 844	345 496				
基本建设	48 734	138 430	226 977	483 616				
老少边穷		714						
地方经济		1 830						
其他中长期贷款		41 063	170 021	575 306				
# 个人中长期消费贷款								4 295 733
信托		88 703						
其他		54 530	77 317	500 795				

注:单位存款 2010 年以前为企业存款。

8-8　主要年份保险业务经济技术指标

单位:万元

项　　　目	1990	1995	2000	2005	2010	2011	2012	2013
保险公司　　（个）	1	1	6	15	41	50	50	53
国内业务								
承保额	1 491 908	2 517 612	7 647 722	20 743 002	112 898 827			
财产险	1 389 568	1 843 301	4 640 078	8 384 207	104 709 326	69 975 191	110 117 126	127 804 042
# 企业财产险	792 805	816 644	1 906 485	5 150 488	9 372 558	11 596 503	17 550 546	19 588 195
运输工具及责任险	105 023	228 406	1 826 692	2 767 806	12 750 042	19 511 006	51 646 545	56 300 5375
家庭财产险	188 931	483 813	333 701	261 896	466 735	496 801	547 590	669 901
农业险	76 253	60 772	59 295	67 652	158 679	158 679	317 405	397 699
人身险	102 340	674 311	3 007 644	12 358 795	8 189 501			
# 人身意外伤害险	82 288	594 424	2 201 123	4 281 224	3 377 752			11 530 348
保险收入	5 951	17 599	72 802	283 186	820 183	913 451	858 619	
财产险	3 865	8 819	19 465	41 088	206 331	256 301	282 776	324 292
# 企业财产险	1 206	1 623	3 243	4 762	9 998	13 161	14 647	14 120
运输工具及责任险	1 751	5 755	13 606	33 613	174 736	214 455	5 549	5 690
家庭财产险	289	933	705	452	795	609	897	739
农业险	109	145	78	14	8 030	8 134	15 998	19 839
人身险	2 086	8 780	53 335	242 098	613 851	657 150	575 842	8518
# 养老金险	702	1 396	15 486	49 444	31 502			
人身意外伤害险	224	572	2 957	5 964	10 206			
储金收入	1 901	1 594	1 850	4 471				
赔案件数　　（件）	21 490	22 685	24 309	85 511	609 135			
已决赔款	2 330	8 994	11 552	36 960	92 363	121 199		
财产险	2 207	6 364	9 735	29 016	76 844	104 151		
# 企业财产险	479	603	858	1 328	1 154	4 428		
家庭财产险	232	231	30	42	56	32		
农业险	80	123	30	31	4 466	5 534		
人身险	120	247	1 817	7 944	15 519	16 821		
返还性人身险给付	3	2 383	5 317	36 083	59 942	78 325		

注:本表1995年以前为人民保险公司系统数;2007年及以后根据市保险协会名录扩大了统计调查点,与往年不可比。

8-9 财产保险业务经济技术指标

（2013 年）

单位：万元

指标	承保金额	保费收入	赔付金额
合 计	**127 804 041.62**	**324 292.25**	**168 708.80**
企业财产险	19 588 194.87	14 119.50	3 202.62
家庭财产险	669 900.84	739.11	61.21
工程险	1 584 325.82	1 431.79	7.23
车险小计	32 308 025.87	269 845.00	148 586.29
商业车辆险	23 022 368.57	193 595.55	102 066.89
交强险（汽车）	7 805 121.90	73 245.62	44 656.49
交强险（摩托车）	1 288 978.52	1 661.32	1 118.35
交强险（拖拉机）	191 556.88	1 342.51	744.57
运输险	3 605 496.15	1 753.54	217.19
船舶险	126 960.98	407.40	104.21
责任险	56 300 537.21	5 690.12	2 901.02
保证险	467 968.92	1 069.98	203.27
人意险	11 530 347.78	8 517.80	2 342.26
健康险	1 196 126.44	674.81	928.61
其它险	28 457.59	203.88	48.89
# 农业险	397 699.13	19 839.33	10 105.99

8-10 人寿保险业务经济技术指标

（2013 年）

单位：万元

指标	保费收入	理赔给付	其他各类给付	给付合计
合 计	**623 382.28**	**20 747.32**	**330 886.44**	**351 633.76**
短期健康险	8 311.50	5 341.87	184.85	5 526.72
意外险	13 253.11	3 092.79	106.06	3 198.85
一般寿险	127 987.62	8 293.57	39 050.02	47 343.59
分红类保险	447 551.57	3 474.54	290 305.75	293 780.29
万能寿险	25 160.77	475.47	711.05	1 186.52
投连险	95.74	1.72	716.38	718.10
其他	1 021.97	67.36	-187.67	-120.31

主要统计指标解释

财政总收入 是国家(各级政府)通过财政各个环节筹集的财政资金的总称，它是保证国家和各级政府行使其职能不可缺少的财力。主要包括:工商税收、农牧业税和耕地占用税、企业所得税、专项收入和其他收入等。

(1)工商税收类 是国家按法律规定对经济单位和个人无偿征收的实物和货币，是财政收入的主要来源。按 1994 年规定实施的新税制，工商税收主要有消费税、增值税、营业税、土地增值税，个人所得税、外商投资企业和外国企业所得税、城市维护建设税、车船使用税、房产税、屠宰税、资源税、印花税、固定资产投资方向调节税等。

(2)农牧业税和耕地占用税类主要包括农业税(牧业税)、农业特产税、耕地占用税和契税。

(3)企业所得税类包括国有企业所得税、集体企业所得税、私营企业所得税、股份制企业所得税等。

(4)专项收入类主要包括征收排污费收入、征收城市水资源费收入、教育费附加收入等。

(5)其他收入类主要是罚没收入、行政性收费收入等。

财政总支出 是国家政权为行使其职能，对筹集的财政资金进行有计划的分配使用的总称。国家财政总支出，体现政府的活动范围和方向，反映财政资金的分配关系。财政总支出主要包括基本建设支出、增拨企业流动资金、企业挖潜改造资金、新产品试制费、地质勘探费、工交商部门事业费、支援农村生产支出和各项农业事业费、文教科学卫生事业费、抚恤和社会救济费、国防费、行政管理费及债务支出。

(1)基本建设支出 是指国家预算内的基本建设拨款，不包括国家预算外自筹的各种基本建设资金。为加强基本建设投资规模的控制，提高这部分财政资金的使用效益，从 1985 年起，对预算内基本建设拨款实行拨款改贷款的新管理办法，即由原来直接无偿的拨给建设单位，改为拨给建设银行视同信贷基金管理，建设银行根据国家预算安排的基建项目，给予有偿贷款，用投产后新增利润还本付息。从 1988 年起，为进一步提高投资效益，使投资活动的管理符合发展市场经济的要求，并保证重点建设有稳定的资金来源，国家建立了中央基本建设基金制，实行专款专用，每年在国家预算内列收列支。基本建设基金分为经营性的和非经营性的两部分。各专业投资公司对经营性建设项目执行基本建设基金贷款，各主管部门对非经营性建设项目执行基本建设基金拨款。

(2)企业挖潜改造资金是指国家预算安排用于企业挖潜、革新、改造方面的资金。企业用于挖潜、革新、改造方面的资金，主要来自企业的更新改造资金、大修理基金等自有资金及银行贷款，国家预算安排的挖潜、革新、改造资金主要用于支持重点行业的技术改造。

中央财政和地方财政 财政是国家为了实现其职能，凭借政治权力，对一部分社会产品进行分配和再分配的经济活动。中央财政和地方财政，是指财政体制上划分中央政府和地方政府以及地方各级政府之间财政管理权限的一项分配制度。它是经济管理体制的重要组成部分，在财政管理体制中居于主导地位。它具体规定了各级政府筹集资金、支配使用资金的权力、范围和责任，使各级政府在财政管理上有责有权。这对于正确处理中央和地方之间，以及地方各级之间的分配关系，充分发挥各级政府的积极性，更好地完成国家财政收支任务，促进社会主义建设的发展有着极其重要的意义。中央财政收入和地方财政收入，是指中央和地方各级负责组织征收的收入，不是按财政体制计算的收入分成数。其收入中还包括了国外借款。

在现行分税制财政管理体制下，财政总收入又分为中央级收入和地方级收入。

中央级收入主要包括消费税和增值税的 75%部分，以及其他属中央预算固定收入科目的收入，如关税。

地方级财政收入主要是指财政收入中扣除中央级收入后的部分。

存款 银行存款是指企业、机关、团体或居民个人存放于银行或其他金融机构并取得一定利息收入的资金。一般用期末余额表示。银行存款按资金来源性质不同划分为企业存款、财政存款、机关团体存款、城乡居民储蓄存款、农村存款等。按其包括范围不同划分为全社会存款和银行系统存款。银行系统存款是指人、工、农、建、中、交六个银行系统存款，全社会存款包括银行系统、农村信用社、城市信用社和信托投资公司等所有金融机构的存款。

(1)企业存款 企业存款是指工业、商业、粮食、外资和国营农业等企业存于银行的存款。目前企业存款主要包括企业生产和商品流通过程中暂时闲置的流动资金、已提未用的固定资产更新改造资金、大修理基金以及职工福利基金等各项专用基金。

(2)财政性存款 财政性存款是指各级财政部门以及以财政拨款为其经费来源的行政事业单位的存款资金。主要包括国库存款、地方财政预算外存款、部队存款、行政事业单位存款、基本建设存款中属于财政性存款的部分。

(3)定期储蓄存款　定期储蓄存款是指约定支取期限的一种储蓄存款。现行的定期储蓄有整存整取、零存整取、存本取息和整存零取四种。

贷款　是指银行或其他金融机构以定期还本付息为条件向借款的单位和个人提供资金的信用活动。银行贷款分为流动资金贷款、基本建设贷款、农户贷款及其他专项贷款等。按所包括范围可分为全社会贷款和银行系统贷款。

(1)流动资金贷款　流动资金贷款是指解决企业或个体经济户生产、流通周转所需流动资金而发放的短期贷款。主要包括工业贷款、商业贷款和建筑企业贷款等。

(2)固定资产贷款　固定资产贷款是指对企业技术改造、设备更新、固定资产建筑、添置和安装过程中所需要资金而发放的贷款。

承保额　承保额也叫保险金额，是指保险人对被保险人在所保财产或人身发生保险事故时负责偿付的最高限额，也是计算保费的依据。

保费　保费是指保险人承担一定的保险责任按一定比率向被保险人收取的费用。包括财产险和人身储金收入。

(1)财产险　财产险是指以被保险的物质财产和有关利益以及所产生的损害赔偿责任作为保险标的的保险。

(2)人身险　人身险是指以人的生命和身体为承保对象的保险。

赔款　赔款是指保险人对财产保险的保险事故给予的经济补偿或对人身险事故给付的保险金。

第 9 部分 物价指数

PRICE INDICES

版面负责人：刘振坤

编　　　辑：王　莹　高　杰

江苏省统计条例

（2014年1月16日江苏省第十二届人民代表大会常务委员会第八次会议通过）

第四十六条　违反本条例第二十一条规定，民间统计调查组织者有下列行为之一的，由政府统计机构责令停止调查，给予警告，并处一万元以上五万元以下罚款：

（一）强迫调查对象接受调查的；

（二）冒用政府统计调查的名义组织实施调查的；

（三）欺骗、蒙蔽调查对象的；

（四）未经调查对象同意，对外提供、泄露能够识别或者推断单个调查对象身份的信息和数据的。

民间统计调查组织者冒用政府统计调查的名义组织实施调查，情节严重的，由政府统计机构处以五万元以上十万元以下罚款。

第四十七条　违反本条例第二十二条规定，应当公布统计资料而未公布，或者公布统计资料不符合规定要求的，对直接负责的主管人员和其他直接责任人员由任免机关或者监察机关依法给予处分。

第四十八条　违反本条例第二十四条规定，有下列情形之一的，由政府统计机构责令停止发布、公开更正，给予警告，可以处以五千元以上二万元以下罚款：

（一）民间统计调查组织者发布伪造、篡改的民间统计调查资料，发布时不按照要求说明相关内容，或者不注明资料来源的；

（二）新闻媒体和其他单位、组织对外发布信息引用民间统计调查资料未注明民间统计调查组织者名称，或者伪造、篡改民间统计调查资料的。

第四十九条　违反本条例第三十二条规定，承担经常性政府统计调查任务的国家机关、企业事业单位和其他组织，任用、聘用不具有统计从业资格或者统计专业技术职务资格的人员从事统计工作的，由政府统计机构责令改正，给予警告；拒不改正的，直接负责的主管人员和其他直接责任人员属于国家工作人员的，由任免机关或者监察机关依法给予处分。

企业事业单位或者其他组织有前款行为，拒不改正的，由政府统计机构处以二千元以上一万元以下罚款。

编辑：李　广

9-1 城市(市区)物价总指数

（以上年价格为 100）

年　份	居民消费价格总指数	商品零售价格总指数	农产品成交价格指数
1978	100.0	100.1	
1979	100.6	101.1	93.1
1980	102.4	102.6	103.6
1981	100.4	100.8	104.4
1982	101.0	101.4	107.8
1983	100.1	100.7	103.3
1984	103.3	102.4	100.9
1985	108.7	108.3	114.6
1986	106.2	105.9	104.8
1987	109.8	110.0	120.1
1988	122.6	122.8	132.7
1989	115.6	115.6	108.2
1990	104.5	103.9	101.1
1991	108.6	108.8	107.2
1992	109.2	108.0	99.6
1993	117.6	115.1	114.7
1994	125.3	123.3	136.0
1995	116.9	113.2	118.0
1996	110.0	107.4	106.8
1997	101.9	99.9	92.7
1998	100.0	98.3	92.7
1999	98.2	96.2	89.0
2000	100.0	98.2	92.4
2001	100.3	99.3	97.9
2002	99.2	98.6	
2003	101.5	100.0	
2004	103.7	102.8	
2005	102.2	101.0	
2006	101.5	100.7	
2007	104.4	103.1	
2008	104.9	105.3	
2009	99.9	99.8	
2010	103.6	102.1	
2011	105.2	103.8	
2012	102.6	102.4	
2013	102.3	101.2	

9–2　城市(市区)居民消费价格指数

(以上年价格为 100)

项　　目	2013	项　　目	2013
居民消费价格总指数	**102.3**	炒菜	100.6
食品	**104.3**	其它食品	104.6
粮食	105.1	**烟酒**	**98.4**
# 大米	105.7	烟草	100.0
面粉	103.2	酒	96.3
淀粉	102.8	**衣着**	**102.6**
干豆类及豆制品	109.1	服装	101.8
油脂	96.3	# 男式服装	101.6
肉禽及其制品	104.6	女式服装	101.1
食用畜肉及副产品	104.6	儿童服装	110.1
禽	100.0	衣着材料	103.4
加工肉禽	107.2	# 棉布	105.6
蛋	101.4	化纤布	102.8
水产品	102.0	毛线	102.4
菜	107.8	鞋袜帽	104.8
# 鲜菜	107.9	鞋	105.1
调味品	102.8	袜子	103.5
# 盐	100.0	帽子	100.4
糖	107.7	衣着加工服务	104.2
茶及饮料	103.2	**家庭设备用品及维修服务**	**102.5**
干鲜瓜果	107.0	耐用消费品	103.5
# 鲜干果	107.9	家具	105.9
糕点饼干	105.4	家庭设备	102.0
液体乳及乳制品	109.9	# 洗衣机	102.1
# 巴氏杀菌奶或消毒奶	112.7	电风扇	107.2
在外用膳食品	101.7		
# 主食	106.6		

9-2　续表　　（以上年价格为100）

项　　目	2013	项　　目	2013
电冰箱(柜)	97.2	城市间交通费	97.1
空调器	100.5	通信	99.4
热水器	109.6	通信工具	91.4
微波炉	99.6	通信服务	101.2
室内装饰品	103.9	**娱乐教育文化用品及服务**	**101.1**
床上用品	96.7	文娱用耐用消费品及服务	95.8
家庭日用杂品	100.7	# 电视机	86.4
家庭服务及加工维修服务	106.2	激光视盘机	99.8
医疗保健和个人用品	**100.6**	电脑	100.3
医疗保健	101.1	修理服务	111.6
医疗器具及用品	100.1	教育	103.3
中药材及中成药	102.5	# 教材及参考书	114.6
西药	98.8	文化娱乐类	100.2
保健器具及用品	104.3	文化娱乐用品	99.4
医疗保健服务	100.0	书报杂志	99.5
个人用品及服务	99.7	文娱费	100.9
化妆美容用品	100.5	旅游	100.2
清洁化妆用品	103.6	**居住**	**103.2**
个人饰品	93.4	建房及装修材料	102.5
个人服务	101.6	租房	101.7
交通和通信	**98.9**	自有住房	104.3
交通	98.7	水、电、燃料	101.5
交通工具	95.6	# 水	100.0
车用燃料及零配件	99.3	电	101.8
车辆使用及维修费	120.5		
市区公共交通费	96.0		

9-3 城市(市区)商品零售价格指数

(以上年价格为 100)

项 目	2013	项 目	2013
商品零售价格总指数	**101.2**	衣着材料	103.4
食品	**104.5**	床上用品	97.6
粮食	105.1	**家用电器类及音像器材**	**99.7**
# 大米	105.7	家庭设备	102.0
面粉	103.2	文娱用耐用消费品	91.8
淀粉	102.8	音像器材	100.0
干豆类及豆制品	109.1	**文化办公用品**	**101.9**
油脂	96.3	**日用品类**	**102.3**
肉禽及其制品	104.9	日用百货	104.4
食用畜肉及副产品	104.6	日用杂品	100.5
禽	100.0	洗涤用品	101.7
肉禽加工制品	107.2	其它日用品	100.6
蛋	101.4	**体育娱乐用品**	**103.9**
水产品	102.0	体育用品	105.7
菜	107.8	娱乐用品	103.1
# 鲜菜	107.9	**交通、通信用品**	**95.8**
调味品	102.8	交通运输机械	96.4
# 糖	107.7	通信器材	93.4
干鲜瓜果	107.0	**家具**	**105.9**
# 鲜干果	107.9	**化妆品**	**101.8**
糕点饼干面包	105.4	**金银珠宝**	**92.3**
液体乳及乳制品	109.9	**中、西药品及医疗保健用品**	**101.1**
在外用膳食品	101.7	医疗器具及用品	100.1
主食	106.6	中药材及中成药	102.0
炒菜	100.6	西药	98.8
地方小吃	103.3	保健品及器具	103.5
其它食品	104.6	**书报杂志及电子出版物**	**103.4**
饮料、烟酒	**99.6**	教材及参考书	114.6
茶及饮料	103.2	书报杂志	99.5
烟草	100.0	电子音像制品	107.3
酒	96.3	**燃料**	**99.7**
服装、鞋帽	**102.8**	煤炭及制品类	96.1
服装	102.2	石油及制品类	100.5
鞋袜帽	104.8	**建筑材料及五金电料**	**101.5**
其他	97.3	建筑装潢材料类	101.7
纺织品	**99.5**	五金电料类	100.6

9-4 城市(市区)居民消费价格指数和商品零售价格指数

（2013 年）

项　　目	以去年同月价格为 100					
	1 月	2 月	3 月	4 月	5 月	6 月
居民消费价格总指数	**103.3**	**102.9**	**101.9**	**102.0**	**101.5**	**101.5**
食品	106.4	105.6	103.2	103.6	102.4	102.9
# 粮食	104.5	104.9	105.2	104.8	104.9	104.3
油脂类	103.8	103.8	102.6	101.1	98.2	96.2
肉禽及其制品	105.0	105.5	104.0	101.4	99.8	102.7
蛋类	111.5	118.6	111.6	109.8	105.6	96.1
水产品类	108.1	107.7	104.8	99.8	97.7	93.3
菜类	122.7	107.2	88.1	101.3	98.0	103.5
# 鲜菜	123.2	106.6	86.1	100.9	97.2	103.5
烟酒	100.0	100.0	100.0	99.4	97.6	97.3
衣着类	104.5	102.3	99.5	102.3	101.3	101.3
# 服装	104.2	102.6	99.8	101.8	100.7	100.1
衣着材料	104.3	104.3	104.6	104.6	106.0	103.6
鞋袜帽	105.6	101.6	98.6	103.8	102.5	104.7
衣着加工服务费	104.1	102.0	100.7	103.2	103.2	103.2
家庭设备用品及维修服务	103.2	103.8	104.3	102.7	102.4	102.0
医疗保健和个人用品	101.0	100.6	100.2	99.6	100.3	100.0
交通和通信	100.5	100.1	97.7	97.1	97.6	97.9
娱乐教育文化用品及服务	101.2	101.6	101.2	101.0	100.1	100.0
居住	103.0	102.7	103.9	104.2	103.8	103.6
建房及装修材料	103.3	101.4	99.6	102.9	102.9	103.0
租房	104.0	102.2	102.4	102.4	102.1	102.2
自有住房	102.6	103.0	105.6	105.6	104.9	104.5
水、电、燃料	103.1	102.9	102.8	102.5	102.3	102.4
商品零售价格总指数	**103.3**	**102.0**	**100.8**	**100.9**	**100.2**	**100.3**

9-4 续表 （2013 年）

项 目	以去年同月价格为 100					
	7 月	8 月	9 月	10 月	11 月	12 月
居民消费价格总指数	**101.2**	**101.8**	**102.6**	**103.0**	**103.1**	**102.9**
食品	102.3	104.5	106.2	106.0	105.1	103.5
# 粮食	104.4	105.2	104.6	105.0	106.5	106.6
油脂类	94.0	93.3	91.1	91.9	91.0	89.8
肉禽及其制品	103.8	107.4	107.6	107.0	105.6	104.4
蛋类	95.8	94.7	98.7	94.9	94.2	91.7
水产品类	94.6	100.1	104.9	104.2	105.6	105.5
菜类	99.2	113.2	121.5	125.0	117.4	103.0
# 鲜菜	98.6	113.8	123.2	127.5	119.0	102.8
烟酒	97.1	99.2	96.8	97.6	97.7	98.2
衣着类	101.4	101.9	102.5	104.9	104.7	104.6
# 服装	100.2	100.8	102.7	102.9	103.5	102.3
衣着材料	103.2	101.5	102.9	102.7	102.6	100.5
鞋袜帽	104.7	104.7	102.0	110.7	108.3	111.2
衣着加工服务费	104.8	106.3	106.3	105.6	105.6	105.6
家庭设备用品及维修服务	102.6	102.1	101.3	101.1	102.2	102.2
医疗保健和个人用品	100.2	100.5	101.0	101.0	101.2	101.6
交通和通信	98.8	99.4	99.9	99.3	99.1	99.4
娱乐教育文化用品及服务	99.6	98.9	100.6	102.3	103.4	103.8
居住	102.3	101.9	102.0	102.7	103.6	104.4
建房及装修材料	103.1	100.9	102.3	102.7	104.3	103.2
租房	101.0	99.5	99.5	100.4	101.4	103.4
自有住房	103.0	103.2	103.3	104.1	105.0	106.4
水、电、燃料	100.8	100.8	100.2	100.7	100.8	99.4
商品零售价格总指数	**100.2**	**100.8**	**101.2**	**101.8**	**101.9**	**101.4**

主要统计指标解释

物价指数 是说明两个时期商品价格水平变动趋势和程度的相对数指标。它是以报告期的价格水平与基期的价格水平进行直接对比计算的。当物价指数大于100时,说明价格水平上涨,反之则说明价格水平下跌。编制物价指数的目的,是为了反映市场物价水平的变化情况，分析和研究物价变动对城乡人民生活和国家财政支出的影响程度。

居民消费价格指数 是反映一定时期内城乡居民所购买的生活消费品价格和服务性项目支出价格变动趋势和程度的相对数。利用居民消费价格指数,可以观察和分析价格变动对城乡居民实际生活费用支出的影响程度。

城市居民消费价格指数 是反映城市居民家庭所购买的生活消费品的价格和服务项目支出价格变动趋势和程度的相对数。根据城市居民消费价格指数,可以观察和分析价格变动对城市居民消费支出的影响程度，作为研究居民生活和确定工资政策的依据。

商品零售价格总指数 是全面反映市场商品零售价格总水平变动趋势和程度的相对数。通过它,可以观察市场商品总体价格水平升降程度，以及物价变动对城乡人民生活支出的总影响。

第 10 部分 人民生活

PEOPLE´S LIVELIHOOD

版面负责人：徐　康

编　　　辑：高惠媛　柳　震

江苏省统计条例

（2014 年 1 月 16 日江苏省第十二届人民代表大会常务委员会第八次会议通过）

第八章　附 则

第五十条　涉外民间统计调查活动，按照国家有关规定执行。

第五十一条　本条例自 2014 年 5 月 1 日起施行。1989 年 12 月 15 日江苏省第七届人民代表大会常务委员会第十二次会议通过，1997 年 7 月 31 日江苏省第八届人民代表大会常务委员会第二十九次会议修正的《江苏省统计管理条例》同时废止。

编辑：李　广

10-1 城镇居民家庭基本情况

单位:元

项 目		2012	2013
调查户数	**(户)**	**1 060**	**631**
平均每户家庭人口	(人)	2.91	2.85
平均每户就业人口数	(人)	1.49	1.67
平均每户就业人口负担人数	(人)	1.95	1.71
平均每户就业面	(%)	76.4	
平均每人建筑面积	(平方米)	35.01	39.34
平均每人使用面积	(平方米)	26.26	
人均家庭总收入		**23 565.29**	**25 801.86**
# 可支配收入		21 715.72	23 770.00
# 工薪收入		14 327.16	15 895.80
工资及补贴收入		14 001.18	15 704.77
其他劳动收入		325.98	191.00
经营净收入		2 850.82	2 747.62
财产性收入		402.55	646.84
# 利息		155.21	87.43
转移性收入		5 984.77	6 511.59
# 离退休金		5 235.37	5 572.40
借贷收入		**4 458.77**	**4 055.79**
# 提取储蓄存款		4 124.07	3 586.12
兑售有价证券			29.86
人均家庭总支出		**18 784.92**	**21 959.19**
# 消费性支出		13 729.64	15 962.57
食品		4 819.82	5 380.35
# 粮食		441.12	638.06
淀粉及薯类		82.86	57.76
干豆类及豆制品		76.19	81.75
油脂类		122.82	180.04
肉类		744.57	791.47
禽类		235.87	201.51
蛋类		132.38	133.67
水产品类		203.45	236.57
鲜菜		451.56	580.25
调味品		75.86	85.55
糖类		37.33	30.87
烟草类		184.42	196.79
酒类		165.34	173.31
饮料		78.29	96.50
干鲜瓜果类		427.43	441.92

10-1 续表

单位:元

项目	2012	2013
糕点类	102.51	122.33
奶及奶制品	341.82	322.49
其他食品	134.74	181.58
衣着	1 574.53	1 761.39
#服装	1 156.47	1 300.00
衣着材料	15.18	17.60
鞋类	347.37	379.92
居住	1 616.19	1 193.75
#租赁房房租	121.96	56.28
住房装潢支出	482.73	353.78
维修用建筑材料	35.45	73.57
水	99.90	74.69
电	443.67	388.69
燃料	196.13	159.71
家庭设备用品及服务	1 121.37	1 304.97
耐用消费品	514.26	590.69
室内装饰品	22.94	32.08
床上用品	83.85	114.88
家庭日用杂品	433.53	548.08
家庭服务	61.04	65.74
医疗保健	1 159.80	843.86
交通和通信	1 810.24	2 347.62
交通	1 099.57	1 666.10
通信	710.67	690.25
教育文化娱乐服务	2 055.31	2 543.11
文化娱乐用品	450.89	607.79
文化娱乐服务	751.36	702.33
#团体旅游	553.82	493.44
教育	853.05	1 194.48
杂项商品和服务	642.87	587.53
#金银珠宝饰品	129.63	216.21
化妆品	147.35	136.29
借贷支出	**12 102.18**	**7 720.92**
#存入储蓄款	11 440.98	6 998.88
购买有价证券	1.89	

10-2 城市(市区)居民家庭收支情况

年 份	城市居民人均可支配收入(元)	城市居民人均消费性支出(元)	#食品支出	城市居民收入增速(%) 名义增长(以上年为100)	城市居民收入增速(%) 实际增长(以上年为100)	城市居民支出增速(%) 名义增长(以上年为100)	城市居民支出增速(%) 实际增长(以上年为100)
1978							
1979							
1980	491	423	226				
1981	492	448	243	0.2	-0.2	5.9	5.5
1982	531	455	254	8.0	6.9	1.4	0.4
1983	543	490	287	2.2	2.1	7.9	7.8
1984	680	564	320	25.3	21.3	15.0	11.4
1985	827	679	365	21.7	11.9	20.3	10.7
1986	1 036	877	446	25.2	17.9	29.2	21.6
1987	1 152	992	484	11.2	1.3	13.1	3.0
1988	1 265	1 180	633	9.8	-10.5	19.0	-3.0
1989	1 542	1 442	747	21.9	5.5	22.2	5.7
1990	1 687	1 409	809	9.4	4.7	-2.3	-6.5
1991	1 893	1 557	904	12.2	3.3	10.5	1.7
1992	2 236	1 832	1 006	18.1	8.2	17.7	7.7
1993	2 698	2 223	1 103	20.7	2.6	21.3	3.2
1994	3 625	2 918	1 477	34.3	7.2	31.2	4.7
1995	4 665	3 684	1 838	28.7	10.1	26.3	8.0
1996	5 405	4 196	2 007	15.9	5.3	13.9	3.5
1997	5 687	4 561	2 063	5.2	3.2	8.7	6.7
1998	6 011	4 381	2 011	5.7	5.7	-3.9	-3.9
1999	6 499	4 983	2 051	8.1	10.1	13.7	15.8
2000	7 147	5 391	1 985	10.0	10.0	8.2	8.2
2001	7 616	5 607	2 020	6.6	6.2	4.0	3.7
2002	8 037	5 922	2 164	5.5	6.4	5.6	6.5
2003	8 954	6 368	2 206	11.4	9.8	7.5	5.9
2004	9 840	6 669	2 548	9.9	6.0	4.7	1.0
2005	11 185	7 674	2 708	13.7	11.2	15.1	12.6
2006	12 837	8 621	2 928	14.8	13.1	12.3	10.7
2007	14 875	9 809	3 419	15.9	11.0	13.8	9.0
2008	16 955	10 717	4 036	14.0	8.7	9.3	4.2
2009	18 769	11 973	4 081	10.7	10.8	11.7	11.8
2010	20 959	13 153	4 496	11.7	7.8	9.9	6.1
2011	23 881	15 012	5 224	13.9	8.3	14.1	8.5
2012	26 818	15 705	5 724	12.3	9.5	4.6	1.9
2013	29 347	18 907	6 336	9.4	6.9	20.4	17.7

10-3 主要年份城市(市区)居民家庭基本情况

单位:元

项目	1990	1995	2000	2005	2010	2011	2012	2013
调查户数 (户)	**200**	**200**	**200**	**300**	**300**	**300**	**300**	**270**
平均每户家庭人口 (人)	3.23	3.10	2.98	2.87	2.73	2.68	2.65	2.68
平均每户就业人口数 (人)	1.90	1.77	1.67	1.40	1.34	1.28	1.25	1.34
平均每户就业人口负担人数(人)	1.70	1.75	1.79	2.06	2.04	2.09	2.12	2.00
平均每户就业面 (%)	58.82	57.10	55.98	48.78	49.08	47.76	47.17	50.00
平均每人建筑面积 (平方米)	14.72	16.90	19.30	23.31	28.21	31.24	31.74	31.13
平均每人使用面积 (平方米)	11.07	12.71	14.51	17.12	21.16	23.44	23.81	
人均家庭总收入	**1 702.12**	**4 689.09**	**7 240.31**	**12 329.47**	**23 316.92**	**26 428.88**	**29 373.08**	**32 581.24**
# 人均可支配收入	1 687.24	4 664.63	7 147.24	11 185.30	20 958.86	23 880.54	26 818.15	29 346.99
人均工薪收入	1 277.89	3 591.72	4 925.89	8 043.75	13 242.79	15 138.46	16 749.52	19 070.32
人均工资及补贴	1 266.89	3 526.29	4 830.46	8 019.91	12 778.25	14 758.17	16 227.59	19 029.61
人均其他劳动收入	11.00	65.43	95.43	23.84	464.54	380.29	521.93	40.71
人均经营净收入	4.98	24.81	39.41	773.72	1 612.25	2 352.59	2 883.00	2 611.97
人均财产性收入	22.84	98.98	74.11	137.98	562.02	630.86	357.89	945.50
人均转移性收入	327.33	973.53	2 200.89	3 374.02	7 899.87	8 306.97	9 382.66	9 953.45
人均借贷收入	**215.20**	**666.79**	**2 193.77**	**3 326.10**	**6 494.15**	**4 400.88**	**4 211.18**	**6 159.32**
# 提取储蓄存款	162.35	553.12	1 605.70	2 772.01	3 879.51	3 746.15	3 528.81	5 019.66
兑售有价证券	0.23	10.33	248.94					72.84
人均家庭总支出	**1 552.69**	**4 221.21**	**7 099.64**	**11 512.44**	**21 514.03**	**21 870.35**	**21 673.53**	**26 907.82**
# 消费性支出	1 409.35	3 684.50	5 391.37	7 673.73	13 152.93	15 011.94	15 704.61	18 907.04
食品	809.34	1 838.22	1 985.09	2 708.04	4 495.67	5 223.63	5 724.31	6 335.82
衣着	197.36	556.56	539.33	727.58	1 426.34	1 538.47	1 574.53	1 766.19
居住	33.08	221.73	339.89	863.64	1 206.17	1 359.57	1 616.19	1 482.43
家庭设备用品及服务	124.00	338.84	792.79	491.47	951.32	1 156.12	1 121.37	1 505.57
医疗保健	16.12	76.83	326.68	547.74	918.76	939.93	1 159.80	1 150.50
交通和通信	33.76	190.57	370.93	704.99	2 175.09	1 617.72	1 810.24	3 503.59
教育文化娱乐服务	122.08	320.28	778.08	1 269.91	1 498.74	2 451.40	2 055.31	2 540.38
杂项商品和服务	8.74	141.46	258.59	360.35	480.85	725.10	642.87	622.55
人均借贷支出	**331.13**	**1 065.77**	**1 959.36**	**3 508.36**	**8 662.47**	**8 812.16**	**12 102.18**	**12 099.80**
# 存入储蓄款	262.14	862.83	1 536.77	3 008.60	7 909.51	7 818.18	11 440.98	10 734.66
购买有价证券	1.86	51.61	15.45	0.42		1.86	1.89	

10–4 主要年份城市(市区)居民家庭居住情况

单位:户

指　　标	1990	1995	2000	2005	2009	2010	2011	2012	2013
总　计	**200**	**200**	**200**	**300**	**300**	**300**	**300**	**300**	**270**
按卫生设备拥有情况分									
无卫生设备	93	54	14	6	3	3	3	3	3
有浴室厕所	14	61	115	221	255	256	256	261	251
有厕所无浴室	84	70	70	67	37	36	36	32	15
公共卫生设备	9	15	1	6	5	5	5	4	1
按燃料使用情况分									
管道天然气						130	182	197	177
管道煤气	19	56	106	186	112	55	91		
液化石油气	58	93	90	107	88	87	4	86	58
煤	123	51	4	5	8	7	23	2	1
其他				2	92	21		15	34
按房屋产权分									
租赁公房	165	169	43	48	18	19	13	14	11
租赁私房				3	17	17	24	22	20
自有房	35	31	157	235	265	264	254	255	227
其他				14			9	9	12

10–5 主要年份城市(市区)居民家庭平均每人全年购买的主要商品数量

单位:公斤

品　　名	1990	1995	2000	2005	2009	2010	2011	2012	2013
粮食(贸易粮)	139.70	102.30	85.22	72.65	48.29	78.75	81.86	85.61	149.56
油脂类	7.00	7.30	7.69	7.55	8.04	6.86	7.90	8.13	12.22
鲜菜	122.30	100.80	96.46	88.44	102.57	102.88	104.67	110.05	165.04
猪肉	15.90	13.80	13.75	13.19	11.71	12.76	12.99	14.90	14.40
牛羊肉	4.90	3.00	4.05	3.68	3.84	4.03	4.36	4.36	4.59
禽类	5.90	9.50	10.62	9.15	6.43	9.69	10.15	10.99	9.22
蛋类	12.00	16.60	19.57	14.00	13.25	14.28	13.94	15.21	13.48
水产品	7.70	8.50	10.78	10.48	9.57	10.7	11.91	12.17	11.78
白酒	3.80	3.50	2.30	2.34	1.92	2.31	2.29	2.34	1.84
茶叶	0.20	0.20	0.14	0.11	0.15	0.17	0.14	0.15	0.14
干鲜瓜果类	53.50	65.90	72.93	72.18	71.62	71.77	65.05	76.44	78.10
糕点	5.60	4.10	4.11	4.65	4.77	5.32	4.62	4.75	6.45
鲜乳品	3.50	5.20	15.38	19.02	19.51	19.64	15.92	19.10	24.09
服装　　(件)	2.80	5.80	6.96	7.15	7.77	8.30	8.08	7.84	
衣着材料　　(元)				12.61	15.56	13.51	16.98	15.18	21.05
鞋类　　(双)				2.42	2.87	2.81	2.94	2.73	2.76

10-6 主要年份城市(市区)居民家庭平均每百户全年购买的主要商品数量

单位:台

品名		1990	1995	2000	2005	2008	2009	2010	2011	2012	2013
助力车	(辆)				4.68	6.00	9.67	9.33	8.67	6.35	8.52
摩托车	(辆)					1.00	1.00	1.00	0.33		0.74
家用汽车	(辆)				0.36	0.67	2.33	2.00	1.00	1.34	3.33
移动电话	(部)				16.68	31.67	29.33	29.67	23.67	37.76	41.48
洗衣机		2.00	3.50	5.50	6.00	3.67	5.67	4.00	8.67	3.68	5.93
电冰箱		8.00	1.00	3.00	3.96	4.33	5.67	3.33	7.33	5.01	5.56
钢　琴	(架)				0.72						
其他中高档乐器	(件)	1.00	1.00	1.50		0.67	0.67	0.33	1.33	1.34	
彩　电		7.00	5.00	7.50	6.36	6.00	8.33	8.00	11.00	5.35	9.63
家用电脑				2.50	6.72	6.33	8.67	5.67	7.00	6.68	8.89
照相机	(架)	1.00		0.50	3.72	3.67	2.33	1.33	2.67	2.01	1.85
组合音响		0.50	1.50	0.50	0.72		0.67			0.33	0.74
空调器			5.50	8.00	10.68	4.33	9.33	8.67	8.33	7.39	13.33
淋浴热水器			3.00	3.00	3.72	6.67	7.33	6.33	4.67	5.68	6.30
微波炉				8.00	2.64	2.00	3.00	2.67	4.67	3.01	3.33

10-7 主要年份城市(市区)居民家庭平均每百户年末耐用消费品拥有量

单位:台

指标		1990	1995	2000	2005	2008	2009	2010	2011	2012	2013
摩托车	(辆)		6.00	14.00	9.67	9.00	10.00	11.67	13.83	15.33	5.93
助力机	(辆)				13.67	38.67	46.33	51.67	52.41	56.33	63.09
家用汽车	(辆)				1.33	4.67	7.00	9.00	12.86	14.00	27.78
洗衣机		84.50	90.50	92.50	95.67	94.67	94.33	94.67	95.50	96.33	97.38
电冰箱		47.50	73.50	87.00	93.67	90.00	91.67	91.67	94.21	95.33	95.89
彩　电		49.00	93.50	115.00	126.00	127.67	130.00	130.67	127.65	128.00	121.11
家用电脑				12.50	41.33	70.00	77.67	81.00	87.78	89.00	94.17
组合音响	(套)	0.50	9.50	16.50	25.67	17.00	17.67	18.33	14.79	14.33	8.15
摄像机	(架)				3.00	5.33	6.33	7.00	8.68	10.00	17.28
照相机	(架)	15.50	28.00	33.00	42.00	39.00	40.67	41.67	46.30	47.00	51.57
钢琴	(架)			2.00	3.00	3.00	3.33	3.00	2.57	2.67	
其他中高档乐器	(件)	8.50	5.00	9.00	3.67	5.33	5.00	5.00	5.14	5.00	10.40
微波炉				24.00	62.67	73.33	76.00	77.00	76.53	77.00	83.98
空调器			12.00	54.50	103.67	121.67	130.67	136.33	150.16	154.00	159.14
淋浴热水器			30.00	48.50	76.00	87.67	88.67	90.00	89.39	90.67	102.93
消毒碗柜					5.67	4.67	5.00	4.67	6.11	5.67	7.04
健身器材	(套)			2.00	5.00	3.33	3.67	4.00	4.18	4.00	6.67
普通电话	(部)				153.00	75.33	75.33	75.00	62.38	62.00	52.13
移动电话	(部)			15.00	92.33	197.67	206.00	210.67	203.22	205.33	225.83

10-8 主要年份城市(市区)居民家庭人均支出情况

单位:元

指　　标	1990	1995	2000	2005	2009	2010	2011	2012	2013
消费性支出	**1 409.35**	**3 684.50**	**5 391.37**	**7 673.73**	**11 972.56**	**13 152.93**	**15 011.94**	**15 704.61**	**18 907.04**
食品	809.34	1 838.22	1 985.09	2 708.04	4 081.47	4 495.67	5 223.63	5 724.31	6 335.82
# 粮食	91.20	280.59	181.78	212.91	290.37	349.40	410.31	439.18	731.63
油脂类	27.13	67.92	54.52	63.00	107.60	98.36	119.80	130.75	176.07
肉禽蛋及制品	243.62	535.20	504.25	683.83	752.87	827.62	1 035.91	1 164.19	1 158.45
水产品	52.33	95.37	106.40	132.43	163.40	172.44	213.06	238.09	275.96
蔬菜类	79.00	141.07	133.47	184.25	327.16	395.89	425.15	482.71	678.64
衣着	197.36	556.56	539.33	727.58	1 230.74	1 426.34	1 538.47	1 574.53	1 766.19
# 服装	76.02	267.46	349.42	522.74	874.59	1 078.93	1 142.60	1 156.47	1 327.22
衣着材料	36.14	124.02	42.44	12.61	15.56	13.51	16.98	15.18	21.05
衣着加工服务费		27.71	21.36	6.78	10.06	7.12	6.52	9.85	8.39
居住	33.08	221.73	339.89	863.64	1 012.24	1 206.17	1 359.57	1 616.19	1 482.43
# 住房	12.09	53.61	51.36	428.19	436.97	431.23	584.01	654.25	549.47
水电燃料及其他	20.99	168.12	288.53	420.56	543.89	727.31	727.37	894.52	848.14
家庭设备用品及服务	124.00	338.84	792.79	491.47	1 003.62	951.32	1 156.12	1 121.37	1 505.57
# 耐用消费品	57.55	196.12	503.50	285.02	557.95	423.88	578.88	514.26	666.68
室内装饰品	4.65	21.95	17.77	9.12	12.28	11.92	22.36	22.94	22.04
床上用品	1.81	12.85	21.36	27.50	56.27	55.34	119.18	83.85	102.08
家庭日用杂品	11.95	85.84	152.07	140.79	319.17	376.88	397.91	433.53	570.02
医疗保健	16.12	76.83	326.68	547.74	877.74	918.76	939.93	1 159.80	1 150.50
# 药品费		56.22	261.33	304.17	417.75	490.17	526.43	563.79	358.47
滋补保健品		1.71	7.81	49.95	157.43	177.56	167.85	205.30	292.91
交通和通信	33.76	190.57	370.93	704.99	1 855.30	2 175.09	1 617.72	1 810.24	3 503.59
交通	33.19	67.80	156.28	322.94	1 369.02	1 540.85	1 161.63	1 099.57	2 776.58
通信	0.57	122.77	214.65	382.06	486.28	634.24	456.09	710.67	727.01
教育文化娱乐服务	122.08	320.28	778.08	1 269.91	1 451.74	1 498.74	2 451.40	2 055.31	2 540.38
文化娱乐用品	74.28	86.75	161.56	384.65	428.54	411.87	543.68	450.89	563.60
文化娱乐服务	35.40	96.43	163.00	210.35	384.23	391.65	673.83	751.36	867.67
教育	12.40	137.09	453.53	674.91	638.97	695.21	1 233.88	853.05	1 109.11
杂项商品和服务	21.97	141.46	258.59	360.35	459.71	480.85	725.10	642.87	622.55

10–9 城市(市区)居民家庭人均收入、支出情况

(2013 年)　　单位:元

项　目	全部调查户平均水平	按收入水平分组 最低收入组(占 10%)	# 更低收入组(占 5%)	低收入组(占 10%)
调查户数　(户)	**270**	**27**	**13**	**27**
平均每户家庭人口　(人)	2.68	3.18	3.14	3.07
平均每户就业人口　(人)	1.34	1.48	1.41	1.30
平均每一就业人口负担人数　(人)	2.00	2.16	2.24	2.37
平均每户就业面　(%)	50.00	46.39	44.74	42.17
家庭总收入	**32 581.24**	**11 515.54**	**9 254.12**	**16 673.84**
# 可支配收入	29 346.99	9 488.99	7 274.21	14 000.39
# 工薪收入	19 070.32	8 173.84	6 962.06	11 190.84
工资及补贴收入	19 029.61	8 173.84	6 962.06	11 190.84
其他劳动收入	40.71			
经营净收入	2 611.97	250.87	547.51	1 073.17
财产性收入	945.50	80.92	16.49	65.79
# 利息	137.89	19.00	16.49	65.79
转移性收入	9 953.45	3 009.91	1 728.06	4 344.04
# 离退休金	8 452.55	1 732.69	1 042.20	3 191.43
借贷收入	**6 159.32**	**1 987.74**	**2 267.84**	**3 086.10**
# 提取储蓄存款	5 019.66	1 683.72	1 742.16	2 961.71
兑售有价证券	72.84			
家庭总支出	**26 907.82**	**11 682.41**	**10 143.73**	**17 423.31**
# 消费性支出	18 907.04	8 602.48	7 054.77	12 805.89
食品	6 335.82	3 807.63	3 329.69	5 292.25
# 粮食	731.63	675.93	685.41	734.75
淀粉及薯类	51.25	29.73	26.61	48.45
干豆类及豆制品	68.83	55.34	61.14	75.32
油脂类	176.07	145.40	147.87	182.12
肉类	812.89	521.04	493.36	719.83
禽类	225.72	119.64	139.11	194.73
蛋类	119.84	115.31	125.84	126.45
水产品类	275.96	111.49	111.08	206.73
鲜菜	642.33	543.36	527.88	607.07
调味品	83.24	56.90	49.98	77.26
糖类	33.30	17.15	13.59	27.68
烟草类	218.79	41.74	40.24	183.12
酒类	161.14	20.52	12.02	112.92
饮料	121.34	67.55	41.00	109.78
干鲜瓜果类	556.37	269.77	230.83	423.50

10-9　续表 1　　（2013 年）　　单位：元

项　目	全部调查户平均水平	按收入水平分组		
		最低收入组（占 10%）	# 更低收入组（占 5%）	低收入组（占 10%）
糕点类	143.23	79.07	55.36	131.18
奶及奶制品	414.85	258.57	169.10	356.58
其他食品	171.83	90.34	47.16	158.52
衣着	1 766.19	667.90	442.02	1 075.99
# 服装	1 327.22	430.42	237.98	753.82
衣着材料	21.05	33.05	46.96	17.97
鞋类	349.98	175.71	135.13	240.37
居住	1 482.43	577.03	467.27	658.79
# 租赁房房租	121.33	24.92	45.41	17.47
住房装潢支出	402.87			19.24
维修用建筑材料	24.84	10.50	6.49	13.27
水	107.22	70.06	66.40	75.02
电	436.81	287.27	227.19	291.26
燃料	190.54	135.96	118.84	162.23
家庭设备用品及服务	1 505.57	522.75	370.36	650.43
耐用消费品	666.68	167.02	112.35	106.86
室内装饰品	22.04	4.61		5.84
床上用品	102.08	50.82	43.95	108.85
家庭日用杂品	570.02	284.73	201.31	413.05
家庭服务	111.26	15.58	12.76	13.33
医疗保健	1 150.50	496.25	761.89	997.74
交通和通信	3 503.59	734.47	673.24	1946.02
交通	2 776.58	366.88	343.75	1383.36
通信	727.01	367.59	329.49	562.66
教育文化娱乐服务	2 540.38	1 065.75	1 033.69	2 393.52
文化娱乐用品	563.60	98.64	75.15	641.59
文化娱乐服务	867.67	174.55	186.95	333.93
# 团体旅游	628.01	69.60	81.08	182.44
教育	1 109.11	792.56	771.60	1 418.01
杂项商品和服务	622.55	137.46	100.60	292.64
# 金银珠宝饰品	138.00	21.15	45.62	35.04
化妆品	163.47	24.55	11.94	80.91
借贷支出	**12 099.80**	**1 931.50**	**1 567.57**	**2 636.02**
# 存入储蓄款	10 734.66	1 799.26	1 567.57	2 594.76
购买有价证券				

10-9 续表 2 （2013 年） 单位:元

项目	按收入水平分组					
	较低收入组（占 20%）	中间收入组（占 20%）	较高收入组（占 20%）	高收入组（占 10%）	最高收入组（占 10%）	# 更高收入组（占 5%）
调查户数 （户）	**54**	**54**	**54**	**27**	**27**	**13**
平均每户家庭人口 （人）	2.90	2.68	2.66	2.44	2.47	2.64
平均每户就业人口 （人）	1.52	1.16	1.29	1.57	1.15	1.29
平均每一就业人口负担人数（人）	1.91	2.31	2.06	1.55	2.15	2.06
平均每户就业面 （%）	52.29	43.35	48.46	64.64	46.46	48.65
家庭总收入	**21 920.18**	**29 533.78**	**39 313.27**	**50 981.08**	**78 686.05**	**89 022.36**
# 可支配收入	19 143.74	26 784.22	35 585.97	45 925.47	73 952.40	83 560.22
# 工薪收入	14 825.86	17 963.32	23 165.07	31 647.90	33 933.18	40 773.80
工资及补贴收入	14 799.44	17 911.58	23 130.64	31 462.80	33 909.50	40 730.94
其他劳动收入	26.42	51.74	34.44	185.10	23.68	42.86
经营净收入	841.58	1 331.22	2 330.61	7 023.06	10 886.05	16 065.71
财产性收入	67.23	390.94	328.82	674.07	8 175.70	14 234.61
# 利息	67.23	113.31	159.39	407.44	286.96	345.47
转移性收入	6 185.52	9 848.31	13 488.76	11 636.05	25 691.11	17 948.24
# 离退休金	5 180.33	8 964.07	11 885.78	8 619.60	22 652.13	14 643.38
借贷收入	**2 334.41**	**9 924.79**	**6 078.17**	**10 638.16**	**11 902.03**	**16 965.59**
# 提取储蓄存款	2 334.41	4 738.22	6 069.93	10 637.35	10 973.68	15 285.71
兑售有价证券					832.74	1 506.86
家庭总支出	**17 528.04**	**30 025.77**	**31 365.62**	**39 780.21**	**51 140.00**	**54 473.35**
# 消费性支出	12 335.74	19 476.63	22 983.03	27 360.17	36 741.17	38 318.35
食品	5 424.37	6 870.80	7 311.29	7 726.63	8 312.79	7 761.72
# 粮食	724.09	719.31	762.81	756.90	748.70	716.46
淀粉及薯类	45.72	48.83	51.79	83.30	67.46	54.90
干豆类及豆制品	60.11	68.37	68.18	76.48	93.25	48.07
油脂类	170.69	167.18	188.28	220.77	167.63	163.78
肉类	764.93	888.69	887.12	991.94	904.98	671.72
禽类	203.73	234.15	288.13	258.60	261.83	268.03
蛋类	112.85	108.50	129.13	127.60	130.41	132.89
水产品	188.91	263.74	335.38	367.77	584.96	493.22
鲜菜	590.25	630.81	691.80	726.63	768.53	684.94
调味品	75.21	73.88	99.45	94.86	116.53	102.85
糖类	32.91	43.88	33.01	34.81	37.75	42.84
烟草类	137.04	327.55	352.41	135.50	228.60	307.07
酒类	162.10	218.94	171.87	212.82	195.96	215.90
饮料	92.22	130.45	152.39	160.98	144.71	120.91
干鲜瓜果类	450.61	599.69	636.81	773.53	851.37	595.24

10-9 续表 3 （2013 年） 单位：元

项目	按收入水平分组					
	较低收入组（占 20%）	中间收入组（占 20%）	较高收入组（占 20%）	高收入组（占 10%）	最高收入组（占 10%）	# 更高收入组（占 5%）
糕点类	115.46	163.51	174.28	154.66	180.77	187.77
奶及奶制品	329.67	468.59	536.33	328.36	588.33	653.63
其他食品	134.41	167.93	238.97	167.45	244.95	155.63
衣着	1 151.20	1 972.36	2 034.58	2 721.74	3 508.42	3 209.45
# 服装	846.86	1 468.53	1 588.31	1 992.92	2 791.89	2 545.50
衣着材料	10.29	17.87	37.02	17.32	10.52	5.06
鞋类	261.33	405.47	333.14	601.05	587.65	566.29
居住	929.94	1 367.96	2 540.72	2 170.71	2 213.05	1 804.47
# 租赁房房租	84.75	200.78	100.70	360.78	94.74	171.43
住房装潢支出	116.53	220.43	1 348.93	465.10	319.74	
维修用建筑材料	7.74	5.28	20.34	45.68	131.57	67.29
水	91.70	123.41	110.01	141.07	157.04	143.09
电	359.24	473.13	541.13	527.39	595.59	565.39
燃料	129.57	214.75	191.00	247.51	330.33	211.07
家庭设备用品及服务	675.60	1 188.98	1 823.44	3 524.09	3 809.58	3 261.85
耐用消费品	206.18	457.08	931.01	2 196.00	1 463.57	1 291.80
室内装饰品	2.76	9.69	19.33	84.70	81.80	80.20
床上用品	74.87	87.40	82.98	282.65	117.43	101.43
家庭日用杂品	368.24	571.80	725.33	878.36	956.85	862.08
家庭服务	21.31	41.11	61.80	54.15	899.41	400.63
医疗保健	761.89	997.74	1 393.88	1 581.17	2 365.01	2 676.64
交通和通信	1 226.57	4 079.75	4 757.83	4 507.83	9 390.59	12 346.30
交通	609.58	3 371.27	3 998.98	3 436.03	8 106.72	11 007.21
通信	616.99	708.48	758.85	1 071.80	1 283.87	1 339.09
教育文化娱乐服务	1 881.96	2 391.13	2 499.68	4 024.34	5 114.28	5 528.92
文化娱乐用品	353.89	703.56	688.19	753.70	774.87	982.77
文化娱乐服务	497.32	1 018.43	908.41	1 111.44	2 655.95	1 591.03
# 团体旅游	311.78	771.67	593.75	875.28	2 181.36	1 121.23
教育	1 030.74	669.13	903.08	2 159.19	1 683.46	2 955.11
杂项商品和服务	284.22	607.91	621.62	1 103.66	2 027.45	1 729.00
# 金银珠宝饰品	44.57	128.25	55.77	421.31	564.46	497.98
化妆品	77.86	200.65	234.77	244.32	328.19	198.09
借贷支出	**6 939.76**	**8 737.78**	**14 288.16**	**22 566.48**	**41 688.07**	**53 958.70**
# 存入储蓄款	6 771.69	8 253.86	13 663.24	20 390.40	31 371.99	36 354.37
购买有价证券						

10-10 农村居民家庭收支情况

年份	农民人均纯收入（元）	农民人均生活消费支出（元）	#食品支出	农村居民收入增速(%) 名义增长（以上年为100）	农村居民收入增速(%) 实际增长（以上年为100）	农村居民支出增速(%) 名义增长（以上年为100）	农村居民支出增速(%) 实际增长（以上年为100）
1978	112						
1979	126			12.6	11.9		
1980	173	140	89	37.0	33.8		
1981	231	190	106	33.7	33.1	35.9	35.3
1982	292	224	116	26.6	25.3	17.8	16.7
1983	338	250	141	15.8	15.7	11.5	11.4
1984	418	300	165	23.6	19.6	20.0	16.2
1985	389	328	171	-6.9	-14.3	9.4	0.6
1986	454	385	198	16.7	9.9	17.3	10.5
1987	489	435	209	7.6	-2.0	13.0	2.9
1988	580	482	248	18.7	-3.2	10.8	-9.6
1989	642	578	297	10.6	-4.3	19.8	3.6
1990	661	536	286	3.1	-1.3	-7.2	-11.2
1991	728	625	364	10.1	1.4	16.6	7.4
1992	790	591	352	8.5	-0.7	-5.5	-13.5
1993	900	642	411	13.9	-3.1	8.7	-7.5
1994	1 304	836	423	44.9	15.6	30.2	3.9
1995	1 800	1 137	680	38.0	18.1	36.0	16.3
1996	2 390	1 559	844	32.7	20.7	37.1	24.7
1997	2 746	1 631	805	14.9	12.8	4.6	2.7
1998	2 980	1 503	773	8.5	8.5	-7.9	-7.9
1999	3 126	1 542	760	4.9	6.8	2.7	4.5
2000	3 230	1 621	683	3.3	3.3	5.1	5.1
2001	3 391	1 612	719	5.0	4.7	-0.6	-0.9
2002	3 477	1 739	704	2.5	3.4	7.9	8.8
2003	3 605	1 869	767	3.7	2.1	7.5	5.9
2004	4 003	2 028	881	11.0	7.1	8.5	4.6
2005	4 443	2 840	1 210	11.0	8.6	40.0	37.0
2006	4 896	3 220	1 320	10.2	8.6	13.4	11.7
2007	5 534	3 807	1 486	13.0	8.3	18.2	13.2
2008	6 240	4 319	1 692	12.8	7.5	13.4	8.1
2009	6 951	4 719	1 820	11.4	12.0	9.3	9.8
2010	7 955	5 216	1 962	14.4	9.7	10.5	5.9
2011	9 490	5 973	2 170	19.3	12.7	14.5	8.4
2012	10 762	6 742	2 411	13.4	10.5	12.9	10.0
2013	12 052	7 246	2 593	12.0	9.5	7.5	5.1

10-11 主要年份农村居民家庭基本情况

单位:元

项　　目	1990	1995	2000	2005	2009	2010	2011	2012	2013
调查户数　（户）	**580**	**520**	**800**	**660**	**660**	**660**	**1 300**	**1 300**	**863**
调查户人口　（人）									
常住人口	2 691	2 241	3 158	2 579	2 564	2 556	4 740	4 701	3159
平均每户常住人口	4.64	4.31	3.95	3.91	3.88	3.87	3.65	3.62	3.66
平均每户整、半劳动力	2.95	2.75	2.49	2.62	2.74	2.79	2.58	2.42	2.61
平均每个劳动力负担人口	1.57	1.57	1.58	1.50	1.42	1.39	1.41	1.50	1.40
平均每人全年收入									
总收入	949.35	2 512.15	4 145.36	5 804.51	9 001.81	10 507.20	12 651.31	14 143.23	15 746.00
纯收入	661.42	1 800.10	3 229.67	4 443.00	6 951.21	7 955.36	9 489.99	10 762.09	12 052.38
现金收入	790.38	1 801.20	3 374.09	5 167.67	8 429.57	9 621.11	12 191.57	13 179.91	15 458.46
平均每人全年支出									
总支出	868.63	2 138.54	2 631.70	4 491.01	6 889.64	8 178.71	9 491.17	10 617.02	11 264.11
# 家庭经营费用支出	213.12	595.56	649.51	1 283.88	1 794.18	2 260.23	2 798.76	3 029.51	2 946.64
第一产业生产费用支出				1 145.30	1 514.61	1 877.40	2 253.20	2 424.69	2 120.50
第二产业生产费用支出				65.50	174.38	265.72	225.64	274.30	485.90
第三产业生产费用支出				73.03	105.19	117.10	319.92	330.52	340.25
生产性固定资产支出				78.41	81.58	251.23	214.39	269.54	472.10
生活消费支出	536.03	1 136.89	1 620.93	2 840.15	4 718.82	5 216.48	5 973.42	6 742.39	7 245.66
现金支出	780.36	1 663.68	2 334.24	4 123.06	6 504.63	7 721.51	9 220.53	10 409.18	11 084.21
# 生产性费用	176.06	513.08	678.52	1 304.66	1 814.03	2 417.86	2 990.30	3 145.90	3 326.73
税费支出	43.20	138.09	128.60	25.10	18.79	17.40	18.20	12.38	
生活消费支出	380.03	689.38	1 358.04	2 536.81	4 402.78	4 871.12	5 739.44	6 574.13	7 209.84
财产性支出				6.00	5.05	3.76	5.65	5.18	6.07
转移性支出				250.51	263.98	411.37	466.94	671.59	603.93
非消费性支出				**1 181.85**	**1 592.07**	**1 909.26**	**1 453.73**	**1 752.32**	**3 348.14**
非借贷性支出	58.10	197.05		291.63	639.71	803.21	915.95	1 034.97	1 296.77
储蓄借贷支出	117.30	219.83		890.22	952.36	1 106.05	537.78	717.35	2 051.37

10-12 主要年份农村居民家庭平均每人总收入和纯收入

单位:元

项目	1990	1995	2000	2005	2010	2011	2012	2013
总收入	**949.35**	**2 512.15**	**4 145.36**	**5 804.51**	**10 507.21**	**12 651.31**	**14 143.23**	**15 746.00**
工资性收入	186.78	241.42	1 107.20	1 712.61	3 595.91	4 220.76	4 851.23	6 090.78
在非企业组织中劳动得到收入				275.93	392.64	329.80	384.87	
在本乡地域内劳动得到的收入	132.88	123.83	452.22	522.74	1 201.94	1 489.14	1 738.67	
外出从业得到的收入				913.94	2 001.33	2 401.82	2 727.70	
家庭经营收入	771.45	2 240.22	2 855.67	3 894.07	6 334.82	7 668.86	8 410.67	8 600.50
第一产业收入				2 973.29	4 612.40	5 512.93	5 986.81	5 794.91
种植业收入	443.48	1 535.48	1 230.76	1 784.25	3 135.12	3 473.82	3 826.04	3 941.01
林业收入	11.67	22.55	111.04	91.86	119.15	148.19	138.14	164.52
牧业收入	176.12	493.93	815.88	1 068.27	1 336.82	1 817.55	1 940.11	1 557.02
渔业收入	4.94	6.50	45.90	28.91	20.90	73.38	82.53	132.36
第二产业收入				300.71	823.43	802.13	929.3	1 188.24
工业收入	5.01	7.26	179.07	241.96	525.01	584.49	645.28	936.78
建筑业收入	14.31	57.99	72.20	58.75	298.43	217.64	284.03	251.46
第三产业收入				620.07	899.99	1 353.81	1 494.56	1 617.35
# 交通、运输业和邮电业收入	9.09	45.87	114.57	194.34	294.45	487.88	529.68	1 617.35
批零贸易、饮食业收入	8.61	17.63	132.85	314.92	450.93	630.61	758.63	464.43
服务业收入	4.28	5.13	49.21	79.64	106.38	133.36	119.44	881.04
转移性收入	14.80	67.21	141.53	163.06	439.57	565.47	655.64	832.40
财产性收入	10.47	23.29	41.06	34.77	136.91	196.21	225.69	222.31
纯收入	**661.42**	**1 800.10**	**3 229.67**	**4 443.00**	**7 955.36**	**9 488.99**	**10 762.09**	**12 052.38**
工资性收入	186.78	241.42	1 107.20	1 744.70	3 595.91	4 220.76	4 815.08	5 992.19
家庭经营纯收入	458.77	1 479.44	1 939.88	2 537.46	3 830.10	4 588.09	5 162.10	5 206.43
第一产业纯收入				1 761.92	2 610.05	3 132.40	3 498.70	3 410.10
第二产业纯收入				235.24	490.88	538.61	610.09	666.15
第三产业纯收入				540.30	729.17	917.08	1 053.31	1 130.18
转移性纯收入	6.98	60.80	141.53	114.72	392.45	484.93	559.23	608.41
财产性纯收入	8.89	18.44	41.06	46.08	136.91	196.21	225.69	244.72
现金收入				**5 167.67**	**9 621.11**	**12 191.57**	**13 179.91**	**15 458.46**
非收入现金所得				**655.34**	**1 403.29**	**1 263.41**	**1 642.10**	**1 677.11**
非借贷性现金所得				160.98	439.16	533.28	714.56	714.78
借贷性现金所得				494.36	964.12	730.13	927.54	962.33

10–13　主要年份农村居民家庭平均每人生活消费支出

单位：元

项　　目	1990	1995	2000	2005	2009	2010	2011	2012	2013
生活消费支出	**536.03**	**1 136.89**	**1 620.93**	**2 840.15**	**4 718.82**	**5 216.48**	**5 973.42**	**6 742.39**	**7 245.66**
食品	286.00	680.45	683.24	1 209.73	1 820.34	1 961.65	2 170.26	2 411.39	2 592.91
# 主食	80.17	340.58	243.39	292.61	344.71	395.60	441.95	452.86	408.77
副食	142.28	233.95	264.07	343.26	594.66	655.87	787.19	879.76	994.73
其他食品	56.49	85.26	113.56	227.80	382.72	408.48	505.74	573.34	659.70
在外饮食				334.14	491.61	496.23	431.78	502.22	500.14
衣着	55.38	81.94	99.85	196.53	382.31	433.81	489.67	554.93	598.96
# 服装				134.90	255.26	297.48	334.32	378.11	411.08
鞋类				45.15	107.98	118.87	132.29	147.99	150.66
居住	95.38	174.85	322.04	306.88	768.92	815.10	855.38	953.57	1 063.89
# 住房支出				130.85	571.56	598.64	611.31	686.96	733.69
电费				34.02	85.73	102.91	121.98	147.41	180.40
燃料	28.21	15.92	25.94	91.88	66.76	71.48	103.27	96.13	133.78
其他		7.79	17.12	44.83	16.84	11.69	6.68	8.12	16.02
家庭设备用品及服务	34.44	46.89	80.60	118.70	246.28	281.34	315.38	379.09	390.71
# 日用品				41.53	74.27	79.04	97.08	117.67	123.38
家具、机电				53.44	131.27	157.85	173.54	207.48	199.24
床上用品				12.14	26.16	21.81	28.29	33.91	31.30
医疗保健	19.33	41.50	99.94	206.62	236.16	293.43	310.18	365.87	410.87
# 药品				68.21	99.63	99.91	105.77	101.77	116.10
医疗费				127.57	130.76	185.80	194.39	251.31	269.42
交通和通讯	2.74	26.32	93.00	274.60	505.44	562.60	650.04	739.32	799.64
# 交通用品				91.59	221.04	253.22	346.73	398.70	402.07
通讯用品				24.18	39.94	47.45	54.25	74.69	83.12
交通客运费				56.90	55.14	53.03	53.15	51.76	52.87
通讯费				86.58	170.13	173.86	159.28	171.85	242.30
文化教育娱乐用品及服务	33.42	73.86	193.88	473.43	693.04	798.40	1 102.57	1 247.64	1 305.63
文娱用品				62.66	151.93	205.95	352.36	395.42	412.01
教育服务				363.42	403.68	413.95	512.17	561.49	519.13
文体娱乐服务				47.35	137.73	178.51	238.04	290.72	329.30
其他商品和服务	9.34	11.00	48.39	53.69	66.33	70.16	79.94	90.59	83.04

10-14 主要年份农村居民家庭住房情况

项目	1990	1995	2000	2005	2009	2010	2011	2012	2013
平均每人年末生活用房面积 （平方米）	**18.73**	**19.51**	**22.52**	**29.36**	**37.40**	**41.83**	**44.75**	**45.60**	**47.50**
#砖木结构	11.33	14.70	15.10	16.60	19.56	19.29	22.19	22.00	12.38
钢筋混凝土结构	1.69	2.24	6.49	12.42	17.67	22.12	21.45	22.55	34.44
平均每户本年新建房屋									
新建房屋间数占使用间数比重 （%）	3.61	3.38	4.40	1.05	3.82	2.58	3.66	2.90	
新建房屋每间价值 （元）	1 534	2 585	2 551	6 346	10 214	11 191	12 098	12 940	
每平方米价值 （元）	77	149	119	317	598	657	737	801	
平均每人年内新建(购)房屋面积（平方米）	**0.77**	**0.71**	**1.05**	**0.31**	**2.11**	**1.71**	**1.64**	**0.88**	**1.37**
#砖木结构	0.59	0.45	0.37	0.09	0.57	0.29	0.33	0.68	
钢筋混凝土结构	0.23	0.24	0.44	0.22	1.54	1.43	1.24	0.20	
砖瓦平房面积				0.21	0.54	0.36	0.41	0.24	
楼房	0.05		0.50	0.10	1.57	1.35	1.23	0.64	

10-15 主要年份农村居民家庭平均每人全年主要消费品消费量

单位:公斤

品名	1990	1995	2000	2005	2009	2010	2011	2012	2013
粮食(原粮)	273.08	246.00	271.16	233.71	204.53	203.51	191.39	142.22	127.44
#稻　谷	66.38	82.27	55.71	49.19	51.15	50.64	49.58	39.23	34.64
小　麦				146.68	134.41	131.11	130.87	93.62	74.47
蔬　菜	78.98	63.76	71.79	55.03	73.79	69.96	57.76	50.9	57.08
植物油	4.65	6.84	7.70	7.73	9.73	8.82	8.86	9.18	9.07
动物油	0.39	0.16	0.33	0.04	0.04	0.02	0.02	0.02	0.06
肉　类	6.70	6.94	9.71	11.14	13.96	14.07	14.24	15.67	21.81
#猪　肉	4.59	4.72	4.86	4.41	5.35	5.57	5.59	6.25	7.74
家　禽	1.06	1.13	2.68	3.82	5.44	5.18	4.77	4.87	5.86
蛋　类	4.59	7.24	8.79	7.79	9.17	8.25	8.68	9.66	8.71
鱼　虾	1.46	2.96	3.07	3.84	4.58	4.61	4.91	4.99	5.79
食　糖	2.47	1.96	1.37	0.94	0.90	0.83	0.71	0.73	0.76
酒	3.91	8.12	8.47	7.51	11.05	10.83	10.48	11.37	9.07
水果和瓜类				21.95	29.13	27.15	28.07	34.05	39.41
奶和奶制品				2.84	6.41	7.18	8.22	9.13	11.37

10-16 主要年份农民家庭年末平均每百户耐用消费品拥有量

单位：台

品　　名	1990	1995	2000	2005	2009	2010	2011	2012	2013
洗衣机	7.00	10.00	38.00	70.41	84.36	89.11	89.47	91.44	94.52
电冰箱	2.00	2.00	19.00	17.71	38.30	46.92	60.62	67.66	76.78
空调机			5.00	7.34	19.89	27.61	33.24	41.77	53.45
抽油烟机			8.00	3.83	11.90	14.33	12.56	16.71	20.44
吸尘器					1.21	0.40	2.61	2.10	0.12
微波炉			1.00	4.58	13.97	14.42	20.37	24.90	30.41
热水器			14.00	17.01	56.72	65.06	72.21	78.56	80.15
# 太阳能热水器					50.69	61.60	69.61	74.91	74.93
自行车（辆）	155.00	168.00	195.00	192.59	199.24	200.44	168.64	170.88	108.48
# 电动自行车					70.69	89.14	102.50	106.64	
摩托车（辆）		2.00	17.00	33.17	45.33	46.28	42.40	44.65	50.55
汽车（生活用）（辆）			10.00	0.14	1.59	2.37	3.88	5.55	8.23
固定电话机（部）			37.00	79.98	75.42	76.14	53.17	67.72	53.97
移动电话（部）			9.00	55.35	166.30	189.74	211.13	216.90	235.34
彩色电视机	6.00	10.00	53.00	91.51	111.51	114.58	115.95	114.58	116.87
# 接入有线电视网的					87.34	91.90	89.23	89.58	74.76
黑白电视机	42.00	73.00	54.00	17.42	4.37	3.01	1.67	3.44	
# 接入有线电视网的					1.69	1.37	0.82	1.26	
摄影机			1.00	0.30	0.47	1.19	2.15	2.36	1.74
影碟机			12.00	40.51	48.44	45.84	19.60	19.08	
照相机（架）	2.00	1.00	7.00	3.49	5.51	7.38	7.95	11.14	8.64
家用计算机			3.00	2.74	12.21	20.95	31.20	40.73	45.60
# 接入互联网的					9.67	16.86	29.07	36.25	34.47
中高档乐器（件）				0.13	0.76	1.02	1.30	2.09	1.51

主要统计指标解释

城镇居民家庭就业人口 指城镇居民从事社会劳动并取得劳动报酬或经营收入的人口。就业人口包括通过国家统筹规划和指导由劳动部门介绍就业，自愿组织起来就业和自谋职业等方式，在国有制、集体所有制、中外合资、中外合作、外资在华独资的企事业单位和私营企业单位工作或从事个体劳动的有固定性职业或临时性职业的人口。被聘用和留用的离退休人员也计入就业人口。本指标可以反映城镇居民的就业情况，是计算就业面、负担系数的重要资料。

城镇居民家庭全部收入 指被调查城镇居民家庭全部的实际现金收入，包括经常或固定得到的收入和一次性收入。不包括周转性收入，如提取银行存款、向亲友借入款、收回借出款以及其他各种暂收款。

城镇居民家庭可支配收入 指被调查城镇居民家庭在支付个人所得税之后，所余下的实际收入。

城镇居民家庭消费性支出 指被调查的城镇居民家庭用于日常生活的全部支出，包括购买商品支出和文化生活、服务等非商品性支出。不包括罚没、丢失款和缴纳的各种税款(如个人所得税、牌照税、房产税等)，也不包括个体劳动者生产经营过程中发生的各项费用。

农村居民家庭纯收入 指农村常住居民家庭总收入中，扣除从事生产和非生产经营费用支出、缴纳税款和上交承包集体任务金额以后剩余的，可直接用于进行生产性、非生产性建设投资、生活消费和积蓄的那一部分收入。它是反映农民家庭实际收入水平的综合性的主要指标。农民家庭纯收入，既包括从事生产性和非生产性的经营收入，又包括取自在外人口寄回带回和国家财政救济、各种补贴等非经营性收入；既包括货币收入，又包括自产自用的实物收入。但不包括向银行、信用社和向亲友借款等属于借贷性的收入。

农村居民家庭整半劳动力 指农村常住居民家庭成员中有劳动能力并经常参加实际劳动的人员。是生产的基本要素指标之一，是发展生产增加农民家庭收入的重要源泉。按规定，农村男18周岁至50周岁、女18周岁至45周岁为整劳动力；男16周岁到17周岁、51周岁到60周岁，女16周岁到17周岁、46周岁至55周岁为半劳动力。农民家庭整半劳动力，既包括在上述规定劳动年龄内和在劳动年龄以外有劳动能力并经常参加实际劳动的男女整半劳动力；也包括农民家庭常住人员中属于职工的劳动力。但不包括在劳动年龄内已丧失劳动能力的人员。

农村居民家庭生活消费支出 指农村常住居民家庭年内用于日常生活的全部开支。它是用来反映和研究农民家庭实际生活消费水平高低的重要指标。农民家庭生活消费支出，包括用于吃、穿、住、烧、用等生活消费品开支和文化、生活服务费用开支两大部分。

农村居民家庭商品性生活消费支出 指农村常住居民家庭用其货币收入，在市场上购买食品、衣着、家庭用家具器皿、日用杂品、燃料、耐用消费品、以及文教卫生用品等生活消费总量。包括向国有商店、集体商店和集市贸易市场以及其他流通渠道购买的全部生活消费品。农民家庭商品性生活消费支出，是农民家庭生活消费支出的一个重要组成部分，是用来反映和分析农民家庭生活消费水平的商品化程度，及其由自给性经济向商品经济发展趋势的重要指标，也是研究和预测农民家庭对市场消费品需求，制定商品供应计划的重要依据。

第 11 部分 自然资源、城市概况和环境保护

NATURAL RESOURCES, GENERAL SURVEY OF CITIES AND ENVIROMENTAL PROTECTION

版面负责人：张玉强

编　　　辑：徐　燕

中华人民共和国统计法

（1983年12月8日第六届全国人民代表大会常务委员会第三次会议通过，根据1996年5月15日第八届全国人民代表大会常务委员会第十九次会议《关于修改〈中华人民共和国统计法〉的决定》修正，2009年6月27日第十一届全国人民代表大会常务委员会第九次会议修订。）

第一章　总　则

第一条 为了科学、有效地组织统计工作，保障统计资料的真实性、准确性、完整性和及时性，发挥统计在了解国情国力、服务经济社会发展中的重要作用，促进社会主义现代化建设事业发展，制定本法。

第二条 本法适用于各级人民政府、县级以上人民政府统计机构和有关部门组织实施的统计活动。

统计的基本任务是对经济社会发展情况进行统计调查、统计分析，提供统计资料和统计咨询意见，实行统计监督。

第三条 国家建立集中统一的统计系统，实行统一领导、分级负责的统计管理体制。

第四条 国务院和地方各级人民政府、各有关部门应当加强对统计工作的组织领导，为统计工作提供必要的保障。

第五条 国家加强统计科学研究，健全科学的统计指标体系，不断改进统计调查方法，提高统计的科学性。

国家有计划地加强统计信息化建设，推进统计信息搜集、处理、传输、共享、存储技术和统计数据库体系的现代化。

编辑：李　广

11-1 自然资源

指　　标		2006	2007	2009	2010	2011	2012	2013
土地资源	**（千公顷）**							
耕地面积		596.21	594.78	595.04	610.72	611.17	609.48	609.12
园地		74.70	74.69	74.53	57.08	56.93	56.65	56.56
林业用地面积		41.78	41.75	41.68	25.31	25.22	25.15	25.12
牧草地面积		0.07	0.07	0.06	6.18	6.11	6.52	6.47
城镇及工矿用地面积		45.34	46.20	49.24	200.99	201.16	202.59	203.32
交通用地面积		15.07	15.08	15.45	46.97	46.89	47.38	47.52
水域面积		25.63	25.61	25.82	207.87	207.38	206.23	205.47
未利用土地面积		74.81	74.13	71.37				
其他		240.62	242.22	241.05	21.36	21.63	22.49	22.90
林木资源								
活立木总蓄积量	（万立方米）	1 320.9	1 380.2	2 138.7	2 472.6	2 698.0	2 833.0	2 973.0
森林面积	（千公顷）	196.7	201.2	322.9	330.7	352.4	358.6	360.9
森林蓄积量	（万立方米）	947.1	995.3	2 036.3	2 459.9	2 684.0	2 818.0	2 950.0
森林覆盖率	（%）	25.5	26.6	28.7	30.9	31.3	31.9	32.1
水利资源	**（亿立方米）**							
水资源总量		28.36	61.58	35.13	20.24	23.38	20.24	23.04
地表径流		14.72	40.16	18.49	8.30	10.63	8.30	9.00
地下(浅层)水量		17.51	23.82	17.29	14.70	15.94	14.70	14.51
矿产资源(基础储量)	**（万吨/矿石）**							
煤炭	（万吨）	176 500	169 257	137 871	135 101	106 848	107 732	108 817
铁	（万吨）	1 290	1 308	1 484	1 581	2 336	1 804	2 119
岩盐		22 100	21 990	13 158	13 091	13 091	12 809	12 607
石膏		45 181	50 681	35 864	34 395	34 569	34 569	33 669
制碳用灰岩		20 091	20 091	20 091	20 091	20 091	20 091	20 091
水泥用灰岩		22 380	22 364	28 814	28 755	28 365	27 873	30 495
白云岩		928	928	928	928	928	928	928

注:2006 年及以后水利资源计算方法与口径有变化,与往年数据不可比;2010 年土地资源指标因国家土地利用现状分类标准有变化,部分数据与往年不可比。

11-2 主要年份气象、水文概况

指　　标	1990	1995	2000	2005	2010	2011	2012	2013
温度　（摄氏度）								
年平均气温	14.8	14.7	15.1	15.0	15.2	14.8	15.0	15.6
年极端最高气温	37.2	36.8	37.4	38.3	37.6	39.4	39.0	38.3
出现日期　（月、日）	7月9日	6月19日	5月21日	6月23日	7月6日	6月8日	6月13日	11月15日
年极端最低气温	-15.8	-8.9	-9.4	-9.3	-9.4	-10.5	-9.0	-10.0
出现日期　（月、日）	2月1日	2月2日	2月1日	1月1日	1月13日	1月10日	1月23日	10月5日
降水　（毫米）								
年降水量	1 088.8	825.3	979.6	1 162.9	612.0	751.2	640.4	672.0
年降水日　（天）	94	66	90	90	68	78	84	78
一日最大降水量	82.4	94.1	151.3	99.1	100.2	76.2	75.6	83.2
出现日期　（月、日）	7月17日	8月22日	7月12日	7月8日	9月7日	5月10日	8月21日	5月26日
日照								
年日照时间　（小时）	2 251.2	2 452.4	2 064.5	2 204.6	2 230.6	2 121.7	2 233.3	2 372.0
年蒸发量　（毫米）	1 595	1 797.3	1 727.6	1 062.5	1 076.6	1 010.0	1 046.7	1 017.6
年平均相对湿度　（%）	72	65	69	67	63	62	64	65
年平均风力　（米/秒）	2.3	2.0	2.2	2.1	2.1	1.8	1.9	1.9
年平均气压　（百帕）	1 017.0	1 017.3	1 011.6	1 012.0	1 011.5	1 012.4	1 011.1	1 011.3
年无霜期　（天）	190	182	158	235	195	196	217	204
霜期　（月、日）								
初霜日期	10月17日	10月5日	11月1日	10月27日	11月2日	10月28日	10月28日	11月12日
终霜日期	4月24日	4月4日	4月6日	3月25日	4月5日	4月11日	3月24日	3月22日
雪期　（月、日）								
初雪日期	12月12日	12月19日	1月8日	11月25日	11月28日	12月14日	12月14日	2月5日
终雪日期	2月23日	2月4日	2月5日	3月2日	3月8日	3月1日	2月13日	
水文（蔺家坝）　（米）								
最高水位	32.02	33.40	32.15	33.59	32.84	32.84	32.84	32.75
出现日期　（月、日）	8月6日	3月9日	7月29日	9月30日	10月13日	12月8日	10月13日	3月15日
最低水位	28.35	31.86	28.77	31.47	31.33	30.92	31.33	30.96
出现日期　（月、日）	6月17日	6月16日	6月21日	6月20日	6月27日	6月22日	6月27日	7月2日
年均水位	31.60	33.02	31.07	32.63	32.39	32.11	32.39	32.24

11-3 市区分月气象情况

（2012 年）

月　　份	平均气温（摄氏度）	降水量（毫米）	日照时数（小时）
全　年	**15.0**	**640.4**	**2 233.3**
1 月	0.6	1.6	131.8
2 月	2.2	8.7	134.4
3 月	7.9	67.4	156.5
4 月	17.1	32.2	248.6
5 月	23.1	5.4	254.2
6 月	26.1	38.4	213.1
7 月	29.0	158.3	219.3
8 月	26.5	116.2	180.7
9 月	21.6	114.1	210.1
10 月	17.1	9.4	190.7
11 月	8.0	40.6	167.7
12 月	0.5	48.1	126.2

11-4 市区分月气象情况

（2013 年）

月　　份	平均气温（摄氏度）	降水量（毫米）	日照时数（小时）
全　年	**15.6**	**672.0**	**2 372.0**
1 月	0.1	6.3	112.6
2 月	3.5	17.6	99.0
3 月	10.1	20.1	192.3
4 月	15.0	22.4	255.9
5 月	21.5	157.4	209.1
6 月	25.7	19.9	232.3
7 月	29.7	142.5	191.3
8 月	30.0	147.0	282.9
9 月	22.6	94.4	183.9
10 月	17.2	4.0	250.3
11 月	9.0	40.4	185.3
12 月	2.4		177.1

11-5 城市(市区)建设基本情况

年 份	市区面积(平方公里)	#建成区面积	市区人口密度(人/平方公里)	年末实有房屋建筑面积(万平方米)	#住宅	公共交通	
						年底运营车辆数(辆)	年底运营线路网长度(公里)
1978	184.5	41.3	3 636	884	351	140	
1979	184.5	42.7	3 842	955	392	161	
1980	184.5	43.8	3 950	1 029	440	144	
1981	184.5	44.3	4 063	1 105	487	160	
1982	184.5	45.2	4 189	1 174	528	165	
1983	184.5	45.6	4 297	1 276	590	162	
1984	184.5	45.9	4 371		641	168	
1985	184.5	46.5	4 470	1 467	691	174	
1986	184.5	47.0	4 557	1 863	920	182	
1987	184.5	47.3	4 638	1 964	967	185	
1988	184.5	48.1	4 726	2 030	1 000	183	
1989	184.5	48.9	4 838	2 145	1 030	196	
1990	184.5	61.8	4 914	2 245	1 076	202	
1991	184.5	63.8	4 979	2 352	1 127	211	
1992	184.5	67.0	5 076	2 465	1 180	258	
1993	184.5	67.7	5 158	2 622	1 253	308	313
1994	963.0	70.7	1 483	2 690	1 293	838	329
1995	963.0	59.1	1 507	2 751	1 325	1 072	335
1996	963.0	60.3	1 530	2 870	1 381	854	337
1997	963.0	61.5	1 551	2 980	1 442	903	343
1998	963.0	64.7	1 577	3 104	1 514	932	343
1999	963.0	67.6	1 583	3 337	1 672	919	368
2000	1 037.7	71.7	1 547	3 507	1 787	946	541
2001	1 037.7	77.9	1 566	3 650	1 858	1 119	595
2002	1 037.7	81.9	1 576	3 781	1 897	922	586
2003	1 037.7	89.1	1 612	3 835	1 914	1 006	600
2004	1 037.7	96.8	1 613	3 934	1 964	1 076	622
2005	1 159.9	118.0	1 551	5 994	4 196	1 452	650
2006	1 159.9	127.1	1 566	6 079	4 199	1 654	700
2007	1 159.9	160.0	1 577	6 304	4 392	1 741	978
2008	1 159.9	186.6	1 590	6 584	4 615	1 790	655
2009	1 159.9	205.6	1 605	6 597	4 307	1 969	679
2010	3 037.6	239.0	1 029	8 463	5 404	1 908	3 997
2011	3 037.6	249.0	1 039	7 581	5 003	2 685	3 648
2012	3 040.0	253.0	1 055	7 992	5 211	2 602	4 719
2013	3 040.0	253.0	1 084	8 668	5 615	2 429	3 786

注:2010 年年底运营线路网长度统计口径扩大到乡村线路网,与往年不可比。2011 年年底运营线路网长度不包含农村客运班线。

11-5　续表 1

年　份	铺装道路长　度（公里）	铺装道路面　积（万平方米）	全社会供水 生产能力（万立方米/日）	全社会供水 供水总量（万立方米）	全社会供水 #生活用水量	人工煤气供应总量（万立方米）	液化石油气供应总量（吨）	用气人口数（万人）
1978	67	67	8.5	3 052	1 427			
1979	69	72	9.4	3 425	1 886			
1980	72	76	10.9	3 970	2 232			
1981	89	88	12.0	4 377	2 416			
1982	125	102	12.8	4 806	2 071			
1983	128	108	13.4	5 097	2 005			
1984	136	114	14.1	5 619	2 392		269	
1985	138	119	16.3	5 963	2 685	146	681	
1986	284	238	34.2	12 207	2 968	285	1 947	
1987	296	243	34.0	12 308	3 303	358	3 128	
1988	300	249	34.1	12 658	3 564	404	4 108	
1989	345	265	37.2	12 901	4 677	446	4 443	17.6
1990	297	263	37.9	10 744	4 328	464	7 110	25.5
1991	301	269	42.0	10 643	4 669	474	5 939	26.1
1992	355	464	56.0	12 129	5 203	509	7 736	26.8
1993	367	496	56.0	14 718	6 076	522	13 737	44.5
1994	372	747	63.0	15 506	7 498	939	15 168	61.2
1995	579	802	86.9	14 877	7 010	2 830	16 064	68.8
1996	590	830	74.6	14 067	7 653	3 967	18 886	72.0
1997	592	846	72.0	13 677	7 627	4 926	21 400	74.4
1998	593	863	74.5	13 498	7 366	4 888	24 788	77.3
1999	593	908	75.5	12 859	6 958	4 779	23 753	80.0
2000	621	987	75.5	12 464	6 926	4 585	26 196	83.4
2001	690	1 134	75.6	12 397	7 060	4 638	24 000	85.6
2002	760	1 222	72.5	11 748	7 088	4 192	22 400	88.6
2003	822	1 299	72.6	14 354	7 232	4 580	24 600	106.8
2004	865	1 357	55.0	14 008	7 499	4 057	29 400	118.5
2005	1 075	1 434	55.4	15 456	7 962	4 831	39 300	126.8
2006	1 168	1 494	49.0	11 931	6 218	5 699	33 860	113.0
2007	1 202	1 623	49.8	11 509	7 605	5 699	33 750	125.4
2008	1 307	1 855	67.9	16 155	7 718	5 125	32 208	128.8
2009	1 352	1 956	87.4	19 001	8 926	4 392	29 937	137.6
2010	1 600	2 467	94.2	19 957	8 962	1 662	29 336	150.2
2011	1 620	2 604	117.9	21 543	7 963		28 050	140.9
2012	2 110	3 239	95.5	22 029	6 906		31 030	149.9
2013	2 600	3 750	93.0	23 363	6 579	13 982	28 480	165.8

11-5 续表 2

年 份	排水管道长 度（公里）	路灯数（盏）	园林绿地面 积（公顷）	建成区绿化覆盖率（%）	公园数（个）	污水排放量（万吨）	垃圾粪便清 运 量（万吨）	公共厕所数（座）
1978	118	3 243	219	10.4				
1979	124	3 482	249	11.8				
1980	130	3 750	249	11.8				
1981	138	3 920	310	7.6				
1982	155	3 594	320	7.7				
1983	162	4 088	365	9.8				
1984	170	4 225	367	11.8				
1985	182	4 545	367	12.4				
1986	216	5 546	735	14.9				
1987	223	6 110	848	15.1				
1988	248	6 950	1 108	15.1				
1989	253	6 989	1 317	15.9	15		25	508
1990	257	7 507	1 214	27.4	15	9 965	23	503
1991	262	7 779	1 432	30.7	12	9 955	26	587
1992	281	8 551	2 358	30.8	13	7 964	28	537
1993	281	13 581	2 822	31.0	10	7 964	29	403
1994	326	11 688	2 822	31.6	14	9 700	28	448
1995	432	15 463	2 844	33.1	12	8 818	32	455
1996	395	16 140	2 881	33.2	15	7 846	38	328
1997	399	16 923	2 947	33.6	13	7 646	36	277
1998	403	20 393	3 048	33.7	13	7 682	29	258
1999	483	26 187	3 392	34.3	13	7 876	35	238
2000	643	30 937	3 662	34.4	13	5 931	36	225
2001	728	32 577	3 625	24.5	29	5 540	36	212
2002	825	36 836	3 889	26.6	31	5 620	37	266
2003	896	45 231	4 226	29.5	33	6 689	40	312
2004	926	46 087	6 455	36.6	33	7 692	45	249
2005	918	52 678	6 455	36.3	36	10 775	47	258
2006	930	53 000	6 659	37.6	30	11 704	49	297
2007	970	60 000	8 125	38.8	34	12 700	50	338
2008	1 198	56 798	9 242	40.1	40	13 924	45	482
2009	1 046	19 651	10 422	40.4	41	14 910	40	606
2010	1 334	50 723	12 913	41.3	60	18 106	48	592
2011	1 362	46 683	13 400	41.9	70	19 286	54	600
2012	1 569	267 204	14 436	42.2	70	19 690	52	488
2013	2 016	188 541	10 131	42.9	70	19 998	59	493

注:2009 年路灯盏数统计口径改变,与其它年份不可比,下同;2010 年公园数统计口径改变,与往年不可比,下同。

11–6 城市(市区)设施水平

年份	用水普及率(%)	煤气液化气普及率(%)	每万人拥有公共汽车辆(标台)	人均拥有铺装道路面积(平方米)	人均公共绿地面积(平方米)	每万人拥有公共厕所(座)	排水管道密度(公里/平方公里)
1978	85.7				2.7		2.9
1979	83.3				2.7		2.9
1980	82.6				2.7		3.0
1981	93.8				1.5		3.1
1982	94.2				1.5		3.4
1983	95.0				2.0		3.6
1984	95.0	2.4			2.0		3.7
1985	94.2	6.7			2.4		3.9
1986	92.0	8.4			2.9		4.6
1987	94.2	17.8			2.9		4.7
1988	96.0	19.5			2.9		5.2
1989	98.0	22.2	3.2	3.3	2.9	6.6	5.2
1990	98.0	31.7	3.5	3.9	3.5	6.4	5.2
1991	100.0	37.8	4.1	3.9	6.3	7.4	4.1
1992	100.0	37.8	4.5	6.6	6.3	6.7	4.2
1993	100.0	61.6	4.9	6.9	7.4	4.9	4.2
1994	100.0	75.2	9.0	9.2	7.5	3.6	4.6
1995	100.0	84.0	9.2	9.8	7.9	4.7	7.3
1996	100.0	85.1	6.5	9.8	7.9	3.3	6.6
1997	100.0	86.4	7.0	9.8	9.5	2.7	6.5
1998	100.0	87.9	7.1	9.8	9.9	2.9	6.2
1999	100.0	90.1	7.7	10.2	10.2	2.8	7.2
2000	100.0	90.8	8.1	10.7	10.5	2.4	9.0
2001	100.0	75.8	10.1	10.0	6.6	2.3	9.3
2002	100.0	76.9	8.6	10.6	6.9	2.3	10.1
2003	100.0	90.2	9.1	11.0	7.0	2.6	10.1
2004	100.0	99.7	10.8	11.4	7.4	2.1	9.6
2005	100.0	96.5	9.8	10.9	8.0	2.0	7.8
2006	100.0	96.6	12.9	12.8	9.4	2.2	7.9
2007	100.0	100.0	18.1	12.9	12.1	2.7	6.1
2008	99.9	96.4	17.2	13.9	13.0	3.6	6.4
2009	98.5	98.5	17.9	14.0	13.6	4.4	5.1
2010	99.4	99.0	19.2	16.3	14.7	1.9	5.6
2011	97.8	94.2	11.5	17.7	16.0	1.9	5.5
2012	98.1	99.3	13.7	21.5	16.1	1.6	6.2
2013	99.4	99.5	16.1	22.5	16.3	0.3	8.0

注:2007 年及以后公共绿地面积统计口径改为公园绿地面积(下同)。

11-7 主要年份城市(市区)公用事业基本情况

指　　标	1990	1995	2000	2005	2009	2010	2011	2012	2013
城市用地及建筑物面积(平方公里)									
城市面积	184.5	963.0	1 037.7	1 159.9	1 159.9	3 037.6	3 037.6	3 040.0	3040.0
#建成区面积	61.8	59.1	71.7	118.0	205.6	239.0	249.0	253.0	253.0
城市建设用地面积	45.10	56.80	69.43	104.45	144.71	184.60	142.82	213.94	228.14
#居住用地	18.30	10.90	13.48	24.24	47.00	58.18	50.18	51.31	53.36
公共设施用地		4.70	8.75	16.43	26.02	31.79	28.45	28.63	28.89
工业用地	17.10	12.70	14.68	20.96	29.33	35.15	25.79	26.05	26.16
仓储用地	2.60	2.70	2.73	3.05	3.68	4.22		19.76	20.82
对外交通用地	4.00	6.80	7.13	7.13	8.38	10.20	7.87	7.89	13.24
道路广场用地		2.70	4.56	13.39	19.55	23.06	18.05		58.44
市政公用设施用地		1.10	2.54	3.00	3.85	5.44	4.19	21.46	21.52
绿地		3.60	3.75	4.36	6.79	14.38	7.15	58.40	
特殊用地		11.70	11.81	11.89	0.12	2.18	1.14	0.44	
供水、供气及供热									
全社会供水									
供水综合生产能力 (万吨/日)	37.9	86.9	75.5	55.4	87.4	94.2	117.9	95.5	93.0
供水管道长度 (公里)	506	569	724	1 025	2 318	2 760	2 662	2 815	2 975
供水总量 (万立方米)	10 744	14 877	12 464	15 456	19 001	19 957	21 543	20 804	23 363
#生产用水量	5 684	7 867	3 574	3 478	7 704	8 036	10 769	8 894	12 050
生活用水量	4 328	7 010	6 926	7 962	8 926	8 962	7 963	7 845	6 579
人均日生活用水量 (升)	137	198	171	123	178	164	150	146	146
用水普及率 (%)	98.0	100.0	100.0	100.0	98.5	99.4	97.8	98.1	99.4
水厂个数 (个)	4	4	4	4	4	4	8	8	9
人工煤气									
储气能力(系统内) (万立方米)	2	12	12	12	12				
煤气管道长度 (公里)	32	237	647	763	230	230			
供气总量 (万立方米)	464	2 830	4 585	4 831	4 392	1 662			
#家庭用量	437	1 899	3 326	3 562	3 056	1 205			
家庭用气户数 (户)	10 343	61 372	110 758	148 102	74 137	34 000			
用气人口数 (万人)	4.2	20.3	34.7	47.4	51.0	10.2			
液化石油气									
储气能力 (吨)	275	450	420	2 402	1 248	4 394	1 237	4 593	4 593
供气总量 (吨)	7 110	16 064	26 169	39 300	29 937	29 336	28 050	31 030	28 480
#家庭用量	7 074	15 084	23 158	35 100	24 575	23 466	22 800	23 450	21 297
家庭用气户数 (户)	60 706	146 628	155 723	289 500	212 720	193 243	197 050	195 610	180 383
用气人口数 (万人)	21.3	48.5	48.8	79.4	37.6	59.7	60.9	56.3	54.84
煤气和液化石油气普及率 (%)	31.7	84.0	90.8	96.5	98.5	99.0	94.2	99.3	
天然气									
储气能力 (万立方米)					9	26	23	98	109
供气管道长度 (公里)					786	1 253	1 170	1 787	2 085
供气总量 (万立方米)					3 358	13 524	18 670	23 270	13 982
#家庭用量					1 029	2 927	3 272	4 620	5 659
家庭用气户数 (户)					137 093	270 824	264 239	310 161	362 662
用气人口数 (万人)					49	80	80	94	111
集中供热面积 (万平方米)				910	1 004	1 201			
#住宅					411	911			

注:2010 年储气能力统计口径有调整,与往年不可比。

11-7 续表

指　　标		1990	1995	2000	2005	2009	2010	2011	2012	2013
城市市政设施情况										
实有道路长度	（公里）	297	579	621	1 075	1 352	1 600	1 620	2 110	2 600
道路面积	（万平方米）	263	802	987	1 434	1 956	2 467	2 604	3 239	3 750
人行道面积	（万平方米）	35	74	110	208	279	421	436	349	448
排水管道长度	（公里）	257	432	643	918	1 046	1 334	1 362	1 569	2 016
污水年排放量	（万立方米）	9 965	8 818	5 931	10 775	14 910	18 106	19 286	19 690	19 998
桥梁数	（座）	51	68	102	132	146	118	118	168	240
路灯盏数	（盏）	7 507	15 463	30 937	52 678	19 651	50 723	46 683	267 204	188 541
防洪堤长度	（公里）	27.0	52.0	34.1	44.6	42.0	67.0	67.0	92.0	
公共交通										
公共汽车营运车数	（辆）	202	1 072	946	1 452	1 969	1 908	2 685	2 602	2 429
标准营运车数	（标台）	238	752	739	1 290	2 462	2 286	2 989		2 937
客运总量	（万人次）	8 511	10 740	17 040	25 750	28 903	33 436	32 997	35 152	32 606
平均每日客运量	（万人次）	23.3	29.4	46.7	70.5	79.2	96.1	90.4		89.3
出租汽车营运车数	（辆）	259	955	2 872	4 230	3 625	3 760	6 142	6 150	6 369
城市园林绿化										
绿化覆盖面积	（公顷）	1 324	2 927	3 823	7 017	11 754	14 726	13 900	14 940	15 773
# 建城区		891	1 956	2 463	4 283	8 309	9 680	10 425	10 679	14 514
园林绿地面积	（公顷）	1 324	2 844	3 662	6 455	10 422	12 913	13 400	14 436	10 131
# 公共绿地		235	647	961	1 046	1 907	2 234	2 395	2 430	2 720
公园个数	（个）	15	12	13	36	41	60	70	70	70
公园面积	（公顷）	104	521	650	358	946	198	338	450	2 719
游人量	（万人次）	1 054	463	323	2 340	182	210	250	320	
人均公园绿地面积	（平方米）	3.5	7.9	10.5	8.0	13.6	14.7	16.0	16.1	16.3
建成区绿化覆盖率	（%）	27.4	33.1	34.4	36.3	40.4	41.3	41.9	42.2	42.9
城市房屋和住宅情况（万平方米）										
实有房屋建筑面积		2 245	2 751	3 507	5 994	6 597	13 368	7 581	7 992	8 668
实有住宅建筑面积		1 076	1 325	1 787	4 196	4 307	8 972	5 003	5 211	5 615
当年房屋竣工建筑面积		110.2	110.0	182.9	286.8	356.2			601	
# 住宅		54.3	72.7	122.9	258.1	250.8			372	
当年房屋减少建筑面积		11.4	21.0	13.3	9.5	83.3			190	
# 住宅		8.9	18.0	7.8	3.5	72.0			164	
实有住宅使用面积		773	950	1 285	3 017	3 096				
实有住宅居住面积		492	606	817	1 919	1 969				
城市清洁卫生情况										
道路清扫保洁面积	（万平方米）	148	350	418	780	1 243	2 032	2 052	1 609	1 684
生活垃圾清运量	（万吨）	21	30	35	47	39.5	44.4	49.5	51.6	59.2
粪便清运量	（万吨）	2	2	1		0.2	0.2	4.1	2.8	
垃圾粪便无害化处理量	（万吨）		32	36	47	36.8	44.4	43.6	51.6	59.2
环卫机械总数	（台）	113	167	172	156	212	362	380	372	457
公共厕所数	（座）	503	455	225	258	606	592	600	488	493

注：2002 年及以后垃圾粪便无害化处理量仅指生活垃圾；2006 年及以后游人量统计口径为风景名胜区的游人量。

11-8 主要年份工业企业污染治理情况

单位:万元

指　　标		2001	2003	2005	2009	2010	2011	2012	2013
汇总单位数	**(个)**	**65**	**81**	**74**	**29**	**22**	**614**	**623**	**589**
当年施工项目投资来源		**6 272**	**18 228**	**47 263**	**40 671**	**12 516**	**13 538**	**55 271**	**38 506**
排污费补助					191	40			
政府其他补助					550	375	1 388	2 136	
企业自筹					39 930	12 756	12 150	53 135	50 212
# 银行贷款					9 900	1 980	540	500	230
国家预算内资金		1	300	30					
环保专项资金		90	55	2 912					
银行贷款		150	1 396	2 580					
其他资金		6 031	16 476	44 321					
当年施工项目累计完成投资额		**6 272**	**18 228**	**47 263**	**40 671**	**13 171**	**13 538**	**56 131**	**38 006**
治理废水		4 142	9 640	7 396	9 523	3 907	5 073	7 454	525
治理废气		1 818	8 088	38 555	25 203	8 084	6 405	48 677	48 857
治理固体废物		292	500	330		1 000			
治理噪声		15		622					
其他		5		361	5 945	180	2 060		830
当年安排治理项目	**(个)**	**84**	**105**	**54**	**54**	**34**			**20**
治理废水		42	26	34	17	11			1
治理废气		36	78	38	32	21			17
治理固体废物		3	1	3		1			
治理噪声		2		3					
其他		1		6	5	1			2
当年竣工项目	**(个)**	**61**	**58**	**73**	**50**	**20**	**7**	**14**	**27**
治理废水		21	13	27	17	6	2	4	2
治理废气		35	44	35	31	14	3	10	22
治理固体废物		2	1	3					
治理噪声		2		3					
其他		1		5	2		2		3
当年竣工项目新增设计处理利用"三废"能力									
废水	(吨/日)	39 453	31 472	28 122	60 750	215 400	5 200	7 000	5 500
废气	(万标立方米/时)	84	130	234	83 870	129	147	184	381
固体废物	(吨/日)	358	180	305					
主要污染物减排情况									
化学需氧量(COD)	(万吨)			6.35	5.74	5.54	1.67	1.71	13.84
二氧化硫(SO_2)	(万吨)			20.01	9.28	8.96	14.30	13.64	13.61

注:2007年及以后施工项目投资来源指标有调整,2010年废气处理利用能力统计口径有调整,2011年工业企业污染治理汇总单位数口径变化,与往年不可比。

11-9 重点工业企业“三废”排放及处理情况

（2013 年）

指标名称	汇总工业企业数（个）	工业废水排放总量（吨）	工业废气排放总量（万标立方米）	燃料燃烧过程中废气排放总量（万标立方米）	生产工艺过程中废气排放总量（万标立方米）
总　计	**589**	**137 919 344**	**51 836 127**	**48 538 424**	**3 297 703**
煤炭开采和洗选业	24	43 447 720	168 226	144 326	23 900
农副食品加工业	46	12 364 195	302 143	301 143	1 000
食品制造业	20	7 530 648	190 665	190 665	
饮料制造业	23	21 214 995	152 417	152 417	
烟草制品业	1	311 000	18 811	18 811	
纺织业	21	13 069 180	87 093	83 393	3 700
皮革、毛皮、羽毛(绒)及其制品业	5	1 256 285	119 350	119 350	
木材加工及木、竹、藤、棕、草制品业	19	245 717	371 919	348 551	23 368
造纸及纸制品业	15	8 831 000	43 728	39 566	4 162
印刷业和记录媒介的复制	3	52 912			
文教体育用品制造业					
石油加工、炼焦及核燃料加工业	8	1 781 096	1 668 323	1 668 323	
化学原料和化学制品制造业	54	10 524 000	1 200 615	663 513	537 102
医药制造业	28	3 993 132	93 387	93 387	
橡胶制品业	2	346 400	37 690	30 000	7 690
塑料制品业	3	31 850	21 047		21 047
非金属矿物制品业	141	858 113	7 196 276	5 058 318	2 137 958
黑色金属冶炼和压延加工业	27	969 527	15 585 343	15 585 343	
有色金属冶炼和压延加工业	12	2 052 207	1 031 399	1 028 469	2 930
金属制品业	33	2 177 391	174 754	158 517	16 237
通用设备制造业	17	1 053 877	25 431	17 560	7 871
专用设备制造业	19	673 051	419 830	7 230	412 600
电气机械和器材制造业	22	386 415	511 119	434 456	76 663
通信设备、计算机及其他电子设备制造业	2	41 466	1 614	1 614	
废弃资源和废旧材料回收加工业	2	3 352	7 279		7 279
电力、热力的生产和供应业	28	3 115 486	22 347 576	22 347 576	
燃气生产和供应业					
其它行业	14	1 588 329	60 094	45 896	14 197

11-9 续表 1 （2013 年）

指 标 名 称	二氧化硫去除量（吨）	二氧化硫排放量（吨）	烟尘去除量（吨）	烟尘排放量（吨）	工业粉尘去除量（吨）	工业粉尘排放量（吨）
总 计	**311 000**	**123 676**	**6 475 233**	**45 429**	**429 703**	**3 468**
煤炭开采和洗选业		893	1 658	239	1 100	110
农副食品加工业	3	655	913	299		3
食品制造业	1 013	1 013	769	101		
饮料制造业		860	536	109		
烟草制品业		75	50	4		
纺织业	56	845	497	165		
皮革、毛皮、羽毛（绒）及其制品业	70	122	335	177		
木材加工及木、竹、藤、棕、草制品业		629	4 019	877	62	143
造纸及纸制品业	86	518	1 061	118	30	40
印刷业和记录媒介的复制						
文教体育用品制造业						
石油加工、炼焦及核燃料加工业	4 375	8 559	70 025	2 448		
化学原料和化学制品制造业	273	3 763	39 072	741	101	43
医药制造业		768	444	241		
橡胶制品业	152	228	391	48	3 124	16
塑料制品业					88	10
非金属矿物制品业	2221	10 746	1 121 816	6 552	422 547	3 010
黑色金属冶炼和压延加工业		13 707	428 787	11 592		
有色金属冶炼和压延加工业	131	1 056	11 576	3 853	4	
金属制品业		243	1 392	624	13	6
通用设备制造业		101	74	520	38	6
专用设备制造业		13	1 871	25	2 584	74
电气机械和器材制造业		234	345	81		
通信设备、计算机及其他电子设备制造业		14		10		
废弃资源和废旧材料回收加工业					2	
电力、热力的生产和供应业	302 622	78 580	4 789 383	16 557		
燃气生产和供应业						
其它行业		55	220	47	10	8

11-9 续表 2

（2013 年）

指 标 名 称	工业固体废物产生量(吨)	工业固体废物综合利用量(吨)	工业固体废物综合利用(%)	工业固体废物贮存量(吨)	工业固体废物处置量(吨)
总 计	**15 022 315**	**14 843 904**	**99**	**56 809**	**121 602**
煤炭开采和洗选业	3 334 833	3 334 833	100		
农副食品加工业	10 271	10 271	100		
食品制造业	21 995	21 995	100		
饮料制造业	148 007	148 006	100		1
烟草制品业	8 585	8 585	100		
纺织业	8 184	8 074	99		110
皮革、毛皮、羽毛(绒)及其制品业	4 702	4 651	99	51	
木材加工及木、竹、藤、棕、草制品业	7 175	7 175	100		
造纸及纸制品业	22 100	22 100	100		
印刷业和记录媒介的复制	8	6	71		2
文教体育用品制造业					
石油加工、炼焦及核燃料加工业	1 484	1 484	100		
化学原料和化学制品制造业	155 712	138 123	89	113	17 476
医药制造业	9 943	9 885	99		59
橡胶制品业	14 282	14 280	100	2	
塑料制品业					
非金属矿物制品业	155 577	155 576	100		1
黑色金属冶炼和压延加工业	1 882 380	1 882 377	100		2
有色金属冶炼和压延加工业	5 495	2 820	51	2 675	1
金属制品业	144 911	135 239	93	97	9 575
通用设备制造业	4 643	4 444	96	58	141
专用设备制造业	3 356	2 787	83	13	557
电气机械和器材制造业	4 909	4 445	91	103	362
通信设备、计算机及其他电子设备制造业	361	361	100		
废弃资源和废旧材料回收加工业	49				49
电力、热力的生产和供应业	9 045 834	8 899 408	98	53 697	92 729
燃气生产和供应业					
其它行业	27 518	26 979	98		539

主要统计指标解释

自来水综合生产能力 指年底城建部门管理的自来水厂和各单位自备水源的取水、净化、送水、出厂输水干管等环节的实际生产能力。

全年供水总量 指公用自来水厂和社会单位自备水源全年的供水总量,包括有效供水量及损失水量。

城市人口用水普及率 指城市市区用水的非农业人口数(不包括临时人口和流动人口)与市区非农业人口总数之比。

煤气供气总量 指城市煤气企业向城市生产用户、生活用户和其他用户供应全部煤气量。包括外购煤气量的损失量。

城市气化率 指使用煤气(包括人工煤气、液化石油气)的市区非农业人口数(不包括临时人口和流动人口)与市区非农业人口总数之比。

年末实有铺装道路长度 指除土路外,路面经过铺装宽度在 3.5 米以上的道路,包括高级、次高级道路和普通道路。

营运标准车台 是指营运车数按标台换算系数折合的标准车台总数。用以综合反映公交企业的运输能力。标准车台是以每辆车长度 10 米为一标准台,如营运车长 8.7 米,折合 0.87 标台,营运车长 14 米,折合 1.4 标台。计算方法:

$$\text{标准车台(标　台)}=\frac{\text{各类营运车辆长度之和(米)}}{\text{标台换算系数(10 米)}}$$

营运车数 是指经上级主管机关核准,可参加营运的全部车辆数。包括技术完好的、在修的、待修的、长期停驶的,以及拟报废尚未经上级主管机关批准的。但不包括非营运车辆,如架线车、货车、油灌车、工程车及其他专用车辆和借入的运客车辆。

营运线路长度 是指固定的营运线路长度,包括郊区营运线路长度,不包括临时行驾的线路长度。营运线路长度应以营运线路的起点站至终点站往返路程的二分之一长度计算。

公共绿地 指供游览休息的各种公园(包括植物园、陵园、游乐园和风景名胜公园等)、动物园、广场绿地、河(湖)滨绿地和宽在八米以上设置有行人休息设施的林荫道绿地等。

建成区绿化覆盖率 反映建成区的绿化覆盖情况,其计算方法:

$$\text{建成区绿化覆盖率}(\%)=\frac{\text{建成区园林绿化面积}+\text{建成区道路绿化面积}}{\text{建成区面积}}\times 100\%$$

工业废水排放总量 指经过工业企业厂区所有排放口排到企业外部的工业废水量。包括外排的直接冷却水、超标排放的矿井地下水和与工业废水混排的厂区生活污水,不包括外排的间接冷却水(清污不分流的间接冷却水应计算在内)。

工业废气排放总量 指工业企业厂区内燃料燃烧和生产工艺过程中排放的各种废气总量。以标准状态下(0℃,101325Pa)每年万标立方米表示(每小时排放量的算术平均值×年排放小时数)。

工业烟尘排放量 指工业企业在厂区内的燃料燃烧过程中排入环境的烟尘量。

工业粉尘排放量 指工业企业在生产工艺过程中排放的固体微粒总重量。如钢铁企业的耐火材料粉尘,焦化企业的筛焦系统粉尘、烧结机的粉尘,石灰窑的粉尘、建材企业的水泥粉尘等。不包括电厂排入大气的烟尘。

第12部分 农林牧渔业

AGRICULTURE, FORESTRY, ANIMAL HUSBANDRY AND FISHERY

版面负责人：郭绍林

编　　辑：蒋雪琳　刘　畅

中华人民共和国统计法

（1983年12月8日第六届全国人民代表大会常务委员会第三次会议通过，根据1996年5月15日第八届全国人民代表大会常务委员会第十九次会议《关于修改〈中华人民共和国统计法〉的决定》修正，2009年6月27日第十一届全国人民代表大会常务委员会第九次会议修订。）

第一章　总　则

第六条 统计机构和统计人员依照本法规定独立行使统计调查、统计报告、统计监督的职权，不受侵犯。

地方各级人民政府、政府统计机构和有关部门以及各单位的负责人，不得自行修改统计机构和统计人员依法搜集、整理的统计资料，不得以任何方式要求统计机构、统计人员及其他机构、人员伪造、篡改统计资料，不得对依法履行职责或者拒绝、抵制统计违法行为的统计人员打击报复。

第七条 国家机关、企业事业单位和其他组织以及个体工商户和个人等统计调查对象，必须依照本法和国家有关规定，真实、准确、完整、及时地提供统计调查所需的资料，不得提供不真实或者不完整的统计资料，不得迟报、拒报统计资料。

第八条 统计工作应当接受社会公众的监督。任何单位和个人有权检举统计中弄虚作假等违法行为。对检举有功的单位和个人应当给予表彰和奖励。

第九条 统计机构和统计人员对在统计工作中知悉的国家秘密、商业秘密和个人信息，应当予以保密。

第十条 任何单位和个人不得利用虚假统计资料骗取荣誉称号、物质利益或者职务晋升。

编辑：李　广

12-1 主要年份农村基层组织情况

指 标	1985	1990	1995	2000	2005	2009	2010	2011	2012	2013
农村组织情况 （个）										
乡个数	173	147	128							
镇个数（含城乡镇）	9	35	55	107	114	113	113	113	113	102
村委会个数	3 543	3 517	3 511	3 493	2 364	2 207	2 166	2 081	2 081	2 028
村民小组个数	26 723	27 041	27 028	26 793	22 033	21 646	21 716	21 015	20 896	20 155
乡村户数、人口										
乡村户数 （万户）	135.83	204.39	170.02	174.45	178.83	184.68	187.25	186.51	181.23	179.53
乡村人口 （万人）	595.82	656.06	674.08	680.81	690.39	698.81	703.90	702.40	685.59	679.99
乡村从业人员 （万人）	**271.99**	**321.78**	**330.58**	**335.71**	**348.00**	**358.75**	**366.23**	**365.05**	**356.67**	**361.44**
按性别分										
男性	143.32	169.35	170.48	173.80	182.87	190.33	196.59	196.29	191.70	192.60
女性	128.67	152.43	160.10	161.91	165.13	168.42	169.64	168.76	164.99	168.84
按行业分										
农林牧渔业	220.26	247.48	239.66	233.14	180.78	159.18	159.67	149.58	144.50	140.10
# 农业	203.74	227.10	213.35	207.14	163.24	140.79	140.59	130.09	119.12	113.15
工业	19.75	27.03	31.52	30.05	56.71	83.11	89.34	93.95	93.40	99.77
建筑业	13.04	19.38	24.65	27.32	35.32	43.24	46.21	48.16	48.73	50.74
交通运输、仓储业和邮电业	4.38	6.68	8.77	9.31	10.41	13.21	14.17	14.63	14.61	14.62
批发与零售业	4.41	6.89	7.65	11.90	13.72	17.33	18.80	20.68	21.16	21.59
金融、保险业		0.16	0.22	0.18	0.47	0.88	1.01	1.10	1.17	1.17
房地产、社会服务业	0.46	0.44	0.63	0.85	1.19	1.16	1.21	1.61	1.74	1.80
卫生、体育和社会福利业	1.06	1.09	1.18	1.32	1.41	1.68	1.74	1.80	1.86	1.90
教育、文化艺术和广播电视事业	2.43	2.61	2.39	2.50	2.11	2.57	2.74	2.89	2.95	2.96
科学研究和综合技术服务事业	0.12	0.20	0.17	0.15	0.24	0.37	0.42	0.45	0.49	0.46
乡经济组织管理业	0.46		1.49	1.47	1.27	0.80	0.84	0.83	0.84	0.89
其他非农业行业	5.62	9.82	12.25	17.52	44.37	35.22	30.08	29.37	25.22	14.19
# 外出合同工、临时工	2.03	3.90	6.81	9.54						

12-2 主要年份耕地面积

单位：千公顷

年 份	年末实有耕地面积	水田	旱地	年内减少	# 国家基建占地	人均占有耕地(亩/人) 按乡村人口计算	人均占有耕地(亩/人) 按农林牧渔业劳动力计算
1949	836.89					3.68	
1952	859.85					3.56	
1957	834.76			25.09		3.12	
1962	701.87			23.06		2.56	
1965	678.81			5.90		2.34	
1970	672.84			5.95		1.99	
1975	651.79			21.05		1.78	
1978	642.93			9.24		1.69	
1979	640.61			1.87		1.68	
1980	637.80			2.88		1.66	
1981	635.89			1.65		1.63	
1982	634.57			2.33		1.60	
1983	633.74			0.34		1.58	4.41
1984	632.69			0.66		1.57	4.35
1985	630.46			2.82		1.56	4.29
1986	626.84	143.02	483.82	3.06	2.10	1.54	4.21
1987	625.33	150.71	474.62	1.50	1.08	1.52	4.19
1988	623.13	145.97	477.16	2.20	1.49	1.50	4.16
1989	621.90	153.86	468.04	1.23	1.13	1.48	3.99
1990	619.58	170.25	449.33	2.32	1.88	1.39	3.75
1991	617.73	184.04	433.69	1.88	1.10	1.37	3.69
1992	613.77	191.94	421.83	4.01	3.07	1.36	3.58
1993	611.15	161.03	450.12	2.62	1.24	1.35	3.73
1994	608.12	156.38	451.74	3.12	1.34	1.34	3.71
1995	604.63	161.10	442.23	4.79	1.31	1.33	3.78
1996	602.65	170.39	432.26	2.16	0.96	1.32	3.81
1997	615.40	186.44	428.96	1.17	0.85	1.35	3.87
1998	616.07	191.99	424.08	1.38	0.52	1.36	3.85
1999	615.52	213.85	401.67	1.54	1.03	1.36	3.95
2000	611.77	200.59	411.18	3.81	0.59	1.35	3.94
2001	609.69	195.31	414.38	2.72	1.63	1.33	4.01
2002	609.51	185.33	424.18	1.05	0.43	1.33	4.27
2003	609.00	205.05	403.95	3.35	0.63	1.33	4.70
2004	606.65	205.04	401.61	2.53	1.55	1.32	4.84
2005	599.64	207.82	124.97	1.87	1.39	1.30	4.98
2006	596.21	214.34	132.51	3.47	2.30	1.29	5.10
2007	594.78	210.18	135.90	2.62	1.78	1.28	5.40
2008	590.58	199.64	140.02	5.29	3.85	1.27	5.51
2009	589.90	197.55	157.75	2.17	1.03	1.27	5.56
2010	610.73	190.53	410.73	2.02		1.25	5.50
2011	610.48	190.07	411.00	2.01		1.30	6.12
2012	609.48	189.56	410.54			1.33	6.33

注：2005 年及以后旱地不再统计，改为水浇地。

12-3 主要年份农林牧渔业总产值

（1990 年不变价格） 单位：万元

年份	农林牧渔业总产值	农业	#种植业	林业	牧业	渔业	农林牧渔服务业
1949	80 236	65 097	61 773	2 218	12 040	881	
1952	95 905	78 558	74 838	3 212	12 971	1 164	
1957	102 414	78 186	74 224	4 835	18 055	1 338	
1962	96 791	72 700	69 868	3 662	19 008	1 421	
1965	125 348	92 907	90 004	8 997	21 106	2 338	
1970	158 029	118 837	105 566	4 644	32 891	1 657	
1975	228 677	178 457	172 547	10 942	37 175	2 103	
1978	248 804	191 076	187 732	14 128	40 533	3 067	
1979	288 101	223 399	212 121	16 178	45 551	2 973	
1980	308 986	243 256	238 217	13 413	48 123	4 194	
1981	329 627	262 760	257 207	10 473	51 967	4 427	
1982	373 565	289 122	283 967	12 941	66 584	4 918	
1983	432 382	344 386	335 209	13 184	69 111	5 701	
1984	503 683	388 672	375 586	14 530	94 357	6 124	
1985	509 617	366 471	354 254	15 818	119 353	7 975	
1986	539 701	388 306	373 140	14 658	125 615	11 122	
1987	558 965	395 672	378 105	15 192	135 192	12 909	
1988	575 531	383 071	361 932	14 627	163 882	13 951	
1989	584 300	388 451	359 628	15 261	165 123	15 465	
1990	617 106	388 974	360 044	14 882	196 316	16 934	
1991	653 321	407 091	384 372	11 738	215 982	18 510	
1992	714 847	435 995	401 506	13 686	244 515	20 651	
1993	796 478	453 399	413 499	21 894	295 714	25 471	
1994	871 817	482 183	441 390	22 290	337 104	30 240	
1995	1 027 284	555 518	500 806	29 108	401 517	41 141	
1996	1 137 525	605 564	548 022	28 439	459 140	44 382	
1997	1 034 702	659 292	593 339	28 712	300 797	45 901	
1998	1 102 308	688 264	621 433	29 955	331 947	52 142	
1999	1 173 788	724 032	652 241	32 957	359 148	57 651	
2000	1 231 562	754 514	676 985	33 273	379 129	64 646	
2001	1 314 282	804 945	738 517	35 204	405 637	68 496	
2002	1 394 896	862 345	795 933	36 692	423 099	72 760	
2003	1 355 438	730 532	730 532	39 101	455 613	72 950	57 242
2004	1 480 373	868 038	868 038	40 318	468 235	76 990	26 792
2005	1 539 166	878 862	878 862	42 879	499 465	84 986	32 974
2006	1 610 241	936 506	936 506	44 729	477 791	115 570	35 645
2007	1 698 325	988 077	988 077	46 628	499 172	120 259	44 189
2008	3 895 663	2 497 899	2 497 899	103 246	1 002 939	198 293	93 286
2009	4 477 204	2 692 058	2 682 058	104 233	1 353 905	237 703	89 305
2010	4 880 467	2 985 417	2 985 417	100 854	1 444 364	245 403	104 429
2011	5 427 137	3 353 732	3 303 831	103 234	1 584 936	253 732	131 503
2012	6 555 759	4 002 254	3 962 885	121 019	2 002 001	278 990	151 495
2013	7 344 227	4 505 961	4 505 961	131 303	2 220 046	309 595	177 322

注：2008 年及以后为可比价计算口径，与往年不可比。

12-4 农林牧渔业分项产值

（2013年） 单位:万元

指　　标	总产值（当年价格）	构　成（%）
农林牧渔业总产值	**8 029 428**	**100.0**
农业总产值	**4 956 557**	**61.7**
种植业产值	4 956 557	61.7
#粮食	1 144 873	14.3
油料	66 653	0.8
棉花	129 595	1.6
麻类	62	…
糖料		
其他农作物	323	…
蔬菜园艺作物	3 090 509	38.5
茶、桑、水果	524 240	6.5
药材	302	…
林业产值	**141 807**	**1.8**
林木培养和种植	64 463	0.8
竹木采运	69 717	0.9
#村及村以下竹木采伐	17 195	0.2
林产品	7 627	0.1
牧业产值	**2 397 650**	**29.9**
牲畜	1 221 604	15.2
#牛	38 465	0.5
羊	222 316	2.8
猪	881 652	11.0
家禽的饲养	1 065 616	13.3
捕猎		
其他动物产品	110 430	1.4
渔业产值	**331 267**	**4.1**
#淡水产品	331 267	4.1
农林牧渔服务业产值	**202 147**	**2.5**

12-5 主要年份农林牧渔业总产值、中间消耗及增加值

（当年价格）

单位：万元

指　　标	1990	1995	2000	2005	2010	2011	2012	2013
农林牧渔业总产值	**648 481**	**1 909 331**	**2 258 028**	**3 330 682**	**5 147 300**	**6 183 392**	**7 125 529**	**8 029 428**
农业产值	421 660	1 133 427	1 483 459	2 087 542	3 224 250	3 769 595	4 382 468	4 956 557
林业产值	14 643	45 823	58 415	88 590	102 871	111 080	125 860	141 807
牧业产值	194 679	669 430	588 828	905 295	1 458 808	1 901 923	2 162 161	2 397 650
渔业产值	17 499	60 651	127 326	181 405	252 765	263 374	292 940	331 267
农林牧渔服务业				67 850	108 606	137 420	162 100	202 147
农林牧渔业中间消耗	**265 505**	**899 941**	**1 072 317**	**1 631 111**	**2 391 135**	**2 838 032**	**3 300 972**	**3 705 600**
农业中间消耗	139 355	408 638	606 074	869 347	1 301 285	1 467 069	1 752 440	1 977 860
林业中间消耗	5 703	15 207	21 485	35 128	53 493	43 248	49 794	56 040
牧业中间消耗	116 534	443 072	386 418	609 154	875 858	1 175 643	1 329 944	1 475 334
渔业中间消耗	3 913	33 024	58 340	90 200	120 315	106 388	114 005	129 207
农林牧渔服务业				27 282	40 184	45 684	53 889	67 159
农林牧渔业增加值	**372 976**	**1 009 390**	**1 185 711**	**1 699 571**	**2 756 165**	**3 345 360**	**3 824 557**	**4 323 828**
农业增加值	271 509	724 789	877 385	1 218 195	1 922 965	2 302 526	2 630 028	2 978 697
林业增加值	8 939	30 616	36 930	53 462	49 378	67 832	76 066	85 767
牧业增加值	78 145	226 358	202 410	296 141	582 950	726 280	832 217	922 316
渔业增加值	14 383	27 627	68 986	91 205	132 450	156 986	178 035	202 060
农林牧渔服务业				40 568	68 422	91 736	108 211	134 988

注：2003 年及以后农林牧渔业总产值、中间消耗、增加值含农林牧渔服务业（下同）。

12-6 主要年份农林牧渔业总产值、中间消耗及增加值构成

（当年价格）

单位：%

指　　标	1990	1995	2000	2005	2009	2010	2011	2012	2013
农林牧渔业总产值	**100.0**	**100.0**	**100.0**	**100.0**	**100.0**	**100.0**	**100.0**	**100.0**	**100.0**
农业产值	65.0	59.4	65.7	62.7	62.4	62.6	61.0	61.5	61.7
林业产值	2.3	2.4	2.6	2.7	2.2	2.0	1.8	1.8	1.7
牧业产值	30.0	35.0	26.1	27.2	28.1	28.3	30.8	30.3	30.0
渔业产值	2.7	3.2	5.6	5.4	5.3	5.0	4.3	4.1	4.1
农林牧渔服务业				2.0	2.0	2.1	2.2	2.3	2.5
农林牧渔业中间消耗	**100.0**	**100.0**	**100.0**	**100.0**	**100.0**	**100.0**	**100.0**	**100.0**	**100.0**
农业中间消耗	52.5	45.4	56.5	53.3	53.6	54.4	51.7	53.1	53.4
林业中间消耗	2.1	1.7	2.0	2.2	2.5	2.2	1.5	1.5	1.5
牧业中间消耗	43.9	49.2	36.0	37.3	36.7	36.6	41.4	40.3	39.8
渔业中间消耗	1.5	3.7	5.5	5.5	5.6	5.1	3.7	3.5	3.5
农林牧渔服务业				1.7	1.6	1.7	1.6	1.6	1.8
农林牧渔业增加值	**100.0**	**100.0**	**100.0**	**100.0**	**100.0**	**100.0**	**100.0**	**100.0**	**100.0**
农业增加值	72.8	71.8	74.0	71.7	69.6	69.8	68.8	68.8	68.9
林业增加值	2.4	3.0	3.1	3.1	1.9	1.8	2.0	2.0	2.0
牧业增加值	21.0	22.4	17.1	17.4	21.0	21.1	21.7	21.8	21.3
渔业增加值	3.8	2.8	5.8	5.4	5.2	4.8	4.7	4.7	4.7
农林牧渔服务业				2.4	2.3	2.5	2.7	2.8	3.1

12–7 主要年份农作物播种面积

单位:千公顷

年 份	总播种面 积	粮食作物		在粮食作物播种面积中				
		播种面积	占总播种面积(%)	小麦	稻谷	薯类	玉米	大豆
1957	1 177.89	908.19	77.1	430.05	16.85	102.38	73.84	262.07
1962	950.53	738.01	77.6	328.84	4.69	157.03	56.30	182.15
1965	948.59	678.22	71.5	259.94	22.67	139.35	46.67	146.59
1970	901.52	701.41	77.8	315.96	63.93	126.21	45.11	129.20
1975	947.18	713.49	75.3	309.46	58.41	119.87	39.87	130.48
1978	951.43	705.09	74.1	296.74	79.95	147.32	78.10	90.07
1979	968.45	729.18	75.3	318.46	125.48	113.87	47.08	71.39
1980	942.88	729.57	77.4	306.49	179.40	102.33	46.32	83.03
1981	979.52	814.85	83.2	298.89	168.43	92.35	41.24	76.57
1982	969.44	831.59	85.8	365.49	127.95	76.38	118.47	65.49
1983	984.09	852.18	86.6	388.61	133.06	89.93	137.95	86.32
1984	1 014.64	872.44	86.0	417.20	150.06	77.11	136.81	74.39
1985	1 029.63	855.12	83.1	412.26	141.52	62.80	157.29	68.23
1986	1 037.58	873.57	84.2	417.35	137.65	60.62	172.19	72.44
1987	1 045.15	874.63	83.7	419.93	132.73	58.12	186.04	66.87
1988	1 023.02	845.62	82.7	414.33	134.01	56.93	163.01	56.63
1989	1 023.21	867.63	84.8	423.58	141.54	51.87	186.99	52.18
1990	988.39	850.59	86.1	427.27	157.77	47.15	174.55	34.87
1991	1 021.19	859.15	84.1	427.42	181.57	41.77	171.87	27.43
1992	1 022.63	848.47	83.0	424.84	187.59	36.48	163.96	27.41
1993	1 002.96	808.94	80.7	403.64	147.43	35.62	175.00	39.78
1994	988.14	768.44	77.8	378.34	141.85	30.96	168.50	39.72
1995	967.3	743.12	76.8	372.20	151.26	29.84	150.25	30.29
1996	967.11	744.03	77.0	370.00	164.40	31.91	139.52	29.53
1997	982.83	753.81	76.7	370.71	178.09	27.76	133.48	35.18
1998	1 014.34	745.58	73.5	360.92	185.69	25.10	136.21	31.93
1999	990.28	686.62	69.3	326.16	203.25	21.95	105.35	21.74
2000	990.73	587.54	59.3	276.33	158.30	21.67	87.70	35.09
2001	999.24	536.91	53.7	256.38	140.67	18.51	83.51	30.91
2002	1 001.78	512.26	51.1	240.85	134.71	18.36	82.19	28.91
2003	985.81	465.79	47.2	212.58	115.87	18.09	83.32	28.75
2004	1 001.27	539.29	53.9	238.34	161.72	14.90	89.53	28.98
2005	1 024.73	576.99	56.3	260.21	177.69	10.76	90.16	31.63
2006	1 015.26	613.22	60.4	279.82	184.78	8.92	101.92	32.77
2007	1 040.39	672.42	64.6	311.13	184.67	6.90	133.98	33.73
2008	1 010.10	666.84	66.2	307.82	185.77	6.29	127.55	37.57
2009	1 056.60	689.28	65.2	319.96	185.76	5.04	135.32	41.12
2010	1 099.09	714.05	65.0	340.15	184.93	4.33	143.51	39.23
2011	1 110.29	727.26	65.5	341.71	188.68	3.92	152.40	38.28
2012	1 124.62	730.53	65.0	346.98	189.69	3.59	152.03	37.16
2013	1 126.58	729.75	64.8	346.24	190.07	4.85	153.14	34.33

12-7 续表

单位：千公顷

年 份	经济作物		在经济作物播种面积中				其 它 作 物	
	播种面积	占总播种面积(%)	棉花	油菜籽	花生	甜菜		#蔬菜
1957	210.40	17.9	49.93	0.87	25.17		9.30	1.48
1962	200.32	21.3	29.04	0.29	14.23		10.20	3.94
1965	256.34	27.0	42.17		26.67		14.03	11.04
1970	182.27	20.2	52.05		8.75		17.84	13.45
1975	214.48	22.6	54.84	0.92	10.43		19.21	
1978	225.31	23.7	48.48	1.90	9.30		21.03	17.92
1979	217.95	22.5	54.65	2.01	10.57		20.87	14.80
1980	194.84	20.7	47.95	6.01	16.93		18.47	14.59
1981	165.47	16.9	59.48	7.81	13.62		23.59	17.25
1982	137.85	14.2	65.43	6.81	10.37		25.47	20.18
1983	104.08	10.6	69.17	14.59	14.31		27.83	18.02
1984	114.72	11.3	83.67	9.81	13.49		27.48	20.93
1985	137.25	13.3	77.32	23.02	24.26	0.33	37.26	28.17
1986	118.57	11.4	57.81	30.76	22.31		45.44	33.75
1987	123.99	11.9	68.53	30.92	18.62		46.53	35.01
1988	125.32	12.3	90.30	11.62	16.79		52.08	39.40
1989	100.59	9.8	64.83	9.37	16.08		54.99	43.78
1990	87.19	8.8	61.68	4.65	13.91		50.61	42.47
1991	114.15	11.2	77.80	9.83	15.55	0.40	47.89	39.99
1992	119.50	11.7	80.62	6.76	17.18		54.99	44.93
1993	90.45	9.0	57.68	5.46	21.14		103.57	73.81
1994	100.31	10.2	60.97	9.82	25.63	0.57	119.39	99.11
1995	95.85	9.9	62.15	7.10	23.81	0.17	128.33	113.38
1996	71.23	7.4	43.65	4.98	19.50	0.71	151.84	134.73
1997	67.17	6.8	37.54	3.35	21.64	0.08	161.85	138.68
1998	68.40	6.7	35.85	2.90	27.82	0.21	200.36	165.70
1999	68.55	6.9	23.48	2.90	38.33	0.05	235.11	215.05
2000	106.46	10.7	42.78	6.19	53.68	0.06	296.73	244.94
2001	131.18	13.1	61.51	7.54	57.26	0.20	331.15	299.16
2002	120.46	12.0	54.30	9.12	53.49	0.08	369.06	326.41
2003	141.16	14.3	72.23	9.96	50.83		370.85	338.12
2004	154.29	15.4	70.17	8.19	32.03	0.07	307.69	301.98
2005	133.26	13.0	53.33	8.83	43.75		314.48	310.97
2006	111.05	10.9	46.19	7.77	34.06		290.99	288.24
2007	74.30	7.1	40.89	5.43	27.98		293.67	270.63
2008	87.10	8.6	36.15	4.41	25.88		276.58	254.58
2009	84.72	8.0	30.45	5.41	27.76		282.08	280.08
2010	83.81	7.6	30.20	4.61	26.55		301.23	293.30
2011	81.00	7.3	29.40	3.62	25.22		302.03	297.20
2012	83.24	7.9	28.54	3.15	23.96		310.85	304.97
2013	80.45	7.1	25.68	2.52	22.92		316.38	310.67

12-8 农作物播种面积和产量

指 标	2012			2013		
	播种面积（千公顷）	每公顷产量（公斤）	总产量（吨）	播种面积（千公顷）	每公顷产量（公斤）	总产量（吨）
农作物总播种面积	**1 124.64**			**1 126.58**		
粮食	730.55	6 457	4 717 259	729.75	6 182	4 511 339
夏收粮食	347.69	5 992	2 083 389	347.09	5 548	1 925 539
夏收谷物	347.43	5 995	2 082 803	346.73	5 551	1 924 711
# 小麦	346.98	5 996	2 080 551	346.24	5 552	1 922 409
大麦	0.45	5 004	2 252	0.49	4 698	2 302
夏收豆类	0.26	2 254	586	0.36	2 300	828
秋收粮食	382.86	6 879	2 633 870	382.66	6 757	2 585 800
秋收谷物	341.72	7 367	2 517 604	343.21	7 192	2 468 230
# 稻谷	189.69	8 449	1 602 658	190.07	8 280	1 573 722
# 籼稻	65.56	8 342	546 910	62.89	8 305	522 295
玉米	152.03	6 018	914 946	153.14	5 841	894 508
秋收豆类	37.55	2 388	89 680	34.60	2 338	80 897
# 大豆	37.16	2 383	88 549	34.33	2 338	80 266
秋收薯类	3.59	7 406	26 586	4.85	7 561	36 673
棉花	28.54	1 286	36 709	25.68	1 413	36 291
油料	27.14	3 917	106 312	25.47	3 909	99 557
# 花生	23.96	4 122	98 754	22.92	4 111	94 234
油菜籽	3.15	2 391	7 531	2.52	2 102	5 296
药材类						
蔬菜瓜类	332.33	35 234	11 709 410	339.76	36 859	12 523 133
# 蔬菜（含菜用瓜）	304.97	35 263	10 754 117	310.67	36 758	11 419 483
瓜类（果用瓜）	27.36	34 916	955 293	29.09	37 939	1 103 650
其它农作物				5.71		

12-9　主要年份主要农产品产量

年　份	粮　食（万吨）	棉　花（万吨）	油　料（万吨）	蚕　茧（吨）	水　果（万吨）	大牲畜年末数（万头）	生猪存栏（万头）	猪牛羊肉（万吨）	水产品（万吨）
1949	74.66	0.20	1.95	70	1.01	32.71	22.19	0.51	0.29
1952	97.42	0.40	2.52	90	1.25	38.80	25.85	0.50	0.37
1957	84.23	0.75	1.62	245	1.01	39.63	46.65	1.60	0.34
1962	76.21	0.39	0.78	110	0.50	29.56	47.66	1.36	0.34
1965	90.95	0.95	1.82	320	0.75	32.12	68.92	2.17	0.49
1970	124.85	2.97	1.05	255	1.48	38.21	80.08	2.38	0.17
1975	174.66	3.41	1.21	485	2.37	35.28	129.15	4.77	0.52
1978	206.15	2.47	1.59	525	2.62	31.47	149.25	5.18	0.72
1979	235.53	2.00	2.07	705	3.93	30.09	148.45	6.15	1.03
1980	249.94	4.46	3.14	885	3.74	28.20	144.07	7.18	1.20
1981	275.10	4.32	5.04	915	4.67	27.52	144.07	7.80	1.18
1982	293.46	5.69	7.54	990	4.66	26.32	146.64	10.20	0.99
1983	367.85	7.32	5.68	1 175	5.84	26.54	152.79	8.50	1.04
1984	405.71	9.32	5.09	1 675	5.93	24.38	149.46	10.24	1.18
1985	379.70	7.05	10.48	2 030	5.77	23.59	189.96	12.90	1.77
1986	410.34	6.24	10.63	2 715	7.76	25.58	189.36	13.11	2.44
1987	403.42	7.48	10.60	3 135	7.56	27.18	180.57	14.67	3.01
1988	370.10	8.84	4.81	3 784	12.83	29.53	158.27	16.08	3.16
1989	404.40	4.69	4.99	5 258	11.28	30.98	163.39	16.78	3.37
1990	399.00	5.57	4.77	6 022	14.13	32.06	170.36	18.73	3.70
1991	411.83	7.96	6.32	7 533	13.16	33.13	170.36	19.59	4.11
1992	418.87	5.45	5.52	11 838	16.61	36.15	172.42	21.11	4.62
1993	407.30	4.79	7.12	14 814	21.33	39.27	192.04	23.15	5.75
1994	378.99	4.23	9.33	22 410	24.03	43.36	203.01	26.14	6.92
1995	406.13	5.91	8.35	22 105	35.78	49.54	215.78	28.71	8.49
1996	423.01	4.94	6.38	14 424	49.15	53.30	216.89	36.17	9.80
1997	436.51	4.27	7.87	14 555	58.15	44.57	176.51	24.92	10.66
1998	386.00	3.92	9.55	14 230	66.27	24.50	209.82	26.79	12.02
1999	418.96	2.50	14.35	14 320	75.74	17.46	190.04	25.52	12.83
2000	319.50	5.08	20.28	15 176	81.91	17.92	201.07	27.51	13.52
2001	309.43	6.79	23.10	16 841	90.80	16.78	198.43	28.80	14.17
2002	297.55	6.34	22.23	16 560	92.93	19.10	206.02	28.60	14.57
2003	210.44	4.43	10.29	15 153	80.57	17.22	206.80	30.10	14.73
2004	319.02	8.37	19.91	14 788	90.46	17.73	207.35	31.79	15.57
2005	314.13	4.17	16.26	13 212	87.52	18.22	214.26	35.05	16.43
2006	357.87	4.92	14.63	14 270	93.99	18.55	180.57	32.41	17.26
2007	374.74	4.19	11.19	13 238	98.95	11.59	190.93	35.78	16.39
2008	389.34	4.17	10.70	9 966	104.58	16.07	220.49	31.90	16.65
2009	427.67	3.84	12.56	10 214	104.88	18.80	248.95	39.40	16.95
2010	440.20	3.23	12.11	6 805	106.31	20.99	293.19	46.58	17.04
2011	455.30	3.39	11.45	7 510	114.21	23.07	315.36	48.13	17.50
2012	471.73	3.67	10.63	6 941	118.77	21.50	313.49	52.97	18.14
2013	451.13	3.63	9.96	6 815	92.81	20.87	297.20	47.87	18.37

12-10 主要年份蚕桑、水果生产情况

单位：吨、公顷

指　　标	1978	1980	1985	1990	1995	2000	2005	2010	2011	2012	2013
蚕茧产量	**525**	**885**	**2 030**	**6 022**	**22 105**	**15 176**	**13 212**	**6 805**	**7 510**	**6 941**	**6 815**
水果产量	**26 210**	**37 355**	**576**	**141 335**	**357 761**	**819 139**	**875 179**	**1 063 147**	**1 142 072**	**1 187 667**	**928 102**
# 苹果	8 843	18 874	**545**	65 638	236 258	554 403	465 347	500 570	545 505	528 930	475 800
梨	11 339	10 512	33 035	21 662	35 992	131 368	184 550	229 087	234 411	231 911	130 690
葡萄			17 441	4 909	5 682	13 423	28 527	48 548	55 776	111 261	87 606
桃子	1 318	1 747		36 875	59 713	92 833	152 802	213 566	233 401	254 580	184 361
红枣			1 841	26	131	1 360	5 055	3 476	4 890	5 231	5 175
桑园面积	**1 307**	**1 467**		**11 100**	**43 333**	**13 667**	**13 307**	**7 734**	**7 733**	**7 733**	**7 734**
果园面积	**9 233**	**9 246**	**2 700**	**43 026**	**68 967**	**82 139**	**82 056**	**75 990**	**77 358**	**79 105**	**77 811**
# 苹果园		5 760	**12 700**	24 900	49 819	35 720	32 528	30 909	31 090	29 743	29 551
梨园			6 993		7 416	20 136	19 733	13 305	13 510	13 116	12 196
葡萄园					380	1 363	2 793	2 489	3 012	5 722	6 632

12-11 主要年份林业生产情况

单位：公顷

指　　标	1978	1980	1985	1990	1995	2000	2005	2010	2011	2012	2013
造林面积	4 847	3 747	7 787	3 353	5 590	4 300	7 450	5 999	6 375	4 950	6 001
# 用材林	3 453	2 006	4 620	2 240	2 218	1 893	2 346	1 459	105	326	177
经济林	993	313	2 800	466	3 354	2 387	2 538	1 003	1 294	698	1 920
防护林	401	1 428	367	620		20	2 566	3 538	4 805	3 924	3 898
林产品产量　（吨）											
板栗	23	650	380	465	1 678	2 203	3 096	2 690	2 017	2 090	1 608
白果	19	27	47	47	72	910	1 260	2 333	3 290	4 367	3 448
迹地更新面积			133	106	546	1 230	972	802	294	227	687
四旁植树　（万株）	4 734	4 208	3 108	1 776	1 538	1 493	1 790	2 202	1 007	1 005	1 317
林木种子采集量（吨）						80	80	350	380	955	510
本年育苗面积	2 800	1 777	2 180	940	921	931	2 578	3 818	6 356	6 546	6 193
幼林抚育实际面积	2 900	3 613	14 100	6 080	9 318	16 460	33 004	12 380	26 320	19 741	
成林抚育面积					7 789	24 456	36 500	47 275	36 981	60 066	
低产林改造面积					187		24		500	1 556	1 734
木材采伐量(万立方米)	5.05	11.55	13.79	21.42	53.00	41.68			39.50	50.47	26.53
年末实有林地面积	57 400	65 386	76 593	79 413	87 123	154 458					

12-12 主要年份畜牧业生产情况

指　　标	1978	1980	1985	1990	1995	2000	2005	2010	2012	2013
牲畜年末头数（万头）										
大牲畜	31.47	28.20	23.59	32.06	49.54	17.92	18.22	20.99	21.50	20.87
#役畜					26.60	7.43	2.59	3.84	3.43	3.18
#牛	21.00	18.12	11.27	17.17	33.70	8.82	15.34	17.54	18.69	18.28
马	3.88	4.67	3.03	1.70	1.68	0.63	0.21	0.20	0.15	0.13
驴	5.60	4.33	7.55	11.33	12.33	7.78	2.25	2.35	1.77	1.59
骡	0.99	1.08	1.74	1.86	1.83	0.69	0.42	0.90	0.90	0.87
猪	149.25	144.07	189.96	170.36	215.78	201.07	214.26	293.19	313.49	297.20
羊　（万只）	82.79	97.50	80.71	206.01	353.98	175.48	263.68	208.14	219.75	227.54
#山羊	39.14	51.43	59.08	179.66	326.05	163.38	267.24	202.60	211.78	218.91
兔　（万只）			89.01	109.12	444.22	655.83	667.16	1 056.77	1 068.06	1 077.86
家禽　（万只）	491.80	600.27	1 613.08	2 403.44	4 298.00	3 545.39	4 735.11	9 270.77	9 711.07	9 908.59
畜产品产量										
肉猪出栏头数（万头）	67.01	87.20	130.74	163.11	250.95	238.83	308.56	460.74	507.29	520.84
肉类总产量　（吨）			142 336	217 108	403 509	366 391	501 563	885 070	1 029 838	984 753
#猪肉	51 847	67 699	123 325	161 363	248 224	240 487	293 027	414 173	470 213	413 211
牛肉		351	1 715	9 243	2 747	10 958	15 656	8 864	9 801	10 878
羊肉		3 724	3 948	16 685	36 107	23 665	41 844	42 736	49 689	54 642
禽肉			11 421	25 876	67 770	67 528	113 626	340 256	430 435	436 513
兔肉			1 927	2 635	18 736	19 739	24 524	60 603	62 257	62 980
其他畜产品产量（吨）										
牛奶产量	3 814	4 996	6 997	9 889	20 821	59 035	183 851	266 981	267 755	259 218
羊奶产量										
绵羊毛产量	1 520	1 870	1 059	1 479	1 730	743	386	272 500	261 020	275 500
蜂蜜	121	156	283	1 035	335	120	289	556	312	320
禽蛋			71 541	148 806	325 152	354 001	422 021	486 249	563 150	579 238

12-13 主要年份水产品生产情况

指　　标	1978	1980	1985	1990	1995	2000	2005	2010	2011	2012	2013
水产品产量　（吨）	**7 160**	**11 969**	**17 745**	**36 897**	**84 928**	**135 168**	**164 298**	**170 395**	**175 043**	**181 430**	**183 651**
按生产性质分											
捕捞产量	1 825	3 051	4 523	9 574	18 409	19 061	25 140	16 306	16 901	17 280	17 080
养殖产量	5 335	8 918	13 222	27 323	66 519	116 107	139 158	154 089	158 142	164 150	166 571
按类别分											
鱼类	6 427	9 237	14 258	37 847	76 287	116 203	116 952	151 286	155 502	161 553	164 469
虾蟹类	39	52	41	72	177	14 967	19 665	15 240	15 489	15 816	15 173
贝类	746	836	926	1 587	2 972	2 957	629	1 974	2 009	2 028	2 010
其它	53	49	97	201	342	1 046	1 912	1 895	2 043	2 033	1 999
水产养殖面积（公顷）	**9 493**	**12 396**	**17 309**	**16 751**	**26 787**	**31 363**	**35 879**	**25 694**	**26 393**	**26 519**	**26 160**

12-14 主要年份农业现代化情况

单位：千公顷

指　标	1980	1985	1990	1995	2000	2005	2010	2011	2012	2013
农业机械化情况										
机耕面积	490.40	520.11	515.45	549.51	534.16	685.76	637.73	655.78	754.75	739.25
机播面种	100.00	212.00	325.98	277.65	253.76	401.28	413.29	461.78	560.57	624.32
# 机播小麦面积	161.38	198.74	325.55	254.22	231.76	282.30	275.05	278.96	303.21	309.33
机械开沟面积			206.56	206.08	159.38					
机械植保面积			227.29	522.48	575.64	683.64	625.67	652.29	695.03	706.15
机械收获面积		160.67	286.39	367.64	419.90	516.46	505.42	551.83	634.99	662.53
农村电气化情况										
农村用电量　（万千瓦小时）	29 675	75 513	185 943	163 273	297 446	462 664	502 295	585 975	595 964	633 787
农业化学化情况										
农用化肥施用量（折纯量）（吨）	250 379	314 738	440 900	567 001	671 296	696 985	703 405	688 432	671 312	649 564
# 氮肥	163 916	194 643	259 564	299 171	311 692	316 672	328 439	309 546	311 703	298 192
磷肥	60 658	94 386	98 522	114 582	122 556	104 933	104 733	101 153	96 300	92 160
钾肥	7 374	5 536	21 899	36 576	71 045	71 824	70 820	69 776	68 572	65 974
复合肥	18 430	17 502	60 916	116 672	166 003	203 556	199 413	207 957	194 737	193 238
每公顷耕地施用量　（公斤）	397	507	728	927	1 120	1 182	1 201			
农用塑料薄膜使用量　（吨）		7 343	6 948	8 583	9 057	12 150	12 934	12 690	13 153	13 256
农药使用量　（吨）		6 268	15 162	15 047	14 341	12 556	12 441	11 864	11 273	10 709
农田水利情况										
有效灌溉面积		443.28	444.67	461.12	495.45	480.08	491.98	510.00	512.44	
旱涝保收面积			360.51	395.89	348.12	420.70	428.00	421.00	427.44	
机电排灌面积			435.82	499.77	449.10	464.39	427.44	427.00	421.52	
机电井数　（眼）			39 916	40 654		35 764	35 850	36 248	36 952	
农村基础设施情况　（个）										
自来水受益村数			550	1 270	1 161	1 813	1 946	1 844	1 941	1 896
通汽车村数			3 006	3 453	2 360	2 201	2 151	2 081	2 081	2 028
通电话村数			2 228	3 493	2 364	2 207	2 166	2 081	2 081	

12-15 主要年份主要农业机械拥有量

（年底数）

指标		1980	1985	1990	1995	2000	2005	2010	2011	2012	2013
农业机械总动力	**（万千瓦）**	**186.19**	**253.03**	**205.11**	**374.66**	**437.73**	**547.63**	**563.71**	**591.70**	**615.15**	**626.68**
# 柴油机		118.13	160.85	134.87	295.07	350.53	469.94	483.25	504.26	520.09	529.28
电动机		56.71	79.51	62.09	76.34	83.01	71.97	6.68	87.42	81.39	82.09
主要农业机械											
大中型拖拉机	（台）	6 285	6 439	4 335	7 574	7 101	11 332	13 772	16 329	18 953	21 106
	（万千瓦）	22.57	23.97	16.43	25.43	25.39	44.51	57.28	70.79	83.13	96.30
小型拖拉机	（台）	86 025	117 000	86 976	143 011	156 367	279 005	274 908	268 170	255 309	239 484
	（万千瓦）	76.21	106.80	77.22	129.96	143.47	250.64	250.64	247.13	240.88	227.56
农用排灌动力机械	（台）	35 681	51 300	51 576	52 506	60 907	59 669	61 047	64 354	75 028	78 604
	（万千瓦）	42.77	54.37	53.79	60.91	70.15	66.23	67.61	69.45	77.84	80.69
# 柴油机	（台）	7 460	10 800	12 154	12 339	18 720	21 553	22 276	24 163	24 687	27 005
	（万千瓦）	7.74	10.80	11.84	11.80	19.18	19.96	20.71	21.02	21.49	23.96
电动机	（台）	28 221	40 500	39 422	40 167	42 116	38 116	38 771	40 191	44 741	45 995
	（万千瓦）	35.07	43.57	41.94	49.11	50.76	46.27	46.91	48.43	53.70	56.74
农用水泵	（台）	34 062	48 000	50 561	77 396	71 639	79 572	82 443	93 609	104 268	108 730
喷灌机械	（套）	804	3 512	7 012	17 841	21 406	21 560	21 866	22 464	24 817	26 494
联合收割机	（台）	98	149	426	6 039	9 822	14 046	15 435	16 594	18 418	17 233
机动脱粒机	（台）	35 307	57 227	8 794	68 050	31 345	21 445	21 005	19 137	17 905	15 170
机动喷雾(粉)机	（万部）	0.44	0.45	0.88	1.62	1.87	2.24	2.50	3.37	4.42	4.84
农产品加工机械动力	（万千瓦）	19.36	37.49	21.37	22.11	22.48	25.83	25.33	26.64	29.05	30.63
农用载重汽车	（辆）	2 654	3 425	3 346	6 536		17 886	17 897	18 123	18 619	17 836
	（万千瓦）	16.85	25.24	25.14	11.69		29.25	28.98	33.23	34.11	32.82

12–16 主要年份农林牧渔业主要经济效益指标

指 标	1985	1990	1995	2000	2005	2010	2011	2012	2013
每个农村劳动力创造的农村社会总产值 （元）	1 928	4 262	19 694	31 703	42 309				
每个农业劳动力创造的农林牧渔业总产值 （元）	1 446	2 855	4 815	9 685	18 424	32 237	41 338	49 312	57 312
每个农业劳动力创造的农林牧渔业增加值 （元）		1 161	3 053	5 086	9 401	17 262	22 365	26 468	30 862
每公顷耕地创造的种植业产值 （元）		5 811	17 876	22 959	14 498	55 049	61 748	71 906	
每公顷耕地创造的种植业增加值 （元）		4 380	12 014	13 927	20 315	32 832	37 717	43 152	
每个农业劳动力生产的粮食产量 （公斤）	1 724	1 757	1 904	1 370	1 738	2 757	3 043	3 265	3 220
每个农业劳动力生产的棉花产量 （公斤）	32	25	28	22	23	20	23	25	26
每个农业劳动力生产的油料产量 （公斤）	47	21	39	87	81	76	77	74	71
每个农业劳动力生产的肉类产量 （公斤）	64	82	146	157	277	554	640	713	703
每个农业劳动力生产的水产品产量 （公斤）	8	16	40	58	91	107	116	126	131
农林牧渔业商品率 （%）	57.07	58.35	63.06	71.89					
农业商品率		49.56	51.98	65.70					
林业商品率		45.28	74.47	75.00					
牧业商品率		76.61	79.58	84.48					
渔业商品率		77.92	79.19	84.33					
农民人均纯收入 （元）	389	661	1 800	3 230	4 443	7 955	9 490	10 762	12 052

注：产值均为现行价格。

主要统计指标解释

乡村劳动力 是指乡村人口中经常参加合作经济组织(包括乡村办企业事业单位)和从事家庭经营生产劳动的整、半劳动力。凡是在农村由合作经济组织分配劳动任务或者承包各种生产任务,并从中直接取得实物、货币收入的劳动力,不管他们从事何种劳动,都统计为乡村劳动力。国家向乡村调用的建勤民工,由集体经费支付工资或补贴的乡村半脱产管理干部,乡村分配到全民所有制单位和城镇集体所有制单位工作而收入交合作经济组织,并从中取得实物、货币收入的合同工、临时工、亦工亦农人员;自行外出,但户口没有转出的劳动力,都包括在内。

16周岁以上的在校学生和由国家支付工资的职工都不统计为乡村劳动力。

农林牧渔业总产值 农林牧渔业总产值是以货币表现的农林牧渔业的全部产品总量和对农林牧渔业生产活动进行的各种支持性服务活动的价值。它反映一定时期内农林牧渔业生产总规模和总成果。

农林牧渔业的统计范围是:

(1)农业 包括谷物和其他作物种植业、蔬菜、园艺和水果、坚果、饮料、香料的生产经营,以及中药材种植业。

(2)林业 包括林木的培育和种植(不包括茶园、桑园和果园的栽培、管理和收获等活动)、林产品的采集和竹木采运。

(3)牧业 包括除渔业养殖以外的一切动物饲养和放牧以及野生动物的捕猎和饲养。

(4)渔业 包括水生动物和海藻类植物的养殖和捕捞。

从所有制看,包括国有经济的各种专业农(农、林、牧、渔)场以及国家各级机关团体学校、科研机构、部队经营的农业;集体所有制的乡镇村各级办农场;农村各种经济组织经营的农、林、牧、渔业以及工矿企业家属集体经营的农业;农民家庭自营的农林牧渔业及兼营商品性工业等。

农业总产值的计算方法通常是按农林牧渔业产品及其副产品的产量分别乘以各自单位产品价格求得,少数生产周期较长,当年没有产品或产品产量不易统计的,则采用间接方法匡算其产值,然后将四业产品产值相加即为农业总产值。

1957年以前的农业总产值中包括了厩肥和农民自给性手工业(如农民自制衣服、鞋、袜、自己从事粮食初步加工等)。1958年及以后的农业总产值,林业中增加了村及村以下竹木采伐产值;牧业中取消了厩肥产值;副业中取消了农民自给性手工业产值,增加了村及村以下办的工业产值;渔业中增加了海洋捕捞水产品产值。1980年及以后的农业总产值,在副业中增加了农民家庭兼营工业商品部分的产值。从1984年起村及村以下办工业产值划归工业。从1993年起,取消副业。将野生动物的捕猎划入牧业,野生植物采集和农民家庭兼营商品性工业划归农业。从2003年起,执行新的国民经济行业分类标准,农林牧渔业总产值中包括了农林牧渔服务业产值。林业中增加了森林采运业产值。农业中取消了家庭兼营商品性工业产值,将野生林产品的采集划归林业。

农林牧渔业增加值 指农、林、牧、渔及农林牧渔服务业在生产货物或提供服务活动的过程中而增加的价值,为农林牧渔业现价总产值扣除农林牧渔业现价中间投入后的余额,是指各单位生产经营的最终成果。

农林牧渔业中间消耗 是指当年在农林牧渔业生产过程中所投入或消耗的各种物质产品和劳务价值的总和。包括中间物质消耗和对非物质生产部门的劳务支出两部分。

农作物总产量 是指本年度内生产的各种农作物的总产量。不论计划内外,数量多少,耕地上还是非耕地〔包括荒山、坡及江、河、湖、海滩(涂)、十边隙地等〕上的农作物产量都统计在内。农作物产量是指全社会产量,不仅要把国营农场等全民所有制生产单位和乡、村集体所有制生产单位的农作物产量统计在内,农户自营地、工矿企业职工家属办的农场和其他经营单位的农作物产量也统计在内。不仅统计卖给国家的农作物产量,生产单位自产自用的农作物产量也统计在内。农作物产量只统计晒干入库的产量。

粮食产量 指全社会的产量。包括国有经济经营的、集体统一经营的和农民家庭经营的粮食产量,还包括工矿企业家属办的农场和其他生产单位的产量。粮食除包括稻谷、小麦、玉米、高粱、谷子及其他杂粮外,还包括薯类和大豆。其产量计算方法,豆类按去豆荚后的干豆计算;薯类(包括甘薯和马铃薯,不包括芋头和木薯)1963年以前按每4公斤鲜薯折1公斤粮食计算,从1964年开始及以后改为按5公斤鲜薯折1公斤粮食计算。城市郊区作为蔬菜的薯类(如马铃薯等)按鲜品计算,并且不作为粮食统计。其他粮食一律按脱粒后的原粮计算。

油料产量 指全部油料作物的生产量。包括花生、油菜籽、芝麻、向日葵籽、胡麻籽(亚麻籽)和其他油料。不包括大豆,也不包括木本油料和野生油料。花生以带壳干花生计算。

蚕茧产量 是指本年度内生产的全部蚕茧产量,不论自用的或出售的,都统计在内。在计算蚕茧产量时,把土茧、改良茧和种茧都包括在内。蚕茧产量均按鲜茧的重量计算。

猪、牛、羊肉产量 指当年出栏并已屠宰后除去头蹄下水后带骨肉(即胴体重)的重量。

水产品产量 是指人工养殖并捕捞的水产品和捕捞天然生产的水产品产量。不论自食的或出售的,都计算在内。用作继续扩大再生产的水产品(如鱼苗、苗种、亲鱼、鱼饵及转塘鱼、存塘鱼等)不作水产品产量统计。在渔业生产单位出售以前已经变质的水产品,不论是改作饲料、肥料还是其他用途,也不作水产品产量统计。

生猪出栏量　是指国营农场等全民所有制生产单位、乡(镇)、村各种合作经济组织和农户、机关、学校、工矿企业、部队以及城镇居民饲养的,可供屠宰并已出栏的全部肉猪数量。不仅包括卖给国家及其他购买者的肉猪，还包括集体和城乡居民自宰的肉猪。

期初(末)畜禽存栏头(只)数　指本期期初(末)农村各种合作经济组织和国营农场、农民个人、机关、团体、学校、工矿企业、部队等单位以及城镇居民饲养的大牲畜、猪、羊、家禽等畜禽的存栏头(只)数。

谷物　指籽实主要供作粮食的作物。这类作物包括稻谷、小麦、玉米、谷子、高粱和其他谷物,不包括豆类和薯类作物。

林产品产量　指不经砍伐竹木的根本而取得的各种林产品数量。包括生漆、棕片、五倍子、松脂、笋干、油桐籽、油茶籽、乌桕子、核桃、板栗、白果等各种林木籽实以及修剪竹木所获得的枝叶(如荆条、柳条、蒲葵叶)等。不包括桑叶、茶叶、水果。也不包括野生的林产品。

耕地面积　是指种植农作物,并经常进行耕锄的田地。统计范围包括熟地、当年新开荒地、连续撂荒未满三年的耕地和当年的休闲地(轮歇地)。以种植农作物为主并附带种植桑树、茶树、果树和其他林木的土地以及沿海、沿湖地区已围垦利用的"海涂"、"湖田"等也包括在内。但专业性的桑园、茶园、果园、果木苗圃、林地、芦苇地、天然草原等都不包括在内。

农作物播种面积　指实际播种或移植有农作物的面积。凡是实际种植有农作物的面积，不论种植在耕地上还是种植在非耕地上,均包括在农作物播种面积中,同时还包括因遭灾而重新改种和补种的农作物面积,种一公顷算一公顷。

有效灌溉面积　是指具有一定的水源,地块比较平整,灌溉工程或设备已经配套，在一般年景下当年能够进行正常灌溉的耕地面积。包括机灌、电灌和自流灌溉面积三部分。

造林面积　是指报告期内在荒山、荒地、沙丘等一切可以造林的土地上,采用人工播种、植苗、飞机播种等方法新植的成片乔木和灌木林面积,符合"造林技术规程"要求的株数,经过检查验收,成活率在85%以上的面积。四旁植树如一侧在四行以上,连续成片面积达一亩以上,也统计在造林面积内。在造林面积中,不包括补植面积、治沙种草面积、经济林复垦面积、迹地更新面积和低产林改造面积。

农用化肥施用量　指在本年度内实际用于农业生产的化肥数量。包括氮肥、磷肥、钾肥和复合肥。按折纯法计算化肥数量,即把氮肥、磷肥、钾肥分别按含氮、含五氧化二磷、含氧化钾100%折算。

农村用电量　是指在本年度内，扣除在农村中的全民所有制工业、交通、基建单位用电量以后农村生产和生活上的全年用电总量(按全年累计数统计)。从电的来源看,既包括国家电网的供电量,也包括农村自办电站的供电量。

农业机械总动力　是指主要用于农、林、牧、渔业生产和运输的所有动力机械的动力总和。包括耕作机械、排灌机械、收获机械、农产品加工机械、运输机械、植保机械、牧业机械、林业机械、渔业机械和其他机械［内燃机按引擎马力折成瓦(特)计算,电动机按功率折成瓦(特)计算］。不包括专门用于乡(镇)、村以及村以下办工业、基本建设、非农业运输、科学试验和教学等非农业生产方面用的动力机械和作业机械。但从事农副产品初级加工的村户工业的机械应统计在内。

农业机械年末拥有量　是指国有经济、集体经济农业生产单位和合作经济组织及农户在年末统计时实际拥有的各种农业机械设备数量。包括能用未用的、需要修复的(指中修、大修)、储存备用的。但已经损坏报废的、购买(或调进)而未提货的、从非农业生产单位调来临时支援的,均不包括在内。

农村社会总产值　指在一定时期内，农村各物质生产部门生产的以货币表现的全部产品价值总量。根据我国目前的农村经济现状,农村社会总产值的统计范围暂为:政社分设前的农村人民公社管辖范围内的各种合作经济组织和农户从事农林牧渔业、工业、建筑业、运输业、商业(包括饮食业)活动所生产的总产值和国营场圃生产的农林牧渔业总产值两部分。凡是在农村的国营以及县属集体的工业、建筑业、运输业、商业、饮食业所生产的产值均不计算在内。农民在县城以上(包括县城)办企业,从事工业、建筑业、运输业、商业(包括饮食业)活动所生产的产值,暂不计算在农村社会总产值中。

第13部分 工业

INDUSTRY

版面负责人：李　燕

编　　　辑：殷溪晨

中华人民共和国统计法

（1983年12月8日第六届全国人民代表大会常务委员会第三次会议通过，根据1996年5月15日第八届全国人民代表大会常务委员会第十九次会议《关于修改〈中华人民共和国统计法〉的决定》修正，2009年6月27日第十一届全国人民代表大会常务委员会第九次会议修订。）

第二章　统计调查管理

第十一条　统计调查项目包括国家统计调查项目、部门统计调查项目和地方统计调查项目。

国家统计调查项目是指全国性基本情况的统计调查项目。部门统计调查项目是指国务院有关部门的专业性统计调查项目。地方统计调查项目是指县级以上地方人民政府及其部门的地方性统计调查项目。

国家统计调查项目、部门统计调查项目、地方统计调查项目应当明确分工，互相衔接，不得重复。

第十二条　国家统计调查项目由国家统计局制定，或者由国家统计局和国务院有关部门共同制定，报国务院备案；重大的国家统计调查项目报国务院审批。

部门统计调查项目由国务院有关部门制定。统计调查对象属于本部门管辖系统的，报国家统计局备案；统计调查对象超出本部门管辖系统的，报国家统计局审批。

地方统计调查项目由县级以上地方人民政府统计机构和有关部门分别制定或者共同制定。其中，由省级人民政府统计机构单独制定或者和有关部门共同制定的，报国家统计局审批；由省级以下人民政府统计机构单独制定或者和有关部门共同制定的，报省级人民政府统计机构审批；由县级以上地方人民政府有关部门制定的，报本级人民政府统计机构审批。

编辑：李　广

13–1　规模以上工业企业主要经济指标

单位:万元

年　份	企业个数（个）	工业总产值（当年价）	工业销售产值（当年价）	二项资金占用	资产合计	负债合计	主营业务收入
1998	638	4 074 137	3 935 975	1 005 882	5 070 971	3 649 935	3 478 097
1999	634	4 250 673	4 142 091	1 021 559	5 264 533	3 712 439	3 709 849
2000	675	4 664 445	4 559 926	950 855	5 291 391	3 544 562	4 076 443
2001	662	5 143 552	5 006 434	811 298	5 797 488	3 837 366	4 606 718
2002	743	6 004 465	5 881 437	939 259	5 917 323	3 745 659	5 407 551
2003	835	7 261 282	7 096 979	959 127	6 635 734	4 133 204	6 708 392
2004	1 223	9 240 199	9 034 730	1 143 367	8 052 514	5 251 043	9 023 167
2005	1 253	12 282 690	12 049 881	1 237 961	9 068 114	5 732 485	12 057 772
2006	1 586	16 325 467	15 995 354	1 462 580	10 941 023	6 741 424	15 867 073
2007	1 941	21 435 726	20 985 525	1 814 542	13 044 678	7 830 995	20 982 419
2008	2 289	28 466 782	27 834 669	2 569 139	18 702 529	10 307 054	27 764 584
2009	3 108	35 975 051	35 275 524	2 848 331	23 544 459	12 864 401	35 445 466
2010	3 412	51 129 660	50 174 214	4 196 654	30 388 366	15 785 192	51 021 414
2011	2 788	69 506 533	68 246 607	8 717 219	39 645 649	21 486 793	69 407 633
2012	2 859	88 822 852	87 825 341	11 235 951	47 911 439	25 983 600	88 372 620
2013	2 874	105 230 955	104 258 179	8 734 485	53 382 687	28 324 566	105 068 789

13–1　续表

单位:万元

年　份	亏损企业亏损总额	亏损企业个数（个）	利润总额	利税总额	本年应付工资总额	本年应交增值税	全部职工年平均人数（人）
1998	55 429	162	51 295	295 628	320 243	164 058	492 401
1999	57 131	147	62 171	317 247	317 580	171 032	518 859
2000	39 223	157	99 135	379 547	339 630	187 754	401 158
2001	40 063	138	124 653	449 361	336525	207 127	368 704
2002	33 123	126	191 770	601 687	361 629	251 984	367 149
2003	25 870	113	289 107	803 670	415 936	304 318	354 677
2004	58 968	301	434 646	1 179 748	540 145	416 170	380 727
2005	25 349	138	595 317	1 506 893	674 688	540 559	383 974
2006	21 781	112	870 389	2 032 883	832 027	699 112	424 627
2007	17 119	79	1 256 175	2 810 581	1 018 946	894 886	462 273
2008	180 810	79	2 156 619	4 515 412	1 506 205	1 547 597	559 395
2009	100 017	62	2 941 696	5 987 619		2 051 026	602 000
2010	55 180	60	4 578 037	8 244 983	2 448 742	2 549 410	671 931
2011	146 411	62	6 435 392	11 243 062	3 052 689	3 338 761	718 085
2012	275 106	105	7 433 779	13 199 640	3 247 280	4 054 671	732 913
2013	232 757	81	8 560 785	15 333 700	3 480 102	4 868 456	764 904

13-2 规模以上工业企业主要经济指标

（2013 年）

单位:万元

指标名称	企业个数（个）	#亏损企业	工业总产值（当年价）	工业销售产值（当年价）	#出口交货值
总计	**2 874**	**81**	**105 230 955**	**104 258 179**	**2 789 179**
按登记注册类型分组					
内资企业	2 694	63	96 389 124	95 263 641	1 880 191
国有企业	23	8	3 128 629	3 708 642	1 226
中央企业	7	2	699 671	701 708	
地方企业	16	6	2 428 958	3 006 934	1 226
集体企业	14		213 044	211 335	
股份合作企业	6		291 748	285 667	
联营企业	2		21 455	21 289	
国有联营企业					
集体联营企业					
国有与集体联营企业					
其他联营企业	2		21 455	21 289	
有限责任公司	295	21	16 739 174	16 547 616	619 157
国有独资公司	3		5 693 342	5 684 396	482 252
其他有限责任公司	292	21	11 045 832	10 863 220	136 905
股份有限公司	60	2	6 001 667	5 872 100	161 002
私营企业	2 246	30	69 075 627	67 718 513	1078 258
私营独资企业	516	3	16 074 187	15 808 284	154 353
私营合伙企业	61	1	2 176 014	2 126 524	63 835
私营有限责任公司	1 605	26	48 759 348	47 740 281	775 836
私营股份有限公司	64		2 066 077	2 043 423	84 233
其他企业	48	2	917 780	898 478	20 548
港、澳、台商投资企业	76	8	4 720 475	4 610 688	260 212
合资经营企业(港或澳、台资)	38	5	2 808 525	2 756 491	161 815
合作经营企业(港或澳、台资)	2		57 347	54 566	
港澳台商独资经营企业	32	2	1 400 930	1 357 653	98 397
港澳台商投资股份有限公司	4	1	453 673	441 979	
外商投资企业	104	10	4 121 356	4 383 850	648 776
中外合资经营企业	70	5	2 459 608	2 407 293	175 067
中外合作经营企业	3		112 697	109 599	19 392
外资企业	31	5	1 549 051	1 866 958	454 317
外商投资股份有限公司					

13-2　续表 1　　　　（2013 年）　　　　单位:万元

指 标 名 称	企业个数（个）	# 亏损企业	工 业 总产值（当年价）	工业销售产 值（当年价）	# 出 口 交货值
按经济组织类型分组					
独资企业	616	18	22 365 841	22 952 873	708 293
国有企业	23	8	3 128 629	3 708 642	1 226
集体企业	14		213 044	211 335	
私营独资企业	516	3	16 074 187	15 808 284	154 353
港澳台商独资经营企业	32	2	1 400 930	1 357 653	98 397
外资企业	31	5	1 549 051	1 866 958	454 317
合作、合伙企业	122	3	3 577 040	3 496 123	103 774
股份合作企业	6		291 748	285 667	
国有联营企业					
集体联营企业					
国有与集体联营企业					
其他联营企业	2		21 455	21 289	
私营合伙企业	61	1	2 176 014	2 126 524	63 835
合作经营企业(港或澳、台资)	2		57 347	54 566	
中外合作经营企业	3		112 697	109 599	19 392
其他企业(内资)	48	2	917 780	898 478	20 548
股份有限公司	128	3	8 521 417	8 357 502	245 235
股份有限公司(内资)	60	2	6 001 667	5 872 100	161 002
私营股份有限公司	64		2 066 077	2 043 423	84 233
港澳台商投资股份有限公司	4	1	453 673	441 979	
外商投资股份有限公司					
有限责任公司	2 008	57	70 766 656	69 451 681	1 731 876
国有独资公司	3		5 693 342	5 684 396	482 252
私营有限责任公司	1 605	26	48 759 348	47 740 281	775 836
合资经营企业(港或澳、台资)	38	5	2 808 525	2 756 491	161 815
中外合资经营企业	70	5	2 459 608	2 407 293	175 067
其他有限责任公司	292	21	11 045 832	10 863 220	136 905
在总计中:亏损企业	81	81	105 230 955	104 258 178	2 789 179
在总计中:国有控股企业	43	11	11 292 322	11 873 853	488 299
按轻重工业分组					
轻工业	1 045	23	31 205 136	31 152 405	628 153
重工业	1 829	58	74 025 819	73 105 774	2 161 026
按企业规模分组					
大型企业	53	3	24 319 860	24 848 129	1 272 181
中型企业	388	28	27 769 877	27 233 680	824 568
小型企业	2 299	50	53 119 392	52 154 661	692 430
微型企业	134		21 826	21 709	

13-2　续表 2　　（2013 年）　　单位:万元

指　标　名　称	企业个数（个）	#亏损企业	工　业总产值（当年价）	工业销售产　值（当年价）	#出　口交货值
按行业分组					
煤炭开采和洗选业	14	1	2 903 527	2 870 711	
黑色金属矿采选业	7	1	124 238	123 618	
非金属矿采选业	38		719 148	705 076	2 150
农副食品加工业	241	3	6 172 328	6 019 056	226 062
食品制造业	49	2	922 936	914 311	31 236
酒、饮料和精制茶制造业	31	1	3 410 520	3 382 323	17 579
烟草制品业	1		1 840 661	2 410 667	
纺织业	261	3	4 335 885	4 220 745	91 329
纺织服装、服饰业	81		1 184 287	1 163 719	38 852
皮革、毛皮、羽毛及其制品和制鞋业	17	1	651 122	628 028	19 597
木材加工和木、竹、藤、棕、草制品业	465		9 747 205	9 663 372	1 014 460
家具制造业	34	1	476 453	466 723	
造纸和纸制品业	46	2	963 327	947 486	21 363
印刷和记录媒介复制业	19	2	248 037	247 061	
文教、工美、体育和娱乐用品制造业	51	2	950 135	929 359	78 087
石油加工、炼焦和核燃料加工业	13		2 032 464	1 979 815	
化学原料和化学制品制造业	236	9	16 501 855	16 192 449	237 779
医药制造业	59	1	4 162 057	4 070 670	38 215
化学纤维制造业	18	2	674 478	670 453	14 068
橡胶和塑料制品业	104	4	2 302 512	2 191 170	12 985
非金属矿物制品业	230	3	4 953 665	4 885 684	21 251
黑色金属冶炼和压延加工业	118	5	6 915 403	6 819 271	43 013
有色金属冶炼和压延加工业	54	3	1 999 093	1 926 469	
金属制品业	133	2	3 224 095	3 131 806	74 094
通用设备制造业	100	7	6 146 719	6 138 972	500 445
专用设备制造业	106	8	2 782 513	3 065 880	176 154
汽车制造业	34	4	596 209	585 238	2 007
铁路、船舶、航空航天和其他运输设备制造业	19	1	802 468	789 765	50 664
电气机械和器材制造业	125	3	7 168 488	7 041 973	34 860
计算机、通信和其他电子设备制造业	54	1	2 935 340	2 887 901	38 056
仪器仪表制造业	67	5	5 074 832	4 860 299	4 874
其他制造业	11		150 370	147 105	
废弃资源综合利用业	5	1	105 396	141 205	
金属制品、机械和设备修理业	3		22 312	22 151	
电力、热力生产和供应业	22	2	1 966 961	1 957 29	
燃气生产和供应业	1		29 397	26 775	
水的生产和供应业	7	1	34 519	33 583	

13-2　续表 3　　（2013 年）　　单位:万元

指标名称	资产合计	#流动资产合计	#固定资产合计	#固定资产原值	累计折旧	固定资产净值	负债合计
总　计	53 382 687	23 784 970					28 324 566
按登记注册类型分组							
内资企业	45 265 910	20 537 010					23 752 315
国有企业	3 921 080	2 100 998					1 495 858
中央企业	1 123 611	271 554					715 830
地方企业	2 797 469	1 829 444					780 028
集体企业	86 654	47 066					61 969
股份合作企业	101 294	81 701					69 923
联营企业	6 441	4 014					3 413
国有联营企业							
集体联营企业							
国有与集体联营企业							
其他联营企业	6 441	4 014					3 413
有限责任公司	20 201 758	9 988 408					13 202 528
国有独资公司	12 729 079	7 145 148					8 823 637
其他有限责任公司	7 472 680	2 843 260					4 378 891
股份有限公司	4 763 323	2 467 627					2 183 486
私营企业	15 674 595	5 676 524					6 515 213
私营独资企业	3 292 188	1 162 089					1 254 009
私营合伙企业	357 932	110 459					119 323
私营有限责任公司	10 920 584	4 146 027					4 838 488
私营股份有限公司	1 103 891	257 949					303 392
其他企业	510 764	170 671					219 926
港、澳、台商投资企业	5 605 686	2 024 992					3 336 091
合资经营企业(港或澳、台资)	4 245 735	1 552 905					2 674 587
合作经营企业(港或澳、台资)	12 591	3 262					4 872
港澳台商独资经营企业	1 204 200	410 215					611 851
港澳台商投资股份有限公司	143 160	58 610					44 781
外商投资企业	2 511 091	1 222 968					1 236 161
中外合资经营企业	1 303 806	612 808					561 255
中外合作经营企业	31 108	12 478					14 590
外资企业	1 176 178	597 683					660 317
外商投资股份有限公司							

13-2 续表4 （2013年） 单位:万元

指标名称	资产合计	#流动资产合计	#固定资产合计	#固定资产原值	累计折旧	固定资产净值	负债合计
按经济组织类型分组							
独资企业	9 680 300	4 318 051					4 084 004
国有企业	3 921 080	2 100 998					1 495 858
集体企业	86 654	47 066					61 969
私营独资企业	3 292 188	1 162 089					1 254 009
港澳台商独资经营企业	1 204 200	410 215					611 851
外资企业	1 176 178	597 683					660 317
合作、合伙企业	1 020 131	382 584					432 046
股份合作企业	101 294	81 701					69 923
国有联营企业							
集体联营企业							
国有与集体联营企业							
其他联营企业	6 441	4 014					3 413
私营合伙企业	357 932	110 459					119 323
合作经营企业(港或澳、台资)	12 591	3 262					4 872
中外合作经营企业	31 108	12 478					14 590
其他企业(内资)	510 764	170 671					219 926
股份有限公司	6 010 373	2 784 187					2 531 659
股份有限公司(内资)	4 763 323	2 467 627					2 183 486
私营股份有限公司	1 103 891	257 949					303 392
港澳台商投资股份有限公司	143 160	58 610					44 781
外商投资股份有限公司							
有限责任公司	36 671 883	16 300 148					21 276 858
国有独资公司	12 729 079	7 145 148					8 823 637
私营有限责任公司	10 920 584	4 146 027					4 838 488
合资经营企业(港或澳、台资)	4 245 735	1 552 905					2 674 587
中外合资经营企业	1 303 806	612 808					561 255
其他有限责任公司	7 472 680	2 843 260					4 378 891
在总计中:亏损企业	4 828 587	1 912 242					3 538 225
在总计中:国有控股企业	19 876 868	10 313 000					12 386 298
按轻重工业分组							
轻工业	11 204 656	5 636 505					4 266 322
重工业	42 178 031	18 148 465					24 058 244
按企业规模分组							
大型企业	29 810 567	14 323 124					17 148 480
中型企业	9 898 699	4 106 349					5 181 025
小型企业	13 610 114	5 348 794					5 963 934
微型企业	63 307	6 702					31 128

13-2　续表 5　　（2013 年）　　单位:万元

指 标 名 称	资产合计	# 流动资产合计	# 固定资产合计	# 固定资产原值	累计折旧	固定资产净　值	负债合计
按行业分组							
煤炭开采和洗选业	6 297 336	1 914 910					3 936 692
黑色金属矿采选业	182 368	95 289					78 325
非金属矿采选业	120 147	44 823					27 418
农副食品加工业	1 464 336	594 334					646 167
食品制造业	288 395	132 708					149 278
酒、饮料和精制茶制造业	2 056 773	976 318					742 455
烟草制品业	1 860 992	1 454 220					210 460
纺织业	1 344 090	578 343					587 893
纺织服装、服饰业	349 558	170 551					124 706
皮革、毛皮、羽毛及其制品和制鞋业	238 132	182 746					97 280
木材加工和木、竹、藤、棕、草制品业	1 826 470	816 965					519 654
家具制造业	107 110	25 076					33 319
造纸和纸制品业	287 192	112 074					147 115
印刷和记录媒介复制业	135 455	78 415					64 539
文教、工美、体育和娱乐用品制造业	235 652	107 093					120 139
石油加工、炼焦和核燃料加工业	1 952 890	948 936					1 163 426
化学原料和化学制品制造业	6 474 863	2 280 045					3 838 223
医药制造业	1 335 786	563 172					607 630
化学纤维制造业	213 655	102 107					101 354
橡胶和塑料制品业	633 702	196 159					238 859
非金属矿物制品业	2 027 213	820 007					1 051 534
黑色金属冶炼和压延加工业	2 703 907	774 321					1 348 637
有色金属冶炼和压延加工业	932 923	368 704					549 750
金属制品业	1 175 668	531 554					571 202
通用设备制造业	9 312 607	6 275 817					6 294 599
专用设备制造业	1 513 330	830 681					768 012
汽车制造业	343 028	138 489					138 586
铁路、船舶、航空航天和其他运输设备制造业	320 048	146 169					169 340
电气机械和器材制造业	1 951 319	823 287					788 890
计算机、通信和其他电子设备制造业	666 531	301 280					242 406
仪器仪表制造业	1 498 666	540 031					610 190
其他制造业	21 346	8 445					9 229
废弃资源综合利用业	177 415	107 801					78 408
金属制品、机械和设备修理业	3 095	2 496					642
电力、热力生产和供应业	3 040 759	608 770					2 062 985
燃气生产和供应业	71 974	18 788					46 333
水的生产和供应业	217 956	114 047					158 893

13-2 续表 6 （2013 年） 单位:万元

指标名称	主营业务收入	# 主营业务成本	# 主营业务税金及附加	营业费用	管理费用	财务费用	# 利息支出
总计	**105 068 789**	**89 021 034**	**1 897 804**	**1 973 265**	**2 926 371**	**1 038 978**	**980 050**
按登记注册类型分组							
内资企业	96 031 945	81 219 938	1 839 762	1 838 109	2 621 596	874 368	812 139
国有企业	3 152 868	1 389 231	1 079 570	62 006	141 001	24 671	46 942
中央企业	758 044	600 917	3 555	10 943	35 762	26 905	27 718
地方企业	2 394 824	788 315	1 076 015	51 063	105 239	−2 235	19 224
集体企业	208 014	178 538	1 793	2 690	7 329	1 010	665
股份合作企业	283 855	250 141	2 158	3 868	5 206	4 439	2 611
联营企业	21 263	15 351	482	1 815	2 090	109	105
国有联营企业							
集体联营企业							
国有与集体联营企业							
其他联营企业	21 263	15 351	482	1 815	2 090	109	105
有限责任公司	17 156 409	14 569 792	160 868	395 647	831 973	338 891	348 634
国有独资公司	6 155 937	5 068 204	52 933	217 409	496 690	205 554	227 317
其他有限责任公司	11 000 472	9 501 588	107 935	178 238	335 283	133 337	121 317
股份有限公司	6 425 489	5 470 711	40 325	316 341	165 499	88 227	91 243
私营企业	67 872 444	58 573 069	546 955	1 041 669	1 433 490	413 256	319 354
私营独资企业	15 867 449	13 569 288	126 569	284 758	338 206	83 406	63 923
私营合伙企业	2 128 640	1 845 311	12 719	32 112	43 407	14 836	9 454
私营有限责任公司	47 822 522	41 343 570	394 358	709 810	1 018 175	303 565	236 241
私营股份有限公司	2 053 833	1 814 901	13 309	14 989	33 702	11 450	9 736
其他企业	911 603	773 104	7 611	14 074	35 009	3 765	2 586
港、澳、台商投资企业	4 603 177	4 015 805	27 157	43 708	157 568	137 738	150 382
合资经营企业(港或澳、台资)	2 756 394	2 486 411	14 809	17 754	104 833	112 746	124 888
合作经营企业(港或澳、台资)	54 574	49 926	474	431	690	668	363
港澳台商独资经营企业	1 344 791	1 103 359	7 509	17 212	31 521	23 570	24 235
港澳台商投资股份有限公司	447 419	376 109	4 365	8 311	20 524	754	897
外商投资企业	4 433 667	3 785 291	30 885	91 448	147 206	26 872	17 529
中外合资经营企业	2 441 799	2 061 788	20 138	62 038	97 688	11 408	9 958
中外合作经营企业	109 599	93 081	919	2 253	3 960	60	48
外资企业	1 882 269	1 630 422	9 829	27 157	45 559	15 404	7 523
外商投资股份有限公司							

13-2　续表 7　　（2013 年）　　单位:万元

指 标 名 称	主营业务收　入	# 主营业务成本	# 主营业务税金及附加	营业费用	管理费用	财务费用	# 利息支出
按经济组织类型分组							
独资企业	22 455 390	17 870 838	1 225 269	393 823	563 615	148 061	143 287
国有企业	3 152 868	1 389 231	1 079 570	62 006	141 001	24 671	46 942
集体企业	208 014	178 538	1 793	2 690	7 329	1 010	665
私营独资企业	15 867 449	13 569 288	126 569	284 758	338 206	83 406	63 923
港澳台商独资经营企业	1 344 791	1 103 359	7 509	17 212	31 521	23 570	24 235
外资企业	1 882 269	1 630 422	9 829	27 157	45 559	15 404	7 523
合作、合伙企业	3 509 535	3 026 915	24 364	54 552	90 362	23 877	15 167
股份合作企业	283 855	250 141	2 158	3 868	5 206	4 439	2 611
国有联营企业							
集体联营企业							
国有与集体联营企业							
其他联营企业	21 263	15 351	482	1 815	2 090	109	105
私营合伙企业	2 128 640	1 845 311	12 719	32 112	43 407	14 836	9 454
合作经营企业(港或澳、台资)	54 574	49 926	474	431	690	668	363
中外合作经营企业	109 599	93 081	919	2 253	3 960	60	48
其他企业(内资)	911 603	773 104	7 611	14 074	35 009	3 765	2 586
股份有限公司	8 926 740	7 661 721	57 999	339 642	219 725	100 432	101 875
股份有限公司(内资)	6 425 489	5 470 711	40 325	316 341	165 499	88 227	91 243
私营股份有限公司	2 053 833	1 814 901	13 309	14 989	33 702	11 450	9 736
港澳台商投资股份有限公司	447 419	376 109	4 365	8 311	20 524	754	897
外商投资股份有限公司							
有限责任公司	70 177 124	60 461 562	590 172	1 185 248	2 052 669	766 609	719 720
国有独资公司	6 155 937	5 068 204	52 933	217 409	496 690	205 554	227 317
私营有限责任公司	47 822 522	41 343 570	394 358	709 810	1 018 175	303 565	236 241
合资经营企业(港或澳、台资)	2 756 394	2 486 411	14 809	17 754	104 833	112 746	124 888
中外合资经营企业	2 441 799	2 061 788	20 138	62 038	97 688	11 408	9 958
其他有限责任公司	11 000 472	9 501 588	107 935	178 238	335 283	133 337	121 317
在总计中:亏损企业	2 334 691	2 286 182	9 722	51 997	156 249	103 066	99 561
在总计中:国有控股企业	11 757 490	8 586 633	1 155 868	312 010	751 974	293 329	334 681
按轻重工业分组							
轻工业	30 552 427	24 916 240	1 303 198	710 691	721 094	167 659	161 968
重工业	74 516 361	64 104 795	594 607	1 262 573	2 205 277	871 319	818 082
按企业规模分组							
大型企业	25 498 154	20 478 331	1 233 286	711 063	1 107 905	497 101	547 724
中型企业	27 174 827	23 352 407	195 562	437 988	694 908	212 341	184 631
小型企业	52 373 865	45 172 383	468 894	823 955	1 122 739	327 546	245 714
微型企业	21 944	17 913	63	258	818	1 991	1 980

13-2 续表 8 （2013 年） 单位:万元

指标名称	主营业务收入	# 主营业务成本	# 主营业务税金及附加	营业费用	管理费用	财务费用	# 利息支出
按行业分组							
煤炭开采和洗选业	2 891 511	2 332 576	56 074	48 364	367 692	53 326	66 377
黑色金属矿采选业	122 892	103 920	1 224	1 567	13 015	1 490	1 309
非金属矿采选业	705 600	584 507	8 756	20 102	23 296	14 013	3 861
农副食品加工业	6 015 696	5 187 871	50 387	102 470	118 119	37 873	26 188
食品制造业	908 991	761 647	5 162	32 130	25 676	6 842	5 235
酒、饮料和精制茶制造业	3 369 501	2 858 336	43 317	155 048	74 022	43 633	43 518
烟草制品业	1 817 369	341 257	1 067 684	22 049	64 631	-21 244	
纺织业	4 198 773	3 638 833	25 897	64 029	97 899	28 599	25 422
纺织服装、服饰业	1 154 493	987 496	12 198	30 498	29 852	4 536	4 879
皮革、毛皮、羽毛及其制品和制鞋业	621 094	546 412	1 535	3 959	8 040	647	695
木材加工和木、竹、藤、棕、草制品业	9 685 361	8 294 779	88 577	153 514	177 840	61 788	31 967
家具制造业	465 492	406 845	4 788	5 121	5 672	2 332	1 996
造纸和纸制品业	953 046	799 624	8 264	28 806	30 711	3 643	2 980
印刷和记录媒介复制业	236 707	193 587	2 151	2 855	9 324	2 246	1 829
文教、工美、体育和娱乐用品制造业	931 497	796 916	5 707	14 126	16 450	5 249	3 000
石油加工、炼焦和核燃料加工业	2 490 760	2 284 646	6 579	41 087	32 519	32 959	36 449
化学原料和化学制品制造业	16 384 261	14 309 700	136 151	235 309	386 451	210 658	207 886
医药制造业	4 147 121	3 455 991	32 790	156 479	96 248	26 341	23 762
化学纤维制造业	666 877	577 480	5 223	11 126	13 853	7 413	4 556
橡胶和塑料制品业	2 209 292	1 941 754	18 757	26 375	42 722	10 266	9 348
非金属矿物制品业	4 879 602	4 174 408	44 032	88 019	122 043	44 078	39 440
黑色金属冶炼和压延加工业	6 870 480	5 998 909	35 387	105 861	167 760	65 895	56 891
有色金属冶炼和压延加工业	1 906 289	1 735 393	15 101	21 049	37 777	9 918	10 341
金属制品业	3 134 379	2 727 952	27 161	66 399	79 290	18 106	16 442
通用设备制造业	6 610 021	5 579 025	32 897	238 648	306 372	182 752	180 724
专用设备制造业	3 074 696	2 569 152	20 239	49 301	110 515	13 968	13 579
汽车制造业	588 547	501 386	4 480	10 788	18 119	4 553	4 171
铁路、船舶、航空航天和其他运输设备制造业	810 568	720 977	8 671	13 843	18 207	2 761	2 111
电气机械和器材制造业	7 024 363	6 060 462	44 059	96 523	149 787	29 364	22 789
计算机、通信和其他电子设备制造业	2 876 221	2 447 687	22 054	42 557	73 405	8 296	8 400
仪器仪表制造业	4 937 459	4 189 033	43 435	78 075	156 299	18 211	14 713
其他制造业	147 098	126 828	1 470	3 187	3 322	402	363
废弃资源综合利用业	141 342	149 518	1 624	807	2 698	5 916	5 134
金属制品、机械和设备修理业	22 151	18 828	664	25	23	19	
电力、热力生产和供应业	2 004 138	1 565 445	14 649	451	36 958	99 841	100 511
燃气生产和供应业	31 339	27 035	33	2 325	3 665	392	152
水的生产和供应业	33 763	24 823	629	395	6 101	1 899	3 030

13-2 续表 9 （2013 年） 单位:万元

指 标 名 称	营业利润	利润总额	亏损企业亏损总额	利税总额	营业外收入	本年应交增值税	全部职工年平均人数（人）
总 计	**8 454 356**	**8 560 785**	**232 757**	**15 333 700**		**4 868 456**	**764 904**
按登记注册类型分组							
内资企业	7 850 151	7 933 691	59 829	14 428 488		4 557 853	691 423
国有企业	474 160	482 427	8 211	1 894 641		327 038	17 084
中央企业	80 412	87 150	2 229	140 135		47 305	5 570
地方企业	393 749	395 277	5 982	1 754 506		279 733	11 514
集体企业	16 685	16 683		27 183		8 562	1 527
股份合作企业	17 982	17 976		38 984		18 814	753
联营企业	1 407	1 409		3 102		1 210	751
国有联营企业							
集体联营企业							
国有与集体联营企业							
其他联营企业	1 407	1 409		3 102		1 210	751
有限责任公司	1 036 369	1 042 879	31 647	1 992 334		756 024	192 742
国有独资公司	233 010	247 135		567 421		253 360	82 266
其他有限责任公司	803 359	795 744	31 647	1 424 913		502 664	110 476
股份有限公司	327 504	389 907	1 472	616 512		179 636	46 040
私营企业	5 897 554	5 902 937	17 240	9 723 394		3 222 223	424 543
私营独资企业	1 466 566	1 462 437	584	2 347 177		747 300	92 794
私营合伙企业	180 683	180 191	19	290 405		96 038	15 422
私营有限责任公司	4 057 883	4 067 956	16 637	6 804 050		2 303 966	300 323
私营股份有限公司	192 422	192 354		281 762		74 919	16 004
其他企业	78 491	79 474	1 259	132 338		44 348	7 983
港、澳、台商投资企业	237 227	260 892	129 277	463 611		168 903	36 607
合资经营企业(港或澳、台资)	30 255	50 756	121 700	147 936		77 703	21 194
合作经营企业(港或澳、台资)	2 385	2 385		4 956		2 097	470
港澳台商独资经营企业	167 595	170 531	7 096	246 135		66 663	13 736
港澳台商投资股份有限公司	36 992	37 220	482	64 584		22 440	1 207
外商投资企业	366 977	366 202	43 651	545 553		141 700	36 874
中外合资经营企业	204 621	205 063	6 994	327 891		99 511	22 427
中外合作经营企业	9 326	9 326		16 191		5 736	1 380
外资企业	153 029	151 812	36 656	201 472		36 453	13 067
外商投资股份有限公司							

13-2 续表 10 （2013 年） 单位:万元

指 标 名 称	营业利润	利润总额	亏损企业亏损总额	利税总额	营业外收 入	本年应交增 值 税	全部职工年 平 均人 数（人）
按经济组织类型分组							
独资企业	2 278 035	2 283 890	52 547	4 716 607		1 186 014	138 208
国有企业	474 160	482 427	8 211	1 894 641		327 038	17 084
集体企业	16 685	16 683		27 183		8 562	1 527
私营独资企业	1 466 566	1 462 437	584	2 347 177		747 300	92 794
港澳台商独资经营企业	167 595	170 531	7 096	246 135		66 663	13 736
外资企业	153 029	151 812	36 656	201 472		36 453	13 067
合作、合伙企业	290 274	290 760	1 278	485 976		168 242	26 759
股份合作企业	17 982	17 976		38 984		18 814	753
国有联营企业							
集体联营企业							
国有与集体联营企业							
其他联营企业	1 407	1 409		3 102		1 210	751
私营合伙企业	180 683	180 191	19	290 405		96 038	15 422
合作经营企业(港或澳、台资)	2 385	2 385		4 956		2 097	470
中外合作经营企业	9 326	9 326		16 191		5 736	1 380
其他企业(内资)	78 491	79 474	1 259	132 338		44 348	7 983
股份有限公司	556 919	619 481	1 954	962 858		276 995	63 251
股份有限公司(内资)	327 504	389 907	1 472	616 512		179 636	46 040
私营股份有限公司	192 422	192 354		281 762		74 919	16 004
港澳台商投资股份有限公司	36 992	37 220	482	64 584		22 440	1 207
外商投资股份有限公司							
有限责任公司	5 329 129	5 366 654	176 978	9 272 211		3 237 205	536 686
国有独资公司	233 010	247 135		567 421		253 360	82 266
私营有限责任公司	4 057 883	4 067 956	16 637	6 804 050		2303 966	300 323
合资经营企业(港或澳、台资)	30 255	50 756	121 700	147 936		77 703	21 194
中外合资经营企业	204 621	205 063	6 994	327 891		99 511	22 427
其他有限责任公司	803 359	795 744	31 647	1 424 913		502 664	110 476
在总计中:亏损企业	-266 663	-232 757	232 757	-182 947		33 959	39 062
在总计中:国有控股企业	848 049	859 491	16 475	2 778 810		735 916	137 905
按轻重工业分组							
轻工业	2 750 440	2 784 318	14 818	5 617 869		1 503 513	243 975
重工业	5 703 916	5 776 467	217 940	9 819 783		3 364 943	520 929
按企业规模分组							
大型企业	1 610 817	1 701 587	136 132	4 136 003		1 154 090	230 425
中型企业	2 353 270	2 343 945	60 311	3 800 274		1 233 523	191 881
小型企业	4 489 368	4 514 353	36 314	7 499 663		2 480 291	342 402
微型企业	901	899		1 713		552	196

13-2 续表 11

（2013 年）

单位:万元

指 标 名 称	营业利润	利润总额	亏损企业亏损总额	利税总额	营业外收 入	本年应交增 值 税	全部职工年 平 均人 数（人）
按行业分组							
煤炭开采和洗选业	91 347	102 058	7 379	416 946		254 636	89 222
黑色金属矿采选业	1 975	1 889	812	11 342		8 229	3 712
非金属矿采选业	55 467	55 248		98 972		34 968	8 503
农副食品加工业	519 385	516 302	598	829 979		263 277	40 241
食品制造业	77 169	77 478	1 237	116 450		33 810	11 936
酒、饮料和精制茶制造业	195 518	231 296	1 458	375 705		101 092	27 645
烟草制品业	350 761	351 312		1 662 222		243 226	1 991
纺织业	344 379	346 214	1 723	571 736		199 613	55 291
纺织服装、服饰业	90 793	89 322		155 826		54 595	19 090
皮革、毛皮、羽毛及其制品和制鞋业	60 637	60 649	347	89 065		26 881	8 409
木材加工和木、竹、藤、棕、草制品业	908 954	908 846		1 467 424		470 001	89 298
家具制造业	39 023	39 251	23	67 236		23 198	4 084
造纸和纸制品业	80 037	78 168	5 309	133 142		46 710	7 140
印刷和记录媒介复制业	27 336	27 156	154	41 260		11 952	2 367
文教、工美、体育和娱乐用品制造业	92 421	92 471	557	134 524		36 346	10 326
石油加工、炼焦和核燃料加工业	75 310	77 912		119 160		33 255	9 202
化学原料和化学制品制造业	1 103 172	1 116 884	120 405	1 963 542		710 504	61 395
医药制造业	378 130	378 749	254	610 222		198 683	16 306
化学纤维制造业	52 065	53 181	1 335	88 238		29 834	5 276
橡胶和塑料制品业	169 976	169 855	231	298 806		110 194	23 043
非金属矿物制品业	433 596	439 910	100	725 479		241 538	40 620
黑色金属冶炼和压延加工业	496 875	495 964	27 299	821 992		290 641	39 954
有色金属冶炼和压延加工业	86 467	104 293	9 933	216 755		97 361	9 536
金属制品业	229 409	243 090	649	403 591		133 340	25 551
通用设备制造业	351 597	355 476	5 764	597 108		208 736	48 228
专用设备制造业	313 132	312 962	6 042	445 665		111 205	20 485
汽车制造业	49 484	50 261	2 215	83 664		28 922	7 547
铁路、船舶、航空航天和其他运输设备制造业	55 299	55 748	1 638	91 535		27 117	7 431
电气机械和器材制造业	648 930	650 784	3 342	1 021 568		326 717	30 468
计算机、通信和其他电子设备制造业	282 102	283 196	6 722	435 528		130 278	13 396
仪器仪表制造业	452 452	453 990	9 345	728 742		231 317	15 833
其他制造业	11 701	11 701		21 972		8 802	1 415
废弃资源综合利用业	−19 209	−10 865	14 879	−7 199		2 042	484
金属制品、机械和设备修理业	2 591	2 591		4 363		1 108	217
电力、热力生产和供应业	335 938	326 476	2 904	478 134		136 971	7 354
燃气生产和供应业	5 157	5 434		5 496		29	546
水的生产和供应业	4 986	5 532	106	7 518		1 329	1 362

13-3 国有控股工业企业主要经济指标

（2013 年）　　单位:万元

指标名称	企业个数（个）	#亏损企业	工业总产值（当年价）	工业销售产值（当年价）	#出口交货值
总计	**43**	**11**	**11 292 322**	**11 873 854**	**488 299**
在总计中:亏损企业	11	11	11 292 322	11 873 854	488 299
按隶属关系分组					
中央企业	7	2	699 671	701 708	
地方企业	16	6	2 428 958	3 006 934	1 226
按轻重工业分					
轻工业	10	3	2 265 521	2 837 807	1 226
重工业	33	8	9 026 801	9 036 047	487 073
按企业规模分					
大型企业	9	1	9 282 382	9 837 315	482 252
中型企业	16	4	1 013 378	1 052 383	6 047
小型企业	18	6	996 561	984 156	
微型企业					
按行业分组					
煤炭开采和洗选业	3	1	2 444 432	2 419 443	
黑色金属矿采选业	1		89 363	91 019	
非金属矿采选业	1		17 854	17 796	
农副食品加工业	1		250 982	250 982	
食品制造业	2		95 983	99 209	
饮料制造业	1		43 920	43 848	
烟草制品业	1		1 840 661	2 410 667	
纺织业	1	1	7 409	7 348	1 226
印刷业和记录媒介的复制	1	1	5 271	5 271	
化学原料及化学制品制造业	4	2	52 231	51 490	
非金属矿物制品业	3		314 114	321 743	
有色金属冶炼及压延加工业	1		5281	5 281	
金属制品业	1		37 402	41 300	
通用设备制造业	3	1	4 246 262	4 250 838	482 252
专用设备制造业	5	2	217 043	245 292	4 821
电气机械及器材制造业	1		271 855	266 229	
仪器仪表及文化、办公用机械制造业	1	1	1047	1047	
电力、热力的生产和供应业	8	1	1 326 303	1 320 956	
水的生产和供应业	4	1	24 910	24 098	

13-3　续表 1　　（2013 年）　　单位:万元

指　标　名　称	资产合计	# 流动资产合计	# 固定资产合计	# 固定资产原值	累计折旧	固定资产净值	负债合计
总　计	**19 876 868**	**10 313 000**					**12 386 298**
在总计中:亏损企业	400 991	188 278					352 410
按隶属关系分组							
中央企业	1 123 611	271 554					715 830
地方企业	2 797 469	1 829 444					780 028
按轻重工业分							
轻工业	2 216 608	1 670 908					463 915
重工业	17 660 260	8 642 092					11 922 383
按企业规模分							
大型企业	17 286 134	9 274 775					10 443 767
中型企业	1 782 801	650 424					1 436 446
小型企业	807 933	387 801					506 084
微型企业							
按行业分组							
煤炭开采和洗选业	6 076 768	1 820 555					3 810 721
黑色金属矿采选业	108 999	55 698					42 691
非金属矿采选业	3 481	2 109					600
农副食品加工业	86 763	72 854					68 309
食品制造业	39 679	18 649					28 410
饮料制造业	31 758	11 866					11 880
烟草制品业	1 860 992	1 454 220					210 460
纺织业	19 931	11 514					10 658
印刷业和记录媒介的复制	8 118	3 004					7 149
化学原料及化学制品制造业	54 024	18 605					50 798
非金属矿物制品业	638 682	220 902					377 233
有色金属冶炼及压延加工业	6 073	3 768					3 730
金属制品业	64 537	52 146					52 320
通用设备制造业	8 265 630	5 773 447					5 764 268
专用设备制造业	328 691	255 405					276 473
电气机械及器材制造业	78 792	67 232					56 049
仪器仪表及文化、办公用机械制造业	2 920	1 521					1 524
电力、热力的生产和供应业	2 009 107	361 656					1 473 891
水的生产和供应业	191 924	107 849					139 135

13-3 续表 2 （2013 年） 单位:万元

指 标 名 称	主营业务收 入	# 主营业务成本	# 主营业务税金及附加	营业费用	管理费用	财务费用	# 利息支出
总 计	**11 757 490**	**8 586 633**	**1 155 868**	**312 010**	**751 974**	**293 329**	**334 681**
在总计中:亏损企业		157 749	1 939	4 108	26 078	2 892	3 204
按隶属关系分组	170 953						
中央企业		600 917	3 555	10 943	35 762	26 905	27 718
地方企业	758 044	788 315	1 076 015	51 063	105 239	–2 235	19 224
按轻重工业分	2 394 824						
轻工业		700 509	1 073 185	39 952	79 753	–19 250	3 121
重工业	2 226 840	7 886 124	82 683	272 058	672 221	312 580	331 560
按企业规模分	9 530 650						
大型企业		6 905 178	1 139 270	273 700	693 039	223 039	262 079
中型企业	9 771 066	836 072	11 344	29 279	40 363	56 466	58 964
小型企业	1 017 317	845 383	5 254	9 032	18 573	13 825	13 639
微型企业	969 106						
按行业分组							
煤炭开采和洗选业	2 431 111	1 952 894	51 569	35 406	349 894	52 152	65 157
黑色金属矿采选业	92 519	79 447	857	928	10 407	1 094	925
非金属矿采选业	17 796	13 631	445	1 022	1 249	77	66
农副食品加工业	250 982	242 005	32	3 541	1 960	520	471
食品制造业	95 400	69 116	795	12 265	3 264	423	426
饮料制造业	30 445	23 966	3 972	760	1 581	–16	
烟草制品业	1 817 369	341 257	1 067 684	22 049	64 631	–21 244	
纺织业	7 305	4 330	78	855	2 784	18	18
印刷业和记录媒介的复制	4 773	4 431	27	170	463	37	43
化学原料及化学制品制造业	50 156	47 793	242	1 340	3 139	674	544
非金属矿物制品业	323 981	243 226	1 978	21 761	22 485	16 110	16 104
有色金属冶炼及压延加工业	5 608	5 178	14	69	233	–17	
金属制品业	33 850	27 767	140	1 802	1 909	2 181	2 213
通用设备制造业	4 721 246	3 975 419	15 745	198 989	242 000	164 826	169 604
专用设备制造业	247 552	212 577	714	7 139	10 989	724	1 582
电气机械及器材制造业	264 529	233 929	1 966	3 590	3 810	4 330	2 514
仪器仪表及文化、办公用机械制造业	1 583	1 489	33	14	45	3	
电力、热力的生产和供应业	1 337 106	1 090 031	8 981		25 542	70 101	72 500
水的生产和供应业	24 180	18 148	596	312	5 591	1 337	2 517

13-3　续表 3　　（2013 年）　　单位:万元

指 标 名 称	营业利润	利润总额	亏损企业亏损总额	利税总额	营业外收入	本年应交增值税	全部职工年平均人数（人）
总　计	**848 049**	**859 491**	**16 475**	**2 778 810**		**735 916**	**137 905**
在总计中:亏损企业	−17 673	−16 475	16 475			13 039	10 349
按隶属关系分组							
中央企业	80 412	87 150	2 229	140 135		47 305	5 570
地方企业	393 749	395 277	5 982	1 754 506		279 733	11 514
按轻重工业分							
轻工业	365 446	366 948	897	1 695 120		252 389	6 728
重工业	482 603	492 543	15 578	1 083 689		483 526	131 177
按企业规模分							
大型企业	675 831	695 173	7 379	2 492 372		633 029	125 886
中型企业	73 629	59 711	6 209	128 554		55 825	9 253
小型企业	98 589	104 606	2 887	157 884		47 062	2 766
微型企业							
按行业分组							
煤炭开采和洗选业	46 947	57 658	7 379	325 927		212 521	85 354
黑色金属矿采选业	84	2		7 335		6 476	3 049
非金属矿采选业	1 371	1 371		3 026		1 210	557
农副食品加工业	2 900	3 016		3 921		873	220
食品制造业	9 352	9 221		13 897		3 881	2 206
饮料制造业	97	515		7 282		2 795	445
烟草制品业	350 761	351 312		1 662 222		243 226	1 991
纺织业	−660	−660	660	−294		288	550
印刷业和记录媒介的复制	−237	−132	132	119		225	198
化学原料及化学制品制造业	−2 660	−2 572	4 434	−222		2 108	790
非金属矿物制品业	18 587	25 899		47 212		19 334	2 062
有色金属冶炼及压延加工业	132	146		223		63	59
金属制品业	1 125	1 619		3 155		1 396	538
通用设备制造业	197 109	198 759	782	339 103		124 599	30 273
专用设备制造业	15 554	15 943	2 229	22 758		6 102	2 581
电气机械及器材制造业	16 605	16 605		36 205		17 634	296
仪器仪表及文化、办公用机械制造业	−1	−1	1	40		8	20
电力、热力的生产和供应业	187 725	177 090	753	278 145		92 074	5 494
水的生产和供应业	3 258	3 701	106	5 429		1 103	1 222

13-4 规模以上集体工业企业主要经济指标

（2013年）　　单位:万元

指标名称	企业个数(个)	#亏损企业	工业总产值(当年价)	工业销售产值(当年价)	#出口交货值
总计	**14**		**213 044**	**211 335**	
在总计中:亏损企业			213 044	211 335	
在总计中:农村工业					
按登记注册类型分组					
内资企业	14		213 044	211 335	
集体企业	14		213 044	211 335	
按经济组织类型分组					
独资企业	14		213 044	211 335	
集体企业	14		213 044	211 335	
按轻重工业分					
轻工业	4		33 307	33 261	
重工业	10		179 737	178 074	
按企业规模分					
大型企业					
中型企业					
小型企业	14		213 044	211 335	
微型企业					
按行业分组					
黑色金属矿采选业	1		1 594	1 514	
非金属矿采选业	2		36 671	37 539	
农副食品加工业	1		9 394	9 394	
纺织服装、服饰业	1		5 646	5 646	
木材加工和木、竹、藤、棕、草制品业	1		19 579	19 312	
造纸和纸制品业	1				
非金属矿物制品业	1		9 054	8 833	
有色金属冶炼和压延加工业	1		2 534	2 534	
金属制品业	1		10 097	9 916	
通用设备制造业	1		4 254	4 254	
汽车制造业	1		19 989	19 493	
仪器仪表制造业	1		75 965	74 679	
其他制造业	1		18 268	18 222	

13-4 续表 1 （2013 年） 单位:万元

指标名称	资产合计	#流动资产合计	#固定资产合计	#固定资产原值	累计折旧	固定资产净值	负债合计
总 计	**86 654**	**47 066**					**61 969**
在总计中:亏损企业							
在总计中:农村工业							
按登记注册类型分组							
内资企业	86 654	47 066					61 969
集体企业	86 654	47 066					61 969
按经济组织类型分组							
独资企业	86 654	47 066					61 969
集体企业	86 654	47 066					61 969
按轻重工业分							
轻工业	4 549	1 995					3 253
重工业	82 105	45 071					58 716
按企业规模分							
大型企业							
中型企业							
小型企业	86 654	47 066					61 969
微型企业							
按行业分组							
黑色金属矿采选业	31 318	26 077					27 555
非金属矿采选业	5 002	2 518					1 418
农副食品加工业	1 800	500					1 615
纺织服装、服饰业	865	480					645
木材加工和木、竹、藤、棕、草制品业	3 690	1 756					2 624
造纸和纸制品业							
非金属矿物制品业	2 520	275					990
有色金属冶炼和压延加工业	1 250	702					652
金属制品业	2 305	1 236					1 587
通用设备制造业	3 567	3 239					3 366
汽车制造业	17 722	670					12 573
仪器仪表制造业	14 732	8 598					7 951
其他制造业	1 884	1 015					993

13-4 续表 2 （2013 年） 单位:万元

指 标 名 称	主营业务收入	# 主营业务成本	# 主营业务税金及附加	营业费用	管理费用	财务费用	# 利息支出
总 计	**208 014**	**178 538**	**1 793**	**2 690**	**7 329**	**1 010**	**665**
在总计中:亏损企业							
在总计中:农村工业							
按登记注册类型分组							
内资企业	208 014	178 538	1 793	2 690	7 329	1 010	665
集体企业	208 014	178 538	1 793	2 690	7 329	1 010	665
按经济组织类型分组							
独资企业	208 014	178 538	1 793	2 690	7 329	1 010	665
集体企业	208 014	178 538	1 793	2 690	7 329	1 010	665
按轻重工业分							
轻工业	33 261	30 676	250	453	588	46	20
重工业	174 753	147 862	1 543	2 237	6 741	963	645
按企业规模分							
大型企业							
中型企业							
小型企业	208 014	178 538	1 793	2 690	7 329	1 010	665
微型企业							
按行业分组							
黑色金属矿采选业	1 214	1 065	6	9	24	13	13
非金属矿采选业	37 539	33 845	251	282	715	256	38
农副食品加工业	9 394	9 084	19	23	19	20	
纺织服装、服饰业	5 646	5 167	79	22	36	12	6
木材加工和木、竹、藤、棕、草制品业	18 099	16 145	91	100	179	17	17
造纸和纸制品业							
非金属矿物制品业	8 833	7 625	141	181	256		
有色金属冶炼和压延加工业	2 534	1 756	51	130	96	69	
金属制品业	9 916	8 876	64	53	98	19	19
通用设备制造业	2 446	2 153	2	89	199	31	
汽车制造业	19 493	16 299	192	605	682	117	117
仪器仪表制造业	74 679	60 098	745	789	4 492	442	442
其他制造业	18 222	16 425	153	408	533	15	14

13-4　续表 3　　（2013 年）　　单位:万元

指　标　名　称	营业利润	利润总额	亏损企业亏损总额	利税总额	营业外收　入	本年应交增 值 税	全部职工年 平 均人　　数（人）
总 计	**16 685**	**16 683**		**27 183**		**8 562**	**1 527**
在总计中:亏损企业							
在总计中:农村工业							
按登记注册类型分组							
内资企业	16 685	16 683		27 183		8 562	1 527
集体企业	16 685	16 683		27 183		8 562	1 527
按经济组织类型分组							
独资企业	16 685	16 683		27 183		8 562	1 527
集体企业	16 685	16 683		27 183		8 562	1 527
按轻重工业分							
轻工业	1 248	1 248		2 617		1 114	263
重工业	15 437	15 435		24 566		7 447	1 264
按企业规模分							
大型企业							
中型企业							
小型企业	16 685	16 683		27 183		8 562	1 527
微型企业							
按行业分组							
黑色金属矿采选业	98	98		144		41	123
非金属矿采选业	2 191	2 191		2 732		290	166
农副食品加工业	230	230		443		195	85
纺织服装、服饰业	330	330		691		282	61
木材加工和木、竹、藤、棕、草制品业	1 567	1 567		2 670		1 012	195
造纸和纸制品业							
非金属矿物制品业	630	630		1241		470	284
有色金属冶炼和压延加工业	432	432		561		78	43
金属制品业	805	805		1563		694	70
通用设备制造业	3	1		31		28	79
汽车制造业	1 598	1 598		2 893		1 103	85
仪器仪表制造业	8 113	8 113		12 590		3 732	219
其他制造业	688	688		1 478		638	117

13-5 规模以上“三资”工业企业主要经济指标

（2013 年）　　单位:万元

指标名称	企业个数（个）	#亏损企业	工业总产值（当年价）	工业销售产值（当年价）	#出口交货值
总　计	**180**	**18**	**8 841 830**	**8 994 538**	**908 988**
在总计中:亏损企业	18	18	4 720 475	4 610 688	260 212
在总计中:国有控股企业	1		2 808 525	2 756 491	161 815
在总计中:农村工业					
按登记注册类型分组					
港、澳、台商投资企业	76	8	1 400 930	1 357 653	98 397
合资经营企业(港或澳、台资)	38	5	453 673	441 979	
港澳台商独资经营企业	32	2	4 121 356	4 383 850	648 776
港澳台商投资股份有限公司	4	1	2 459 608	2 407 293	175 067
外商投资企业	104	10	112 697	109 599	19 392
中外合资经营企业	70	5	1 549 051	1 866 958	454 317
中外合作经营企业	3				
外资企业	31	5	8 841 830	8 994 538	908 988
外商投资股份有限公司			235 549	235 549	
按轻重工业分组					
轻工业	86	4	2 658 874	2 603 561	305 040
重工业	94	14	6 182 957	6 390 977	603 947
按企业规模分组					
大型企业	16	2	4 077 388	4 237 429	372 911
中型企业	43	7	1 983 557	1 976 478	329 001
小型企业	116	9	2 780 885	2 780 631	207 076
微型企业	5				
按行业分组			8 841 830	8 994 538	908 988
黑色金属矿采选业	1	1	6 503	4 998	
农副食品加工业	13		401 884	400 035	131 657
食品制造业	7		166 201	164 933	
酒、饮料和精制茶制造业	4		67 158	65 471	13 116
纺织业	7		389 764	363 945	75 724
纺织服装、服饰业	8		183 434	181 742	4 297
皮革、毛皮、羽毛及其制品和制鞋业	10	1	415 459	399 641	19 597
木材加工和木、竹、藤、棕、草制品业	18		567 153	564 665	221 452
家具制造业	1		15 617	15 519	
造纸和纸制品业	3	1	123 696	121 734	
印刷和记录媒介复制业	4		85 249	87 840	
文教、工美、体育和娱乐用品制造业	12		159 991	157 905	31 937
石油加工、炼焦和核燃料加工业	1		360 916	340 179	
化学原料和化学制品制造业	11	2	1 566 498	1 503 332	86 055
医药制造业	5		230 375	224 364	
化学纤维制造业	1		44 892	44 815	14 068
橡胶和塑料制品业	6		734 621	670 451	
非金属矿物制品业	3		92 241	91 490	6 406
黑色金属冶炼和压延加工业	4	2	382 826	424 186	34 904
有色金属冶炼和压延加工业	1		167 820	167 506	
金属制品业	6	1	101 527	99 499	1 907
通用设备制造业	9	2	149 240	164 646	14 801
专用设备制造业	10	2	702 088	996 840	163 212
汽车制造业	2	1	21 793	23 415	2 007
铁路、船舶、航空航天和其他运输设备制造业	2	1	52 488	51 518	48 943
电气机械和器材制造业	10		265 625	269 035	10 640
计算机、通信和其他电子设备制造业	4	1	323 373	312 852	27 721
仪器仪表制造业	7	2	233 094	220 796	546
其他制造业	2		17 868	17 868	
废弃资源综合利用业	1	1	59 510	95 255	
电力、热力生产和供应业	6		723 533	721 289	
燃气生产和供应业	1		29 397	26 775	

13-5　续表 1　　　　（2013 年）　　　　单位:万元

指　标　名　称	资产合计	# 流动资产合计	# 固定资产合计	# 固定资产原值	累计折旧	固定资产净　值	负债合计
总　计	**8 116 778**	**3 247 960**					**4 572 252**
在总计中:亏损企业	3 174 509	998 188					2 169 562
在总计中:国有控股企业	248 278	83 881					114 252
在总计中:农村工业							
按登记注册类型分组							
港、澳、台商投资企业	5 605 686	2 024 992					3 336 091
合资经营企业(港或澳、台资)	4 245 735	1 552 905					2 674 587
港澳台商独资经营企业	1 204 200	410 215					611 851
港澳台商投资股份有限公司	143 160	58 610					44 781
外商投资企业	2 511 091	1 222 968					1 236 161
中外合资经营企业	1 303 806	612 808					561 255
中外合作经营企业	31 108	12 478					14 590
外资企业	1 176 178	597 683					660 317
外商投资股份有限公司							
按轻重工业分组							
轻工业	1 103 375	609 907					455 764
重工业	7 013 402	2 638 053					4 116 488
按企业规模分组							
大型企业	5 333 778	1 902 104					3 262 808
中型企业	1 271 774	569 354					620 061
小型企业	1 511 226	776 502					689 383
微型企业							
按行业分组							
黑色金属矿采选业	23 341	11 145					2 263
农副食品加工业	62 218	30 524					34 350
食品制造业	47 885	27 126					19 965
酒、饮料和精制茶制造业	62 414	29 249					23 384
纺织业	276 910	142 403					109 680
纺织服装、服饰业	121 415	74 412					27 532
皮革、毛皮、羽毛及其制品和制鞋业	158 645	126 757					59 690
木材加工和木、竹、藤、棕、草制品业	76 940	28 865					20 470
家具制造业	14 962	8 465					1 098
造纸和纸制品业	59 834	25 909					52 932
印刷和记录媒介复制业	58 030	36 783					19 557
文教、工美、体育和娱乐用品制造业	44 710	22 666					19 342
石油加工、炼焦和核燃料加工业	49 119	8 715					14 487
化学原料和化学制品制造业	3 399 727	1 087 624					2 324 673
医药制造业	45 412	5 302					7 192
化学纤维制造业	4 937	1 183					1 260
橡胶和塑料制品业	226 262	52 039					58 314
非金属矿物制品业	5 560	2 875					2 656
黑色金属冶炼和压延加工业	449 955	224 178					364 751
有色金属冶炼和压延加工业	49 716	5 319					10 220
金属制品业	122 265	78 402					51 583
通用设备制造业	267 618	168 346					107 090
专用设备制造业	583 569	345 762					243 066
汽车制造业	88 468	51 727					23 462
铁路、船舶、航空航天和其他运输设备制造业	134 522	37 463					69 143
电气机械和器材制造业	165 429	97 255					55 344
计算机、通信和其他电子设备制造业	159 097	65 555					100 342
仪器仪表制造业	168 887	106 048					112 509
其他制造业	6 798	2 745					1 200
废弃资源综合利用业	161 451	102 281					72 293
电力、热力生产和供应业	948 710	222 051					516 075
燃气生产和供应业	71 974	18 788					46 333

13-5 续表 2 （2013 年） 单位:万元

指 标 名 称	主营业务收入	# 主营业务成本	# 主营业务税金及附加	营业费用	管理费用	财务费用	# 利息支出
总 计	**9 036 844**	**7 801 096**	**58 042**	**135 156**	**304 775**	**164 610**	**167 911**
在总计中:亏损企业	1 186 415	1 165 183	3 277	25 557	92 062	77 212	77 667
在总计中:国有控股企业	235 549	188 082	1 598		3 559	1 671	3 056
在总计中:农村工业							
按登记注册类型分组							
港、澳、台商投资企业	4 603 177	4 015 805	27 157	43 708	157 568	137 738	150 382
合资经营企业(港或澳、台资)	2 756 394	2 486 411	14 809	17 754	104 833	112 746	124 888
港澳台商独资经营企业	1 344 791	1 103 359	7 509	17 212	31 521	23 570	24 235
港澳台商投资股份有限公司	447 419	376 109	4 365	8 311	20 524	754	897
外商投资企业	4 433 667	3 785 291	30 885	91 448	147 206	26 872	17 529
中外合资经营企业	2 441 799	2 061 788	20 138	62 038	97 688	11 408	9 958
中外合作经营企业	109 599	93 081	919	2 253	3 960	60	48
外资企业	1 882 269	1 630 422	9 829	27 157	45 559	15 404	7 523
外商投资股份有限公司							
按轻重工业分组							
轻工业	2 573 609	2 164 387	16 864	55 579	89 067	11 054	10 043
重工业	6 463 235	5 636 709	41 178	79 577	215 708	153 556	157 868
按企业规模分组							
大型企业	4 232 037	3 688 589	21 769	52 678	141 325	128 637	138 366
中型企业	2 014 403	1 727 929	15 807	40 683	86 955	12 943	9 346
小型企业	2 790 404	2 384 579	20 465	41 795	76 495	23 031	20 199
微型企业							
按行业分组							
黑色金属矿采选业	3 157	2 882	148	3	919	14	
农副食品加工业	404 985	344 650	3 008	6 822	7 929	1 226	1 058
食品制造业	164 687	136 826	862	3 450	5 959	538	282
酒、饮料和精制茶制造业	65 471	53 378	433	2 524	1 583	622	401
纺织业	356 992	303 969	2 156	6 984	11 551	3 157	2 752
纺织服装、服饰业	171 576	137 460	1 125	10 067	7 882	1 364	1 606
皮革、毛皮、羽毛及其制品和制鞋业	395 296	345 608	973	3 073	6 030	−114	157
木材加工和木、竹、藤、棕、草制品业	564 666	496 652	5 632	3 252	3 909	2 225	1 609
家具制造业	15 519	13 586	155	78	105	43	41
造纸和纸制品业	120 769	93 675	599	5 124	6 468	695	701
印刷和记录媒介复制业	80 971	65 309	1 069	873	4 623	966	921
文教、工美、体育和娱乐用品制造业	158 513	136 476	1 360	2 932	3 327	1 358	915
石油加工、炼焦和核燃料加工业	360 916	316 673	1 444	9 237	4 882	1 012	1 012
化学原料和化学制品制造业	1 484 529	1 379 053	4 842	6 325	80 949	96 252	111 606
医药制造业	220 299	194 032	1 630	632	945	376	360
化学纤维制造业	44 815	39 357	448	225	305	68	59
橡胶和塑料制品业	691 731	610 205	8 004	9 170	11 390	3 081	2 932
非金属矿物制品业	91 498	79 153	893	1 131	1 384	68	68
黑色金属冶炼和压延加工业	421 098	400 050	1 970	15 180	13 566	10 495	2 503
有色金属冶炼和压延加工业	167 506	152 363	1 670	2 452	3 269	163	163
金属制品业	110 948	92 904	778	1 918	2 192	1 961	1 755
通用设备制造业	166 514	133 262	1 662	6 580	12 209	4 610	1 715
专用设备制造业	1 000 599	814 760	5 936	13 099	43 745	2 949	3 060
汽车制造业	25 778	18 433	201	2 619	4 415	702	760
铁路、船舶、航空航天和其他运输设备制造业	72 623	66 398		321	2 005	945	399
电气机械和器材制造业	272 718	227 917	1 217	6 034	10 775	530	859
计算机、通信和其他电子设备制造业	314 795	260 320	2 231	7 422	22 812	−137	472
仪器仪表制造业	224 358	193 496	1 675	5 056	15 416	1 419	1 106
其他制造业	17 868	15 366	197	179	175	179	179
废弃资源综合利用业	95 392	110 755	343	69	1 724	5 752	4 981
电力、热力生产和供应业	718 921	539 093	5 351		8 667	21 703	23 329
燃气生产和供应业	31 339	27 035	33	2 325	3 665	392	152

13-5 续表 3 （2013 年） 单位:万元

指 标 名 称	营业利润	利润总额	亏损企业亏损总额	利税总额	营业外收入	本年应交增值税	全部职工年平均人数（人）
总 计	**604 204**	**627 093**	**172 928**	**1 009 164**		**310 602**	**73 481**
在总计中:亏损企业	−189 447	−172 928	172 928	−15 4759		11 814	13 314
在总计中:国有控股企业	52 092	52 489		7 0619		15 974	278
在总计中:农村工业							
按登记注册类型分组							
港、澳、台商投资企业	237 227	260 892	129 277	46 3611		168 903	36 607
合资经营企业(港或澳、台资)	30 255	50 756	121 700	14 7936		77 703	21 194
港澳台商独资经营企业	167 595	170 531	7 096	24 6135		66 663	13 736
港澳台商投资股份有限公司	36 992	37 220	482	6 4584		22 440	1 207
外商投资企业	366 977	366 202	43 651	54 5553		141 700	36 874
中外合资经营企业	204 621	205 063	6 994	32 7891		99 511	22 427
中外合作经营企业	9 326	9 326		1 6191		5 736	1 380
外资企业	153 029	151 812	36 656	20 1472		36 453	13 067
外商投资股份有限公司							
按轻重工业分组							
轻工业	238 157	238 472	6 966	36 2882		104 477	31 818
重工业	366 047	388 621	165 961	64 6283		206 125	41 663
按企业规模分组							
大型企业	204 730	217 216	128 754	35 9348		112 968	29 713
中型企业	140 972	141 197	21 646	24 8595		88 193	25 107
小型企业	258 502	268 680	22 529	40 1222		109 441	18 661
微型企业							
按行业分组							
黑色金属矿采选业	−808	−812	812	−303		362	200
农副食品加工业	41 407	41 424		63 393		18 950	2 266
食品制造业	17 123	17 382		23 943		5 699	2 331
酒、饮料和精制茶制造业	7 068	7 309		10 949		3 207	717
纺织业	30 157	31 935		41 805		7 714	7 168
纺织服装、服饰业	13 730	13 738		22 176		7 313	3 286
皮革、毛皮、羽毛及其制品和制鞋业	39 864	39 876	347	57 857		17 008	6 717
木材加工和木、竹、藤、棕、草制品业	52 996	52 989		84 667		26 047	6 205
家具制造业	1 552	1 552		2 407		700	270
造纸和纸制品业	13 656	11 790	4 900	18 376		5 988	1 591
印刷和记录媒介复制业	8 678	8 616		13 912		4 228	512
文教、工美、体育和娱乐用品制造业	13 115	13 115		19 811		5 336	2 669
石油加工、炼焦和核燃料加工业	27 669	27 669		42 277		13 164	1 815
化学原料和化学制品制造业	−85 945	−74 108	105 020	−49 259		20 007	8 789
医药制造业	22 994	22 994		35 846		11 222	719
化学纤维制造业	4 480	4 480		6 945		2 017	642
橡胶和塑料制品业	50 205	50 205		89 291		31 083	3 875
非金属矿物制品业	8 868	8 201		11 998		2 905	342
黑色金属冶炼和压延加工业	−20 306	−21 414	23 907	−12 087		7 357	4 726
有色金属冶炼和压延加工业	7 589	7 589		17 634		8 375	548
金属制品业	11 577	11 593	458	12 924		554	855
通用设备制造业	13 979	14 332	1 095	24 173		8 179	2 265
专用设备制造业	121 395	121 190	3 564	146 257		17 872	3 694
汽车制造业	−943	−482	482	1 204		1 485	487
铁路、船舶、航空航天和其他运输设备制造业	3 072	3 498	1 638	3 498			935
电气机械和器材制造业	29 289	29 229		40 952		10 506	3 200
计算机、通信和其他电子设备制造业	21 752	22 372	6 722	35 658		11 056	1 861
仪器仪表制造业	6 167	7 638	9 102	17 159		7 846	2 999
其他制造业	1 772	1 772		2 862		893	221
废弃资源综合利用业	−23 224	−14 879	14 879	−14 536			135
电力、热力生产和供应业	160 122	160 870		219 724		53 503	895
燃气生产和供应业	5 157	5 434		5 496		29	546

13–6 主要年份主要工业产品产量

单位:万吨

年份	铁矿石（成品矿）	生铁	原煤	发电量(亿千瓦小时)	铝锭（吨）	硫酸（吨）	合成氨	农用化肥（折100%）	水泥
1949			81	0.07					
1952	21.93		112	0.20					
1957	38.57	0.13	180	0.90					
1962	39.39	1.66	447	3.76	672			0.01	1.06
1965	45.98	1.63	472	4.43	930	5 594	0.05	0.32	14.52
1970	31.69	4.61	633	7.24	1 453	7 746	1.03	0.89	23.09
1975	25.12	11.08	899	15.99	2 103	10 840	3.41	2.68	33.29
1978	40.95	15.19	1 445	27.08	3 135	22 162	7.07	4.91	66.68
1979	44.49	18.16	1 510	38.65	3 616	21 559	9.72	6.96	79.77
1980	29.55	16.36	1 506	47.78	2 721	31 856	12.40	9.96	93.68
1981	23.36	12.18	1 451	50.48	3 686	21 690	12.64	10.14	109.32
1982	24.74	11.71	1 492	52.37	3 614	34 902	12.98	10.67	133.52
1983	30.02	14.73	1 580	53.70	3 378	50 119	14.12	11.99	152.45
1984	30.80	15.74	1 682	54.84	3 210	44 138	15.07	12.45	169.47
1985	30.48	16.52	1 803	58.35	3 062	35 469	14.33	11.59	203.03
1986	30.75	19.90	1 770	74.67	5 629	34 370	14.03	12.65	249.80
1987	33.59	22.82	1 866	89.98	5 649	46 067	15.05	14.03	293.35
1988	47.35	24.80	1 931	102.97	5 574	51 157	14.11	13.38	344.49
1989	51.57	23.39	2 042	105.64	5 929	56 695	13.50	13.22	291.01
1990	27.62	29.22	2 032	104.40	7 568	62 041	13.40	12.52	297.67
1991	26.25	28.60	2 118	106.75	8 096	83 813	11.32	13.17	348.87
1992	32.33	31.84	2 115	103.74	11 241	77 784	9.42	10.89	437.21
1993	98.53	35.63	2 138	111.92	12 081	60 200	11.68	10.68	542.69
1994	113.60	41.34	1 967	114.37	12 347	65 275	14.75	16.73	590.36
1995	95.00	52.00	2 344	119.38	19 385	85 610	14.86	19.76	1 031.48
1996	110.91	48.96	2 301	118.91	11 735	67 841	14.28	24.60	1 040.45
1997	49.62	55.78	2 243	139.17	11 294	87 388	16.98	24.01	975.83
1998	17.82	49.89	2 134	134.55	10 321	81 131	19.22	20.13	864.35
1999	17.82	40.36	2 089	136.65	11 828	3 746	16.69	16.68	937.84
2000	43.30	37.10	2 271	146.87	5 002		19.16	15.42	983.36
2001	15.34	51.05	2 261	155.29	12 055		19.08	16.49	892.69
2002	14.63	48.75	2 404	170.31	12 354	45 100	22.66	19.96	1 008.34
2003	15.54	95.10	2 572	198.95	12 566	50 000	21.55	17.89	1 134.82
2004	24.77	136.69	2 528	235.10	12 866	72 000	17.75	21.89	1 285.58
2005	14.45	152.53	2 597	309.97	10 764	66 600	36.96	29.58	1 295.66
2006	19.69	230.72	2 827	363.02	69 741	116 000	52.11	38.00	1 538.60
2007	21.74	245.76	2 363	316.56	98 474	249 105	55.97	38.15	1 812.31
2008	23.86	194.85	2 314	342.44	100 007	181 950	62.36	41.88	1 867.36
2009	50.31	246.60	2 236	330.77	106 997	64 400	61.11	43.93	2 654.32
2010	65.64	304.92	2 072	399.57	108 668	37 100	66.40	48.05	3 205.35
2011	75.18	337.63	2 025	453.66	109 980	77 200	82.35	52.73	2 850.29
2012	74.44	375.37	2 016	527.69	112 506	95 886	74.82	53.36	2 778.85
2013	75.99	522.43	1 972	574.70	57 076	143 983	98.61	53.98	2 488.69

13-6　续表　　　　单位:万吨

年　份	纱	布（万米）	机制纸及纸板	卷烟（万箱）	饮料酒（万千升）	合成洗涤剂	锻压机械（吨）	汽车起重机（台）	装载机（辆）	压路机（台）
1949	…			0.86	0.02					
1952	0.03	129	…	2.73	0.15					
1957	0.04	291	0.23	2.47	0.30					
1962	0.10	493	0.40	2.60	0.35					
1965	0.41	796	0.36	6.89	0.31					
1970	0.84	1 811	0.91	10.93	0.49	0.09				
1975	1.12	3 474	1.12	12.00	0.90	0.70				
1978	1.68	5 474	2.47	14.74	1.35	1.27				
1979	1.87	5 873	2.56	16.72	1.64	2.02				
1980	2.11	7 487	3.15	19.45	2.02	2.04				
1981	2.26	8 604	3.35	22.26	2.51	2.48		321		362
1982	2.45	8 860	4.19	26.23	2.67	3.00		245		485
1983	2.28	7 979	4.85	23.03	2.82	3.47		256		413
1984	2.29	7 307	5.69	26.04	2.54	4.08		244		520
1985	2.43	7 350	6.48	26.10	2.84	4.91		325		730
1986	2.67	7 954	8.61	30.12	3.23	5.47		414		957
1987	3.07	8 981	11.62	31.02	3.88	5.51		382		1 247
1988	3.54	11 032	13.87	32.22	4.38	5.72		438		1 224
1989	4.36	13 504	15.31	33.00	4.96	6.86		428		858
1990	3.63	12 112	16.44	33.50	4.99	7.25		419		802
1991	3.25	10 769	17.66	34.00	5.66	7.26		496		993
1992	3.93	11 938	18.83	34.00	6.85	6.31		696	723	1 392
1993	3.65	12 790	22.36	35.06	7.66	6.60		1 067	1 026	2 281
1994	4.20	11 673	32.13	33.09	9.80	6.83		1 005	929	2 183
1995	4.64	13 883	71.60	34.00	11.42	11.00		683	1 298	1 897
1996	5.16	12 807	69.65	34.02	13.85	9.86	14 977	414	1 358	1 979
1997	5.48	9 077	79.33	34.00	13.31	7.88	12 329	480	1 739	2 066
1998	4.49	7 361	44.67	34.50	13.18	7.08	9 451	516	1 706	2 478
1999	5.70	7 721	23.53	34.50	9.00	5.40	7 392	710	1 890	3 110
2000	7.16	8 196	32.65	34.40	8.50	11.72	11 942	1 087	1 777	2 466
2001	7.36	6 954	28.41	36.50	14.47	11.35	12 669	1 586	2 791	2 832
2002	8.89	6 315	43.52	37.80	14.43	7.20	13 430	2 961	3 997	3 816
2003	11.30	6 884	48.88	40.00	16.69	5.33	16 297	4 664	8 098	5 825
2004	47.38	7 231	58.74	55.20	42.16	6.67	12 653	5 264	10 146	4 724
2005	23.01	10 551	48.91	57.57	20.28	10.25	19 847	5 368	9 442	2 434
2006	33.64	7 800	69.62	57.45	21.50	10.00	24 119	7 298	8 799	2 697
2007	44.14	14 832	129.81	60.48	27.26	11.60	30 218	10 349	11 010	2 025
2008	48.84	13 016	99.11	56.68	27.99	7.75	22 668	12 932	11 623	2 721
2009	61.75	16 591	122.40	59.00	30.11	4.34	16 353	16 053	9 494	4 675
2010	81.58	16 056	105.54	60.94	45.73	1.44		18 623	15 212	6 874
2011	77.76	11 064	79.13	64.01	52.37	1.78		18 695	23 895	5 070
2012	83.89	16 966	123.11	64.41	66.23	1.39		14 139	19 199	3 604
2013	103.88	18 059	38.34	68.46	68.02			7 939	18 967	4 460

13-7 主要工业产品产量

（2013 年）

产品名称		产量	产品名称		产量
原煤	（万吨）	1 972.11	# 氮肥	（万吨）	52.30
洗煤	（万吨）	1 180.34	磷肥	（万吨）	0.88
铁矿石成品矿	（万吨）	75.99	化学农药	（万吨）	5.25
发电量	（亿千瓦/时）	574.70	塑料树脂及共聚物	（万吨）	15.66
配合饲料	（万吨）	53.01	合成洗涤剂	（万吨）	
发酵酒精（商品量）	（万吨）	27.80	轮胎外胎	（万条）	337.45
饮料酒（商品量）	（万千升）	68.02	塑料制品	（万吨）	4.47
卷烟	（万箱）	68.46	# 农业用薄膜	（万吨）	3.48
纱	（万吨）	103.88	水泥	（万吨）	2 488.69
布	（万米）	18 058.90	生铁	（万吨）	522.43
# 棉布	（万米）	18 058.90	软饮料	（万吨）	125.80
帘子布	（吨）		成品钢材	（万吨）	431.11
家用电冰箱	（万台）	390.01	# 焊接钢管	（万吨）	8.65
丝	（吨）	1 514.55	铝	（万吨）	5.71
多晶硅	（吨）	50 440	铝材	（万吨）	32.60
服装	（万件）	1 718.10	汽车起重机	（台）	7 939
鞣制皮革	（万平方米）	846.89	矿山设备	（吨）	6 400
液体乳	（吨）	721 958.43	人造板	（万立方米）	2 146.82
机制纸及纸板	（万吨）	38.34	装载机	（辆）	18 967
焦炭	（万吨）	960.80	压路机	（台）	4 460
盐酸（含量 31%以上）	（吨）		组合音响	（万台）	213.42
氢氧化钠（折 100%）	（吨）	90 003.38	摩托车	（万辆）	48.74
碳化钙	（吨）				
合成氨	（万吨）	98.61			
农用化学肥料	（万吨）	53.98			

主要统计指标解释

工业 指从事自然资源的开采，对采掘品和农产品进行加工和再加工的物质生产部门。具体包括:(1)对自然资源的开采,如采矿、晒盐、森林采伐等(但不包括禽兽捕猎和水产捕捞);(2)对农副产品的加工、再加工,如粮油加工、食品加工、轧花、缫丝、纺织、制革等;(3)对采掘品的加工、再加工,如炼铁、炼钢、化工生产、石油加工、机器制造、木材加工等,以及电力、自来水、煤气的生产和供应等;(4)对工业品的修理、翻新,如机器设备的修理、交通运输工具(包括小卧车)的修理等。

1984年以前农村的村及村以下办工业归属农业,1984年以后划归工业。

国有及国有控股企业 指国有企业加上国有控股企业。国有企业(即过去的全民所有制工业或国营工业)是指企业全部资产归国家所有,并按《中华人民共和国企业法人登记管理条例》规定登记注册的非公司制的经济组织。包括国有企业、国有独资公司和国有联营企业。1957年以前的公私合营和私营工业,后均改造为国营工业,1992年改为国有工业,这部分工业的资料不单独分列时,均包括在国有企业内。国有控股企业是对混合所有制经济的企业进行的"国有控股"分类。它是指这些企业的全部资产中国有资产(股份)相对其他所有者中的任何一个所有者占资(股)最多的企业。该分组反映了国有经济控股情况。

集体企业 指企业资产归集体所有,并按《中华人民共和国企业法人登记管理条例》规定登记注册的经济组织。是社会主义公有制经济的组成部分。包括城乡所有使用集体投资举办的企业，以及部分个人通过集资自愿放弃所有权并依法经工商行政管理机关认定为集体所有制的企业。

股份合作企业 指以合作制为基础，由企业职工共同出资入股,吸收一定比例的社会资产投资组建,实行自主经营,自负盈亏,共同劳动,民主管理,按劳分配与按股分红相结合的一种集体经济组织。

联营企业 指两个及两个以上相同或不同所有制性质的企业法人或事业单位法人,按自愿、平等、互利的原则,共同投资组成的经济组织。联营企业包括:

国有联营企业指国有企业与国有企业间的联营;

集体联营企业指集体企业与集体企业间的联营;

国有与集体联营企业指国有企业与集体企业间的联营。

有限责任公司 指根据《中华人民共和国公司登记管理条例》规定登记注册,由两个以上,五十个以下的股东共同出资,每个股东以其所认缴的出资额对公司承担有限责任,公司以其全部资产对其债务承担责任的经济组织。

有限责任公司包括国有独资公司以及其他有限责任公司。

股份有限公司 指根据《中华人民共和国企业法人登记管理条例》规定登记注册,其全部注册资本由等额股份构成并通过发行股票筹集资本，股东以其认购的股份对公司承担有限责任,公司以其全部资产对其债务承担责任的经济组织。

私营企业 指由自然人投资设立或由自然人控股，以雇佣劳动为基础的营利性经济组织。包括按照《公司法》、《合伙企业法》、《私营企业暂行条例》规定登记注册的私营有限责任公司、私营股份有限公司、私营合伙企业和私营独资企业。

港、澳、台商投资 指企业注册登记类型中的港、澳、台资合资、合作、独资经营企业和股份有限公司之和。

外商投资企业 指企业注册登记类型中的中外合资、合作经营企业、外资企业和外商投资股份有限公司之和。

"三资"企业系指港、澳、台商投资企业和外资企业的简称。

轻工业 指主要提供生活消费品和制作手工工具的工业。按其所使用的原料不同,可分为两大类:(1)以农产品为原料的轻工业是指直接或间接以农产品为基本原料的轻工业。主要包括食品制造、饮料制造、烟草加工、纺织、缝纫、皮革和毛皮制作,造纸以及印刷等工业;(2)以非农产品为原料的轻工业，是指以工业品为原料的轻工业。主要包括文教体育用品、化学药品制造、合成纤维制造、日用化学制品、日用玻璃制品、日用金属制品、手工工具制造、医疗器械制造、文化和办公用机械制造等工业。

重工业 是指为国民经济各部门提供物质技术基础的主要生产资料的工业。按其生产性质和产品用途,可以分为下列三类:(1)采掘(伐)工业,是指对自然资源的开采,包括石油开采、煤炭开采、金属矿开采、非金属矿开采和木材采伐等工业;(2)原材料工业,指向国民经济各部门提供基本材料、动力和燃料的工业。包括金属冶炼及加工、炼焦及焦炭化学、化工原料、水泥、人造板以及电力、石油和煤炭加工等工业;(3)加工工业,是指对工业原材料进行再加工制造的工业。包括装备国民经济各部门的机械设备制造工业、金属结构、水泥制品等工业,以及为农业提供的生产资料如化肥、农药等工业。

根据上述划分原则，修理业中以重工业产品为修理作业对象的划为重工业,反之划为轻工业。

工业总产值 是以货币表现的工业企业在一定时期内生产的已出售或可供出售工业产品总量，它反映一定时间内工业生产的总规模和总水平。它包括：在本企业内不再进行加工,经检验、包装入库(规定不需包装的产品除外)的成品价值,工业性作业价值,自制半成品、在产品期末期初差额价值(生产周期较长的企业计算)。工业总产值采用"工厂法"计算,即以工厂作为一个整体，按企业工业生产活动的最终成果来计算，企业内部不允许重复计算，不能把企业内部各个车间(分厂)生产的成果相加。但在企业之间、行业之间、地区之间存在着重复计算。

轻重工业总产值的划分也是按"工厂法"计算的,即一个工业企业在正常情况下生产的主要产品的性质属于轻工业,则该企业的全部总产值作为轻工业总产值；一个工业企业生产的主要产品的性质属于重工业，则该企业的全部总产值作为重工业总产值。

工业总产值(现行价格、新规定)与工业总产值(现行价格、原规定)的区别:

一是计算价格不同:新规定按不含增值税(销项税额)的价格计算;原规定按含增值税(销项税额)的价格计算。

二是全价与加工费的计算原则不同：新规定凡自备原材料,不论其生产繁简程度如何,一律按全价计算总产值,凡来料加工，一律按加工费计算总产值；原规定对此则有一些特殊规定，某些加工，允许按全价计算总产值，某些自备原材料生产只允许按加工费计算总产值，有关这些详细的特殊规定可参阅《工业统计主要指标解释》。

三是自制半成品、在产品期末期初差额价值的计算原则不同：新规定要求会计在产品成本核算时计算了这部分价值，工业总产值则应包括，否则，可不包括，原规定则是区分生产周期是否在六个月以上，凡生产周期在六个月以上，工业总产值包括这部分价值。否则，可不包括这部分价值。

工业总产值（1990年不变价格、新规定）与工业总产值（1990年不变价格、原规定）的区别：

一是对外加工费收入中，按现价计算部分的计算价格不同：新规定按不含增值税（销项税额）的价格计算对外加工费收入，原规定按含增值税（销项税额）的价格计算对外加工费收入。

二是全价与加工费的计算原则不同（同上）。

三是自制半成品、在产品期末期初差额价值的计算原则不同（同上）。

工业销售产值 是以货币表现的工业企业在一定时期内销售的本企业生产的工业产品产量。包括已销售的成品、半成品价值，对外提供的工业性作业价值和本单位基本建设部门、生活福利部门等提供的产品和工业性作业及自制设备的价值。已销售的成品、半成品不论是本期生产的、还是上期生产的，只要是本期销售出去的均包括在内。对外提供的工业性作业是指企业按合同对外提供的工业性劳务。企业为本单位基本建设部门、生活福利部门等提供的产品和工业性作业及自制设备也应视同销售，这部分也作为销售统计。

工业销售产值的计算范围、计算价格和计算方法与工业总产值一致，但两者计算的基础不同：工业销售产值计算的基础是产品销售总量，工业总产值计算的基础是工业产品生产总量。

工业增加值 是指工业企业在报告期内以货币表现的工业生产活动的最终成果。

固定资产原值 固定资产原值指企业在建造、购置、安装、改建、扩建、技术改造某项固定资产时所支出的全部货币总额。它一般包括买价、包装费、运杂费和安装费等。

固定资产净值 是指固定资产原价减去历年已提折旧额后的净额。

流动资产 流动资产是指可以在一年或者超过一年的一个营业周期内变现或者耗用的资产，包括现金及各种存款、短期投资、应收及预付货款、存货等。

利税总额 指产品销售税金及附加和利润总额之和。

资金利税率 指在一定时期内已实现的利润、税金总额与同期的资产（固定资产净值和流动资产）之比。计算公式：

$$\text{资金利税率}(\%)=\frac{\text{报告期累计实现利税总额}}{\text{固定资产净值平均余额}+\text{流动资产平均余额}}\times 100\%$$

税率反映每单位（通常是每万元）资金所提供的利润税金额。它是考察和评价部门或企业资金运用的经济效益、分析资金投入效果的主要分析指标。

工业成本利润率 指在一定时期内实现的利润与成本费用之比，是反映工业生产成本及费用投入的经济效益指标，同时也是反映降低成本的经济效益的指标。计算公式：

$$\text{工业成本费用利润率}(\%)=\frac{\text{利润总额}}{\text{成本费用总额}}\times 100\%$$

工业增加值率 指在一定时期内工业增加值占同期工业总产值的比重，反映降低中间消耗的经济效益。计算公式：

$$\text{工业增加值率}(\%)=\frac{\text{工业增加值(现价)}}{\text{工业总产值(现价)}}\times 100\%$$

流动资产周转次数 指在一定时期内流动资产的周转次数，反映流动资产的周转速度。计算公式：

$$\text{流动资金周转次数}=\frac{\text{产品销售收入}}{\text{全部流动资产平均余额}}\times 100\%$$

产品销售率 指一定时期内销售产值与同期全部工业总产值之比，反映工业产品生产已实现销售的程度。计算公式：

$$\text{工业产品销售率}(\%)=\frac{\text{报告期现价工业销售产值}}{\text{报告期现价工业总产值}}\times 100\%$$

产品销售收入 指企业销售产品的销售收入和提供劳务等主要经营业务取得的业务总额。

产品销售工厂成本 指企业销售产品和提供劳务等主要经营业务的实际成本。

全员劳动生产率 指根据产品的价值量指标计算的平均每一个职工在单位时间内的产品生产量。是考核企业经济活动的重要指标，是企业生产技术水平、经营管理水平、职工技术熟练程度和劳动积极性的综合表现。目前我国的全员劳动生产率是将工业企业的工业增加值除以同一时期全部职工的平均人数来计算的。计算公式：

$$\text{全员劳动生产率}=\frac{\text{工业增加值}}{\text{全部职工平均人数}}$$

资本金 指企业在工商行政管理部门登记的注册资金合计。企业资本金按投资主体可分为国家资本金、法人资本金、个人资本金和外商资本金等。资本金合计包括企业各种投资主体注册的全部资本金。

总资产 指企业拥有或控制的全部资产。包括流动资产、长期投资、固定资产、无形及递延资产、其他长期资产等，即为企业资产负债表的资产总计项。

（1）流动资产 指企业可以在一年内或者超过一年的一个生产周期内变现或耗用的资产合计。包括现金及各种存款、短期投资、应收及预付款项、存货等。

（2）固定资产 指企业固定资产净值、固定资产清理、在建工程、待处理固定资产损失所占用的资金合计。

（3）无形资产指企业长期使用而没有实物形态的资产。包括专利权、非专利技术、商标权、著作权、土地使用权、商誉等。

总负债 指企业承担并需要偿还的全部债务。包括流动负债和长期负债等，即为企业资产负债表的负债合计项。

（1）流动负债指企业在一年内或者超过一年的一个营业周期内需要偿还的债务合计，其中包括短期借款，应付及预收款项、应付工资、应交税金和应交利润等。

（2）长期负债指企业在一年以上或者超过一年的一个生产周期以上需要偿还的债务合计，其中包括长期借款、应付债务、长期应付款项等。

所有者权益 指企业投资人对企业净资产的所有权。企业净资产等于企业全部资产减去全部负债后的余额，其中包括投资者对企业的最初投入，以及资本公积金、盈余公积金和未分配利润，对股份制企业即为股东权益。

第 14 部分 建筑业

CONSTRUCTION

版面负责人：许　清

编　　　辑：刘云祥

中华人民共和国统计法

（1983 年 12 月 8 日第六届全国人民代表大会常务委员会第三次会议通过，根据 1996 年 5 月 15 日第八届全国人民代表大会常务委员会第十九次会议《关于修改〈中华人民共和国统计法〉的决定》修正，2009 年 6 月 27 日第十一届全国人民代表大会常务委员会第九次会议修订。）

第二章　统计调查管理

第十三条　统计调查项目的审批机关应当对调查项目的必要性、可行性、科学性进行审查，对符合法定条件的，作出予以批准的书面决定，并公布；对不符合法定条件的，作出不予批准的书面决定，并说明理由。

第十四条　制定统计调查项目，应当同时制定该项目的统计调查制度，并依照本法第十二条的规定一并报经审批或者备案。

统计调查制度应当对调查目的、调查内容、调查方法、调查对象、调查组织方式、调查表式、统计资料的报送和公布等作出规定。

统计调查应当按照统计调查制度组织实施。变更统计调查制度的内容，应当报经原审批机关批准或者原备案机关备案。

第十五条　统计调查表应当标明表号、制定机关、批准或者备案文号、有效期限等标志。

对未标明前款规定的标志或者超过有效期限的统计调查表，统计调查对象有权拒绝填报；县级以上人民政府统计机构应当依法责令停止有关统计调查活动。

编辑：李　广

14-1 建筑业企业主要经济指标

项　　目	2007	2008	2009	2010	2011	2012	2013
企业个数　（个）	349	449	425	364	347	389	443
#国有及国有控股企业	63	53	54	45	48	36	41
#内资企业	342	446	424	363	345	385	437
港、澳、台商投资企业	2	3	1	1	1	3	5
外商投资企业	1				1	1	1
期末从业人数　（人）	315 712	277 214	314 073	337 490	403 721	469 181	476 577
建筑业总产值　（亿元）	310.26	376.89	431.58	535.72	648.07	881.66	1 089.66
#建筑工程	298.17	342.16	400.52	510.88	631.59	829.68	1 020.97
安装工程	10.14	28.03	28.38	22.55	11.85	30.46	59.68
竣工产值　（亿元）	267.95	313.18	358.54	419.39	497.72	661.74	801.89
利润总额　（亿元）	19.08	17.49	19.53	24.50	28.33	36.32	58.61
税金总额　（亿元）	3.82	11.16	11.99	15.13	20.70	25.96	29.47
房屋建筑施工面积　（万平方米）	3 401.18	3 933.17	4 381.23	4 872.40	5 517.02	7 702.88	9 578.95
#本年新开工面积	2 274.18	2 280.08	2 795.05	3 120.05	3 145.48	4 707.61	5 115.57
房屋建筑竣工面积　（万平方米）		2 365.29	2 414.14	2 530.61	2 584.80	3 247.33	3 853.46
房屋建筑面积竣工率　（%）		60.10	55.10	51.90	46.90	42.20	40.02

注：本表资料包括有工作量的施工总承包和专业承包企业，不含劳务分包企业。

14–2 建筑业总承包和专业承包生产经营情况

（2013 年）　　　　单位：千元

项目	单位个数	签订的建筑合同额	上年结转建筑合同额	本年新签建筑合同额	直接从建设单位承揽工程完成的产值	自行完成施工产值	分包出去工程的产值
总　计	**443**	**162 206 244**	**44 798 618**	**117 407 626**	**106 271 962**	**106 145 331**	**126 631**
按行业分							
房屋建筑业	241	131 475 472	35 209 051	96 266 421	82 263 827	82 190 274	73 553
土木工程建筑业	80	21 972 912	8 123 020	13 849 892	16 806 882	16 794 894	11 988
建筑安装业	41	4 616 775	1 029 523	3 587 252	3 382 240	3 366 224	16 016
建筑装饰和其他建筑业	81	4 141 085	437 024	3 704 061	3 819 013	3 793 939	25 074
按登记注册类型分							
内资企业	437	162 119 785	44 798 490	117 321 295	106 135 460	106 011 983	123 477
国有企业	41	23 325 020	8 853 562	14 471 458	16 452 614	16 431 568	21 046
集体企业	28	3 017 705	651 523	2 366 182	2 524 606	2 495 606	29 000
股份合作企业	11	531 863	94 952	436 911	489 361	489 361	
联营企业	1	417 475	68 991	348 484	195 286	195 286	
有限责任公司	140	78 275 834	22 859 775	55 416 059	44 970 846	44 916 644	54 202
股份有限公司	38	4 974 655	1 062 228	3 912 427	3 709 008	3 708 992	16
私营企业	174	51 225 453	10 994 339	40 231 114	37 180 282	37 161 069	19 213
其他企业	4	351 780	213 120	138 660	613 457	613 457	
港、澳、台商投资企业	5	62 812	128	62 684	65 372	62 218	3 154
与港澳台商合资经营企业	2	7 037	128	6 909	9 597	6 443	3 154
与港澳台商合作经营企业	2	55 495		55 495	55 495	55 495	
港澳台商独资经营企业	1	280		280	280	280	
外商投资企业	1	23 647		23 647	71 130	71 130	
中外合资经营企业	1	23 647		23 647	71 130	71 130	
按企业控股情况分							
国有控股	54	29 956 417	10 484 750	19 471 667	20 582 956	20 561 910	21 046
集体控股	42	5 159 631	1 204 779	3 954 852	4 374 687	4 345 291	29 396
私人控股	333	125 767 057	32 865 019	92 902 038	79 931 696	79 858 661	73 035
港澳台商控股	3	7 317	128	7 189	9 877	6 723	3 154
其他	11	1 315 822	243 942	1 071 880	1 372 746	1 372 746	
按资质等级分							
施工总承包序列	288	152 435 169	42 297 954	110 137 215	98 951 729	98 867 100	84 629
施工总承包序列特级工程	1	6 363 190	3 337 784	3 025 406	5 330 702	5 330 702	
施工总承包序列一级工程	29	82 773 271	25 086 089	57 687 182	51 959 714	51 955 303	4 411
施工总承包序列二级工程	101	41 728 698	9 502 562	32 226 136	25 149 687	25 137 350	12 337
施工总承包序列三级工程	157	21 570 010	4 371 519	17 198 491	16 511 626	16 443 745	67 881
专业承包序列	155	9 771 075	2 500 664	7 270 411	7 320 233	7 278 231	42 002
专业承包序列一级工程	22	4 996 873	1 776 595	3 220 278	3 242 541	3 221 495	21 046
专业承包序列二级工程	51	3 038 811	555 109	2 483 702	2 558 760	2 554 642	4 118
专业承包序列三级工程	80	1 690 590	167 500	1 523 090	1 484 645	1 467 807	16 838
专业承包序列不分等级工程	2	44 801	1 460	43 341	34 287	34 287	

14-2 续表 1

（2013 年）

单位：千元

项 目	从建设单位以外承揽工程完成的产值	建筑业总产值	#装饰装修产值	建筑工程产值	安装工程产值	其他建筑业产值	在外省完成的产值
总 计	**2 820 973**	**108 966 304**	**2 708 348**	**102 097 016**	**5 967 831**	**901 457**	**52 339 780**
按行业分							
房屋建筑业	806 815	82 997 089	961 346	81 690 181	599 467	707 441	38 380 648
土木工程建筑业	1 511 139	18 306 033	6 711	15 660 599	2 485 813	159 621	10 086 508
建筑安装业	188 377	3 554 601	43 288	805 196	2 749 405		2 366 200
建筑装饰和其他建筑业	314 642	4 108 581	1 697 003	3 941 040	133 146	34 395	1 506 424
按登记注册类型分							
内资企业	2 727 147	108 739 130	2 652 675	101 877 354	5 960 764	901 012	52 310 252
国有企业	647 382	17 078 950	37 842	13 472 172	3 447 757	159 021	10 068 487
集体企业	114 605	2 610 211	21 380	2 205 354	331 136	73 721	398 318
股份合作企业	6 912	496 273	27 788	468 485	27 788		
联营企业		195 286		195 286			38 000
有限责任公司	720 496	45 637 140	1 033 204	44 267 403	1 003 438	366 299	24 528 146
股份有限公司	48 135	3 757 127	21 519	3 713 419	41 057	2 651	745 290
私营企业	1 100 220	38 261 289	1 509 874	36 857 921	1 106 383	296 985	16 472 942
其他企业	89 397	702 854	1 068	697 314	3 205	2 335	59 069
港、澳、台商投资企业	5 616	67 834	55 673	60 322	7 067	445	29 528
与港澳台商合资经营企业	5 616	12 059	4 840	5 489	6 125	445	
与港澳台商合作经营企业		55 495	50 553	54 553	942		29 528
港澳台商独资经营企业		280	280	280			
外商投资企业	88 210	159 340		159 340			
中外合资经营企业	88 210	159 340		159 340			
按企业控股情况分							
国有控股	807 219	21 369 129	88 395	17 662 509	3 451 557	255 063	11 568 700
集体控股	121 517	4 466 808	62 162	4 030 735	362 352	73 721	484 705
私人控股	1 854 991	81 713 652	2 552 671	79 841 217	1 385 437	486 998	39 640 843
港澳台商控股	5 616	12 339	5 120	5 769	6 125	445	
其他	31 630	1 404 376		556 786	762 360	85 230	645 532
按资质等级分							
施工总承包序列	1 633 832	100 500 932	971 673	95 080 592	4 553 378	866 962	48 764 551
施工总承包序列特级工程	122 354	5 453 056		5 287 955	6 080	159 021	5 298 392
施工总承包序列一级工程	308 440	52 263 743	858 754	48 803 827	3 068 202	391 714	36 088 685
施工总承包序列二级工程	789 525	25 926 875	51 705	24 393 383	1 339 715	193 777	5 724 838
施工总承包序列三级工程	413 513	16 857 258	61 214	16 595 427	139 381	122 450	1 652 636
专业承包序列	1 187 141	8 465 372	1 736 675	7 016 424	1 414 453	34 495	3 575 229
专业承包序列一级工程	620 515	3 842 010	1 176 878	3 460 671	381 339		2 232 197
专业承包序列二级工程	216 916	2 771 558	365 874	2 152 695	611 738	7 125	1 105 843
专业承包序列三级工程	349 710	1 817 517	193 923	1 399 263	390 884	27 370	237 189
专业承包序列不分等级工程		34 287		3 795	30 492		

14-2　续表 2　　　　（2013 年）　　　　单位:千元

项　　目	竣工产值	房屋新开工面积（平方米）	房屋施工面积	实行投标承包面积	房屋新开工面积
总　计	**80 189 091**	**51 155 733**	**99 789 520**	**94 762 740**	**48 823 931**
按行业分					
房屋建筑业	61 558 615	50 451 456	98 072 743	93 532 497	48 313 514
土木工程建筑业	12 082 211	70 168	854 236	538 291	18 468
建筑安装业	2 984 596	633 252	860 061	689 612	491 092
建筑装饰和其他建筑业	3 563 669	857	2 480	2 340	857
按登记注册类型分					
内资企业	80 121 835	51 082 145	99 715 932	94 762 740	48 823 931
国有企业	10 181 018	3 864 246	6 443 270	6 432 919	3 864 246
集体企业	2 416 500	939 427	1 739 789	1 550 149	863 580
股份合作企业	443 107	251 662	501 052	501 052	251 662
联营企业	177 086	98 197	228 448	228 448	98 197
有限责任公司	32 037 898	29 224 188	58 146 364	56 618 084	28 508 671
股份有限公司	3 398 538	2 101 518	4 254 400	3 402 324	1 854 384
私营企业	31 039 295	14 502 524	28 101 536	25 736 291	13 282 808
其他企业	428 393	100 383	301 073	293 473	100 383
港、澳、台商投资企业	28 751				
与港澳台商合资经营企业	8 674				
与港澳台商合作经营企业	19 797				
港澳台商独资经营企业	280				
外商投资企业	38 505	73 588	73 588		
中外合资经营企业	38 505	73 588	73 588		
按企业控股情况分					
国有控股	13 507 195	5 988 592	9 647 725	9 625 574	5 988 592
集体控股	4 473 920	1 209 227	2 153 299	1 702 659	872 380
私人控股	61 092 933	43 807 895	87 708 677	83 221 488	41 812 940
港澳台商控股	8 954				
其他	1 106 089	150 019	279 819	213 019	150 019
按资质等级分					
施工总承包序列	73 228 606	50 673 493	99 131 295	94 345 261	48 569 784
施工总承包序列特级工程	2 328 408		447 281	447 281	
施工总承包序列一级工程	34 790 079	23 418 259	53 352 606	52 463 515	23 169 306
施工总承包序列二级工程	21 167 171	16 873 037	27 740 839	26 471 773	16 564 418
施工总承包序列三级工程	14 942 948	10 382 197	17 590 569	14 962 692	8 836 060
专业承包序列	6 960 485	482 240	658 225	417 479	254 147
专业承包序列一级工程	3 314 981	163 445	163 445	72 850	
专业承包序列二级工程	2 094 196	81 595	87 894	29 481	29 481
专业承包序列三级工程	1 516 121	237 200	406 886	315 148	224 666
专业承包序列不分等级工程	35 187				

14-3 建筑业从业人员及工资

（2013 年）

项目	单位个数（个）	从业人员期末人数（人）	工程技术人员	#一级建造师
总计	**443**	**476 577**	**49 124**	**2 153**
按登记注册类型分				
内资企业	437	476 173	49 040	2 137
国有企业	41	60 036	6 561	426
集体企业	28	12 786	2 002	41
股份合作企业	11	3 300	680	13
联营企业	1	416	110	0
其他联营企业	1	416	110	0
有限责任公司	140	215 268	20 269	720
国有独资公司	1	634	82	14
其他有限责任公司	139	214 634	20 187	706
股份有限公司	38	25 317	2 409	69
私营企业	174	157 583	16 816	862
私营独资企业	13	3 097	987	28
私营合伙企业	1	388	47	0
私营有限责任公司	144	134 001	14 000	784
私营股份有限公司	16	20 097	1 782	50
其他企业	4	1 467	193	6
港、澳、台商投资企业	5	219	66	16
与港澳台商合资经营企业	2	43	20	1
与港澳台商合作经营企业	2	159	41	15
港澳台商独资经营企业	1	17	5	
外商投资企业	1	185	18	
中外合资经营企业	1	185	18	
按行业分				
房屋建筑业	241	392 758	35 684	1 206
土木工程建筑业	80	51 243	8 797	608
建筑安装业	41	16 661	2 019	135
建筑装饰和其他建筑业	81	15 915	2 624	204

14-4 建筑业总承包和专业承包财务状况

（2013 年）　　单位:千元

项目	单位个数	年初存货	流动资产	#应收工程款	#竣工工程	#存货	资产	负债
总计	**376**	**9 792 014**	**35 303 827**	**10 711 442**	**5 490 533**	**11 619 959**	**61 764 194**	**22 043 403**
按所有制类型分								
国有控股	49	2 659 463	10 669 129	3 957 033	1 304 552	2 685 100	15 284 490	7 695 718
集体控股	42	496 071	2 061 523	725 655	320 551	391 690	2 717 775	1 641 369
私人控股	277	6 500 588	22 225 938	5 939 944	3 819 038	8 448 935	43 210 692	12 493 431
港澳台商控股	2	5 493	5 461	1 716	1 671	3 013	12 564	5 812
其他	6	130 399	341 776	87 094	44 721	91 221	538 673	207 073
按企业资质等级分								
施工总承包序列	235	8 927 917	30 877 969	9 338 157	4 689 065	10 673 403	55 165 503	18 942 432
施工总承包序列特级工程	1	1 526 421	5 209 250	2 388 440	625 030	1 670 970	6 513 230	4 354 520
施工总承包序列一级工程	25	3 200 527	12 058 740	3 067 604	2 050 632	5 296 741	29 837 958	7 367 850
施工总承包序列二级工程	94	2 249 893	8 693 667	2 439 685	1 252 740	2 050 310	12 063 945	4 474 045
施工总承包序列三级工程	115	1 951 076	4 916 312	1 442 428	760 663	1 655 382	6 750 370	2 746 017
专业承包序列	141	864 097	4 425 858	1 373 285	801 468	946 556	6 598 691	3 100 971
专业承包序列一级工程	21	371 400	2 078 154	692 657	392 911	328 819	2 593 936	1 518 830
专业承包序列二级工程	50	316 999	1 525 289	437 684	294 480	435 378	2 897 758	1 034 722
专业承包序列三级工程	69	175 698	821 230	242 944	114 077	182 359	1 105 710	547 419
专业承包序列不分等级工程	1		1 185				1 287	
按行业分								
房屋建筑业	195	6 793 787	21 882 972	5 670 964	3 545 519	8 430 464	43 398 789	12 121 708
土木工程建筑业	73	2 253 415	10 499 845	4 242 745	1 498 206	2 508 745	14 544 906	8 059 352
建筑安装业	31	221 655	841 879	215 649	145 285	239 121	1 133 031	577 242
建筑装饰和其他建筑业	77	523 157	2 079 131	582 084	301 523	441 629	2 687 468	1 285 101
按登记注册类型分								
内资企业	372	9 786 521	35 200 196	10 705 626	5 487 872	11 580 356	61 582 599	21 976 725
国有企业	37	2 508 771	9 157 962	3 418 969	1 098 203	2 566 736	12 401 861	6 805 704
集体企业	28	294 408	1 179 566	366 109	166 748	196 054	1 527 166	855 643
股份合作企业	10	36 411	279 314	135 931	95 123	56 509	381 709	120 779
联营企业	1	4 800	72 630	45 780	22 500	25 500	86 000	4 900
有限责任公司	130	4 066 710	13 989 202	3 800 252	2 169 616	4 901 863	18 343 443	8 645 700
股份有限公司	36	359 702	1 218 519	286 544	160 124	378 290	1 628 849	680 591
私营企业	127	2 505 090	9 241 727	2 602 581	1 753 747	3 450 287	27 144 113	4 835 566
其他企业	3	10 629	61 276	49 460	21 811	5 117	69 458	27 842
港、澳、台商投资企业	3	5 493	5 461	1 716	1 671	3 013	52 439	19 777
与港澳台商合资经营企业	1	5 493	4 498	890	845	3 013	11 601	5 708
与港澳台商合作经营企业	1						39 875	13 965
港澳台商独资经营企业	1		963	826	826		963	104
外商投资企业	1		98 170	4 100	990	36 590	129 156	46 901

14-4　续表 1　（2013 年）　单位：千元

项　目	营业收入	主营业务收入	营业成本	主营业务成本	营业税金及附加	主营业务税金及附加	其他业务利润
总　计	**56 598 353**	**56 503 307**	**48 997 191**	**48 832 517**	**2 177 334**	**2 034 595**	**36 963**
按所有制类型分							
国有控股	11 879 254	11 844 198	10 282 151	10 261 126	406 019	405 579	6 080
集体控股	2 487 459	2 471 444	2 002 911	1 964 441	77 667	77 370	4 438
私人控股	41 796 313	41 754 398	36 352 220	36 247 112	1 677 397	1 535 404	24 399
港澳台商控股	1 016	950	758	687	34	25	52
其他	434 311	432 317	359 151	359 151	16 217	16 217	1 994
按企业资质等级分							
施工总承包序列	51 050 846	50 989 666	44 485 991	44 357 161	1 992 331	1 849 855	20 714
施工总承包序列特级工程	4 136 670	4 119 830	3 631 700	3 617 030	139 030	138 730	
施工总承包序列一级工程	27 072 900	27 070 966	23 950 098	23 949 941	912 352	912 352	817
施工总承包序列二级工程	12 754 329	12 739 029	10 963 091	10 870 688	607 250	469 837	8 317
施工总承包序列三级工程	7 086 947	7 059 841	5 941 102	5 919 502	333 699	328 936	11 580
专业承包序列	5 547 507	5 513 641	4 511 200	4 475 356	185 003	184 740	16 249
专业承包序列一级工程	2 914 986	2 900 147	2 413 384	2 409 175	100 305	100 218	4 738
专业承包序列二级工程	1 700 869	1 692 499	1 400 395	1 393 731	52 297	52 161	3 105
专业承包序列三级工程	916 382	905 725	684 223	659 252	32 016	31 976	8 406
专业承包序列不分等级工程	15 270	15 270	13 198	13 198	385	385	
按行业分							
房屋建筑业	42 258 448	42 234 787	37 024 013	36 922 656	1 699 739	1 557 752	6 704
土木工程建筑业	10 713 389	10 655 066	8 996 161	8 958 652	359 323	358 763	21 120
建筑安装业	1 401 189	1 401 189	1 187 344	1 163 864	44 654	44 654	–168
建筑装饰和其他建筑业	2 225 327	2 212 265	1 789 673	1 787 345	73 618	73 426	9 307
按登记注册类型分							
内资企业	56 555 590	56 460 610	48 961 265	48 796 732	2 176 094	2 033 364	36 911
国有企业	9 555 623	9 532 923	8 222 840	8 208 170	329 284	328 984	3 830
集体企业	1 721 818	1 709 068	1 444 218	1 406 449	58 272	58 092	2 461
股份合作企业	268 912	268 912	225 202	225 202	9 302	9 302	
联营企业	3 600	3 600	3 060	3 060	195	195	
有限责任公司	21 616 275	21 583 239	18 854 568	18 826 704	908 247	770 343	8 333
股份有限公司	1 870 228	1 870 228	1 546 259	1 544 237	66 371	66 371	
私营企业	21 368 842	21 349 508	18 540 277	18 458 069	799 171	794 825	15 127
其他企业	150 292	143 132	124 841	124 841	5 252	5 252	7 160
港、澳、台商投资企业	16 741	16 675	13 738	13 667	560	551	52
与港澳台商合资经营企业	736	670	533	462	25	16	52
与港澳台商合作经营企业	15 725	15 725	12 980	12 980	526	526	
港澳台商独资经营企业	280	280	225	225	9	9	
外商投资企业	26 022	26 022	22 188	22 118	680	680	

14-4 续表 2 （2013 年） 单位：千元

项 目	销售费用	管理费用	管理费用中的税金	销售费用中的差旅费	管理费用中的工会经费
总 计	**295 267**	**2 346 848**	**86 164**	**211 911**	**32 224**
按所有制类型分					
国有控股	38 163	614 188	21 299	113 255	9 683
集体控股	6 460	303 664	9 453	6 592	3 968
私人控股	242 837	1 410 837	55 157	86 587	18 482
港澳台商控股	194	326	31	24	
其他	7 613	17 833	224	5 453	91
按企业资质等级分					
施工总承包序列	268 191	1 839 130	75 098	108 381	25 077
施工总承包序列特级工程	110	177 130	2 860	15 300	2 402
施工总承包序列一级工程	122 331	837 303	19 692	37 258	7 585
施工总承包序列二级工程	112 224	515 815	37 992	21 546	9 174
施工总承包序列三级工程	33 526	308 882	14 554	34 277	5 916
专业承包序列	27 076	507 718	11 066	103 530	7 147
专业承包序列一级工程	9 286	268 592	6 242	89 030	5 745
专业承包序列二级工程	8 505	106 654	3 021	5 679	676
专业承包序列三级工程	8 864	130 906	1 786	8 790	726
专业承包序列不分等级工程	421	1 566	17	31	
按行业分					
房屋建筑业	225 041	1 340 795	52 832	72 437	18 201
土木工程建筑业	29 204	769 058	24 561	114 932	11 719
建筑安装业	14 566	81 155	4 412	6 930	239
建筑装饰和其他建筑业	26 456	155 840	4 359	17 612	2 065
按登记注册类型分					
内资企业	293 831	2 344 721	86 133	211 887	32 224
国有企业	25 415	544 951	16 469	107 241	9 251
集体企业	5 536	162 711	7 433	4 831	2 435
股份合作企业	1 259	14 282	281	447	288
联营企业	13	26			
有限责任公司	83 336	770 661	26 602	30 953	8 274
股份有限公司	55 01	110 588	8 207	18 720	2 144
私营企业	171 514	7 38 290	27 009	49 156	9 465
其他企业	1 257	3 212	132	539	367
港、澳、台商投资企业	646	1 222	31	24	
与港澳台商合资经营企业	193	284	30	24	
与港澳台商合作经营企业	452	896			
港澳台商独资经营企业	1	42	1		
外商投资企业	790	905			

14-4 续表 3

（2013 年）

单位：千元

项 目	财务费用	利润总额	营业利润	本年应付职工薪酬	土地和固定资产支出
总 计	**243 442**	**2 743 040**	**2 946 990**	**11 319 841**	**251 061**
按所有制类型分					
国有控股	58 011	491 689	503 487	1 957 958	92 119
集体控股	13 874	138 020	134 556	402 927	5 155
私人控股	168 457	2 080 699	2 276 289	8 862 891	153 787
港澳台商控股	3	28	50	786	
其他	3 097	32 604	32 608	95 279	
按企业资质等级分					
施工总承包序列	219 914	2 434 219	2 628 818	10 506 428	244 436
施工总承包序列特级工程	6 180	171 670	171 530	503 590	89 280
施工总承包序列一级工程	77 624	1 198 554	1 270 909	5 394 912	1 645
施工总承包序列二级工程	84 398	643 065	674 489	2 884 086	79 467
施工总承包序列三级工程	51 712	420 930	511 890	1 723 840	74 044
专业承包序列	23 528	308 821	318 172	813 413	6 625
专业承包序列一级工程	14 646	108 263	113 275	381 232	2 370
专业承包序列二级工程	7 191	125 523	128 778	261 491	547
专业承包序列三级工程	1 667	75 359	76 443	168 245	3 708
专业承包序列不分等级工程	24	–324	–324	2 445	
按行业分					
房屋建筑业	143 187	1 983 455	2 175 310	9 059 587	153 374
土木工程建筑业	79 574	494 412	508 165	1 485 074	92 937
建筑安装业	7 380	88 423	89 391	389 269	530
建筑装饰和其他建筑业	13 301	176 750	174 124	385 911	4 220
按登记注册类型分					
内资企业	242 514	2 741 537	2 945 465	11 309 226	251 061
国有企业	53 264	398 424	402 513	1 536 391	90 624
集体企业	5 313	88 656	93 629	257 216	3 138
股份合作企业	1 159	17 482	17 743	66 176	
联营企业		306	306	11 235	
有限责任公司	78 686	1 008 856	1 190 781	4 578 597	13 022
股份有限公司	27 148	114 525	114 500	401 963	1 292
私营企业	76 560	1 105 760	1 117 607	4 431 597	76 455
其他企业	384	7528	8 386	26 051	66 530
港、澳、台商投资企业	332	570	592	7 655	
与港澳台商合资经营企业	3	25	47	628	
与港澳台商合作经营企业	329	542	542	6 869	
港澳台商独资经营企业	0	3	3	158	
外商投资企业	596	933	933	2 960	

主要统计指标解释

建筑业总产值（即自行完成施工产值） 指建筑业企业或附属施工单位自行完成的按工程进度计算的建筑安装生产总值。施工产值包括：

①建筑工程产值：指列入建筑工程预算内的各种工程价值。

②设备安装工程产值:指设备安装工程价值。

③房屋、构筑物修理产值:指房屋、构筑物修理所完成的价值,但不包括被修理房屋、构筑物本身的价值和生产设备的修理价值。

④非标准设备制造产值:指加工制造没有定型的、非标准的生产设备的加工费和原材料价值，不论是现场还是附属加工厂为本单位承建工程制造的非标准设备的价值，都应计算产值。

竣工产值 指在报告期内，按照设计所规定的工程内容全部完成,达到了设计规定的交工条件,经有关部门检查验收鉴定合格的单位工程价值之和。

房屋建筑施工面积 指在报告期内施工的全部房屋建筑面积。包括本期内新开工的、上期施工跨入本期继续施工、上期停建本期复工的房屋建筑面积;不包括上期开工后又停工，本期未施工的房屋建筑面积。

房屋建筑竣工面积 指在报告期内，按照设计所规定的工程内容全部完成,达到了设计规定的交工条件,经有关部门检查验收鉴定合格的房屋建筑面积。

住宅竣工面积 指房屋建筑竣工面积中供居住用的房屋建筑竣工面积。

自有机械设备年末总台数 指归本企业(或单位)所有，属于本企业固定资产的生产性机械设备年末总台数。包括施工机械、生产设备、运输设备以及其他设备。

自有机械设备年末总功率 指本企业(或单位)自有施工机械、生产设备、运输设备以及其他设备等列为在册固定资产的生产性机械设备年末总功率,按设定能力或查定能力计算。包括机械本身的动力和为该机械服务的单独动力设备，如电动机等。计算单位用千瓦,动力换算可按 1 马力 =0.735 千瓦折合成千瓦数。电焊机、变压器、锅炉不计算动力。

工程结算收入 指企业(或单位)按工程的分部分项自行完成的建筑产品价值并已与甲方在报告期内办理结算手续的工程价款收入，以及向甲方收取的除工程价款以外的按规定列作营业收入的各种款项,如临时设施费、劳动保险费、施工机械调迁费等以及向甲方收取的各种索赔款。

工程结算利润 指已结算工程实现的利润，如为亏损以“–”号表示。其计算公式为：

工程结算利润 = 工程结算收入
– 工程结算成本
– 工程结算税金及附加

企业总收入 指与企业生产经营直接有关的各项收入，包括工程结算收入和其他业务收入,即：

企业总收入 = 工程结算收入
+ 其他业务收入

第 15 部分 交通运输和邮电

TRANSPORTATION, POSTAL AND TELECOMMUNICATIONS SERVICES

版面负责人：张玉强

编　　　辑：王　楠

中华人民共和国统计法

（1983年12月8日第六届全国人民代表大会常务委员会第三次会议通过，根据1996年5月15日第八届全国人民代表大会常务委员会第十九次会议《关于修改〈中华人民共和国统计法〉的决定》修正，2009年6月27日第十一届全国人民代表大会常务委员会第九次会议修订。）

第二章　统计调查管理

第十六条　搜集、整理统计资料，应当以周期性普查为基础，以经常性抽样调查为主体，综合运用全面调查、重点调查等方法，并充分利用行政记录等资料。

重大国情国力普查由国务院统一领导，国务院和地方人民政府组织统计机构和有关部门共同实施。

第十七条　国家制定统一的统计标准，保障统计调查采用的指标涵义、计算方法、分类目录、调查表式和统计编码等的标准化。

国家统计标准由国家统计局制定，或者由国家统计局和国务院标准化主管部门共同制定。

国务院有关部门可以制定补充性的部门统计标准，报国家统计局审批。部门统计标准不得与国家统计标准相抵触。

第十八条　县级以上人民政府统计机构根据统计任务的需要，可以在统计调查对象中推广使用计算机网络报送统计资料。

第十九条　县级以上人民政府应当将统计工作所需经费列入财政预算。

重大国情国力普查所需经费，由国务院和地方人民政府共同负担，列入相应年度的财政预算，按时拨付，确保到位。

编辑：李　广

15-1 全社会客、货运量

年 份	全社会客运量（万人）	# 铁路	# 公路	全社会货运量（万吨）	# 铁路	# 公路	# 水运
1978	2 030	636	1 394	2 608	1 480	652	.93
1979	2 305	671	1 634	3 154	1 555	681	89
1980	2 724	712	2 012	3 252	1 588	724	75
1981	2 958	741	2 217	3 026	1 468	703	59
1982	3 174	806	2 368	3 230	1 561	825	72
1983	3 133	859	2 274	3 605	1 642	894	71
1984	3 358	943	2 415	5 428	1 727	2 314	100
1985	3 590	967	2 617	6 280	1 814	2 643	326
1986	3 570	964	2 600	7 866	1 850	4 264	335
1987	3 602	1 073	2 528	6 962	1 944	2 966	649
1988	3 790	1 166	2 624	7 022	2 007	2 996	550
1989	3 471	985	2 486	6 394	2 078	2 673	330
1990	3 156	800	2 356	6 073	2 021	2 115	350
1991	2 962	809	2 153	6 189	2 040	2 789	351
1992	3 766	846	2 920	11 069	2 041	7 289	611
1993	4 288	852	3 435	8 832	2 127	4 475	780
1994	4 652	839	3 811	10 350	2 051	6 760	564
1995	6 071	852	5 216	10 859	2 022	6 717	1 182
1996	8 396	703	7 691	8 792	1 981	5 184	1 170
1997	7 552	764	6 786	7 851	1 736	4 396	754
1998	6 863	807	6 048	8 573	1 558	4 608	514
1999	6 647	827	5 812	8 884	1 663	4 367	655
2000	7 255	802	6 443	9 669	1 700	4 788	565
2001	7 411	793	6 610	9 785	1 613	4 906	605
2002	7 544	758	6 775	9 907	1 561	5 004	611
2003	7 056	755	6 292	10 066	1 543	5 052	620
2004	7 391	775	6 601	11 348	1 535	5 225	662
2005	8 099	878	7 202	14 022	1 487	6 114	889
2006	8 688	946	7 712	16 459	1 635	7 494	1 006
2007	10 007	1 074	8 892	18 480	1 924	8 678	1 211
2008	21 787	1 218	20 529	23 852	2 264	11 508	1 982
2009	24 042	1 263	22 728	25 708	2 191	12 577	2 133
2010	27 761	1 770	25 926	37 227	9 944	14 758	2 548
2011	23 238	1 879	21 275	35 772	5 582	16 829	2 870
2012	24 892	1 627	23 168	34 851	1 300	18 697	3 268
2013	16 758	1 832	14 814	33 926	1 054	15 455	4 799

注:铁路运量统计口径为徐州铁路段辖区内发送量;2008–2010 年公路客货运量统计口径变化,与往年不可比,下同。2011 年及以后公路、水运运输量数据为营业性口径。2013 年公路和水路等交通行业开展专项调查,统计口径调整,与往年不可比,下同。

15-2　全社会客、货运周转量

年　份	全社会旅客周转量（万人公里）	# 铁路	# 公路	全社会货物周转量（万吨公里）	# 铁路	# 公路	# 水运
1978	249 885	209 321	40 564	1 461 029	1 211 408	8 148	4 175
1979	280 183	232 768	47 415	1 945 564	1 257 756	7 108	4 254
1980	328 530	271 097	27 433	2 035 244	1 306 257	8 292	5 341
1981	354 602	291 774	62 828	2 014 909	1 313 585	8 012	6 048
1982	396 156	324 347	71 089	2 153 718	1 427 133	27 578	27 401
1983	446 877	370 740	76 137	2 443 326	1 550 139	30 261	29 023
1984	524 323	435 110	89 213	2 769 988	1 659 775	31 759	39 641
1985	636 545	519 962	116 583	3 972 158	1 885 098	86 866	60 720
1986	700 973	566 359	134 614	3 357 828	2 028 709	117 208	64 142
1987	761 646	622 238	139 408	3 513 177	2 166 558	107 961	159 184
1988	863 036	698 324	164 712	3 757 313	2 292 214	120 665	157 360
1989	811 599	655 742	155 857	3 692 471	2 411 734	118 930	75 266
1990	731 765	594 649	137 116	3 646 275	2 440 213	100 950	85 224
1991	765 362	641 282	124 080	3 640 834	2 448 681	105 308	129 739
1992	876 627	690 096	186 531	4 104 274	2 616 319	335 316	247 925
1993	952 195	703 043	249 152	3 982 741	2 585 799	289 800	294 285
1994	975 802	733 088	241 388	4 387 480	2 751 855	510 032	357 622
1995	1 133 265	722 493	410 772	4 532 499	2 913 515	418 798	482 039
1996	1 255 579	649 085	606 494	4 351 716	2 881 365	453 610	303 121
1997	1 169 395	672 572	492 123	4 217 829	2 738 316	374 707	424 301
1998	1 124 114	682 681	433 247	4 347 608	2 616 333	379 284	262 986
1999	1 085 420	750 026	326 643	4 545 083	2 596 163	315 891	339 687
2000	1 245 191	798 664	436 691	5 144 815	2 932 469	360 929	290 348
2001	1 275 512	798 041	468 827	5 328 880	2 986 021	380 641	284 023
2002	1 320 343	827 071	482 892	5 442 417	3 133 544	388 254	288 283
2003	1 226 127	777 297	440 100	5 665 478	3 291 712	380 600	292 100
2004	1 433 951	952 020	466 991	6 287 747	3 387 300	393 350	313 013
2005	910 143	390 075	500 744	5 472 847	2 043 649	415 973	322 130
2006	983 361	420 286	533 069	7 882 829	3 247 052	494 458	370 967
2007	1 134 788	477 154	616 228	9 197 322	3 820 996	576 538	438 112
2008	1 894 734	541 130	1 313 499	10 979 772	4 496 224	1 310 599	595 947
2009	2 071 224	560 914	1 459 164	11 297 204	4 351 249	1 435 633	642 617
2010	2 525 059	786 149	1 673 070	27 608 783	19 747 916	1 787 616	781 570
2011	2 141 370	891 641	1 165 102	32 106 411	23 393 492	2 173 726	914 555
2012	2 153 325	780 924	1 274 989	15 071 042	5 820 209	2 464 381	1 055 362
2013	1 796 552	929 866	805 737	16 143 302	4 717 912	3 686 573	1 545 684

15-3 主要年份运输线路长度

单位:公里

指标	1990	1995	2000	2005	2007	2008	2009	2010	2011	2012	2013
民用航空											
民用航空线条数 (条)	4	2	13	13	17	20	22	22	21	22	25
民用航空线里程 (万公里)	0.2	0.13	1.3	1.3	1.7	2.0	2.2	2.2	2.1	2.2	2.5
铁路											
铁路正线延展里程	465	465	711	736	736	736					781
铁路营业里程	258	258	359	381	381	381					386
公路线路里程											
按技术级别分类											
等级公路里程	2 964	2 930	2 658	10 167	12 146	13 602	14 380	14 965	15 028	15 135	15 207
高速				299	350	350	350	412	412	441	441
一级		435	634	732	815	879	906	1 039	1 101	1 124	1 136
二级	616	378	581	1 273	1 439	1 512	1 523	1 527	1 530	1 531	1 522
三级	214	344	572	996	1 201	1 157	1 141	1 195	1 183	1 190	1 241
四级	1 781	1 507	871	6 867	8 341	9 705	10 460	10 792	10 802	10 849	10 866
等外公路	353	266		739	3 077	1 800	1 381	1 210		1 143	1 125
按行政级别分类											
国道	307	306	362	589	589	737	735	730	730	730	730
省道	515	518	466	703	768	647	647	735	732	760	760
县道	892	872	842	693	2 244	2 269	2 269	2 309	2 309	2 310	2 311
乡道	1 049	1 073	988	8 921	5 928	5 892	5 889	5 888	5 887	5 887	5 887
内河航道通航里程	**534**	**540**	**639**	**1 039**	**1 039**	**1 039**	**1 039**	**1 039**	**1 039**	**1 033**	**1 033**
输油管道里程											
管道条数 (条)	3	3	8	14	21	28	28	28	29	29	30
延展长度	1 252	1 252	2 375	4 652	5 295	5 823	5 891	5 891	6 265	6 265	6 291

注:公路线路里程2000年以前为交通部门养管里程,2001年及以后为全社会口径;2007年开展县道网规划,将低级公路升级为县道。输油管道为中石化全公司口径。铁路里程为徐州市界内铁路线里程。

15–4　全社会交通运输量

（2013 年）

指　　标	客运量（万人）	旅客周转量（万人公里）	货运量（万吨）	货物周转量（万吨公里）
全市合计	**16 758**	**1 796 552**	**33 926**	**16 143 302**
航空	111	111 281	1	630
铁路	1 832	879 543	1 054	4 717 912
公路	14 814	805 737	15 455	3 686 573
水运			4 799	1 545 684
管道			12 618	6 192 504
内河港口吞吐量			**8 226**	

15–5　市区全社会交通运输量

（2013 年）

指　　标	客运量（万人）	旅客周转量（万人公里）	货运量（万吨）	货物周转量（万吨公里）
合　计	**12 202**	**1 663 513**	**21 354**	**11 972 923**
航　空	111	111 281	1	630
铁　路	1 608	771 840	248	1 110 096
公　路	10 259	672 698	7 529	1 012 084
水　运			153	49 793
管　道			12 618	6 192 504
内河港口吞吐量			3 839	

注:铁路客、货运周转量是指徐州铁路段辖区数,管道运量及周转量为中石化储运公司全辖数;2010 年起根据区划调整市区范围包括贾汪区和铜山区。

15-6 主要年份全社会民用车辆船舶数

指 标	1990	1995	2000	2005	2010	2011	2012	2013
机动车总计 （辆）	**105 958**	**194 285**	**497 359**	**752 002**	**1 136 878**	**1 128 630**	**1 263 934**	**1 339 294**
# 私人车辆拥有量	78 370	139 813	433 885	701 767	1 050 715	1 031 943	1 161 686	1 232 192
汽车	39 949	78 185	214 713	308 628	432 612	526 776	624 472	684 546
# 私人车辆拥有量	2 872	7 446	19 412	262 656	356 532	441 700	517 040	591 203
# 载客汽车	7 674	17 748	29 031	78 349	160 323	220 992	478 173	532 586
# 大（中）型	1 390	1 940	2 574	8 023	293 120	383 701	12 768	12 175
小（微）型	6 282	15 808	26 457	70 326	11 865	12 606	465 405	520 411
载货汽车	21 773	39 651	35 666	36 177	281 255	371 095	112 214	121 542
# 重（中）型	16 109	27 592	24 086	20 319	87 464	101 461	66 632	73 083
轻（微）型	5 664	12 059	11 580	15 858	53 111	61 868	45 582	48 459
其他汽车	10 502	20 786	150 016	194 102	34 353	39 593	34 085	30 418
摩托车	14 361	48 131	253 357	438 479	687 361	581 717	617 291	630 345
全挂车	5 655	7 446	2 955	658	545	457	438	406
半挂车			4 465	4 234	16 357	19 677	21 730	23 996
运输船舶总计 （艘）		**5 751**	**6 740**	**5 428**	**4 374**	**4 356**	**4 310**	**4 272**
机动船		3 045	2 176	655	806	931	1 019	1 146
（吨位）		146 701	177 780	54 583	311 516	524 603	681 650	873 700
# 货船		2 705	1 679	351	518	618	711	843
（吨位）		146 701	177 780	45 234	311 516	524 603	681 650	873 700
拖船		340	441	304	288	313	430	303
非机动船		2 706	4 564	4 773	3 568			
# 驳船		2 706	4 564	4 773	3 568	3 425	3 291	3 126
（吨位）		223 321	645 466	1 625 614	1 591 410	1 631 804	1 621 674	1 593 750

注：2004 年以前载客汽车和载货汽车均未含专用（特种）车；2007 年运输船舶按现有检验次数统计。

15-7　主要年份邮政电信情况

指　　标	1990	1995	2000	2005	2008	2009	2010	2011	2012	2013
邮电局总数（处）	262	316	372	812	316	443		241	241	246
邮路总长度（公里）	4 002	5 047	5 368	5 900	7 184	7 137	5 753	5 980	5 980	6 276
农村投递线路长度（公里）	20 477	21 706	21 961	21 666	22 491	23 106	25 495	25 725	25 725	26 479
电话局用交换机总容量（万门）	5.04	45.35	136.25	348.78	1 185.08	1 449.07	1 131 .70	362.27	362.27	328.10
本地电话年末用户（万户）	7.23	29.45	77.51	278.53	238.88	187.04	177.21	232.53	176.47	161.01
#城市	5.61	23.19	39.05	165.65	122.44	108.96	86.09	166.03	107.61	95.52
#移动市话				77.82	64.89	39.41	22.24	89.76	97.69	5.68
移动电话（万户）		1.36	32.27	154.97	368.80	516.58	600.72	681.97	760.87	761.20
互联网宽带接入用户数(万户)				21.41	48.80	59.18	70.10	76.83	95.82	102.92
邮电业务总量（亿元）	0.62	3.88	17.73	36.26	51.62	53.14	73.39	55.62	62.38	78.46
邮电业务收入（亿元）			13.06	27.05	32.04	45.19	48.14	55.41	61.58	69.40
计费函件(不含广告)(万件)	2 463	2 579	2 289	2 041	3 202	3 407	4 728	4 770	4 527	2 613
包　件（万件）	26	71	39	49	33	41	26	16	17	23
汇　票（万张）	97	108	96	71	146	237		178	226	114
订销报刊累计（万份）	10 291	17 075	16 451	9 116	16 640	15 307	10 845	10 133	10 117	12 236
集　邮（万枚）	301	1 257	4 525	533	753	301	42	262	326	40.32
特快专递（万件）	…	44	34	78	177	316	306	292	231	8 664

注：1995 年以前本地电话年末用户为年末电话机数；2005 年前电话局用交换机总容量为电信局一家数据，2006 年及以后为所有电信部门的数据；2011 年邮电业务总量按 2010 年价格计算；2013 年邮政方面数据为市邮政管理局全辖数。

主要统计指标解释

铁路营业里程 又称营业长度，指办理客货运输业务的铁路正线总长度。凡是全线或部分建成双线及以上的线路，以第一线的实际长度计算；复线、站线、段管线、岔线和特殊用途线以及不计算运费的联络线都不计算营业里程。铁路营业里程是反映铁路运输业基础设施发展水平的重要指标，也是计算客货周转量、运输密度和机车车辆运用效率等指标的基础资料。

公路里程 指在一定时期内实际达到《公路工程技术标准 JTJO1-88》规定的等级公路，并经公路主管部门正式验收交付使用的公路里程数。它包括大中城市的郊区公路以及通过小城镇街道部分的公路里程，也包括桥梁、渡口的长度，但不包括大中城市的街道、厂矿、林区生产用道和农业生产用道的里程。两条或多条公路共同经由同一路段，只计算一次，不得重复计算里程长度。公路里程是反映公路建设发展规模的重要指标，也是计算运输网密度等指标的基础资料。

内河航道里程 也称“内河通航里程”，是反映内河水运网规模、水平和发展情况的主要指标，是指在一定时期内，能通航运输船舶及排筏的天然河流、湖泊水库、运河及通航渠道的长度。包括全年季节性通航累计三个月以上的航道，但不包括仅供零散流放竹、木排的河道。

输油(气)管道长度 也称“输油(气)里程”，是反映管道运输发展规模和水平的主要指标，是指油品(或天然气)的实际输送距离，一般按输油(气)管道的单线长度计算。若包括复线和备用线长度则称为输油(气)管道延展长度，是指管道铺设的实际长度。我们通常使用的是不包括复线的“输油(气)管道里程”。

货(客)运量 指在一定时期内，各运输部门实际运送的货(旅客)数量。是反映运输业为国民经济和人民生活服务的数量指标，也是制定和检查运输生产计划，研究运输发展规模和速度的重要指标。货运按吨计算，客运按人计算。货物不论运输距离长短，货物类别，均按实际重量统计；旅客不论行程远近或票价多少，均按一人一次作为客运量统计。半价票、小孩票也按一人统计。

货物(旅客)周转量 指在一定时期内，由各种运输工具运送的货物(旅客)数量与其相应运输距离的乘积之总和，是反映运输业生产总成果的重要指标，也是编制和检查运输生产计划，计算运输效率、劳动生产率以及核算运输单位成本的主要基础资料。通常以吨公里和人公里为计算单位。计算货物周转量通常按发出站与到达站之间的最短距离，也就是计费距离计算。

内河主要港口货物吞吐量 指由水运进出内河主要港区范围，并经过装卸的货物数量。吞吐量可以分为进口、出口，又可以分为国内贸易和对外贸易。货物吞吐量的货种分类及其主要流向流量，反映了港口在国内外物资交流和对外贸易运输中的地位和作用。

邮电业务总量 指以价值量形式表现的邮电通信企业为社会提供各类邮电通信服务的总数量。邮电业务量按专业分类包括函件、包件、汇票、报刊发行、邮政快件、特快专递，邮政储蓄、集邮、公众电报、用户电报、传真、长途电话、出租电路、无线寻呼、移动电话、分组交换数据通信、出租代维等。计算方法为各类产品乘以相应的平均单价(不变价)之和，再加上出租电路和设备、代用户维护电话交换机和线路等的服务收入。它综合反映了一定时期邮电业务发展的总成果，是研究邮电业务量构成和发展趋势的重要指标。计算公式为：

$$\text{邮电业务总量} = \sum(\text{各类邮电业务量} \times \text{不变单价}) + \text{出租代维及其他业务收入} = \text{邮政业务总量} + \text{电信业务总量}$$

移动电话用户 是指通过移动电话交换机进入移动电话网、占用移动电话号码的电话用户。用户数量以报告期末在移动电话营业部门实际办理登记手续进入移动电话网的户数进行计算，一部移动电话统计为一户。

电话用户 指接入国家公众固定电话网，并按固定电话业务进行经营管理的电话用户。1997 年以前，电话用户分为市内电话用户和农村电话用户。从 1997 年起，电话用户数分组调整为以用户所在区域划分为“城市电话用户”和“乡村电话用户”，与过去的按市内电话和农村电话划分方法不同，而电话用户总数、电话机总部数统计范围不变。

城市电话用户 指直辖市、省辖市、地级市、县级市的市区、市郊区及县城(包括县人民政府所在地的县城关区或行政建制相当于县人民政府所在地的镇) 范围内接入局用交换机的电话用户数，包括分布在农村地区的独立工矿区、林区、驻军等接入局用交换机的电话用户数。

第16部分 批发零售和住宿餐饮业

WHOLESALE, RETAIL AND ACCOMMDATIONS CATERING INDUSTRY

版面负责人：王廷宝

编　　辑：柏　慧

中华人民共和国统计法

（1983 年 12 月 8 日第六届全国人民代表大会常务委员会第三次会议通过，根据 1996 年 5 月 15 日第八届全国人民代表大会常务委员会第十九次会议《关于修改〈中华人民共和国统计法〉的决定》修正，2009 年 6 月 27 日第十一届全国人民代表大会常务委员会第九次会议修订。）

第三章　统计资料的管理和公布

第二十条　县级以上人民政府统计机构和有关部门以及乡、镇人民政府，应当按照国家有关规定建立统计资料的保存、管理制度，建立健全统计信息共享机制。

第二十一条　国家机关、企业事业单位和其他组织等统计调查对象，应当按照国家有关规定设置原始记录、统计台账，建立健全统计资料的审核、签署、交接、归档等管理制度。

统计资料的审核、签署人员应当对其审核、签署的统计资料的真实性、准确性和完整性负责。

第二十二条　县级以上人民政府有关部门应当及时向本级人民政府统计机构提供统计所需的行政记录资料和国民经济核算所需的财务资料、财政资料及其他资料，并按照统计调查制度的规定及时向本级人民政府统计机构报送其组织实施统计调查取得的有关资料。

县级以上人民政府统计机构应当及时向本级人民政府有关部门提供有关统计资料。

第二十三条　县级以上人民政府统计机构按照国家有关规定，定期公布统计资料。

国家统计数据以国家统计局公布的数据为准。

第二十四条　县级以上人民政府有关部门统计调查取得的统计资料，由本部门按照国家有关规定公布。

第二十五条　统计调查中获得的能够识别或者推断单个统计调查对象身份的资料，任何单位和个人不得对外提供、泄露，不得用于统计以外的目的。

第二十六条　县级以上人民政府统计机构和有关部门统计调查取得的统计资料，除依法应当保密的外，应当及时公开，供社会公众查询。

编辑：李　广

16–1　主要年份社会消费品零售总额

单位:万元

年　份	社会消费品零售总额	按地区分			按行业分				
		市的零售额	县的零售额	县以下的零售额	批发零售贸易业	餐饮业	住宿业	制造业	其他行业
1949	9 756		6 521						
1952	11 421		5 531						
1957	22 284		9 574						
1962	28 486		14 124						
1965	29 808		12 426						
1970	34 332		13 706						
1975	57 492		23 318						
1978	77 058		31 480		64 672	2 955		6 196	3 235
1979	92 351		37 555		72 497	4 201		10 787	4 866
1980	109 523		46 069		85 005	4 626		14 022	5 870
1981	123 791		52 831		91 751	5 244		17 841	8 955
1982	138 439		59 336		105 869	5 455		15 607	11 508
1983	150 638	64 850	27 128	58 660	114 633	6 005		18 157	11 843
1984	176 386	77 927	31 616	66 843	130 149	7 393		25 637	13 207
1985	233 620	106 745	43 967	82 908	166 598	12 733		33 341	20 948
1986	266 086	119 792	52 153	94 141	188 243	14 597		36 897	26 349
1987	304 226	137 513	51 646	115 067	211 763	17 205		44 859	30 399
1988	370 405	173 147	66 514	130 744	255 523	19 743		56 087	39 052
1989	410 589	202 384	71 509	136 696	282 528	20 163		60 085	47 813
1990	422 271	227 011	59 028	136 232	285 048	19 888		58 860	58 475
1991	458 294	255 898	62 850	139 546	308 487	22 575		60 204	67 028
1992	511 243	320 843	48 975	141 425	330 716	26 823		71 835	81 869
1993	657 693	413 770	64 829	179 094	440 102	32 992		78 998	105 601
1994	879 531	597 230	74 582	207 719	570 080	66 236		85 336	157 879
1995	1 150 671	773 854	104 733	272 084	728 544	97 733		110 399	213 995
1996	1 379 729	918 002	119 829	341 898	870 375	116 992		136 101	256 261
1997	1 526 381	999 463	134 445	392 473	958 246	132 721		152 337	283 077
1998	1 606 304	1 047 323	153 199	405 782	1 048 472	145 036		135 393	277 403
1999	1 714 930	1 109 165	168 614	437 151	1 152 717	173 997		116 007	272 209
2000	1 852 142	1 180 955	177 242	493 945	1 273 493	209 461		101 421	267 767
2001	2 020 066	1 260 580	205 746	553 740	1 423 869	223 782		99 677	272 738
2002	2 239 285	1 370 267	236 261	632 756	1 574 478	258 964		110 753	295 088
2003	2 354 214	1 478 128	230 347	645 739	2 022 477	298 711			33 026
2004	3 424 611	2 131 470	381 456	911 685	2 979 537	407 099	12 733		25 242
2005	3 960 400	2 472 673	462 407	1 025 320	3 449 516	452 634	29 385		28 865
2006	4 600 776	2 883 889	537 190	1 179 697	3 938 344	590 342	40 767		31 323
2007	5 430 057	3 421 347	621 082	1 387 628	4 646 839	683 272	61 987		37 959
2008	7 005 000	4 414 184	811 491	1 779 325	5 865 763	974 335	110 408		54 494
2009	8 059 883	5 085 736	936 828	2 037 319	6 799 143	1 135 550	125 189		
2010	9 569 888	7 648 059	1 921 829		8 516 095	987 888	65 905		
2011	11 418 882	9 106 061	2 312 821		10 161 072	1 152 907	104 903		
2012	13 124 990	10 527 281	2 597 709		11 733 102	1 287 490	104 398		
2013	14 959 079	11 995 093	2 963 986		13 358 896	1 481 901	118 282		

注:2003 年及以后按行业划分的批发零售贸易业中包括原制造业和其它行业中原农民对非农业居民的零售额。2004 及 2008 年为经济普查数据。2010 年后的数据为省局年报修订数据。

16–2 市区社会消费品零售总额

单位:万元

年　份	社会消费品零售总额	按行业分				
		批发零售贸易业	餐饮业	住宿业	制造业	其他行业
1978	31 480	25 956	1 373		2 327	1 824
1979	37 555	30 176	1 786		3 214	2 379
1980	46 069	34 685	2 398		5 835	3 151
1981	52 831	39 758	2 683		6 501	3 889
1982	59 336	46 294	2 709		5 775	4 558
1983	63 751	50 417	2 741		5 989	4 604
1984	76 175	57 009	3 099		10 318	5 749
1985	104 827	73 051	6 071		14 954	10 751
1986	117 965	82 599	6 462		15 130	13 774
1987	135 320	97 190	7 038		14 772	16 320
1988	169 583	120 988	8 250		19 756	20 589
1989	198 822	141 665	8 326		19 760	29 071
1990	210 156	148 845	9 103		16 750	35 458
1991	236 824	165 088	10 795		17 056	43 885
1992	274 203	186 380	14 520		19 042	54 261
1993	361 783	245 956	16 727		23 007	76 093
1994	520 845	345 014	41 842		18 521	115 468
1995	677 103	428 043	57 854		36 106	155 100
1996	799 102	499 385	71 500		39 889	188 328
1997	866 994	521 321	81 664		53 319	210 690
1998	909 671	553 957	94 665		53 159	207 890
1999	959 836	621 498	109 058		31 686	197 594
2000	1 019 913	696 416	133 386		13 576	176 535
2001	1 081 720	766 967	130 272		8 001	176 480
2002	1 168 355	826 551	144 899		7 023	189 882
2003	1 252 978	1 068 575	165 293			19 110
2004	1 832 812	1 625 315	177 740	9 229		20 528
2005	2 144 371	1 875 688	217 815	28 477		22 391
2006	2 492 194	2 169 774	268 415	2 7827		26 178
2007	2 965 333	2 597 729	298 245	43 780		25 579
2008	3 821 000	3 249 861	457 822	65 386		47 931
2009	4 392 408	3 784 107	534 994	73 307		
2010	6 052 895	5 533 213	483 775	35 907		
2011	7 210 901	6 579 220	589 311	42 370		
2012	8 371 586	7 558 073	761 086	52 427		
2013	9 532 600	8 458 043	990 800	83 757		

16–3 限额以上批发和零售业、住宿和餐饮业基本情况

（2013 年）

项目	法人企业数（个）	产业活动单位数（个）	其他行业及外省法人所属限额以上批零住餐产业活动单位(个)	餐饮或零售营业面积（平方米）	年末从业人员（人）
总　计	**2 828**	**3 350**	**31**	**3 075 487**	**103 298**
批发和零售业小计	**2 570**	**3 083**	**23**	**2 666 064**	**88 399**
批发业	**890**	**1 036**	**5**	**449 658**	**28 544**
# 国有控股	27	132		42427	4 529
按登记注册类型分组					
内资企业	880	1 026	4	445 843	28 153
国有企业	16	23		33 572	2 036
集体企业	2	2		8 130	78
有限责任公司	105	121	2	59 965	3 857
股份有限公司	15	136	1	12 451	3 969
联营企业					
私营企业	723	725	1	320 387	16 895
# 私营有限责任公司	680	681	1	215 459	15 058
其他企业	18	18		11 338	1 297
港、澳、台商投资企业	5	5		1 000	103
外商投资企业	5	5	1	2 815	288
按国民经济行业分组					
农畜产品批发	31	31		21 753	922
食品、饮料及烟草制品批发	103	111	1	98 288	5783
# 米、面制品及食用油批发	17	17	1	36 314	890
烟草制品批发	1	8			1 259
纺织、服装及日用品批发	32	32		12 187	608
# 纺织品、针织品及原料批发	15	15		6 877	249
文化、体育用品及器材批发	10	10		2 576	232
医药及医疗器材批发	18	19		6 649	2 983
矿产品、建材及化工产品批发	461	598		226 469	12 611
# 煤炭及制品批发	106	106		63 979	3 332
石油及制品批发	8	129		12 055	2 272
金属及金属矿批发	177	177		16 798	2 748
机械设备、五金交电及电子产品批发	189	189	4	61 679	3 798
# 农业机械批发	18	18		24 195	489
汽车、摩托车及零配件批发	10	10		11 672	142
其他批发	44	44		20 057	1 577
零售业	**1 680**	**2 047**	**18**	**2 216 406**	**59 855**
# 国有控股	21	57		102 357	2 368
按经济注册类型分组					
内资企业	1 673	2 040	18	2 177 282	58 308
国有企业	11	11	8	58 405	3 101

16-3 续表 1 （2013 年）

项　　目	法人企业数（个）	产业活动单位数（个）	其他行业及外省法人所属限额以上批零住餐产业活动单位(个)	餐饮或零售营业面积（平方米）	年末从业人员（人）
集体企业	30	100	2	53 761	1 352
股份合作企业	1	1		5 000	55
有限责任公司	167	363	2	439 781	12 972
股份有限公司	30	56		111 550	3 668
私营企业	1411	1483	5	1 487 815	36 269
其他企业	21	21	1	18 600	766
港、澳、台商投资企业	2	2		13 077	380
外商投资企业	5	5		26 047	1 167
按国民经济行业分组					
综合零售	191	392	4	744 072	17 343
#百货零售	125	207	2	434 267	8 114
超级市场零售	62	181	2	301 030	9 028
其他综合零售	4	4		8 775	201
食品、饮料及烟草制品专门零售	186	214		131 045	5 425
纺织、服装及日用品专门零售	218	219	1	158 781	4 899
文化、体育用品及器材专门零售	97	104	3	126 402	2 276
#图书零售	9	15	3	25 530	640
医药及医疗器材专门零售	65	168	1	47 941	2 969
汽车、摩托车、燃料及零配件专门零售	347	354		452 274	10 963
#汽车零售	261	268		392 602	8 998
家用电器及电子产品专门零售	245	264	1	209 464	6 996
#家用电器零售	134	143		157 435	4 538
计算机、软件及辅助设备零售	80	85		31 462	1 442
五金、家具及室内装修材料专门零售	290	291	1	286 977	5 941
#五金零售	151	152		65 488	2 646
家具零售	48	48		111 661	1 266
无店铺及其他零售	41	41	7	59 450	3 043
按经营方式分组					
独立门店	1 462	1 666	11	1 868 066	47 325
连锁总店（总部）	4	37		14 197	1 009
连锁门店	10	84	3	107 060	3 528
其他	204	260	4	227 083	7 993
按零售业态分组					
百货商店	154	230	1	400 145	8 647
超级市场	69	128	1	151 286	4 751
大型超市	21	87	2	234 067	5 444
仓储会员店					
专业店	905	1031	10	880 286	25 590
专卖店	381	410	2	329 850	10 957
住宿和餐饮业小计	**258**	**267**	**8**	**409 423**	**14 899**
住宿业	**67**	**67**	**2**	**109 548**	**5 130**
#国有控股	10	10		22 196	1 141

16-3 续表 2　　　　　　　　　　　　（2013 年）

项　　目	法人企业数（个）	产业活动单位数（个）	其他行业及外省法人所属限额以上批零住餐产业活动单位(个)	餐饮或零售营业面积（平方米）	年末从业人员（人）
按登记注册类型分组					
内资企业	66	66	2	109 548	5 110
国有企业	9	9	1	22 955	1 086
集体企业	3	3		1 510	167
有限责任公司	11	11		22 481	1 127
私营企业	41	41	1	62 602	2 651
其他企业					
按国民经济行业分组					
旅游饭店	39	39	2	94 018	4 362
一般旅馆	28	28		15 530	768
按星级等级分组					
一星	1	1		1 200	33
二星	7	7		15 690	537
三星	19	19		43 757	1 703
四星	4	4		8 065	618
五星	1	1		3 456	618
其他	34	34	2	37 380	1 601
按经营方式分组					
# 独立门店	61	61	1	102 557	4 781
餐饮业	**191**	**200**	**6**	**299 875**	**9 769**
# 国有控股	7	7		8 982	582
按登记注册类型分组					
内资企业	191	200	5	298 874	9 743
国有企业	6	6		7 500	345
集体企业	2	2	2	3 037	130
有限责任公司	23	24		43 052	1 929
股份有限公司	5	13		9 805	353
私营企业	152	152	3	231 400	6 811
# 私营独资企业	22	22	2	31 770	903
私营有限责任公司	123	123	1	190 260	5 602
其他企业	2	2		2 380	103
外商投资企业			1	1 001	26
按国民经济行业分组					
正餐服务	172	181	4	270 183	9 081
快餐服务	11	11	1	13 157	291
饮料及冷饮服务	3	3	1	4 335	67
其他餐饮服务	5	5		12 200	330
按经营方式分组					
独立经营	187	188	5	292 084	9 408
连锁店总店（总部）					
连锁门店	2	10	1	4 311	241
其他	2	2		3 480	120

16-4　限额以上批发和零售业商品销售、库存总额

（2013 年）　　单位：万元

项　　目	销售总额	批　发	零　售	年末库存总　额
总　计	**22 984 796**	**11 545 650**	**11 439 146**	**1 047 368**
批发业	**13 097 144**	**11 241 752**	**1 855 392**	**580 070**
# 国有控股	4 673 627	4 249 233	424 394	247 590
按登记注册类型分组				
内资企业	12 885 667	11 068 655	1 817 012	574 441
国有企业	717 804	685 658	32 147	54 038
集体企业	16 811	9 282	7 528	231
股份合作企业	2 767	2 767		31
有限责任公司	4 276 485	3 774 625	501 860	204 918
# 其他有限责任公司	3 327 515	2 942 743	384 771	84 437
股份有限公司	2 364 584	1 978 094	386 490	65 956
私营企业	5 446 271	4 568 518	877 753	248 183
# 私营有限责任公司	4 810 262	4 115 862	694 400	176 781
港、澳、台商投资企业	161 605	129 067	32 537	992
外商投资企业	49 873	44 030	5 843	4 637
按国民经济行业分组				
农畜产品批发	253 366	172 295	81 070	5 987
食品、饮料及烟草制品批发	1 805 679	1 495 783	309 897	217 570
# 米、面制品及食用油批发	557 928	379 346	178 583	101 493
烟草制品批发	562 413	562 413		25 102
纺织、服装及日用品批发	136 842	106 287	30 554	8 460
# 纺织品、针织品及原料批发	76 490	56 536	19 955	3 065
医药及医疗器材批发	1 009 758	829 153	180 605	36 501
矿产品、建材及化工产品批发	6 443 747	5 386 677	1 057 070	157 459
# 煤炭及制品批发	2 014 762	1 780 551	234 212	40 866
石油及制品批发	789 159	425 749	363 410	9 123
机械设备、五金交电及电子产品批发	3 058 520	2 943 133	115 387	141 534
其他批发	340 766	271 634	69 132	9 511
零售业	**9 887 652**	**303 898**	**9 583 754**	**467 298**
# 国有控股	277 199	35 775	241 424	30 995
按登记注册类型分组				
内资企业	9 725 344	302 822	9 422 522	463 035
国有企业	168 223	2 774	165 449	8 891
集体企业	184 348	25 983	158 365	7 578

16-4 续表 （2013年） 单位:万元

项　　目	销售总额	批　发	零　售	年末库存总　额
股份合作企业	2 486		2 486	30
有限责任公司	2 023 837	138 458	1 885 379	135 532
# 其他有限责任公司	2 015 142	138 458	1 876 684	135 431
股份有限公司	697 619	38 726	658 893	30 277
私营企业	6 604 508	86 974	6 517 534	279 303
# 私营有限责任公司	6 244 273	85 418	6 158 855	263 072
其他企业	40 773	9 847	30 926	1 204
港、澳、台商投资企业	29 043		29 043	271
外商投资企业	133 264	1 076	132 188	3 992
按国民经济行业分组				
综合零售	1 870 886	35 891	1 834 995	114 739
# 百货零售	1 169 398	30 996	1 138 402	69 266
超级市场零售	690 795	4 692	686 103	44 841
食品、饮料及烟草制品专门零售	558 846	22 988	535 858	29 869
纺织、服装及日用品专门零售	741 215	4 017	737 198	25 456
文化、体育用品及器材专门零售	183 633	96	183 537	25 646
# 图书零售	58 382	75	58 307	15 694
医药及医疗器材专门零售	314 070	37 290	276 781	16 972
汽车、摩托车、燃料及零配件专门零售	3 635 030	10 817	3 624 213	180 453
# 汽车零售	3 325 132	8 893	3 316 238	170 978
家用电器及电子产品专门零售	923 553	25 138	898 415	35 019
# 家用电器零售	591 957	19 474	572 483	22 261
五金、家具及室内装修材料专门零售	1 408 132	164 198	1 243 934	28 938
无店铺及其他零售	252 286	3 463	248 823	10 207
按经营方式分组				
独立门店	8 271 910	249 600	8 022 311	406 042
连锁总店（总部）	72 414		72 414	6 245
连锁门店	264 211	179	264 031	9 934
其他	1 279 116	54 119	1 224 998	45 077
按零售业态分组				
百货商店	1 338 597	27 919	1 310 678	79 372
超市	262 980	4 548	258 432	17 451
大型超市	391 831	3 684	388 147	22 695
专业店	4 535 354	45 240	4 490 114	195 290
专卖店	1 991 422	51 636	1 939 786	112 709

16–5 限额以上住宿餐饮业经营情况

（2013 年）　　单位:万元

指 标 名 称	营业额	客房收入	餐费收入	商品销售收入	其他收入	年末拥有客房数（间）	年末拥有床位数（个）	年末拥有餐位数（个）
总 计	**365 029**	**81 732**	**244 538**	**30 514**	**8 244**	**11 025**	**18 763**	**93 722**
住宿业	**100 899**	**48 503**	**38 100**	**9 515**	**4 781**	**6 357**	**11 213**	**16 062**
# 国有控股	19 964	8 706	8 211	1 666	1 381	1 340	2 526	2 911
按登记注册类型分组								
内资企业	100 590	48 224	38 070	9 515	4 781	6 300	11 141	16 060
国有企业	20 382	9 239	8 311	1 666	1 167	1 217	2 145	3 182
集体企业	1 573	500	798	153	122	131	270	376
有限责任公司	21 054	9 186	8 698	1 578	1 592	1 524	2 757	4 817
其他有限责任公司	21 054	9 186	8 698	1 578	1 592	1 524	2 757	4 817
股份有限公司	550	360		7	183	103	199	
私营企业	57 031	28 940	20 263	6 111	1 717	3 325	5 770	7 685
# 私营有限责任公司	36 373	18 036	12 356	4 508	1 473	2 400	4 151	6 050
其他企业								
按国民经济行业分组								
旅游饭店	85 254	37 210	34 677	8 586	4 781	4 717	8 185	13 629
一般旅馆	15 645	11 293	3 424	929		1 640	3 028	2 433
按星级登记分组								
一星	1 171	511	660			60	120	340
二星	8 733	3 513	3 628	937	654	522	920	1 522
三星	26 180	12 033	10 862	1 534	1 751	1 818	3 505	5 607
四星	13 752	6 929	5 828	593	403	778	1 304	1 702
五星	9 861	4 815	4 033	770	244	381	578	330
其他	40 893	20 423	13 059	5 682	1 729	2 741	4 714	6 559
餐饮业	264 130	33 230	206 438	20 999	3 463	4 668	7 550	77 660
# 国有控股	11 798	4 016	6 387	221	1 173	549	853	1 838
按登记注册类型分组								
内资企业	261 348	33 230	203 656	20 999	3 463	4 668	7 550	77 620
国有企业	7 943	2 236	4 476	221	1 010	310	518	1 338
集体企业	2 032		1 330	674	28			1 631
有限责任公司	32 588	7 141	23 744	1 405	297	1 129	1 674	6 922
# 其他有限责任公司	32 588	7 141	23 744	1 405	297	1 129	1 674	6 922
股份有限公司	9 618		9 555	63				5 361
私营企业	205 871	22 841	162 600	18 607	1 824	3 025	4 997	61 518
# 私营独资企业	31 155	3 369	24 402	3 241	143	225	406	9 138
私营有限责任公司	164 465	17 930	129 727	15 128	1 681	2 561	4 195	48 941
其他企业	2 656	877	1 475		304	154	273	550
外商投资企业	2 782		2 782					40
按国民经济行业分组								
正餐服务	241 337	30 911	187 182	19 815	3 428	4 007	6 590	68 311
快餐服务	8 937	627	8 047	264		137	274	2 165
其他餐饮服务	11 939	1 692	9 299	913	35	524	686	6 781
按经营方式分组								
独立经营	254 189	32 094	198 672	20 970	2 453	4 577	7 392	76 275
连锁总店(总部)								
连锁门店	6 721		6 704	17				940
其他	3 220	1 135	1 062	13	1 010	91	158	445

16-6　亿元以上商品交易市场基本情况

（2013 年）

指标名称	市场个数（个）	营业面积（平方米）	摊位总量（个）	已出租摊位	出租率（%）
合　计	29	2 287 684	39 123	35 779	91.5
按经营环境分					
露天式	6	654 598	8 902	7 617	85.6
封闭式	21	1 247 586	29 036	27 212	93.7
其他	2	385 500	1 185	950	80.2
按经营方式分					
批发	19	1 758 784	26 746	24 117	90.2
零售	10	528 900	12 377	11 662	94.2
按市场类别分					
综合市场	2	175 000	7 200	6 741	93.6
生产资料综合市场	2	175 000	7 200	6 741	93.6
农产品综合市场					
专业市场	27	2 112 684	31 923	29 038	91.0
生产资料市场	8	512 484	3 897	3 202	82.2
农用生产资料市场	2	115 000	290	246	84.8
木材市场	2	130 000	502	149	29.7
建材市场	1	57 500	620	610	98.4
金属材料市场	3	209 984	2 485	2 197	88.4
农产品市场	7	792 300	12 329	10 827	87.8
蔬菜市场	1	137 200	2 700	2 700	100.0
干鲜果品市场	1	190 000	4 100	3 210	78.3
其他农产品市场	2	410 000	3 243	2 812	86.7
食品、饮料及烟酒市场					
其他食品、饮料及烟酒市场					
纺织、服装、鞋帽市场	4	237 600	11 991	11 613	96.8
鞋帽市场	1	19 700	484	330	68.2
其他纺织服装鞋帽市场	3	217 900	11 507	11 283	98.1
电器、通讯器材、电子设备市场	1	2 610	275	275	100.0
计算机及辅助设备市场	1	2 610	275	275	100.0
家具、五金及装饰材料市场	4	370 292	2 266	2 038	89.9
家具市场	2	84 792	353	340	96.3
装饰材料市场	1	280 000	1 728	1 528	88.4
五金材料市场	1	5 500	185	170	91.9
汽车、摩托车及零配件市场	2	137 398	1 015	938	92.4
汽车市场	1	17 398	35	35	100.0
机动车零配件市场	1	120 000	980	903	92.1
其他专业市场	1	60 000	150	145	96.7

16-7 亿元以上商品交易市场成交情况

（2013 年）　　单位：万元

指 标 名 称	商品成交额	#消费品零售额	市场交易业主缴纳税金总额	年末交易市场业主从业人员（人）
合 计	8 701 976	883 682	32 536	100 697
按经营环境分				
露天式	2 645 500	74 690	1 344	17 237
封闭式	5 833 480	808 992	30 447	80 842
其他	222 996		745	2 618
按经营方式分				
批发	7 972 187	494 853	30 786	73 566
零售	729 789	388 829	1 750	27 131
按市场类别分				
综合市场	1 431 720		17 180	11 480
生产资料综合市场	1 431 720		17 180	11 480
农产品综合市场				
专业市场	7 270 256	883 682	15 356	89 217
生产资料市场	3 359 893	208 413	4 221	8 819
农用生产资料市场	210 770	24 670	254	1 586
木材市场	50 380	5 000	229	439
建材市场	182 743	178 743	941	1 903
金属材料市场	2 916 000		2 797	4 891
农产品市场	1 066 508	148 505	1 472	29 649
蔬菜市场	382 000		12	9 100
干鲜果品市场	299 940	43 800	580	4 800
其他农产品市场	214 350	30 786	789	10 304
食品、饮料及烟酒市场				
其他食品、饮料及烟酒市场				
纺织、服装、鞋帽市场	1 885 023	105 154	791	37 616
鞋帽市场	26 000	3 900	40	1 020
其他纺织服装鞋帽市场	1 859 023	101 254	751	36 596
电器、通讯器材、电子设备市场	64 000	42 300	270	560
计算机及辅助设备市场	64 000	42 300	270	560
家具、五金及装饰材料市场	350 652	193 860	1 149	6 196
家具市场	33 852		54	1 094
装饰材料市场	273 600	193 860	359	4 680
五金材料市场	43 200		736	422
汽车、摩托车及零配件市场	242 180	165 450	6 573	5 698
汽车市场	27 180	25 890	3	198
机动车零配件市场	215 000	139 560	6 570	5 500
其他专业市场	302 000	20 000	880	679

16-8 限额以上批发零售业企业财务状况

（2013 年）　　　　单位：万元

指标名称	年末资产负债						
	流动资产合计	#存货	固定资产原价	累计折旧	#本年折旧	资产总计	负债合计
总计	**4 714 896**	**824 174**	**1 518 832**	**345 188**	**95 320**	**6 893 783**	**4 324 933**
批发业	**3 104 144**	**448 932**	**617 249**	**146 477**	**36 456**	**4 294 709**	**2 801 037**
#国有控股	1 703 830	235 933	146 984	57 647	8 060	2 080 704	1 459 361
按登记注册类型分组							
内资企业	3 085 534	444 175	604 982	144 228	35 776	4 259 588	2 795 328
国有企业	293 628	54 964	79 242	32 439	4 430	351 878	102 324
集体企业	1 109	231	1 201	184	115	2 195	1 214
股份合作企业	273	30	98	22	4	349	228
联营企业							
有限责任公司	1 344 144	187 841	86 367	20 966	6 014	1 555 978	1 201 929
股份有限公司	552 588	56 423	81 839	29 916	4 766	857 748	626 969
私营企业	888 957	144 371	349 776	60 200	20 193	1 480 043	859 590
#私营有限责任公司	845 306	140 427	321 214	54 424	18 362	1 359 678	793 631
其他企业	4 835	315	6 459	501	253	11 397	3 073
港、澳、台商投资企业	4 909	950	10 654	1 536	562	19 700	-565
外商投资企业	13 701	3 808	1 613	712	118	15 421	6 274
按国民经济行业分组							
农畜产品批发	27 422	4 495	21 190	2 946	1 348	53 705	29 832
食品、饮料及烟草制品批发	458 684	143 657	120 827	39 097	6 728	612 857	257 126
#米、面制品及食用油批发	167 034	102 619	17 683	4 606	728	231 627	157 818
烟草制品批发	227 930	21 560	63 748	28 113	3 674	267 182	31 962
纺织、服装及日用品批发	24 356	5 586	7 611	1 053	533	34 551	13 190
#纺织品、针织品及原料批发	10 629	2 701	3 095	395	158	15 300	6 081
医药及医疗器材批发	200 887	33 455	23 510	7 585	899	241 975	216 395
矿产品、建材及化工产品批发	1 037 056	126 393	341 391	76 461	20 878	1 821 056	1 029 860
#煤炭及制品批发	347 291	38 352	68 624	11 538	4 999	482 400	296 145
金属及金属矿批发	431 730	30 502	80 247	12 847	3 285	579 362	377 648
机械设备、五金交电及电子产品批发	1 266 422	123 705	66 451	14 038	4 113	1 400 146	1 190 052
#农业机械批发	16 722	3 498	4 842	600	205	25 817	15 850
汽车、摩托车及零配件批发	43 997	12 430	1 667	300	167	53 494	27 607
其他机械设备及电子产品批发	1 166 603	95 947	31 768	8 892	2 246	1 248 827	1 112 745
其他批发	77 172	9 296	31 191	4 320	1 563	106 850	56 688
按经营方式分组							
独立门店	1 424 030	235 271	444 716	99 398	25 126	2 136 565	1 233 432
连锁总店(总部)							
连锁门店	6 832	929	6 513	1 014	280	13 180	3 617
其他	1 673 281	212 732	166 019	46 064	11 050	2 144 964	1 563 988

16-8 续表 1　　(2013 年)　　单位:万元

指标名称	年末资产负债						
	流动资产合计	#存货	固定资产原价	累计折旧	#本年折旧	资产总计	负债合计
零售业	**1 610 752**	**375 242**	**901 584**	**198 712**	**58 864**	**2 599 074**	**1 523 896**
#国有控股	111 452	23 420	37 753	16 139	2 760	160 235	143 056
按登记注册类型分类							
内资企业	1 585 330	370 824	879 329	189 577	57 324	2 551 090	1 495 660
国有企业	15 290	4 584	11 706	3 244	578	25 798	39 291
集体企业	19 616	7 477	18 849	4 678	1 299	35 278	14 210
股份合作企业	165	30	775	556	17	777	419
联营企业	838	445	708	81	52	1 731	851
有限责任公司	358 874	87 850	209 696	47 645	10 048	577 000	354 261
股份有限公司	257 642	30 046	73 620	27 814	10 095	363 226	276 639
私营企业	926 567	239 553	557 976	105 017	35 002	1 534 753	806 041
#私营有限责任公司	882 861	227 150	511 992	96 501	32 741	1 444 454	764 944
其他企业	6 339	840	6 001	544	233	12 527	3 948
港、澳、台商投资企业	2 496	271	6 086	1 820	683	6 763	4 066
外商投资企业	22 926	4 147	16 168	7 315	857	41 221	24 170
按国民经济行业分组							
综合零售	392 385	76 335	246 856	68 470	17 539	640 563	482 385
#百货零售	208 683	30 452	150 887	32 465	6 220	376 862	287 576
超级市场零售	180 105	45 373	92 762	34 963	11 109	257 061	192 426
食品、饮料及烟草制品专门零售	79 239	15 616	77 189	13 795	3 951	165 760	59 814
纺织、服装及日用品专门零售	66 236	14 728	73 113	9 726	4 667	144 064	60 082
文化、体育用品及器材专门零售	65 716	20 099	36 612	9 026	3 240	103 480	47 962
#图书零售	28 915	9 981	12 764	5 184	1 172	41 230	22 727
医药及医疗器材专门零售	97 670	14 498	30 122	9 650	2 273	140 145	110 215
汽车、摩托车、燃料及零配件专门零售	503 565	172 551	216 954	48 715	13 405	758 820	471 992
#汽车零售	468 039	164 030	190 065	44 289	11 692	695 818	443 963
家用电器及电子产品专门零售	173 323	27 925	76 881	12 816	4 602	275 044	133 674
#家用电器零售	109 193	18 965	46 807	7 943	2 524	173 662	80 854
计算机、软件及辅助设备零售	36 837	6 822	25 377	3 715	1 654	66 105	32 338
五金、家具及室内装修材料专门零售	196 062	27 022	116 743	22 173	7 523	306 953	121 639
#五金零售	104 913	9 956	38 610	5 725	2 319	147 485	71 862
家具零售	17 734	5 925	26 334	4 958	1 791	41 484	15 626
无店铺及其他零售	36 556	6 470	27 113	4 341	1 663	64 244	36 134
按经营方式分组							
独立门店	1 335 527	315 572	772 188	163 825	50 419	2 160 763	1 261 595
连锁总店(总部)	28 158	5 587	3 300	629	132	31 133	22 257
连锁门店	30 244	7 744	11 926	3 729	648	59 273	39 913
其他	216 823	46 340	114 170	30 529	7 664	347 905	200 131
按零售业态分组							
超　市	54 354	19 669	45 768	12 911	2 218	97 042	42 914
大型超市	93 126	21 555	59 311	19 031	2 963	157 437	139 441
仓储会员店							
百货店	260 543	39 726	163 944	39 248	13 498	423 159	315 910
专业店	664 850	178 918	378 445	73 097	24 223	1 060 396	556 772
专卖店	387 979	98 731	187 651	39 322	11 029	634 230	391 530

16-8　续表 2　　（2013 年）　　单位:万元

指 标 名 称	年末资产负债							
	所有者权益合计	实收资本	国家资本	集体资本	法人资本	个人资本	港澳台资本	外商资本
总　计	**2 568 719**	**1 169 627**	**69 232**	**20 403**	**202 209**	**855 054**	**9 999**	**12 729**
批发业	**1 493 541**	**583 824**	**64 598**	**6 502**	**89 770**	**410 297**	**7 888**	**4 769**
# 国有控股	621 343	77 571	63 598	64	13 288	621		
按登记注册类型分组								
内资企业	1 464 129	558 941	64 598	6 502	78 514	409 327		
国有企业	249 554	7 652	7 408	64	38	142		
集体企业	980	270		270				
股份合作企业	121	120				120		
联营企业								
有限责任公司	353 998	166 310	56 190	800	45 286	64 035		
股份有限公司	230 779	19 421			14 678	4 743		
私营企业	620 372	358 760	1 000	5 368	17 041	335 351		
# 私营有限责任公司	565 966	321 950	1 000	5 368	16 791	298 791		
其他企业	8 324	6 407			1 472	4 936		
港、澳、台商投资企业	20 264	19 975			11 206	880	7 888	
外商投资企业	9 147	4 909			50	90		4 769
按国民经济行业分组								
农畜产品批发	23 873	10 040	117		123	9 800		
食品、饮料及烟草制品批发	355 731	68 525	7 394	324	13 072	44 039		3 696
# 米、面制品及食用油批发	73 810	27 692	4 454	64	4 000	19 174		
烟草制品批发	235 220	2 441	2 441					
纺织、服装及日用品批发	21 362	12 434				12 434		
# 纺织品、针织品及原料批发	9 218	5 452				5 452		
医药及医疗器材批发	25 581	18 029	397		5 605	12 027		
矿产品、建材及化工产品批发	791 065	327 677	6 690	5 910	44 838	261 293	7 888	1 058
# 煤炭及制品批发	186 123	73 781	3 140		5 031	65 610		
金属及金属矿批发	201 715	180 278		5 110	31 146	135 212	7 788	1 022
机械设备、五金交电及电子产品批发	210 094	107 510	50 000	258	14 894	42 344		15
# 农业机械批发	9 968	4 352				4 352		
汽车、摩托车及零配件批发	25 887	8 734			6 558	2 176		
其他机械设备及电子产品批发	136 082	76 980	50 000		7 000	19 965		15
其他批发	50 162	26 993		10	1 080	25 903		
按经营方式分组								
独立门店	903 053	363 541	9 603	6 242	36 484	303 482	3 983	3 747
连锁总店(总部)								
连锁门店	9 563	6 719	1 300		4 200	1 219		
其他	580 925	213 564	53 695	260	49 087	105 595	3 905	1 022

16-8 续表 3 （2013 年） 单位:万元

指标名称	年末资产负债							
	所有者权益合计	实收资本	国家资本	集体资本	法人资本	个人资本	港澳台资本	外商资本
零售业	**1 075 178**	**585 802**	**4 633**	**13 902**	**112 439**	**444 758**	**2 111**	**7 960**
# 国有控股	17 178	10 828	4 633		6 194			
按登记注册类型分类								
内资企业	1 055 430	575 313	4 633	13 902	112 270	444 503	5	
国有企业	-13 494	2 783	2 783					
集体企业	21 068	7 241		6 452	349	440		
股份合作企业	358	170		170				
联营企业	880	555		355		200		
有限责任公司	222 739	119 539	1 650	5 650	65 954	46 285		
股份有限公司	86 587	42 464	200	695	18 130	23 438		
私营企业	728 712	397 577		580	26 798	370 194	5	
# 私营有限责任公司	679 509	372 389		580	24 126	347 679	5	
其他企业	8 579	4 984			1 039	3 945		
港、澳、台商投资企业	2 698	2 156				50	2 106	
外商投资企业	17 051	8 334			169	205		7 960
按国民经济行业分组								
综合零售	158 179	94 128	2 117	11 788	35 488	37 654	1 356	5 724
# 百货零售	89 286	54 360	2 067	9 772	25 285	17 236		
超级市场零售	64 635	39 178	50	1 616	10 204	20 228	1 356	5 724
食品、饮料及烟草制品专门零售	105 946	55 227	169	165	8 499	46 394		
纺织、服装及日用品专门零售	83 982	34 500		580	4 230	29 685	5	
文化、体育用品及器材专门零售	55 518	21 725	800	324	3 474	17 127		
# 图书零售	18 504	3 230	800		1 200	1 230		
医药及医疗器材专门零售	29 930	11 932	1 381		2 050	8 501		
汽车、摩托车、燃料及零配件专门零售	286 828	169 535	29	1 034	22 135	145 587	750	
# 汽车零售	251 855	151 177		1 000	19 010	130 417	750	
家用电器及电子产品专门零售	141 370	70 503		10	9 748	60 745		
# 家用电器零售	92 808	41 616		10	2 265	39 341		
计算机、软件及辅助设备零售	33 768	17 572			4 400	13 172		
五金、家具及室内装修材料专门零售	185 314	105 547	87		25 925	79 406		129
# 五金零售	75 623	45 533	87		18 238	27 207		
家具零售	25 858	13 036			566	12 341		129
无店铺及其他零售	28 110	22 706	50		890	19 659		2 107
按经营方式分组								
独立门店	899 168	493 873	3 383	12 717	102 439	367 500	2 111	5 724
连锁总店(总部)	8 876	1 712	1 000		40	672		
连锁门店	19 360	18 218		400	920	16 898		
其他	147 774	71 999	250	785	9 040	59 688		2 236
按零售业态分组								
超　市	54 127	25 529	136	1 604	3 672	20 118		
大型超市	17 996	22 734		200	8 220	7 234	1 356	5 724
仓储会员店								
百货店	107 249	54 164	1 981	9 770	25 619	16 793		
专业店	503 624	277 151	1 880	1 753	30 968	239 693	750	2 107
专卖店	242 700	121 532	380	300	24 503	96 215	5	129

16-8 续表 4 （2013 年） 单位:万元

指标名称	损益及分配						
	主营业务收入	主营业务成本	主营业务税金及附加	其他业务利润	销售费用	管理费用	#税金
总计	**20 025 987**	**17 378 138**	**222 211**	**46 143**	**592 296**	**402 010**	**20 157**
批发业	**11 782 863**	**10 382 160**	**125 579**	**14 322**	**300 029**	**188 462**	**8 637**
#国有控股	4 401 802	4 115 832	34 456	1 031	56 382	35 891	1 860
按登记注册类型分组							
内资企业	11 611 806	10 229 918	123 589	13 545	297 581	185 259	8 556
国有企业	628 563	488 491	30 749	219	9 659	24 857	838
集体企业	14 855	11 717	250		361	310	
股份合作企业	2 686	2 455	39		42	38	7
联营企业							
有限责任公司	3 921 389	3 607 890	12 804	12 350	69 554	20 474	1 346
股份有限公司	2 246 020	2 109 499	2 668	-11	76 353	8 610	646
私营企业	4 739 943	3 962 486	75 701	987	138 968	129 185	5 670
#私营有限责任公司	4 269 234	3 551 643	70 524	987	131 362	115 697	5 384
其他企业	58 350	47 379	1 378		2 644	1 785	49
港、澳、台商投资企业	138 772	124 879	1 621	700	1 541	2 758	75
外商投资企业	32 285	27 364	369	77	562	445	6
按国民经济行业分组							
农畜产品批发	252 868	206 900	3 944	11	6 651	6 388	370
食品、饮料及烟草制品批发	1 516 871	1 301 143	36 074	219	24 367	35 750	1 314
#米、面制品及食用油批发	447 851	426 335	2 151		2 419	3 068	267
烟草制品批发	480 695	361 658	28 869	176	7 837	21 643	535
纺织、服装及日用品批发	125 610	102 017	2 647	7	4 092	4 145	140
#纺织品、针织品及原料批发	69 578	59 474	1 328	3	2 096	1 939	40
医药及医疗器材批发	893 291	735 534	4 073	591	62 143	6 746	348
矿产品、建材及化工产品批发	5 910 981	5 173 645	53 288	12 620	160 981	98 191	4 767
#煤炭及制品批发	1 746 389	1 522 527	11 584	52	43 233	22 672	1 329
金属及金属矿批发	1 576 820	1 355 316	23 134	1 190	44 544	38 065	1 264
机械设备、五金交电及电子产品批发	2 725 110	2 563 417	18 196	858	32 905	26 969	837
#农业机械批发	88 152	76 616	1 236	12	2 337	2 003	14
汽车、摩托车及零配件批发	115 310	101 744	862	4	1 911	950	68
其他机械设备及电子产品批发	2 227 836	2 143 603	6 379	496	21 895	13 613	487
其他批发	314 385	262 810	6 342	16	7 247	8 934	757
按经营方式分组							
独立门店	6 719 080	5 730 045	108 401	1 504	179 862	151 016	6 042
连锁总店(总部)							
连锁门店	40 280	32 376	990		606	930	18
其他	5 023 503	4 619 740	16 188	12 818	119 562	36 516	2 577

16-8 续表 5　　(2013 年)　　单位:万元

指 标 名 称	损益及分配						
	主营业务收入	主营业务成本	主营业务税金及附加	其他业务利润	销售费用	管理费用	# 税金
零售业	**8 243 124**	**6 995 978**	**96 632**	**31 822**	**292 267**	**213 547**	**11 520**
# 国有控股	228 449	201 730	1 204	2 525	9 860	9 969	119
按登记注册类型分类							
内资企业	8 102 439	6 873 498	95 864	29 987	284 528	209 621	11 425
国有企业	41 644	34 686	560		1 752	1 461	78
集体企业	172 223	138 283	2 911		4 987	4 108	178
股份合作企业	1 589	1 303	23		65	98	8
联营企业	3 381	2 081	45		152	162	48
有限责任公司	1 666 961	1 436 488	13 190	9 703	69 879	39 878	1 424
股份有限公司	537 217	471 913	3 682	13 233	33 265	15 063	614
私营企业	5 641 799	4 756 864	75 191	7 050	172 616	147 662	9 022
# 私营有限责任公司	5 295 181	4 466 969	68 235	6 747	163 542	137 227	8 317
其他企业	37 624	31 880	262		1 812	1 187	53
港、澳、台商投资企业	25 456	22 238	245	1 835	3 717	38	
外商投资企业	115 229	100 242	524		4 021	3 889	95
按国民经济行业分组							
综合零售	1 498 147	1 260 112	14 833	18 804	70 771	43 202	1 754
# 百货零售	896 722	749 527	11 316	2 085	23 379	24 712	1 141
超级市场零售	591 395	502 225	3 431	16 719	47 007	18 015	600
食品、饮料及烟草制品专门零售	485 853	388 984	7 000	1 072	17 981	17 894	1 037
纺织、服装及日用品专门零售	474 381	377 120	8 977	1 676	16 909	16 634	1 458
文化、体育用品及器材专门零售	156 722	124 218	2 372	206	7 844	7 853	481
# 图书零售	45 992	36 522	352	166	3 534	3 454	41
医药及医疗器材专门零售	263 864	226 475	1 965	1 132	11 066	10 465	343
汽车、摩托车、燃料及零配件专门零售	3 194 119	2 793 644	34 345	4 498	86 909	68 426	3 274
# 汽车零售	2 923 884	2 567 990	28 173	4 498	79 746	60 968	2 759
家用电器及电子产品专门零售	788 266	655 598	11 093	2 163	36 179	21 972	1 919
# 家用电器零售	508 206	428 710	5 643	514	23 158	12 414	1 534
计算机、软件及辅助设备零售	200 198	159 347	4 497	646	9 058	7 032	297
五金、家具及室内装修材料专门零售	1 257 820	1 068 535	14 786	2 209	42 277	23 345	984
# 五金零售	562 244	493 319	5 146	2 199	15 892	9 275	439
家具零售	100 233	77 630	1 482		4 654	3 876	218
无店铺及其他零售	123 952	101 292	1 262	63	2 331	3 755	270
按经营方式分组							
独立门店	6 928 912	5 882 517	81 282	27 404	238 207	175 167	9 335
连锁总店(总部)	61 991	50 382	311	1	4 440	2 008	282
连锁门店	110 940	101 195	349	1 820	8 976	4 095	114
其他	1 141 280	961 884	14 691	2 596	40 644	32 277	1 789
按零售业态分组							
超　市	237 395	196 974	2 547	1 757	11 533	7 971	602
大型超市	323 978	276 017	1 510	5 196	25 601	12 875	299
仓储会员店							
百货店	1 046 491	877 207	12 328	11 849	36 194	25 370	975
专业店	3 848 179	3 233 230	46 845	6 467	136 008	108 593	7 223
专卖店	1 791 336	1 530 952	24 740	3 986	49 816	44 701	1 792

16-8 续表 6　　（2013 年）　　单位：万元

指 标 名 称	损益及分配				
	财务费用	# 利息支出	营业利润	利润总额	应 交所得税
总 计	**131 323**	**48 804**	**1 357 854**	**1 253 157**	**208 787**
批发业	**72 294**	**29 328**	**735 152**	**670 010**	**111 360**
# 国有控股	12 087	12 452	150 038	151 259	31 978
按登记注册类型分组					
内资企业	69 571	29 323	725 925	660 774	109 348
国有企业	−1 488	−2 239	76 626	77 337	19 582
集体企业	235		1 982	1 982	306
股份合作企业	24	24	88	88	18
联营企业					
有限责任公司	21 323	16 200	203 518	187 849	27 929
股份有限公司	4 501	3 640	47 626	46 698	2 348
私营企业	43 956	11 613	391 941	342 895	58 496
# 私营有限责任公司	41 872	11 268	360 432	311 765	52 018
其他企业	1 020	85	4 144	3 925	669
港、澳、台商投资企业	1 647		7 026	7 025	1 714
外商投资企业	1 075	4	2 202	2 211	298
按国民经济行业分组					
农畜产品批发	3 457	1 975	25 538	25 641	5 800
食品、饮料及烟草制品批发	2 334	−1 338	117 783	116 714	25 217
# 米、面制品及食用油批发	1 661	1 200	12 394	13 126	1 346
烟草制品批发	−3 045	−3 045	63 910	63 811	16 757
纺织、服装及日用品批发	826	219	12 183	11 895	2 082
# 纺织品、针织品及原料批发	494	53	4 253	4 303	716
医药及医疗器材批发	2 826	2 389	82 515	69 126	9 806
矿产品、建材及化工产品批发	43 365	10 986	398 735	351 892	52 494
# 煤炭及制品批发	8 941	1 936	137 542	107 162	20 576
金属及金属矿批发	21 658	2 871	95 328	90 632	14 403
机械设备、五金交电及电子产品批发	13 748	14 592	72 037	69 375	10 593
# 农业机械批发	659	211	5 313	5 230	868
汽车、摩托车及零配件批发	314	34	9 533	9 534	678
其他机械设备及电子产品批发	10 806	13 992	33 804	32 182	5 481
其他批发	5 345	461	23 696	22 992	5 048
按经营方式分组					
独立门店	49 837	12 334	505 330	492 466	84 949
连锁总店（总部）					
连锁门店	328	156	5 050	5 028	314
其他	22 128	16 839	224 772	172 517	26 096

16-8 续表 7 （2013 年） 单位:万元

指 标 名 称	损益及分配				
	财务费用	# 利息支出	营业利润	利润总额	应 交所得税
零售业	**59 029**	**19 476**	**622 701**	**583 147**	**97 427**
# 国有控股	1 334	56	8 286	8 287	1 113
按登记注册类型分类					
内资企业	58 945	19 371	614 287	574 724	95 399
国有企业	50	4	3 135	3 136	586
集体企业	1 954	665	18 748	18 648	4 470
股份合作企业	11	11	88	88	7
联营企业			875	875	218
有限责任公司	8 669	3 953	107 712	104 253	17 072
股份有限公司	2 193	185	29 912	23 499	2 569
私营企业	45 596	14 502	451 792	422 439	70 209
# 私营有限责任公司	40 959	13 787	425 437	398 011	66 563
其他企业	471	50	2 024	1 786	268
港、澳、台商投资企业	152	84	900	900	225
外商投资企业	-68	21	7 514	7 523	1 803
按国民经济行业分组					
综合零售	9 646	3 338	116 925	102 640	20 565
# 百货零售	5 977	1 063	82 658	69 289	16 632
超级市场零售	3 501	2 237	33 713	32 797	3 800
食品、饮料及烟草制品专门零售	3 587	1 189	51 463	48 834	7 985
纺织、服装及日用品专门零售	4 665	838	50 440	48 789	10 359
文化、体育用品及器材专门零售	926	240	14 832	13 826	1 853
# 图书零售	-47	52	3 484	3 491	31
医药及医疗器材专门零售	2 228	214	13 036	11 257	1 768
汽车、摩托车、燃料及零配件专门零售	23 328	9 442	189 918	182 068	26 125
# 汽车零售	21 633	9 164	167 773	163 108	22 475
家用电器及电子产品专门零售	5 612	1 986	66 763	60 846	9 696
# 家用电器零售	3 454	896	41 698	37 960	5 983
计算机、软件及辅助设备零售	1 411	576	19 523	18 260	2 993
五金、家具及室内装修材料专门零售	6 048	1 642	105 389	101 603	16 828
# 五金零售	1 977	622	39 104	35 933	6 611
家具零售	1 199	590	11 384	11 011	1 533
无店铺及其他零售	2 988	587	13 936	13 284	2 248
按经营方式分组					
独立门店	47 946	17 131	529 849	499 721	81 331
连锁总店(总部)	164	2	4 874	4 867	537
连锁门店	762	231	2 996	2 304	480
其他	10 156	2 112	84 982	76 255	15 079
按零售业态分组					
超 市	2 553	946	17 862	17 255	2 535
大型超市	2 078	1 718	10 752	10 140	2 356
仓储会员店					
百货店	6 020	1 220	100 613	87 586	17 593
专业店	27 100	8 499	304 110	287 656	44 364
专卖店	17 387	5 373	126 980	119 571	16 920

16-8 续表 8 （2013 年） 单位：万元

指 标 名 称	工资、增值税		附报资料	
	本年应付工　资	本年应交增 值 税	亏损企业数（个）	亏损总额
总　计	**302 774**	**430 919**	**37**	**8 527**
批发业	**113 721**	**216 695**	**16**	**3 810**
# 国有控股	30 850	48 530	2	212
按登记注册类型分组				
内资企业	112 860	213 370	16	3 810
国有企业	12 730	20 704	2	212
集体企业	284	537		
股份合作企业	56	34		
联营企业				
有限责任公司	18 462	35 405	5	472
股份有限公司	15 983	15 502		
私营企业	60 780	140 192	9	3 127
# 私营有限责任公司	55 083	123 036	9	3 127
其他企业	4 565	996		
港、澳、台商投资企业	363	2 974		
外商投资企业	497	352		
按国民经济行业分组				
农畜产品批发	3 197	6 508		
食品、饮料及烟草制品批发	26 855	36 129	2	141
# 米、面制品及食用油批发	2 772	2 328	1	29
烟草制品批发	10 532	19 391		
纺织、服装及日用品批发	2 476	3 380		
# 纺织品、针织品及原料批发	1 078	746		
医药及医疗器材批发	6 475	9 023	2	221
矿产品、建材及化工产品批发	50 895	120 470	9	3 358
# 煤炭及制品批发	12 225	32 366	3	741
金属及金属矿批发	10 780	46 549	1	320
机械设备、五金交电及电子产品批发	17 323	27 497	2	82
# 农业机械批发	1 736	3 039	1	7
汽车、摩托车及零配件批发	656	1 601		
其他机械设备及电子产品批发	9 997	15 812	1	75
其他批发	5 528	12 578	1	8
按经营方式分组				
独立门店	81 475	161 355	12	3 644
连锁总店（总部）				
连锁门店	890	530	1	39
其他	31 356	54 810	3	128

16-8 续表 9 （2013 年） 单位:万元

指标名称	工资、增值税		附报资料	
	本年应付工资	本年应交增值税	亏损企业数（个）	亏损总额
零售业	**189 053**	**214 224**	**21**	**4 716**
# 国有控股	9 297	4 481	1	21
按登记注册类型分类				
内资企业	184 808	211 919	21	4 716
国有企业	2 258	900	1	21
集体企业	4 239	5 037		
股份合作企业	85	4		
联营企业	606	133		
有限责任公司	41 521	37 782	6	1 742
股份有限公司	12 540	6 726	3	637
私营企业	121 016	161 049	11	2 316
# 私营有限责任公司	112 400	153 368	11	2 316
其他企业	2 542	288		
港、澳、台商投资企业	1 866	879		
外商投资企业	2 380	1 425		
按国民经济行业分组				
综合零售	48 600	29 280	11	4 000
# 百货零售	24 559	21 324	6	1 076
超级市场零售	23 408	7 638	5	2 924
食品、饮料及烟草制品专门零售	18 411	13 528	1	96
纺织、服装及日用品专门零售	15 261	13 791	1	9
文化、体育用品及器材专门零售	8 447	8 734	1	106
# 图书零售	2 994	2 721		
医药及医疗器材专门零售	9 516	5 124		
汽车、摩托车、燃料及零配件专门零售	42 435	100 674	7	506
# 汽车零售	35 880	87 785	7	506
家用电器及电子产品专门零售	23 986	19 864		
# 家用电器零售	15 181	12 989		
计算机、软件及辅助设备零售	5 629	4 616		
五金、家具及室内装修材料专门零售	19 220	21 118		
# 五金零售	8 022	11 250		
家具零售	4 279	3 126		
无店铺及其他零售	3 176	2 110		
按经营方式分组				
独立门店	155 637	167 561	17	3 735
连锁总店（总部）	4 211	1 093		
连锁门店	5 426	1 833	1	508
其他	23 779	43 737	3	474
按零售业态分组				
超　市	13 389	4 180		
大型超市	12 299	5 297	6	2 986
仓储会员店				
百货店	27 271	22 481	5	1 014
专业店	82 338	110 720	4	213
专卖店	39 184	57 065	5	408

注:本企业年平均无偿使用厂方促销人员未列入从业人员数及工资总额。

16-9 限额以上住宿餐饮业企业财务状况

（2013 年）

单位：万元

指标名称	年末资产负债					资产总计	负债合计
	流动资产合计	#存货	固定资产原价	累计折旧	#本年折旧		
总计	**140 603**	**9 428**	**226 099**	**67 664**	**12 549**	**395 449**	**210 706**
住宿业	**52 047**	**2 349**	**103 834**	**40 467**	**5 411**	**185 388**	**91 439**
#国有控股	11 310	622	36 915	14 169	1 797	65 657	33 234
按登记注册类型分组							
内资企业	51 458	2 332	103 641	40 310	5 399	184 726	91 154
国有企业	11 036	594	34 073	11 773	1 675	63 077	31 077
集体企业	436	50	591	93	42	1 026	825
有限责任公司	5 476	535	18 685	8 872	417	28 991	14 055
股份有限公司	320	9	1 660	952	20	1 027	990
私营企业	34 190	1 145	48 632	18 619	3 245	90 606	44 208
其他企业							
按国民经济行业分组							
旅游饭店	43 234	1 867	96 129	38 700	4 846	167 775	83 082
一般旅馆	8 813	482	7 706	1 767	565	17 614	8 357
按星级等级分组							
一星	314	20	148	130	24	492	274
二星	1 931	376	9 256	4 001	402	7 928	3 473
三星	26 508	518	29 235	13 936	1 270	59 697	27 891
四星	7 095	388	20 542	5 198	1 099	51 186	22 495
五星	1 301	153	26 014	12 404	1 942	34 960	19 460
其他	14 309	877	18 446	4 640	662	30 464	17 561
餐饮业	**88 556**	**7 078**	**122 265**	**27 196**	**7 138**	**210 061**	**119 268**
#国有控股	5 461	429	13 790	5 556	1 058	14 097	13 504
按登记注册类型分组							
内资企业	88 556	7 078	122 265	27 196	7 138	210 061	119 268
国有企业	3 927	401	13 581	5 524	1 025	12 215	11 206
集体企业	339	38	169	98	54	898	530
有限责任公司	17 856	562	6 360	2 045	604	29 567	22 035
股份有限公司	3 176	125	5 132	1 544	416	8 112	3 648
私营企业	61 503	5 559	86 679	14 674	4 404	150 412	80 269
私营独资企业	5 466	775	7 157	1 917	646	10 994	4 967
私营有限责任公司	55 143	4 681	77 963	12 482	3 674	137 137	73 639
其他	1 544	197	9 774	3 271	635	8 058	1 194
按国民经济行业分组							
正餐服务	84 153	6 296	112 432	25 817	6 573	196 298	112 506
快餐服务	1 628	241	2 881	248	93	4 579	2 070
其他餐饮服务	1 566	413	3 318	546	269	4 919	2 064
按经营方式							
独立门店	85 477	6 978	119 035	25 973	6 918	203 969	115 282
连锁总店（总部）							
连锁门店	2 663	51	2 703	1 140	203	5 232	3 521
其他	416	50	527	83	16	860	464

16-9　续表 1　　　　（2013 年）　　　　单位:万元

指 标 名 称	年末资产负债						港澳台资本	外商资本	主营业务收入
	所有者权益合计	实收资本	国家资本	集体资本	法人资本	个人资本			
总　计	**184 743**	**118 817**	**34 290**	**4 154**	**26 435**	**53 909**	**29**		**339 401**
住宿业	**93 950**	**57 669**	**31 456**	**2 477**	**9 090**	**14 617**	**29**		**90 538**
# 国有控股	32 424	31 456	31 456						19 262
按登记注册类型分组									
内资企业	93 571	57 553	31 456	2 477	9 090	14 530			90 229
国有企业	32 000	31 068	31 068						18 908
集体企业	201	147		147					1 548
有限责任公司	14 935	11 456	388	2 200	7 667	1 201			20 259
股份有限公司	37	130		130					539
私营企业	46 398	14 752			1 423	13 330			48 974
其他企业									
按国民经济行业分组									
旅游饭店	84 693	52 782	31 356	2 427	8 157	10 842			76 136
一般旅馆	9 256	4 887	100	50	933	3 775	29		14 402
按星级等级分组									
一星	217	120				120			1 171
二星	4 454	3 762	657	2 200		904			8 619
三星	31 806	15 244	1 549	50	7 800	5 846			24 202
四星	28 691	29 150	29 150						13 412
五星	15 500	500			490	10			9 079
其他	12 903	8 777	100	227	800	7 650			33 747
餐饮业	**90 793**	**61 148**	**2 834**	**1 677**	**17 345**	**39 292**			**248 862**
# 国有控股	593	1 497	834		662				11 206
按登记注册类型分组									
内资企业	90 793	61 148	2 834	1 677	17 345	39 292			248 862
国有企业	1 009	1 397	734		662				7 350
集体企业	368	261		261					1 004
有限责任公司	7 532	5 298	100		3 725	1 473			32 034
股份有限公司	4 464	3 372		1 206		2 166			9 295
私营企业	70 143	39 078	2 000		1 485	35 593			195 916
私营独资企业	6 026	3 878			280	3 598			29 343
私营有限责任公司	63 498	34 406	2 000		1 205	31 201			156 794
其他	6 864	11 333			11 323	10			2 656
按国民经济行业分组									
正餐服务	83 793	55 752	2 834	1 677	17 265	33 976			229 721
快餐服务	2 509	1 130			80	1 050			6 026
其他餐饮服务	2 856	2 706				2 706			12 219
按经营方式									
独立门店	88 686	59 592	2 784	471	17 345	38 992			241 818
连锁总店(总部)									
连锁门店	1 711	1 306		1 206		100			3 825
其他	396	250	50			200			3 220

16-9　续表 2　　（2013 年）　　单位：万元

指标名称	损益及分配						
	主营业务成本	主营业务税金及附加	其他业务利润	销售费用	管理费用	#税金	财务费用
总　计	**209 733**	**13 976**	**2 591**	**36 628**	**34 459**	**2 455**	**5 720**
住宿业	**48 377**	**3 546**	**1 476**	**17 396**	**11 526**	**923**	**2 712**
#国有控股	8 587	918	672	5 278	4 107	53	107
按登记注册类型分组							
内资企业	48 212	3 527	1 476	17 396	11 460	923	2 695
国有企业	8 411	898	672	5 252	4 021	52	97
集体企业	890	66	153	189	219	7	0
有限责任公司	13 152	812		1 931	2 532	68	81
股份有限公司	35	30		9 693	91	6	1
私营企业	25 725	1 722	651	224	4 597	791	2 516
其他企业							
按国民经济行业分组							
旅游饭店	39 796	2 943	1 204	16 187	10 390	679	2 475
一般旅馆	8 581	603	272	1 209	1 135	245	238
按星级等级分组							
一星	832	8		122	58	5	1
二星	4 401	345		1 218	1 781	20	81
三星	12 379	1 049	1 043	4 102	3 614	226	278
四星	6 024	624	280	3 872	2 766	36	79
五星	1 567	509		5 866	1 459	365	1 907
其他	23 009	994	153	2 216	1 783	271	349
餐饮业	**161 356**	**10 431**	**1 116**	**19 232**	**22 933**	**1 532**	**3 008**
#国有控股	5 632	569	171	1 213	2 393	20	212
按登记注册类型分组							
内资企业	161 356	10 431	1 116	19 232	22 933	1 532	3 008
国有企业	4 989	349	171	220	885	20	187
集体企业	792	56		36	3		11
有限责任公司	16 862	1 398		4 187	6 176	265	411
股份有限公司	6 889	296		620	634	21	15
私营企业	128 816	8 147	930	14 006	14 688	1 159	2 370
私营独资企业	20 513	1 360	393	1 355	2 100	125	207
私营有限责任公司	102 568	6 426	537	11 312	11 711	994	2 143
其他	2 630	150			513	68	14
按国民经济行业分组							
正餐服务	149 307	9 927	1 116	17 059	21 502	1 497	2 785
快餐服务	4 057	274		192	432	12	140
其他餐饮服务	7 505	208		1 947	804	20	80
按经营方式							
独立门店	156 908	10 070	1 103	18 757	21 932	1 508	2 997
连锁总店(总部)							
连锁门店	2 682	226		415	333	21	9
其他	1 766	135	13	59	668	3	1

16-9　续表 3　　（2013 年）　　单位:万元

指 标 名 称	损益及分配				本 年 应付工资	附报资料	
	#利息支出	营业利润	利润总额	应交所得 税		亏损企业 数（个）	亏损总额
总　计	**837**	**40 521**	**39 251**	**6 228**	**44 052**	**10**	**2 442**
住宿业	**151**	**7 587**	**9 789**	**1 626**	**14 121**	**4**	**483**
# 国有控股		632	700	183	3 278	2	318
按登记注册类型分组							
内资企业	134	7 543	9 745	1 625	14 074	4	483
国有企业		596	675	183	3 081	2	318
集体企业		184	184	8	626		
有限责任公司	16	1 850	1 856	78	2 776		
股份有限公司		53	52	1	159		
私营企业	118	4 859	6 978	1 356	7 432	2	165
其他企业							
按国民经济行业分组							
旅游饭店	134	4 950	7 965	1 328	12 245	3	482
一般旅馆	17	2 637	1 824	298	1 876	1	1
按星级等级分组							
一星		151	151	10	94		
二星	10	794	747	151	1 224		
三星	75	3 017	3 035	597	4 024	1	14
四星		415	499	151	2 234	1	304
五星		−2 229	484		2 240		
其他	48	5 396	4 828	716	4 259	2	165
餐饮业	**686**	**32 934**	**29 463**	**4 602**	**29 932**	**6**	**1 960**
# 国有控股	131	1 196	1 192	248	2 132		
按登记注册类型分组							
内资企业	686	32 934	29 463	4 602	29 932	6	1 960
国有企业	131	733	730	132	1 035		
集体企业		106	106	2	255		
有限责任公司	122	2 997	2 996	546	6 559	1	51
股份有限公司		1 146	189	26	868		
私营企业	433	28 578	26 072	3 882	20 685	4	1 221
私营独资企业	87	3 949	2 758	289	2 822		
私营有限责任公司	346	23 183	21 866	3 523	16 908	3	954
其他		−640	−642	11	347	1	687
按国民经济行业分组							
正餐服务	616	29 868	28 478	4 334	27 649	5	1 692
快餐服务	70	932	932	210	888		
其他餐饮服务		1 980	−102	27	1 230	1	267
按经营方式							
独立门店	676	32 172	28 705	4 437	28 920	6	1 960
连锁总店(总部)							
连锁门店	9	159	159	9	471		
其他	1	603	599	156	540		

主要统计指标解释

社会消费品零售额 是指各种经济类型的批发零售贸易业、餐饮业、制造业和其他行业对城乡居民和社会集团的消费品零售额和农民对非农业居民的零售额总和。这个指标反映通过各种商品流通渠道向居民和社会集团供应生活消费品来满足他们生活需要的情况,是研究人民生活、社会消费品购买力、货币流通等问题的重要指标。

批发零售贸易业 是指专门从事批发和零售贸易活动的经济部门。

批发零售贸易业商品购销存总额 是指除个体经济以外的各种经济类型的独立核算批发零售贸易业法人企业以及其他独立核算法人企业和单位附营的各类批发零售贸易单位的商品购销存总额。

商品购进总额 指批发零售贸易业各企业(附营单位)从本企业(单位)以外的单位和个人购进(包括从国外直接进口)作为转卖或加工后转卖的商品。本指标由从生产者购进额、从批发零售贸易业购进额、进口额和其他购进额项目组成。这个指标反映批发零售贸易业从国内、国外市场上购进商品总量。

商品销售总额 指批发零售贸易业各企业(附营单位)对本企业(单位)以外的单位和个人出售(包括对国(境)外直接出口)的商品(包括售给本单位消费用的商品)。本指标由对生产经营单位批发额、对批发零售贸易业批发额、出口额和对居民和社会集团商品零售额项目组成。这个指标反映批发零售贸易业在国内市场上销售商品以及出口商品的总量。

期末库存 指批发零售贸易企业(附营单位)已取得所有权的全部商品。这个指标反映批发零售贸易企业的商品库存情况,对市场商品供应的保证程度。

资本金总额 是指批发零售贸易业、餐饮业企业在工商行政管理部门登记的注册资金。资本金按投资主体分为国家资本金、法人资本金、个人资本金和外商资本金等。

流动资产 指可以在一年内或者超过一年的一个营业周期内变现或者耗用的资产。包括货币资产、短期投资、应收票据、应收帐款、坏帐准备、应收帐款净额、预付帐款、其他应收款、存货、待转其他业务支出、待摊费用、待处理流动资产净损失、一年内到期的长期债券投资、其他流动资产等项。

商品销售收入 指批发零售贸易企业商品销售收入、接受其他单位委托代销商品的收入和餐饮企业的营业收入(包括餐费收入、冷热饮收入、服务收入和其他收入)。

商品销售成本 指批发零售贸易企业已销商品应负担的进货原价和餐饮企业的原材料成本,商品进价成本。

利润总额 指企业全年实现的利润。包括营业利润、投资净收益以及营业外收支净额。

第 17 部分 科技和教育

SCIENCE AND TECHNOLOGY, EDUCATION

版面负责人：周天恩　张玉强　李　燕
编　　　辑：董志娟　李　广　殷溪晨

中华人民共和国统计法

（1983 年 12 月 8 日第六届全国人民代表大会常务委员会第三次会议通过，根据 1996 年 5 月 15 日第八届全国人民代表大会常务委员会第十九次会议《关于修改〈中华人民共和国统计法〉的决定》修正，2009 年 6 月 27 日第十一届全国人民代表大会常务委员会第九次会议修订。）

第四章　统计机构和统计人员

第二十七条　国务院设立国家统计局，依法组织领导和协调全国的统计工作。

国家统计局根据工作需要设立的派出调查机构，承担国家统计局布置的统计调查等任务。

县级以上地方人民政府设立独立的统计机构，乡、镇人民政府设置统计工作岗位，配备专职或者兼职统计人员，依法管理、开展统计工作，实施统计调查。

第二十八条　县级以上人民政府有关部门根据统计任务的需要设立统计机构，或者在有关机构中设置统计人员，并指定统计负责人，依法组织、管理本部门职责范围内的统计工作，实施统计调查，在统计业务上受本级人民政府统计机构的指导。

编辑：李　广

17–1　主要年份科学技术事业情况

指　　标	1985	1990	1995	2000	2005	2006
科学研究机构　　（个）						
国有独立科研机构	21	28	26	30	25	26
民办科技型企业	3	76	139	460	896	890
各类专业技术人员　　（人）	**60 726**	**125 300**	**184 010**	**228 441**	**217 572**	**265 268**
# 中级职称以上人员	5 992	32 568	55 036	87 954	76 264	96 523
科学研究成果　　（项）						
通过鉴定成果	48	61	55	192	131	116
# 达到国际水平	**1**	**1**	**1**	**15**	**12**	**10**
填补国内空白	3	12	18	37	96	13
达到省内先进水平	8	32	51	76	20	86
填补省内空白	10	2	47	17	3	7
专利申请受理量	38	143	456	474	2 205	3 389

17–1　续表

指　　标	2007	2008	2009	2010	2011	2012	2013
科学研究机构（个）							
国有独立科研机构	22	24	23	20	19	19	19
民办科技型企业	986	1 196	1 498	1 470	2 534	4 846	7 999
各类专业技术人员　　（人）	**265 856**	**248 283**	**248 915**	**271 799**	**396 344**	**419 953**	**125 400**
# 中级职称以上人员	100 951	102 022	102 682	113 977	134 448	149 644	
科学研究成果（项）							
通过鉴定成果	128	152	186	203	179	172	297
完成科技成果	214	218	264				
# 达到国际水平	18	12	75	66	39	43	65
填补国内空白	49	54	32	52	51	62	90
达到省内先进水平	52	82	78	81		4	5
填补省内空白	9	4	1	4			
专利申请受理量	6 174	6 839	6 898	9 927	14 729	18 014	23 472

注：2013 年各类专业技术人员口径由全社会口径调整为国有、集体单位口径（下同）。

17–2 规模以上工业企业办科技机构情况

（2013 年）

指标名称	机构数（个）	机构人员合计（人）	#博士毕业	硕士毕业	本科毕业	机构经费支出（万元）	仪器和设备原价（万元）	#进口	境外机构数（个）
总计	**1 397**	**22 943**	**688**	**3 689**	**12 351**	**558 276**	**381 054**	**19 432**	**6**
按企业规模分									
大型	92	6 893	143	1 854	3 780	217 770	184 106	12 805	4
中型	272	5 562	190	676	3 081	145 338	107 599	4 290	
小型	1 029	10 477	355	1 159	5 484	195 147	89 296	2 336	2
微型	4	11			6	21	54		
按隶属关系分									
中央	6	536	9	99	298	6 537	16 613	224	1
省（自治区、直辖市）	10	311	19	86	157	3 606	3 728	1 498	
地（区、市、州、盟）	73	5 681	113	1 742	3 009	154 760	124 223	6 281	3
县（区、市、旗）	25	562	21	64	258	9 808	6 260	1 466	
街道									
镇	11	143	4	12	48	1 793	547		
乡									
社区（居委会）	1	3			2	6	12		
村委会	1	32			10	976	283		
其他	1 270	15 675	522	1 686	8 569	380 789	229 388	9 963	2
按登记注册类型分									
内资企业	1 281	19 789	618	3 408	10 545	465 788	353 782	18 059	5
国有企业	4	164	2	10	78	1 123	2 732	1 648	
集体企业	3	14			9	73	29		
股份合作企业									
有限责任公司	203	6 549	188	1 871	3 443	160 449	125 264	3 472	3
国有独资公司	31	3 459	56	1 461	1 720	105 444	29 325	1 623	2
其他有限责任公司	172	3 090	132	410	1 723	55 005	95 940	1 849	1
股份有限公司	59	2 053	70	306	1 253	50 920	129 457	9 454	
私营企业	1 005	10 897	350	1 212	5 710	249 117	95 991	3 455	2
私营独资企业	37	315	10	29	199	6 797	3 059	51	
私营合伙企业	5	51	4	14	27	697	175		
私营有限责任公司	929	10 090	307	1 111	5 267	229 429	86 392	3 405	2
私营股份有限公司	34	441	29	58	217	12 194	6 365		
其他企业	7	112	8	9	52	4 106	309	30	
港、澳、台商投资企业	61	1 780	42	166	1 103	55 516	11 347	717	1
与港澳台商合资经营企业	39	1 126	33	121	723	35 968	7 288	266	1
与港澳台商合作经营企业	1	8			2	8	7		
港澳台商独资经营企业	17	577	6	32	344	14 355	3 846	391	
港澳台商投资股份有限公司	4	69	3	13	34	5 185	205	60	
其他港澳台投资企业									
外商投资企业	55	1 374	28	115	703	36 972	15 925	656	
中外合资经营企业	44	1 244	25	100	629	33 534	13 986	636	
中外合作经营企业	2	35	1	3	21	1 417	247		
外资企业	9	95	2	12	53	2 021	1 692	20	
外商投资股份有限公司									
其他外商投资企业									

17-2 续表 （2013 年）

指 标 名 称	机构数（个）	机构人员合计（人）	#博士毕业	硕士毕业	本科毕业	机构经费支出（万元）	仪器和设备原价（万元）	#进口	境外机构数（个）
按国民经济行业大类分									
采矿业	9	581	16	93	330	7 406	12 628		1
煤炭开采和洗选业	6	556	16	93	312	7 341	12 614		1
黑色金属矿采选业	1	6			3	35	2		
非金属矿采选业	2	19			15	30	13		
制造业	1 380	22 297	671	3 592	11 975	550 254	368 034	19 432	8
农副食品加工业	125	1 177	30	159	606	27 927	12 256	966	1
食品制造业	32	378	30	53	203	5 379	2 813	470	
酒、饮料和精制茶制造业	19	593	16	58	444	25 879	92 684	5 262	
烟草制品业	1	41		7	18	883	2 154	1 498	
纺织业	171	1 757	27	103	992	30 797	8 995	541	
纺织服装、服饰业	27	188	2	18	108	2 645	1 104		
皮革、毛皮、羽毛及其制品和制鞋业	14	140	4	13	106	3 725	886		
木材加工和木、竹、藤、棕、草制品业	117	1 164	35	120	502	26 968	11 466		
家具制造业	11	93	2	12	55	1 180	784		
造纸和纸制品业	6	74	2	8	48	2 188	675		
印刷和记录媒介复制业	10	83	4	15	46	1 236	864	50	
文教、工美、体育和娱乐用品制造业	36	365	13	34	144	6 782	3 220		
石油加工、炼焦和核燃料加工业	4	93	7	19	50	435	3 325	2 192	
化学原料和化学制品制造业	122	2 386	80	274	1 282	66 381	19 203	3 821	1
医药制造业	39	906	46	240	504	28 623	32 571		1
化学纤维制造业	13	164	9	13	79	4 091	2 344	94	
橡胶和塑料制品业	78	874	17	64	476	19 736	4 478	64	
非金属矿物制品业	74	922	29	126	490	16 102	9 115	142	
黑色金属冶炼和压延加工业	58	846	18	104	473	16 734	6 858	649	
有色金属冶炼和压延加工业	15	266	20	28	158	5 643	4 842	20	
金属制品业	41	481	6	44	304	11 350	57 755	1 724	
通用设备制造业	87	4 577	95	1 553	2 328	123 900	41 820	58	3
专用设备制造业	62	907	49	99	515	21 506	5 438	200	
汽车制造业	27	441	11	35	236	6 141	4 428	12	
铁路、船舶、航空航天和其他运输设备制造业	13	137	4	21	64	4 322	1 327	1 310	
电气机械和器材制造业	85	1 516	53	149	673	39 060	18 775	300	
计算机、通信和其他电子设备制造业	38	811	24	91	526	20 009	10 688	60	2
仪器仪表制造业	44	849	38	127	496	30 070	6 867		
其他制造业	4	20		2	9	88	64		
废弃资源综合利用业	4	31		3	24	348	200		
金属制品、机械和设备修理业	3	17			16	127	39		
电力、热力、燃气及水生产和供应业	8	65	1	4	46	616	392		
电力、热力生产和供应业	5	46	1	2	36	570	231		
燃气生产和供应业	1	7		1	2	7	3		
水的生产和供应业	2	12		1	8	40	158		
按企业控股情况分									
国有控股	53	4 547	81	1 620	2 259	118 081	102 084	3 493	3
集体控股	11	496	7	57	404	27 270	92 397	5 562	
私人控股	1 210	14 350	502	1 719	7 597	314 705	150 500	8 987	2
港澳台商控股	47	1 433	27	141	927	49 283	7 494	705	1
外商控股	25	766	10	42	388	17 721	11 912	656	
其他	51	1 351	61	110	776	31 216	16 667	30	

17–3 规模以上工业企业科技活动人员情况

（2013 年） 单位：人

指 标 名 称	科技活动人员	# 大学本科及以上学历
总 计	**22 943**	**12 351**
按企业规模分		
大型	6 893	3 780
中型	5 562	3 081
小型	10 477	5 484
微型	11	6
按隶属关系分		
中央	536	298
省（自治区、直辖市）	311	157
地（区、市、州、盟）	5 681	3 009
县（区、市、旗）	562	258
街道		
镇	143	48
乡		
社区（居委会）	3	2
村委会	32	10
其他	15 675	8 569
按登记注册类型分		
内资企业	19 789	10 545
国有企业	164	78
集体企业	14	9
股份合作企业		
有限责任公司	6 549	3 443
国有独资公司	3 459	1 720
其他有限责任公司	3 090	1 723
股份有限公司	2 053	1 253
私营企业	10 897	5 710
私营独资企业	315	199
私营合伙企业	51	27
私营有限责任公司	10 090	5 267
私营股份有限公司	441	217
其他企业	112	52
港、澳、台商投资企业	1 780	1 103
与港澳台商合资经营企业	1 126	723
与港澳台商合作经营企业	8	2
港澳台商独资经营企业	577	344
港澳台商投资股份有限公司	69	34
其他港澳台投资企业		
外商投资企业	1 374	703
中外合资经营企业	1 244	629
中外合作经营企业	35	21
外资企业	95	53
外商投资股份有限公司		
其他外商投资企业		

17-3 续表　　（2013年）　　单位：人

指 标 名 称	科技活动人员	#大学本科及以上学历
按国民经济行业大类分		
采矿业	581	330
煤炭开采和洗选业	556	312
黑色金属矿采选业	6	3
非金属矿采选业	19	15
制造业	22 297	11 975
农副食品加工业	1 177	606
食品制造业	378	203
酒、饮料和精制茶制造业	593	444
烟草制品业	41	18
纺织业	1 757	992
纺织服装、服饰业	188	108
皮革、毛皮、羽毛及其制品和制鞋业	140	106
木材加工和木、竹、藤、棕、草制品业	1 164	502
家具制造业	93	55
造纸和纸制品业	74	48
印刷和记录媒介复制业	83	46
文教、工美、体育和娱乐用品制造业	365	144
石油加工、炼焦和核燃料加工业	93	50
化学原料和化学制品制造业	2 386	1 282
医药制造业	906	504
化学纤维制造业	164	79
橡胶和塑料制品业	874	476
非金属矿物制品业	922	490
黑色金属冶炼和压延加工业	846	473
有色金属冶炼和压延加工业	266	158
金属制品业	481	304
通用设备制造业	4 577	2 328
专用设备制造业	907	515
汽车制造业	441	236
铁路、船舶、航空航天和其他运输设备制造业	137	64
电气机械和器材制造业	1 516	673
计算机、通信和其他电子设备制造业	811	526
仪器仪表制造业	849	496
其他制造业	20	9
废弃资源综合利用业	31	24
金属制品、机械和设备修理业	17	16
电力、热力、燃气及水生产和供应业	65	46
电力、热力生产和供应业	46	36
燃气生产和供应业	7	2
水的生产和供应业	12	8
按企业控股情况分		
国有控股	4 547	2 259
集体控股	496	404
私人控股	14 350	7 597
港澳台商控股	1 433	927
外商控股	766	388
其他	1 351	776

17-4 规模以上工业企业 R&D 经费情况

（2013 年）　　单位:万元

指标名称	R&D 经费内部支出合计	按活动类型分组		按资金来源分组			
		应用研究支出	试验发展支出	政府资金	企业资金	境外资金	其他资金
总计	**694 043**	**11 876**	**682 167**	**8 352**	**674 572**	**321**	**10 799**
按企业规模分							
大型	287 821	11 828	275 993	1 451	286 370		
中型	168 887	48	168 839	2 920	164 443		1 525
小型	237 335		237 335	3 981	223 759	321	9 274
微型							
按隶属关系分							
中央	35 166		35 166	300	34 866		
省(自治区、直辖市)	16 294	1 816	14 478	240	16 054		
地(区、市、州、盟)	176 921	4 509	172 412	2 023	174 420		477
县(区、市、旗)	22 211		22 211	243	21 493		475
街道							
镇	2 525		2 525	80	2 445		
乡							
社区(居委会)							
村委会	978		978		978		
其他	439 950	5 552	434 398	5 466	424 317	321	9 846
按登记注册类型分							
内资企业	592 318	11 876	580 442	6 955	575 201	321	9 841
国有企业	3 557		3 557	300	3 257		
集体企业							
股份合作企业							
有限责任公司	243 039	7 626	235 413	3 100	239 435	321	184
国有独资公司	115 995	6 324	109 671	418	115 577		
其他有限责任公司	127 044	1 301	125 742	2 681	123 858	321	184
股份有限公司	67 771	4 250	63 520	838	66 072		861
私营企业	272 674		272 674	2 627	261 251		8 796
私营独资企业	6 589		6 589	10	6 579		
私营合伙企业	1 780		1 780		1 780		
私营有限责任公司	252 018		252 018	2 547	240 674		8 796
私营股份有限公司	12 288		12 288	70	12 218		
其他企业	5 277		5 277	91	5 186		
港、澳、台商投资企业	62 935		62 935	1 211	61 153		571
与港澳台商合资经营企业	44 224		44 224	1 211	43 013		
与港澳台商合作经营企业							
港澳台商独资经营企业	10 742		10 742		10 742		
港澳台商投资股份有限公司	7 968		7 968		7 397		571
其他港澳台投资企业							
外商投资企业	38 790		38 790	185	38 219		387
中外合资经营企业	32 974		32 974	175	32 412		387
中外合作经营企业	3 565		3 565		3 565		
外资企业	2 251		2 251	10	2 241		
外商投资股份有限公司							
其他外商投资企业							

17-4 续表 （2013 年） 单位:万元

指 标 名 称	R&D 经费内部支出合 计	按活动类型分组		按资金来源分组			
		应用研究支 出	试验发展支 出	政府资金	企业资金	境外资金	其他资金
按国民经济行业大类分							
采矿业	37 518	1 768	35 749	10	37 508		
煤炭开采和洗选业	37 518	1 768	35 749	10	37 508		
黑色金属矿采选业							
非金属矿采选业							
制造业	656 175	10 108	646 068	8 342	636 714	321	10 799
农副食品加工业	37 360		37 360	100	35 905		1 355
食品制造业	10 986	48	10 938	366	10 308		312
酒、饮料和精制茶制造业	30 673	4 250	26 423	20	30 324		329
烟草制品业	850		850		850		
纺织业	25 599		25 599	18	25 580		
纺织服装、服饰业	2 242		2 242		2 242		
皮革、毛皮、羽毛及其制品和制鞋业	914		914		914		
木材加工和木、竹、藤、棕、草制品业	29 857		29 857	541	28 339		977
家具制造业	1 089		1 089		1 089		
造纸和纸制品业	2 890		2 890		2 890		
印刷和记录媒介复制业	650		650		650		
文教、工美、体育和娱乐用品制造业	7 857		7 857	72	7 785		
石油加工、炼焦和核燃料加工业	10 914		10 914		10 914		
化学原料和化学制品制造业	97 122		97 122	1 262	93 841		2 019
医药制造业	28 022	1 301	26 721	312	26 443		1 267
化学纤维制造业	4 449		4 449		4 449		
橡胶和塑料制品业	14 937		14 937	80	14 857		
非金属矿物制品业	19 219		19 219	168	18 157		895
黑色金属冶炼和压延加工业	13 494		13 494	8	13 486		
有色金属冶炼和压延加工业	12 797		12 797	210	12 577		10
金属制品业	12 889		12 889	30	11 532		1 326
通用设备制造业	124325	4 509	119 816	1 396	121 839		1 090
专用设备制造业	37 433		37 433	1 030	35 976		427
汽车制造业	9 988		9 988	182	9 807	321	
铁路、船舶、航空航天和其他运输设备制造业	9 820		9 820		9 820		
电气机械和器材制造业	46 966		46 966	533	46 136		298
计算机、通信和其他电子设备制造业	23 320		23 320	298	23 005		17
仪器仪表制造业	39 222		39 222	1 716	36 709		475
其他制造业							
废弃资源综合利用业	293		293		293		
金属制品、机械和设备修理业							
电力、热力、燃气及水生产和供应业	350		350		350		
电力、热力生产和供应业	344		344		344		
燃气生产和供应业							
水的生产和供应业	7		7		7	321	
按企业控股情况分							
国有控股	166 001	6 324	159 677	971	165 030		
集体控股	29 307	4 250	25 057		28 920		387
私人控股	379 448	1 301	378 146	6 010	363 286		9 831
港澳台商控股	56 074		56 074	800	54 703		571
外商控股	18 808		18 808	50	18 758		
其他	44 406		44 406	521	43 875		10

17-5 规模以上工业企业新产品产出和专利情况

（2013 年） 单位:万元

指标名称	新产品开发项目数（项）	新产品开发经费支出	新产品产值	新产品销售收入	#出口
总　计	**2 252**	**728 618**	**6 322 249**	**6 458 217**	**290 613**
按企业规模分					
大型	780	360 150	4 103 281	4 347 502	248 838
中型	478	156 622	1 189 859	1 132 874	31 689
小型	994	211 845	1 029 109	977 842	10 085
微型					
按隶属关系分					
中央	52	15 191	15 844	14 872	
省（自治区、直辖市）	66	19 934	307 764	310 734	250
地（区、市、州、盟）	726	223 681	2 729 322	3 025 842	134 875
县（区、市、旗）	63	18 212	307 254	294 930	91 497
街道					
镇	4	2 525	1 450	3 000	
乡					
社区（居委会）					
村委会	2	978			
其他	1 339	448 096	2 960 616	2 811 540	63 991
按登记注册类型分					
内资企业	1 812	630 747	5 391 309	5 606 148	203 257
国有企业	33	6 349	4 610	5 220	
集体企业					
股份合作企业					
有限责任公司	904	261 952	2 699 120	3 006 348	65 250
国有独资公司	396	167 156	2 038 889	2 365 680	62 515
其他有限责任公司	508	94 796	660 231	640 668	2 735
股份有限公司	270	114 433	1 088 334	1 064 859	99 204
私营企业	597	242 736	1 587 258	1 516 483	38 803
私营独资企业	9	5 443	99 581	104 703	9 426
私营合伙企业	5	1 521	18 200	18 200	
私营有限责任公司	533	223 124	1 413 595	1 338 943	29 377
私营股份有限公司	50	12 648	55 882	54 638	
其他企业	8	5 277	11 987	13 238	
港、澳、台商投资企业	98	58 147	604 901	573 459	15 504
与港澳台商合资经营企业	57	36 486	511 457	482 492	50
与港澳台商合作经营企业					
港澳台商独资经营企业	33	13 693	73 145	70 667	15 454
港澳台商投资股份有限公司	8	7 968	20 300	20 300	
其他港澳台投资企业					
外商投资企业	342	39 724	326 039	278 611	71 852
中外合资经营企业	327	33 752	316 604	269 359	71 852
中外合作经营企业	5	3 565	360	356	
外资企业	10	2 407	9 075	8 896	
外商投资股份有限公司					
其他外商投资企业					

17-5 续表 （2013 年） 单位:万元

指 标 名 称	新产品开发项目数（项）	新产品开发经费支出	新产品产值	新产品销售收入	#出口
按国民经济行业大类分					
采矿业	48	19 710	303 703	303 678	
煤炭开采和洗选业	48	19 710	303 703	303 678	
黑色金属矿采选业					
非金属矿采选业					
制造业	2 201	708 793	6 018 547	6 154 540	290 613
农副食品加工业	68	36 565	182 237	177 630	
食品制造业	25	11 205	27 486	26 622	
酒、饮料和精制茶制造业	51	69 034	583 612	573 941	
烟草制品业	16	1 843	92	92	
纺织业	36	22 088	68 058	65 773	2 534
纺织服装、服饰业	8	1 526	5 535	5 451	
皮革、毛皮、羽毛及其制品和制鞋业	5	2 822	22 622	22 245	
木材加工和木、竹、藤、棕、草制品业	51	28 047	23 400	22 821	
家具制造业	3	903	11 115	10 217	
造纸和纸制品业	6	2 889	28 924	28 874	
印刷和记录媒介复制业	3	650	500	500	
文教、工美、体育和娱乐用品制造业	18	5 133	53 746	41 482	
石油加工、炼焦和核燃料加工业	1	10 754			
化学原料和化学制品制造业	130	75 983	962 444	929 346	91 201
医药制造业	126	34 056	319 191	300 656	532
化学纤维制造业	9	4 302	10 563	11 480	800
橡胶和塑料制品业	34	13 931	132 105	88 501	76
非金属矿物制品业	52	16 195	67 106	67 314	53
黑色金属冶炼和压延加工业	42	11 364	256 297	243 173	
有色金属冶炼和压延加工业	16	12 199	4 369	4 332	
金属制品业	41	13 034	33 410	41 476	9 776
通用设备制造业	521	172 847	1 915 973	2 239 003	64 510
专用设备制造业	107	34 169	281 776	258 131	2 784
汽车制造业	40	8 787	90 264	90 690	22 000
铁路、船舶、航空航天和其他运输设备制造业	110	7 526	76 990	76 981	12
电气机械和器材制造业	226	40 553	262 077	252 850	3 197
计算机、通信和其他电子设备制造业	100	20 427	329 368	316 045	91 487
仪器仪表制造业	355	49 669	267 467	257 088	1 650
其他制造业					
废弃资源综合利用业	1	293	1 823	1 829	
金属制品、机械和设备修理业					
电力、热力、燃气及水生产和供应业	3	114			
电力、热力生产和供应业	1	34			
燃气生产和供应业	1	79			
水的生产和供应业	1	2			
按企业控股情况分					
国有控股	527	200 845	2 090 256	2 416 917	62 515
集体控股	67	75 611	650 353	634 348	86 932
私人控股	1 194	339 866	2 598 885	2 492 232	48 028
港澳台商控股	70	52 931	556 563	535 483	15 454
外商控股	76	19 531	149 752	143 731	71 144
其他	318	39 834	276 439	235 506	6 540

17-6　规模以上工业企业自主知识产权保护情况

（2013 年）

指　标　名　称	专利申请数(件)	#发明专利	有效发明专利数（件）	#境外授权
总　计	**3 672**	**1 053**	**1 135**	**43**
按企业规模分				
大型	1 847	460	432	29
中型	530	154	244	11
小型	1 295	439	459	3
微型				
按隶属关系分				
中央	75	20	39	
省(自治区、直辖市)	106	24	74	
地(区、市、州、盟)	1 659	428	384	29
县(区、市、旗)	66	28	53	10
街道				
镇	11	2		
乡				
社区(居委会)				
村委会				
其他	1755	551	585	4
按登记注册类型分				
内资企业	3365	962	953	38
国有企业	74	17	83	
集体企业				
股份合作企业				
有限责任公司	2 009	504	369	
国有独资公司	1 476	369	209	
其他有限责任公司	533	135	160	
股份有限公司	183	90	153	34
私营企业	1 081	347	345	4
私营独资企业	57	16	37	
私营合伙企业	27	10	7	
私营有限责任公司	934	304	280	4
私营股份有限公司	63	17	21	
其他企业	18	4	3	
港、澳、台商投资企业	159	40	62	3
与港澳台商合资经营企业	115	35	55	3
与港澳台商合作经营企业				
港澳台商独资经营企业	33	3	6	
港澳台商投资股份有限公司	11	2	1	
其他港澳台投资企业				
外商投资企业	148	51	120	2
中外合资经营企业	137	45	103	2
中外合作经营企业				
外资企业	11	6	17	
外商投资股份有限公司				
其他外商投资企业				

17-6 续表 （2013 年）

指 标 名 称	专利申请数(件)	#发明专利	有效发明专利数(件)	#境外授权
按国民经济行业大类分				
采矿业	62	11	23	
煤炭开采和洗选业	58	9	10	
黑色金属矿采选业				
非金属矿采选业	4	2	13	
制造业	3 602	1 037	1 101	43
农副食品加工业	79	26	12	
食品制造业	52	24	8	
酒、饮料和精制茶制造业	45	11	41	
烟草制品业	59	14	64	
纺织业	38	7	6	
纺织服装、服饰业	6	1	0	
皮革、毛皮、羽毛及其制品和制鞋业	32	6	3	
木材加工和木、竹、藤、棕、草制品业	37	19	7	
家具制造业	2	2	1	
造纸和纸制品业	13	3	1	
印刷和记录媒介复制业				
文教、工美、体育和娱乐用品制造业	53	28	62	
石油加工、炼焦和核燃料加工业				
化学原料和化学制品制造业	178	85	147	13
医药制造业	90	50	92	22
化学纤维制造业	32	16	23	
橡胶和塑料制品业	27	9	21	2
非金属矿物制品业	79	19	22	
黑色金属冶炼和压延加工业	68	10	20	3
有色金属冶炼和压延加工业	19	9		
金属制品业	29	12	8	
通用设备制造业	1 732	449	306	
专用设备制造业	253	53	75	
汽车制造业	79	23	20	
铁路、船舶、航空航天和其他运输设备制造业	115	20	16	
电气机械和器材制造业	224	59	90	3
计算机、通信和其他电子设备制造业	91	24	11	
仪器仪表制造业	166	57	44	
其他制造业	1	1	1	
废弃资源综合利用业	3			
金属制品、机械和设备修理业				
电力、热力、燃气及水生产和供应业	8	5	11	
电力、热力生产和供应业	8	5	10	
燃气生产和供应业			1	
水的生产和供应业				
按企业控股情况分				
国有控股	1 666	414	340	
集体控股	33	7	25	
私人控股	1 668	526	572	40
港澳台商控股	69	16	33	3
外商控股	40	10	32	
其他	196	80	133	

17-7 规模以上工业企业技术改造、技术获取情况

（2013 年）　　单位:万元

指标名称	引进技术经费支出	消化吸收经费支出	购买国内技术经费支出	技术改造经费支出
总　计	**28 682**	**6 438**	**5 257**	**271 797**
按企业规模分				
大型	28 355	4 071	3 550	233 455
中型	282	1 775	1 263	18 213
小型	45	593	445	20 129
微型				
按隶属关系分				
中央		1 891	254	14 672
省(自治区、直辖市)	26 719	135	37	106 343
地(区、市、州、盟)	883	2 824	2 673	94 812
县(区、市、旗)	100	320	842	14 219
街道				
镇				
乡				
社区(居委会)				
村委会				
其他	980	1 268	1 451	41 751
按登记注册类型分				
内资企业	28 467	5 808	5 257	255 834
国有企业		20	480	246
集体企业				
股份合作企业				
有限责任公司	27 165	3 493	3 139	211 612
国有独资公司	27 165	853	1 888	166 699
其他有限责任公司		2 641	1 252	44 913
股份有限公司	772	1 800	1 033	37 144
私营企业	530	495	565	6 491
私营独资企业				
私营合伙企业				
私营有限责任公司	530	495	553	6 449
私营股份有限公司			12	42
其他企业			40	342
港、澳、台商投资企业	170	623		10 887
与港澳台商合资经营企业	1 670	623		10 887
与港澳台商合作经营企业				
港澳台商独资经营企业				
港澳台商投资股份有限公司				
其他港澳台投资企业				
外商投资企业	45	7		5 076
中外合资经营企业	15	2		5 068
中外合作经营企业				
外资企业	30	5		8
外商投资股份有限公司				
其他外商投资企业				

17-7 续表 （2013年） 单位:万元

指 标 名 称	引进技术经费支出	消化吸收经费支出	购买国内技术经费支出	技术改造经费支出
按国民经济行业大类分				
采矿业	26 719	2 026	254	116 774
煤炭开采和洗选业	267 19	2 026	254	116 774
黑色金属矿采选业				
非金属矿采选业				
制造业	1 963	4 412	5 003	144 803
农副食品加工业		150	80	400
食品制造业		134	66	802
酒、饮料和精制茶制造业	420	150	300	21 730
烟草制品业				
纺织业				172
纺织服装、服饰业				
皮革、毛皮、羽毛及其制品和制鞋业				
木材加工和木、竹、藤、棕、草制品业				
家具制造业				
造纸和纸制品业				
印刷和记录媒介复制业				
文教、工美、体育和娱乐用品制造业				
石油加工、炼焦和核燃料加工业				
化学原料和化学制品制造业	270	1029	1 074	15 853
医药制造业	252	824	280	5 982
化学纤维制造业			5	980
橡胶和塑料制品业				5 016
非金属矿物制品业		158	689	2 936
黑色金属冶炼和压延加工业				128
有色金属冶炼和压延加工业				50
金属制品业				10
通用设备制造业	446	720	1927	64 747
专用设备制造业	45	17	5	11 573
汽车制造业	500	100	200	345
铁路、船舶、航空航天和其他运输设备制造业		3		36
电气机械和器材制造业	30	1 031	361	13 262
计算机、通信和其他电子设备制造业		0		700
仪器仪表制造业		97	16	80
其他制造业				
废弃资源综合利用业				
金属制品、机械和设备修理业				
电力、热力、燃气及水生产和供应业				10 220
电力、热力生产和供应业				10 220
燃气生产和供应业				
水的生产和供应业				
按企业控股情况分				
国有控股	27 165	2 987	2 944	202 985
集体控股	520	470	500	23 822
私人控股	782	2 354	1 768	37 328
港澳台商控股	170	620		979
外商控股	45	7		22
其他			45	6 661

17-8 规模以上工业企业 R&D 项目情况

（2013 年）

指 标 名 称	项目数 （项）	参加项目人员 （人）	全部项目 经费内部支出 （万元）
总 计	**1 638**	**21 023**	**599 036**
按项目来源分			
国家科技项目	18	272	7 530
地方科技项目	66	720	25 097
其他企业委托科技项目	24	207	4 488
本企业自选科技项目	1 480	19 260	545 666
来自境外的科技项目	1	10	350
其他科技项目	49	554	15 906
按项目合作形式分			
与境外机构合作	5	42	1 122
与境内高校合作	346	4 974	134 503
与境内独立研究院所合作	69	1 164	34 039
与境内注册的外商独资企业合作	9	85	1 936
与境内注册的其他企业合作	56	855	12 717
独立研究	1 142	13 751	409 409
其他	11	152	5 310
按项目活动类型分			
应用研究	39	545	10 942
试验发展	1 599	20 478	588 094
按项目成果形式分			
论文或专著	32	403	11 954
自主研制的新产品原型或样机、样件、样品、配方、新装置	842	9 634	291 050
自主开发的新技术或新工艺、新工法	712	10 427	280 325
发明专利	51	552	15 697
实用新型专利			
外观设计专利			
带有技术、工艺参数的图纸、技术标准、操作规范			
基础软件	1	7	11
应用软件			
其他			
按项目技术经济目标分			
科学原理的探索、发现	4	97	1 655
技术原理的研究	65	1 005	23 027
开发全新产品	771	9 696	298 647
增加产品功能或提高性能	457	5 341	164 151
提高劳动生产率	22	358	8 402
减少能源消耗或提高能源使用效率	118	1 301	59 045
节约原材料	15	171	4 538
减少环境污染	72	965	21 687
其他	114	2 089	17 884
按企业规模分			
大型	609	9 798	264 131
中型	410	4 918	141 036
小型	619	6 307	193 868
微型			

17-8 续表 1 （2013 年）

指 标 名 称	项目数（项）	参加项目人员（人）	全部项目经费内部支出（万元）
按隶属关系分			
中央	176	3 259	33 724
省(自治区、直辖市)	44	662	14 261
地(区、市、州、盟)	428	5 207	164 917
县(区、市、旗)	30	560	16 127
街道			
镇	3	54	1 705
乡			
社区(居委会)			
村委会	2	32	976
其他	955	11 249	367 326
按登记注册类型分			
内资企业	1 443	18 617	509 251
国有企业	19	160	2 420
集体企业			
股份合作企业			
有限责任公司	688	9 621	219 478
国有独资公司	303	3 830	114 728
其他有限责任公司	385	5 791	104 750
股份有限公司	149	2 034	57 486
私营企业	582	6 740	226 837
私营独资企业	13	134	6 251
私营合伙企业	6	79	1 039
私营有限责任公司	530	6 227	208 716
私营股份有限公司	33	300	10 831
其他企业	5	62	3 030
港、澳、台商投资企业	92	1 129	58 064
与港澳台商合资经营企业	59	673	41 120
与港澳台商合作经营企业			
港澳台商独资经营企业	25	349	10 489
港澳台商投资股份有限公司	8	107	6 455
其他港澳台投资企业			
外商投资企业	103	1 277	31 721
中外合资经营企业	95	1 173	27 164
中外合作经营企业	3	43	2 526
外资企业	5	61	2 031
外商投资股份有限公司			
其他外商投资企业			

17-8 续表 2 （2013 年）

指 标 名 称	项目数（项）	参加项目人员（人）	全部项目经费内部支出（万元）
按国民经济行业大类分			
采矿业	161	3 573	36 532
煤炭开采和洗选业	161	3 573	36 532
制造业	1 470	17 422	562 193
农副食品加工业	60	631	31 449
食品制造业	21	450	9 230
酒、饮料和精制茶制造业	34	697	24 939
烟草制品业	6	24	196
纺织业	47	728	24 344
纺织服装、服饰业	8	74	2 025
皮革、毛皮、羽毛及其制品和制鞋业	3	48	766
木材加工和木、竹、藤、棕、草制品业	56	906	27 019
家具制造业	4	38	978
造纸和纸制品业	6	50	2 515
印刷和记录媒介复制业	3	30	630
文教、工美、体育和娱乐用品制造业	25	254	6 650
石油加工、炼焦和核燃料加工业	2	77	5 585
化学原料和化学制品制造业	137	1 935	84 176
医药制造业	57	745	24 821
化学纤维制造业	10	129	4 340
橡胶和塑料制品业	33	373	13 212
非金属矿物制品业	56	591	15 721
黑色金属冶炼和压延加工业	45	456	11 541
有色金属冶炼和压延加工业	16	281	11 923
金属制品业	39	450	9 485
通用设备制造业	375	4 232	117 653
专用设备制造业	99	920	29 809
汽车制造业	34	342	8 143
铁路、船舶、航空航天和其他运输设备制造业	16	227	6 252
电气机械和器材制造业	117	1 127	40 217
计算机、通信和其他电子设备制造业	70	777	19 890
仪器仪表制造业	90	823	28 460
废弃资源综合利用业	1	7	225
电力、热力、燃气及水生产和供应业	6	24	306
电力、热力生产和供应业	6	24	306
按企业控股情况分			
国有控股	527	7 693	159 908
集体控股	38	693	24 121
私人控股	860	9 793	313 212
港澳台商控股	61	843	53 048
外商控股	47	743	15 579
其他	105	1 258	33 169

17–9 规模以上工业企业政府相关政策落实情况

（2013 年） 单位:万元

指 标 名 称	来自政府部门的科技活动资金	研究开发费用加计扣除减免税	高新技术企业减免税
总 计	12 805	19 813	26 817
按企业规模分			
大型	3 236	13 077	18 920
中型	4 384	3 012	3 287
小型	5 185	3 724	4 610
微型			
按隶属关系分			
中央	300	1 217	200
省(自治区、直辖市)	240	1 617	223
地(区、市、州、盟)	2 372	10 640	20 912
县(区、市、旗)	478	437	883
街道			
镇	80		
乡			
社区(居委会)			
村委会			
其他	9 335	5 902	4 599
按登记注册类型分			
内资企业	11 409	18 520	24 774
国有企业	300		
集体企业			
股份合作企业			
联营企业			
国有联营企业			
集体联营企业			
国有与集体联营企业			
其他联营企业			
有限责任公司	5 025	13 648	19 713
国有独资公司	418	10 198	17 674
其他有限责任公司	4 607	3 450	2 039
股份有限公司	2 094	1 417	4 178
私营企业	3 899	3 405	883
私营独资企业	10		
私营合伙企业			
私营有限责任公司	3 819	3 378	823
私营股份有限公司	70	27	60
其他企业	91	50	
港、澳、台商投资企业	1 211	911	
与港澳台商合资经营企业	1 211	847	
与港澳台商合作经营企业			
港澳台商独资经营企业		64	
港澳台商投资股份有限公司			
其他港澳台投资企业			
外商投资企业	185	383	2 043
中外合资经营企业	175	383	2 043
中外合作经营企业			
外资企业	10		
外商投资股份有限公司			
其他外商投资企业			

17-9　续表　　　　（2013 年）　　　　单位:万元

指　标　名　称	来自政府部门的科技活动资金	研究开发费用加计扣除减免税	高新技术企业减免税
按国民经济行业大类分			
采矿业	34	2828	
煤炭开采和洗选业	34	2828	
黑色金属矿采选业			
非金属矿采选业			
制造业	12 771	16 985	26 817
农副食品加工业	100	6	138
食品制造业	366	80	
酒、饮料和精制茶制造业	1 140	300	
烟草制品业			
纺织业	418		
纺织服装、服饰业			
皮革、毛皮、羽毛及其制品和制鞋业			
木材加工和木、竹、藤、棕、草制品业	541		
家具制造业			
造纸和纸制品业			
印刷和记录媒介复制业			
文教、工美、体育和娱乐用品制造业	72		
石油加工、炼焦和核燃料加工业			
化学原料和化学制品制造业	2 433	1 066	1 375
医药制造业	312	1 127	1 398
化学纤维制造业			
橡胶和塑料制品业	80	2	
非金属矿物制品业	295	395	
黑色金属冶炼和压延加工业	12	1 064	156
有色金属冶炼和压延加工业	323		
金属制品业	30		223
通用设备制造业	1 465	9 279	18 100
专用设备制造业	1 065	1 236	1 069
汽车制造业	182	511	398
铁路、船舶、航空航天和其他运输设备制造业		160	
电气机械和器材制造业	1 022	1 059	1 883
计算机、通信和其他电子设备制造业	1 168	605	316
仪器仪表制造业	1 746	96	1 761
其他制造业			
废弃资源综合利用业			
金属制品、机械和设备修理业			
电力、热力、燃气及水生产和供应业			
电力、热力生产和供应业			
燃气生产和供应业			
水的生产和供应业			
按企业控股情况分			
国有控股	1 838	11 495	17 811
集体控股	1 120	54	140
私人控股	8 105	6 634	6 397
港澳台商控股	800	564	
外商控股	50	108	300
其他	892	959	2 169

17-10 高新技术产业情况

（2012 年）　　单位：万元

指　　标	从业人员年平均人数（人）	工业总产值	产品销售收入	出口交货值	利税总额
全市总计	**163 399**	**30 160 000**	**29 556 800**	**1 274 395**	**3 508 580**
计算机及办公设备制造业	28	2 906	2 848		41
电子及通信设备制造业	13 004	2 239 983	2 195 183	41 788	274 398
医药制造业	16 571	3 069 693	3 008 299	30 480	376 037
专用科学仪器设备制造业	6 181	1 425 998	1 397 478	14 148	163 714
电气机械及设备制造业	73 358	12 609 595	12 357 403	959 116	1 307 197
新材料制造业	53 494	10 670 996	10 457 576	222 913	1 369 941
新能源	763	140 829	138 012	5 951	17 252

17-11 高新技术产业情况

（2013 年）　　单位：万元

指　　标	从业人员年平均人数（人）	工业总产值	产品销售收入	出口交货值	利税总额
全市总计	**180 932**	**35 982 700**	**36 441 718**	**1 040 166**	**5 105 015**
计算机及办公设备制造业	43	2 992	3 003		65
电子及通信设备制造业	12 853	2 626 250	2 583 541	38 056	430 467
医药制造业	17 857	4 232 621	4 234 337	38 215	689 611
专用科学仪器设备制造业	6 554	1 606 940	1 570 950	4 874	215 130
电气机械及设备制造业	79 619	13 436 960	14 052 120	720 153	1 912 013
新材料制造业	63 370	14 049 329	13 971 338	238 868	1 850 443
新能源	636	27 605	26 428		7 286

17–12 主要年份各类学校数

单位:所

年份	普通高等学校	中等专业学校	技工学校	职业高中	普通中学	小学
1949		4			16	1 803
1952		8			21	2 641
1957		5			62	3 109
1962	3	7			140	3 773
1965	2	11			142	4 390
1970	2	2			179	5 183
1975	2	9			228	5 113
1978	2	14	9		234	4 260
1979	2	14	9		236	4 115
1980	2	13	10		274	3 446
1981	3	13	10		395	4 316
1982	3	14	10		478	3 964
1983	4	14	10		494	3 822
1984	5	15	11	18	512	3 674
1985	5	17	11	36	551	3 618
1986	5	16	11	28	612	3 490
1987	5	17	11	29	643	3 413
1988	5	17	11	31	648	3 472
1989	4	17	12	41	654	3 441
1990	4	16	12	43	640	3 409
1991	4	15	11	45	639	3 408
1992	4	15	14	55	621	3 391
1993	4	15	14	49	610	3 390
1994	4	16	14	51	581	3 347
1995	4	16	14	52	553	3 338
1996	4	16	14	50	546	3 305
1997	4	16	14	52	525	3 288
1998	4	16	13	48	523	3 250
1999	5	14	14	47	513	3 147
2000	5	13	13	42	492	2 902
2001	5	12	10	41	498	2 710
2002	6	11	10	35	476	2 333
2003	6	11	11	31	371	945
2004	7	11	11	28	366	908
2005	7	11	11	21	367	902
2006	7	12	8	25	369	907
2007	7	12	8	26	367	917
2008	7	12	8	25	357	899
2009	7	12	8	25	350	879
2010	7	11	8	21	331	871
2011	8	11	8	18	326	856
2012	9	10	8	9	321	860
2013	11	10	6	14	321	870

注:2006 年及以后农职业中学即职业高中口径。2012 年学校分类中无农职业中学口径。

17–13　主要年份各类学校在校学生数

单位：人

年　　份	普通高等学　　校	中等专业学　　校	技　工学　校	农职业中学	普　通中　学	小　学（万人）
1949		737			6 679	14.31
1952		1 645			13 117	27.25
1957		2 312			37 302	40.85
1962	2 797	2 402			59 064	44.14
1965	1 027	1 913			59 971	67.94
1970					175 039	61.87
1975	1 455	2 903			224 829	103.54
1978	2 080	2 869	1 826		459 841	95.62
1979	2 704	5 063	2 070		408 046	98.81
1980	2 585	6 382	3 510		362 789	96.94
1981	5 634	4 573	2 919		298 335	95.27
1982	4 260	4 810	2 859		289 862	91.28
1983	6 109	5 606	2 580		290 956	91.98
1984	7 173	6 884	2 716	6 913	292 253	90.41
1985	9 955	8 708	2 915	10 369	311 015	88.01
1986	10 486	8 880	3 659	13 577	328 873	85.69
1987	11 410	9 711	3 454	14 355	327 280	83.44
1988	11 886	10 339	3 609	11 882	314 401	81.65
1989	11 783	11 101	4 151	12 344	317 647	81.92
1990	11 586	11 091	4 898	14 440	313 758	84.77
1991	12 507	11 670	5 086	17 497	309 649	89.90
1992	12 962	12 176	5 918	20 398	313 487	93.66
1993	14 238	12 918	7 639	20 098	327 372	97.07
1994	16 354	16 127	10 211	20 401	374 698	103.31
1995	18 590	24 480	10 971	22 459	424 685	110.34
1996	19 720	36 831	11 181	24 848	463 226	118.08
1997	21 162	43 831	11 793	24 969	481 154	127.42
1998	24 763	45 113	11 970	22 549	512 475	130.99
1999	32 236	42 072	10 133	19 832	543 390	129.32
2000	46 091	34 072	10 317	19 334	584 255	126.06
2001	58 730	29 616	11 362	21 425	638 488	119.84
2002	67 863	31 610	14 175	21 222	718 597	109.43
2003	71 811	33 368	18 500	21 821	802 270	96.28
2004	86 858	40 989	23 117	27 028	831 882	83.06
2005	92 666	51 166	23 000	40 492	815 113	72.24
2006	104 140	59 648	26 900	65 365	777 895	64.62
2007	113 774	59 787	26 086	72 768	733 413	58.75
2008	120 094	62 043	27 421	56 712	670 459	53.72
2009	125 676	57 091	26 922	57 385	593 875	51.79
2010	118 828	57 543	24 553	60 233	520 662	53.02
2011	131 747	39 331	23 936	53 811	463 610	57.10
2012	133 631	47 217	22 005		426 055	62.85
2013	136 313	48 143	22 707	47 906	375 213	66.18

17-14　各类学校专任教师数

单位：人

年　份	普通高等学校	中等专业学校	技工学校	职业高中	普通中学	小学
1978	423		83			
1979	444		184		16 932	37 511
1980	451		336			
1981	1 178	591	364		15 910	38 804
1982	1 441	686	398		15 341	38 004
1983	1 512	813	419		14 643	32 669
1984	1 740	843	444	270	14 568	32 295
1985	1 803	984	444	528	15 785	31 831
1986	2 073	1 053	476	661	16 859	33 445
1987	2 210	1 173	441	759	17 162	32 519
1988	2 135	1 142	596	862	17 668	32 948
1989	2 170	1 114	659	890	18 380	33 787
1990	2 086	1 087	642	1 047	19 097	34 520
1991	2 065	1 112	661	1 144	19 371	35 723
1992	2 020	1 110	725	1 377	19 502	36 367
1993	2 037	1 083	677	1 348	19 741	36 499
1994	2 028	1 074	848	1 440	20 416	37 915
1995	2 160	1 102	845	1 575	21 642	38 649
1996	2 045	1 165	843	1 688	22 987	39 911
1997	2 117	1 204	762	1 983	24 222	40 670
1998	2 244	1 270	951	2 053	24 944	42 305
1999	2 681	1 242	820	1 965	26 165	44 577
2000	2 883	1 236	801	1 816	27 658	45 798
2001	3 198	1 357	807	1 586	29 200	46 575
2002	3 635	1 133	587	1 461	32 131	44 837
2003	4 061	1 041	680	1 575	34 232	41 806
2004	4 686	1 114	789	1 431	35 744	39 864
2005	5 298	1 251	785	1 718	37 644	39 156
2006	5 586	1 456	711	2 185	38 821	38 719
2007	6 203	1 693	966	2 375	39 686	38 350
2008	6 433	1 766	957	2 556	39 514	36 999
2009	6 670	1 959	1 005	2 489	39 112	36 553
2010	6 257	1 926	987	2 524	38 379	33 991
2011	7 015	1 808	1 047	2 279	37 714	33 517
2012	7 418	1 642	1 147		37 179	35 419
2013	7 596	1 704	1 161	2 487	34 591	36 511

17-15 每一专任教师平均负担在校学生数

单位:人

年　份	普通高等学校	中等专业学校	技工学校	农职业中学	普通中学	小学
1978	4.9		22.0			
1979	6.1		11.3			
1980	5.7		10.4		21.4	25.8
1981	4.8	7.7	8.0		18.8	24.6
1982	3.0	7.0	7.2		18.9	24.0
1983	4.0	6.9	6.2		19.9	28.2
1984	4.1	8.2	6.1	25.6	20.1	28.0
1985	5.5	8.8	6.6	19.6	19.7	27.6
1986	5.1	8.4	7.7	20.5	19.5	25.6
1987	5.2	8.3	7.8	18.9	19.1	25.7
1988	5.6	9.1	16.1	13.8	17.8	24.8
1989	5.4	10.0	6.3	13.9	17.3	24.2
1990	5.6	10.2	7.6	13.8	16.4	24.6
1991	6.1	10.5	7.7	15.3	16.0	25.2
1992	6.4	11.0	8.2	14.8	16.1	25.8
1993	7.0	11.9	11.3	15.0	16.6	26.6
1994	8.1	15.0	12.0	14.2	18.4	27.2
1995	8.6	22.2	13.0	14.3	19.6	28.5
1996	9.6	31.6	13.3	14.7	20.2	29.6
1997	10.0	36.4	15.5	12.6	19.9	31.3
1998	11.0	35.5	12.6	11.0	20.5	31.0
1999	12.1	33.9	12.4	10.1	20.8	29.0
2000	16.0	27.6	12.9	10.6	21.1	27.5
2001	18.4	21.8	14.1	13.5	21.9	25.7
2002	18.7	27.9	24.1	14.5	22.4	24.4
2003	17.7	32.1	27.2	13.9	23.4	23.0
2004	18.5	36.8	29.3	18.9	23.3	20.8
2005	17.5	40.9	29.3	23.6	21.7	18.4
2006	18.6	41.0	37.8	26.6	20.0	16.7
2007	18.3	35.3	27.0	30.6	18.5	15.3
2008	18.7	35.1	28.7	22.2	17.0	14.5
2009	18.8	29.1	26.8	23.1	15.2	14.2
2010	19.0	29.9	24.9	23.9	13.6	15.6
2011	18.8	21.8	22.9	23.6	12.3	17.0
2012	18.0	28.8	19.2		11.5	17.7
2013	23.4	28.3	14.9	19.3	10.8	18.1

17–16 各级各类教育事业

（2013 年） 单位:人

指 标	学校数（所）	毕业生数	招生数	在校学生数	教职工数	#专任教师
学前教育	557	147 321	139 563	408 862	24 096	14 517
小学	870	83 026	153 937	661 757	36 597	36 511
普通中学	321	151 148	115 141	375 213	42 853	34 591
初中	244	94 064	70 397	224 786	25 269	22 131
高中	77	57 084	44 744	150 427	17 584	12 460
中等职业教育	28	35 747	37 021	101 193	5 814	4 537
调整后中职业学校	4	7 300	7 509	26 712	1 325	1 003
普通中专学校	6	6 394	8 647	21 431	897	701
成人中专学校	4	2 555	833	5 144	281	172
职业高中学校	14	19 498	20 005	47 906	3 006	2 487
中等技工学校	8	5 783	7 219	22 707	1 658	1 529
普通高等学校	11	34 796	36 942	136 313	11 326	7 596
职业技术培训机构	670	150 977	254 914		7 043	5 585

注:徐州市广播电视大学为省电大分校,未统计在徐州普通高等学校各项指标之内。

17–17 普通高等学校和中等专业学校基本情况

（2013 年）

单位：人

指　　标	毕业生数	招生数	在校学生数	教职工数	# 专任教师
普通高等学校					
中国矿业大学	14 167	15 351	50 700	3 096	1 770
徐州医学院	4 585	4 858	15 849	1 212	668
江苏师范大学	7 799	8 511	27 452	2 204	1 416
江苏建筑职业技术学院	5 395	6 278	16 899	740	541
徐州工程学院	6 815	9 121	29 401	1 385	1 120
九州职业技术学院	1 528	960	3 704	261	162
徐州工业职业技术学院	3 463	3 841	11 288	673	538
中国矿业大学徐海学院	1 832	1 923	7 666	513	387
江苏师范大学科文学院	2 210	2 454	8 396	592	461
徐州医学院华方学院	466	275	1 827		
徐州幼儿师范高等专科学校	651	1 810	4 105	315	276
徐州生物工程职业技术学院		442	689	335	257
中等专业学校					
徐州生物工程职业技术学院	697	730	2 999		
徐州机电工程高等职业学校	2 321	3 070	11 601	555	355
江苏省徐州医药高等职业学校	491	1 168	3 563	291	249
江苏省徐州财经高等职业技术学校	1 945	1 135	4 578	249	209
徐州经贸高等职业学校	1 846	1 406	3 971	230	190
徐州市职业教育中心	362	381	936	265	232
徐州体育运动学校	100	163	368	54	22
徐州文化艺术学校	75	55	271	88	61
运河高等师范学校	549	540	1 631	185	129
徐州高等师范学校	565	575	1 752	216	188
徐州幼儿高等专科学校	638	181	795		

17-18 成人高等学校和成人中等专业学校基本情况

（2013 年）　　单位：人

指　　标	毕业生数	招生数	在　校 学生数	教职工数	#专 任 教 师
成人高等学校					
徐州市委党校					
中国矿业大学成人教育学院	5 476	6 802	18 105		
江苏师范大学成人教育学院	2 845	2 744	5 900		
徐州医学院成教处	2 000	2 185	4 849		
徐州工程学院成教处	2 224	3 357	8 041		
江苏建筑职业技术学院成教处	1 464	2 014	4 124		
九州职业技术学院	34				
徐州工业职业技术学院	72	298	646		
成人中等专业学校					
徐州能源工业学校	642	185	185	97	47
徐州机电工程学校	1 296	300	3 243	141	104
徐州建筑职工中专学校	524	252	1 116	43	21

17-19 各阶段教育入学、升学情况

（2013年）

单位：%

地区	入学率		升学率	
	小学阶段入学率	初中阶段入学率	小学毕业生升学率	初中毕业生升学率
全市	**100**	**100**	**100**	**97.1**
市区	100	100	100	97.8
丰县	100	100	100	96.7
沛县	100	100	100	96.8
铜山区	100	100	100	97.4
睢宁县	100	100	100	97.1
新沂市	100	100	100	96.9
邳州市	100	100	100	97.2

主要统计指标解释

独立研究与开发机构 指有明确的任务和研究方向，有一定学术水平的业务骨干和一定数量的研究人员，具有研究、开发、开展学术工作的基本条件，主要进行科学研究与技术开发活动，并且在行政上有独立的组织形式，财务上独立核算盈亏，有权与其他单位签订合同，在银行有单独户头的单位。包括国务院各部门、中国科学院、中国社会科学院和各省、自治区、直辖市以及地（市）以上[含地（市）]各部门所属的国有独立的科学研究与技术开发机构。

独立研究与开发机构职工 指在科学研究与技术开发机构工作，并由其支付工资的各种人员。包括长期职工和临时职工，不包括编制以外的离休、退休人员和停薪留职人员，但包括招聘人员。

研究与发展经费支出 指报告期内用于研究与试验发展课题活动（基础研究、应用研究、试验发展）的全部实支出。包括用于研究与发展课题活动的直接支出，还包括间接用于研究与发展活动的一切支出（院、所管理费及维持院、所正常运转的必需费用和与研究发展有关的基本建设支出）。

其他科技人员 指大专、中专毕业和具有初级职称的从事科技活动人员。

自然科学技术人员 指已取得科学技术职称，或大学、中专的理、工、农、医科系毕业，以及国民经济各部门从工作实践中提拔，从事理、工、农、医等自然科学技术的研究、教学、生产的专业人员和在机关、企业、事业中从事科学技术业务管理工作的专业人员。

工程技术人员 指在国民经济各行业从事工程技术工作的自然科学技术专业人员，包括：高级工程师、工程师、助理工程师、技术员和未评定职称的技术人员。

农业技术人员 指在国民经济各行业从事农业技术工作的自然科学技术专业人员，包括：高级农艺师、农艺师、助理农艺师、技术员和未评定职称的技术人员。

科学研究人员 指在国民经济各行业从事科学技术活动的自然科学技术专业人员，包括：正副研究员、助理研究员、研究实习员、技术员和未评定职称的技术人员。

教学人员 指在国民经济各行业从事自然科学技术方面教学活动的专业人员，包括：正副教授、讲师、助教、教师和在中学从事自然科学技术方面教学活动的人员。

发明 专利法及其实施细则所称的发明是指对有关产品、方法或其改进所提出的新的技术方案。

普通高等学校 指按照国家规定的设置标准和审批程序批准举办，通过国家统一招生考试，招收高中毕业生为主要培养对象，实施高等教育的全日制大学、独立设置的学院和高等专科学校、短期职业大学。

成人高等学校 指按照国家有关规定审批，招收通过全国成人高教统一招生考试的具有高中毕业或同等学历的在职从业人员利用脱产、半脱产、业余或函授等多种形式对其实施高等学历教育，培养高等教育专科或本科毕业水平的专门人才，修业年限、课程设置和总学时数均按高等学历教育要求付诸实施的学校。包括广播电视大学、职工高等学校、农民高等学校、管理干部学院、教育学院、独立设置的函授学院等。

小学学龄儿童入学率 指调查范围内已入小学学习的学龄儿童占校内外学龄儿童总数（包括弱智儿童在内，但不包括盲聋哑儿童）的比重，计算公式：

$$\text{小学学龄儿童入学率}(\%)=\frac{\text{已入学的小学学龄儿童}}{\text{校内外小学学龄儿童总数}}\times 100\%$$

招生数 指新学年开学时，一年级实际招收入学的新生数。不包括留级生和复学生数。

在校学生数 指学年初具有学籍的在校学生总数。

专任教师数 指主要从事教育工作的人员数。包括临时（一年以内）调去帮助做其他工作的教学人员。高等学校函授部、夜大学的专任教师和承招科研任务、未担任教学工作仍属教师编制的人员，也计入专任教师中。专任教师不包括调离教学岗位，担任行政领导工作或其他工作的原教学人员。

第18部分 卫生和社会服务

PUBLIC HEALTH AND SOCIAL SERVICES

版面负责人：张玉强

编　　　辑：徐　燕

中华人民共和国统计法

（1983 年 12 月 8 日第六届全国人民代表大会常务委员会第三次会议通过，根据 1996 年 5 月 15 日第八届全国人民代表大会常务委员会第十九次会议《关于修改〈中华人民共和国统计法〉的决定》修正，2009 年 6 月 27 日第十一届全国人民代表大会常务委员会第九次会议修订。）

第四章　统计机构和统计人员

第二十九条 统计机构、统计人员应当依法履行职责，如实搜集、报送统计资料，不得伪造、篡改统计资料，不得以任何方式要求任何单位和个人提供不真实的统计资料，不得有其他违反本法规定的行为。

统计人员应当坚持实事求是，恪守职业道德，对其负责搜集、审核、录入的统计资料与统计调查对象报送的统计资料的一致性负责。

第三十条 统计人员进行统计调查时，有权就与统计有关的问题询问有关人员，要求其如实提供有关情况、资料并改正不真实、不准确的资料。

统计人员进行统计调查时，应当出示县级以上人民政府统计机构或者有关部门颁发的工作证件；未出示的，统计调查对象有权拒绝调查。

第三十一条 国家实行统计专业技术职务资格考试、评聘制度，提高统计人员的专业素质，保障统计队伍的稳定性。

统计人员应当具备与其从事的统计工作相适应的专业知识和业务能力。

县级以上人民政府统计机构和有关部门应当加强对统计人员的专业培训和职业道德教育。

编辑：李　广

18-1　卫生机构数

单位:个

年　份	总　计	医 院 卫生院	#医　院	疗养院、所	门诊部、所
1978	652				
1979	683				
1980	858				
1981	952				
1982	969	231	35	1	678
1983	1 004	232	42	1	712
1984	1 027	233	43	1	734
1985	1 053	237	48	1	753
1986	1 030	236	47	1	731
1987	1 024	234	47	1	727
1988	1 023	228	47	1	732
1989	1 042	229	47	1	751
1990	1 058	228	46	1	767
1991	1 088	228	46	1	798
1992	1 049	228	46	1	759
1993	1 051	228	46	1	761
1994	1 051	231	46	1	758
1995	1 052	231	46	1	758
1996	1 052	231	45	1	757
1997	1 053	232	42	1	757
1998	1 261	233	43	1	966
1999	954	275	43	1	456
2000	993	274	42	1	473
2001	1 071	211	43	1	449
2002	1 047	226	113		778
2003	1 120	229	116	1	847
2004	1 344	232	119	1	926
2005	1 384	230	119	1	1105
2006	1 327	227	116	1	917
2007	1 483	238	117	1	921
2008	1 116	251	108	1	732
2009	1 169	268	102	1	828
2010	1 213	256	99	1	864
2011	1 365	266	108	1	1 009
2012	1 311	274	114	1	948
2013	4 454	277	118	1	815

注:2013 年卫生机构数统计口径调整,与往年不可比。

18-1 续表

单位:个

年　份	专科防治所、站	卫生防疫站	妇幼保健院、所、站	药品检验所、站	医学研究机构	其他卫生机构
1978						
1979						
1980						
1981						
1982		14				
1983	4	15	10	7	2	17
1984	4	15	10	7	2	17
1985	9	15	12	7	2	13
1986	10	15	12	7	2	12
1987	10	14	12	7	2	13
1988	10	14	12	7	2	13
1989	9	14	12	7	2	13
1990	10	14	12	7	2	13
1991	10	15	12	7	2	12
1992	10	14	12	7	2	13
1993	9	14	13	7	2	7
1994	8	14	14	7	2	7
1995	8	14	14	7	2	8
1996	9	14	13	7	3	8
1997	9	14	13	7	3	8
1998	8	14	13	7	3	8
1999	8	14	14	7	3	9
2000	8	14	14	7	3	9
2001	8	14	14		3	9
2002	8	14	13		3	5
2003	6	14	14		3	6
2004		14	14		3	154
2005		14	14		3	17
2006		14	14		3	151
2007		14	13		3	293
2008		14	13		3	102
2009		14	13		3	42
2010		13	12		3	64
2011		13	12		3	61
2012	1	13	12		3	925
2013	1	13	12		3	5

注:1998 年以后门诊部所中包括个体开业,2009 年包括卫生所、医务室、社区卫生服务站等;2001 年以前医院为县及县以上医院数;2008 年及以后村卫生室不再作为卫生机构统计。

18-2 卫生机构人员数

单位:人

年份	总计	卫生技术人员	#医生	中医	中医师	西医士	#护师护士	每千人口医生数
1978		15 690	4 857					0.9
1979		16 477	4 982					0.8
1980		17 095	5 765					0.8
1981	22 581	17 696	6 542		3 117		2 888	1.0
1982	23 956	18 539	7 203	574	3 310		3 496	1.1
1983	25 237	19 267	7 635	1 079	3 639	2 917	4 298	1.1
1984	25 885	19 694	7 671	1 085	3 668	2 918	4 366	1.1
1985	27 354	20 602	7 881	1 080	3 679	3 122	4 603	1.1
1986	28 234	21 295	8 097	1 094	3 747	3 256	4 799	1.1
1987	28 710	21 337	8 023	1 017	3 677	3 329	4 917	1.1
1988	29 477	22 381	8 804	1 176	5 174	2 454	5 438	1.2
1989	30 960	23 615	9 598	1 158	6 715	1 725	6 430	1.3
1990	32 029	24 427	9 888	1 169	6 965	1 754	6 914	1.2
1991	33 771	25 818	10 298	1 108	7 205	1 985	7 289	1.3
1992	35 051	26 825	10 216	1 062	7 101	2 053	7 351	1.2
1993	36 383	27 895	10 488	1 101	7 211	2 176	7 617	1.3
1994	37 741	28 928	10 891	1 074	7 474	2 343	7 881	1.3
1995	38 533	29 380	11 204	1 082	7 605	2 517	8 167	1.3
1996	39 027	29 771	11 525	1 046	7 762	2 717	8 277	1.3
1997	40 472	31 125	12 025	1 044	7 998	2 938	8 424	1.4
1998	40 454	31 188	11 756	986	7 897	2 810	8 350	1.3
1999	39 411	30 394	11 349	933	7 843	2 515	8 421	1.3
2000	39 366	30 481	11 622	925	8 077	2 529	8 720	1.3
2001	39 099	30 275	11 635	963	8 041	2 536	8 863	1.3
2002	36 997	29 282	11 396					1.3
2003	35 369	28 030	10 692		725		8 421	1.2
2004	36 163	28 297	10 480		705		8 479	1.1
2005	35 809	28 284	10 494	721	597	124	8 574	1.1
2006	36 174	28 922	10 532	723	604		8 677	1.2
2007	38 048	29 668	11 137				9 329	1.2
2008	38 746	30 396	11 557				9 985	1.2
2009	39 408	30 821	11 613				10 801	1.0
2010	41 238	32 368	12 165				11 961	1.0
2011	43 623	34 543	12 273				13 411	1.4
2012	47 429	38 091	13 167				15 909	1.5
2013	51 601	43 573	14 578				17 859	1.9

18-3 卫生机构床位数

单位:张

年份	总计	医院卫生院	#医院	疗养院	门诊部、所	其他卫生机构	每千人口医院病床位数
1978	11 325						
1979	11 971						
1980	12 299						
1981	13 392						
1982	13 644						
1983	14 067	12 167	7 185	200	1 550	150	1.8
1984	15 046	13 133	8 109	200	1 473	240	1.9
1985	15 432	13 269	8 608	200	1 762	200	1.9
1986	15 771	13 653	8 925	200	1 718	200	1.9
1987	16 147	13 845	9 107	200	1 802	300	1.9
1988	16 809	14 390	9 549	200	1 919	300	1.9
1989	17 004	14 483	9 609	200	1 921	400	1.9
1990	17 303	14 660	9 630	200	2 043	400	1.8
1991	17 557	15 059	10 186	200	1 898	400	1.8
1992	18 100	15 490	10 459	200	1 987	400	1.9
1993	18 747	15 813	10 668	200	2 310	400	1.9
1994	18 650	15 686	10 791	200	2 310	400	1.9
1995	18 596	15 647	10 783	200	2 310	400	1.8
1996	18 733	15 814	10 883	200	2 310	370	1.8
1997	18 700	15 751	10 713	200	2 310	400	1.8
1998	18 637	15 703	10 645	200	2 310	400	1.8
1999	17 992	17 368	10 621	200		400	2.0
2000	17 736	17 091	10 562	200		400	1.9
2001	17 505	16 964	10 417	200		317	1.9
2002	18 210	18 210	13 944				2.0
2003	18 487	17 961	13 650	200		326	2.0
2004	18 792	18 252	13 905	200		340	2.1
2005	19 888	19 287	14 647	200	5	104	2.2
2006	20 264	19 749	14 975	40		475	2.2
2007	21 488	20 238	15 737	40		1 210	2.3
2008	24 430	23 248	17 614	40		1 142	2.6
2009	26 600	25 081	18 852	40	28	1 451	2.8
2010	30 500	27 783	21 496	40	130	2 547	2.9
2011	32 960	30 283	23 119	40	148	2 601	2.7
2012	38 489	35 703	27 091	40	60	2 686	3.2
2013	43 138	40 179	30 829	40	57	40	3.3

18-4 卫生机构、床位、人员数

（2013 年）

机构类别	机构数（个）	床位数（张）	诊疗人数（万人）	入院人数（万人）	工作人员数（人）	# 卫生技术人员	执业医师数
总计	**4 454**	**43 138**	**5 543**	**131.53**	**61 192**	**43 573**	**16 175**
医院合计	118	38 029	1 724.08	93.11	30 298	25 122	7 343
综合医院	72	21 183	1 143.44	66.89	20 048	16 776	4 943
中医医院	8	3 954	307.12	13.64	4 523	3 759	1 060
中西医结合医院	2	103	0.13	0.12	91	83	17
专科医院	35	5 489	272.05	13.64	5 617	4 485	1 319
# 口腔医院	5	90	223.59		391	288	162
耳鼻喉科医院					19	19	0
肿瘤医院	2	1 075	91.12	2.93	1 224	1 011	283
儿童医院	1	1 007	82.07	5.31	1 374	1 168	311
精神病医院	4	1 025	16.32	0.93	665	500	137
传染病医院	2	500	8.37	0.74	345	284	46
皮肤病医院	2	90	9.43	0.04	141	96	13
职业病医院	2	418	4.71	0.28	82	70	29
康复医院	6	306	12.25	0.19	246	190	61
美容医院	2	40	0.66	0.08	98	66	22
其他专科医院	4	657	16.43	1.49	756	549	180
疗养院	1	40	2.05	0.05	54	16	4
社区卫生服务中心	163	2 151	461.49	3.83	4 338	3 461	1 041
卫生院	159	9 350	1 197.29	31.54	12 313	9 302	2 312
门诊部、所	815	57	38.52	0.01	457	2 126	1 195
# 私营门诊部、所							
急救中心（站）	3		3.97		92	34	20
采供血机构	1				82	51	4
妇幼保健院（所、站）	12	711	117.9	2.97	1 033	811	257
妇幼保健院	2	675	86.45	2.84	796	627	174
妇幼保健所	10	36	31.45	0.13	237	184	83
疾病预防控制中心（防疫站）	13				625	456	545
卫生监督所	11				308	286	
医学科学研究机构	3				124	83	48
其他卫生机构							

18-4 续表

（2013 年）

机构类别	执业助理医师数	注册护士	药剂人员	技师	其他	其他技术人员	管理人员	工勤人员
总计	**16 175**	**18 025**	**2 247**	**1 981**	**5 145**	**2 004**	**2 761**	**5 018**
医院合计	7 760	12 467	1 254	1 126	2 515	963	1 798	2 415
综合医院	5 196	8 460	822	791	1 510	496	1 301	1 472
中医医院	1 147	1 620	271	148	573	174	180	410
中西医结合医院	19	44	3	2	15		8	
专科医院	1 394	2 331	158	185	417	293	307	532
# 口腔医院	174	90	7	4	13	26	18	59
耳鼻喉科医院								
肿瘤医院	286	578	35	57	55	41	46	126
儿童医院	313	596	24	20	215	140	16	50
精神病医院	149	276	26	23	26	24	41	100
传染病医院	62	177	19	19	7	0	35	26
皮肤病医院	18	53	6	7	12	4	20	21
职业病医院	29	31	4	3	3	6	3	3
康复医院	68	71	9	11	31	6	17	33
美容医院	24	36	2	1	3	16	10	6
其他专科医院	185	276	18	29	41	29	81	97
疗养院	4	12					2	
社区卫生服务中心	976	1 371	281	197	349	203	229	445
卫生院	3 603	2 864	603	472	1 760	693	484	1 837
门诊部、所	1 300	679	54	13	70			106
# 私营门诊部、所								
急救中心(站)	23	8		2	1	13	15	30
采供血机构	5	17	1	22	6	19	3	9
妇幼保健院(所、站)	271	392	41	57	50	25	132	65
妇幼保健院	176	346	37	38	30	11	104	54
妇幼保健所	95	46	4	19	20	14	28	11
疾病预防控制中心(防疫站)	248	29	9	72	98	42	56	71
卫生监督所				286		12	7	3
医学科学研究机构	48	11	2	16	6	14	17	10
其他卫生机构								

18–5 市区卫生机构、床位、人员数

指　　标	2013	指　　标	2013
卫生机构数　（个）	**1 532**	#疗养院、所	40
医院	73	卫生院	2 090
#疗养院、所	1	**卫生机构人员　（人）**	**29 795**
卫生院	33	卫生技术人员	23 085
门诊部、所	36	执业医师	8 093
专科防治所、站	1	执业助理医师	7 284
疾病预防控制中心	8	注册护士	10 496
妇幼保健院(所、站)	7	药剂人员	1 179
卫生监督所	6	技师	1 077
医学科学研究机构	3	其他卫生技术人员	2 240
急救站和采供血机构	2	其他技术人员	1 034
病床数　（张）	**24 657**	管理人员	1 631
医院	20 303	工勤人员	2 419

18–6 医院诊疗基本情况

（2013 年）

指　　标	县及县以上医院合计	非营利性	营利性	乡(镇)卫生院合计
诊疗人次　（万人次）	1 455.53	1 455.53		1 19.70
#门、急诊	1 403.94	1 403.94		1 175.50
入院人数　（人）	77.80	77.80		31.54
每百门急诊的入院人数　（人）	5.54	5.54		2.68
病床周转次数　（次）	36.00	36.00		36.80
病床工作日　（日）	388.10	388.10		271.00
病床使用率　（%）	106.05	106.05		74.04
出院者平均住院日　（日）	10.50	10.50		6.90

18–7 城市(市区)前十位疾病死亡原因和构成

(2012 年)

顺位	合计		男性		女性	
	死因	占死亡总数(%)	死因	占死亡总数(%)	死因	占死亡总数(%)
	十种死因合计	**98.80**	**十种死因合计**	**98.98**	**十种死因合计**	**98.57**
1	循环系统疾病	54.11	循环系统疾病	51.41	循环系统疾病	57.98
2	肿瘤	19.38	肿瘤	21.84	肿瘤	15.87
3	损伤和中毒	9.63	损伤和中毒	9.20	呼吸系统疾病	10.24
4	呼吸系统疾病	6.90	呼吸系统疾病	7.92	损伤和中毒	5.43
5	内分泌,营养和代谢的其他疾病	3.28	消化系统疾病	2.86	内分泌,营养和代谢的其他疾病	4.24
6	消化系统疾病	2.50	内分泌,营养和代谢的其他疾病	2.60	消化系统疾病	1.99
7	神经系统疾病	0.88	神经系统疾病	1.10	神经系统疾病	1.02
8	泌尿生殖系统疾病	0.86	传染病和寄生虫病	0.85	泌尿生殖系统疾病	0.87
9	传染病和寄生虫病	0.85	泌尿生殖系统疾病	0.76	血液和造血器官及免疫的其他疾病	0.56
10	血液和造血器官及免疫的其他疾病	0.41	起源于围生期的某些情况	0.44	传染病和寄生虫病	0.37

18–8 城市(市区)前十位疾病死亡原因和构成

(2013 年)

顺位	合计		男性		女性	
	死因	占死亡总数(%)	死因	占死亡总数(%)	死因	占死亡总数(%)
	十种死因合计	**98.78**	**十种死因合计**	**98.90**	**十种死因合计**	**98.57**
1	循环系统疾病	52.71	循环系统疾病	50.07	循环系统疾病	56.67
2	肿瘤	20.12	肿瘤	22.58	肿瘤	16.43
3	呼吸系统疾病	9.60	呼吸系统疾病	9.79	呼吸系统疾病	9.32
4	损伤和中毒外部原因	7.26	损伤和中毒外部原因	7.93	损伤和中毒外部原因	6.25
5	内分泌,营养和代谢的其他疾病	3.39	内分泌,营养和代谢的其他疾病	2.93	内分泌,营养和代谢的其他疾病	4.07
6	消化系统疾病	2.64	消化系统疾病	2.64	消化系统疾病	2.64
7	泌尿生殖系统疾病	1.11	泌尿生殖系统疾病	1.00	泌尿生殖系统疾病	1.26
8	传染病和寄生虫病	0.80	传染病和寄生虫病	0.81	神经系统疾病	0.89
9	神经系统疾病	0.76	神经系统疾病	0.67	传染病和寄生虫病	0.78
10	起源于围生期的某些情况	0.36	起源于围生期的某些情况	0.48	起源于围生期的某些情况	0.26

18–9　主要年份民政事业发展情况

指　　标		2000	2005	2006	2007	2008	2010	2011	2012	2013
民政事业、企业情况										
收养类单位数	（个）	368	230	214	264	267	250	284	303	244
职工人数	（人）	1 812	1 416	1 830	2 723	3 027	2 458	2 879	3 153	3 189
社会福利企业单位数	（个）	297	196	209	183	144	117	118	94	92
职工人数	（人）	14 824	7 430	7 781	5 318	6 727	10 952	7 626	7 290	7 068
优抚安置单位数	（个）	18	20	19	20	20	22	22	22	23
职工人数	（人）	280	199	275	200	301	314	294	294	288
救助类单位数	（个）	2	2	2	3	3	3	2	4	5
职工人数	（人）	76	65	68	85	81	72	71	72	76
殡仪服务事业单位数	（个）	11	19	20	19	19	20	20	21	22
职工人数	（人）	335	405	443	462	477	486	485	511	511
彩票募捐单位数	（个）	8	10	10	8	7	8	8	8	8
职工人数	（人）	45	67	69	66	71	76	76	77	80
社区服务单位数	（个）	30	40	46	47	96	84	875	1 594	2 949
职工人数	（人）	655	321	225	207	574	519	4 767	7 359	11 942
老龄事业单位数	（个）			12	12	12	11	11	11	10
职工人数	（人）			59	56	61	62	61	62	61
婚姻登记服务单位	（个）			4	1	4	4	4	4	4
职工人数	（人）			64	6	69	67	72	73	75
优抚对象优待抚恤情况										
享受定期抚恤金人数	（人）	3 506	2 873	2 598	2 586	2 473	2 143	1 892	1 633	1 116
# 城镇			377	349	340	366	272	272	217	266
# 烈属		2 271	2 065	1 860	1 855	2 107	1 349	1 150	897	850
享受定期补助人数	（人）	16 491	14 027	13 972	16 320	19 984	21 550	47 174	45 445	42 801
# 在乡复员军人		12 937	9 301	9 062	9 043	9 517	8 784	8 317	7 065	3 950
优待优抚对象户数	（户）	34 696	31 597	25 058	21 375	19 360	21 404	23 288	52 167	48 788
社会救济情况										
城镇居民最低生活保障人数	（人）	7 496	49 437	49 832	51 416	52 102	43 193	43 193	43 352	35 320
# 失业人员		1 154	9 959	8 040	12 335	11 189	9 573	18 710	19 456	14 091
城镇居民最低生活保障家庭数	（户）		18 460	19 114	20 101	21 007	18 729	18 710	19 156	16 548
农村居民最低生活保障人数	（人）	30 136	122 710	188 193	195 992	220 875	231 938	232 562	244 538	220 045
农村居民最低生活保障家庭数	（户）		65 051	104 021	106 808	126 312	116 162	109 498	109 499	109 240
城镇临时救济人次数	（人次）	19 578	7 206	7 000	77	1 832	199	314	363	1 340
农村临时救济人次数	（人次）	187 629	152 990	299 900	92 585	1 039	796	1 769	3 044	3 302
农村定期救济人数	（人）	4 227	33 413		4 968	4 712	4 524	33 288	33 168	
农村五保供养户数	（户）		25 289	45 685	45 501	45 719	42 580	42 304	37 101	35 517
城镇社区服务情况										
城镇社区服务设施数	（个）	1 033	2 872	2 881	1 502	1 770	3 462	950	2 558	7 949
城镇社区服务从业人员	（人）	7 767	45 409	4 200	8 545	3 490	5 561	7 279	7 418	11 942
城镇便民、利民服务网点数	（个）	4 809	7 255		5 640	33 516	11 756	25 836	26 135	19 344
社会团体机构情况										
年末实有社团数	（个）	721	1 061	1 563	1 678	1 666	1 727	3 179	1 575	1 834
# 地级社团机构数		274	333	353	361	367	400	732	412	439

注：2007 年及以后社会救济城镇低保失业人员为登记失业人员、彩票募捐单位数为福利彩票发行单位数。

18-10　社会福利事业基本情况

（2013 年）

指　　标	院数 （个）	年末职工人数 （人）	年末床位 （张）	年末在院人员 （人）
总　　计	**260**	**3 271**	**42 036**	**32 974**
社会福利院	7	133	1 880	1 115
光荣院	5	64	385	237
社会福利医院	2	267	490	627
城镇收养性老年福利机构	97	1 104	9 997	5 354
农村五保供养服务机构	149	1 703	29 284	25 641

18-11　社会福利企业基本情况

(2013 年)

指　　标	单位数 （个）	年末职工人数 （人）		年销售(营业) 收入(万元)
			# 残疾职工	
总　　计	**92**	**6 835**	**3 440**	**186 635**
社会福利工厂	72	5 738	3 054	172 160
其他福利企业	20	1 097	386	14 476

18-12　主要年份自然灾害情况

指　　标	1990	1995	2000	2005	2011	2012	2013
受灾面积　（千公顷）	**383.43**	**303.98**	**463.18**	**48.19**	**314.78**	**225.86**	**74.51**
# 旱灾	88.93	54.88	359.45		251.28	208.01	0.20
水灾	249.43	22.52	26.50	19.42	55.63	14.37	21.26
风雹灾	27.13	133.67	54.57	4.67	7.87		26.60
霜冻	7.47	34.33	22.66				26.44
病虫	60.43	28.49				3.49	
成灾面积　（千公顷）	**317.05**	**235.20**	**256.01**	**31.13**	**154.12**	**95.72**	**55.30**
# 旱灾	32.39	45.87	188.57		123.92	87.50	0.05
水灾	205.88	17.54	19.67	12.93	25.18	7.23	14.24
风雹灾	21.69	103.36	33.77	2.64	5.03		19.26
霜冻	5.53	25.67	14.00				21.76
病虫	54.54	19.06				0.99	
因灾损失情况							
经济损失总值　（万元）		86 146	18 448	155 890	98 342	70 960	73 778
死亡人口　（人）	22	8	7		1		1
减产粮食　（万吨）	39.03	35.95	52.07	22.65			
死亡大牲畜　（头）	893	424	4	15			
倒塌房屋　（间）	45 814	5 289	2 841	6 972	270	116	249
损坏房屋　（间）	52 870	15 521	6 498	24 183	633	291	3 517
成灾人口　（万人）	**353.58**	**238.83**	**370.96**	**139.66**	**455.81**	**320.15**	
因灾缺粮人口　（万人）	123.33	123.64	119.82	65.12	55.02	18.89	48.70
因灾缺粮数量　（吨）	67 360	81 778	51 168	13 681	26 780	377.80	20 000
得到国家救济人次数（人次）	**1 087 266**	**764 550**	**328 076**	**96 080**	**352 359**	**194 456**	

18-13 职工基本养老保险情况

单位:人

年 份	在职职工人数	企 业	事业、机关	其 他	离休、退休退职人员数	企 业	事业、机关	其 他
1987	377 943	377 943			65 317	65 317		
1988	500 278	500 278			82 466	82 466		
1989	576 379	572 999		3 380	93 430	93 430		
1990	580 996	574 437		6 559	95 435	95 435		
1991	635 907	626 848		9 059	100 668	100 668		
1992	593 063	592 998		65	105 992	105 992		
1993	464 939	464 939			97 979	97 979		
1994	606 073	605 999		74	119 593	119 593		
1995	601 093	601 020		73	121 249	121 249		
1996	588 555	588 482		73	128 265	128 265		
1997	779 430	589 567	189 790	73	168 099	135 144	32 955	
1998	759 978	567 398	191 890	690	180 354	143 652	36 702	
1999	745 830	573 526	168 664	3 640	184 275	151 910	32 307	58
2000	691 112	558 247	121 154	11 711	188 876	161 900	26 733	243
2001	692 144	535 201	112 134	44 809	193 605	170 241	23 195	169
2002	673 307	498 608	87 419	87 280	200 480	181 011	19 217	252
2003	661 950	471 888	64 099	125 963	207 514	190 284	16 455	775
2004	633 583	410 727	55 236	167 620	217 615	199 374	15 991	2 250
2005	654 863	602 574	52 289		227 905	211 607	16 298	
2006	713 907	661 822	52 085		237 805	221 466	16 339	
2007	769 214	714 570	54 644		259 488	240 812	18 676	
2008	824 778	770 052	54 726		273 659	254 314	19 345	
2009	886 247	832 302	53 945		287 908	268 259	19 649	
2010	928 684	875 018	53 666		300 249	280 125	20 124	
2011	1 005 339	951 248	54 091		313 181	292 477	20 704	
2012	1 015 065				312 400	268 869		
2013	1 081 964				521 433	322 510	28 224	50 068

18-14 农村养老保险基本情况

年 份	基金积累（万元）	当年保费收入（万元）	当年参保人数（万人）	总参保人数（万人）	当年领取人数（万人）
1992	610	570	3.24	3.24	0.01
1993	1 668	1 090	8.52	11.76	0.04
1994	4 014	2 163	14.32	26.08	0.10
1995	9 051	3 556	18.16	44.24	0.11
1996	11 660	1 558	16.89	61.13	0.13
1997	13 238	1 327	7.47	68.60	0.14
1998	14 367	670	1.35	69.95	0.15
1999	14 899	322	0.60	70.55	0.18
2000	14 960	180	0.20	70.75	0.20
2001	14 963	165	0.16	70.91	0.23
2002	15 160	162	0.56	71.47	0.36
2003	15 375	149	0.14	71.61	0.56
2004	15 625	236	0.25	71.86	0.70
2005	15 887	385	0.18	72.04	0.86
2006	17 041	1 290	0.38	72.03	1.03
2007	20 155	3 154	0.18	73.22	1.25
2008	22 517	3 012	4.68	77.33	1.40
2009	30 314	8 646	28.80	95.69	1.92
2010	80 886	52 488	119.67	215.37	88.21
2011	123 331	35 626	5.31	220.69	97.32
2012	161 707	35 415		203.38	107.29
2013	196 674	33 621	208.52	327.03	118.51

18-15 婚姻登记和离婚情况

年 份	登记结婚（对）	初 婚（人）	再 婚（人）	离婚数（对）	结婚离婚比（%）
1985	52 770	104 502	1 038	669	1.27
1986	49 855	98 120	1 590	419	0.84
1987	61 529	121 365	1 653	571	0.93
1988	55 849	110 225	1 473	652	1.17
1989	54 392	106 673	2 111	665	1.22
1990	68 904	135 874	1 934	442	0.64
1991	64 793	127 810	1 777	495	0.76
1992	64 821	127 488	2 154	646	1.00
1993	58 176	114 149	2 203	907	1.56
1994	66 369	130 332	2 406	877	1.32
1995	65 505	127 837	2 173	1 056	1.61
1996	57 001	111 626	2 376	862	1.51
1997	54 954	107 133	2 775	1 196	2.18
1998	56 604	109 832	3 376	1 699	3.00
1999	55 743	108 213	3 273	1 424	2.55
2000	55 664	106 774	4 438	1 514	2.72
2001	48 820	93 764	3 708	1 729	3.54
2002	45 622	87 011	4 113	3 459	7.58
2003	46 016	88 199	3 695	2 342	5.09
2004	51 629	96 765	6 493	5 051	9.80
2005	53 419	98 829	8 009	6 085	11.40
2006	62 626	118 172	7 080	7 131	11.39
2007	68 003	127 551	8 455	8 658	12.73
2008	78 814	149 336	8 292	9 614	12.20
2009	93 612	172 923	14 301	10 261	10.96
2010	101 907	193 626	10 188	11 101	10.89
2011	117 345	214 029	20 661	12 820	10.93
2012	127 280	240 760	13 800	14 269	8.92
2013	119 843	221 051	18 635	17 802	6.70

主要统计指标解释

医院 指名称为医院，设有固定床位、能收容病人住院并能为病人提供医疗、护理服务的医疗机构。包括县及县以上医院、农村乡卫生院、其他医院三部分。按所属性质分为卫生部门、工业及其他部门，集体经济单位三类。其中县及县以上医院按业务性质分为综合医院和专科医院。

卫生技术人员 指卫生事业机构支付工资的全部固定职工和合同制职工中现任职务为卫生技术工作的专业人员。包括中医师、西医师、中西医结合高级医师、护师、中药师、西药师、检验师、其他技师、中医士、西医士、助产士、中药剂士、西药剂士、检验士、其他技士、其他中医、护理员、中药剂员、西药剂员、检验员，其他初级卫生技术人员。

医生 指经卫生部门审查合格，从事医疗工作的专业人员。分为中医医生和西医医生。包括卫生技术人员中的中医师、西医师、中西医结合高级医师、中医士、西医士和其他中医。

卫生机构床位 指年末卫生机构实有固定床位数，包括正规、简易和正在消毒、修理的床位以及因扩建或大修而停用的床位，不包括产科的新生儿床、库存床、观察床、临时增设的床位、病人家属的陪侍床、接产室的待产床。

社会福利事业单位 指集中收养社会孤、老、残、幼的机构。包括由民政部门管理的社会福利院、儿童福利院、精神病人福利院和城镇集体办的福利院，以及农村集体举办的敬老院。

社会福利事业单位收养人数 包括民政部门管理的和城镇及农村集体举办的社会福利事业单位中收养的老人、少年儿童、缺乏生活自理能力的残疾人员和精神病人。

社会福利企业单位 指以安置城镇有一定劳动能力的盲、聋、哑和肢体残疾人员就业为目的，享受国家减免税待遇的国有或集体经济性质的企业。包括福利工厂、福利商业服务业、假肢厂和安置农场等单位。

农村五保户 指农村中既无劳动能力，又无经济来源的老、弱、孤、残的农民生活由集体供养、实行保吃、保穿、保住、保医、保葬(孤儿保教)，简称："五保"。享受五保待遇的家庭叫五保户。

双扶户 包括被扶持的优扶户和贫困户。主要是对其具有一定劳动能力且生活困难的两户给予一定的救济金以扶持其通过生产自救达到脱贫的目的。

第19部分 文化和体育

CULTURE AND SPORTS

版面负责人：张玉强

编　　　辑：李　广

中华人民共和国统计法

（1983 年 12 月 8 日第六届全国人民代表大会常务委员会第三次会议通过，根据 1996 年 5 月 15 日第八届全国人民代表大会常务委员会第十九次会议《关于修改〈中华人民共和国统计法〉的决定》修正，2009 年 6 月 27 日第十一届全国人民代表大会常务委员会第九次会议修订。）

第五章　监督检查

第三十二条　县级以上人民政府及其监察机关对下级人民政府、本级人民政府统计机构和有关部门执行本法的情况，实施监督。

第三十三条　国家统计局组织管理全国统计工作的监督检查，查处重大统计违法行为。

县级以上地方人民政府统计机构依法查处本行政区域内发生的统计违法行为。但是，国家统计局派出的调查机构组织实施的统计调查活动中发生的统计违法行为，由组织实施该项统计调查的调查机构负责查处。

法律、行政法规对有关部门查处统计违法行为另有规定的，从其规定。

第三十四条　县级以上人民政府有关部门应当积极协助本级人民政府统计机构查处统计违法行为，及时向本级人民政府统计机构移送有关统计违法案件材料。

编辑：李　广

19-1　文化事业情况

单位：个

年　份	公办文化馆　站	公　共图书馆	公共图书馆藏　书（千册）	博物馆	新华书店	电影放映单　位	#电影院影剧院	电影观众人　数（万人次）
1982	105	7		1	9	640	57	20 436
1983	105	7		2	7	690		22 886
1984	112	7	1 022	2	7	877	62	25 755
1985	112	7	1 085	4	7	919	58	20 157
1986	101	7	1 036	4	7	903	56	21 078
1987	101	7	1 079	5	7	892	55	22 545
1988	101	7	1 097	6	7	777	54	
1989	101	7	1 128	8	7	781	54	17 437
1990	101	7	1 182	8	10	767	62	17 802
1991	118	7	1 240	9	7	641	75	16 496
1992	113	7	1 375	9	7	579	80	10 317
1993	113	7	1 398	9	14	567	77	2 251
1994	125	7	1 432	9	14	553	70	382
1995	113	7	1 464	10	7	408	76	1 092
1996	113	7	1 476	10	7	433	94	1 243
1997	113	7	1 473	10	7	445	126	1 296
1998	113	7	1 509	10	7	324	132	1 676
1999	113	7	1 520	10	7	327	132	832
2000	85	7	1 565	10	7	310	103	608
2001	86	7	1 587	10	7	196	95	438
2002	86	7	1 639	10	7	196	94	366
2003	114	7	1 501	10	7	192	90	324
2004	127	7	1 533	11	7	96	96	382
2005	127	7	1 533	11	7	57	57	425
2006	125	7	1 518	13	7	21	8	50
2007	125	7	1 542	11	7	24	9	34
2008	126	7	1 626	14	7	22	6	30
2009	130	7	1 691	16	68	6	4	77
2010	157	7	2 698	17	68	6		79
2011	157	8	2 416	21	68	6	6	81
2012	157	8	6 935	21	68	6	6	81
2013	158	8	8 186	21	68	18	6	89

注：2009、2010 年新华书店为全社会口径，与往年不可比；2009、2010 年电影放映单位为市文化局备案单位数。

19-2 主要年份广播、电视事业情况

指　　标		1990	1995	2000	2005	2007	2008	2010	2011	2012	2013
广播电视台	**（座）**	**1**	**8**	**1**	**7**	**8**	**8**	**8**	**8**	**8**	**8**
广播事业											
发射台及转播台(中波)	（座）	1	2	2	2	2	2	2	2	2	2
发射机功率(中波)	（部/千瓦）	3/21	4/22	4/31	2/31	2/32	5/65	5/65	5/66	5/65	2/36
节目	（套）	2	10	9	9	13	11	10	10	11	11
平均每日播音时间	（小时）	18	92	97	139	168	193	189	191	186	206
广播人口覆盖率	（%）	93.0	88.3	100	100	100	100	100	100	100	100
制作节目时间	（小时）	1 323	8 235	20 754	32 913	46 595	49 149	50 415	56 750	45 566	47 159
# 新闻节目		193	1 249	1 317	4 125	11 333	6 914	7 075	7 550	8 181	7 191
文艺节目		379	3 869	9 595	5 427		8 836	28 159	29 031	22 229	20 901
教育节目		183	26	96			629	1 126	1 328	1 682	1 689
电视事业											
发射台及转播台	（座）	6	1	8		8	10	8	8	8	8
发射机功率(全部)	（部/千瓦）	20/19.55	28/50.20	30/53.25		30/54.45	33/53.95	33/60.55	33/60.56	33/55.25	33/60.56
节目	（套）	1	8	8	10	12	11	11	11	11	11
平均每周播出时间	（小时）	83	444	572	1 019	167	217	1 134	1 155	1 134	201
电视人口覆盖率	（%）	77.0	99.3	98.7	100.0	100.0	100.0	100.0	100.0	100.0	100.0
制作节目时间	（小时）	307	3 509	3 694	13 696	13 927	11 328	11 160	12 715	17 182	19 622
# 新闻节目		75	387	555	2 827	1 670	2 603	3 196	3 268	2 057	2 862
文艺节目		62	485	518	2 242		1 227	2 051	2 248	3 422	2 909
教育节目			13	9			365	639	165	1 365	1 533
有线电视用户	（万户）		12.66	25.52	80.70	123.48	167.17	218.11	241.19	265.31	269.76
有线电视入户率	（%）					52.2	53.2	78.3	87.0	97.1	98.4
县级广播电视台	（座）			6	6	7	7	7	7	7	7
数字电视用户	（万户）					1.62	1.75	43.80	73.20	117.53	147.43

注：1998年及以后广播电台、电视台数根据省广播电视厅要求只统计地市级，县级电台、电视台合并统计为广播电视台。

19–3 主要年份体育事业基本情况

项 目		1990	1995	2000	2005	2007	2008	2010	2011	2012	2013
体育设施	**(所)**										
体育场		1	1	7	2	18	7	13	16	16	16
体育馆		1	1		1	5	4	12	15	15	15
游泳馆			1	3	2	2	3	9	30	27	28
体育教育											
体育运动学校	(所)	1	1	1	1	1	1	1	1	1	2
普通业余体校	(所)	6	6	12	14	1	6	1	11	11	2
在校学生数	(人)	350	680	1 506	2 603	670	595	1 617	2 015	2 374	2 705
体委系统职工人数	**(人)**	**289**	**295**	**411**							
运动员				1 556	2 612		2 407	3 555	2 308	3 179	2 705
专职教练员		82	79	130	206	78	73	49	36	36	114
专职文化教师		31	42	46	204	26	17	89	68	68	46
科技人员		2	2	6	8	4	4	2	5	5	1
医务人员		4	4	2	8	4	2	1	4	3	2
管理人员		83	79	141	264	62	92	123	176	173	167
其他		87	89	86	216	158	77	88	138	134	190
等级运动员	**(人)**	**135**	**200**	**1 120**			**251**	**110**	**119**	**139**	**276**
# 一级		5	50	65		23	10	6	12	15	21
二级		130	150	320	329	303	225	104	107	124	255
等级裁判员	**(人)**	**44**	**72**	**1 106**		**156**	**194**	**448**	**2 048**	**2 461**	**387**
# 一级		6	17	162		31	33	54	729	647	61
二级		38	25	295	190	125	161	394	1 319	1 452	326
三级			30	638						362	
各级体委举办运动会情况											
运动会次数	(次)	65	85	110			4		38	40	29
参加运动会的运动员人数	(万人)	0.60	0.96	12.00			0.16		1.10	1.20	0.70
获国内外奖章(牌)											
金质奖章(牌)	(枚)	5	7		11	115.5	127.5	104	132	195	229.5
银质奖章(牌)	(枚)	2	5			140	97	66	112	133	147
铜质奖章(牌)	(枚)	6	4			165	120	98.5		125	142
体彩情况											
体育彩票销售点个数	(个)					776	834	1 000	1 005	1 082	988
年从业人员数	(人)					1 572	1 668	2 000	2 240	2 300	1 976
体育彩票发行额	(万元)					783.52	828.33	1 149	1 149	1 455	1 970
体彩全年销售额	(亿元)					2.55	3.34	5.36	5.33	8.99	10.01
百万以上大奖个数	(个)					3	4	6	6	10	6

注:一、二级运动员 2001 年以后为当年新晋升数;2007、2008 年奖章数为省级以上比赛奖牌数(含国际性比赛);2008 年部分指标由于统计口径变化,数据相应调整。等级裁判员 2013 年数为新晋升数。

主要统计指标解释

文化事业机构　指从事专业文化工作和为专业文化工作服务的独立建制的单独核算的单位。不包括这些单位另外举办独立核算的其他机构和各部门的业余文化组织。

艺术表演团体　指从事戏曲、音乐、舞蹈、杂费等专业艺术表演,有独立帐户,实行单独核算的团体。不包括半工半艺、半农半艺的业余剧团。

电影放映单位　指具有放映机器设备、固定或不固定的放映场所与专职或兼职的放映技术人员，经有关部门登记批准,经常为一定的观众对象放映电影的机构。包括经批准对外开放进行营业，并与电影发行放映管理机构分帐的专用放映单位和军委系统租片单位。

电影观众人数(人次)　指各类型放映单位及军委系统租片单位映出的观众人次数。一个观众连续看了一部长片或短片专场规定的短片,为二人次。

艺术表演观众人数(人次)　指售票、包场演出或民族地区免费演出的艺术表演观众人次数。不包括彩排审查和内部观摩演出的观看人次数。

公共图书馆　文化部门举办的面向社会服务的独立的图书馆。不包括文化馆的图书室。

电视人口覆盖率　指电视覆盖人口与总人口的比率。电视覆盖人口是指能够用普通电视接收机、室外天线在离地面四米高处,在晚上收看电视,并且收视效果能达到图像基本稳定、清晰,能看清人物的形象、动作的地区内的人口数。计算公式为:

$$\text{电视人口覆盖率}(\%)=\frac{\text{年末电视覆盖人口数}}{\text{年末总人口数}}\times 100\%$$

广播人口覆盖率　指广播覆盖人口与总人口的比率。广播覆盖(或中波覆盖)人口是指能够用普通收音机在中午收听中波广播节目，并且收听效果能达到听清完整的节目内容的地区的人口数,包括只能收听外省中波广播的人口数在内。计算公式为:

$$\text{广播人口覆盖率}(\%)=\frac{\text{年末广播覆盖人口数}}{\text{年末总人口数}}\times 100\%$$

等级运动员人数　指经考核正式批准授予等级运动员称号的人数。运动员等级分为国际级运动健将、运动健将、一级运动员、二级运动员、三级运动员、少年级运动员。

等级裁判员人数　指经考核正式批准授予等级裁判员称号的人数。裁判员等级分为国际裁判、国家级裁判、一级裁判、二级裁判、三级裁判。

体育场　指有 400 米跑道(中心含足球场),有固定道牙,跑道 6 条以上,并有固定看台的室外田径场地。以看台容纳观众人数分：甲级 25000 人以上，乙级 15000–25000 人，丙级 5000–15000 人,丁级 5000 人以下。

体育馆　指有固定看台,可供篮球、排球、羽毛球、乒乓球、体操等项目比赛活动用的室内运动场地。以看台容纳观众人数分：甲级 6000 人以上，乙级 4000–6000 人，丙级 2000–4000 人,丁级 2000 人以下。

第 20 部分 公共管理及其他

PUBLIC MANAGEMENT AND OTHERS

版面负责人：张玉强

编　　　辑：徐　燕

中华人民共和国统计法

（1983年12月8日第六届全国人民代表大会常务委员会第三次会议通过，根据1996年5月15日第八届全国人民代表大会常务委员会第十九次会议《关于修改〈中华人民共和国统计法〉的决定》修正，2009年6月27日第十一届全国人民代表大会常务委员会第九次会议修订。）

第五章　监督检查

第三十五条　县级以上人民政府统计机构在调查统计违法行为或者核查统计数据时，有权采取下列措施：

（一）发出统计检查查询书，向检查对象查询有关事项；

（二）要求检查对象提供有关原始记录和凭证、统计台账、统计调查表、会计资料及其他相关证明和资料；

（三）就与检查有关的事项询问有关人员；

（四）进入检查对象的业务场所和统计数据处理信息系统进行检查、核对；

（五）经本机构负责人批准，登记保存检查对象的有关原始记录和凭证、统计台账、统计调查表、会计资料及其他相关证明和资料；

（六）对与检查事项有关的情况和资料进行记录、录音、录像、照相和复制。

县级以上人民政府统计机构进行监督检查时，监督检查人员不得少于二人，并应当出示执法证件；未出示的，有关单位和个人有权拒绝检查。

第三十六条　县级以上人民政府统计机构履行监督检查职责时，有关单位和个人应当如实反映情况，提供相关证明和资料，不得拒绝、阻碍检查，不得转移、隐匿、篡改、毁弃原始记录和凭证、统计台账、统计调查表、会计资料及其他相关证明和资料。

编辑：李　广

20-1 主要年份律师、公证、调解工作情况

单位:件

项目		1990	1995	2000	2005	2007	2008	2009	2010	2011	2012	2013
律师工作												
律师事务所	(个)	14	36	44	59	67	72	82	86	93	99	101
律师	(人)	151	224	543	736	722	786	881	999	1 105	1 200	1 247
# 专职律师		123	143	247	650	703	769	859	976	1 086	1 176	1 194
# 女性		27	31	31	93	103	128	132	164	224	614	298
兼职律师		7	52	25	15	19	17	22	23	19	24	23
聘任担任常年法律顾问的单位	(处)	507	1 659	1 494	1 347	1 198	1 214	1 278	1 664	2 791	3 506	3 586
民事诉讼代理		784	1 755	4 026	6 045	6 881	7 329	7 295	9 483	17 242	16 621	20 776
经济诉讼代理		348	1 157	2 065	1 712	2 347	3 135	3 313	4 306	5 410	6 144	1 140
刑事辩护		1 281	1 145	1 850	1 662	1 799	1 644	2 199	2 320	1 800	1 474	3 257
行政诉讼代理		22	103	242	102	153	245	399	518	284	87	31
非诉讼法律事务		159	1 269	1 107	1 154	7 065	1 622	1 717	2 232	3 092	6 400	16 958
涉外法律事务		29	3	5	11	12	6			10	8	
解答法律咨询		7 748	15 459	32 156	45 350	43 618	20 844	23 943	25 210	28 750	33 582	11 544
代写法律事务文书		1 192	2 577	3 132	5 195	3 502	2 602	3 193	2 930	3 600	4 480	1 695
公证工作												
公证处	(个)	8	10	12	12	12	12	13	13	12	12	11
公证人员	(人)	59	56	76	87	82	95	89	111	115	126	130
# 公证员		30	38	52	50	46	49	42	56	53	54	66
公证员助理		13	7	24	30	27	42	31	28	31	35	24
办理公证文书		20 702	23 006	44 501	60 805	29 095	32 483	39 540	58 572	32 905	37 186	34 161
人民调解工作												
专职司法助理人员	(人)	215	183	182	388	482	479	542				
人民调解委员会	(个)	4 648	4 595	4 800	3 212	3 186	3 186	3 123	3 185	3 174	3 168	3 388
调解人员	(人)	94 920	116 844	98 456	73 216	73 352	26 090	34 817	35 494	26 557	29 898	19 439
调解民事纠纷		32 719	31 160	25 562	16 449	18 043	16 839	18 104	32 621	41 808	43 811	45 558

注:调解人员 2008 年及以后不包括调解信息员。

20-2 主要年份国内公证文书分类

分 类	办证件数(件)						各类公证所占比重(%)					
	1995	2000	2010	2011	2012	2013	1995	2000	2010	2011	2012	2013
经济公证合计	**13 727**	**27 696**	**27 445**	**40 410**	**20 654**	**12 610**	**100.0**	**100.0**	**100.0**	**100.0**	**100.0**	**100.0**
购 销	185	223	16 876				1.4	0.8	61.5			…
联 营			3	3	4				…	…	…	…
拍 卖	3	519		13	22		…	1.9		…	0.1	…
贷 款	3 299	7 196	6 779	29 846	9 602	2903	24.0	26.0	24.7	73.9	46.5	23.0
担 保	42	560	147	2 029	1 240	513	0.3	2.0	0.5	5.0	6.0	4.1
招标、投标	6	606	553	821	479	103	…	2.2	2.0	2.0	2.3	0.8
科技合同	18	23				8	0.1	0.1				0.1
供用电	66	43					0.5	0.2				
劳务合同	4 058	1 210	224		150	131	29.6	4.4	0.8		0.7	1.0
建筑工程承包	106	302	543	348	8	272	0.8	1.1	2.0	0.9	…	2.2
工商服务业承包	272	594					2.0	2.1				
农林牧渔业承包	1 443	1 489	1				10.5	5.4	…			
企业承包	96	136		1		136	0.7	0.5		…		1.1
财产租赁	1 098	4 716	1		167	229	8.0	17.0			0.8	1.8
企业租赁	34	643					0.3	2.3				
资产经营协议	16	20			9	2	0.1	0.1			…	…
其他经济合同	1 265	2 426	330	1 158	2 019	654	9.2	8.8	1.2	2.9	9.8	5.2
法人(代表人)资格	249	119	1	5	77	13	1.8	0.4	…	…	0.4	0.1
法人委托书	83	118	234	477	433	5744	0.6	0.4	0.9	1.2	2.1	45.6
公司章程	5	51	164	433	129		…	0.2	0.6	1.1	0.6	
执行许可证明	3	12		234		320	…	…		0.6		2.5
提 存	5	12	3	41	9	1	…	…	…	0.1	…	
其 他	1 267	6 543	1 586	5 001	6 306	1 581	9.2	23.6	5.8	12.4	30.5	12.5
民事法律关系公证合计	**7 262**	**13 811**	**23 087**	**32 905**	**16 532**	**21 551**	**100.0**	**100.0**	**100.0**	**100.0**	**100.0**	**100.0**
收 养	151	100	93	30	38	79	2.1	0.7	0.4	0.1	0.2	0.4
解除收养	18	6		1	1 653		0.3	…			10.0	
继承权	121	313	1 353	1 860		3 425	1.7	2.3	5.9	5.7		15.9
遗 嘱	96	227	381	285	121	390	1.3	1.6	1.7	0.9	0.7	1.8
产 权	78	152	130				1.1	1.1	0.6			
亲属关系	39	114	163	198	405	221	0.5	0.8	0.7	0.6	2.4	1.0
死 亡	4	12	4	15	8	11	0.1	0.1	…		…	0.1
房屋买卖	187	367	887	113	108	421	2.6	2.7	3.8	0.3	0.7	2.0
房屋租赁	326	142	12	36	8		4.5	1.0	0.1	0.1	0.0	
留学协议	9	32	43	66	56		0.1	0.2	0.2	0.2	0.3	
遗赠扶养协议	87	162	25	21	113		1.2	1.2	0.1	0.1	0.7	
其他民事协议	1 241	1 221				1 382	17.1	8.8				6.4
委托书	299	201	6 985	7 549	3 005	16	4.1	1.5	30.3	22.9	18.2	0.1
赠与书	328	533	480	385	207	211	4.5	3.9	2.1	1.2	1.3	1.0
声明书	800	203	4 285	4 767	1 446	3 219	11.0	1.5	18.6	14.5	8.7	14.9
现场监督	94	82	385	34	140	127	1.3	0.6	1.7	0.1	0.8	0.6
副本等与原本相符	31	90	528	494	398	4 432	0.4	0.7	2.3	1.5	2.4	20.6
宅基地使用权	126	47	15			12	1.7	0.3	0.1		…	0.1
证据保全	20	96	207	413	100	284	0.3	0.7	0.9	1.3	0.6	1.3
其 他	3 205	9 711	7 111	16 638	8 726	3 874	44.1	70.3	30.8	50.6	52.8	18.0

20-3 主要年份涉外(含港澳台)公证文书分类

分类	办证件数(件)						各类公证所占比重(%)					
	1995	2000	2010	2011	2012	2013	1995	2000	2010	2011	2012	2013
合计	**2 007**	**2 994**	**8 037**	**6 045**	**8 947**	**7 615**	**100.0**	**100.0**	**100.0**	**100.0**	**100.0**	**100.0**
收养	3	3				1	0.2	0.1				…
遗嘱			12						0.1			
出生	193	347	1 682	761	961	1001	9.6	11.6	20.9	12.6	10.7	13.1
死亡	30	15	18	97	23	19	1.5	0.5	0.2	1.6	0.3	0.2
生存、居住	60	76	84	89	36	54	3.0	2.5	1.0	1.5	0.4	0.7
学历	162	312	1 306	763	1 909	641	8.1	10.4	16.2	12.6	21.3	8.4
经历	116	123	68	220	173	374	5.8	4.1	0.8	3.6	1.9	4.9
国籍	5	10	3	29	2		0.3	0.3	…	0.5	…	
婚姻状况	124	201	928	210	323	288	6.2	6.7	11.5	3.5	3.6	3.8
亲属关系	316	337	1 321	652	1 359	996	15.7	11.3	16.4	10.8	15.2	13.1
继承权		2	31	78	10		33.8	0.1	0.4	1.3	0.1	
受、未受刑事处分	678	284	1 352	1 149	2 033	1104	0.4	9.5	16.8	19.0	22.7	14.5
声明书	8	17	330	96	5	296	2.9	0.6	4.1	1.6	0.1	3.9
委托书	58	54	180	268	17	185	0.1	1.8	2.2	4.4	0.2	2.4
营业证书	2	5	47	213	58		0.1	0.2	0.6	3.5	0.6	
公司章程	1		2	16	23				…	0.3	0.3	
其他法律文书		4	16	224	346	791	0.5	0.1	0.2	3.7	3.9	10.4
职称	10	9		170	321	111	0.1	0.3		2.8	3.6	1.5
法人资格	2	2	15	184	126	4		0.1	0.2	3.0	1.4	0.1
商标注册		1		3				…				
贷款					1						…	…
担保	1	6	2		2		0.1	0.2	…		…	…
其他经济合同	10	25			3	20	0.5	0.8			…	0.3
副本等与原本相等	38	199	201	200	524	868	1.9	6.6	2.5	3.3	5.9	11.4
其他	190	962	439	623	692	862	9.5	32.1	5.5	10.3	7.7	11.3

20-4 主要年份调解民间纠纷分类

分类	调解纠纷(件)						各类纠纷所占比重(%)					
	1995	2000	2010	2011	2012	2013	1995	2000	2010	2011	2012	2013
合计	**31 160**	**25 562**	**32 621**	**41 808**	**43 811**	**45 558**	**100.0**	**100.0**	**100.0**	**100.0**	**100.0**	**100.0**
婚姻家庭	10 805	10 143	8 860	11 838	13 473	11 352	34.7	39.7	27.2	28.3	30.8	24.9
婚姻	4 136	3 870			12 897	10 802	13.3	15.1			29.4	23.7
继承	1 179	1 327			576	550	3.8	5.2			1.3	1.2
赡养扶养	2 892	2 466					9.3	9.6				
其他	2 598	2 480					8.3	9.7				
房屋、宅基地	4 815	2 706	3 703	4 380	5 069	4 824	15.5	10.6	11.4	10.5	11.6	10.6
合同	2 848	3 039	2 003	3 094	2 732	2 498	9.1	11.9	6.1	7.4	6.2	5.5
工地承包			2 696	1 492	447	2 492			8.3	3.6	1.0	5.5
邻里	6 169	3 548	8 877	12 241	13 892	12 475	19.8	13.9	27.2	29.3	31.7	27.4
损害赔偿	1 832	2 225	3 562	3 427	3 865	3 677	5.9	8.7	10.9	8.2	8.8	8.1
其他	4 691	3 901	2 920	5 336	4 333	8 240	15.1	15.3	9.0	12.8	9.9	18.1

20-5 政治协商会议徐州市委员会历届委员人数

届次	委员总数（人）	中国共产党代表（人）	占代表总数比重（%）	少数民族代表（人）	占代表总数比重（%）
一届(1955年7月)	83	6	7.2	1	1.2
二届(1957年5月)	130	10	7.7	2	1.5
三届(1959年12月)	170	12	7.1	5	2.9
四届(1961年5月)	190	12	6.3	5	2.6
五届(1963年11月)	190	12	6.3	4	2.1
六届(1966年2月)	210	12	5.7	5	2.4
七届(1981年4月)	357	18	5	10	2.8
八届(1983年12月)	456	21	4.6	11	2.4
九届(1988年1月)	461	20	4.3	11	2.4
十届(1993年3月)	459	22	4.8	13	2.8
十一届(1998年1月)	460	26	5.7	13	2.8
十二届(2003年1月)	480	21	4.4	8	1.7
十三届(2008年1月)	558	24	4.3	8	1.4
十四届(2013年1月)	576	23	4	7	1.2

20-6 妇联组织情况

单位：个

年 份	各级妇联总 计	#镇、街道级	基层妇代会总 计	#农 村	机关及事业单位妇 委 会 数	各类妇女联谊组织数
1988	229	218				
1989	236	218			7	
1990	236	218			7	
1991	236	218			7	1
1992	236	218			7	1
1993	236	218	3 775	3 429	7	1
1994	236	217	3 775	3 429	7	1
1995	238	217	3 778	3 429	10	2
1996	233	221	3 820	3 440	10	2
1997	230	218	3 754	3 430	11	2
1998	231	219	4 101	3 430	71	6
1999	235	223	4 097	3 430	71	6
2000	169	157	3 527	3 062	71	6
2001	176	164	2 727	2 255	72	6
2002	176	164	2 727	2 255	76	6
2003	181	169	2 616	2 264	92	6
2004	174	162	2 617	2 295	92	6
2005	166	154	2 842	2 295	393	322
2006	164	152	2 980	2 294	396	216
2007	167	155	2 853	2 262	290	234
2008	167	155	2 619	2 271	320	30
2009	167	155	2 776	2 257	281	23
2010	167	155	1 649	2 250	316	13
2011	167	155	2 672	2 318	282	43
2012	168	156	2 678	2 238	320	70
2013	168	156	2 678	2 234	320	70

20-7 交通事故发生情况

年 份	交通事故发生数（起）	交通事故死伤人数（人）	#死亡人数	每十万人交通事故发生数（起）	每起交通事故死伤人数(人)
1984	518	520	156	7.4	1.0
1985	541	501	156	7.6	0.9
1986	529	576	199	7.4	1.1
1987	1 999	1 631	448	27.5	0.8
1988	1 382	787	342	18.6	0.6
1989	1 139	825	291	15.0	0.7
1990	1 104	887	235	13.7	0.8
1991	1 374	1 071	289	16.8	0.8
1992	1 436	1 316	320	17.4	0.9
1993	1 475	1 398	337	17.8	0.9
1994	1 601	1 365	339	19.1	0.9
1995	1 383	1 396	351	16.3	1.0
1996	1 107	1 167	319	12.9	1.1
1997	1 094	1 253	319	12.6	1.1
1998	1 063	1 271	360	12.1	1.2
1999	775	1 095	326	8.8	1.4
2000	3 557	3 700	773	39.7	1.0
2001	2 099	2 407	518	23.3	1.1
2002	1 730	2 100	459	19.2	1.2
2003	1 569	1 993	458	17.3	1.3
2004	1 506	1 824	521	16.5	1.2
2005	1 289	1 619	487	13.9	1.3
2006	1 123	1 431	448	12.0	1.3
2007	1 007	1 336	373	10.7	1.3
2008	1 038	1 425	374	11.0	1.4
2009	969	1 343	371	10.1	1.4
2010	852	1 140	357	8.8	1.3
2011	733	994	364	8.6	1.4
2012	839	1 084	350	9.8	0.4
2013	914	1 154	348	10.7	0.4

20–8 主要年份火灾事故发生情况

年 份	火灾发生数（起）	火灾死伤人数（人）	#死亡人数	直接经济损失（万元）	平均每起火灾损失（元）
1985	118	35	11	47.72	4 044
1990	284	21	5	205.80	7 246
1991	142	19	7	122.40	8 620
1992	162	24	6	223.04	13 768
1993	108	81	23	192.45	17 819
1994	140	53	20	271.71	19 408
1995	185	75	13	345.42	18 671
1996	204	34	8	394.36	19 331
1997	903	33	15	449.65	4 980
1998	841	55	23	307.41	3 655
1999	799	60	11	289.74	3 626
2000	858	62	12	322.25	3 756
2001	1 122	42	15	244.52	2 179
2002	1 360	46	19	293.29	2 157
2003	1 103	22	10	417.76	3 787
2004	1 346	46	18	394.66	2 932
2005	1 728	36	21	488.26	2 826
2006	1 504	23	14	348.03	2 314
2007	1 123	20	17	408.91	3 641
2008	1 029	7	4	314.82	3 059
2009	884	11	8	544.95	6 165
2010	856	10	7	447.45	5 227
2011	763	9	9	387.30	5 076
2012	717	10	7	562.68	7 848
2013	2 140	18	10	1 480.30	6 917

20–9 火灾事故发生情况

（2013 年）

项 目		合 计	按事故发生程度分			按事故发生地区分	
			特大	重大	一般	市区	县(市)
火灾发生数	（起）	2 140	1	6	2 133	860	1 280
死伤人数	（人）	18			18	8	10
#死亡人数		10			10	5	5
直接经济损失	（万元）	1 480.30	256.60	230.70	993.00	392.21	1 088.12
平均每起火灾损失	（元）	6 917.29	2 566 000	384 500	4 655.40	4 560.60	8 500.90

主要统计指标解释

律师 指受聘参加法律顾问处工作，担任法律顾问、刑(民)事代理人、刑事辩护人，办理非诉讼事件、解答法律询问、代定法律事务文书等主要从事律师业务的专职法律工作者和兼职律师。

公证人员 指在国家公证机关依法办理公证事务的司法人员。包括公证员、助理公证员和在公证处工作的其他人员。

办理公证文书 指公证处在一定时期内办结的公证文书件数。公证文书系按司法部门规定或批准的格式制作。包括国内公证和涉外公证两部分。其中国内公证分为经济合同公证和民事法律关系公证两大类。

调解人员 在人民调解委员会担负调解民间一般民事纠纷和轻微违法行为所引起的纠纷的工作人员。包括调解委员会的委员和调解小组的调解员。

调解民间纠纷 指调解委员会依照法律规定，根据自愿原则，用说服教育的方法调解民间发生的有关民事权利和义务的争执，促成当事双方达到协议的谅解，解决纠纷。包括婚姻家庭纠纷，财产权益纠纷等。不包括法院受理调解的民事案件数。

第 21 部分 县(市)社会经济(1978-2013)

SOCLAL ECONOMIC OF COUNTIES(CITIES)

版面负责人：张玉强　郭绍林
编　　　辑：徐向忠　蒋雪琳

中华人民共和国统计法

（1983 年 12 月 8 日第六届全国人民代表大会常务委员会第三次会议通过，根据 1996 年 5 月 15 日第八届全国人民代表大会常务委员会第十九次会议《关于修改〈中华人民共和国统计法〉的决定》修正，2009 年 6 月 27 日第十一届全国人民代表大会常务委员会第九次会议修订。）

第六章　法律责任

第三十七条　地方人民政府、政府统计机构或者有关部门、单位的负责人有下列行为之一的，由任免机关或者监察机关依法给予处分，并由县级以上人民政府统计机构予以通报：

（一）自行修改统计资料、编造虚假统计数据的；

（二）要求统计机构、统计人员或者其他机构、人员伪造、篡改统计资料的；

（三）对依法履行职责或者拒绝、抵制统计违法行为的统计人员打击报复的；

（四）对本地方、本部门、本单位发生的严重统计违法行为失察的。

第三十八条　县级以上人民政府统计机构或者有关部门在组织实施统计调查活动中有下列行为之一的，由本级人民政府、上级人民政府统计机构或者本级人民政府统计机构责令改正，予以通报；对直接负责的主管人员和其他直接责任人员，由任免机关或者监察机关依法给予处分：

（一）未经批准擅自组织实施统计调查的；

（二）未经批准擅自变更统计调查制度的内容的；

（三）伪造、篡改统计资料的；

（四）要求统计调查对象或者其他机构、人员提供不真实的统计资料的；

（五）未按照统计调查制度的规定报送有关资料的。

统计人员有前款第三项至第五项所列行为之一的，责令改正，依法给予处分。

编辑：李　广

21-1 历年地区生产总值

（当年价格） 单位:亿元

年　份	丰　县	沛　县	铜山区	睢宁县	新沂市	邳州市
1978	1.72	2.04	3.18	2.12	2.21	2.42
1979	1.99	2.24	4.08	2.21	2.24	2.82
1980	2.32	2.54	4.18	2.69	2.38	3.11
1981	2.42	2.80	4.83	2.91	2.62	3.23
1982	3.04	3.39	5.76	3.41	2.82	3.73
1983	3.53	3.78	6.96	3.61	3.55	4.93
1984	4.14	4.85	7.95	4.90	4.27	5.69
1985	3.87	5.88	8.89	5.30	5.02	6.46
1986	4.48	6.36	10.20	5.58	5.80	7.99
1987	4.86	7.11	12.35	5.70	6.85	8.94
1988	5.37	8.96	15.29	6.26	8.46	11.29
1989	7.06	8.59	15.13	6.88	9.49	12.04
1990	7.51	9.37	16.37	8.49	10.10	13.55
1991	9.28	13.18	18.29	9.46	11.42	14.70
1992	9.77	15.56	16.38	11.45	12.69	17.10
1993	12.42	20.07	21.79	15.28	17.41	20.75
1994	14.61	25.42	32.37	22.07	28.50	29.79
1995	16.36	32.33	45.67	29.53	32.51	34.59
1996	17.13	35.81	50.37	32.59	36.50	38.94
1997	17.91	38.88	55.55	30.29	39.51	44.48
1998	19.47	43.86	60.70	32.69	43.30	50.71
1999	22.78	49.23	64.65	34.31	44.53	55.96
2000	26.28	60.15	70.91	36.61	38.91	62.68
2001	30.40	68.00	77.75	41.35	43.66	69.05
2002	34.91	76.41	86.21	47.03	47.96	76.46
2003	40.50	86.57	99.00	53.20	54.24	88.07
2004	48.89	104.75	117.39	54.04	64.55	102.26
2005	57.94	125.22	147.69	64.26	82.99	128.93
2006	68.58	150.82	181.08	78.12	103.83	161.98
2007	81.08	179.50	229.31	95.58	129.32	198.55
2008	102.43	218.89	290.58	129.93	168.66	257.13
2009	120.15	249.98	338.11	151.15	195.53	298.46
2010	150.18	301.60	462.75	200.10	241.20	365.39
2011	190.61	376.98	570.57	252.36	301.37	448.86
2012	228.73	431.30	647.60	302.45	350.16	513.49
2013	281.78	495.37	737.14	360.16	412.22	599.14

注:1993-2004 年为按 2004 年经济普查调整修订数据;2006-2008 年数据是全国第二次经济普查调整修订后的数据。

21-2 历年地区生产总值指数

（按可比价格计算、以 1978 年为 100）

年 份	丰 县	沛 县	铜山区	睢宁县	新沂市	邳州市
1978	100.0	100.0	100.0	100.0	100.0	100.0
1979	99.0	95.5	110.3	90.8	89.5	99.9
1980	114.1	107.5	113.7	109.2	93.8	108.5
1981	117.5	117.6	128.3	115.8	101.1	110.1
1982	140.8	138.1	150.4	129.6	105.9	122.6
1983	161.0	151.6	181.0	134.8	129.7	159.3
1984	181.9	188.0	200.2	174.3	151.6	175.9
1985	158.6	210.8	209.6	173.2	165.0	189.4
1986	170.4	219.0	226.2	178.9	180.5	215.1
1987	171.9	228.4	256.3	173.1	195.7	224.0
1988	167.7	254.6	289.7	169.6	221.8	241.7
1989	199.1	221.2	249.8	169.8	240.8	238.1
1990	202.1	224.3	261.3	195.9	254.7	248.8
1991	241.7	304.8	283.8	212.9	277.1	269.7
1992	245.3	347.5	359.3	249.7	312.3	308.0
1993	274.5	376.0	395.6	283.9	360.7	363.7
1994	326.4	418.9	447.0	343.5	445.8	432.1
1995	378.0	517.8	596.3	401.6	465.9	523.7
1996	408.6	577.3	647.6	425.6	515.3	573.5
1997	455.6	665.6	736.3	435.9	563.7	543.1
1998	506.2	752.1	832.8	471.6	635.3	608.8
1999	569.5	843.1	934.4	509.3	688.7	679.4
2000	632.1	936.7	1 047.5	547.0	739.7	754.8
2001	704.8	1 041.6	1 153.3	618.1	828.5	841.6
2002	787.3	1 172.8	1 287.1	685.5	927.1	943.4
2003	866.0	1 322.9	1 455.7	760.9	1 043.0	1 069.8
2004	976.0	1 504.1	1 669.7	858.3	1 185.9	1 227.1
2005	1 107.8	1 729.7	1 928.5	974.2	1 361.4	1 422.2
2006	1 275.1	2 006.5	2 250.6	1 120.3	1 575.1	1 659.7
2007	1 469.9	2 321.0	2 604.9	1 290.7	1 816.0	1 920.2
2008	1 678.6	2 664.5	2 993.0	1 474.0	2 077.5	2 204.4
2009	1 916.9	3 056.2	3 439.0	1 690.7	2 385.0	2 532.9
2010	2 183.8	3 508.5	3 941.0	1 937.5	2 740.1	2 904.7
2011	2 476.7	4 003.3	4 504.6	2 204.8	3 136.0	3 314.3
2012	2 816.0	4 559.8	5 148.8	2 506.9	3 578.2	3 781.6
2013	3 182.1	5 138.9	5 807.6	2 835.3	4 505.5	4 273.2

21-3 历年地区生产总值指数

（按可比价格计算、以上年为100）

年 份	丰 县	沛 县	铜山区	睢宁县	新沂市	邳州市
1978						
1979	99.0	95.5	110.3	90.8	89.5	99.9
1980	115.3	112.6	103.1	120.3	104.8	108.6
1981	103.0	109.4	112.8	106.0	107.8	101.5
1982	119.8	117.4	117.2	111.9	104.7	111.4
1983	114.3	109.8	120.3	104.0	122.5	129.9
1984	113.0	124.0	110.6	129.3	116.9	110.4
1985	87.2	112.1	104.7	99.4	108.8	107.7
1986	107.4	103.9	107.9	103.3	109.4	113.6
1987	100.9	104.3	113.3	96.8	108.4	104.1
1988	97.6	111.5	113.0	98.0	113.3	107.9
1989	118.7	86.9	86.2	100.1	108.6	98.5
1990	101.5	101.4	104.6	115.4	106.5	104.5
1991	119.6	135.9	108.6	108.7	113.0	108.4
1992	101.5	114.0	126.6	117.3	111.1	114.2
1993	111.9	108.2	110.1	113.7	122.7	118.1
1994	118.9	111.4	113.0	121.0	123.6	118.8
1995	115.8	123.6	133.4	116.9	104.5	121.2
1996	108.1	111.5	108.6	106.0	110.6	109.5
1997	111.5	115.3	113.7	102.4	109.4	94.7
1998	111.1	113.0	113.1	108.2	112.7	112.1
1999	112.5	112.1	112.2	108.0	108.4	111.6
2000	111.0	111.1	112.1	107.4	107.4	111.1
2001	111.5	111.2	110.1	113.0	112.0	111.5
2002	111.7	112.6	111.6	110.9	111.9	112.1
2003	110.0	112.8	113.1	111.0	112.5	113.4
2004	112.7	113.7	114.7	112.8	113.7	114.7
2005	113.5	115.0	115.5	113.5	114.8	115.9
2006	115.1	116.0	116.7	115.0	115.7	116.7
2007	115.3	115.7	115.7	115.2	115.3	115.7
2008	114.2	114.8	114.9	114.2	114.4	114.9
2009	114.2	114.7	114.9	114.7	114.8	114.9
2010	113.9	114.8	114.6	114.6	114.9	114.7
2011	113.4	114.1	114.3	113.8	114.4	114.1
2012	113.7	113.9	114.3	113.7	114.1	114.1
2013	113.0	112.7	112.8	113.1	113.2	113.0

21-4 历年人均地区生产总值

（当年价格）

年　份	丰　县	沛　县	铜山区	睢宁县	新沂市	邳州市
1978	215	254	236	224	310	213
1979	246	274	300	232	313	246
1980	284	307	305	280	330	269
1981	294	332	348	300	359	277
1982	363	292	408	347	381	315
1983	417	429	486	364	474	410
1984	486	546	549	490	562	367
1985	451	660	607	526	653	524
1986	518	700	692	550	746	641
1987	557	777	827	557	872	707
1988	608	951	1 001	603	1 058	874
1989	785	879	1 304	649	1 248	913
1990	805	916	1 345	767	1 289	985
1991	960	1 241	1 450	817	1 398	1 025
1992	997	1 445	1 878	973	1 612	1 234
1993	1 250	1 846	1 938	1 287	2 094	1 415
1994	1 451	2 299	2 863	1 845	3 150	2 013
1995	1 611	2 880	4 004	2 447	3 577	2 320
1996	1 677	3 169	4 387	2 679	3 941	2 598
1997	1 718	3 427	4 819	2 471	4 177	2 960
1998	1 845	3 834	5 221	2 647	4 515	3 375
1999	2 149	4 263	5 529	2 776	4 718	3 691
2000	2 403	4 776	6 044	2 917	4 075	4 066
2001	2 770	5 465	6 592	3 221	4 511	4 429
2002	3 179	6 302	7 292	3 648	4 949	4 888
2003	3 698	7 328	8 378	4 108	5 646	5 774
2004	4 811	8 991	10 368	4 130	6 723	6 892
2005	5 702	10 928	13 206	4 856	9 001	8 766
2006	6 722	13 091	16 158	6 616	11 038	10 903
2007	8 044	15 789	20 788	8 193	13 941	13 542
2008	10 182	19 402	26 603	11 285	18 439	17 531
2009	12 130	22 322	31 289	13 328	21 480	20 616
2010	15 414	26 727	40 362	18 498	26 360	25 186
2011	19 867	33 335	50 982	24 366	32 861	30 972
2012	24 021	38 633	58 873	29 427	38 443	35 736
2013	29 711	44 514	66 649	35 177	45 414	41 799

21-5 历年年末总人口

单位:万人

年份	丰县	沛县	铜山区	睢宁县	新沂市	邳州市
1978	80.53	81.07	135.85	95.06	71.53	114.30
1979	81.10	82.03	136.27	95.71	71.85	114.92
1980	81.78	83.46	137.36	96.22	72.38	115.81
1981	83.00	85.64	139.90	97.56	73.38	117.58
1982	84.21	87.43	142.58	98.95	74.48	119.51
1983	84.94	88.88	143.99	99.74	75.22	120.89
1984	85.50	88.59	145.73	100.48	76.31	122.79
1985	86.13	89.66	146.90	101.07	77.25	124.07
1986	86.68	90.93	147.97	101.96	78.28	125.51
1987	87.62	92.20	150.68	102.96	79.38	127.47
1988	89.08	96.18	154.90	104.84	80.69	130.89
1989	90.78	99.28	160.13	107.03	82.36	132.96
1990	95.78	105.36	170.35	114.40	88.37	142.22
1991	97.61	107.16	172.16	117.23	89.44	144.71
1992	98.51	108.15	172.38	118.26	89.74	146.06
1993	99.39	109.29	173.29	119.15	90.33	147.32
1994	100.67	111.84	128.56	120.09	90.62	148.59
1995	101.51	112.66	129.90	121.21	91.13	149.60
1996	102.14	113.32	130.30	122.12	94.10	150.11
1997	104.28	113.62	131.34	123.08	95.05	150.45
1998	105.57	115.16	132.77	124.25	96.15	150.02
1999	106.04	115.79	133.00	122.96	94.59	152.74
2000	109.38	118.13	128.34	128.06	96.34	155.59
2001	109.74	118.48	128.90	128.71	97.22	156.25
2002	109.80	118.92	128.94	129.09	96.58	156.56
2003	109.51	119.50	128.80	129.93	95.55	158.04
2004	110.24	120.34	129.19	131.76	96.48	161.43
2005	111.03	120.48	119.60	132.89	97.47	163.96
2006	112.11	121.74	120.72	134.04	99.06	165.46
2007	113.30	123.59	120.47	132.89	99.11	168.66
2008	114.03	123.80	122.11	132.51	100.31	169.70
2009	114.58	125.81	124.21	132.91	101.95	171.93
2010	116.49	127.94	129.27	133.12	104.01	178.62
2011	115.08	127.12	131.07	135.46	104.70	178.63
2012	116.62	128.66	134.51	137.35	107.15	179.86
2013	118.23	128.91	137.06	140.74	109.66	182.95

21-6 历年年末农业人口

单位:万人

年 份	丰 县	沛 县	铜山区	睢宁县	新沂市	邳州市
1978	78.34	76.75	132.80	92.61	68.32	111.00
1979	78.77	77.47	133.36	93.08	68.45	111.23
1980	79.32	78.39	134.26	93.45	68.85	112.03
1981	80.39	79.99	136.72	94.61	69.69	113.56
1982	81.40	81.42	139.37	95.74	70.66	115.27
1983	81.98	82.04	140.96	96.45	71.22	116.55
1984	82.29	81.39	142.46	96.95	72.01	118.15
1985	82.28	81.39	143.21	97.13	72.49	118.85
1986	82.64	82.12	143.88	97.90	73.27	120.38
1987	83.13	82.80	145.43	98.59	74.26	122.01
1988	83.61	85.46	145.78	98.90	74.88	123.42
1989	84.68	87.23	148.35	99.98	75.10	124.39
1990	89.28	92.58	156.87	106.85	80.56	132.65
1991	90.74	92.83	156.98	109.39	81.11	134.64
1992	91.28	93.41	155.94	110.19	81.06	135.39
1993	91.78	94.01	155.17	110.64	80.98	136.11
1994	92.77	95.73	116.63	111.30	80.90	136.69
1995	93.12	95.89	116.09	111.74	80.68	136.36
1996	93.22	95.88	115.72	112.30	82.85	135.79
1997	94.82	95.57	115.94	112.93	83.21	135.14
1998	95.62	96.11	117.04	113.70	83.40	134.10
1999	95.75	95.95	116.88	112.04	81.24	135.60
2000	94.02	96.88	111.68	111.56	77.95	121.74
2001	93.62	97.27	110.92	111.67	76.27	120.89
2002	93.48	97.42	110.85	111.68	75.92	121.32
2003	90.54	87.09	101.09	113.29	75.80	124.46
2004	88.15	87.56	101.00	110.86	76.35	121.62
2005	88.40	87.48	94.56	109.91	77.14	121.72
2006	89.47	88.69	95.92	110.95	78.13	122.92
2007	90.20	94.09	91.06	109.99	79.70	125.60
2008	80.75	93.64	91.82	110.26	80.89	126.45
2009	65.10	81.04	85.55	110.68	82.30	127.49
2010	65.22	79.67	83.65	100.83	43.69	129.62
2011	50.45	54.62	52.69	60.95	46.11	68.45
2012	50.49	52.54	51.87	60.03	43.88	47.43
2013	49.20	52.01	24.96	55.02	41.94	47.16

21-7 历年人口出生率

单位:‰

年份	丰县	沛县	铜山区	睢宁县	新沂市	邳州市
1978	18.96	19.40	15.94	15.36	16.94	14.67
1979	13.03	15.91	13.58	12.35	12.34	11.93
1980	17.51	25.44	22.86	17.35	15.19	17.48
1981	16.88	19.30	21.51	14.19	18.08	16.79
1982	15.41	17.87	20.46	14.64	17.58	18.05
1983	13.44	12.81	16.46	12.05	14.46	15.63
1984	12.52	16.54	14.42	11.71	15.99	15.28
1985	11.79	11.50	12.50	9.99	14.91	12.86
1986	13.25	13.34	13.48	11.14	16.98	13.72
1987	15.89	15.08	16.52	12.02	16.30	15.33
1988	19.13	44.33	25.48	13.18	19.01	22.87
1989	21.83	31.63	31.69	15.49	19.22	18.90
1990	19.77	23.92	28.08	17.19	18.90	18.50
1991	21.24	19.90	18.31	26.21	16.72	20.93
1992	13.20	13.29	12.22	14.08	11.52	12.77
1993	13.78	15.92	12.37	10.76	10.08	11.26
1994	16.73	22.94	14.20	10.78	9.26	10.96
1995	12.67	10.68	10.75	9.90	8.29	8.75
1996	10.64	9.28	8.88	10.85	12.57	7.92
1997	23.83	8.28	13.83	10.74	9.03	7.77
1998	13.64	9.60	13.54	8.88	8.23	9.67
1999	9.49	7.73	8.32	7.49	8.00	8.44
2000	35.54	24.04	13.86	18.66	13.15	15.28
2001	7.74	8.17	7.85	6.96	8.10	8.47
2002	7.31	7.17	8.72	7.04	6.65	9.59
2003	6.45	8.92	8.85	13.76	6.91	13.18
2004	15.74	11.69	9.18	19.10	15.70	22.63
2005	13.07	9.23	14.50	14.01	15.32	19.52
2006	15.24	15.58	14.68	15.03	16.50	17.92
2007	20.13	21.01	18.86	14.67	22.31	32.02
2008	17.09	18.93	20.62	13.85	21.24	23.21
2009	17.34	19.14	20.67	14.30	16.24	30.79
2010	26.31	24.14	18.09	15.69	23.33	26.77
2011	19.17	18.51	26.52	25.46	20.70	9.13
2012	66.58	62.61	70.80	72.92	59.09	90.55
2013	68.07	65.87	73.01	74.70	62.48	92.78

注:各县(市、区)出生人口中包含往年补报出生人口,下同。

21-8 历年人口自然增长率

单位:‰

年 份	丰 县	沛 县	铜山区	睢宁县	新沂市	邳州市
1978	13.44	14.30	10.35	9.50	10.82	9.11
1979	7.55	11.13	8.16	6.60	6.36	6.52
1980	11.53	17.81	15.24	9.61	8.65	11.07
1981	11.76	14.10	15.00	9.05	11.86	11.88
1982	10.71	13.13	15.66	9.54	12.50	13.12
1983	8.55	7.72	11.59	7.16	9.38	11.13
1984	7.09	11.01	9.23	6.31	10.98	10.75
1985	6.62	6.81	7.29	5.20	9.96	8.31
1986	8.08	8.74	8.47	6.63	11.93	9.17
1987	10.76	10.73	11.38	7.49	11.36	11.06
1988	13.77	39.92	20.19	8.80	13.80	18.23
1989	16.48	27.40	27.02	11.28	14.38	14.61
1990	15.14	19.70	23.08	12.51	13.70	14.27
1991	17.07	15.42	13.00	20.70	11.60	15.66
1992	8.16	8.65	6.60	8.67	6.36	7.34
1993	8.93	11.42	6.93	5.20	4.79	5.94
1994	11.43	18.14	8.44	5.44	4.06	5.55
1995	7.83	6.42	5.97	5.02	3.42	3.63
1996	5.82	4.90	2.96	5.67	8.25	2.46
1997	19.26	4.42	7.81	5.55	4.93	2.84
1998	9.09	6.17	8.04	3.82	3.52	5.47
1999	5.69	4.80	2.86	3.22	4.18	5.04
2000	30.15	18.83	7.50	14.38	9.06	11.18
2001	4.37	4.29	4.14	4.03	4.99	5.32
2002	3.51	4.27	4.63	4.18	0.68	5.71
2003	2.85	5.47	2.97	10.06	4.67	9.29
2004	10.18	6.84	4.32	14.54	11.13	17.91
2005	10.58	5.92	11.83	12.22	13.91	17.33
2006	10.82	12.64	10.66	12.40	14.86	11.60
2007	11.82	14.06	-2.70	-6.91	1.37	17.24
2008	7.01	1.66	11.93	-2.16	11.50	9.56
2009	5.54	15.37	16.11	2.85	14.97	17.57
2010	17.19	16.66	2.84	5.89	17.79	21.40
2011	11.59	13.53	20.97	20.80	12.32	-3.36
2012	18.85	14.49	19.98	14.48	22.78	8.51
2013	16.45	14.86	20.40	25.13	23.69	15.78

注:2007 年死亡人口中含有往年未销户人口。

21-9　历年从业人员

单位:万人

年　份	丰　县	沛　县	铜山区	睢宁县	新沂市	邳州市
1978	34.29	32.05	57.76	40.84	29.23	45.71
1979	31.55	31.76	57.82	40.14	29.59	45.20
1980	32.83	34.16	59.44	41.92	30.15	46.46
1981	34.33	36.01	61.67	43.22	30.45	47.78
1982	35.75	38.04	62.54	44.42	32.74	50.07
1983	36.00	39.20	64.85	44.83	32.37	51.67
1984	38.19	41.00	68.50	46.10	34.02	53.93
1985	39.44	41.72	70.57	48.16	34.37	56.64
1986	39.98	43.20	72.07	49.64	36.18	57.70
1987	41.69	43.83	72.48	52.21	37.06	60.27
1988	43.18	46.23	75.02	53.25	38.46	63.87
1989	44.02	47.28	77.43	54.45	40.58	65.20
1990	46.85	49.73	80.08	57.42	42.66	69.25
1991	47.98	50.97	81.50	59.21	42.76	73.44
1992	48.65	51.39	82.72	58.40	43.12	74.17
1993	49.49	49.25	81.91	60.03	43.78	74.98
1994	50.34	49.81	61.46	59.55	46.18	75.89
1995	50.75	48.46	58.56	60.95	47.23	76.59
1996	51.22	49.64	58.67	61.28	47.74	77.50
1997	51.60	51.42	59.47	61.14	48.41	77.99
1998	50.93	51.45	58.22	61.28	47.10	77.72
1999	51.69	50.24	58.01	62.73	45.86	78.83
2000	52.03	55.75	55.60	63.62	44.79	73.71
2001	54.01	55.21	54.10	61.92	44.68	73.05
2002	54.02	52.73	52.44	57.15	41.37	70.88
2003	53.77	51.74	50.23	52.69	39.82	71.03
2004	53.43	51.85	52.51	52.91	42.30	71.13
2005	58.09	56.39	52.48	66.72	48.65	78.77
2006	58.74	57.52	54.37	68.38	48.67	80.73
2007	58.97	58.55	59.13	71.12	50.47	82.55
2008	59.71	57.01	62.28	72.85	50.10	84.93
2009	61.30	58.18	64.69	73.32	52.43	87.41
2010	62.76	60.80	68.38	73.09	55.57	89.61
2011	66.17	62.09	70.40	72.63	58.19	90.26
2012	66.58	62.61	70.80	72.92	59.09	90.55
2013	68.07	65.87	73.01	74.70	62.48	92.78

21-10 历年在岗职工人数

单位:万人

年 份	丰 县	沛 县	铜山区	睢宁县	新沂市	邳州市
1978	2.72	3.46	4.44	3.30	3.11	3.89
1979	2.72	2.86	4.02	3.31	3.23	3.68
1980	2.95	3.66	4.58	3.73	3.58	3.76
1981	3.21	3.86	4.82	3.89	3.55	3.89
1982	3.29	4.04	5.03	3.86	3.61	3.99
1983	3.29	4.00	5.04	3.97	3.53	3.97
1984	3.61	4.37	5.52	4.00	4.12	5.02
1985	3.77	4.52	5.39	4.28	4.06	4.62
1986	3.71	4.97	5.56	4.48	4.27	4.73
1987	3.86	4.90	5.68	4.83	4.41	5.13
1988	4.25	5.41	5.84	5.21	4.70	6.40
1989	4.32	5.14	5.92	5.15	4.86	5.99
1990	4.73	5.24	6.14	5.14	4.91	6.14
1991	4.84	5.55	6.46	5.42	4.86	6.41
1992	4.80	5.79	6.69	5.44	4.91	6.44
1993	5.00	6.15	7.16	5.10	5.47	6.81
1994	5.15	6.05	6.49	5.39	5.56	7.00
1995	5.22	6.04	7.00	5.45	5.87	6.89
1996	4.99	6.53	7.53	5.63	5.99	7.36
1997	5.03	6.32	7.51	5.56	6.03	7.42
1998	3.86	5.61	7.11	4.65	5.14	6.64
1999	3.76	5.40	6.76	4.48	5.12	6.70
2000	3.80	5.06	6.41	4.31	4.94	6.41
2001	3.41	4.84	6.03	4.03	4.94	6.27
2002	3.28	4.44	5.46	3.58	4.73	5.93
2003	3.13	4.44	5.17	3.41	4.77	5.56
2004	3.03	4.03	5.04	3.44	4.88	5.17
2005	3.11	4.14	4.82	3.51	4.90	5.24
2006	3.25	4.17	5.17	3.66	5.11	5.36
2007	3.62	4.12	5.25	3.73	4.86	5.44
2008	3.67	4.07	5.63	3.84	4.97	5.85
2009	3.76	4.04	5.39	4.06	4.89	6.15
2010	3.84	3.99	5.48	4.16	4.95	6.23
2011	3.99	3.85	5.52	4.34	5.29	6.47
2012	4.07	4.05	5.70	4.54	5.73	6.38
2013	8.11	11.38	18.39	7.69	7.85	11.66

21-11 历年乡村劳动力

单位:万人

年 份	丰 县	沛 县	铜山区	睢宁县	新沂市	邳州市
1978	31.57	28.59	53.32	37.54	26.12	41.82
1979	28.79	28.81	53.80	36.82	26.36	41.49
1980	29.84	30.36	54.86	38.00	23.54	42.69
1981	31.02	31.92	56.85	39.21	26.81	43.88
1982	32.43	33.96	57.51	40.53	29.10	46.06
1983	32.68	35.14	59.81	40.80	28.80	46.69
1984	34.55	36.52	62.98	41.99	29.83	48.88
1985	35.64	37.14	65.18	43.77	30.17	51.98
1986	36.24	38.13	66.51	45.04	31.78	52.92
1987	37.79	33.80	66.81	47.24	32.55	55.08
1988	38.89	40.73	69.18	47.95	33.66	57.40
1989	39.65	41.91	71.51	49.20	34.74	59.13
1990	42.07	44.27	73.94	52.15	36.78	63.04
1991	43.02	45.21	75.04	53.64	37.79	66.95
1992	43.76	45.35	75.87	52.78	37.90	67.63
1993	44.26	42.65	74.71	54.73	37.63	67.98
1994	44.96	43.06	54.86	53.90	39.66	68.63
1995	45.19	41.80	51.46	55.18	39.96	69.01
1996	45.85	42.33	51.00	55.11	40.03	69.44
1997	46.43	44.21	51.93	57.54	41.46	71.06
1998	46.62	44.34	51.13	58.26	41.51	71.06
1999	46.48	42.43	50.41	56.71	39.35	70.01
2000	46.59	47.84	48.33	57.68	38.16	66.55
2001	49.04	47.79	47.62	56.29	37.61	65.64
2002	49.90	48.73	48.73	59.33	38.33	69.56
2003	50.87	49.61	46.87	60.18	38.31	68.66
2004	51.50	50.24	50.37	61.48	39.55	70.30
2005	53.24	49.99	45.83	61.64	40.36	68.75
2006	53.48	50.40	46.73	62.76	40.37	68.76
2007	51.38	49.74	49.91	63.96	40.40	69.76
2008	51.53	47.26	51.46	64.38	40.36	69.71
2009	52.00	47.61	52.62	63.66	41.72	69.70
2010	52.81	49.46	54.41	62.83	43.43	69.50
2011	54.36	49.64	55.42	60.87	43.71	67.65
2012	55.77	52.33	58.63	62.11	47.46	72.40
2013	54.14	49.89	55.42	59.28	46.63	68.22

21-12 历年固定资产投资

单位:万元

年 份	丰 县	沛 县	铜山区	睢宁县	新沂市	邳州市
1978	846	381	932	257	721	927
1979	830	575	1 394	468	1 040	1 036
1980	654	795	1 817	1 054	810	844
1981	456	552	1 226	577	726	613
1982	811	956	2 377	637	846	1 134
1983	640	1 255	2 114	538	1 137	1 485
1984	572	2 036	1 871	863	946	1 530
1985	1 016	1 917	4 021	1 034	1 609	2 983
1986	5 058	8 509	30 918	6 564	16 901	6 136
1987	6 794	9 879	26 961	8 976	18 966	26 902
1988	8 435	11 978	31 727	10 496	23 567	14 313
1989	6 587	11 901	35 441	8 836	24 988	30 930
1990	9 373	12 345	38 817	10 194	30 595	15 335
1991	14 560	16 841	52 059	11 899	34 845	17 397
1992	19 873	19 901	71 959	15 199	36 754	41 934
1993	30 578	30 026	94 013	45 751	46 133	55 851
1994	46 867	42 717	141 040	62 722	66 874	84 525
1995	63 137	79 776	190 435	82 607	92 935	88 830
1996	80 677	94 540	238 234	91 157	94 616	163 509
1997	86 698	113 573	239 240	84 216	91 756	116 662
1998	96 895	112 588	211 505	76 037	129 451	137 538
1999	109 440	144 693	214 600	102 185	155 269	165 504
2000	125 324	159 146	229 307	110 264	129 970	195 998
2001	142 671	175 018	260 666	132 805	173 082	227 638
2002	172 107	208 096	295 093	175 419	197 020	258 616
2003	247 625	310 271	395 956	240 029	236 778	383 732
2004	323 756	480 920	537 958	301 340	461 986	523 462
2005	310 470	607 311	717 791	325 584	608 550	950 910
2006	413 310	750 129	1 050 982	402 385	785 000	1 082 000
2007	505 000	1 001 518	1 469 954	508 178	922 500	1 465 814
2008	516 480	1 138 254	1 819 519	617 000	1 184 300	1 816 780
2009	650 120	1 586 504	2 397 838	1 058 325	1 583 500	2 602 000
2010	901 750	2 140 020	3 351 370	1 345 338	2 101 912	3 349 981
2011	1 039 371	2 372 031	3 473 398	1 247 240	2 207 210	3 213 528
2012	1 273 340	2 923 210	4 267 923	1 532 206	2 706 367	3 938 766
2013	1 449 732	3 312 973	4 869 369	1 747 941	3 075 835	4 490 608

注:2011 年起不再统计全社会固定资产投资,统计口径改为 500 万元以上固定资产投资。

21-13 历年财政收入

单位:万元

年份	丰县	沛县	铜山区	睢宁县	新沂市	邳州市
1978	1 326	1 612	1 831	1 839	1 491	1 625
1979	962	1 417	1 611	1 538	1 377	1 498
1980	1 003	1 322	1 818	1 604	1 546	1 608
1981	1 014	1 400	2 251	1 879	1 617	1 615
1982	1 341	1 751	3 609	1 820	1 800	2 123
1983	1 441	2 008	4 025	2 029	1 736	2 156
1984	1 503	2 132	4 841	2 285	1 954	2 489
1985	1 852	2 829	5 401	2 692	2 375	2 941
1986	2 195	2 944	6 336	2 960	2 622	3 400
1987	2 509	3 517	6 316	3 275	3 045	3 726
1988	2 853	4 465	7 737	3 778	3 819	4 264
1989	2 483	4 552	11 609	3 769	3 434	3 927
1990	2 831	5 227	12 021	3 879	3 721	4 309
1991	3 004	5 928	12 122	3 672	4 151	4 375
1992	3 570	6 579	12 551	3 886	4 431	4 963
1993	5 331	9 350	16 627	5 212	7 367	7 462
1994	7 851	13 335	18 225	7 574	10 702	11 575
1995	12 054	18 003	23 454	11 252	12 468	15 183
1996	14 308	21 534	30 026	14 002	15 125	19 222
1997	15 559	26 208	34 911	14 259	16 772	22 055
1998	16 586	28 004	38 507	15 360	18 204	24 271
1999	17 620	30 039	43 062	16 906	19 410	26 726
2000	17 886	33 018	48 118	16 330	20 605	29 060
2001	18 508	36 320	55 685	18 008	24 463	34 442
2002	19 662	44 582	62 452	21 137	27 284	42 168
2003	25 318	50 609	76 398	26 139	33 342	56 998
2004	27 724	63 601	92 668	29 502	40 227	80 058
2005	35 221	85 008	116 500	35 016	50 576	95 826
2006	49 318	120 271	156 800	47 073	75 278	131 022
2007	59 755	157 645	185 086	55 122	89 561	150 777
2008	81 671	203 279	236 725	78 109	114 918	188 589
2009	122 515	261 124	295 654	115 424	153 260	253 046
2010	169 252	353 923	387 417	183 819	236 023	307 900
2011	252 468	481 652	568 925	282 610	346 516	463 876
2012	305 518	539 131	663 088	337 728	404 448	525 325
2013	365 891	579 056	778 290	406 591	457 312	583 166

注:2007年及以后财政收入及支出中不包括基金性收入和支出,与往年不可比(下同)。

21-14 历年财政支出

单位:万元

年 份	丰 县	沛 县	铜山区	睢宁县	新沂市	邳州市
1978	1 590	1 314	2 088	1 680	1 447	1 684
1979	2 018	1 675	2 529	1 840	1 531	2 237
1980	1 667	1 709	2 315	1 973	1 479	2 125
1981	1 693	1 724	2 174	1 951	1 522	2 160
1982	1 896	2 182	3 082	2 127	2 016	2 371
1983	2 429	2 554	3 416	2 629	2 256	2 858
1984	2 840	3 802	3 706	2 738	2 531	3 153
1985	2 742	3 950	4 536	2 940	2 682	3 488
1986	3 653	5 073	5 628	4 067	3 538	4 495
1987	4 290	5 118	6 212	4 199	3 975	4 661
1988	5 181	6 501	7 952	5 170	5 187	5 465
1989	5 924	7 687	10 851	6 605	6 168	6 678
1990	6 896	8 989	13 543	7 252	6 811	7 556
1991	7 614	9 556	15 276	7 886	7 771	8 476
1992	7 586	9 506	15 621	8 056	8 303	9 014
1993	10 265	13 261	16 591	10 324	10 355	10 811
1994	12 891	13 324	16 611	12 675	11 454	14 275
1995	16 217	18 621	20 332	16 013	14 375	16 403
1996	20 248	21 725	27 532	19 392	17 820	21 464
1997	24 032	25 682	32 493	21 162	19 223	24 898
1998	26 558	27 162	35 526	23 762	21 683	29 529
1999	26 651	29 588	39 390	26 580	24 986	34 094
2000	29 667	31 180	40 284	26 386	28 064	36 627
2001	35 393	36 889	44 391	33 568	34 858	42 889
2002	37 866	45 020	50 338	39 808	39 122	49 543
2003	45 639	53 456	62 569	46 134	48 682	66 217
2004	55 325	67 373	78 394	54 676	58 307	84 928
2005	72 979	88 488	107 780	77 545	79 123	113 430
2006	91 672	116 118	145 418	96 865	99 903	143 508
2007	116 415	168 273	162 830	117 449	113 104	173 183
2008	157 929	203 316	224 738	167 227	157 278	237 026
2009	208 700	271 959	285 893	217 116	221 451	311 689
2010	276 883	360 103	382 972	284 511	303 498	411 118
2011	403 976	507 852	521 982	423 914	431 830	534 465
2012	476 067	611 756	616 370	482 555	547 278	679 840
2013	541 357	672 191	824 175	571 385	617 017	777 384

21-15 历年常用耕地面积

（年底数）　　单位：千公顷

年　份	丰　县	沛　县	铜山区	睢宁县	新沂市	邳州市
1978	89.29	83.81	159.38	103.04	84.12	118.23
1979	89.07	83.64	158.77	102.47	84.04	117.75
1980	88.30	83.03	157.90	102.43	83.76	117.66
1981	87.80	82.87	157.07	102.27	83.73	117.60
1982	87.76	82.73	156.29	102.22	83.55	117.57
1983	88.00	82.67	156.00	102.00	83.33	117.33
1984	88.03	82.46	155.15	102.08	83.49	117.23
1985	88.01	81.19	154.73	102.03	83.48	117.01
1986	88.01	81.12	151.88	102.03	83.35	116.53
1987	87.93	80.86	151.32	101.95	83.21	116.32
1988	87.81	80.77	150.63	101.91	82.54	115.79
1989	87.63	80.73	149.94	101.89	82.32	115.73
1990	87.61	80.62	148.89	101.82	82.15	114.83
1991	87.51	80.45	148.33	101.25	82.10	114.67
1992	86.01	80.38	147.53	100.79	81.63	114.16
1993	86.00	80.20	146.79	100.52	81.55	112.86
1994	85.85	79.97	115.52	100.09	81.42	112.45
1995	85.85	77.97	115.38	99.92	81.07	111.88
1996	85.68	77.91	115.15	99.62	80.47	111.44
1997	76.65	77.44	117.47	100.79	79.37	122.66
1998	76.60	77.03	117.40	100.67	80.65	122.83
1999	76.64	77.05	117.66	100.63	80.14	122.48
2000	76.70	77.22	115.99	100.63	80.57	121.37
2001	76.25	77.13	116.05	100.10	79.90	121.16
2002	76.41	76.93	116.31	100.05	79.85	121.17
2003	76.10	76.72	113.19	100.08	79.70	112.70
2004	76.09	76.56	108.97	100.08	79.57	111.84
2005	76.28	76.44	109.43	100.08	79.37	111.39
2006	75.34	75.92	109.31	99.84	79.02	112.38
2007	75.51	75.80	109.37	99.76	79.00	111.79
2008	75.72	75.48	106.52	100.00	78.76	110.68
2009	75.67	73.57	105.10	99.40	78.64	111.86
2010	75.67	75.51	106.52	97.46	78.43	111.96
2011	79.58	81.09	106.53	103.47	80.41	116.31
2012	79.75	80.92	107.02	103.41	80.23	116.33

21-16 历年农业机械总动力

（年底数）

单位:万千瓦

年　份	丰　县	沛　县	铜山区	睢宁县	新沂市	邳州市
1978	12.44	12.95	23.21	11.44	10.47	13.70
1979	12.86	14.47	26.21	12.64	14.28	14.87
1980	15.96	15.65	29.45	14.10	15.65	16.74
1981	16.77	17.27	30.82	16.04	17.15	18.35
1982	18.95	19.29	35.35	18.84	18.47	22.39
1983	20.59	21.80	40.13	20.18	20.05	25.99
1984	24.02	23.91	49.46	21.56	19.99	29.12
1985	25.74	24.32	56.19	22.93	19.91	30.07
1986	27.61	25.54	60.61	25.00	21.27	34.61
1987	30.40	28.50	72.00	26.84	22.76	36.96
1988	32.50	29.16	86.62	28.11	23.23	38.18
1989	34.39	27.70	93.14	26.25	23.44	39.96
1990	30.27	34.42	93.52	25.27	23.15	39.81
1991	30.49	34.29	72.86	25.19	22.34	40.40
1992	28.09	33.17	65.23	24.79	22.66	36.61
1993	29.56	32.81	63.29	25.59	22.73	34.90
1994	29.51	32.73	39.84	25.89	23.66	33.58
1995	30.34	34.52	36.93	23.55	24.74	29.72
1996	31.80	35.32	36.37	24.55	25.02	31.54
1997	44.92	40.34	54.86	26.98	29.97	38.24
1998	47.90	41.96	58.19	29.92	32.61	41.47
1999	50.58	43.30	72.20	31.33	36.55	46.83
2000	57.51	65.59	70.67	45.85	41.18	57.97
2001	58.11	67.20	71.06	48.66	43.09	65.02
2002	57.81	68.52	73.14	50.93	44.58	70.80
2003	59.37	69.07	73.85	53.43	46.42	75.55
2004	59.98	70.25	73.95	55.83	46.62	78.06
2005	60.44	74.62	67.30	60.02	49.76	83.15
2006	61.66	78.44	70.46	65.01	53.91	88.34
2007	62.13	79.94	71.50	66.99	56.71	94.46
2008	66.25	82.31	91.90	82.07	60.40	96.80
2009	69.13	84.10	93.90	86.26	65.84	101.40
2010	69.93	85.65	96.20	89.37	69.03	104.10
2011	73.80	89.13	98.79	96.96	72.61	111.13
2012	76.77	92.41	98.76	103.00	77.18	116.04
2013	77.83	95.94	98.92	106.30	81.13	113.25

21-17 历年农林牧渔业总产值

（当年价格）　　单位:万元

年　份	丰　县	沛　县	铜山区	睢宁县	新沂市	邳州市
1978	15 810	18 382	31 848	18 356	18 265	24 491
1979	20 724	19 705	42 217	18 880	18 612	28 479
1980	23 182	21 854	37 976	23 603	18 598	31 461
1981	24 163	24 754	37 987	26 421	21 157	34 168
1982	29 770	27 695	47 763	33 934	26 418	38 514
1983	35 419	33 163	60 996	35 885	33 330	43 581
1984	43 388	40 732	66 347	47 968	37 414	55 344
1985	41 474	42 583	75 225	49 402	41 786	59 884
1986	45 200	55 998	85 209	51 449	50 860	76 645
1987	52 613	62 592	94 380	51 600	63 375	83 140
1988	64 426	73 268	146 023	54 879	78 355	110 264
1989	69 328	73 819	147 659	66 570	87 884	110 596
1990	78 230	91 721	163 381	80 470	94 180	128 027
1991	91 766	93 687	175 889	89 271	104 601	135 059
1992	91 465	91 402	209 745	102 009	119 878	142 777
1993	131 067	122 049	257 302	135 878	154 151	171 199
1994	180 928	197 257	320 311	217 635	213 544	292 885
1995	239 818	247 827	399 924	269 129	256 031	384 102
1996	280 443	324 758	454 553	317 969	293 759	461 242
1997	256 802	333 973	384 232	296 479	285 292	426 967
1998	266 865	348 366	401 055	282 536	303 556	450 727
1999	279 736	354 591	381 167	278 597	312 216	459 072
2000	300 605	363 461	400 294	273 376	321 307	486 340
2001	320 867	381 637	431 471	289 274	339 682	516 544
2002	342 465	405 504	460 307	314 341	360 180	552 480
2003	366 826	422 362	405 606	325 021	308 914	580 636
2004	414 977	483 373	478 627	399 044	380 824	599 434
2005	355 373	566 218	464 871	389 692	414 548	695 374
2006	395 859	594 072	501 253	413 557	446 353	779 016
2007	437 125	651 825	541 433	442 820	507 574	830 250
2008	530 887	673 930	599 778	519 253	503 328	882 368
2009	580 693	751 617	670 996	665 887	615 434	991 811
2010	649 355	903 156	684 373	787 066	694 783	1 100 101
2011	775 231	1 090 245	856 960	950 728	806 247	1 327 479
2012	886 899	1 207 167	981 564	1 046 895	916 229	1 494 402
2013	1 027 733	1 352 225	1 152 242	1 182 998	1 028 666	1 628 505

21-18 历年粮食产量

单位:万吨

年份	丰县	沛县	铜山区	睢宁县	新沂市	邳州市
1978	24.82	29.08	51.50	30.57	31.47	36.94
1979	28.59	33.87	60.73	32.04	36.83	41.14
1980	30.81	32.71	63.44	37.69	38.98	44.22
1981	31.30	35.49	69.80	45.39	41.40	49.93
1982	35.09	36.30	68.95	52.62	45.55	53.33
1983	42.13	49.79	95.67	57.79	55.16	65.35
1984	49.19	56.51	103.18	64.08	58.77	71.22
1985	49.41	48.94	94.84	62.97	54.68	67.14
1986	51.27	55.30	105.80	66.17	57.32	72.59
1987	45.11	54.20	100.12	68.25	58.89	74.99
1988	38.92	52.38	94.04	59.29	52.50	71.34
1989	43.55	55.97	104.71	68.58	54.27	75.44
1990	43.72	55.69	107.60	67.29	51.54	71.20
1991	48.70	55.82	108.48	66.88	55.30	74.62
1992	46.11	55.63	111.70	68.27	55.47	79.67
1993	50.15	59.30	105.65	60.79	54.54	74.86
1994	46.64	52.62	72.63	61.02	50.61	70.92
1995	51.24	58.58	76.75	63.66	54.20	76.10
1996	52.24	62.25	79.94	69.76	54.29	78.25
1997	53.44	62.50	82.56	73.80	56.55	81.10
1998	44.19	51.91	75.87	64.62	49.79	73.00
1999	54.93	56.89	81.88	73.62	50.74	75.66
2000	40.34	45.60	56.63	53.92	39.00	64.57
2001	38.25	44.43	54.17	51.53	37.55	65.30
2002	38.06	45.22	48.88	49.49	37.69	60.38
2003	23.83	36.22	33.28	39.70	25.74	36.80
2004	43.17	47.35	51.32	58.48	35.07	62.03
2005	38.08	48.19	53.30	53.68	36.80	60.65
2006	42.77	48.03	61.58	65.47	41.98	60.30
2007	40.03	46.29	65.43	61.34	49.12	66.11
2008	43.91	51.76	65.43	74.67	52.94	69.93
2009	49.43	55.62	71.37	84.29	59.93	73.75
2010	46.01	58.11	79.20	85.31	62.67	75.88
2011	51.10	59.89	81.61	88.51	63.58	79.50
2012	52.89	61.17	84.22	91.62	65.68	82.77
2013	51.76	58.99	83.33	85.03	62.68	78.74

注:2006 年数据根据农普资料进行了调整。

21-19 历年棉花产量

单位:万吨

年　份	丰　县	沛　县	铜山区	睢宁县	新沂市	邳州市
1978	0.25	0.37	0.73	0.64	0.07	0.41
1979	0.32	0.31	0.60	0.41	0.01	0.35
1980	0.71	0.73	1.22	1.00	0.01	0.79
1981	0.63	0.75	1.26	0.93	0.01	0.75
1982	1.15	1.07	1.73	0.94		0.80
1983	1.43	1.25	2.33	1.28		1.04
1984	2.33	1.40	2.56	1.68		1.36
1985	1.45	1.04	1.97	1.06		1.53
1986	1.77	0.77	1.63	0.76		1.31
1987	2.05	1.09	1.94	0.85		1.56
1988	1.94	1.18	2.55	1.15	0.04	1.97
1989	1.25	0.30	1.23	0.72	0.03	1.16
1990	1.62	0.42	1.51	0.84	0.01	1.18
1991	1.98	0.86	2.36	1.05		1.70
1992	1.00	0.41	1.81	0.98		1.26
1993	1.12	0.55	1.74	0.60		0.78
1994	0.80	0.32	1.04	0.71		1.10
1995	1.01	0.55	1.54	0.85		1.69
1996	0.90	0.61	1.25	0.68		1.17
1997	0.80	0.40	0.86	0.68		1.20
1998	0.71	0.23	1.02	0.57		1.07
1999	0.36	0.09	0.71	0.39		0.70
2000	1.53	0.26	1.24	0.62		1.12
2001	1.66	0.47	1.43	1.02		1.80
2002	1.71	0.49	1.16	1.10		1.51
2003	1.45	0.31	0.78	0.58		1.03
2004	2.31	1.02	1.65	0.99		1.95
2005	0.95	0.39	0.84	0.62		1.04
2006	1.05	0.31	0.54	0.37		0.78
2007	1.60	0.52	0.63	0.34		0.86
2008	1.68	0.45	0.81	0.25		0.86
2009	1.61	0.42	0.80	0.14		0.77
2010	1.10	0.34	0.79	0.21		0.68
2011	1.30	0.38	0.71	0.17		0.70
2012	1.54	0.39	0.74	0.15		0.74
2013	1.62	0.46	0.70	0.16		0.58

21-20 历年油料产量

单位:万吨

年 份	丰 县	沛 县	铜山区	睢宁县	新沂市	邳州市
1978	0.11	0.08	0.35	0.19	0.73	0.12
1979	0.17	0.12	0.32	0.29	0.99	0.18
1980	0.28	0.23	0.50	0.44	1.37	0.33
1981	0.41	0.24	0.67	0.96	2.20	0.56
1982	0.44	0.21	0.83	2.63	2.67	0.77
1983	0.27	0.11	0.53	1.86	2.49	0.43
1984	0.30	0.26	0.52	1.69	1.92	0.41
1985	0.79	0.74	1.41	3.67	3.09	0.79
1986	1.00	0.78	1.29	3.75	3.05	0.76
1987	0.68	0.61	1.28	4.53	2.71	0.80
1988	0.36	0.46	0.40	0.61	2.67	0.31
1989	0.44	0.47	0.50	0.87	2.34	0.38
1990	0.51	0.57	0.57	0.62	2.08	0.41
1991	0.49	0.60	0.70	1.18	2.53	0.82
1992	0.50	0.43	0.66	0.97	2.21	0.75
1993	0.62	0.50	0.86	1.44	3.14	0.57
1994	0.68	0.40	0.45	2.15	4.04	1.33
1995	0.63	0.55	0.35	1.42	3.91	1.22
1996	0.68	0.70	0.32	0.96	2.75	0.70
1997	0.86	0.75	0.36	1.22	3.83	0.58
1998	1.18	1.01	0.23	2.11	4.03	0.61
1999	1.73	1.07	1.00	3.43	5.79	0.78
2000	2.68	1.44	1.40	5.28	7.65	1.21
2001	3.50	1.46	1.13	4.83	8.78	2.54
2002	2.20	1.60	1.42	5.52	9.09	1.92
2003	1.12	0.86	0.93	3.01	2.78	1.09
2004	1.56	0.81	1.78	4.73	8.67	1.97
2005	0.60	0.62	1.19	3.33	8.43	1.62
2006	0.70	0.68	0.95	2.20	6.11	1.33
2007	0.68	0.35	0.96	1.75	5.76	1.60
2008	0.62	0.36	0.73	1.95	5.40	1.47
2009	0.61	0.40	0.68	2.06	7.04	1.49
2010	0.51	0.24	0.64	1.60	7.44	1.48
2011	0.47	0.20	0.68	1.58	6.57	1.76
2012	0.47	0.20	0.69	1.66	5.83	1.63
2013	0.45	0.27	0.56	1.46	5.51	1.50

21-21 历年肉类总产量

单位:万吨

年 份	丰 县	沛 县	铜山区	睢宁县	新沂市	邳州市
1978						
1979						
1980						
1981						
1982						
1983						
1984						
1985	1.71	1.83	2.65	2.53	2.39	2.81
1986	1.79	1.70	2.86	2.88	2.40	2.36
1987	2.52	1.68	3.58	2.72	2.49	3.01
1988	2.78	2.27	4.33	3.25	2.72	3.05
1989	2.83	2.27	4.48	3.17	2.58	3.38
1990	3.03	2.61	5.12	3.56	2.86	4.13
1991	3.66	2.86	5.37	3.65	2.90	4.54
1992	3.98	2.96	6.09	4.14	3.16	5.10
1993	4.45	3.49	7.32	4.99	3.64	5.30
1994	4.55	3.81	6.56	6.17	4.93	6.23
1995	5.03	4.67	8.15	7.25	5.32	7.67
1996	7.48	6.32	9.16	8.92	5.15	8.98
1997	3.14	5.19	4.78	6.06	5.29	6.20
1998	4.76	5.67	4.55	4.82	5.58	7.26
1999	4.35	5.49	5.06	4.06	5.01	6.84
2000	4.56	6.30	5.63	3.97	6.20	7.45
2001	5.10	6.87	5.79	4.36	6.89	8.06
2002	5.23	6.94	6.03	5.32	6.11	8.26
2003	5.60	6.94	6.61	5.34	6.30	8.81
2004	5.63	7.15	6.82	6.22	6.30	9.38
2005	6.32	8.17	6.40	7.06	6.86	10.17
2006	4.29	11.36	7.14	6.43	7.34	10.56
2007	4.23	9.90	6.42	5.48	5.89	8.83
2008	7.86	11.94	7.30	7.22	7.80	13.36
2009	10.57	12.67	8.74	9.24	9.88	17.48
2010	12.01	17.61	10.23	11.04	12.70	20.42
2011	13.32	19.54	11.49	12.91	12.63	19.55
2012	15.14	19.49	12.47	15.57	14.92	20.43
2013	16.19	18.55	11.09	14.34	13.28	20.62

21-22 历年工业产品销售收入

单位：万元

年 份	丰 县	沛 县	铜山区	睢宁县	新沂市	邳州市
1978	6 093	5 539	6 942	4 038	3 789	3 597
1979	5 521	4 748	8 234	6 101	5 110	7 643
1980	7 288	5 914	13 371	9 432	7 945	9 448
1981	7 594	7 593	10 992	9 663	8 080	11 276
1982	9 037	7 635	21 254	12 244	11 178	11 518
1983	9 940	8 399	23 379	13 468	12 296	12 670
1984	10 442	10 412	24 848	13 830	13 966	15 216
1985	12 089	12 889	29 743	16 709	17 718	19 573
1986	12 978	15 635	34 276	19 551	22 452	23 271
1987	17 426	19 654	43 188	24 516	28 916	26 512
1988	25 030	27 617	65 925	33 840	46 398	40 831
1989	31 697	32 552	81 245	42 265	52 302	49 290
1990	30 066	31 251	82 778	34 802	53 081	53 643
1991	30 698	36 702	91 081	39 554	55 867	59 475
1992	40 842	47 562	127 876	47 105	71 612	78 587
1993	54 946	54 946	194 665	73 764	108 146	124 530
1994	74 415	101 265	228 878	110 356	144 329	166 624
1995	123 593	167 353	463 747	155 227	195 580	271 147
1996	160 092	216 443	626 225	202 132	236 024	291 125
1997	196 218	279 907	740 342	119 934	285 216	185 141
1998	137 860	151 483	837 798	61 014	135 734	135 609
1999	155 166	163 600	942 589	68 148	152 031	158 264
2000	160 578	176 848	1 020 779	74 519	170 343	168 582
2001	173 585	193 699	1 141 803	88 199	202 297	196 712
2002	130 208	221 719	1 312 678	126 891	239 156	256 489
2003	200 799	285 100	1 209 910	181 201	287 972	352 189
2004	217 832	431 470	1 502 553	257 885	412 006	596 828
2005	288 579	659 600	1 961 668	397 786	637 953	957 120
2006	365 312	946 365	2 927 393	537 142	889 313	1 364 986
2007	494 401	1 445 039	4 188 926	661 268	1 216 672	2 014 706
2008	697 564	2 025 139	6 173 759	839 734	1 705 810	3 057 777
2009	961 436	3 100 737	8 737 012	1 414 594	2 344 880	4 524 177
2010	1 352 859	5 207 771	12 668 254	2 328 915	3 824 086	6 977 492
2011	2 164 308	7 736 896	17 578 572	3 752 484	6 014 427	10 500 899
2012	3 193 821	9 968 799	23 362 278	5 435 180	9 077 506	14 857 790
2013	4 115 015	11 642 171	28 676 326	6 827 441	12 080 336	18 660 289

注：根据《企业会计制度》修订要求，该指标统计口径即为主营业务收入。

21-23 历年工业利税总额

单位:万元

年份	丰县	沛县	铜山区	睢宁县	新沂市	邳州市
1978	654	751	1 294	1 088	1 173	937
1979	765	802	1 552	1 212	1 156	1 026
1980	1 070	770	2 821	1 680	1 338	1 488
1981	1 215	906	3 095	1 936	1 593	1 318
1982	1 077	1 064	3 851	1 667	1 541	1 325
1983	1 178	1 053	3 696	1 810	1 860	1 487
1984	1 352	1 920	4 086	2 334	2 422	2 485
1985	1 303	1 550	4 072	2 272	2 175	2 197
1986	936	1 688	3 224	2 257	2 383	2 545
1987	1 677	2 169	3 689	2 633	3 523	2 527
1988	2 401	3 245	6 385	3 710	5 661	3 314
1989	2 812	3 588	7 147	3 052	5 513	3 207
1990	2 332	2 153	2 400	1 743	5 400	3 149
1991	1 859	3 355	4 765	2 195	4 609	3 928
1992	3 032	4 080	9 292	2 933	6 333	5 415
1993	2 463	2 463	14 971	3 622	8 603	8 609
1994	5 903	8 184	22 357	6 591	13 445	14 062
1995	8 234	13 999	55 036	8 154	14 785	16 898
1996	11 377	13 885	54 521	11 171	11 742	19 740
1997	12 760	17 344	59 679	243	13 488	11 367
1998	6 654	10 021	67 158	-413	2 789	11 542
1999	7 112	8 777	72 330	1 191	3 545	10 051
2000	7 272	10 420	76 355	5 287	4 502	12 594
2001	7 699	12 794	90 875	6 819	6 460	13 449
2002	5 287	15 460	121 167	10 308	7 624	18 588
2003	8 287	20 846	103 248	13 715	16 006	23 195
2004	13 409	19 761	139 549	21 430	25 108	35 289
2005	18 137	33 090	194 102	30 257	38 674	59 337
2006	27 396	63 530	329 099	39 931	66 066	98 171
2007	39 878	79 715	505 331	46 627	101 417	161 090
2008	64 581	266 504	976 394	125 773	158 478	552 478
2009	122 028	453 514	1 287 571	232 828	248 118	793 915
2010	203 384	705 335	1 936 434	384 522	466 113	1 054 324
2011	331 167	1 055 409	2 651 766	616 100	785 797	1 713 339
2012	484 455	1 380 665	3 431 046	852 617	1 124 075	2 477 509
2013	619 855	1 577 595	4 371 185	1 084 012	1 409 713	2 795 984

21-24 历年邮电业务总量

单位:万元

年 份	丰 县	沛 县	铜山区	睢宁县	新沂市	邳州市
1978	53	66	72	65	67	72
1979	56	74	70	70	78	73
1980	63	79	80	76	84	82
1981	68	88	89	82	97	94
1982	69	92	95	82	101	97
1983	74	100	107	87	106	99
1984	81	113	107	98	110	114
1985	93	130	122	112	126	128
1986	97	148	128	119	148	142
1987	108	165	128	138	162	163
1988	131	199	153	176	199	216
1989	139	213	172	193	217	222
1990	325	483	206	430	477	480
1991	386	529	593	544	543	596
1992	511	763	774	752	840	829
1993	722	1 207	1 154	1 008	1 259	1 227
1994	1 356	1 750	1 398	1 598	1 834	2 090
1995	2 200	2 594	2 335	2 575	3 405	3 354
1996	2 994	3 779	3 735	3 464	4 087	4 463
1997	4 520	5 628	4 880	5 169	5 614	6 272
1998	5 851	6 986	1 084	6 756	7 227	8 534
1999	6 981	9 140	1 164	8 144	8 275	10 724
2000	10 487	14 645	1 638	10 763	13 269	17 517
2001	10 308	12 875	2 010	11 297	11 784	16 573
2002	10 742	13 486	2 488	11 767	11 986	16 611
2003	12 905	15 924	9 207	13 946	14 313	19 077
2004	6 234	8 340	11 043	7 227	7 245	10 789
2005	7 235	9 905	5 233	8 630	9 111	12 756
2006	10 181	13 059	14 502	11 904	11 399	16 508
2007	26 922	37 403	45 696	33 023	33 868	49 353
2008	30 719	38 781	58 462	37 780	39 634	56 284
2009	40 988	51 202	46 242	46 782	44 708	59 252
2010	56 228	69 137	58 455	60 394	60 718	79 485
2011	42 916	55 635	55 410	49 128	50 933	65 536
2012	51 983	64 783		57 971	57 155	74 320
2013	65 678	81 385		75 872	72 496	97 095

注:2006 年及以前邮电业务总量中电信业务总量以电信业务收入代替;2011 年邮电业务总量按 2010 年价格计算。

21-25 历年年末本地电话用户

单位:户

年 份	丰 县	沛 县	铜山区	睢宁县	新沂市	邳州市
1978	992	2 044		1 517	1 391	1 716
1979	1 110	2 130		1 563	1 483	1 809
1980	1 186	2 130		1 674	1 705	1 881
1981	1 250	2 162		1 729	1 774	1 898
1982	1 229	2 237		1 799	2 132	1 863
1983	1 152	2 374		1 815	2 253	1 917
1984	1 224	2 500		1 907	2 508	2 076
1985	1 353	2 744		2 028	2 833	2 310
1986	1 462	3 122		2 167	2 965	2 348
1987	1 547	3 579		2 304	3 288	2 611
1988	1 800	4 141		2 625	3 650	2 946
1989	1 961	5 059		3 189	4 060	3 418
1990	2 256	6 011		3 659	4 316	3 791
1991	2 848	6 767		4 779	4 953	4 502
1992	3 133	8 601		5 393	7 452	5 845
1993	3 627	11 141		6 763	9 206	7 883
1994	6 910	16 834		10 704	11 529	11 767
1995	12 173	22 799		16 219	20 675	22 594
1996	21 588	33 719		29 817	39 309	34 371
1997	36 893	53 963		40 811	54 080	48 738
1998	49 871	70 380		61 097	75 566	82 685
1999	44 267	59 464		52 052	58 453	70 343
2000	65 944	81 326		73 890	80 146	100 162
2001	94 810	106 240		106 927	98 699	134 368
2002	124 422	140 187		134 598	129 540	175 820
2003	165 988	187 204	198 979	177 939	168 802	229 143
2004	208 672	239 275	282 600	228 993	209 109	293 284
2005	239 468	275 750	295 707	273 883	257 232	353 097
2006	248 726	288 165	270 251	298 558	266 937	372 969
2007	242 158	235 777	272 056	297 598	270 527	353 257
2008	220 611	230 571	241 018	270 364	237 400	312 135
2009	145 540	167 392	180 008	199 079	160 805	202 749
2010	137 603	157 466	173 708	188 348	150 520	190 971
2011	140 462	197 216	239 038	187 160	207 733	221 426
2012	100 803	146 045	161 416	155 666	132 020	154 129
2013	100 036	146 919	170 089	155 292	133 787	157 783

21-26 历年社会消费品零售总额

单位:万元

年 份	丰 县	沛 县	铜山区	睢宁县	新沂市	邳州市
1978	5 581	6 587	11 569	7 448	6 594	7 799
1979	6 981	8 136	12 704	9 037	7 842	10 096
1980	8 962	9 357	13 144	10 741	8 968	12 282
1981	10 167	10 934	14 478	11 616	10 625	13 140
1982	11 883	12 036	16 486	12 343	12 169	14 186
1983	12 191	13 541	18 637	13 945	13 490	15 083
1984	14 000	16 071	21 802	16 575	14 216	17 547
1985	18 465	19 762	27 613	21 199	18 869	22 883
1986	20 579	22 168	32 365	23 307	22 833	26 869
1987	23 555	26 658	37 441	25 849	25 821	29 582
1988	28 620	31 213	43 827	30 628	30 630	35 904
1989	31 599	33 343	44 445	31 893	31 650	38 837
1990	32 267	32 521	42 464	31 685	32 118	40 060
1991	32 403	34 096	49 490	31 180	32 383	41 918
1992	34 881	35 409	53 118	32 751	34 459	46 422
1993	41 004	50 429	67 999	38 870	42 663	54 945
1994	54 011	61 581	64 651	51 600	58 291	68 552
1995	74 978	85 502	85 414	63 669	77 231	86 774
1996	91 807	104 356	110 087	72 042	90 872	111 463
1997	105 186	119 155	129 757	77 511	102 264	125 514
1998	115 033	128 715	135 971	76 110	110 139	130 665
1999	123 018	137 866	151 757	78 839	119 568	144 046
2000	134 526	156 215	164 494	82 276	131 226	163 492
2001	153 120	173 339	182 109	93 115	147 012	189 651
2002	173 596	191 614	200 440	127 452	163 521	214 305
2003	168 067	185 347	191 502	140 192	178 210	237 918
2004	190 284	347 448	281 052	233 373	228 244	295 771
2005	218 489	401 302	322 648	268 379	262 708	342 503
2006	253 188	465 918	374 434	310 894	304 810	399 337
2007	294 141	545 168	438 068	362 246	355 990	469 111
2008	374 000	701 000	575 000	460 000	455 000	619 000
2009	429 748	807 965	664 348	528 884	523 198	713 333
2010	508 844	921 280	871 283	629 654	613 273	843 942
2011	613 797	1 094 873	1 024 992	757 458	738 148	1 003 705
2012	685 764	1 244 249	1 164 333	852 198	831 300	1 140 613
2013	782 456	1 419 689	1 329 669	974 063	947 691	1 302 580

注:2004 及 2009 年数据为经济普查调整数。

21-27 历年实际利用外资

单位:万美元

年份	丰县	沛县	铜山区	睢宁县	新沂市	邳州市
1978						
1979						
1980						
1981						
1982						
1983						
1984						
1985						
1986						
1987						
1988						
1989						
1990		58				10
1991		61	19		143	
1992	531	62	154	29	44	52
1993		142		127	528	150
1994	112	330	552	47	711	265
1995	23	316	1 734	659	1 067	70
1996	520	878	1 544	604	608	820
1997	42	632	878	253	717	118
1998	426	759	1 294	91	762	280
1999	377	821	1 624	10	143	15
2000	3 477	5 240	3 448	1 164	453	464
2001	1 843	1 345	2 360	881	913	784
2002	1 518	1 840	2 458	1 242	1 828	2 586
2003	2 129	3 110	3 817	1 750	1 945	4 030
2004	701	2 037	3 254	1 998	2 859	4 811
2005	453	793	3 709	1 698	914	3 337
2006	669	1 813	3 006	385	1 197	3 940
2007	119	955	4 279	1 310	1 930	3 910
2008	482	2 394	6 073	1 134	1 326	3 012
2009	1 098	1 981	8 080	2 667	2 604	6 653
2010	3 548	8 186	5 013	5 351	4 214	4 227
2011	4 240	10 677	16 287	10 472	6 599	16 734
2012	6 889	17 022	10 225	12 932	18 450	17 991
2013	13 288	9 444	20 099	11 177	6 240	25 193

21–28 历年金融机构存款余额

（年底数）

单位:万元

年 份	丰 县	沛 县	铜山区	睢宁县	新沂市	邳州市
1978	1 837	3 136	5 345		2 316	3 106
1979	2 399	3 284	4 902		3 120	3 100
1980	2 875	4 200	9 832		4 069	1 961
1981	5 022	6 940	14 116	4 877	5 027	6 553
1982	5 088	7 023	20 008	4 838	6 008	6 372
1983	6 797	10 208	22 421	6 141	7 317	8 638
1984	8 901	14 301	29 211	8 842	8 902	13 061
1985	9 533	15 979	27 026	8 953	7 778	12 967
1986	14 755	23 518	36 338	13 134	13 392	18 106
1987	21 314	31 463	42 162	15 096	16 638	23 157
1988	33 930	50 916	101 302	26 576	24 604	38 244
1989	41 592	54 235	101 385	30 909	28 825	45 297
1990	45 540	72 942	130 105	30 578	37 086	51 235
1991	58 389	91 595	163 671	43 924	44 799	63 715
1992	68 038	109 118	191 854	56 667	53 151	76 573
1993	82 111	138 413	235 212	69 903	65 805	98 074
1994	101 203	177 476	227 397	89 463	84 266	133 823
1995	126 259	228 300	299 449	108 597	114 259	170 289
1996	160 051	282 481	397 126	129 704	144 377	212 096
1997	184 294	334 381	466 258	155 819	172 473	265 491
1998	202 842	375 402	479 798	176 429	189 829	290 241
1999	214 309	399 968	447 114	195 967	200 851	327 727
2000	234 947	435 149		232 361	211 738	376 325
2001	267 706	515 503		277 154	238 487	416 461
2002	313 444	591 085		328 267	286 770	465 173
2003	342 292	650 666	782 659	376 152	339 602	531 812
2004	381 379	766 597	1 005 189	450 926	401 685	640 338
2005	464 517	894 761	1 227 538	541 638	459 154	714 438
2006	579 389	1 022 218	1 448 235	648 257	542 146	832 182
2007	685 879	1 160 059	1 673 637	748 577	634 831	965 045
2008	818 346	1 449 307	2 102 891	874 589	762 853	1 117 426
2009	1 012 609	1 802 697	2 713 274	1 203 225	1 022 393	1 412 470
2010	1 237 618	2 105 658	3 500 298	1 552 054	1 367 829	1 777 676
2011	1 456 157	2 464 859	3 757 705	1 868 564	1 580 320	2 053 286
2012	1 744 220	2 929 076		2 155 969	1 800 078	2 514 837
2013	2 058 711	3 231 849		2 446 515	2 181 317	2 976 061

21-29 历年金融机构贷款余额

（年底数）　　单位:万元

年　份	丰　县	沛　县	铜山区	睢宁县	新沂市	邳州市
1978	5 797	5 147	7 531		6 539	7 389
1979	6 557	6 056	507		9 046	8 416
1980	8 608	8 320	11 041		11 117	5 693
1981	10 657	10 164	14 552	14 950	12 047	12 502
1982	11 838	11 047	18 971	16 873	12 806	13 666
1983	14 961	14 973	23 631	18 659	15 731	17 608
1984	22 800	20 272	33 537	26 554	20 597	23 621
1985	23 955	21 811	30 849	26 556	21 967	24 260
1986	23 619	25 493	34 318	30 139	25 202	28 473
1987	30 051	34 615	43 078	35 710	27 659	35 065
1988	40 078	42 129	72 414	42 454	33 682	45 529
1989	42 760	48 419	30 092	45 644	39 567	51 291
1990	54 344	60 156	97 147	48 158	47 492	63 296
1991	68 054	75 465	122 990	65 786	60 662	78 020
1992	71 953	87 955	137 975	72 499	70 518	82 859
1993	83 172	104 424	165 564	81 590	82 763	93 846
1994	101 478	123 824	172 538	101 536	99 263	119 778
1995	122 433	156 109	229 780	119 301	116 298	146 597
1996	139 456	199 805	288 921	127 800	144 036	165 083
1997	162 500	270 044	340 406	154 744	194 145	210 939
1998	177 176	290 329	389 318	174 750	214 116	228 154
1999	185 233	300 287	356 499	169 663	211 732	232 973
2000	172 863	290 188		143 036	192 087	221 341
2001	186 201	302 386		158 528	200 594	358 097
2002	186 511	317 655		175 184	208 252	416 690
2003	196 355	378 965	541 456	193 408	243 692	461 613
2004	180 528	372 238	586 723	201 152	269 633	500 891
2005	190 997	344 037	630 614	217 166	275 663	495 003
2006	245 075	357 974	721 496	271 389	353 228	567 831
2007	238 736	347 166	873 131	312 390	435 818	619 833
2008	289 367	346 410	990 968	369 949	539 993	679 753
2009	466 892	520 922	1 471 172	593 081	842 694	975 664
2010	638 501	706 312	2 075 650	808 866	1 067 845	1 241 637
2010	848 770	892 845	2 426 655	982 607	1 304 818	1 498 377
2012	966 398	1 087 704		1 172 305	1 571 333	1 889 226
2013	1 146 818	1 417 916		1 392 059	1 862 149	2 260 353

21-30 历年各类专业技术人员

单位:万人

年　份	丰　县	沛　县	铜山区	睢宁县	新沂市	邳州市
1978	0.24	0.21	0.32	0.16	0.18	0.25
1979	0.27	0.24	0.35	0.18	0.20	0.27
1980	0.29	0.27	0.39	0.21	0.23	0.30
1981	0.32	0.30	0.43	0.24	0.26	0.33
1982	0.36	0.33	0.47	0.27	0.29	0.36
1983	0.39	0.38	0.52	0.30	0.32	0.39
1984	0.43	0.42	0.57	0.34	0.36	0.43
1985	0.44	0.44	0.65	0.41	0.31	0.51
1986	0.45	0.49	0.68	0.44	0.38	0.50
1987	0.55	0.51	0.77	0.52	0.45	0.57
1988	0.65	0.63	0.79	0.63	0.53	0.66
1989	0.78	0.81	0.93	0.87	0.66	0.84
1990	0.82	0.82	0.98	0.91	0.68	0.89
1991	0.97	0.94	1.08	0.92	0.72	0.99
1992	1.00	0.93	1.18	0.98	0.77	0.85
1993	1.01	1.04	1.29	1.04	0.86	1.08
1994	1.01	1.16	1.12	1.04	0.88	1.12
1995	1.18	1.50	1.57	1.29	1.00	1.28
1996	1.40	1.56	1.70	1.43	1.43	1.29
1997	1.53	1.81	1.76	1.65	1.58	1.77
1998	1.58	2.00	1.83	1.79	1.69	2.05
1999	1.62	2.05	1.87	1.81	1.74	2.23
2000	1.67	2.16	1.95	1.86	1.91	2.39
2001	1.67	2.06	1.93	1.88	1.89	2.57
2002	1.71	2.04	1.86	1.76	1.94	2.46
2003	1.63	2.05	1.87	1.80	1.77	2.38
2004	1.40	2.87	1.88	1.80	1.65	2.10
2005	1.51	1.92	2.13	1.79	2.09	2.60
2006	1.83	3.30	2.59	1.83	2.57	3.29
2007	1.84	3.31	2.59	1.84	2.58	3.30
2008	2.27	2.51	2.25	2.60	3.39	2.55
2009	2.27	2.52	2.25	2.61	3.40	2.56
2010	2.53	2.74	2.65	2.74	3.76	2.79
2011	3.17	3.98	4.77	3.98	3.84	4.52
2012	3.29	4.08	4.88	4.09	3.96	4.71
2013	0.98	1.22	1.46	1.22	1.18	1.41

21-31 历年普通中学在校学生

单位:万人

年份	丰县	沛县	铜山区	睢宁县	新沂市	邳州市
1978	9.57	5.64	7.31	5.54	4.21	6.52
1979	8.45	5.28	6.34	5.00	4.02	5.48
1980	7.69	4.32	5.74	4.61	3.80	4.40
1981	4.28	4.18	5.45	3.88	3.16	3.60
1982	4.05	3.75	5.45	3.52	3.09	3.51
1983	3.73	3.61	5.71	3.39	3.13	4.01
1984	3.71	3.65	6.18	3.57	3.06	4.08
1985	4.00	3.88	6.77	3.95	3.47	4.44
1986	4.16	4.16	6.98	4.24	3.57	5.31
1987	4.16	4.28	6.90	4.11	3.43	5.18
1988	3.94	4.32	6.73	3.84	3.31	5.10
1989	3.90	4.50	6.96	3.82	3.23	5.15
1990	3.69	4.15	7.45	3.72	3.02	5.15
1991	3.20	3.79	7.71	3.48	3.22	5.50
1992	3.31	3.89	7.74	3.61	3.38	5.51
1993	3.41	4.20	7.89	3.76	3.51	5.84
1994	4.06	5.49	6.56	4.20	3.57	6.73
1995	4.72	6.30	7.29	4.85	3.95	7.80
1996	5.28	7.05	8.18	5.66	4.49	7.67
1997	5.84	7.00	8.76	6.10	5.15	7.08
1998	6.25	7.22	9.53	6.73	5.70	7.67
1999	6.65	7.65	9.04	7.23	6.14	8.96
2000	7.14	8.06	8.21	7.82	5.89	10.85
2001	7.59	8.51	8.21	8.94	7.72	12.15
2002	8.20	9.45	9.53	10.24	8.84	13.94
2003	8.83	10.69	11.30	11.62	9.71	15.86
2004	9.42	11.49	11.92	12.62	9.97	15.80
2005	9.69	11.78	10.26	12.54	9.48	15.18
2006	10.17	11.34	10.29	12.21	8.83	13.94
2007	10.47	10.63	9.60	11.55	7.93	12.64
2008	10.12	9.93	8.28	10.95	6.93	11.27
2009	8.99	8.57	7.01	10.00	5.78	10.02
2010	7.94	7.17	5.85	8.95	4.72	9.00
2011	6.72	5.97	4.68	8.34	4.08	8.20
2012	5.80	5.25	4.35	7.42	3.85	7.94
2013	4.87	3.94	4.23	6.29	3.40	7.04

21–32 历年小学在校学生

单位:万人

年 份	丰 县	沛 县	铜山区	睢宁县	新沂市	邳州市
1978	8.85	13.91	21.36	14.47	12.32	16.60
1979	9.72	13.61	21.67	14.57	12.34	18.80
1980	9.99	12.86	22.34	14.11	12.50	17.17
1981	12.75	12.67	21.26	12.96	11.61	16.29
1982	12.09	12.15	20.58	12.59	10.68	15.52
1983	11.97	11.82	19.96	13.21	10.55	16.82
1984	11.67	11.59	19.65	12.45	10.27	16.84
1985	11.29	11.14	19.63	12.23	9.72	16.38
1986	10.92	10.82	18.67	12.15	9.32	16.10
1987	10.57	11.18	17.41	11.84	9.28	15.53
1988	10.38	11.48	16.93	11.50	9.10	14.51
1989	10.55	11.75	16.84	11.30	9.21	14.30
1990	10.40	12.66	16.87	12.19	9.58	15.03
1991	11.35	14.01	17.80	13.15	10.00	15.45
1992	11.56	14.31	18.73	13.78	10.59	16.51
1993	11.76	14.34	19.56	13.90	11.41	17.61
1994	12.30	14.79	15.04	15.05	12.46	19.09
1995	12.73	15.32	15.94	16.43	13.51	21.12
1996	13.24	15.94	16.51	17.50	14.72	24.18
1997	13.86	16.69	17.46	19.13	15.79	27.42
1998	14.38	17.41	17.98	20.29	16.00	27.95
1999	14.56	17.96	17.77	20.33	14.89	27.29
2000	14.69	17.82	18.29	20.17	13.92	25.05
2001	14.90	17.68	17.16	19.32	12.89	22.25
2002	14.55	16.46	15.51	17.96	11.43	19.39
2003	13.53	14.73	13.37	16.04	9.60	16.15
2004	12.24	12.70	11.01	13.95	7.97	13.47
2005	10.83	10.59	8.09	12.27	7.00	11.78
2006	9.63	8.73	6.89	10.97	6.21	11.21
2007	8.32	7.42	5.90	9.88	5.78	10.70
2008	7.11	6.78	5.36	8.62	4.96	10.68
2009	6.43	6.37	5.22	7.60	4.88	11.17
2010	6.34	6.53	5.53	7.19	5.37	11.87
2011	6.50	6.98	6.30	7.54	6.25	12.82
2012	6.81	7.70	7.31	7.85	7.44	14.18
2013	7.02	7.75	8.56	7.24	8.55	14.58

21-33　历年卫生机构数

单位:个

年　份	丰　县	沛　县	铜山区	睢宁县	新沂市	邳州市
1978	50	28	46	15	51	44
1979	50	28	46	15	51	46
1980	51	57	98	58	62	70
1981	59	66	102	69	67	76
1982	64	66	105	69	65	76
1983	64	71	96	71	77	74
1984	67	70	96	72	76	73
1985	71	70	101	74	77	73
1986	74	70	96	73	62	72
1987	74	70	92	74	62	73
1988	74	70	102	66	63	73
1989	74	79	102	70	69	77
1990	74	79	111	70	65	77
1991	74	79	149	72	65	77
1992	74	77	132	72	68	78
1993	82	109	144	72	68	82
1994	82	109	123	71	68	82
1995	82	109	123	71	68	82
1996	82	109	123	69	67	83
1997	82	109	123	69	67	84
1998	94	169	136	67	67	86
1999	86	69	61	56	47	86
2000	85	80	72	68	50	111
2001	91	89	65	56	40	101
2002	85	102	73	30	46	94
2003	152	125	71	22	51	91
2004	192	217	66	29	50	149
2005	192	192	63	29	60	149
2006	159	192	64	29	62	149
2007	154	188	63	28	187	149
2008	144	67	63	27	61	96
2009	177	66	63	37	60	138
2010	194	70	90	51	64	136
2011	530	487	498	647	440	807
2012	521	506	497	629	439	778
2013	515	598	515	623	447	739

注:2011 年卫生机构数包括村卫生室。

21-34 历年卫生技术人员

单位:万人

年 份	丰 县	沛 县	铜山区	睢宁县	新沂市	邳州市
1978	0.11	0.12	0.14	0.14	0.12	0.14
1979	0.10	0.13	0.14	0.14	0.12	0.18
1980	0.10	0.13	0.13	0.14	0.13	0.16
1981	0.10	0.13	0.15	0.14	0.13	0.12
1982	0.11	0.13	0.15	0.14	0.13	0.15
1983	0.11	0.13	0.15	0.14	0.14	0.14
1984	0.11	0.13	0.17	0.14	0.14	0.15
1985	0.12	0.14	0.19	0.14	0.14	0.16
1986	0.12	0.15	0.20	0.14	0.15	0.17
1987	0.12	0.15	0.20	0.15	0.14	0.17
1988	0.14	0.16	0.23	0.15	0.14	0.18
1989	0.14	0.18	0.24	0.16	0.16	0.18
1990	0.15	0.19	0.26	0.17	0.16	0.18
1991	0.16	0.21	0.29	0.18	0.17	0.20
1992	0.17	0.21	0.31	0.19	0.18	0.23
1993	0.18	0.33	0.32	0.19	0.19	0.24
1994	0.18	0.35	0.26	0.19	0.20	0.29
1995	0.19	0.36	0.27	0.19	0.20	0.31
1996	0.19	0.37	0.27	0.19	0.20	0.34
1997	0.19	0.38	0.28	0.21	0.21	0.40
1998	0.19	0.39	0.28	0.21	0.22	0.40
1999	0.19	0.38	0.28	0.21	0.22	0.43
2000	0.19	0.37	0.28	0.20	0.22	0.47
2001	0.20	0.37	0.27	0.20	0.22	0.48
2002	0.18	0.35	0.27	0.19	0.21	0.48
2003	0.19	0.33	0.28	0.19	0.16	0.47
2004	0.20	0.34	0.27	0.19	0.18	0.48
2005	0.18	0.31	0.26	0.19	0.21	0.46
2006	0.19	0.32	0.27	0.19	0.22	0.47
2007	0.20	0.33	0.25	0.19	0.22	0.48
2008	0.22	0.32	0.25	0.20	0.23	0.47
2009	0.22	0.32	0.26	0.19	0.24	0.47
2010	0.22	0.34	0.28	0.22	0.27	0.46
2011	0.23	0.36	0.29	0.24	0.29	0.53
2012	0.34	0.38	0.30	0.28	0.34	0.56
2013	0.38	0.43	0.33	0.31	0.37	0.56

21-35 历年医院、卫生院床位数

单位:万张

年 份	丰 县	沛 县	铜山区	睢宁县	新沂市	邳州市
1978	0.06	0.10	0.15	0.11	0.10	0.10
1979	0.06	0.11	0.15	0.12	0.11	0.11
1980	0.06	0.11	0.15	0.12	0.11	0.10
1981	0.08	0.11	0.15	0.12	0.11	0.10
1982	0.08	0.11	0.15	0.13	0.11	0.10
1983	0.08	0.11	0.15	0.13	0.11	0.09
1984	0.08	0.11	0.15	0.11	0.11	0.10
1985	0.08	0.10	0.16	0.11	0.12	0.10
1986	0.08	0.12	0.16	0.11	0.12	0.10
1987	0.09	0.11	0.16	0.11	0.11	0.10
1988	0.10	0.11	0.17	0.11	0.12	0.10
1989	0.10	0.11	0.17	0.11	0.12	0.10
1990	0.10	0.11	0.17	0.11	0.13	0.10
1991	0.10	0.12	0.17	0.12	0.13	0.10
1992	0.11	0.13	0.18	0.12	0.12	0.11
1993	0.10	0.17	0.18	0.12	0.12	0.13
1994	0.11	0.17	0.15	0.11	0.11	0.12
1995	0.10	0.17	0.15	0.11	0.12	0.13
1996	0.10	0.17	0.15	0.12	0.12	0.12
1997	0.10	0.17	0.14	0.11	0.11	0.12
1998	0.11	0.17	0.15	0.12	0.11	0.13
1999	0.10	0.20	0.14	0.11	0.12	0.15
2000	0.10	0.20	0.14	0.11	0.12	0.16
2001	0.10	0.20	0.14	0.11	0.13	0.15
2002	0.10	0.19	0.14	0.12	0.12	0.14
2003	0.10	0.19	0.13	0.12	0.12	0.15
2004	0.11	0.19	0.14	0.12	0.12	0.15
2005	0.11	0.20	0.14	0.12	0.13	0.15
2006	0.11	0.21	0.15	0.12	0.14	0.15
2007	0.11	0.23	0.14	0.12	0.15	0.18
2008	0.15	0.25	0.16	0.13	0.14	0.19
2009	0.18	0.26	0.17	0.15	0.18	0.21
2010	0.20	0.29	0.21	0.18	0.17	0.25
2011	0.23	0.32	0.24	0.24	0.17	0.32
2012	0.33	0.38	0.27	0.29	0.25	0.41
2013	0.36	0.41	0.28	0.35	0.28	0.45

21-36 历年职工平均工资

单位:元

年　份	丰　县	沛　县	铜山区	睢宁县	新沂市	邳州市
1978	403	381	442	364	472	471
1979	503	454	464	451	496	501
1980	584	547	598	551	564	565
1981	609	548	581	541	571	587
1982	640	596	608	578	621	625
1983	635	606	616	576	641	634
1984	870	902	936	786	971	861
1985	943	1 101	960	914	995	941
1986	1 106	1 072	1 134	1 079	1 106	1 124
1987	1 164	1 141	1 160	1 132	1 217	1 174
1988	1 541	1 487	1 416	1 355	1 517	1 590
1989	1 558	1 520	1 568	1 551	1 549	1 480
1990	1 691	1 647	1 751	1 700	1 787	1 653
1991	1 725	1 837	1 838	1 742	1 928	1 777
1992	2 159	2 118	1 961	2 042	2 243	2 047
1993	2 676	2 328	2 339	2 328	2 638	2 506
1994	3 422	3 081	3 464	3 203	3 841	3 755
1995	4 071	3 890	4 442	3 964	4 580	3 964
1996	4 789	4 411	5 379	4 416	5 151	5 035
1997	4 719	5 111	5 997	4 193	5 024	4 832
1998	5 625	6 108	6 678	5 148	5 974	5 972
1999	6 264	6 687	7 260	5 476	6 533	6 382
2000	6 669	7 234	7 862	5 693	7 047	7 002
2001	7 200	7 765	8 441	5 868	7 519	7 560
2002	7 568	8 202	9 012	7 331	7 998	8 085
2003	8 254	8 838	9 708	8 242	8 313	8 659
2004	9 455	9 950	10 938	8 987	9 525	9 485
2005	11 220	11 950	13 235	10 658	11 659	11 625
2006	12 530	13 688	15 604	11 984	13 423	13 412
2007	14 406	16 128	18 725	13 825	15 855	15 746
2008	17 389	18 688	21 845	17 136	18 483	18 722
2009	20 791	22 166	25 393	20 694	22 156	22 168
2010	24 090	25 786	30 525	22 993	26 061	26 130
2011	29 872	30 713	36 726	26 606	31 986	30 633
2012	34 189	35 433	40 977	31 094	35 337	35 535
2013	35 951	44 659	44 758	34 836	38 647	40 092

21-37 历年城乡居民储蓄存款余额

（年底数）　　单位:万元

年份	丰县	沛县	铜山区	睢宁县	新沂市	邳州市
1978	586	624	1 507	539	632	734
1979	1 336	898	2 432	777	1 101	937
1980	1 615	1 810	3 539	1 512	1 649	1 603
1981	2 382	2 559	4 856	2 133	2 130	2 326
1982	2 958	3 404	7 008	2 539	2 681	3 036
1983	4 103	5 190	12 165	3 434	3 964	4 214
1984	6 131	7 736	17 268	5 428	4 794	6 706
1985	8 368	10 594	21 242	6 057	5 823	7 973
1986	12 708	16 225	30 893	8 861	8 585	12 290
1987	16 501	23 200	41 731	11 992	11 733	16 771
1988	21 174	32 136	52 867	15 390	14 500	22 296
1989	25 950	41 532	70 538	19 006	18 521	26 550
1990	34 202	56 573	94 683	25 825	25 157	35 367
1991	43 926	72 169	117 328	32 366	31 235	44 820
1992	49 950	86 495	139 644	41 025	37 116	55 914
1993	66 718	113 260	178 720	55 765	47 034	76 298
1994	80 922	142 420	167 956	76 328	63 093	103 133
1995	99 477	184 149	223 857	90 917	87 749	136 143
1996	123 305	232 008	275 204	107 658	108 385	169 884
1997	147 178	278 504	313 763	126 611	125 355	201 070
1998	165 461	314 558	344 175	147 203	136 191	220 552
1999	177 192	347 884	322 766	161 323	140 484	244 637
2000	198 535	374 997		190 522	159 261	274 035
2001	229 579	416 814		227 229	186 972	313 571
2002	264 249	474 533		268 767	222 142	345 541
2003	289 921	535 110	660 774	308 658	261 334	402 443
2004	330 664	611 413	778 962	372 365	310 294	492 403
2005	395 565	710 275	896 873	457 046	362 101	583 793
2006	479 684	786 261	1 030 057	532 538	404 096	648 887
2007	544 418	863 847	1 197 030	592 255	463 567	736 551
2008	659 610	1 065 308	1 526 967	719 016	559 798	890 588
2009	764 610	1 222 173	1 509 486	857 904	611 631	1 030 206
2010	924 204	1 439 169		1 065 322	710 413	1 195 898
2011	1 038 767	1 615 171	1 946 720	1 281 978	978 517	1 355 304
2012	1 292 601	1 918 117		1 525 560	1 240 984	1 677 574
2013	1 560 756	2 214 804		1 807 558	1 398 079	2 082 612

21-38 历年农民人均纯收入

单位:元

年　份	丰　县	沛　县	铜山区	睢宁县	新沂市	邳州市
1978	84	131	120	54	72	55
1979	121	149	176	56	77	64
1980	117	170	205	74	163	76
1981	129	193	268	109	199	92
1982	144	215	342	164	282	123
1983	307	373	377	325	308	257
1984	419	425	478	379	424	345
1985	422	428	412	316	356	345
1986	412	451	522	378	426	427
1987	454	498	567	369	443	476
1988	462	578	646	460	535	576
1989	491	682	785	448	624	639
1990	504	613	832	519	610	648
1991	595	739	873	559	729	783
1992	669	758	982	638	760	815
1993	777	919	1 142	761	890	893
1994	1 067	1 170	1 451	1 022	1 291	1 259
1995	1 545	1 751	2 038	1 513	1 764	1 706
1996	2 162	2 362	2 770	2 121	2 301	2 360
1997	2 561	2 852	3 202	2 427	2 643	2 604
1998	2 807	3 109	3 428	2 551	2 857	2 847
1999	3 003	3 241	3 590	2 661	3 016	3 001
2000	3 129	3 365	3 748	2 664	2 814	3 121
2001	3 034	3 544	3 943	2 850	2 959	3 295
2002	3 479	3 735	3 780	3 050	3 123	3 475
2003	3 611	3 880	3 930	3 163	3 231	3 613
2004	4 027	4 325	4 402	3 465	3 613	4 004
2005	4 026	4 550	4 920	3 845	4 025	4 477
2006	4 537	5 143	5 591	4 314	4 516	5 088
2007	5 104	5 831	6 340	4 849	5 076	5 770
2008	5 724	6 593	7 167	5 452	5 698	6 526
2009	6 369	7 342	7 988	6 077	6 340	7 267
2010	7 258	8 378	9 173	7 022	7 231	8 331
2011	8 642	10 001	10 934	8 384	8 634	9 931
2012	9 783	11 351	12 421	9 541	9 808	11 282
2013	10 957	12 725	13 924	10 686	10 979	12 635

21-39 历年农民人均生活消费支出

单位:元

年 份	丰 县	沛 县	铜山区	睢宁县	新沂市	邳州市
1978	71		109		65	
1979	85		148		71	
1980	116		160		148	
1981	175		221		177	
1982	211		239		225	
1983	253	210	272	247	289	223
1984	294	272	311	278	350	247
1985	363	343	353	269	347	285
1986	398	362	390	334	424	353
1987	418	415	443	370	400	448
1988	500	511	544	386	450	447
1989	585	611	622	423	590	598
1990	565	510	575	425	537	550
1991	663	622	536	497	530	603
1992	526	579	582	546	512	684
1993	594	955	690	499	606	679
1994	864	938	927	891	1 039	992
1995	917	1 227	1 040	1 073	1 361	1 192
1996	1 455	1 699	1 610	1 325	1 344	1 467
1997	1 605	1 714	1 943	1 555	1 393	1 311
1998	1 586	1 576	1 258	1 466	1 538	1 227
1999	1 685	1 603	1 459	1 286	1 496	1 258
2000	1 468	1 741	1 384	1 429	1 358	1 583
2001	1 596	1 913	1 582	1 395	1 453	1 381
2002	1 912	2 296	1 674	1 588	1 552	1 311
2003	1 933	2 510	1 881	1 648	1 915	1 361
2004	2 230	2 110	2 200	1 861	1 862	1 257
2005	3 082	3 282	2 961	2 567	2 501	2 630
2006	3 118	3 666	3 515	2 932	3 145	3 027
2007	3 461	4 695	4 311	3 432	3 565	3 528
2008	4 085	5 318	4 807	3 746	3 756	4 218
2009	4 695	5 814	4 957	4 079	3 951	4 761
2010	5 306	6 572	5 513	4 436	4 651	4 937
2011	6 288	7 587	6 496	4 987	5 766	5 188
2012	7 095	8 558	7 149	5 616	6 481	5 866
2013	8 325	7 207	7 858	6 190	7 141	6 969

21-40 县(市)社会经济主要指标

（2013 年）

指 标 名 称		丰 县	沛 县	铜山区	睢宁县	新沂市	邳州市
人口、就业及土地面积							
年末总人口	（万人）	118.23	128.91	137.06	140.74	109.66	182.95
年平均人口	（万人）	117.43	128.79	135.36	139.05	108.41	181.41
当年出生人口	（人）	24 003	26 730	33 522	36 745	27 848	33 486
当年死亡人口	（人）	7 594	5 911	4 681	1 800	2 162	4 859
年末总户数	（万户）	315 893	370 677	382 228	335 336	318 552	453 878
从业人员	（万人）	68.07	65.87	73.01	74.70	62.48	92.78
第一产业		26.33	17.92	23.81	24.45	19.79	23.09
第二产业		25.38	29.41	26.55	28.31	24.99	38.89
第三产业		16.36	18.54	22.65	21.94	17.70	30.80
年末单位从业人员	（人）	85 034	123 956	207 596	81 290	86 057	119 017
按国民经济行业分组							
第一产业（农林牧渔业）		96	7 357	5 964		328	304
第二产业		51 837	77 006	167 757	43 759	50 638	74 267
第三产业		33 101	39 593	33 875	37 531	35 091	44 446
按登记注册类型分组							
#国有单位		30 303	57 470	38 292	43 920	28 821	36 966
城镇集体单位		4 869	5 355	3 954	3 954	3 192	7 528
港澳台商投资单位		2 604	2 408	2 550	8 816	2 573	6 316
外商投资单位		1 975	1 418	4 086	1 181	1 282	5 833
在岗职工人数	（人）	81 064	113 797	183 915	76 891	78 535	116 557
在岗职工平均人数	（人）	76 868	109 345	173 177	71 892	76 365	100 575
私营企业从业人员	（人）	79 071	142 090	112 183	100 423	237 025	144 560
个体从业人员	（人）	32 396	47 285	36 977	39 493	47 537	75 679
年末城镇登记失业人员数	（人）	2 341	3 130	3 363	2 266	2 970	4 822
行政区域土地面积	（平方公里）	1 446	1 349	1 909	1 767	1 571	2 088
综合经济							
地区生产总值	（亿元）	281.78	495.37	737.14	360.16	412.22	599.14
第一产业		53.80	76.47	59.79	62.46	52.43	89.64
第二产业		128.04	228.20	397.77	158.68	174.89	257.50
#工业		93.20	185.41	338.28	123.70	148.54	212.87
第三产业		99.94	190.70	279.58	139.02	184.90	252.00
地区生产总值指数（上年=100）		113.0	112.7	112.8	113.1	113.2	113.0
第一产业		104.9	103.1	104.9	104.0	104.2	104.4
第二产业		115.4	114.9	113.7	115.9	114.3	115.1
#工业		115.9	114.9	113.9	116.5	114.6	116.0
第三产业		114.4	113.2	112.7	114.0	114.6	113.6
固定资产投资							
固定资产投资	（亿元）	144.97	331.30	486.94	174.79	307.58	449.06
#房地产开发投资		18.09	18.20	24.51	17.07	32.46	33.52

21-40 续表 1 (2013 年)

指 标 名 称		丰 县	沛 县	铜山区	睢宁县	新沂市	邳州市
商品房销售面积	(万平方米)	56.96	61.79	80.85	55.02	96.99	115.94
#住宅		49.01	57.14	70.83	47.95	85.65	114.33
财政、金融、保险							
上划中央收入	(亿元)	5.37	11.89	17.75	8.74	6.11	9.43
公共财政预算收入	(亿元)	31.22	46.01	60.08	31.92	39.62	48.88
#税收收入		26.53	39.18	50.45	27.09	33.98	42.05
#增值税(25%)		2.04	3.11	4.47	2.50	2.03	2.48
营业税		16.52	14.28	20.81	12.17	19.62	17.10
企业所得税(40%)		0.84	1.49	2.67	1.28	0.87	1.47
个人所得税(40%)		0.33	0.62	0.78	0.67	0.46	0.43
公共财政预算支出	(亿元)	54.14	67.22	82.42	57.14	61.70	77.74
#一般公共服务		5.14	5.87	6.32	6.17	3.91	6.86
科学技术		11.78	15.12	14.58	12.43	10.98	20.47
教育		1.08	2.27	2.82	1.25	0.88	0.55
文化体育与传媒		0.64	0.69	0.62	0.51	0.26	0.43
社会保障和就业		5.46	5.05	5.71	4.56	4.65	6.47
医疗卫生		4.92	5.55	6.75	5.98	4.72	7.00
环境保护		1.40	1.92	3.57	0.95	1.39	1.38
城乡社区事务		4.43	7.75	7.04	7.16	18.21	10.32
交通运输		9.87	14.98	23.08	9.62	9.62	18.22
农林水事务		0.70	0.84	1.15	0.62	1.61	1.35
年末金融机构各项存款余额	(亿元)	205.87	323.18		244.65	218.13	297.61
#居民储蓄存款		156.08	221.48		180.76	139.81	208.26
年末金融机构各项贷款余额	(亿元)	114.68	141.79		139.21	186.21	226.04
保费收入	(亿元)	6.31	8.25		5.81	5.25	7.75
财产险		2.33	2.47		2.36	2.67	3.29
人寿险		3.98	5.78		3.45	2.58	4.46
赔款和给付	(亿元)	2.63	3.22		2.19	2.04	3.11
财产险		1.12	1.23		1.24	1.34	1.69
人寿险		1.51	1.98		0.96	0.70	1.42
农业							
乡村户数	(万户)	24.23	23.59	29.96	25.94	22.11	35.08
乡村人口数	(万人)	94.32	90.97	107.88	104.15	83.42	132.86
乡村从业人数	(万人)	54.14	49.89	55.42	59.28	46.63	68.22
#农林牧渔业		26.02	16.97	23.16	24.02	18.83	22.42

21-40 续表 2 （2013 年）

指 标 名 称		丰 县	沛 县	铜山区	睢宁县	新沂市	邳州市
农林牧渔业总产值(当年价)	（万元）	1 027 733	1 352 225	1 152 242	1 182 998	1 028 666	1 628 505
农业		757 958	849 793	685 281	645 747	509 367	1 014 235
林业		8 090	6 907	11 564	20 141	35 180	30 686
牧业		223 697	417 744	357 328	453 070	320 458	462 568
渔业		8 888	28 761	60 599	37 685	131 755	76 826
农林牧渔服务业		29 100	49 020	37 470	26 355	31 906	44 190
农作物总播种面积	（千公顷）	145.87	148.84	189.94	188.00	157.00	229.80
#粮食作物		85.36	88.01	130.54	149.53	98.86	124.63
粮食总产量	（万吨）	51.76	58.99	83.33	85.03	62.68	78.74
油料产量	（万吨）	0.45	0.27	0.56	1.46	5.51	1.50
棉花产量	（万吨）	1.62	0.46	0.70	0.16		0.58
肉类总产量	（万吨）	16.19	18.55	11.09	14.34	13.28	20.62
#猪肉		5.66	5.33	5.96	6.28	7.41	7.75
牛肉		0.11	0.20	0.24	0.14	0.14	0.17
羊肉		1.34	0.68	0.71	1.6	0.53	0.45
水产品产量	（万吨）	0.46	1.54	4.60	2.25	5.46	2.93
农村居民人均纯收入	（元）	10 957	12 725	13 924	10 686	10 979	12 635
农民人均生活消费支出	（元）	8 325	7 207	7 858	6 190	7 141	6 969
#食品		2 933	2 313	2 859	2 475	2 643	2 179
农民人均住房面积	（平方米）	44.00	47.30	59.71	43.85	45.90	52.84
规模以上工业、建筑业							
规模以上工业企业单位数	（个）	268	474	469	263	452	544
内资企业		242	463	453	249	436	510
港澳台商投资企业		11	7	5	10	8	14
外商投资企业		15	4	11	4	8	20
工业总产值(当年价)	（亿元）	425.68	1 212.61	2 916.16	702.14	1 212.17	1 885.40
内资企业		392.31	1 193.54	2 740.18	603.88	1 156.49	1 742.55
港澳台商投资企业		15.67	11.94	80.80	71.04	23.47	84.52
外商投资企业		17.71	7.13	95.18	27.21	32.21	58.34
主营业务收入	（亿元）	411.50	1 164.22	2 867.63	682.74	1 208.03	1 866.03
#主营业务税金及附加		2.76	6.28	21.59	3.86	12.44	18.80
利润总额	（亿元）	35.85	85.02	278.18	77.36	73.37	173.74
亏损企业亏损总额	（亿元）						
利税总额	（亿元）	61.99	157.76	437.12	108.40	140.97	279.60
本年应交增值税	（亿元）	23.15	65.61	133.16	26.99	54.52	86.79
全部从业人员年平均人数	（万人）	3.84	10.26	15.61	5.20	7.71	11.74
建筑企业单位数	（个）	38	87	59	31	65	47
建筑企业期末从业人员	（万人）	4.80	9.69	11.34	3.21	3.80	5.88
建筑业总产值	（亿元）	103.83	195.06	247.77	77.60	64.76	85.66

21-40　续表 3　　　　　　　　（2013 年）

指 标 名 称	丰 县	沛 县	铜山区	睢宁县	新沂市	邳州市
交通运输、邮电通信、电力						
公路里程 （公里）	1 813	2 288	2 549	2 460	2 802	3 043
# 等级公路	1 813	2 288	2 447	2 278	2 298	2 722
# 高速公路	16	34	159	59	112	39
一级公路	110	135	261	159	154	129
公路客运量 （万人）	511.17	1 015.21		988.83	924.95	1 115.31
公路货运量 （万吨）	1 249	1 138		1 639	1 871	2 030
民用汽车拥有量 （万辆）	56 703	60 175	107 093	64 012	53 229	91 987
# 私人汽车拥有量	52 081	52 563	97 992	59 013	47 439	84 001
邮政局所数 （处）	28	30		32	33	43
邮电业务总量 （亿元）	6.57	8.14	7.31	7.59	7.25	9.71
# 邮政业务总量	1.27	1.30		1.21	1.02	1.59
邮政业务收入 （亿元）	1.56	1.42		1.39	1.19	1.53
电信业务收入 （亿元）	4.90	6.22	6.21	5.84	5.59	7.45
固定电话用户 （万户）	10.00	14.69	17.01	15.53	13.38	15.78
# 农村电话用户 （万户）	6.36	10.49	14.87	10.14	8.51	11.09
移动电话年末用户 （万户）	63.70	80.10	77.11	70.88	67.03	94.65
国际互联网用户 （万户）	6.78	8.49	10.33	8.42	8.95	10.39
全年用电量 （亿千瓦时）	18.13	30.05	53.40	21.61	38.49	24.97
# 工业用电	11.08	22.18	44.08	14.08	31.74	14.99
城乡居民生活用电	4.46	4.55	5.54	4.75	3.97	6.12
批发零售贸易、外经、旅游						
社会消费品零售总额 （亿元）	78.25	141.97	132.97	97.41	94.77	130.26
# 批发和零售业	70.40	132.39	115.96	88.51	88.89	109.90
住宿和餐饮业	7.85	9.57	17.01	8.90	5.88	20.36
进出口总额(海关数) （亿美元）	1.83	2.67	7.77	7.18	5.22	7.31
# 出口总额	1.71	2.59	7.20	4.74	3.89	6.57
外国和港、澳、台地区在华直接投资						
新签项目（合同）个数 （个）	24	9	21	19	10	41
合同外资金额 （亿美元）	2.65	1.08	3.40	1.77	2.33	3.75
实际到帐外资（商务部口径） （亿美元）	1.33	0.94	2.01	1.12	0.62	2.52

注：此表中的公路客货运量为营业性口径，下同；邮电业务总量按 2010 年价格计算。

21-40 续表 4

（2013 年）

指 标 名 称		丰 县	沛 县	铜山区	睢宁县	新沂市	邳州市
市政公用事业、环境保护（城市）							
城市维护建设资金支出	（亿元）	5.35	5.95		2.86	0.22	1.29
供水综合生产能力(包括自备水源)	（万吨 / 日）	5	9		8	20	24
供水总量	（万吨）	1 721	2 682		2 100	2 673	3 241
售水量		1 105	1 824		1 576	796	723
# 居民家庭用水		617	1 055		890	579	548
用水人口	（万人）	18.48	32.60		24.50	30.20	35.62
公共汽(电)车运营车辆数	（辆）	58	95		45	148	208
公共汽(电)车客运总量	（万人次）	356	920		567	485	2 200
出租汽车数	（辆）	302	626		598	441	536
煤气(人工煤气、天然气)供气总量	（万立方米）		4 841		78	850	998
# 家庭用量			2 620		57	580	257
煤气用气人口	（万人）		27.5		1.9	5.9	9.0
液化石油气供气总量	（吨）	4 250	4 500		11 260	16 000	4 900
# 家庭用量		4 120	3 000		10 350	15 000	4 200
液化石油气用气人口	（万人）	17.76	13.60		22.50	29.00	26.00
道路面积	（万平方米）	381	876		465	628	602
排水管道长度	（公里）	251	663		180	595	549
建成区绿化覆盖面积	（公顷）	970	1 535		1 248	1 401	1 813
绿地面积		870	1 440		1 151	1 353	1 629
公园绿地面积	（公顷）	122	385		254	249	416
污水处理厂数	（座）	2	3		1	3	3
垃圾处理站数	（个）	1	1		1	1	1
生活垃圾无害化处理率	（%）	89.0	87.0		83.1	78.0	87.0
污水处理率	（%）	100.0	100.0		100.0	96.0	100.0
自然保护区个数	（个）					1	2
自然保护区面积	（公顷）					13 270	4 230
工业废水排放量	（万吨）	4 464	2 862	1 862	531	1 409	501
工业二氧化硫排放量	（吨）	5 997	35 823	252 627	4 836	4 657	51 660
化学需氧量排放量	（吨）	12 384	18 515	24 475	11 362	15 653	21 016
工业烟尘排放量	（吨）	6 550	4 430	17 701	3 739	1 177	7 148

21-40 续表 5 (2013 年)

指标名称		丰县	沛县	铜山区	睢宁县	新沂市	邳州市
工业废气排放量	(亿标米)						
工业固体废物产生量	(万吨)						
工业固体废物综合利用率	(%)	100.0	100.0	99.8	99.6	77.3	100.0
环境污染治理本年投资总额	(万元)						
教育、科技、卫生							
学校总数	(个)	151	163	168	186	131	214
#普通高等学校							
普通中等专业学校				1			
普通中学		43	41	38	46	34	54
职业高中		1	2	2	2	1	2
技工学校							
小学		108	122	130	140	97	160
在校学生总数	(人)	126 053	131 162	141 590	142 335	122 743	228 470
#普通高等学校							
普通中等专业学校				2 880	2 598	1 450	5 535
普通中学		48 740	39 403	42 312	62 944	34 042	70 401
职业高中		7 073	14 298	10 775	4 354	1 786	6 740
技工学校							
小学		70 240	77 461	85 623	72 439	85 465	145 794
专任教师总数	(人)	9 268	9 029	9 367	11 031	7 751	13 086
#普通高等学校				55			
普通中等专业学校		4 879	3 576	4 861	5 888	3 927	5 135
普通中学		260	544	409	284	182	401
职业高中							
技工学校							
小学		4 129	4 909	4 506	4 859	3 642	7 550
幼儿园数	(个)	60	56	80	60	43	77
在园幼儿数	(人)	44 003	52 422	72 730	49 727	55 008	79 489
学龄儿童入学率	(%)	100	100	100	100	100	100
小学毕业生升学率	(%)	100	100	100	100	100	100
初中毕业生升学率	(%)	96.7	96.8	97.4	97.1	96.9	97.2
各类专业技术人员数	(人)	9 828	12 170	16 166	12 209	11 818	14 068
#农业技术人员		334	375	182	312	389	422
专利申请受理量	(件)	1 426	4 008	5 599	1 518	1 512	1 256
专利申请授权量	(件)	641	1 627	2 485	639	707	825
#发明		28	23	126	13	30	26

21-40　续表 6　　（2013 年）

指 标 名 称		丰 县	沛 县	铜山区	睢宁县	新沂市	邳州市
广播覆盖率	（%）	100.0	100.0	100.0	100.0	100.0	100.0
电视覆盖率	（%）	100.0	100.0	100.0	100.0	100.0	100.0
有线电视入户率	（%）	95.6	100.0	99.0	98.1	99.8	93.6
剧场、影剧院数	（个）	1	1	1	1	1	1
公共图书馆	（个）	1	1	1	1	1	1
公共图书馆图书总藏量	（千册、件）	192	307	308	410	128	438
卫生机构数	（个）	515	598	515	623	447	739
# 医院		6	10	15	8	9	12
卫生院		25	26	25	24	20	31
卫生机构床位数	（张）	3 552	4 083	2 829	3 503	2 817	4 526
# 医院		1 502	2 611	1 330	1 841	1 891	2 681
卫生院		1 961	1 472	1 429	1 505	775	1 547
卫生技术人员	（人）	3 768	4 282	3 318	3 116	3 682	5 640
# 执业(助理)医师		1 948	1 719	1 412	1 129	1 458	1 828
注册护士		1 227	1 702	1 222	1 165	1 475	1 960
# 卫生防疫人员		41	42	46	34	50	58
人民生活							
在岗职工工资总额	（亿元）	276 351	488 322	723 155	250 441	295 125	403 226
城镇居民人均可支配收入	（元）	17 740	21 073	24 884	18 009	19 255	22 473
城镇居民人均消费性支出	（元）	13 071	14 696	15 848	12 021	16 316	12 815
# 食品		4 210	4 415	5 052	4 775	6 106	4 030
衣着		1 565	1 937	1 847	1 509	2 448	1 236
居住		870	1 357	829	1 020	1 003	971
家庭设备用品及服务		1 104	1 861	1 085	881	1 218	915
医疗保健		502	542	975	563	671	753
交通和通讯		1 552	2 082	2 324	1 025	1 424	1 400
娱乐教育文化及服务		2 700	1 924	3 232	1 992	2 980	2 576
城镇企业职工基本养老保险参保人数	（万人）	64 453	77 839	63 417	62 426	61 213	94 591
城镇职工基本医疗保险参保人数	（万人）	87 539	109 516	97 172	74 281	89 635	154 812
城镇失业保险参保人数	（万人）	39 218	82 443	66 151	50 236	55 512	82 276
社会福利收养性单位数	（个）	26	28	35	31	35	28
社会福利收养性单位床位数	（张）	4 874	5 421	5 819	5 235	5 087	6 332
社区服务设施数	（个）	436	449	556	195	1 011	814
社会治安							
刑事案件立案数	（件）	642	512	723	733	838	935
罪犯罪人数		866	759	1 091	864	1 003	1 214
交通事故死亡人数	（起）	9	11	27	17	13	16
交通事故损失额	（万元）	9	39	24	18	5	9
火灾事故死亡人数	（起）	2	1	2			2
火灾损失金额	（万元）	58	361	51	131	221	318

第 22 部分 乡镇基本情况

BASIC CONDITIONS OF COUNTRY AND TOWN

版面负责人：郭绍林

编　　辑：刘　畅

中华人民共和国统计法

（1983 年 12 月 8 日第六届全国人民代表大会常务委员会第三次会议通过，根据 1996 年 5 月 15 日第八届全国人民代表大会常务委员会第十九次会议《关于修改〈中华人民共和国统计法〉的决定》修正，2009 年 6 月 27 日第十一届全国人民代表大会常务委员会第九次会议修订。）

第六章　法律责任

第三十九条 县级以上人民政府统计机构或者有关部门有下列行为之一的，对直接负责的主管人员和其他直接责任人员由任免机关或者监察机关依法给予处分：

（一）违法公布统计资料的；

（二）泄露统计调查对象的商业秘密、个人信息或者提供、泄露在统计调查中获得的能够识别或者推断单个统计调查对象身份的资料的；

（三）违反国家有关规定，造成统计资料毁损、灭失的。

统计人员有前款所列行为之一的，依法给予处分。

第四十条 统计机构、统计人员泄露国家秘密的，依法追究法律责任。

编辑：李　广

22-1 分镇主要经济指标

（2013年）

乡镇名称	居委会数（个）	村委会数（个）	通宽带村数（个）	通自来水村（个）	通有线电视村（个）	乡镇行政区域面积（公顷）	年末常用耕地面积（公顷）	年末有效灌溉面积（公顷）	农业机械总动力（千瓦）
贾汪区									
大泉街道	2	11	11	11	11	7 435	2 787	454	52 217
大吴街道	11	6	6	6	6	3 840	1 324	1 205	28 475
潘安湖街道	2	4	4	4	4	2 580	928	872	33 679
青山泉镇	5	11	11	11	11	6 647	2 854	1 938	40 087
紫庄镇	3	15	15	14	15	6 668	3 200	2 373	71 879
塔山镇	3	20	20	20	20	9 468	5 513	4 360	58 778
汴塘镇		17	17	11	17	10 080	4 300	3 920	65 560
江庄镇		11	11	11	11	7 496	4 228	1 120	30 210
金山桥									
大黄山街道	2	12	12	12	12	4 300	1 063	385	17 351
大庙街道	4	20	20	20	20	9 126	2 797	2 797	53 400
丰　县									
中阳里街道	16					990	467	438	4 309
凤城镇		12	12	12	12	5 207	2 230	2 230	24 592
首羡镇		33	17	33	33	12 176	7 885	7 565	68 622
顺河镇		22	22	22	22	8 648	5 831	5 820	56 126
常店镇		27	27	27	27	7 727	5 019	5 019	44 320
欢口镇		27	27	27	27	10 500	6 561	6 561	87 435
师寨镇		36	36	36	36	10 450	6 768	5 945	76 000
华山镇		28	28	28	28	11 300	3 983	3 983	75 640
梁寨镇		20	20	20	20	8 680	4 550	4 550	65 123
范楼镇		31	31	31	31	11 610	7 331	6 902	75 896
孙楼镇		19	19	19	19	6 608	3 782	3 775	30 138
宋楼镇		32	32	17	32	12 214	3 668	3 328	52 650
大沙河镇		19	19	19	19	8 150	1 539	1 500	48 212
王沟镇		31	31	31	31	12 621	8 088	8 088	75 415
赵庄镇		18	18	18	18	9 100	5 103	5 070	67 417
沛　县									
龙固镇	12	11	11	11	11	5 302	2 659	2 610	68 564
杨屯镇	7	14	14	14	14	4 100	2 070	2 034	69 582
大屯镇	15	11	11	11	11	5 540	3 375	2 986	62 568
沛城镇	16	21	21	21	21	10 560	4 260	4 241	72 562
胡寨镇	4	10	10	10	10	4 594	2 731	2 682	71 296
魏庙镇	3	14	14	14	14	5 200	3 950	3 677	58 230
五段镇	3	14	14	14	14	4 700	2 855	2 610	10 301
张庄镇	8	24	24	24	24	11 200	6 149	6 033	91 265
张寨镇	3	26	26	23	22	10 634	7 004	3 040	5 680
敬安镇	6	20	20	20	20	9 600	5 015	4 912	20 132
河口镇	2	16	16	11	16	8 257	5 332	5 229	65 630
栖山镇	4	18	18	18	18	8 951	6 225	6 184	42 750
鹿楼镇	2	22	22	17	22	12 540	5 996	5 875	80 580
朱寨镇	2	20	20	5	20	7 900	4 700	3 950	45 745
安国镇	8	23	23	23	23	13 328	5 535	5 433	59 876

22-1　续表 1

（2013 年）

乡镇名称	居委会数（个）	村委会数（个）	通宽带村　数（个）	通自来水　村（个）	通有线电视村（个）	乡镇行政区域面积（公顷）	年末常用耕地面积（公顷）	年末有效灌溉面积（公顷）	农业机械总动力（千瓦）
铜山区									
铜山街道	6	4	4	4	4	5 260	837	785	620
新区街道	4	7	7	7	7	6 450	2 710	2 368	29 201
三堡镇街道	4	2	2	2	2	3 540	1 837	1 810	27 000
何桥镇		15	15	15	15	7 400	5 326	4 674	46 532
黄集镇	18	18	18	18	18	8 340	4 566	4 564	42 430
马坡镇		12	12	1	12	6 900	3 502	3 455	67 120
郑集镇		10	10	10	10	6 800	5 062	4 247	78 672
柳新镇		19	19	19	19	8 500	4 120	4 033	37 810
刘集镇		15	15	15	15	8 360	4 143	4 126	63 083
大彭镇		14	14	11	14	7 600	3 029	2 877	39 730
汉王镇		9	9	9	9	6 420	2 240	1 630	19 200
棠张镇		17	17	16	17	8 030	4 375	3 753	47 000
张集镇	1	19	19	19	19	14 800	7 933	7 867	66 503
房村镇		20	20	20	20	13 600	7 987	7 987	88 234
伊庄镇		15	15	15	15	8 560	3 340	3 004	58 235
单集镇		21	21	18	21	13 210	7 384	2 897	61 051
利国镇	3	10	10	10	10	7 769	2 586	1 475	19 870
徐庄镇		22	22	20	22	13 259	6 260	3 829	61 322
大许镇		23	23	16	23	12 900	6 284	5 195	99 052
茅村镇		13	13	13	13	8 396	3 845	2 710	79 560
柳泉镇	1	17	17	17	17	10 520	4 801	1 798	26 500
睢宁县									
睢城镇	25					10 173	5 947	5 273	45 830
王集镇	6	22	22	22	22	13 152	7 163	4 487	73 645
双沟镇	4	13	13	9	13	8 183	4 362	444	29 019
岚山镇	3	17	17	12	17	12 837	8 366	4 880	93 676
李集镇	4	11	11	11	11	6 368	3 544	2 755	46 909
桃园镇	4	21	21	21	21	9 682	5 339	2 249	40 407
官山镇	8	16	16	16	16	12 528	7 460	7 460	62 145
高作镇	5	8	8	8	8	4 171	2 245	1 153	26 114
沙集镇	4	13	13	12	13	4 000	3 406	2 940	33 000
凌城镇	6	19	19	19	19	9 365	5 358	4 340	62 010
邱集镇	5	28	28	28	28	14 079	8 875	7 880	80 601
古邳镇	6	20	20	20	20	10 666	5 040	4 620	42 000
姚集镇	7	29	29	29	29	16 700	6 700	1 753	63 500
魏集镇	5	20	20	20	20	12 938	7 101	5 820	47 299
梁集镇	5	8	8	4	8	11 036	5 803	5 053	61 073
庆安镇	8	15	15	15	15	11 571	7 172	6 353	50 123

22-1 续表 2 （2013 年）

乡镇名称	居委会数（个）	村委会数（个）	通宽带村数（个）	通自来水村（个）	通有线电视村（个）	乡镇行政区域面积（公顷）	年末常用耕地面积（公顷）	年末有效灌溉面积（公顷）	农业机械总动力（千瓦）
新沂市									
新安街道	16	4	4	4	4	12 400	2 991	2 059	41 780
北沟街道	7					3 400	1 225	1 122	4 605
墨河街道	9					5 853	2 956	2 569	4 800
唐店街道	5	4	4	4	4	6 777	2 721	1 273	50 250
瓦窑镇		12	12	12	12	6 312	3 574	3 254	23 065
港头镇	7	4	4	4	4	7 118	3 045	2 489	40 780
合沟镇		20	20	20	20	6 872	2 845	2 752	35 200
草桥镇		16	16	16	16	10 125	3 650	2 661	28 444
窑湾镇	1	21	21	21	21	11 597	4 160	3 080	37 650
棋盘镇		28	28	28	28	17 634	6 791	2 552	53 395
马陵山镇		17	17	17	17	10 600	4 100	1 980	66 906
新店镇		15	15	15	15	12 800	4 615	2 202	57 206
邵店镇		14	14	14	14	5 800	2 656	1 360	20 060
时集镇		18	18	18	18	10 600	6 650	4 241	75 136
高流镇		14	14	14	14	12 290	7 765	7 160	66 103
阿湖镇		18	18	17	18	12 545	5 328	3 600	70 800
双唐镇		14	14	14	14	8 800	3 552	2 678	38 020
邳州市									
东湖街道	4	3	3	3	3	2 646	2 120	738	2 410
运河街道	15	12	12	12	12	7 823	184	97	42 951
戴圩街道	6	19	18	18	17	7 999	3 566	2 604	43 579
炮车街道	3	12	9	7	7	5 299	2 945	1 916	30 186
邳城镇	1	22	6	22	22	9 028	5 035	3 513	31 662
官湖镇		27	27	27	27	8 880	2 298	2 173	19 310
四户镇		17	17	17	17	8 100	4 880	4 820	72 730
宿羊山镇	1	24	23	23	24	9 013	4 641	4 641	77 511
八义集镇	1	25	18	24	25	9 112	8 399	3 069	100 459
土山镇		21	21	21	21	6 380	3 542	3 463	51 657
碾庄镇	1	27	27	27	27	12 100	7 117	6 488	57 826
港上镇	3	22	22	22	22	6 400	3 200	2 880	91 008
邹庄镇	1	16	16	16	16	7 366	5 690	5 446	33 756
占城镇	1	18	5	8	13	8 900	4 200	1 900	32 460
新河镇		19	19	19	19	9 797	4 500	3 500	19 150
八路镇		14	14	8	14	6 695	3 660	3 125	32 280
铁富镇		30	30	26	22	12 444	6 020	6 020	28 309
岔河镇		12	12	12	12	7 030	3 430	3 430	39 000
陈楼镇		11	11	11	11	3 996	1 715	375	3 383
邢楼镇		18	10	14	18	9 650	5 510	5 510	90 100
戴庄镇		16	16	16	16	7 373	3 413	2 020	12 800
车辐山镇		16	13	9	15	9 500	5 512	4 625	60 256
燕子埠镇		16	16	16	16	7 700	4 000	1 500	12 386
赵墩镇	1	27	27	26	27	12 000	5 600	3 030	42 100
议堂镇	3	12	12	12	12	5 760	2 619	2 290	36 370

22-1 续表 3 （2013 年）

乡镇名称	乡镇总户数（户）	乡镇总人口（人）	乡镇从业人员数（人）	#外来从业人员	地区生产总值（万元）	农民人均纯收入（元）
贾汪区						
大泉街道	17 718	56 258	24 911	236	142 762	10 366
大吴街道	15 594	55 412	29 200	1 920	351 562	16 613
潘安湖街道	5 304	20 207	9 406	1 681	51 381	16 743
青山泉镇	15 425	46 320	30 108	4 386	445 852	16 656
紫庄镇	16 846	50 827	25 639	145	153 304	12 696
塔山镇	18 780	77 505	28 653	1 210	146 676	11 764
汴塘镇	14 318	50 099	18 762	39	70 490	9 045
江庄镇	9 469	35 885	13 349	294	150 121	11 965
金山桥						
大黄山街道	13 450	53 309	24 381	930	163 741	15 612
大庙街道	23 182	89 931	42 080	3 366	275 134	16 087
丰　县						
中阳里街道	6 243	25 019	12 722	2 611	513 327	17 740
凤城镇	11 139	40 101	21 769	493	623 240	15 695
首羡镇	24 032	85 256	51 088	2 701	152 870	10 873
顺河镇	14 803	52 172	31 905	400	93 130	9 277
常店镇	17 814	66 540	30 499	210	102 849	9 679
欢口镇	28 318	101 747	57 586	2 208	213 109	12 819
师寨镇	22 012	80 199	51 795	1 740	121 662	9 406
华山镇	27 071	88 865	55 294	2 264	161 470	11 723
梁寨镇	19 021	64 993	31 905	852	109 848	10 079
范楼镇	23 016	82 830	40 125	229	110 300	9 840
孙楼镇	13 957	56 160	28 721	666	100 123	11 254
宋楼镇	23 222	92 600	43 805	2 023	176 764	10 850
大沙河镇	14 826	62 108	26 908	1 001	93 334	11 764
王沟镇	24 828	105 107	55 404	1 373	142 254	9 246
赵庄镇	17 256	61 110	38 419	951	103 567	9 471
沛　县						
龙固镇	16 258	62 862	30 321	3 485	489 489	14 345
杨屯镇	15 398	56 007	33 539	953	277 594	12 746
大屯镇	20 233	70 453	36 944	4 261	681 427	13 775
沛城镇	63 632	192 918	97 798	10 258	829 108	14 521
胡寨镇	10 438	40 375	23 054	175	126 896	12 417
魏庙镇	16 393	59 018	34 990	325	144 044	12 849
五段镇	10 245	40 582	24 104	327	100 493	12 157
张庄镇	26 983	102 285	66 154	2 086	359 035	13 390
张寨镇	24 119	100 095	38 064	1 890	175 554	12 521
敬安镇	15 110	57 030	31 157	420	513 033	13 294
河口镇	15 227	58 915	33 057	290	178 468	12 440
栖山镇	15 835	66 695	31 485	505	156 849	12 738
鹿楼镇	21 438	70 201	45 625	137	159 769	11 978
朱寨镇	15 539	60 311	27 355	312	156 370	12 772
安国镇	21 498	82 525	44 733	1 195	266 472	13 270

22-1 续表 4 （2013 年）

乡镇名称	乡镇总户数（户）	乡镇总人口（人）	乡镇从业人员数（人）	#外来从业人员	地区生产总值（万元）	农民人均纯收入（元）
铜山区						
铜山街道	35 531	113 999	67 020	30 016	1 739 674	19 119
新区街道	12 870	45 399	25 970	1 689	1 036 502	18 610
三堡镇街道	6 473	25 035	12 383	1 101	211 036	17 927
何桥镇	15 457	51 939	30 473	163	170 409	11 244
黄集镇	16 892	58 594	32 177	564	177 947	12 049
马坡镇	13 362	51 230	24 180	471	132 441	12 739
郑集镇	16 542	52 138	29 326	352	348 082	13 315
柳新镇	20 027	69 665	36 692	4 318	571 580	18 825
刘集镇	18 892	64 362	29 063	1 662	463 830	13 387
大彭镇	20 080	68 500	45 601	3 240	284 251	14 029
汉王镇	11 748	45 179	14 802	114	144 000	13 503
棠张镇	15 583	56 277	36 280	5 450	354 975	15 961
张集镇	23 136	74 650	33 152	3 019	336 814	15 928
房村镇	19 225	75 282	38 121	602	251 322	11 801
伊庄镇	12 729	47 546	21 135	420	196 400	11 162
单集镇	18 673	66 695	28 503	58	193 103	10 510
利国镇	19 057	57 418	23 346	1 596	1029 893	19 698
徐庄镇	19 207	73 287	31 645	448	199 485	11 853
大许镇	21 164	80 057	35 689	2 385	275 805	11 514
茅村镇	20 655	75 423	32 118	980	752 492	15 667
柳泉镇	18 016	64 307	35 712	1 207	300 040	15 291
睢宁县						
睢城镇	84 058	251 637	173 052	41 578	1 092 249	14 902
王集镇	19 511	77 716	46 475	1 158	174 480	10 854
双沟镇	12 002	48 785	28 579	769	92 139	10 821
岚山镇	18 313	73 766	46 688	1 432	98 768	9 557
李集镇	13 246	51 508	29 316	1 035	145 126	12 150
桃园镇	17 661	69 890	36 063	585	295 097	10 811
官山镇	19 078	77 631	51 948	452	121 480	9 884
高作镇	9 528	35 069	22 650	649	95 030	13 723
沙集镇	13 420	56 889	29 030	125	129 866	10 198
凌城镇	17 632	70 598	38 916	380	108 535	10 046
邱集镇	24 817	101 851	54 086	143	117 871	10 247
古邳镇	17 760	71 254	46 933	990	126 148	9 695
姚集镇	22 168	94 980	45 020	530	99 912	9 654
魏集镇	17 900	70 500	41 772	51	121 290	10 275
梁集镇	11 801	51 300	26 956	407	91 177	10 077
庆安镇	16 406	63 091	35 691	1 910	125 894	9 720

22-1 续表 5 （2013 年）

乡镇名称	乡镇总户数（户）	乡镇总人口（人）	乡镇从业人员数（人）	#外来从业人员	地区生产总值（万元）	农民人均纯收入（元）
新沂市						
新安街道	80 848	218 779	144 300	10 169	678 246	16 166
北沟街道	18 800	55 920	23 966	2 431	67 255	12 230
墨河街道	14 012	44 398	24 247	1 856	150 744	12 299
唐店街道	10 676	39 131	25 343	3 292	118 920	9 186
瓦窑镇	9 770	36 576	23 419	1 456	163 923	11 868
港头镇	10 480	36 647	19 990	640	117 568	9 178
合沟镇	14 867	58 150	28 165	1 080	92 080	12 425
草桥镇	20 055	63 780	40 377	4 202	255 361	11 831
窑湾镇	19 348	59 886	32 108	230	177 256	11 248
棋盘镇	19 999	76 427	37 820	525	183 186	8 260
马陵山镇	17 065	56 411	30 630	150	165 176	12 366
新店镇	13 780	48 195	25 642	2 554	131 941	9 276
邵店镇	10 256	38 345	17 132	210	63 903	10 646
时集镇	12 615	52 034	28 501	34	65 770	9 296
高流镇	13 980	58 955	32 631	1 308	147 166	11 305
阿湖镇	16 825	62 933	35 257	2 827	130 986	9 905
双唐镇	9 713	38 807	23 870	1 570	86 886	9 748
邳州市						
东湖街道	6 535	23 423	12 066	2 574	89 070	16 900
运河街道	74 644	255 888	118 383	47 944	1 191 904	16 264
戴圩街道	19 069	70 768	34 880	5 060	601 147	14 588
炮车街道	14 401	53 001	33 585	3 300	433 470	14 625
邳城镇	17 710	73 650	36 941	147	189 247	10 755
官湖镇	29 430	99 150	64 396	19 100	901 265	17 171
四户镇	12 383	54 536	26 677	453	159 331	13 153
宿羊山镇	19 787	76 897	41 789	3 057	287 620	16 159
八义集镇	17 613	77 356	44 592	384	408 379	13 011
土山镇	12 924	53 440	33 420	1 025	224 082	12 314
碾庄镇	23 856	87 126	37 228	1 336	406 751	13 333
港上镇	15 592	61 789	32 277	1 286	152 434	14 762
邹庄镇	12 160	56 998	34 534	675	189 543	14 961
占城镇	10 781	42 386	19 868	455	127 542	11 253
新河镇	14 580	60 120	33 185	419	272 230	10 574
八路镇	12 980	45 812	26 150	307	90 850	12 616
铁富镇	28 206	117 650	60 454	852	171 622	14 674
岔河镇	9 516	43 839	21 790	132	92 536	12 139
陈楼镇	12 218	51 105	26 470	279	641 035	14 340
邢楼镇	11 350	51 412	33 590	276	98 000	12 340
戴庄镇	11 490	51 030	30 254	578	95 069	10 386
车辐山镇	13 206	56 520	33 849	2 368	113 976	13 306
燕子埠镇	9 113	35 353	22 527	325	77 637	10 256
赵墩镇	21 820	96 650	58 260	326	105 020	11 312
议堂镇	8 907	35 503	18 610	1 100	103 225	12 044

22-1 续表 6 （2013 年）

乡镇名称	农作物总播种面积（公顷）	#粮食面积	油料面积	蔬菜面积	设施种植业占地面积（公顷）	农业保险面积(种植业)（公顷）	市级以上农业龙头企业个数（个）	市级以上农业龙头企业销售收入（万元）
贾汪区								
大泉街道	3 626	3 447	179		327	1 562	3	3 571
大吴街道	2 506	2 268		238	28	2 410	4	69 050
潘安湖街道	928	798	3	122	9	376		
青山泉镇	5 582	4 790	88	637	23	1 457	1	17 631
紫庄镇	9 199	5 748		3 231	1 231	5 418	2	1 390
塔山镇	10 817	6 779	2	2 814	839	2 592	4	5 764
汴塘镇	8 309	6 427	226	1 033	1 681	2 526		
江庄镇	7 911	6 851	131	493	117	2 311	2	2 251
金山桥								
大黄山街道	2 240	1 760		480	60	1 589		
大庙街道	6 191	5 404		787	97	2 810	2	6 240
丰　县								
中阳里街道	738	688		38		540	24	91
凤城镇	3 977	3 467		482	110	1 587	19	45 675
首羡镇	14 671	3 056		6 223	105	11 520	3	43 568
顺河镇	10 238	4 980		2 870	150	6 567	2	48 224
常店镇	8 400	6 244	530	1 010	630	6 213		
欢口镇	12 480	10 768		1 292	686	10 667	1	15 923
师寨镇	11 145	9 672	523	950	1 046	9 469	3	5 187
华山镇	8 770	4 777	174	3 182	2 830	5 340	5	32 764
梁寨镇	9 769	5 991	4	3 031	2 515	6 685	7	19 537
范楼镇	12 850	7 011	21	5 818	195	9 520	3	16 750
孙楼镇	6 388	5 317	24	1 001	600	6 300	3	10 800
宋楼镇	6 612	5 503	390	580	175	4 735	2	3 025
大沙河镇	3 180	2 527	354	299	52	2 243	3	15 282
王沟镇	13 074	10 798	204	1 659	160	12 011	1	6 580
赵庄镇	10 173	5 117	17	3 542	534	8 538	1	15 614
沛　县								
龙固镇	5 621	4 200	66	1 174	61	3 924		
杨屯镇	4 849	4 618		214	95	4 807	3	28 450
大屯镇	7 893	5 903		560	486	3 468	2	4 897
沛城镇	9 586	6 800		2 652	1 027	4 250	2	113 576
胡寨镇	6 800	5 466		1 333	991	4 933		
魏庙镇	9 386	6 910	65	2 411	675	1 202	2	12 486
五段镇	7 998	6 005			35	6 005		
张庄镇	16 133	8 000		7 466	3 692	7 200	2	5 667
张寨镇	14 642	8 767	100	5 501	2 227	9 239	4	16 160
敬安镇	10 534	5 340	100	4 695	952	5 000	1	9 560
河口镇	11 553	3 653	106	7 504	3 546	4 026	3	12 650
栖山镇	13 293	5 720		7 000	1 278	5 580	1	9 950
鹿楼镇	16 543	10 433	309	3 616	1 567	3 891	2	446
朱寨镇	9 578	5 276		4 102	1 342	5 667		
安国镇	12 700	6 600	33	2 333	459	2 600		

22-1 续表 7 （2013 年）

乡镇名称	农作物总播种面积（公顷）	#粮食面积	油料面积	蔬菜面积	设施种植业占地面积（公顷）	农业保险面积(种植业)（公顷）	市级以上农业龙头企业个数（个）	市级以上农业龙头企业销售收入（万元）
铜山区								
铜山街道	802	540		190	130	603	4	98 900
新区街道	4 131	3 166	3	547	610	1 260	2	15 000
三堡镇街道	3 566	2 266		1 300	941	2 004	3	1 233
何桥镇	10 908	5 852		4 643	467	4 264	1	1 169
黄集镇	10 162	8 200	75	1 887	1 168	1 600	2	22 321
马坡镇	12 152	8 099		3 160	335	3 642	4	32 259
郑集镇	8 729	6 933	400	1 240	1 696	5 612	1	4 300
柳新镇	7 879	7 305		574	29	5 400		
刘集镇	9 867	7 305	202	2 005	366	5 865		
大彭镇	9 050	5 836		2 614	489	2 870	1	5 960
汉王镇	7 063	3 672	22	2 134	224	2 876	1	918
棠张镇	8 817	3 637	1	5 075	1 107	4 420	1	7 520
张集镇	12 741	9 128	100	3 126	888	4 447	2	47 632
房村镇	15 702	10 908	133	3 821	637	10 252	2	60 500
伊庄镇	7 213	5 515	266	762	51	4 867	2	4 500
单集镇	13 285	9 267	617	1 983	849	6 922	2	1 830
利国镇	5 208	4 196	277	531	347	3 455		
徐庄镇	14 088	12 534	242	1 312	428	5 141	2	26 412
大许镇	12 488	10 973	31	1 484	553	11 532	1	27 734
茅村镇	5 712	5 387	11	298	2 222	4 696		
柳泉镇	8 550	6 538	184	1 280	818	3 410		
睢宁县								
睢城镇	6 863	6 432	10	420	73	2 569		
王集镇	15 823	9 479	2 156	3 001	1 895	8 330	8	11 005
双沟镇	8 674	7 454	215	988	123	7 349	1	2 349
岚山镇	12 988	11 436	305	959	186	8 666		
李集镇	6 782	6 426	10	342	69	6 760		
桃园镇	9 515	7 476	155	1 795	90	8 760		
官山镇	14 191	12 897	34	1 259	255	10 420		
高作镇	4 961	4 196	11	632	313	3 524	1	21 465
沙集镇	6 766	6 273	31	455	63	4 800		
凌城镇	9 741	9 381	2	303	837	8 895	4	29 227
邱集镇	17 542	14 907	52	2 506	172	4 812	1	10 675
古邳镇	8 976	8 471	172	224	522	6 895	2	5 500
姚集镇	14 684	12 476	834	670	176	8 450		
魏集镇	12 142	10 223	320	1 194	309	7 947	1	800
梁集镇	8 457	5 411	300	1 927	251	3 016		
庆安镇	11 090	10 244	93	547	169	823	10	26 310

22-1　续表 8　　（2013 年）

乡镇名称	农作物总播种面积（公顷）	#粮食面积	油料面积	蔬菜面积	设施种植业占地面积（公顷）	农业保险面积（种植业）（公顷）	市级以上农业龙头企业个数（个）	市级以上农业龙头企业销售收入（万元）
新沂市								
新安街道	5 633	4 996	25	610	108	610	1	3 500
北沟街道	1 588	1 544	44					
墨河街道	5 903	5 688		215	640	2 100		
唐店街道	8 728	7 261	110	1 020	1 020	7 261	3	7 125
瓦窑镇	4 856	4 261		397	136	4 452	6	41 526
港头镇	8 308	6 270	29	1 480	190	6 700	5	44 400
合沟镇	5 310	4 724	13	550	450	650		
草桥镇	9 644	7 034	40	2 460	2 008	3 242	6	311 560
窑湾镇	8 070	6 700		1 360	786	3 914	7	30 800
棋盘镇	13 583	12 530	308	745	686	13 052	6	18 600
马陵山镇	11 316	8 115	838	2 363	602	1 188		
新店镇	8 133	7 718	98	182	163	7 427	4	2 654
邵店镇	5 472	4 584	10	780	95	4 584	5	9 310
时集镇	12 821	11 436	725	440	284	9 600	7	26 300
高流镇	10 740	7 430	1 160	380	270	7 236	6	10 281
阿湖镇	9 204	7 882	1 002	175	320	8 197	2	8 360
双唐镇	8 753	6 367	676	806	463	4 988	2	23 290
邳州市								
东湖街道	1 209	1 160		47	8	165		
运河街道	426	292		134	28	67		
戴圩街道	5 503	4 844		162	222	2 516	1	46 014
炮车街道	4 915	3 386	7	1 519	598	401	5	6 355
邳城镇	7 573	3 892	1 201	2 034	1 232	5 668	1	1
官湖镇	2 749	2 348		395	330	694	3	84 641
四户镇	8 465	6 796	434	650	940	7 900	1	4 167
宿羊山镇	9 459	4 449	33	4 974	1 214	5 133	4	32 205
八义集镇	20 506	12 173	138	604	249	184	1	1 294
土山镇	8 235	3 342	209	1 508	343	2 867	3	55 526
碾庄镇	13 289	6 809	88	1 608	682	4 956	12	142 260
港上镇	3 260	1 564	248	1 110	1 840	2 436	10	2 887
邹庄镇	4 980	4 410	5	543	1 450	3 270	1	45 780
占城镇	8 075	5 320	21	2 210	2 211	2 935	1	381
新河镇	12 350	9 100	181	2 980	1 498	5 560		
八路镇	6 632	4 890	515	482	2 650	2 322	1	2 968
铁富镇	8 680	6 160	124	298	702	5 806	4	75 548
岔河镇	8 407	7 124	22	83	23	5 766		
陈楼镇	1 529	1 100	66	68	34	25	1	5 820
邢楼镇	7 463	5 500	110	320	350	130		
戴庄镇	6 777	5 996	264	358	650	5 300		
车辐山镇	4 915	2 896	115	1 567	2 466	1 815	1	38 765
燕子埠镇	7 100	4 000	485	2 310	732	3 206		
赵墩镇	16 780	8 600		7 220	1 200	2 200		
议堂镇	5 630	4 753	15	833	52	5 074		

22-1 续表 9 (2013 年)

乡镇名称	粮食总产量（吨）	棉花总产量（吨）	油料总产量（吨）	蔬菜总产量（吨）	肉类总产量（吨）	#猪肉产量	牛奶产量（吨）
贾汪区							
大泉街道	27 069	161	71		3 820	1 500	1 830
大吴街道	14 808			6 151	3 402	2 912	3
潘安湖街道	5 350		19	3 185	1 018	747	
青山泉镇	24 051	75	205	14 980	5 053	3 916	76
紫庄镇	40 319			135 722	9 876	5 743	29
塔山镇	33 997	410	4	64 434	9 121	7 820	
汴塘镇	36 211	427	588	22 974	3 331	3 077	
江庄镇	24 017	174	730	17 370	9 480	5 130	326
金山桥							
大黄山街道	12 306			24 954	3 891	2 907	1 300
大庙街道	33 703			33 410	7 720	7 500	1 800
丰　县							
中阳里街道	4 286			2 629	2 647	1 119	
凤城镇	21 611	50		25 113	5 870	2 420	
首羡镇	19 086	7 376		311 757	6 024	4 781	48
顺河镇	30 528	4 006		95 912	5 231	2 841	5 200
常店镇	42 476	980		40 311	11 025	5 530	120
欢口镇	8 108	487	133	60 188	7 573	3 429	
师寨镇	67 451	566	50	69 980	6 450	3 150	260
华山镇	26 477	596	500	97 016	14 880	7 268	120
梁寨镇	37 149	1 449	619	111 766	10 020	2 800	
范楼镇	44 274	501	18	124 017	6 215	4 748	
孙楼镇	30 472	57	51	41 487	6 260	3 125	
宋楼镇	28 057	211	920	12 875	7 760	6 232	
大沙河镇	13 787	61	794	5 738	6 862	4 071	1
王沟镇	62 331	495	527	86 716	9 952	6 980	300
赵庄镇	33 117	1 917	61	159 617	12 016	7 124	11
沛　县							
龙固镇	29 495	53	145	36 124	4 758	3 614	21
杨屯镇	33 586			9 910	6 217	4 800	
大屯镇	49 341			39 520	12 447	11 328	14
沛城镇	52 640			106 844	11 256	8 632	332
胡寨镇	39 183			54 686	10 482	8 130	135
魏庙镇	45 011		180	56 015	7 650	6 725	2 954
五段镇	59 633				10 536	5 576	36
张庄镇	48 350	220		361 700	11 789	9 858	8
张寨镇	56 713	285	222	219 886	11 870	10 650	1 700
敬安镇	32 727	140	290	175 100	10 110	4 520	105
河口镇	21 185	112	312	294 545	9 270	5 416	23
栖山镇	33 840	176		268 186	9 615	7 544	100
鹿楼镇	75 066	638	87	189 595	11 737	11 543	151
朱寨镇	36 972	170		155 472	10 070	5 575	5 600
安国镇	45 364	3 757	125	129 615	12 625	7 310	

22-1　续表 10　　（2013 年）

乡镇名称	粮　食 总产量 （吨）	棉　花 总产量 （吨）	油　料 总产量 （吨）	蔬　菜 总产量 （吨）	肉　类 总产量 （吨）	# 猪肉 产量	牛奶 产量 （吨）
铜山区							
铜山街道	2 230	1		4 800	800	700	40
新区街道	13 561	2	15	22 802	2 000	1 500	931
三堡镇街道	11 934			49 443	3 560	2 250	2 950
何桥镇	35 876			140 752	2 746	1 607	1 123
黄集镇	49 375	84	246	103 999	11 350	9 529	18
马坡镇	59 200			110	5 434	3 150	176
郑集镇	51 692	150	60	47 360	14 761	11 200	282
柳新镇	44 278			28 255	1 754	1 415	2 350
刘集镇	47 836	315	122	59 748	5 930	4 067	15
大彭镇	40 310	90		62 940	6 015	5 160	1 470
汉王镇	22 592	34	39	95 583	998	361	450
棠张镇	24 780	223	2	329 570	6 680	880	2 500
张集镇	62 382	997	280	139 821	9 315	5 207	13 340
房村镇	71 274	1 687	299	63 625	5 419	3 825	5 546
伊庄镇	39 391	833	421	46 673	1 976	482	492
单集镇	61 117	1 604	1 958	120 558	9 715	6 570	11 056
利国镇	22 598	13	889	20 518	3 650	1 800	3 421
徐庄镇	85 144	304	509	34 154	7 949	7 057	315
大许镇	73 475	819	29	29 566	12 620	10 656	755
茅村镇	34 516	27	61	6 304	4 604	2 592	911
柳泉镇	43 123	343	664	41 308	5 776	4 830	1 951
睢宁县							
睢城镇	35 653		16	9 424	2 696	2 350	1 350
王集镇	43 689	977	5 013	118 221	11 837	6 849	19 437
双沟镇	41 007	136	1 049	26 646	6 725	5 079	6 809
岚山镇	60 466	174	755	27 479	9 420	6 079	705
李集镇	30 779		15	9 018	2 368	1 856	58
桃园镇	41 872	12	359	29 227	8 349	3 999	
官山镇	68 248		72	39 671	7 567	4 312	900
高作镇	23 125		22	35 713	4 939	2 648	
沙集镇	36 080		75	10 230	4 546	1 896	280
凌城镇	62 789	1	4	18 103	3 922	2 213	6
邱集镇	89 594		156	78	9 361	4 224	268
古邳镇	52 975	4	517	6 028	7 197	4 358	
姚集镇	65 920	166	3 128	12 962	9 131	5 380	180
魏集镇	62 658		106	53 670	19 196	6 639	8 870
梁集镇	25 446		921	61 703	5 510	3 750	
庆安镇	54 767	75	359	15 863	8 012	5 673	580

22-1　续表 11　　（2013 年）

乡镇名称	粮　食总产量（吨）	棉　花总产量（吨）	油　料总产量（吨）	蔬　菜总产量（吨）	肉　类总产量（吨）	#猪肉产量	牛奶产量（吨）
新沂市							
新安街道	27 914		270	20 680	8 125	5 236	8 760
北沟街道	9 250		310	11 560	622	526	
墨河街道	36 566			15 910	9 590	8 120	
唐店街道	48 408		784	35 892	2 900	2 000	
瓦窑镇	30 460			17 610	10 590	9 958	
港头镇	43 831		208	55 420	6 007	1 890	168
合沟镇	27 105		104	28 561	5 072	4 401	
草桥镇	49 874		320	88 594	8 530	5 720	
窑湾镇	54 771			34 522	3 540	3 280	
棋盘镇	68 512		2 397	26 071	17 271	12 892	
马陵山镇	53 490		5 874	36 090	9 963	4 850	420
新店镇	53 800		744	10 168	10 050	9 360	
邵店镇	26 780		83	39 222	3 310	1 520	
时集镇	72 983		3 263	18 090	6 100	5 100	165
高流镇	47 958		7 456	14 009	8 544	6 547	
阿湖镇	61 890		7 680	2 815	11 875	7 835	45
双唐镇	39 610		4 940	34 190	7 050	4 746	150
邳州市							
东湖街道	7 614			1 352	2 667	2 071	319
运河街道	1 623			5 900	9 863	6 852	22
戴圩街道	35 174		166	4 087	7 748	4 272	
炮车街道	21 502	1	35	18 339	7 689	5 629	291
邳城镇	25 723	793	341	4 013	12 890	7 423	127
官湖镇	18 837			6 065	13 779	8 637	45
四户镇	39 563	40	4 410	33 398	6 574	3 115	
宿羊山镇	31 521	775	841	68 554	7 187	4 708	
八义集镇	46 351	1 441	459	4 389	15 602	9 972	223
土山镇	36 742	521	982	36 510	4 895	2 877	14
碾庄镇	43 206	1 886	222	8 602	9 510	8 020	
港上镇	9 915	179	269	6 975	5 365	3 791	10
邹庄镇	31 104	397	1 120	22 367	8 667	7 134	
占城镇	36 190	319	2 112	10 307	1 727	1 359	
新河镇	39 915	110	1 720	3 535	8 700	6 500	
八路镇	33 285	82	126	223	36 880	17 208	
铁富镇	39 860	186	638	1 304	13 219	8 215	
岔河镇	45 997	24	709	4 152	5 107	3 829	6 860
陈楼镇	6 000		90	5 062	340	240	
邢楼镇	35 200	1 510	7 920	2 200	6 200	6 200	170
戴庄镇	32 634	69	1 259	6 405	1 100	806	1 600
车辐山镇	21 616	185	268	11 466	13 658	11 087	
燕子埠镇	38 572	176	502	6 916	6 908	5 112	
赵墩镇	56 690	100		9 900	12 000	11 350	
议堂镇	34 150	75	73	10 925	3 640	2 675	

22-1 续表 12

（2013 年）

乡镇名称	禽蛋产量（吨）	水产品产量（吨）	企业个数（个）	#工业企业	企业从业人员（人）	#工业企业	企业实交税金总额（万元）	工业总产值（万元）
贾汪区								
大泉街道	425	350	296	96	8 509	5 913	18 130	460 499
大吴街道	300	2 812	325	203	21 100	17 975	14 557	1 400 485
潘安湖街道	106		75	37	4 781	2 981	2 129	50 875
青山泉镇	1 404	431	268	155	24 786	20 892	82 512	1 395 263
紫庄镇	921	1 623	167	123	7 871	6 095	3 422	336 012
塔山镇	10 038	727	207	122	6 448	5 023	1 849	196 412
汴塘镇	2 871	1 690	255	149	4 088	2 750	1 399	79 482
江庄镇	3 491	50	498	7	5 860	4 780	13 161	339 915
金山桥								
大黄山街道	6 687	328	148	97	21 229	14 366	25 674	437 665
大庙街道	6 000	680	190	150	15 972	14 711	30 562	558 830
丰　县								
中阳里街道	131	69	1 932	1 396	24 963	16 233	41 257	993 629
凤城镇	210		756	544	11 425	6 450	17 510	1 042 517
首羡镇	2 300	110	1 623	838	20 250	18 365	49 441	835 100
顺河镇	2 210	900	2 371	721	30 102	22 462	9 480	405 100
常店镇	2 055	730	1 070	896	19 669	16 795	8 190	402 000
欢口镇	19 549	868	1 775	1 748	23 817	20 544	23 655	793 745
师寨镇	3 090	50	1 914	1 560	18 959	12 505	25 216	532 568
华山镇	9 606	596	2 760	1 800	28 110	21 660	7 010	455 661
梁寨镇	1 455	168	1 259	563	15 037	10 439	5 397	230 536
范楼镇	2 827	21	1 189	789	17 265	12 685	30 009	351 943
孙楼镇	4 583	130	1 769	1 330	25 763	22 100	11 825	533 710
宋楼镇	4 876	550	2 130	1 660	31 500	22 000	6 500	476 500
大沙河镇	1 378	1 449	1 230	730	13 970	11 370	7 915	318 861
王沟镇	9 150	155	1 608	1108	15 972	11 368	2 356	227 769
赵庄镇	9 510	167	3 670	2070	29 360	20 450	9 340	326 800
沛　县								
龙固镇	2 627	2 192	865	636	19 327	13 438	22 438	602 765
杨屯镇	3 560	18 980	1 020	573	19 470	12 925	17 856	1 856 600
大屯镇	17 606	16 800	880	445	64 431	36 159	63 452	2 898 540
沛城镇	7 437	6 230	6 751	1 995	57 446	29 892	45 835	1 776 747
胡寨镇	6 630	4 160	670	461	9 957	8 480	32 185	854 514
魏庙镇	4 320	835	635	390	11 210	11 055	2 768	1 131 756
五段镇	8 771	8 592	657	511	5 414	4 906	1 454	252 778
张庄镇	4 604	5 571	1 478	931	18 016	10 806	6 863	547 833
张寨镇	16 930	2 310	290	167	6 391	4 153	3 290	150 000
敬安镇	6 576	3 270	1 187	539	11 716	8 250	4 963	2 271 979
河口镇	1 100	235	1015	482	10 280	7 011	29 151	512 563
栖山镇	2 010	48	960	636	10 726	8 856	18 530	502 240
鹿楼镇	9 273	99	1 372	722	12 585	10 448	8 235	474 139
朱寨镇	12 622	310	1 417	930	15 827	12 118	27 972	482 459
安国镇	8 510	436	139	90	7 812	3 296	4 482	824 190

22-1　续表 13　　　　　　（2013 年）

乡镇名称	禽蛋产量（吨）	水产品产量（吨）	企业个数（个）	#工业企业	企业从业人员（人）	#工业企业	企业实交税金总额（万元）	工业总产值（万元）
铜山区								
铜山街道	4		121		7 317			
新区街道	182	365	899	299	40 638	12 350	403 163	2 656 320
三堡镇街道	160	348	141	85	13 619	10 026	21 581	1 869 815
何桥镇	6 037	1 513	90	58	7 395	2 915	14 195	456 338
黄集镇	786	1 642	567	262	11 080	8 474	2 964	747 764
马坡镇	2 689	1 324	260	180	8 542	6 752	12 538	625 367
郑集镇	2 686	9 160	199	96	18 465	8 925	7 965	233 681
柳新镇	482	4 920	1 087	291	21 321	14 211	44 388	1 617 186
刘集镇	4 613	14 135	1 032	865	13 235	12 970	15 722	463 540
大彭镇	28 954	2 615	416	210	8 909	6 950	6 120	683 715
汉王镇	419	127	807	269	10 489	8 286	1 607	205 000
棠张镇	3 200	910	837	418	10 510	5 450	6 690	162 000
张集镇	6 135	3 864	1 304	1 046	25 023	19 033	24 668	1 715 891
房村镇	10 013	3 148	819	392	7 722	5 677	22 576	633 257
伊庄镇	353	474	517	165	7 438	3 037	10 754	189 251
单集镇	3 792	1 154	452	291	6 231	3 541	3 344	185 221
利国镇	3 017	9 510	2 060	1 180	24 352	15 234	60 091	2 862 360
徐庄镇	30 477	585	574	285	7 286	3 764	6 155	691 128
大许镇	6 277	1 811	624	447	18 121	13 883	19 726	694 108
茅村镇	1 660	2 592	418	320	17 620	13 500	40 567	1 076 160
柳泉镇	4 216	2 231	711	551	20 300	15 055	53 812	1 720 080
睢宁县								
睢城镇	1 923	1 990	1 526	743	79 285	28 362	82 190	492 083
王集镇	10 301	1 310	139	79	13 152	6 024	9 301	224 112
双沟镇	6 301	1 820	534	325	4 315	2 850	6 701	69 507
岚山镇	6 610	840	146	103	4 218	3 912	2 198	90 113
李集镇	1 422	1 887	341	243	13 864	9 546	7 186	475 190
桃园镇	6 952	805	158	123	10 661	8 185	4 668	145 473
官山镇	5 610	2 290	158	107	2 942	2 389	2 200	158 250
高作镇	11 435	758	86	34	3 336	829	4 938	72 271
沙集镇	3 640	1 050	690	370	6 810	4 910	3 950	265 000
凌城镇	2 765	1 651	152	102	6 540	5 148	6 541	278 990
邱集镇	8 487	1 600	169	132	3 190	2 747	3 858	85 031
古邳镇	1 945	16 662	437	232	8 213	3 698	5 600	127 165
姚集镇	16 100	1 100	440	365	6 870	5 380	1 800	126 480
魏集镇	1 131	1 941	980	712	11 862	7 267	2 059	87 142
梁集镇	6 750	4 400	143	75	6 650	4 900	3 920	91 480
庆安镇	5 366	2 362	138	91	2 677	2 035	6 230	334 200

22-1 续表 14 （2013 年）

乡镇名称	禽蛋产量（吨）	水产品产量（吨）	企业个数（个）	#工业企业	企业从业人员（人）	#工业企业	企业实交税金总额（万元）	工业总产值（万元）
新沂市								
新安街道	5 128	824	1 961	253	94 884	35 642	95 816	1 426 742
北沟街道	168	94	121	97	9 506	6 045	19 359	908 800
墨河街道	2 300	1 100	213	166	26 412	25 768	214 376	330 246
唐店街道	2 680	1 600	1 308	242	16 354	11 298	9 060	735 670
瓦窑镇	5 263	2 091	544	388	7 900	6 614	15 620	705 855
港头镇	5 870	6 215	335	122	8 900	8 520	4 200	190 046
合沟镇	15 625	1 956	840	436	9 412	4 452	3 012	72 914
草桥镇	3 560	15 625	2 034	1 279	20 189	14 228	17 368	849 115
窑湾镇	19 550	38 475	1 617	785	14 552	10 956	40 887	200 871
棋盘镇	6 104	16 618	494	367	10 267	9 320	7 718	732 100
马陵山镇	12 071	7 927	350	174	7 654	3 160	4 815	339 218
新店镇	4 315	11 542	263	141	4 465	3 016	2 520	110 890
邵店镇	1 630	97	109	52	6 210	1 942	3 850	79 565
时集镇	6 000	265	441	88	7 864	4 252	5 254	278 100
高流镇	1 410	1 481	892	416	12 400	5 382	967	877 015
阿湖镇	1 914	766	1 532	1 014	12 959	8 480	4 750	239 200
双唐镇	6 148	585	917	596	12 072	9 145	20 755	277 240
邳州市								
东湖街道	18 873	136	176	38	6 947	2 043	1 292	49 050
运河街道	2 526	7 536	5 126	1 247	79 131	11 403	52 132	1 916 086
戴圩街道	6 489	4 900	370	281	21 156	15 432	13 250	2 190 560
炮车街道	7 969	5 369	861	425	15 362	12 150	30 452	1 514 000
邳城镇	1 274	1 984	312	193	5 036	2 711	5 180	333 946
官湖镇	2 047	10 060	1 915	1 366	54 923	40 662	33 933	3 295 820
四户镇	4 100	344	635	183	7 990	5 041	10 512	156 380
宿羊山镇	853	3 453	392	293	10 893	7 239	7 229	678 814
八义集镇	6 497	1 267	1 879	624	19 251	9 491	2 109	332 071
土山镇	5 754	3 321	908	248	19 282	12 455	25 168	471 921
碾庄镇	6 883	4 420	1 496	221	20 682	12 260	53 186	1 569 831
港上镇	6 841	496	893	537	13 911	6 003	3 503	548 520
邹庄镇	263	1 200	151	60	5 980	4 530	1 654	265 700
占城镇	1 705	865	101	71	2 505	1 958	735	165 006
新河镇	1 680	6 980	360	160	7 100	5 680	3 145	416 425
八路镇	5 662	4 882	228	158	3 720	2 765	3 680	96 550
铁富镇	7 025	3 195	879	112	12 280	2 982	4 380	348 660
岔河镇	6 958	799	319	241	4 303	3 077	4 679	618 524
陈楼镇	5 200	665	1 291	834	21 790	15 160	12 890	1 713 516
邢楼镇	8 120	1 000	410	320	13 600	10 700	2 500	152 000
戴庄镇	7 010	168	44	30	6 650	3 350	4 400	125 000
车辐山镇	3 658	1 065	506	266	13 108	6 985	1 687	232 940
燕子埠镇	2 992	1	112	101	1 641	1 402	1 229	171 809
赵墩镇	6 500	5 200	146	107	5 600	3 400	2 900	1 301 342
议堂镇	2 920	1 430	240	218	7 398	6 630	10 504	1 471 500

22-1 续表 15 （2013 年）

乡镇名称	社会消费品零售总额（万元）	#限额以上社会消费品零售总额	固定资产投资完成额（万元）	机构在职财政供给人数（人）	公务员	事业编制	其他人员	机构在职财政供给人员工资总额（万元）
贾汪区								
大泉街道	46 125	26 746	126 000	71	27	44		255
大吴街道	22 156	3 669	375 000	108	32	43	33	613
潘安湖街道	5 693		90 440	65	7	12	46	319
青山泉镇	9 264	1 155	485 253	102	33	69		389
紫庄镇	28 736	9 050	73 933	63	30	33		301
塔山镇	10 100	9 310	82 929	87	39	48		428
汴塘镇	5 037	2 874	68 400	41	22	19		214
江庄镇	3 270	3 065	200 154	60	23	29	8	296
金山桥								
大黄山街道	37 655	26 377	336 080	192	26	47	119	1 100
大庙街道	378 450	345 250	708 470	246	37	89	120	1 797
丰　县								
中阳里街道	213 267	182 543	567 646	64	22	36	6	227
凤城镇	136 995	105 615	702 567	125	62	51	12	451
首羡镇	105 563	64 371	110 702	116	35	63	18	785
顺河镇	32 456	20 000	150 000	95	33	62	0	304
常店镇	79 337	22 837	151 300	110	36	49	25	350
欢口镇	97 654	32 668	187 640	112	51	44	17	606
师寨镇	86 838	24 020	84 182	87	38	29	20	313
华山镇	75 660	31 210	87 100	95	45	40	10	260
梁寨镇	32 596	18 547	85 875	127	42	57	28	349
范楼镇	75 465	52 580	65 811	89	36	48	5	303
孙楼镇	57 254	35 121	66 100	86	32	33	21	319
宋楼镇	1 025 100	30 402	61 590	111	46	46	19	585
大沙河镇	115 468	16 423	50 210	123	35	71	17	358
王沟镇	60 350	15 530	45 200	129	36	58	35	521
赵庄镇	86 650	38 520	193 750	179	41	48	90	525
沛　县								
龙固镇	70 364	68 763	351 627	114	40	61	13	369
杨屯镇	89 630	82 912	387 000	100	35	54	11	310
大屯镇	193 475	119 276	699 739	277	41	184	52	897
沛城镇	421 850	317 070	472 876	320	72	218	30	1 760
胡寨镇	23 359	10 804	154 586	95	28	59	8	391
魏庙镇	116 250	109 052	16 722	106	26	73	7	327
五段镇	122 410	103 024	16 036	268	52	212	4	208
张庄镇	164 505	57 628	390 680	220	25	122	73	616
张寨镇	24 364	23 934	185 560	116	43	63	10	360
敬安镇	120 562	110 987	591 200	174	54	114	6	610
河口镇	44 296	38 639	142 800	118	50	60	8	385
栖山镇	65 225	59 000	185 500	133	49	74	10	464
鹿楼镇	66 370	56 320	15 085	216	95	114	7	1 002
朱寨镇	69 481	66 332	88 200	129	66	55	8	456
安国镇	79 000	42 000	363 800	104	45	59		327

22-1 续表 16

（2013 年）

乡镇名称	社会消费品零售总额（万元）	# 限额以上社会消费品零售总额	固定资产投资完成额（万元）	机构在职财政供给人数（人）	公务员	事业编制	其他人员	机构在职财政供给人员工资总额（万元）
铜山区								
铜山街道	746 063	414 589	250 610	13	6	5	2	40
新区街道	330 295	329 302	1 268 600	56	32	24		360
三堡镇街道	306 663	304 716	284 966	104	28	31	45	448
何桥镇	13 988	6 561	539 500	69	29	27	13	539
黄集镇	129 877	76 723	198 261	48	33	11	4	251
马坡镇	65 931	36 776	103 285	67	42	22	3	298
郑集镇	11 746	10 551	377 961	56	36	20		296
柳新镇	176 123	132 113	402 100	149	55	41	53	417
刘集镇	78 129	61 837	163 200	75	34	28	13	308
大彭镇	49 443	45 183	278 941	93	36	46	11	450
汉王镇	103 481	88 831	157 180	61	35	25	1	332
棠张镇	70 965	70 873	710 500	60	30	30		316
张集镇	380 388	49 075	495 000	107	42	50	15	246
房村镇	225 838	142 832	253 379	60	32	27	1	294
伊庄镇	44 521	29 856	169 576	52	30	22		135
单集镇	115 851	12 571	139 213	58	34	16	8	268
利国镇	95 301	61 583	881 327	90	37	35	18	495
徐庄镇	29 231	23 653	263 990	71	34	36	1	289
大许镇	40 028	29 165	658 718	62	30	25	7	259
茅村镇	89 461	13 527	901 200	91	40	20	31	335
柳泉镇	167 261	133 691	918 140	69	36	20	13	280
睢宁县								
睢城镇	209 903	192 313	420 000	336	145	141	50	1275
王集镇	113 216	16 187	65 580	97	31	63	3	552
双沟镇	3 980	3 210	37 760	121	49	50	22	362
岚山镇	77 015	16 955	95 887	100	35	56	9	426
李集镇	47 158	32 509	49 864	82	30	37	15	300
桃园镇	16 470	12 573	49 282	107	36	46	25	437
官山镇	5 240	3 810	82 640	117	45	36	36	345
高作镇	3 797	1 218	44 820	115	33	54	28	208
沙集镇	87 754	61 506	73 350	163	39	74	50	822
凌城镇	18 745	9 217	79 896	109	26	58	25	242
邱集镇	1 183	319	46 087	106	33	73		298
古邳镇	35 000	30 000	35 600	114	54	38	22	246
姚集镇	71 000	3 900	68 000	137	43	56	38	629
魏集镇	83 028	64 762	77 104	132	35	54	43	357
梁集镇	9 889	8 708	86 930	206	45	60	101	673
庆安镇	46 220	27 732	103 210	196	42	142	12	787

22-1 续表 17 （2013 年）

乡镇名称	社会消费品零售总额（万元）	#限额以上社会消费品零售总额	固定资产投资完成额（万元）	机构在职财政供给人数（人）	公务员	事业编制	其他人员	机构在职财政供给人员工资总额（万元）
新沂市								
新安街道	109 314	76 520	890 000	259	63	48	148	612
北沟街道	1 206	863	60 326	121	50	35	36	486
墨河街道	65 510	50 211	112 500	34	11	8	15	90
唐店街道	53 040	40 160	264 258	77	36	31	10	302
瓦窑镇	66 502	50 260	256 000	115	37	39	39	310
港头镇	36 600	15 770	135 800	110	48	28	34	270
合沟镇	41 025	34 595	45 260	69	31	23	15	320
草桥镇	58 779	58 079	639 300	120	50	46	24	490
窑湾镇	49 309	39 020	92 945	86	37	29	20	275
棋盘镇	72 691	60 336	311 108	111	43	58	10	457
马陵山镇	33 101	3 547	253 927	148	47	56	45	323
新店镇	22 108	16 635	115 680	95	41	36	18	430
邵店镇	36 950	32 000	145 600	122	37	48	37	256
时集镇	33 000	746	92 000	65	40	25		210
高流镇	15 883	7 846	33 040	68	29	32	7	315
阿湖镇	10 926	9 497	16 350	124	54	60	10	258
双唐镇	30 500	25 108	131 100	87	51	36		272
邳州市								
东湖街道	3 216	1 316		61	21	13	27	214
运河街道	215 209	155 044	716 325	259	96	163		1 347
戴圩街道	53 080	30 986	421 266	460	50	52	358	2 462
炮车街道	17 958	17 958	460 240	98	46	39	13	264
邳城镇	14 328	13 328	97 543	95	53	30	12	173
官湖镇	353 319	31 265	390 130	187	49	136	2	589
四户镇	5 910	5 610	13 130	83	32	42	9	265
宿羊山镇	102 532	49 325	201 125	171	33	113	25	384
八义集镇	97 385	54 716	195 324	125	47	37	41	304
土山镇	30 785	15 678	201 358	96	33	49	14	377
碾庄镇	23 860	17 652	282 390	132	56	76		732
港上镇	172 410	34 310	14 500	128	65	41	22	287
邹庄镇	15 998	9 430	119 800	93	49	35	9	270
占城镇	24 368	4 536	61 258	88	38	42	8	156
新河镇	6 750	5 600	61 550	78	45	28	5	150
八路镇	7 955	5 760	108 800	117	38	76	3	231
铁富镇	326 890	316 650	236 808	102	50	52		349
岔河镇	16 000	10 107	113 460	64	38	2	24	360
陈楼镇	43 623	32 571	162 000	83	29	47	7	236
邢楼镇	81 000	3 200	18 000	71	46	19	6	178
戴庄镇	34 000	5 300	98 500	83	33	50		296
车辐山镇	85 691	16 789	12 689	70	32	33	5	151
燕子埠镇	3 904	3 128	55 763	97	42	44	11	221
赵墩镇	90 800	7 800	82 980	182	48	14	120	1390
议堂镇	21 650	16 550	424 450	108	50	40	18	746

22-1 续表 18

（2013 年）

乡镇名称	财 政 总收入（万元）	# 公共财政预算收 入	本地可用财政收入	财 政 支 出（万元）	# 公共财政支出	年末资产总 额（万元）
贾汪区						
大泉街道	14 267	12 823	1 026	2 632	2 632	7 308
大吴街道	76 297	54 250	3 464	7 597	7 597	7 020
潘安湖街道						86
青山泉镇	69 120	55 750	2 156	8 190	4 326	1 752
紫庄镇	4 689	4 138	301	3 942	3 550	5 269
塔山镇	4 628	1 841	3 090	3 941	3 337	15 120
汴塘镇	2 867	2 848	1 166	4 616	2 026	2 735
江庄镇	22 156	17 800	1 720	2 008	2 008	3 512
金山桥						
大黄山街道	61 687	34 636	8 968	8 987	8 987	3 364
大庙街道	104 028	69 180	72 819	9 326	6 528	4 790
丰 县						
中阳里街道	15 400	12 700	3 725	3 725	2 500	2 513
凤城镇	108 560	108 560	66 331	66 331	66 331	4 778
首羡镇	20 791	15 868	11 980	11 980	11 980	5 619
顺河镇	11 645	8 978	6 872	6 961	6 961	6 752
常店镇	11 540	11 483	7 983	7 160	7 160	3 600
欢口镇	14 240	13 111	9 703	9 703	9 703	530
师寨镇	10 745	9 749	3 877	6 248	6 155	3 864
华山镇	13 028	10 391	10 300	7 572	5 937	6 372
梁寨镇	15 179	13 018	12 382	10 352	10 352	6 520
范楼镇	12 164	10 024	8 061	12 164	8 438	2 729
孙楼镇	12 265	10 045	8 026	8 099	7 950	2 894
宋楼镇	10 400	8 803	5 150	7 319	7 319	2 665
大沙河镇	7 656	7 093	5 527	5 620	5 605	10 236
王沟镇	10 336	7 411	5 644	10 336	6 152	7 022
赵庄镇	8 882	7 128	5 504	7 851	7 851	2 554
沛 县						
龙固镇	35 305	35 305	28 881	27 581	27 581	8 238
杨屯镇	26 535	24 417	18 743	35 151	5 958	39 910
大屯镇	79 434	60 074	49 194	50 798	50 798	15 590
沛城镇	102 142	100 302	87 159	93 720	80 725	1 928
胡寨镇	10 118	9 012	9 012	8 716	8 716	1 686
魏庙镇	7 086	6 716	6 582	6 765	6 582	8 479
五段镇	10 458	6 612	5 060	3 788	3 674	1 012
张庄镇	16 912	13 475	12 692	12 888	9 828	3 064
张寨镇	9 431	8 414	8 114	8 998	8 698	1 950
敬安镇	21 465	20 279	13 233	12 206	9 844	6 011
河口镇	8 356	7 513	7 534	9 800	7 534	1 853
栖山镇	12 125	9 901	9 900	12 125	9 900	7 340
鹿楼镇	10 345	9 447	5 446	6 187	4 714	917
朱寨镇	14 298	12 659	12 123	12 123	12 123	4 470
安国镇	19 487	18 449	18 449	21 425	19 700	10 655

22-1 续表 19 （2013 年）

乡镇名称	财 政 总收入（万元）	#公共财政预算收入	本地可用财政收入	财 政 支 出（万元）	#公共财政支出	年末资产总 额（万元）
铜山区						
铜山街道	370 800	222 424	34 790	39 800	12 219	12 219
新区街道	18 250	14 210	7 200	8 102	26 583	26 583
三堡镇街道	18 264	18 264	16 911	18 502	3 878	3 878
何桥镇	7 340	4 874	2 820	6 246	4 362	4 362
黄集镇	7 755	7 059	5 646	8 643	6 516	6 516
马坡镇	7 533	6 794	2 907	7 368	5 638	5 638
郑集镇	10 160	9 395	2 968	10 596	2 413	2 413
柳新镇	68 121	48 165	18 298	17 721	27 021	27 021
刘集镇	14 164	11 413	9 985	11 688	6 505	6 505
大彭镇	15 210	12 374	3 962	9 310	987	987
汉王镇	33 510	28 568	17 141	22 601	4 483	4 483
棠张镇	12 877	10 654	10 654	11 741	7 559	7 559
张集镇	18 278	14 154	3 486	14 894	12 964	12 964
房村镇	6 296	5 825	1 010	7 326	12 285	12 285
伊庄镇	5 742	5 742	2 673	6 748	1 998	1 998
单集镇	6 971	5 870	6 243	6 669	2 059	2 059
利国镇	76 757	50 980	20 214	29 688	45 184	45 184
徐庄镇	7 165	6 246	6 760	6 676	8 264	8 264
大许镇	8 120	7 272	7 773	8 137	7 936	7 936
茅村镇	19 824	15 750	6 120	19 352	12 364	12 364
柳泉镇	29 391	25 394	25 447	24 827	15 735	15 735
睢宁县						
睢城镇	89 879	59 302	59 677	94 956	20 189	20 189
王集镇	5 945	3 713	2 270	3 734	1 420	1 420
双沟镇	8 446	3 837	2 877	3 281	3 516	3 516
岚山镇	6 307	4 144	2 639	6 307	9 106	9 106
李集镇	7 089	5 500	4 500	7 781	3 636	3 636
桃园镇	10 600	8 770	3 757	4 091	3 054	3 054
官山镇	6 407	4 290	3 143	6 407	7 759	7 759
高作镇	12 747	6 120	4 611	4 817	13 012	13 012
沙集镇	4 278	3 504	2 579	5 576	2 203	2 203
凌城镇	5 140	4 055	2 986	3 340	2 859	2 859
邱集镇	6 694	4 032	2 474	2 978	2 758	2 758
古邳镇	5 378	3 966	247	3 105	6 566	6 566
姚集镇	5 426	4 164	2 890	5 800	6 750	6 750
魏集镇	8 575	4 825	3 883	4 352	2 996	2 996
梁集镇	6 048	4 638	4 079	4 231	26 857	26 857
庆安镇	6 373	3 969	2 376	7 463	1 683	1 683

22-1 续表 20

（2013 年）

乡镇名称	财 政 总收入（万元）	# 公共财政预算收 入	本地可用财政收入	财 政 支 出（万元）	# 公共财政支出	年末资产总 额（万元）
新沂市						
新安街道	87 407	78 797	49 731	49 731	38 478	9 205
北沟街道	10 575	9 707	1 026	1 200	1 200	319
墨河街道	5 781	1 890	1 799	311	310	230
唐店街道	18 968	17 484	17 484	3 275	2 560	4 080
瓦窑镇	24 555	22 108	20 246	21 909	15 590	3 206
港头镇	14 772	13 728	11 196	12 771	12 771	2 300
合沟镇	12 105	11 425	10 580	6 652	6 450	2 356
草桥镇	16 548	13 636	5 041	9 470	9 470	128
窑湾镇	18 481	16 051	6 512	16 015	15 303	1 613
棋盘镇	16 769	14 759	14 127	11 032	9 323	3 525
马陵山镇	12 126	12 005	9 365	3 570	3 570	1 513
新店镇	9 065	7 316	4 630	6 540	5 505	2 810
邵店镇	13 060	12 664	3 645	6 240	5 410	2 042
时集镇	10 579	9 681	9 564	9 564	9 564	1 985
高流镇	13 406	12 622	12 400	9 743	7 945	1 953
阿湖镇	13 160	12 844	4 718	8 014	5 763	3 165
双唐镇	23 525	20 713	17 017	18 230	17 547	5 320
邳州市						
东湖街道	299	217	82	259	210	85
运河街道	121 011	114 375	1 219	56 161	7 704	5 795
戴圩街道	39 870	7 824	25 205	26 760	6 500	6 805
炮车街道	38 251	37 664	24 562	32 698	31 000	9 201
邳城镇	7 318	6 058	5 679	6 154	2 310	1 984
官湖镇	52 500	46 013	33 800	33 800	81	3 753
四户镇	13 200	12 694	11 255	11 255	11 137	1 804
宿羊山镇	12 011	12 005	2 501	5 713	2 514	2 450
八义集镇	7 856	7 319	7 319	9 144	3 946	4 472
土山镇	5 607	5 076	5 175	5 162	5 060	4 925
碾庄镇	31 673	27 534	18 170	14 260	14 260	3 059
港上镇	16 459	6 288	5 045	10 600	9 855	2 725
邹庄镇	12 830	7 297	5 988	9 976	7 709	1 980
占城镇	4 328	3 632	1 950	3 348	1 266	1 520
新河镇	6 817	5 910	320	2 580	278	3 850
八路镇	5 020	4 450	1 421	1 366	710	977
铁富镇	28 646	13 816	17 371	14 656	13 690	11 689
岔河镇	12 438	7 001	6 930	7 030	2 312	1 163
陈楼镇	19 049	18 080	12 295	12 338	1 023	2 357
邢楼镇	9 500	8 233	5 200	4 450	1 400	2 300
戴庄镇	5 754	5 754	2 720	5 120	5 120	4 050
车辐山镇	6 369	6 122	3 268	4 637	3 869	4 658
燕子埠镇	5 095	4 442	202	2 957	2 957	1 021
赵墩镇	14 680	13933	780	6 980	5 660	3 785
议堂镇	21 020	15 322	17 622	14 547	12 500	6 100

22-1 续表 21

（2013 年）

乡镇名称	年末累计负债金额（万元）	#当年负债	本乡镇公路里程（公里）	市场个数（个）	集贸市场成交额（万元）	公园及休闲健身广场个数（个）	各类科技人员（人）	农业技术服务机构从业人员数（个）	农业专业合作社个数（个）	农业专业合作社成员数（户）
贾汪区										
大泉街道	9 762	530	145	1	19 271	13	963	15	38	858
大吴街道	6 989	707	145	3	90 134	13	2 541	30	51	413
潘安湖街道			36	1	1 206	1	939	12	11	992
青山泉镇	2 052		110	2	8 925	7	2 763	42	31	7 215
紫庄镇	15 483	1 036	209	2	9 272	0	624	11	57	567
塔山镇	19 510	4 890	210	5	46 122	7	850	37	45	8 516
汴塘镇	7 136		302	3	527		560	8	62	2 053
江庄镇	5 786		108	1	13 120	1	360	17	15	380
金山桥										
大黄山街道	6 160		185	2	9 839	14	406	20	30	4 718
大庙街道	4 102	246	238	5	33 200	4	1 369	35	17	16 380
丰　县										
中阳里街道	3 532		152	5	196 352	2	674	10	5	2 113
凤城镇	20 113	16 140	277	1	30 985	1	1 194	50	25	3 034
首羡镇	18 936	5 645	256	4	16 785		1 106	14	40	1 680
顺河镇	7 387	2 772	256	2	25 412	1	796	15	78	7 523
常店镇	2 000		230	3	7 500		950	10	100	4 000
欢口镇	2 900		278	4	38 635	2	1 242	12	67	12 492
师寨镇	847		350	2	14 850	1	675	16	70	18 377
华山镇	4 094	500	440	5	40 656	2	1 180	12	40	6 282
梁寨镇	10 220	1 062	350	4	32 531	1	957	12	59	2 950
范楼镇	9 680	2 621	195	3	30 250	2	685	12	78	10 185
孙楼镇	2 717		220	1	8 410		530	15	80	15 883
宋楼镇	14 422	2 991	395	4	21 668		1 375	22	85	45 020
大沙河镇	13 713	2 768	196	2	15 508	2	709	25	61	3 713
王沟镇	7 093	2 461	235	2	13 450		996	10	88	22 865
赵庄镇	4 846	1 255	240	2	64 537	5	935	12	74	41 910
沛　县										
龙固镇	2 847	312	198	1	31 585	5	819	90	58	6 138
杨屯镇	41 262	6 027	65	3	40 000	1	612	9	89	15 195
大屯镇	23 268	5 111	82	8	93 261	6	4 907	14	75	23 250
沛城镇	6 216		226	6	70 569	38	26	19	95	13 758
胡寨镇	9 000	2 000	79	1	3 162		38	21	38	2 015
魏庙镇	1 580	460	162	7	882	1	710	15	56	12 310
五段镇	853	37	48	2	1 718	2	899	49	25	133
张庄镇	12 497	2 845	182	3	31 276	1	1 035	24	120	10 453
张寨镇	8 874	1 765	179	3	28 100	1	1 349	12	92	16 650
敬安镇	7 566	5	218	3	19 285	3	796	19	87	19 250
河口镇	11 994	2 674	43	2	14 565	1	102	20	20	335
栖山镇	7 546	1 919	15	3	2 885		6	3	34	535
鹿楼镇	7 582	1 535	90	2	20 984	3	951	18	31	801
朱寨镇	7 355	1 898	29	4	57		1 146	5	59	450
安国镇	15 869	4 774	153	3	53 000	1	748	7	72	398

22–1 续表 22 （2013 年）

乡镇名称	年末累计负债金额（万元）	# 当年负债	本乡镇公路里程（公里）	市场个数（个）	集贸市场成交额（万元）	公园及休闲健身广场个数（个）	各类科技人员（人）	农业技术服务机构从业人员数（个）	农业专业合作社个数（个）	农业专业合作社成员数（户）
铜山区										
铜山街道	3 131		68	10	233	8	7 640	8	14	450
新区街道	17 190	8 230		2	66 960	27	653	16	23	2 471
三堡镇街道	11 048	633	245	2	33 937	4	112	16	22	4 361
何桥镇	13 275	1 077	79	4	3 354	18	512	88	136	793
黄集镇	179	146	220	4	3 227	30	1 035	17	84	4 740
马坡镇	13 849	2 504	110	3	2 050	1	470	21	48	548
郑集镇	19 184	36	198	4	22 896	13	1 504	28	39	6 567
柳新镇	27 310		229	6	261 810	10	1 129	10	6	145
刘集镇	22 148	1 852	182	4	9 765	18	585	45	15	425
大彭镇	13 254	13 254	50	3	6 251	1	1 350	15	28	220
汉王镇	6 520		130	3	11 670	1	510	17	19	750
棠张镇	18 583		120	3	62 010	2	66	34	43	8 065
张集镇	29 596		210	7	94 487	24	1 590	15	25	4 308
房村镇	22 028	5 641	112	4	6 237	8	738	15	74	2 772
伊庄镇	17 251	1 896	326	6	52 203	2	342	62	14	89
单集镇	20 627	594	405	4	14 158	3	730	33	58	493
利国镇	52 862	8 947	150	6	198 127	13	1 686	13	18	162
徐庄镇	19 956	600	410	5	9 731	22	967	22	25	303
大许镇	16 842	622	228	4	33 795	2	1 551	22	70	11 210
茅村镇	19 197	1 217	216	1	31 250	28	926	63	60	12 155
柳泉镇	11 944		147	3	26 800	3	556	30	50	254
睢宁县										
睢城镇	3 076	1 687	165	10	240 000	9	4 120	13	108	3 729
王集镇	7 472	1 294	421	10	67 510		1 698	34	81	4 882
双沟镇	1 021	816	126	4	19 284	3	801	67	33	2 890
岚山镇	9 437	1 245	230	7	27 123	22	1 038	30	57	20 800
李集镇	2 698	450	95	3	17 587	1	960	35	45	9 124
桃园镇	8 712	1 423	77	3	26 090		945	22	74	1 228
官山镇	10 352		120	4	9 231		897	17	76	10 568
高作镇	13 119	6 882	190	1	46 217		792	98	53	833
沙集镇	2 434	137	310	3	45 000		625	42	16	442
凌城镇	2 567	172	247	3	9 340	1	972	47	16	2 780
邱集镇	10 399	2 227	260	5	24 183		1 700	20	53	1 144
古邳镇	7 402	230	56	2	4 500		165	50	54	286
姚集镇	6 100	40	278	5	43 000		1 254	17	23	127
魏集镇	941	234	86	2	56 112		985	30	89	5 016
梁集镇	4 948		454	10	8 574	1	1 078	19	60	7 521
庆安镇	4 673	2 683	168	7	22 500	1	1 052	37	76	403

22-1 续表 23

（2013 年）

乡镇名称	年末累计负债金额（万元）	#当年负债	本乡镇公路里程（公里）	市场个数（个）	集贸市场成交额（万元）	公园及休闲健身广场个数（个）	各类科技人员（人）	农业技术服务机构从业人员数（个）	农业专业合作社个数（个）	农业专业合作社成员数（户）
新沂市										
新安街道	14 730		55	15	145 280	3	1 367	26	18	2 170
北沟街道	6 329		48	3	39 446		1 288	13	1	60
墨河街道			10	4	4 521	1	230	32	9	60
唐店街道	2 977		50	4	33 287	1	643	11	31	2 410
瓦窑镇	2 996	155	19	5	5 522	1	789	26	70	4 226
港头镇	3 922		52	4	28 900	3	605	25	49	2 270
合沟镇	2 015		42	3	1 052	1	715	8	3	32
草桥镇	4 554	600	60	5	36 647	5	2 176	30	20	3 800
窑湾镇	1 460	1 460	95	2	29 050	1	910	74	94	1 820
棋盘镇	7 306	248	580	8	3 400	2	1 427	18	28	4 120
马陵山镇	1 850	188	130	4	34 150	2	1 914	10	52	3 761
新店镇	1 942	126	52	4	16 350		77	11	63	2 868
邵店镇	2 150	800	102	2	58 989	8	65	11	52	2 510
时集镇	1 358	204	105	3	12 610	1	609	7	96	12 225
高流镇	1 628	500	220	4	15 883	2	980	15	23	2 874
阿湖镇	2 104	357	165	7	1 254		672	7	68	6 041
双唐镇	1 304	1 304	80	6	44 590		460	10	16	174
邳州市										
东湖街道	20	15	99	6	3 146	3	128	3	6	656
运河街道	11 068	1 638	734	25	356 927	32	7 894	128	6	262
戴圩街道	3 316	1 911	120	2	11 280	1	520	33	11	327
炮车街道	4 269	301	195	3	26 895	1	278	17	50	3 715
邳城镇	1 038	185	148	3	27 324		123	12	41	6 679
官湖镇	8 663		305	5	1862 530	3	1 620	20	46	20 333
四户镇	659		92	6	11 300	10	439	12	34	6 112
宿羊山镇	4 502	201	11	5	7 894	1	1 096	101	1	109
八义集镇	2 231	26	167	5	15 817	2	42	39	25	6 674
土山镇	3 615	448	566	3	27 867	5	1 305	16	59	20 344
碾庄镇	2 206	896	296	4	1 920	4	1 156	36	63	4 880
港上镇	3 242	208	230	2	10 409	4	709	21	14	16 442
邹庄镇	350	23	76	5	2 780	1	115	48	22	3 878
占城镇	2 620	101	182	3	3 640		145	16	6	318
新河镇	1 890	55	220	2	18 650	1	62	13	28	3 650
八路镇	1 220	50	180	1	690	2	305	23	18	765
铁富镇	5 768	5 139	235	6	2 865	2	351	69	52	10 981
岔河镇	702	110	203	4	7 824	3	113	12	39	12 003
陈楼镇	2 437	1 405	201	5	59 273	1	85	23	24	4 380
邢楼镇	440	145	110	6	11 000	1	450	10	25	670
戴庄镇	920	0	170	3	26 700		80	35	6	770
车辐山镇	3 266	1 057	165	1	2 658	1	56	23	7	396
燕子埠镇	894	60	84	2	9 213		391	7	27	4 126
赵墩镇	4 700	860	130	6	1 800		200	60	2	10
议堂镇	42		262	1	3 633		195	15	13	1 520

22-1 续表 24 （2013 年）

乡镇名称	学校总数（个）	在校学生总数（人）	教师总数（人）	幼儿园、托儿所（个）	影剧院（个）	体育场馆（个）	医疗卫生机构个数（个）	医疗卫生机构床位（床）	执业（助理）医生（人）
贾汪区									
大泉街道	8	10 836	611	18	2	2	2	147	123
大吴街道	9	5 293	638	18	1	1	4	120	112
潘安湖街道	1	608	101	6			1	15	8
青山泉镇	6	6 532	475	9	1	1	15	220	92
紫庄镇	10	6 231	458	11		2	2	120	102
塔山镇	9	7 069	545	10			2	100	57
汴塘镇	8	4 219	307	5	1		1	129	62
江庄镇	5	3 216	241	6	1		2	81	49
金山桥									
大黄山街道	6	5 896	421	6			2	50	19
大庙街道	11	12 099	1261	56	1	1	3	550	256
丰　县									
中阳里街道	12	20 012	739	41	1		18	669	351
凤城镇	6	4 823	288	8			29	91	100
首羡镇	11	6 134	453	30			60	169	80
顺河镇	8	5 871	487	24	1		25	130	103
常店镇	8	3 404	507	26			31	155	114
欢口镇	12	11 742	766	29	1	2	30	129	79
师寨镇	12	5 196	467	20	1		56	150	122
华山镇	14	15 930	1176	30	1	1	33	148	98
梁寨镇	13	7 189	569	17	1	1	30	185	103
范楼镇	13	6 503	470	21			49	120	85
孙楼镇	6	2 423	312	12			20	120	54
宋楼镇	11	11 140	758	23			34	198	159
大沙河镇	8	4 261	371	12			21	120	44
王沟镇	12	5 008	745	15			33	115	97
赵庄镇	10	3 516	397	19	1	1	46	90	66
沛　县									
龙固镇	10	7 726	576	14	1		23	242	56
杨屯镇	7	3 105	376	2	1		24	241	57
大屯镇	11	4 014	565	28	3	1	30	356	242
沛城镇	15	14 021	973	15	1	2	46	2 534	2 314
胡寨镇	6	5 165	304	11			15	152	81
魏庙镇	6	4 022	295	24		1	18	181	32
五段镇	7	8 685	577	8	1		18	191	113
张庄镇	16	9 383	569	20	1		32	334	162
张寨镇	14	11 840	809	22			30	308	119
敬安镇	9	3 941	464	29		2	27	282	41
河口镇	8	4 619	351	18			19	197	141
栖山镇	12	4 269	423	2			22	232	139
鹿楼镇	17	5 909	531	19	1	1	25	267	198
朱寨镇	9	3 298	662	6			25	268	93
安国镇	13	6 005	428	16			32	339	134

22-1 续表 25 （2013 年）

乡镇名称	学校总数（个）	在校学生总数（人）	教师总数（人）	幼儿园、托儿所（个）	影剧院（个）	体育场馆（个）	医疗卫生机构个数（个）	医疗卫生机构床位（床）	执业(助理)医生（人）
铜山区									
铜山街道	6	11 418	885	16	1	6	2	117	2
新区街道	4	715	118	20			11	118	47
三堡镇街道	5	2 809	259	10	1	2	1	30	30
何桥镇	8	3 665	269	26		2	1	50	54
黄集镇	10	3 035	381	10	1	2	1	68	50
马坡镇	5	3 567	335	16		1	1	38	56
郑集镇	9	13 846	992	10	1	3	1	230	201
柳新镇	12	9 136	690	7	1		1	79	60
刘集镇	13	5 306	560	13		1	1	56	58
大彭镇	8	7 842	576	14	1	3	1	70	51
汉王镇	6	2 681	288	19	1	2	1	104	47
棠张镇	7	4 386	342	10	1	1	1	135	138
张集镇	11	13 062	1 026	8	1	1	2	160	112
房村镇	8	5 213	515	22		5	2	120	55
伊庄镇	7	3 096	244	14		1	2	55	30
单集镇	10	6 951	353	5		3	2	71	26
利国镇	7	5 336	383	9		1	2	99	124
徐庄镇	12	4 689	406	25	1	1	2	80	45
大许镇	12	8 828	763	12		4	3	209	215
茅村镇	9	8 659	710	32		1	1	50	55
柳泉镇	6	4 564	310	12		2	1	40	40
睢宁县									
睢城镇	34	56 015	3 768	32	4	2	55	984	893
王集镇	17	11 075	944	6			18	209	91
双沟镇	8	5 724	496	7	1	1	23	232	43
岚山镇	15	5 786	466	23	1		52	130	56
李集镇	8	6 894	502	6		1	16	112	43
桃园镇	16	5 084	553	16			35	112	78
官山镇	10	5 864	492	18			2	160	108
高作镇	5	1 686	303	5			20	110	24
沙集镇	8	3 345	350	11			29	144	92
凌城镇	12	7 467	485	4		1	26	141	138
邱集镇	16	6 220	615	16	1		3	271	160
古邳镇	10	7 000	462	3			29	155	83
姚集镇	16	4 100	495	7		1	38	210	135
魏集镇	12	9 687	671	1			2	126	116
梁集镇	30	9 978	525	10	1	1	27	295	153
庆安镇	11	7 350	552	26			32	330	172

22-1 续表 26 （2013 年）

乡镇名称	学校总数（个）	在校学生总数（人）	教师总数（人）	幼儿园、托儿所（个）	影剧院（个）	体育场馆（个）	医疗卫生机构个数（个）	医疗卫生机构床位（床）	执业(助理)医生(人)
新沂市									
新安街道	11	13 450	1147	15	3	2	20	163	1 125
北沟街道	10	12 434	1442	4			2	111	91
墨河街道	8	7 539	270	8			1	60	20
唐店街道	4	4 024	313	18		1	1	92	79
瓦窑镇	5	4 118	443	6			1	161	56
港头镇	7	4 210	316	4	1	1	1	65	55
合沟镇	7	6 120	324	4			1	138	45
草桥镇	11	5 120	446	26	1	1	2	196	66
窑湾镇	9	8 148	474	6	1		2	108	120
棋盘镇	14	7 149	697	28	1	1	2	241	161
马陵山镇	8	8 451	713	14	1		2	95	52
新店镇	8	3 351	345	5	1		2	106	66
邵店镇	7	3 282	264	4	1	1	1	169	67
时集镇	11	7 320	424	12			2	92	101
高流镇	9	10 100	568	9		1	10	280	150
阿湖镇	10	4 621	395	10		1	2	260	190
双唐镇	5	3 050	255	20		1	2	125	116
邳州市									
东湖街道	7	29 374	2 514	15		1	18	391	89
运河街道	30	68 482	4 449	30	3	5	11	1 002	1 892
戴圩街道	11	7 840	626	28			17	282	336
炮车街道	7	10 250	1250	8		2	16	60	205
邳城镇	11	6 694	524	14			23	96	246
官湖镇	22	15 033	871	23	2	1	28	230	153
四户镇	6	5 457	306	8	1		1	40	77
宿羊山镇	10	7 655	976	12	1	1	25	160	162
八义集镇	18	14 914	852	15	1	1	27	160	243
土山镇	10	9 213	831	5	1	2	23	247	306
碾庄镇	12	10 044	531	28		1	29	86	218
港上镇	7	5 973	496	10	1	1	23	60	92
邹庄镇	7	1 250	81	5		1	17	55	45
占城镇	10	3 073	365	6	1	1	19	83	90
新河镇	10	9 860	495	8	1	1	21	23	120
八路镇	6	4 660	395	3			15	89	102
铁富镇	23	14 801	914	30		3	31	189	108
岔河镇	9	4 593	433	6	1	1	13	103	31
陈楼镇	8	4 912	490	18			12	16	140
邢楼镇	6	5 450	254	8	1	1	19	52	68
戴庄镇	6	4 100	368	10			17	52	54
车辐山镇	7	13 865	426	8			17	93	92
燕子埠镇	7	2 702	313	1			17	42	31
赵墩镇	9	14 080	955	18			29	61	85
议堂镇	10	3 420	370	5			13	26	138

22-1　续表 27　　　　　　　　　　　　　（2013 年）

乡镇名称	使用自来水户数（户）	生活用燃气户数（户）	有线电视入户率（%）	住楼房户比重（%）	敬老院、福利院（个）	敬老院、福利院床位数（床）	现收养人数（人）	参加农村养老保险的人数（人）	参加农村新型合作医疗人数（人）	享受最低生活保障人数（人）
贾汪区										
大泉街道	17 223	5 989	87	91	3	127	116	20 057	41 200	852
大吴街道	15 594	10 312	79	52	1	150	48	24 922	42 727	269
潘安湖街道	5 304	4 998	81	46				6 519	12 329	72
青山泉镇	15 415	3 720	92	62	2	121	105	30 125	46 536	315
紫庄镇	13 380	9 892	68	61	1	230	195	22 188	49 634	683
塔山镇	11 640	4 887	42	38	4	304	300	30 750	61 488	1491
汴塘镇	9 107	7 109	93	36	6	284	226	27 005	48 410	905
江庄镇	6 350	5 681	99	40	1	74	74	12 575	34 315	938
金山桥										
大黄山街道	11 273	7 469	60	83				16 870	35 225	562
大庙街道	18 824	21 000	100	96	2	90	7	35 900	76 718	921
丰　县										
中阳里街道	1 553	6 107	98	56				7 994	11 248	992
凤城镇	850	10 221	95	56	1	170	90	10 577	38 824	1 567
首羡镇	17 968	14 898	68	23	2	40	40	26 200	77 955	3 756
顺河镇	12 350	11 232	92	28	1	220	216	16 830	49 875	2 684
常店镇	15 830	11 230	95	38	1	210	65	18 758	57 015	3 616
欢口镇	18 370	23 486	95	30	1	330	291	26 407	80 674	4 320
师寨镇	18 868	17 280	98	32	2	344	70	24 541	68 122	3 499
华山镇	24 096	19 295	100	45	2	370	235	28 560	85 120	3 648
梁寨镇	13 539	13 950	85	30	2	270	120	29 772	60 948	3 200
范楼镇	22 350	12 825	82	38	2	60	50	23 273	59 858	2 956
孙楼镇	12 000	11 300	100	38	1	120	90	15 462	48 247	1 710
宋楼镇	8 750	12 301	85	25	1	436	189	30 545	86 550	4 758
大沙河镇	12 050	10 679	80	33	1	90	48	16 755	56 561	2 528
王沟镇	21 000	14 200	78	25	1	130	116	31 876	93 010	5 129
赵庄镇	16 956	12 246	83	45	2	220	88	18 679	59 524	3 313
沛　县										
龙固镇	9 545	10 901	93	57	2	108	85	25 065	59 462	2 122
杨屯镇	10 545	10 107	75	67	1	104	104	20 346	51 098	1 646
大屯镇	18 100	18 980	81	69	2	330	180	24 095	57 284	1 928
沛城镇	47 968	43 985	65	68	4	485	206	19 991	83 046	10 056
胡寨镇	9 198	9 451	73	63	2	76	45	12 427	35 143	2 119
魏庙镇	13 350	13 080	73	70	2	142	137	15 273	52 509	1 249
五段镇	10 245	10 245	95	88	1	70	69	2 347	45 734	834
张庄镇	21 605	24 285	75	74	2	218	215	37 017	84 240	2 299
张寨镇	12 100	17 490	70	52	2	220	154	30 058	78 705	2 168
敬安镇	13 650	9 519	90	65	1	192	192	16 404	57 080	2 170
河口镇	6 632	7 925	58	57	2	94	94	16 324	53 708	2 298
栖山镇	14 430	13 624	85	55	1	245	132	24 147	60 934	2 597
鹿楼镇	12 355	14 271	62	61	1	101	100	12 145	76 895	2 903
朱寨镇	900	8 518	59	64	2	260	217	26 058	57 145	2 196
安国镇	20 001	15 108	67	58	1	120	110	27 072	77 127	2 929

22-1 续表 28 (2013 年)

乡镇名称	使用自来水户数（户）	生活用燃气户数（户）	有线电视入户率（%）	住楼房户比重（%）	敬老院、福利院（个）	敬老院、福利院床位数（床）	现收养人数（人）	参加农村养老保险的人数（人）	参加农村新型合作医疗人数（人）	享受最低生活保障人数（人）
铜山区										
铜山街道	35 450	33 020	93	92	1	60	56	3 229	2 270	349
新区街道	11 744	11 572	82	81				21 118	32 330	1 576
三堡镇街道	5 341	6 149	85	70	1	120	120	14 731	25 007	269
何桥镇	4 159	7 951	70	49	3	176	147	15 250	44 150	865
黄集镇	16 023	15 236	99	84	2	240	240	19 599	51 800	794
马坡镇	1 311	5 745	47	76	4	241	241	14 016	39 600	1 607
郑集镇	16 489	14 025	100	90	3	220	147	14 738	38 758	1 100
柳新镇	1 925	19 459	96	75	5	165	165	19 662	60 943	713
刘集镇	5 855	15 302	94	63	4	265	187	3 100	52 107	940
大彭镇	10 310	15 386	89	64	1	190	165	3 970	51 180	1 690
汉王镇	9 614	5 438	98	86	3	112	106	18 821	43 296	623
棠张镇	9 500	93	94	88	2	325	215	22 812	43 540	1 150
张集镇	12 987	11 067	94	51	2	248	210	23 283	59 945	1 716
房村镇	5 912	8 012	72	57	6	386	284	19 486	59 026	2 312
伊庄镇	10 723	10 677	93	92	5	325	322	12 459	37 430	1 210
单集镇	18 615	11 721	85	52	3	360	324	22 349	61 800	2 417
利国镇	18 985	16 758	100	96	6	390	339	2 849	43 960	467
徐庄镇	14 601	10 465	67	59	5	367	367	19 002	57 785	2 529
大许镇	10 516	17 453	86	67	5	501	376	29 571	61 348	2 172
茅村镇	14 755	17 580	60	76	4	174	108	14 623	49 914	786
柳泉镇	18 000	18 006	95	80	3	158	90	27 509	47 866	2 016
睢宁县										
睢城镇	83 562	80 135	98	64	8	673	282	66 237	114 047	8 619
王集镇	10 483	12 693	83	39	2	200	169	22 083	72 797	2 170
双沟镇	4 034	3 097	90	36	1	80	67	16 513	46 337	1 441
岚山镇	8 802	992	96	24	2	32	30	20 681	67 965	2 894
李集镇	13 046	9 175	97	72	1	260	160	15 238	50 551	1 599
桃园镇	16 220	6 860	85	32	2	190	123	16 619	73 925	2 293
官山镇	9 087	10 501	56	17	1	200	116	18 990	75 580	2 318
高作镇	5 473	5 439	79	33	1	96	38	11 962	35 022	1 315
沙集镇	6 820	10 998	70	38	2	110	85	24 960	53 852	2 410
凌城镇	17 390	10 470	62	19	1	337	179	2 460	72 045	3 457
邱集镇	15 101	14 715	60	32	2	200	170	28 110	101 285	3 178
古邳镇	17 760	14 805	99	51	1	160	66	2 544	65 193	4 200
姚集镇	19 005	17 500	92	19	2	140	114	48 400	89 885	1 670
魏集镇	6 302	151	74	31	1	210	130	18 731	69 033	2 310
梁集镇	1 540	60	44	29	2	179	179	24 182	40 473	3 670
庆安镇	16 001	15 371	82	43	2	83	80	20 457	62 052	3 462

22-1 续表 29 （2013 年）

乡镇名称	使用自来水户数（户）	生活用燃气户数（户）	有线电视入户率（%）	住楼房户比重（%）	敬老院、福利院（个）	敬老院、福利院床位数（床）	现收养人数（人）	参加农村养老保险的人数（人）	参加农村新型合作医疗人数（人）	享受最低生活保障人数（人）
新沂市										
新安街道	78 446	13 248	97	72	4	225	190	62 135	16 148	6 513
北沟街道	12 416	9 675	90	34	1	176	98	7122	31 555	1 602
墨河街道	13 575	12 500	30	50	1	100	80	15466	39 020	2 642
唐店街道	10 676	9 890	94	44	2	172	171	11874	39 825	1 827
瓦窑镇	9 710	6 455	100	44	1	260	260	12263	36 889	2 136
港头镇	10 222	9 097	100	68	1	250	240	9800	38 900	2 690
合沟镇	8 951	4 013	98	26	1	72	54	47120	54 296	2 156
草桥镇	12 640	17 802	96	48	2	230	226	8628	63 900	4 560
窑湾镇	18 850	12 210	94	46	1	230	193	12010	59 836	3 380
棋盘镇	19 476	13 528	82	23	2	361	311	28044	71 230	3 134
马陵山镇	16 233	15 011	97	41	3	310	195	25144	56 104	2 643
新店镇	12 315	13 546	95	27	1	395	395	18890	45 120	1 816
邵店镇	9 530	8 244	98	24	1	155	88	13100	36 531	1 389
时集镇	10 310	8 308	92	20	2	288	142	15560	51 550	2 702
高流镇	12 800	12 700	99	43	1	95	90	1020	56 965	320
阿湖镇	12 204	9 713	95	45	3	400	297	9486	56 154	3 120
双唐镇	9 614	6 284	90	30	1	124	123	15044	28 944	1 706
邳州市										
东湖街道办事处	4 847	3 123	62	35	1	131	94	10 834	22 762	331
运河街道办事处	72 864	55 983	92	90	2	60	60	106 329	214 748	9 436
戴圩街道办事处	13 899	1 381	55	26	1	158	55	22 620	70 690	1 736
炮车街道办事处	13 098	600	99	42	2	135	129	14 536	53 000	2 658
邳城镇	17 169	7 680	66	56	2	121	121	20 753	65 215	1 217
官湖镇	28 120	27 439	92	65	3	210	173	50 124	82 280	2 016
四户镇	9 610	6 010	58	10	2	195	138	16 022	47 500	1 054
宿羊山镇	10 289	16 475	88	43	1	150	144	2 415	63 527	1 241
八义集镇	16 394	11 338	90	11	2	300	121	34 319	70 237	1 456
土山镇	12 035	10 985	92	36	1	280	236	18 356	53 168	1 879
碾庄镇	20 662	22 849	74	42	2	328	328	38 679	82 620	1 676
港上镇	15 320	7 352	91	51	1	120	87	39 810	61 789	1 278
邹庄镇	10 020	12 093	99	75	1	57	52	14 300	53 720	26
占城镇	3 612	922	43	24	1	66	45	2 456	42 243	381
新河镇	3 550	8 300	88	48	2	250	238	21 650	58 350	382
八路镇	11 886	4 779	69	30	1	125	120	7 880	45 811	235
铁富镇	7 800	16 934	34	53	1	152	116	32 080	116 320	2 198
岔河镇	6 073	8 582	90	42	1	98	92	404	41 341	1 113
陈楼镇	11 029	11 120	90	51	1	37	26	11 022	41 098	800
邢楼镇	6 800	9 890	95	13	1	120	118	510	45 950	310
戴庄镇	9 028	5 400	90	32	1	80	78	33 800	46 500	567
车辐山镇	4 913	2 250	88	39	2	58	58	2 689	43 671	756
燕子埠镇	8 645	4 768	26	14	1	140	117	1 011	30 258	1 603
赵墩镇	17 690	7 756	30	10	1	36	33	24 680	88 690	3 460
议堂镇	6 730	7 283	44	29	1	145	73	10 360	33 835	1 670

22–2 分镇建成区主要经济指标

（2013 年）

乡镇名称	城镇规划区面积(公顷)	城镇建成区面积(公顷)	# 绿化面积	建成区总户数(户)	建成区总人口(人)
贾汪区					
大泉街道	310	227	81	5 237	16 788
大吴街道	560	560	311	8 770	34 478
潘安湖街道	528	520	166	1 591	8 082
青山泉镇	1 085	685	385	11 568	40 120
紫庄镇	785	649	195	4 992	16 714
塔山镇	550	550	140	4 918	17 968
汴塘镇	389	361	89	2 513	8 900
江庄镇	340	275	65	942	3 986
金山桥					
大黄山街道	600	400	125	6 249	22 607
大庙街道	660	660	380	15 331	57 087
丰　县					
中阳里街道	400	93	39	2 094	6 106
凤城镇	2 300	182	70	4 280	14 696
首羡镇	620	300	135	3 626	11 885
顺河镇	450	412	60	4 263	18 426
常店镇	350	324	40	3 014	9 590
欢口镇	616	530	240	14 803	47 030
师寨镇	400	170	35	2 747	11 411
华山镇	810	530	170	11 620	41 060
梁寨镇	1 000	415	160	7 619	30 528
范楼镇	300	220	36	2 962	10 950
孙楼镇	220	165	35	2 760	8 012
宋楼镇	360	269	39	4 006	10 625
大沙河镇	380	310	86	4 267	22 782
王沟镇	300	240	35	3 790	14 530
赵庄镇	519	465	210	9 375	37 975
沛　县					
龙固镇	1 310	565	260	9 859	43 569
杨屯镇	220	220	75	5 690	19 932
大屯镇	1 045	555	249	10 475	41 231
沛城镇	1 200	1 036	138	56 987	146 216
胡寨镇	185	175	8	960	4 350
魏庙镇	400	220	67	3 904	12 967
五段镇	120	102	12	1 863	7 405
张庄镇	589	537	89	8 854	30 639
张寨镇	410	80	9	1 472	7 432
敬安镇	1 000	460	120	9 369	34 210
河口镇	120	116	38	1 257	5 285
栖山镇	65	70	28	1 769	6 747
鹿楼镇	220	155	17	2 799	10 983
朱寨镇	100	110	13	2 172	7 229
安国镇	439	265	28	8 247	28 950

22-2　续表 1　　　　（2013 年）

乡镇名称	城镇规划区面积(公顷)	城镇建成区面积(公顷)	#绿化面积	建成区总户数(户)	建成区总人口(人)
铜山区					
铜山街道	5 260	4 210	1 610	35 531	73 864
新区街道					
三堡镇街道	477	140	47	2 429	9 717
何桥镇	299	270	61	2 207	6 489
黄集镇	680	514	82	4 273	15 766
马坡镇	240	217	24	2 560	11 440
郑集镇	320	274	131	8 219	38 027
柳新镇	750	610	250	4 698	27 207
刘集镇	833	653	57	3 005	11 425
大彭镇	2 160	274	8	2 366	9 746
汉王镇	335	302	133	1 428	6 824
棠张镇	460	469	161	8 260	17 100
张集镇	410	368	44	3 410	7 392
房村镇	600	230	29	2 348	9 214
伊庄镇	245	241	17	2 451	7 435
单集镇	290	222	16	4 629	13 517
利国镇	330	354	95	6 257	30 276
徐庄镇	1 000	344	66	8 328	30 927
大许镇	500	406	57	8 976	33 671
茅村镇	400	372	101	13 812	34 820
柳泉镇	9 980	255	21	3 770	21 300
睢宁县					
睢城镇	4 954	4 116	473	70 135	219 326
王集镇	2 410	570	65	3 891	18 651
双沟镇	2 667	590	61	4 622	18 040
岚山镇	1 533	815	8	7 016	27 826
李集镇	3 389	533	252	6 811	24 795
桃园镇	1 000	400	5	4 188	17 206
官山镇	800	484	8	2 392	7 954
高作镇	360	260	50	5 939	18 014
沙集镇	600	577	110	4 300	16 510
凌城镇	3 400	500	252	5 849	24 970
邱集镇	2 333	422	43	6 100	24 500
古邳镇	1 733	900	96	6 545	33 935
姚集镇	1 340	695	22	4 410	19 700
魏集镇	2 400	728	4	6 419	17 178
梁集镇	2 300	263	27	2 701	7 140
庆安镇	1 600	316	83	4 012	16 810

22-2 续表 2

（2013 年）

乡镇名称	城镇规划区面积(公顷)	城镇建成区面积(公顷)	#绿化面积	建成区总户数(户)	建成区总人口(人)
新沂市					
新安街道	985	985	335	20 865	76 428
北沟街道	3 400	1 000	188	1 126	5 096
墨河街道	400	290	93	3 294	10 412
唐店街道	500	435	129	5 147	17 357
瓦窑镇	259	259	52	4 320	16 305
港头镇	280	266	102	2 050	7 010
合沟镇	450	400	126	980	6 240
草桥镇	780	787	202	8 310	31 140
窑湾镇	500	435	186	8 462	27 350
棋盘镇	610	696	246	7 652	31 250
马陵山镇	410	310	120	12 870	24 306
新店镇	350	310	60	2 371	9 132
邵店镇	398	398	119	3 765	11 524
时集镇	240	178	45	2 532	8 820
高流镇	550	510	142	5 846	24 390
阿湖镇	600	500	125	2 140	6 405
双唐镇	400	365	80	2 559	5 731
邳州市					
东湖街道	1 109	935	193	3 541	10 507
运河街道	1 172	1 172	412	70 121	224 493
戴圩街道	4 090	1 416	692	6 165	25 358
炮车街道	1 998	610	89	6 358	25 420
邳城镇	78	49	37	6 213	32 737
官湖镇	1 477	870	186	9 307	46 236
四户镇	510	400	40	2 180	8 175
宿羊山镇	64	63	34	3 155	11 123
八义集镇	314	275	30	1 911	7 997
土山镇	660	370	181	5 546	22 097
碾庄镇	219	302	94	9 978	39 528
港上镇	660	401	107	4 201	20 053
邹庄镇	670	598	72	2 253	8 340
占城镇	300	203	4	639	2 264
新河镇	378	365	14	1 536	7 560
八路镇	268	180	30	2 377	11 690
铁富镇	1 120	956	794	16 060	71 206
岔河镇	196	120	30	2 144	8 420
陈楼镇	280	180	92	2 818	8 241
邢楼镇	50	178	27	982	4 050
戴庄镇	320	189	27	1 808	8 020
车辐山镇	550	467	15	1 952	8 165
燕子埠镇	169	119	30	924	3 736
赵墩镇	1 280	498	110	2 450	11 393
议堂镇	350	310	70	1 650	7 210

22–3 分镇主要经济指标排序(2013)
行政区域面积

排序	乡镇名称	绝对量(公顷)	排序	乡镇名称	绝对量(公顷)	排序	乡镇名称	绝对量(公顷)
1	新沂市棋盘镇	17 634	41	贾汪区汴塘镇	10 080	81	邳州市邹庄镇	7 366
2	睢宁县姚集镇	16 700	42	邳州市新河镇	9 797	82	新沂市港头镇	7 118
3	铜山区张集镇	14 800	43	睢宁县桃园镇	9 682	83	邳州市岔河镇	7 030
4	睢宁县邱集镇	14 079	44	邳州市邢楼镇	9 650	84	铜山区马坡镇	6 900
5	铜山区房村镇	13 600	45	沛县敬安镇	9 600	85	新沂市合沟镇	6 872
6	沛县安国镇	13 328	46	邳州市车辐山镇	9 500	86	铜山区郑集镇	6 800
7	铜山区徐庄镇	13 259	47	贾汪区塔山镇	9 468	87	新沂市唐店街道	6 777
8	铜山区单集镇	13 210	48	睢宁县凌城镇	9 365	88	邳州市八路镇	6 695
9	睢宁县王集镇	13 152	49	鼓楼区大庙街道	9 126	89	贾汪区紫庄镇	6 668
10	睢宁县魏集镇	12 938	50	邳州市八义集镇	9 112	90	贾汪区青山泉镇	6 647
11	铜山区大许镇	12 900	51	丰县赵庄镇	9 100	91	丰县孙楼镇	6 608
12	睢宁县岚山镇	12 837	52	邳州市邳城镇	9 028	92	铜山区新区街道	6 450
13	新沂市新店镇	12 800	53	邳州市宿羊山镇	9 013	93	铜山区汉王镇	6 420
14	丰县王沟镇	12 621	54	沛县栖山镇	8 951	94	邳州市港上镇	6 400
15	新沂市阿湖镇	12 545	55	邳州市占城镇	8 900	95	邳州市土山镇	6 380
16	沛县鹿楼镇	12 540	56	邳州市官湖镇	8 880	96	睢宁县李集镇	6 368
17	睢宁县官山镇	12 528	57	新沂市双塘镇	8 800	97	新沂市瓦窑镇	6 312
18	邳州市铁富镇	12 444	58	丰县梁寨镇	8 680	98	新沂市墨河街道	5 853
19	新沂市新安街道	12 400	59	丰县顺河镇	8 648	99	新沂市邵店镇	5 800
20	新沂市高流镇	12 290	60	铜山区伊庄镇	8 560	100	邳州市议堂镇	5 760
21	丰县宋楼镇	12 214	61	铜山区柳新镇	8 500	101	沛县大屯镇	5 540
22	丰县首羡镇	12 176	62	铜山区茅村镇	8 396	102	沛县龙固镇	5 302
23	邳州市碾庄镇	12 100	63	铜山区刘集镇	8 360	103	邳州市炮车街道	5 299
24	邳州市赵墩镇	12 000	64	铜山区黄集镇	8 340	104	铜山区铜山街道	5 260
25	丰县范楼镇	11 610	65	沛县河口镇	8 257	105	丰县凤城镇	5 207
26	新沂市窑湾镇	11 597	66	睢宁县双沟镇	8 183	106	沛县魏庙镇	5 200
27	睢宁县庆安镇	11 571	67	丰县大沙河镇	8 150	107	沛县五段镇	4 700
28	丰县华山镇	11 300	68	邳州市四户镇	8 100	108	沛县胡寨镇	4 594
29	沛县张庄镇	11 200	69	铜山区棠张镇	8 030	109	鼓楼区大黄山街道	4 300
30	睢宁县梁集镇	11 036	70	邳州市戴圩街道	7 999	110	睢宁县高作镇	4 171
31	睢宁县古邳镇	10 666	71	沛县朱寨镇	7 900	111	沛县杨屯镇	4 100
32	沛县张寨镇	10 634	72	邳州市运河街道	7 823	112	睢宁县沙集镇	4 000
33	新沂市马陵山镇	10 600	73	铜山区利国镇	7 769	113	邳州市陈楼镇	3 996
34	新沂市时集镇	10 600	74	丰县常店镇	7 727	114	贾汪区大吴街道	3 840
35	沛县沛城镇	10 560	75	邳州市燕子埠镇	7 700	115	铜山区三堡街道	3 540
36	铜山区柳泉镇	10 520	76	铜山区大彭镇	7 600	116	新沂市北沟街道	3 400
37	丰县欢口镇	10 500	77	贾汪区江庄镇	7 496	117	邳州市东湖街道	2 646
38	丰县师寨镇	10 450	78	贾汪区大泉街道	7 435	118	贾汪区潘安湖街道	2 580
39	睢宁县睢城镇	10 173	79	铜山区何桥镇	7 400	119	丰县中阳里街道	990
40	新沂市草桥镇	10 125	80	邳州市戴庄镇	7 373			

22-3 续表 1

财政总收入

排序	乡镇名称	绝对量（万元）	排序	乡镇名称	绝对量（万元）	排序	乡镇名称	绝对量（万元）
1	铜山区铜山街道	370 800	41	丰县中阳里	15 400	81	睢宁县魏集镇	8 575
2	邳州市运河街道	121 011	42	铜山区大彭镇	15 210	82	睢宁县双沟镇	8 446
3	丰县凤城镇	108 560	43	丰县梁寨镇	15 179	83	沛县河口镇	8 356
4	鼓楼区大庙街道	104 028	44	新沂市港头镇	14 772	84	铜山区大许镇	8 120
5	沛县沛城镇	102 142	45	邳州市赵墩镇	14 680	85	邳州市八义集镇	7 856
6	睢宁县睢城镇	89 879	46	沛县朱寨镇	14 298	86	铜山区黄集镇	7 755
7	新沂市新安街道	87 407	47	贾汪区大泉街道	14 267	87	丰县大沙河镇	7 656
8	沛县大屯镇	79 434	48	丰县欢口镇	14 240	88	铜山区马坡镇	7 533
9	铜山区利国镇	76 757	49	铜山区刘集镇	14 164	89	铜山区何桥镇	7 340
10	贾汪区大吴街道	76 297	50	新沂市高流镇	13 406	90	邳州市邳城镇	7 318
11	贾汪区青山泉镇	69 120	51	邳州市四户镇	13 200	91	铜山区徐庄镇	7 165
12	铜山区柳新镇	68 121	52	新沂市阿湖镇	13 160	92	睢宁县李集镇	7 089
13	鼓楼区大黄山街道	61 687	53	新沂市邵店镇	13 060	93	沛县魏庙镇	7 086
14	邳州市官湖镇	52 500	54	丰县华山镇	13 028	94	铜山区单集镇	6 971
15	邳州市戴圩街道	39 870	55	铜山区棠张镇	12 877	95	邳州市新河镇	6 817
16	邳州市炮车街道	38 251	56	邳州市邹庄镇	12 830	96	睢宁县邱集镇	6 694
17	沛县龙固镇	35 305	57	睢宁县高作镇	12 747	97	睢宁县官山镇	6 407
18	铜山区汉王镇	33 510	58	邳州市岔河镇	12 438	98	睢宁县庆安镇	6 373
19	邳州市碾庄镇	31 673	59	丰县孙楼镇	12 265	99	邳州市车辐山镇	6 369
20	铜山区柳泉镇	29 391	60	丰县范楼镇	12 164	100	睢宁县岚山镇	6 307
21	邳州市铁富镇	28 646	61	新沂市马陵山镇	12 126	101	铜山区房村镇	6 296
22	沛县杨屯镇	26 535	62	沛县栖山镇	12 125	102	睢宁县梁集镇	6 048
23	新沂市瓦窑镇	24 555	63	新沂市合沟镇	12 105	103	睢宁县王集镇	5 945
24	新沂市双塘镇	23 525	64	邳州市宿羊山镇	12 011	104	新沂市墨河街道	5 781
25	贾汪区江庄镇	22 156	65	丰县顺河镇	11 645	105	邳州市戴庄镇	5 754
26	沛县敬安镇	21 465	66	丰县常店镇	11 540	106	铜山区伊庄镇	5 742
27	邳州市议堂镇	21 020	67	丰县师寨镇	10 745	107	邳州市土山镇	5 607
28	丰县首羡镇	20 791	68	睢宁县桃园镇	10 600	108	睢宁县姚集镇	5 426
29	铜山区茅村镇	19 824	69	新沂市时集镇	10 579	109	睢宁县古邳镇	5 378
30	沛县安国镇	19 487	70	新沂市北沟街道	10 575	110	睢宁县凌城镇	5 140
31	邳州市陈楼镇	19 049	71	沛县五段镇	10 458	111	邳州市燕子埠镇	5 095
32	新沂市唐店街道	18 968	72	丰县宋楼镇	10 400	112	邳州市八路镇	5 020
33	新沂市窑湾镇	18 481	73	沛县鹿楼镇	10 345	113	贾汪区紫庄镇	4 689
34	铜山区张集镇	18 278	74	丰县王沟镇	10 336	114	贾汪区塔山镇	4 628
35	铜山区三堡街道	18 264	75	铜山区郑集镇	10 160	115	邳州市占城镇	4 328
36	铜山区新区街道	18 250	76	沛县胡寨镇	10 118	116	睢宁县沙集镇	4 278
37	沛县张庄镇	16 912	77	邳州市邢楼镇	9 500	117	贾汪区汴塘镇	2 867
38	新沂市棋盘镇	16 769	78	沛县张寨镇	9 431	118	邳州市东湖街道	299
39	新沂市草桥镇	16 548	79	新沂市新店镇	9 065	119	贾汪区潘安湖街道	
40	邳州市港上镇	16 459	80	丰县赵庄镇	8 882			

固定资产投资完成额

22–3　续表 2

排序	乡镇名称	绝对量（万元）	排序	乡镇名称	绝对量（万元）	排序	乡镇名称	绝对量（万元）
1	铜山区新区街道	1 268 600	41	铜山区铜山街道	250 610	81	睢宁县梁集镇	86 930
2	铜山区柳泉镇	918 140	42	邳州市铁富镇	236 808	82	丰县梁寨镇	85 875
3	铜山区茅村镇	901 200	43	邳州市土山镇	201 358	83	丰县师寨镇	84 182
4	新沂市新安街道	890 000	44	邳州市宿羊山镇	201 125	84	邳州市赵墩镇	82980
5	铜山区利国镇	881 327	45	贾汪区江庄镇	200 154	85	贾汪区塔山镇	82 929
6	邳州市运河街道	716 325	46	铜山区黄集镇	198 261	86	睢宁县官山镇	82 640
7	铜山区棠张镇	710 500	47	邳州市八义集镇	195 324	87	睢宁县凌城镇	79 896
8	鼓楼区大庙街道	708 470	48	丰县赵庄镇	193 750	88	睢宁县魏集镇	77 104
9	丰县凤城镇	702 567	49	丰县欢口镇	187 640	89	贾汪区紫庄镇	73 933
10	沛县大屯镇	699 739	50	沛县张寨镇	185 560	90	睢宁县沙集镇	73 350
11	铜山区大许镇	658 718	51	沛县栖山镇	185 500	91	贾汪区汴塘镇	68 400
12	新沂市草桥镇	639 300	52	铜山区伊庄镇	169 576	92	睢宁县姚集镇	68 000
13	沛县敬安镇	591 200	53	铜山区刘集镇	163 200	93	丰县孙楼镇	66 100
14	丰县中阳里街道	567 646	54	邳州市陈楼镇	162 000	94	丰县范楼镇	65 811
15	铜山区何桥镇	539 500	55	铜山区汉王镇	157 180	95	睢宁县王集镇	65 580
16	铜山区张集镇	495 000	56	沛县胡寨镇	154 586	96	丰县宋楼镇	61 590
17	贾汪区青山泉镇	485 253	57	丰县常店镇	151 300	97	邳州市新河镇	61 550
18	沛县沛城镇	472 876	58	丰县顺河镇	150 000	98	邳州市占城镇	61 258
19	邳州市炮车街道	460 240	59	新沂市邵店镇	145 600	99	新沂市北沟街道	60 326
20	邳州市议堂镇	424 450	60	沛县河口镇	142 800	100	邳州市燕子埠镇	55 763
21	邳州市戴圩街道	421 266	61	铜山区单集镇	139 213	101	丰县大沙河镇	50 210
22	睢宁县睢城镇	420 000	62	新沂市港头镇	135 800	102	睢宁县李集镇	49 864
23	铜山区柳新镇	402 100	63	新沂市双塘镇	131 100	103	睢宁县桃园镇	49 282
24	沛县张庄镇	390 680	64	贾汪区大泉街道	126 000	104	睢宁县邱集镇	46 087
25	邳州市官湖镇	390 130	65	邳州市邹庄镇	119 800	105	新沂市合沟镇	45 260
26	沛县杨屯镇	387 000	66	新沂市新店镇	115 680	106	丰县王沟镇	45 200
27	铜山区郑集镇	377 961	67	邳州市岔河镇	113 460	107	睢宁县高作镇	44 820
28	贾汪区大吴街道	375 000	68	新沂市墨河街道	112 500	108	睢宁县双沟镇	37 760
29	沛县安国镇	363 800	69	丰县首羡镇	110 702	109	睢宁县古邳镇	35 600
30	沛县龙固镇	351 627	70	邳州市八路镇	108 800	110	新沂市高流镇	33 040
31	鼓楼区大黄山街道	336 080	71	铜山区马坡镇	103 285	111	邳州市邢楼镇	18 000
32	新沂市棋盘镇	311 108	72	睢宁县庆安镇	103 210	112	沛县魏庙镇	16 722
33	铜山区三堡街道	284 966	73	邳州市戴庄镇	98 500	113	新沂市阿湖镇	16 350
34	邳州市碾庄镇	282 390	74	邳州市邳城镇	97 543	114	沛县五段镇	16 036
35	铜山区大彭镇	278 941	75	睢宁县岚山镇	95 887	115	沛县鹿楼镇	15 085
36	新沂市唐店街道	264 258	76	新沂市窑湾镇	92 945	116	邳州市港上镇	14 500
37	铜山区徐庄镇	263 990	77	新沂市时集镇	92 000	117	邳州市四户镇	13 130
38	新沂市瓦窑镇	256 000	78	贾汪区潘安湖街道	90 440	118	邳州市车辐山镇	12 689
39	新沂市马陵山镇	253 927	79	沛县朱寨镇	88 200	119	邳州市东湖街道	
40	铜山区房村镇	253 379	80	丰县华山镇	87 100			

22-3　续表 3

农民人均纯收入

排序	乡镇名称	绝对量（元）	排序	乡镇名称	绝对量（元）	排序	乡镇名称	绝对量（元）
1	铜山区利国镇	19 698	41	沛县安国镇	13 270	81	铜山区何桥镇	11 244
2	铜山区铜山街道	19 119	42	邳州市四户镇	13 153	82	铜山区伊庄镇	11 162
3	铜山区柳新镇	18 825	43	邳州市八义集镇	13 011	83	丰县首羡镇	10 873
4	铜山区新区街道	18 610	44	沛县魏庙镇	12 849	84	睢宁县王集镇	10 854
5	铜山区三堡街道	17 927	45	丰县欢口镇	12 819	85	丰县宋楼镇	10 850
6	丰县中阳里街道	17 740	46	沛县朱寨镇	12 772	86	睢宁县双沟镇	10 821
7	邳州市官湖镇	17 171	47	沛县杨屯镇	12 746	87	睢宁县桃园镇	10 811
8	邳州市东湖街道	16 900	48	铜山区马坡镇	12 739	88	邳州市邳城镇	10 755
9	贾汪区潘安湖街道	16 743	49	沛县栖山镇	12 738	89	新沂市邵店镇	10 646
10	贾汪区青山泉镇	16 656	50	贾汪区紫庄镇	12 696	90	邳州市新河镇	10 574
11	贾汪区大吴街道	16 613	51	邳州市八路镇	12 616	91	铜山区单集镇	10 510
12	邳州市运河街道	16 264	52	沛县张寨镇	12 521	92	邳州市戴庄镇	10 386
13	新沂市新安街道	16 166	53	沛县河口镇	12 440	93	贾汪区大泉街道	10 366
14	邳州市宿羊山镇	16 159	54	新沂市合沟镇	12 425	94	睢宁县魏集镇	10 275
15	鼓楼区大庙街道	16 087	55	沛县胡寨镇	12 417	95	邳州市燕子埠镇	10 256
16	铜山区棠张镇	15 961	56	新沂市马陵山镇	12 366	96	睢宁县邱集镇	10 247
17	铜山区张集镇	15 928	57	邳州市邢楼镇	12 340	97	睢宁县沙集镇	10 198
18	丰县凤城镇	15 695	58	邳州市土山镇	12 314	98	丰县梁寨镇	10 079
19	铜山区茅村镇	15 667	59	新沂市墨河街道	12 299	99	睢宁县梁集镇	10 077
20	鼓楼区大黄山街道	15 612	60	新沂市北沟街道	12 230	100	睢宁县凌城镇	10 046
21	铜山区柳泉镇	15 291	61	沛县五段镇	12 157	101	新沂市阿湖镇	9 905
22	邳州市邹庄镇	14 961	62	睢宁县李集镇	12 150	102	睢宁县官山镇	9 884
23	睢宁县睢城镇	14 902	63	邳州市岔河镇	12 139	103	丰县范楼镇	9 840
24	邳州市港上镇	14 762	64	铜山区黄集镇	12 049	104	新沂市双塘镇	9 748
25	邳州市铁富镇	14 674	65	邳州市议堂镇	12 044	105	睢宁县庆安镇	9 720
26	邳州市炮车街道	14 625	66	沛县鹿楼镇	11 978	106	睢宁县古邳镇	9 695
27	邳州市戴圩街道	14 588	67	贾汪区江庄镇	11 965	107	丰县常店镇	9 679
28	沛县沛城镇	14 521	68	新沂市瓦窑镇	11 868	108	睢宁县姚集镇	9 654
29	沛县龙固镇	14 345	69	铜山区徐庄镇	11 853	109	睢宁县岚山镇	9 557
30	邳州市陈楼镇	14 340	70	新沂市草桥镇	11 831	110	丰县赵庄镇	9 471
31	铜山区大彭镇	14 029	71	铜山区房村镇	11 801	111	丰县师寨镇	9 406
32	沛县大屯镇	13 775	72	贾汪区塔山镇	11 764	112	新沂市时集镇	9 296
33	睢宁县高作镇	13 723	73	丰县大沙河镇	11 764	113	丰县顺河镇	9 277
34	铜山区汉王镇	13 503	74	丰县华山镇	11 723	114	新沂市新店镇	9 276
35	沛县张庄镇	13 390	75	铜山区大许镇	11 514	115	丰县王沟镇	9 246
36	铜山区刘集镇	13 387	76	邳州市赵墩镇	11 312	116	新沂市唐店街道	9 186
37	邳州市碾庄镇	13 333	77	新沂市高流镇	11 305	117	新沂市港头镇	9 178
38	铜山区郑集镇	13 315	78	丰县孙楼镇	11 254	118	贾汪区汴塘镇	9 045
39	邳州市车辐山镇	13 306	79	邳州市占城镇	11 253	119	新沂市棋盘镇	8 260
40	沛县敬安镇	13 294	80	新沂市窑湾镇	11 248			

附录一 小康社会进程监测(2004-2013年)

PROCESS INVESTIGATION OF WELL-OFF SOCIETY

版面负责人：张玉强

编　　　辑：唐子午

中华人民共和国统计法

（1983 年 12 月 8 日第六届全国人民代表大会常务委员会第三次会议通过，根据 1996 年 5 月 15 日第八届全国人民代表大会常务委员会第十九次会议《关于修改〈中华人民共和国统计法〉的决定》修正，2009 年 6 月 27 日第十一届全国人民代表大会常务委员会第九次会议修订。）

第六章　法律责任

第四十一条　作为统计调查对象的国家机关、企业事业单位或者其他组织有下列行为之一的，由县级以上人民政府统计机构责令改正，给予警告，可以予以通报；其直接负责的主管人员和其他直接责任人员属于国家工作人员的，由任免机关或者监察机关依法给予处分：

（一）拒绝提供统计资料或者经催报后仍未按时提供统计资料的；

（二）提供不真实或者不完整的统计资料的；

（三）拒绝答复或者不如实答复统计检查查询书的；

（四）拒绝、阻碍统计调查、统计检查的；

（五）转移、隐匿、篡改、毁弃或者拒绝提供原始记录和凭证、统计台账、统计调查表及其他相关证明和资料的。

企业事业单位或者其他组织有前款所列行为之一的，可以并处五万元以下的罚款；情节严重的，并处五万元以上二十万元以下的罚款。

个体工商户有本条第一款所列行为之一的，由县级以上人民政府统计机构责令改正，给予警告，可以并处一万元以下的罚款。

编辑：李　广

2013年徐州市全面建成小康社会指标评价表

指标名称	序号	单位	目标值	2013年实现值	实现度(%)
一、经济发展					
1、人均地区生产总值(2010年不变价)	1	元	90 000	49 287	54.8
2、二、三产业增加值占GDP比重	2	%	92	90.3	98.2
3、城镇化率	3	%	65	58.1	89.4
4、信息化发展水平	4	%	80	79.5	99.4
5、现代农业发展水平	5	%	85	71.8	84.5
6、研发经费支出占GDP比重	6	%	2.5	1.7	67.2
二、人民生活					
7、居民收入水平					
(1)城镇居民人均可支配收入	7	元	46 000	23 770	51.7
(2)农村居民人均纯收入	8	元	20 000	12 052	60.3
(3)城乡居民收入达标人口比例	9	%	>50	10.5	21.0
8、居民住房水平					
(1)城镇家庭住房成套比例	10	%	90	84.3	93.6
(2)农村家庭住房成套比例	11	%	80	35.5	44.4
9、公共交通服务水平					
(1)城市万人公交车拥有量	12	标台	15	16.1	107.3
(2)行政村客运班线通达率	13	%	100	100.0	100.0
10、城镇登记失业率	14	%	<4	2.1	186.9
11、恩格尔系数	15	%	<40	34.7	115.3
三、社会发展					
12、现代教育发展水平	16	%	85	60.9	71.6
13、基本社会保障					
(1)城乡基本养老保险覆盖率	17	%	97	96.5	99.5
(2)城乡基本医疗保险覆盖率	18	%	97	95.9	98.8
(3)失业保险覆盖率	19	%	97	97.4	100.4
(4)城镇住房保障体系健全率	20	%	90	77.2	85.8
(5)每千名老人拥有养老床位数	21	张	32	35.5	110.8
14、文化产业增加值占GDP比重	22	%	5	3.4	67.0
15、人均拥有公共文化体育设施面积	23	平方米	2.3	2.6	113.0
16、每千人拥有医生数	24	人	2	1.9	94.0
四、民主法治					
17、党风廉政建设满意度	25	%	80	79.9	99.8
18、法治和平安建设水平					
(1)法治建设满意度	26	%	80	93.2	116.5
(2)公众安全感	27	%	90	94.1	104.6
19、城乡居民依法自治					
(1)城镇居委会依法自治达标率	28	%	92	96.7	105.1
(2)农村村委会依法自治达标率	29	%	97	97.4	100.4
五、生态环境					82.8
20、单位GDP能耗	30	吨标煤/万元	<0.62	0.805	77.0
21、环境质量					
(1)空气质量达到二级标准的天数比例	31	%	60	53.6	89.3
(2)地表水好于Ⅲ类水质的比例	32	%	60	71.1	118.5
(3)城镇污水达标处理率	33	%	90	71.7	79.7
(4)村庄环境整治达标率	34	%	95	43.8	46.1
22、绿化水平					
(1)林木覆盖率	35	%	22	32.3	146.8
(2)城镇绿化覆盖率	36	%	38	34.1	89.8

注：自2013年起全市小康社会监测，按照《全面建成小康社会指标体系》(2013年版)执行。

2012年徐州市全面建设小康社会进程测算表

指标名称	代码	单位	目标值	2012年实现值	2011年实现值	比上年增减值	年均应完成进度		时序进度情况	
							按省定时间	按自定时间	省定时间	市定时间
一、经济发展										
1.人均地区生产总值	1	元	≥24 000	46 877	41 407	5 470	—	—	√	√
2.二、三产业增加值占GDP比重	2	%	≥92	90.5	90.6	-0.1	0.4		△	△
3.城市化水平	3	%	55	56.7	55.4	1.3	—	—	√	√
4.城镇登记失业率	4	%	<5	2.4	2.6	-0.2	—	—	√	√
二、生活水平										
5.居民收入										
(1)城镇居民人均可支配收入	5	元	≥16 000	21 716	19 206	2 510	—	—	√	√
(2)农村居民人均纯收入	6	元	≥8 000	10 762	9 490	1 272	—	—	√	√
6.居民住房										
(1)城镇人均住房建筑面积	7	M^2	30	35.0	34.7	0.3	—	—	√	√
(2)农村人均钢筋、砖木结构住房面积	8	M^2	40	44.5	43.6	0.9	—	—	√	√
7.居民出行										
(1)农村行政村通灰黑公路(或航道)比重	9	%	100	100	100.0	0.0	—	—	√	√
(2)城镇人均拥有道路面积	10	M^2	12	19.9	17.6	2.3	—	—	√	√
8.居民信息化普及程度										
(1)百户家庭电话拥有量	11	部	200	280.7	268.8	12.0	—	—	√	√
(2)百户家庭电脑拥有量	12	台	40	66.0	51.2	14.8	—	—	√	√
9.居民文教娱乐服务支出占家庭消费支出比重	13	%	18	17.6	18.6	-0.9	—	—	√	√
10.恩格尔系数	14	%	<40	35.4	35.5	-0.1	—	—	√	√
三、社会发展										
11.R&D经费支出占GDP比重	15	%	≥1.5	1.61	1.59	0.02	—	—	√	√
12.高中阶段教育毛入学率	16	%	≥90	96.9	93.6	3.3	—	—	√	√
13.卫生服务体系健全率	17	%	≥90	100.0	100.0	0.0	—	—	√	√
14.社会保障										
(1)城镇劳动保障三大保险各自覆盖面	18	%	≥95	97.0	96.2	0.8	—	—	√	√
#城镇基本养老保险		%	≥95	97.5	97.4	0.1	—	—	√	√
城镇失业保险		%	≥95	97.3	96.1	1.2	—	—	√	√
城镇基本医疗保险		%	≥95	96.0	95.0	1.0	—	—	√	√
(2)新型农村合作医疗覆盖面	19	%	≥85	100.0	99.2	0.8	—	—	√	√
15.人民群众对社会治安的满意率	20	%	90	92.3	89.8	2.5	0.1		√	√
16.城乡村(居)民依法自治										
(1)城镇社区居委会依法自治达标率	21	%	90	96.6	98.4	-1.8	—	—	√	√
(2)农村村委会依法自治达标率	22	%	95	97.2	99.1	-1.9	—	—	√	√
四、生态环境										
17.绿化水平										
(1)城市绿化覆盖率	23	%	40	41.3	40.8	0.5	—	—	√	√
(2)森林覆盖率	24	%	20	31.9	31.3	0.6	—	—	√	√
18.环境质量综合指数	25	分	80	88.4	87.8	0.7	—	—	√	√

注:1、表中"—"表示该指标上年总体已达到目标值;"√"表示当年达到时序进度,总体达标视同当年达到时序进度;"△"表示未达到时序进度。

2、徐州市省定与市自定实现目标时间分别为2017年和2011年。

2011年徐州市全面建设小康社会进程测算表

指标名称	代码	单位	目标值	2011年实现值	2010年实现值	比上年增减值	年均应完成进度		时序进度情况	
							按省定时间	按自定时间	省定时间	市定时间
一、经济发展										
1.人均地区生产总值	1	元	≥24 000	41 407	34 084	7 323	—	—	√	√
2.二、三产业增加值占GDP比重	2	%	≥92	90.6	90.4	0.2	0.3	1.6	△	△
3.城市化水平	3	%	55	55.4	53.9	1.5	0.2	1.1	√	√
4.城镇登记失业率	4	%	<5	2.6	2.6	0.0	—	—	√	√
二、生活水平										
5.居民收入										
（1）城镇居民人均可支配收入	5	元	≥16 000	19 206	16 762	2 444	—	—	√	√
（2）农村居民人均纯收入	6	元	≥8 000	9 490	7 955	1 535	9	45	√	√
6.居民住房										
（1）城镇人均住房建筑面积	7	M^2	30	34.7	32.9	1.8	—	—	√	√
（2）农村人均钢筋、砖木结构住房面积	8	M^2	40	43.6	41.4	2.2	—	—	√	√
7.居民出行										
（1）农村行政村通灰黑公路（或航道）比重	9	%	100	100	100	0.0	—	—	√	√
（2）城镇人均拥有道路面积	10	M^2	12	17.6	16.0	1.6	—	—	√	√
8.居民信息化普及程度										
（1）百户家庭电话拥有量	11	部	200	268.8	268.1	0.7	—	—	√	√
（2）百户家庭电脑拥有量	12	台	40	59.6	46.5	13.1	—	—	√	√
9.居民文教娱乐服务支出占家庭消费支出比重	13	%	18	18.6	14.6	4.0	0.7	3.4	√	√
10.恩格尔系数	14	%	<40	35.5	36.3	−0.8	—	—	√	√
三、社会发展										
11.R&D经费支出占GDP比重	15	%	≥1.5	1.59	1.50	0.09	—	—	√	√
12.高中阶段教育毛入学率	16	%	≥90	93.6	93.5	0.1	—	—	√	√
13.卫生服务体系健全率	17	%	≥90	100.0	99.6	0.4	—	—	√	√
14.社会保障										
（1）城镇劳动保障三大保险各自覆盖面	18	%	≥95	96.2	96.8	−0.6	—	—	√	√
#城镇基本养老保险		%	≥95	97.4	97.5	−0.1	—	—	√	√
城镇失业保险		%	≥95	96.1	97.5	−1.4	—	—	√	√
城镇基本医疗保险		%	≥95	95.0	95.3	−0.3	—	—	√	√
（2）新型农村合作医疗覆盖面	19	%	≥85	99.2	99.2	0.0	—	—	√	√
15.人民群众对社会治安的满意率	20	%	90	89.8	87.8	2.0	0.4	2.2	√	√
16.城乡村（居）民依法自治										
（1）城镇社区居委会依法自治达标率	21	%	90	98.4	97.2	1.2	—	—	√	√
（2）农村村委会依法自治达标率	22	%	95	99.1	98.7	0.4	—	—	√	√
四、生态环境										
17.绿化水平										
（1）城市绿化覆盖率	23	%	40	40.8	40.3	0.5	—	—	√	√
（2）森林覆盖率	24	%	20	31.3	30.9	0.4	—	—	√	√
18.环境质量综合指数	25	分	80	87.8	85.6	2.2	—	—	√	√

注：1、表中“—”表示该指标上年总体已达到目标值；“√”表示当年达到时序进度，总体达标视同当年达到时序进度；“△”表示未达到时序进度。

2、徐州市省定与市自定实现目标时间分别为2017年和2011年。

3、人民群众对社会治安满意率调查方法自2011年起作了调整，与往年不可比。

2010年徐州市全面建设小康社会进程测算表

指标名称	代码	单位	目标值	2010年实现值	2009年实现值	比上年增减值	年均应完成进度		时序进度情况	
							按省定时间	按自定时间	省定时间	市定时间
一、经济发展										
1.人均地区生产总值	1	元	≥24 000	34 084	27 514	6 570	—	—	√	√
2.二、三产业增加值占GDP比重	2	%	≥92	90.4	89.5	0.9	0.3	1.2	√	△
3.城市化水平	3	%	55	53.9	49.1	4.0	0.7	3.0	√	√
4.城镇登记失业率	4	%	<5	2.6	2.9	-0.3	—	—	√	√
二、生活水平										
5.居民收入										
(1)城镇居民人均可支配收入	5	元	≥16 000	16 762	14 798	1 964	150	601	√	√
(2)农村居民人均纯收入	6	元	≥8 000	7 955	6 951	1 004	131	525	√	√
6.居民住房										
(1)城镇人均住房建筑面积	7	M^2	30	32.9	32.5	0.4	—	—	√	√
(2)农村人均钢筋、砖木结构住房面积	8	M^2	40	41.4	37.2	4.2	0.4	1.4	√	√
7.居民出行										
(1)农村行政村通灰黑公路(或航道)比重	9	%	100	100	100	0.0	—	—	√	√
(2)城镇人均拥有道路面积	10	M^2	12	16.0	16.7	-0.7	—	—	√	√
8.居民信息化普及程度										
(1)百户家庭电话拥有量	11	部	200	268.1	256.8	11.3	—	—	√	√
(2)百户家庭电脑拥有量	12	台	40	46.5	37.1	9.4	0.4	1.5	√	√
9.居民文教娱乐服务支出占家庭消费支出比重	13	%	18	14.6	14.5	0.1	0.4	1.8	△	△
10.恩格尔系数	14	%	<40	36.3	36.9	-0.6	—	—	√	√
三、社会发展										
11.R&D经费支出占GDP比重	15	%	≥1.5	1.50	1.33	0.17	0.02	0.09	√	√
12.高中阶段教育毛入学率	16	%	≥90	93.5	89.2	4.3	0.1	0.4	√	√
13.卫生服务体系健全率	17	%	≥90	99.6	99.5	0.1	—	—	√	√
14.社会保障										
(1)城镇劳动保障三大保险各自覆盖面	18	%	≥95	96.8	96.5	0.3	—	—	√	√
#城镇基本养老保险		%	≥95	97.5	97.4	0.1	—	—	√	√
城镇失业保险		%	≥95	97.5	97.5	0.0	—	—	√	√
城镇基本医疗保险		%	≥95	95.3	94.5	0.8	0.1	0.3	√	√
(2)新型农村合作医疗覆盖面	19	%	≥85	99.2	99.0	0.2	—	—	√	√
15.人民群众对社会治安的满意率	20	%	90	98.6	98.0	0.6	—	—	√	√
16.城乡村(居)民依法自治										
(1)城镇社区居委会依法自治达标率	21	%	90	97.2	96.2	1.0	—	—	√	√
(2)农村村委会依法自治达标率	22	%	95	98.7	97.7	1.0	—	—	√	√
四、生态环境										
17.绿化水平										
(1)城市绿化覆盖率	23	%	40	40.3	39.2	1.1	0.1	0.4	√	√
(2)森林覆盖率	24	%	20	30.9	28.7	2.2	—	—	√	√
18.环境质量综合指数	25	分	80	85.6	80.1	5.5	—	—	√	√

注:1、表中"—"表示该指标上年总体已达到目标值;"√"表示当年达到时序进度,总体达标视同当年达到时序进度;"△"表示未达到时序进度。

2、徐州市省定与市自定实现目标时间分别为2017年和2011年。

3、由于区划调整2010年及以后城市绿化覆盖率与往年不可比。

2009年徐州市全面建设小康社会进程测算表

指标名称	代码	单位	目标值	2009年实现值	2008年实现值	比上年增减值	年均应完成进度		时序进度情况	
							按省定时间	按自定时间	省定时间	市定时间
一、经济发展										
1.人均地区生产总值	1	元	≥24 000	27 514	24 350	3 164	—	—	√	√
2.二、三产业增加值占GDP比重	2	%	≥92	89.5	89.0	0.5	0.3	1.0	√	△
3.城市化水平	3	%	55	49.1	47.2	1.9	0.9	2.6	√	△
4.城镇登记失业率	4	%	<5	2.9	2.7	0.2	—	—	√	√
二、生活水平										
5.居民收入										
(1)城镇居民人均可支配收入	5	元	≥16 000	14 798	13 205	1 593	311	932	√	√
(2)农村居民人均纯收入	6	元	≥8 000	6 951	6 240	711	196	587	√	√
6.居民住房										
(1)城镇人均住房建筑面积	7	M^2	30	32.5	32.1	0.4	—	—	√	√
(2)农村人均钢筋、砖木结构住房面积	8	M^2	40	37.2	35.0	2.2	0.6	1.7	√	√
7.居民出行										
(1)农村行政村通灰黑公路(或航道)比重	9	%	100	100	100	0.0	—	—	√	√
(2)城镇人均拥有道路面积	10	M^2	12	16.7	13.9	2.8	—	—	√	√
8.居民信息化普及程度										
(1)百户家庭电话拥有量	11	部	200	256.8	238.1	18.7	—	—	√	√
(2)百户家庭电脑拥有量	12	台	40	37.1	29.7	7.4	1.1	3.4	√	√
9.居民文教娱乐服务支出占家庭消费支出比重	13	%	18	14.5	13.8	0.7	0.5	1.4	√	△
10.恩格尔系数	14	%	<40	36.9	38.6	-1.7	—	—	√	√
三、社会发展										
11.R&D经费支出占GDP比重	15	%	≥1.5	1.33	1.32	0.01	0.02	0.06	√	√
12.高中阶段教育毛入学率	16	%	≥90	89.2	82.9	6.3	0.8	2.4	√	√
13.卫生服务体系健全率	17	%	≥90	99.5	98.6	0.9	—	—	√	√
14.社会保障										
(1)城镇劳动保障三大保险各自覆盖面	18	%	≥95	96.5	94.2	2.3	0.1	0.3	√	√
#城镇基本养老保险		%	≥95	97.4	95.7	1.7	—	—	√	√
城镇失业保险		%	≥95	97.5	97.3	0.2	—	—	√	√
城镇基本医疗保险		%	≥95	94.5	89.7	4.8	0.6	1.8	√	√
(2)新型农村合作医疗覆盖面	19	%	≥85	99.0	97.6	1.4	—	—	√	√
15.人民群众对社会治安的满意率	20	%	90	98.0	99.0	-1.0	—	—	√	√
16.城乡村(居)民依法自治										
(1)城镇社区居委会依法自治达标率	21	%	90	96.2	93.4	2.8	—	—	√	√
(2)农村村委会依法自治达标率	22	%	95	97.7	96.4	1.3	—	—	√	√
四、生态环境										
17.绿化水平										
(1)城市绿化覆盖率	23	%	40	39.2	40.1	-0.9	—	—	√	√
(2)森林覆盖率	24	%	20	28.7	27.6	1.1	—	—	√	√
18.环境质量综合指数	25	分	80	80.1	79.7	0.4	0.0	0.1	√	√

注:1、表中"—"表示该指标上年总体已达到目标值;"√"表示当年达到时序进度,总体达标视同当年达到时序进度;"△"表示未达到时序进度。

2、徐州市省定与市自定实现目标时间分别为2017年和2011年。

3、本表2008年人均地区生产总值、二三产业增加值占GDP比重为2008年经济普查调整数。

2008年徐州市全面建设小康社会进程测算表

指标名称	代码	单位	目标值	2008年实现值	2007年实现值	比上年增减值	年均应完成进度		时序进度情况	
							按省定时间	按自定时间	省定时间	市定时间
一、经济发展										
1.人均地区生产总值	1	元	≥24 000	23 069	19 221	3 847	478	11 95	√	√
2.二、三产业增加值占GDP比重	2	%	≥92	89.5	88.5	1.0	0.3	0.9	√	√
3.城市化水平	3	%	55	47.2	45.8	1.4	0.9	2.3	√	△
4.城镇登记失业率	4	%	<5	2.7	2.8	-0.1	—	—	√	√
二、生活水平										
5.居民收入										
(1)城镇居民人均可支配收入	5	元	≥16 000	13 205	11 418	1 787	458	1 145	√	√
(2)农村居民人均纯收入	6	元	≥8 000	6 240	5 534	706	247	617	√	√
6.居民住房										
(1)城镇人均住房建筑面积	7	M^2	30	32.1	31.5	0.6	—	—	√	√
(2)农村人均钢筋、砖木结构住房面积	8	M^2	40	35.0	33.8	1.2	0.6	1.6	√	△
7.居民出行										
(1)农村行政村通灰黑公路(或航道)比重	9	%	100	100	100	0.0	—	—	√	√
(2)城镇人均拥有道路面积	10	M^2	12	15.7	15.1	0.6	—	—	√	√
8.居民信息化普及程度										
(1)百户家庭电话拥有量	11	部	200	238.1	224.3	13.8	—	—	√	√
(2)百户家庭电脑拥有量	12	台	40	29.7	23.3	6.4	1.7	4.2	√	√
9.居民文教娱乐服务支出占家庭消费支出比重	13	%	18	13.8	14.4	-0.6	0.4	0.9	△	△
10.恩格尔系数	14	%	<40	38.6	38.2	0.3	—	—	√	√
三、社会发展										
11.R&D经费支出占GDP比重	15	%	≥1.5	1.22	1.12	0.10	0.04	0.10	√	√
12.高中阶段教育毛入学率	16	%	≥90	82.9	70.1	12.9	2.0	5.0	√	√
13.卫生服务体系健全率	17	%	≥90	98.5	97.0	1.6	—	—	√	√
14.社会保障										
(1)城镇劳动保障三大保险各自覆盖面	18	%	≥95	94.2	93.1	1.1	0.2	0.5	√	√
#城镇基本养老保险		%	≥95	95.7	95.3	0.4	—	—	√	√
城镇失业保险		%	≥95	97.3	98.0	-0.7	—	—	√	√
城镇基本医疗保险		%	≥95	89.7	86.1	3.6	0.9	2.2	√	√
(2)新型农村合作医疗覆盖面	19	%	≥85	97.6	95.0	2.6	—	—	√	√
15.人民群众对社会治安的满意率	20	%	90	99.0	97.6	1.4	—	—	√	√
16.城乡村(居)民依法自治										
(1)城镇社区居委会依法自治达标率	21	%	90	93.4	92.7	0.7	—	—	√	√
(2)农村村委会依法自治达标率	22	%	95	96.4	95.8	0.6	—	—	√	√
四、生态环境										
17.绿化水平									√	√
(1)城市绿化覆盖率	23	%	40	40.1	38.2	1.9	0.2	0.5	√	√
(2)森林覆盖率	24	%	20	27.6	26.6	1.0	—	—	√	√
18.环境质量综合指数	25	分	80	79.7	79.6	0.1	0.0	0.1	√	√

注:1、表中"—"表示该指标上年总体已达到目标值;"√"表示当年达到时序进度,总体达标视同当年达到时序进度;"△"表示未达到时序进度。

2、徐州市省定与市自定实现目标时间分别为2017年和2011年。

3、2007年及以后城镇居民人均可支配收入、城镇居民人均住房建筑面积、百户家庭电话拥有量、百户家庭电脑拥有量、居民文教娱乐支出占家庭消费支出比重、城镇居民人均拥有道路面积、恩格尔系数计算口径由市区调整为全市(含县、区)城镇住户。

2007年徐州市全面建设小康社会进程测算表

指 标 名 称	代码	单位	目标值	2007年实现值	2006年实现值	比上年增减值	年均应完成进度		时序进度情况	
							按省定时间	按自定时间	省定时间	市定时间
一、经济发展										
1.人均地区生产总值	1	元	≥24 000	19 221	16 256	2 965	704	1 549	√	√
2.二、三产业增加值占GDP比重	2	%	≥92	88.5	87.3	1.2	0.4	0.9	√	√
3.城市化水平	3	%	55	45.8	44.8	1.0	0.9	2.0	√	△
4.城镇登记失业率	4	%	<5	2.8	3.0	-0.2	—	—	√	√
二、生活水平										
5.居民收入										
(1)城镇居民人均可支配收入	5	元	≥16 000	14 875	12 836	2 039	288	633	√	√
(2)农村居民人均纯收入	6	元	≥8 000	5 534	4 896	638	282	621	√	√
6.居民住房										
(1)城镇人均住房建筑面积	7	M^2	30	26.2	25.8	0.4	0.4	0.8	√	△
(2)农村人均钢筋、砖木结构住房面积	8	M^2	40	33.8	32.1	1.7	0.7	1.6	√	√
7.居民出行										
(1)农村行政村通灰黑公路(或航道)比重	9	%	100	100	100	0.0	—	—	√	√
(2)城镇人均拥有道路面积	10	M^2	12	12.9	12.7	0.2	—	—	√	√
8.居民信息化普及程度										
(1)百户家庭电话拥有量	11	部	200	234.1	212.1	22.0	—	—	√	√
(2)百户家庭电脑拥有量	12	台	40	28.8	23.9	4.9	1.5	3.2	√	√
9.居民文教娱乐服务支出占家庭消费支出比重	13	%	18	14.7	14.4	0.3	0.3	0.7	√	△
10.恩格尔系数	14	%	<40	37.1	37.8	-0.7	—	—	√	√
三、社会发展										
11.R&D经费支出占GDP比重	15	%	≥1.5	1.12	0.97	0.15	0.05	0.11	√	√
12.高中阶段教育毛入学率	16	%	≥90	70.1	56.1	14.0	3.1	6.8	√	√
13.卫生服务体系健全率	17	%	≥90	97.0	86.0	11.0	0.4	0.8	√	√
14.社会保障										
(1)城镇劳动保障三大保险各自覆盖面	18	%	≥95	93.1	91.8	1.3	0.3	0.6	√	√
#城镇基本养老保险		%	≥95	95.3	95.1	0.2	—	—	√	√
城镇失业保险		%	≥95	98.0	98.0	0.0	—	—	√	√
城镇基本医疗保险		%	≥95	86.1	82.4	3.7	1.1	2.5	√	√
(2)新型农村合作医疗覆盖面	19	%	≥85	95.0	91.5	3.5	—	—	√	√
15.人民群众对社会治安的满意率	20	%	90	97.6	96.9	0.7	—	—	√	√
16.城乡村(居)民依法自治										
(1)城镇社区居委会依法自治达标率	21	%	90	92.7	91.1	1.6	—	—	√	√
(2)农村村委会依法自治达标率	22	%	95	95.8	95.0	0.8	—	—	√	√
四、生态环境										
17.绿化水平										
(1)城市绿化覆盖率	23	%	40	38.2	37.9	0.3	0.2	0.4	√	△
(2)森林覆盖率	24	%	20	26.6	25.5	1.1	—	—	√	√
18.环境质量综合指数	25	分	80	79.6	79.2	0.4	0.1	0.2	√	√

注:1、表中"—"表示该指标上年总体已达到目标值;"√"表示当年达到时序进度,总体达标视同当年达到时序进度;"△"表示未达到时序进度。

2、徐州市省定与市自定实现目标时间分别为2017年和2011年。

2006年徐州市全面建设小康社会进程测算表

指 标 名 称	代码	单位	目标值	2006年实现值	2005年实现值	比上年增减值	年均应完成进度 按省定时间	年均应完成进度 按自定时间	时序进度情况 省定时间	时序进度情况 自定时间
一、经济发展										
1.人均地区生产总值	1	元	≥24 000	16 256	13 697	2 559	859	1 717	√	√
2.二、三产业增加值占GDP比重	2	%	≥92	87.3	86.0	1.3	0.5	1.0	√	√
3.城市化水平	3	%	55	44.8	43.4	1.4	1.0	1.9	√	△
4.城镇登记失业率	4	%	<5	3.0	3.4	-0.4	—	—	√	√
二、生活水平										
5.居民收入										
(1)城镇居民人均可支配收入	5	元	≥16 000	12 836	11 185	1 651	401	802	√	√
(2)农村居民人均纯收入	6	元	≥8 000	4 896	4 443	453	296	593	√	△
6.居民住房										
(1)城镇人均住房建筑面积	7	M^2	30	25.8	24.8	1.0	0.4	0.9	√	√
(2)农村人均钢筋、砖木结构住房面积	8	M^2	40	32.1	28.8	3.3	0.9	1.9	√	√
7.居民出行										
(1)农村行政村通灰黑公路(或航道)比重	9	%	100	100	100	0.0	—	—	√	√
(2)城镇人均拥有道路面积	10	M^2	12	12.7	10.9	1.8	0.1	0.2	√	√
8.居民信息化普及程度										
(1)百户家庭电话拥有量	11	部	200	212.1	182.9	29.2	1.4	2.9	√	√
(2)百户家庭电脑拥有量	12	台	40	23.9	19.7	4.2	1.7	3.4	√	√
9.居民文教娱乐服务支出占家庭消费支出比重	13	%	18	14.4	16.6	-2.2	0.1	0.2	△	△
10.恩格尔系数	14	%	<40	37.8	38.6	-0.8	—	—	√	√
三、社会发展										
11.R&D经费支出占GDP比重	15	%	≥1.5	0.97	1.00	-0.03	0.04	0.08	△	△
12.高中阶段教育毛入学率	16	%	≥90	56.1	51.6	4.5	3.2	6.4	√	△
13.卫生服务体系健全率	17	%	≥90	86.0	78.4	7.6	1.0	1.9	√	√
14.社会保障										
(1)城镇劳动保障三大保险各自覆盖面	18	%	≥95	91.8	91.8	0.0	0.3	0.5	△	△
#城镇基本养老保险		%	≥95	95.1	98.0	-2.9	—	—	√	√
城镇失业保险		%	≥95	98.0	99.0	-1.0	—	—	√	√
城镇基本医疗保险		%	≥95	82.4	78.4	4.0	1.4	2.8	√	√
(2)新型农村合作医疗覆盖面	19	%	≥85	91.5	82.4	9.1	0.2	0.4	√	√
15.人民群众对社会治安的满意率	20	%	90	96.9	96.6	0.3	—	—	√	√
16.城乡村(居)民依法自治										
(1)城镇社区居委会依法自治达标率	21	%	90	91.1	91.0	0.1	—	—	√	√
(2)农村村委会依法自治达标率	22	%	95	95.0	95.0	0.0	—	—	√	√
四、生态环境										
17.绿化水平										
(1)城市绿化覆盖率	23	%	40	37.9	36.3	1.6	0.3	0.6	√	√
(2)森林覆盖率	24	%	20	25.5	24.9	0.6	—	—	√	√
18.环境质量综合指数	25	分	80	79.2	68.8	10.4	0.9	1.9	√	√

注:1、表中"—"表示该指标上年总体已达到目标值;"√"表示当年达到时序进度,总体达标视同当年达到时序进度;"△"表示未达到时序进度。
2、徐州市省定与市自定实现目标时间分别为2017年和2011年。

2005年徐州市全面建设小康社会进程测算表

指标名称	代码	单位	目标值	2005年实现值	2004年实现值	比上年增减值	年均应完成进度		时序进度情况	
							按省定时间	按自定时间	省定时间	自定时间
一、经济发展										
1.人均地区生产总值	1	元	≥24 000	13 697	11 596	2 101	954	1 240	√	√
2.二、三产业增加值占GDP比重	2	%	≥92	86.0	84.6	1.4	0.6	0.7	√	√
3.城市化水平	3	%	55	43.4	42.0	1.4	1.0	1.3	√	√
4.城镇登记失业率	4	%	<5	3.4	4.0	-0.6	—	—	√	√
二、生活水平										
5.居民收入										
(1)城镇居民人均可支配收入	5	元	≥16 000	11 185	9 840	1 346	474	616	√	√
(2)农村居民人均纯收入	6	元	≥8 000	4 443	4 003	440	307	400	√	√
6.居民住房										
(1)城镇人均住房建筑面积	7	M^2	30	24.8	21.4	3.4	0.7	0.9	√	√
(2)农村人均钢筋、砖木结构住房面积	8	M^2	40	28.8	27.8	1.0	0.9	1.2	√	√
7.居民出行										
(1)农村行政村通灰黑公路(或航道)比重	9	%	100	100	100	0.0	—	—	√	√
(2)城镇人均拥有道路面积	10	M^2	12	10.9	11.4	-0.5	0.04	0.1	△	△
8.居民信息化普及程度										
(1)百户家庭电话拥有量	11	部	200	182.9	150.6	32.3	3.8	4.9	√	√
(2)百户家庭电脑拥有量	12	台	40	19.7	14.8	4.9	1.9	2.5	√	√
9.居民文教娱乐服务支出占家庭消费支出比重	13	%	18	16.6	15.2	1.4	0.2	0.3	√	√
10.恩格尔系数	14	%	<40	38.6	41.1	-2.5	-0.1	-0.1	√	√
三、社会发展										
11.R&D经费支出占GDP比重	15	%	≥1.5	1.00	0.83	0.17	0.05	0.07	√	√
12.高中阶段教育毛入学率	16	%	≥90	51.6	47.9	3.7	3.2	4.2	√	△
13.卫生服务体系健全率	17	%	≥90	78.4	66.8	11.6	1.8	2.3	√	√
14.社会保障										
(1)城镇劳动保障三大保险各自覆盖面	18	%	≥95	91.8	87.4	4.4	0.6	0.8	√	√
#城镇基本养老保险		%	≥95	98.0	95.8	2.2	—	—	√	√
城镇失业保险		%	≥95	99.0	94.9	4.1	0.01	0.01	√	√
城镇基本医疗保险		%	≥95	78.4	71.6	6.8	1.8	2.3	√	√
(2)新型农村合作医疗覆盖面	19	%	≥85	82.4	64.9	17.5	1.5	2.0	√	√
15.人民群众对社会治安的满意率	20	%	90	96.6	90.1	6.5	—	—	√	√
16.城乡村(居)民依法自治										
(1)城镇社区居委会依法自治达标率	21	%	90	91.0	90.0	1.0	—	—	√	√
(2)农村村委会依法自治达标率	22	%	95	95.0	95.0	0.0	—	—	√	√
四、生态环境										
17.绿化水平										
(1)城市绿化覆盖率	23	%	40	36.3	33.4	2.9	0.5	0.7	√	√
(2)森林覆盖率	24	%	20	24.9	24.1	0.9	—	—	√	√
18.环境质量综合指数	25	分	80	68.8	64.4	4.4	1.2	1.6	√	√

注:1.表中“—”表示该指标上年总体已达到目标值;“√”表示当年达到时序进度,总体达标视同当年达到时序进度;“△”表示未达到时序进度。

2.徐州市省定与市自定实现目标时间分别为2017年和2014年。

2004年徐州市全面建设小康社会进程测算表

指标名称	代码	单位	目标值	2004年实现值	2003年实现值	比上年增减值	年均应完成进度 按省定时间	年均应完成进度 按自定时间	时序进度情况 省定时间	时序进度情况 自定时间
一、经济发展										
1.人均地区生产总值	1	元	≥24 000	11 596	9 992	1 604	1 001	1 273	√	√
2.二、三产业增加值占GDP比重	2	%	≥92	84.6	85.1	-0.5	0.5	0.6	√	△
3.城市化水平	3	%	55	42.0	40.4	1.6	1.0	1.3	√	√
4.城镇登记失业率	4	%	<5	4.0	4.3	-0.3	—	—	√	√
二、生活水平										
5.居民收入										
(1)城镇居民人均可支配收入	5	元	≥16 000	9 840	8 954	886	503	641	√	√
(2)农村居民人均纯收入	6	元	≥8 000	4 003	3 605	398	314	400	√	△
6.居民住房										
(1)城镇人均住房建筑面积	7	M^2	30	21.4	20.3	1.1	0.7	0.9	△	√
(2)农村人均钢筋、砖木结构住房面积	8	M^2	40	27.8	26.6	1.2	1.0	1.2	√	√
7.居民出行										
(1)农村行政村通灰黑公路(或航道)比重	9	%	100	100	100	0.0	—	—	√	√
(2)城镇人均拥有道路面积	10	M^2	12	11.4	11.0	0.4	0.1	0.1	√	√
8.居民信息化普及程度										
(1)百户家庭电话拥有量	11	部	200	150.6	126.0	24.6	5.3	6.7	√	√
(2)百户家庭电脑拥有量	12	台	40	14.8	11.6	3.2	2.0	2.6	√	√
9.居民文教娱乐服务支出占家庭消费支出比重	13	%	18	15.2	16.3	-1.1	0.1	0.2	△	△
10.恩格尔系数	14	%	<40	41.1	38.3	2.8	—	—	△	△
三、社会发展										
11.R&D经费支出占GDP比重	15	%	≥1.5	0.83	0.68	0.15	0.06	0.07	△	√
12.高中阶段教育毛入学率	16	%	≥90	47.9	45.8	2.1	3.2	4.0	△	△
13.卫生服务体系健全率	17	%	≥90	66.8	62.7	4.1	1.9	2.5	√	√
14.社会保障										
(1)城镇劳动保障三大保险各自覆盖面	18	%	≥95	87.4	83.3	4.1	0.8	1.1	√	√
#城镇基本养老保险		%	≥95	95.8	94.9	0.9	0.0	0.0	√	√
城镇失业保险		%	≥95	94.9	86.2	8.7	0.6	0.8	√	√
城镇基本医疗保险		%	≥95	71.6	68.9	2.7	1.9	2.4	√	√
(2)新型农村合作医疗覆盖面	19	%	≥85	64.9	19.6	45.3	4.7	5.9	√	√
15.人民群众对社会治安的满意率	20	%	90	90.1	95.5	-5.4	—	—	√	√
16.城乡村(居)民依法自治										
(1)城镇社区居委会依法自治达标率	21	%	90	90.0	89.0	1.0	0.1	0.1	√	√
(2)农村村委会依法自治达标率	22	%	95	95.0	95.0	0.0	—	—	√	√
四、生态环境										
17.绿化水平										
(1)城市绿化覆盖率	23	%	40	33.4	29.5	3.9	0.7	1.0	√	√
(2)森林覆盖率	24	%	20	24.1	19.7	4.4	0.0	0.0	√	√
18.环境质量综合指数	25	分	80	64.4	55.5	8.9	1.8	2.2	√	√

注：1、表中"—"表示该指标上年总体已达到目标值；"√"表示当年达到时序进度，总体达标视同当年达到时序进度；"△"表示未达到时序进度。
2、徐州市省定与市自定实现目标时间分别为2017年和2014年。

指标解释及计算方法

1.人均地区生产总值(元)。指一定时期内按平均常住人口计算的地区生产总值。指标值按2010年不变价计算。地区生产总值(GDP)是指一个国家(或地区)所有常住单位在一定时期内生产活动的最终成果。资料来源:统计部门。计算公式:

人均地区生产总值=GDP/年平均常住人口

2.二、三产业增加值占GDP比重(%)。指第二产业、第三产业实现的增加值之和在全部地区生产总值中所占的比重。

我国的三次产业划分是:第一产业:农业(即农林牧渔业)。第二产业:工业(包括采矿业、制造业、电力燃气及水的生产和供应业)、建筑业。第三产业:除第一、第二产业以外的其他各行业。资料来源:统计部门。计算公式:

二、三产业增加值占GDP比重=(第二产业增加值+第三产业增加值)/地区生产总值(GDP)×100%

3.城镇化率(%)。指一个地区城镇常住人口占该地区常住总人口的比重。资料来源:统计部门。计算公式:城镇化率=年末城镇常住人口/年末常住总人口×100%

4.信息化发展水平(%)。该指标是评价一个地区国民经济和社会信息化发展水平的综合性指标,衡量利用信息技术来创造、获取、使用和分享信息和知识的能力,以及信息化发展对社会经济发展的推动作用。信息化发展水平由五个分类指数构成:基础设施指数、产业技术指数、知识支撑指数、应用消费指数、发展效果指数。资料来源:经信部门。计算公式:信息化发展水平=基础设施指数×20%+产业技术指数×20%+知识支撑指数×20%+应用消费指数×20%+发展效果指数×20%

5.现代农业发展水平(%)。以江苏省农业基本现代化指标体系监测综合得分作为指标值。该指标反映农业现代化程度,从农业产出效益、科技进步、产业经营、设施装备、生态环境、支持保障等6个方面综合反映现代农业发展状况。资料来源:统计部门。

6.研发经费支出占GDP比重(%)。指用于研究与试验发展(R&D)活动的经费占地区生产总值(GDP)的比重。研究与试验发展(R&D)活动包括基础研究、应用研究、试验发展三类活动。资料来源:统计部门、科技部门。计算公式:

研发经费支出占GDP比重=研发经费支出/GDP×100%

7.居民收入水平。包括城镇居民人均可支配收入、农村居民人均纯收入、城乡居民收入达标人口比例3个子项。资料来源:调查总队、统计部门。

(1)城镇居民人均可支配收入(元)。指将家庭总收入扣除交纳的个人所得税、个人交纳的各项社会保障支出和调查户记账补贴后的人均收入。家庭总收入只包括城镇居民以现金形式获得的收入。

(2)农村居民人均纯收入(元)。指按人口平均计算的农村住户当年从各个来源得到的总收入相应地扣除有关费用性支出后的收入总和。包括货币收入和自产自用的实物收入,不包括向银行、信用社和向亲友借款等属于借贷性的收入。

(3)城乡居民收入达标人口比例(%)。指城镇居民人均可支配收入达到或超过目标值(46000元)的人口和农村居民人均纯收入达到或超过目标值(20000元)的人口占总人口的比例。计算公式:

城乡居民收入达标人口比例=(城镇居民人均可支配收入达标人口数+农村居民人均纯收入达标人口数)/总人口数×100%

8.居民住房水平。包括城镇家庭住房成套比例和农村家庭住房成套比例2个子项。成套住房是指室外配套设施(道路、水、电、气等)和室内居住功能(具备卧室、起居室、厨房、卫生间等基本空间)基本齐全的住房。资料来源:住建部门。计算公式:

(1)城镇家庭住房成套比例=城镇国有土地上登记的成套住房面积/城镇国有土地上登记的住宅总面积×100%

(2)农村家庭住房成套比例=农村家庭成套住房面积/农村家庭住宅总面积×100%

农村家庭成套住房面积=混合结构以上的住宅建筑面积×配套设施达标比例。满足配套设施达标的住宅需同时满足以下条件:以行政村为单位,城乡统筹区域供水农户覆盖率、生活污水处理覆盖率、生活垃圾集中收运率均达到90%以上;道路满足基本出行需求比例达100%。

9.公共交通服务水平。包括城市万人公交车拥有量、行政村客运班线通达率、城市居民公共交通出行分担率和镇村公共交通开通率4个子项。资料来源:交通部门。(1)城市万人公交车拥有量(标台)。指城市每万人平均拥有的公共交通车辆标台数。计算公式:城市万人公交车拥有量=城市公共交通车辆标台数/城市人口数

(2)行政村客运班线通达率(%)。指农村通客运班线的行政村个数占行政村总数的比重。计算公式:

行政村客运班线通达率=(通客运班线的行政村个数/行政村总数)×100%

(3)城市居民公共交通出行分担率(%)。指中等以上城市居民出行方式中选择公共交通的出行量占总出行量的比重。公共交通出行包括轨道交通、地面公交、出租车及城市轮渡等出行方式;总出行包括公共交通出行和家用汽车、摩托车、自行车、步行等其他所有方式。城市公共交通出行量和总出行量的统计范围包括省辖市建成区和人口规模20万人以上的县级城市建成区。

计算公式:城市居民公共交通出行分担率 = 城市公共交通出行量 /总出行量 × 100%

(4)镇村公共交通开通率(%)。指已开通镇村公共交通的乡镇个数占乡镇总数的比重。镇村公共交通指以乡镇为单位或者相邻几个乡镇为片区,连接乡镇至行政村(镇与镇之间、镇与村之间、村与村之间),具有公共交通基本特征的客运线路。计算公式:镇村公共交通开通率 = 已开通镇村公共交通的乡镇个数 /乡镇总数 × 100%

10.城镇登记失业率(%)。指期末城镇登记失业人数占期末城镇从业人员总数与城镇登记失业人数之和的比重。城镇登记失业人员:指非农业人口,在劳动年龄(16 周岁至退休年龄)内,有劳动能力、无业而要求就业、并在当地就业服务机构进行求职登记的人员。资料来源:人社部门。计算公式:

城镇登记失业率 = 年末城镇登记失业人数 /(年末城镇从业人员总数 + 年末城镇登记失业人数)× 100%

11.恩格尔系数(%)。指居民用于食品消费的支出占生活消费支出的比重。食品消费支出是指居民用于主食、副食、其他食品以及在外饮食的支出总和。资料来源:调查总队、统计部门。计算公式:

恩格尔系数 =(城镇食品支出 /消费性支出 × 100%)× 城镇化率 +(农村食品支出 /消费性支出 × 100%)×(1 – 城镇化率)

12.现代教育发展水平(%)。以江苏省教育现代化指标体系监测综合得分作为指标值。该指标反映教育现代化程度,从教育普及度、教育公平度、教育质量度、教育开放度、教育保障度、教育统筹度、教育贡献度和教育满意度等 8 个方面综合反映现代教育发展状况。资料来源:教育部门。

13.基本社会保障。包括城乡基本养老保险覆盖率、城乡基本医疗保险覆盖率、失业保险覆盖率、城镇住房保障体系健全率、每千名老人拥有养老床位数等 5 个子项。

(1)城乡基本养老保险覆盖率(%)。指参加企业职工基本养老保险、机关事业单位社会养老保险、城镇居民养老保险、新型农村社会养老保险、被征地农民社会保障参保人数之和占应参保人数的比重。资料来源:人社部门。计算公式:

城乡基本养老保险覆盖率 =(企业职工基本养老保险参保人数 + 机关事业单位社会养老保险参保人数 + 城镇居民养老保险参保人数 + 新型农村社会养老保险参保人数 + 被征地农民社会保障参保人数)/ 应参保人数 × 100%

(2)城乡基本医疗保险覆盖率(%)。指参加城镇职工基本医疗保险、城镇居民医疗保险(不含城镇居民参加新农合人数)以及参加新型农村合作医疗人数之和占应参保人数的比重。资料来源:人社部门、卫生部门。计算公式:

城乡基本医疗保险覆盖率 =(城镇职工基本医疗保险参保人数 + 城镇居民医疗保险参保人数 – 城镇居民参加新农合人数 + 参加新型农村合作医疗人数)/ 应参保人数 × 100%

(3)失业保险覆盖率(%)。指失业保险参保人数占应参保人数的比重。失业保险覆盖范围:各类企业、民办非企业单位和与之形成劳动关系的人员,个体经济组织及其雇工,国家机关、事业单位、社会团体和与之建立劳动合同关系的人员,法律、法规规定应当参加失业保险的其他单位和人员。资料来源:人社部门。计算公式:失业保险覆盖率 = 失业保险参保人数 /应参保人数 × 100%

(4)城镇住房保障体系健全率(%)。该指标包括新增保障性住房完成率、城镇保障性住房覆盖率、各类棚户和危旧房片区改造覆盖率、住房保障制度完善率、住房保障管理服务网络健全率、住房保障信息化管理达标率和住房公积金覆盖率等 7 项内容。对各单项指标分别赋权重加总合成。资料来源:住建部门。计算公式:

城镇住房保障体系健全率 = 年度保障性住房建设完成率(15%)+ 城镇保障性住房覆盖率(20%)+ 各类棚户区和危旧房片区改造覆盖率(15%)+ 住房公积金覆盖率(20%)+ 住房保障制度完善率(10%)+ 住房保障管理服务网络健全率(10%)+ 住房保障信息化管理达标率(10%)

(5)每千名老人拥有养老床位数(张)。指每千名老人平均拥有的各类养老床位数。资料来源:民政部门。计算公式:

每千名老人拥有养老床位数 = 公办、民办以及社会各类养老服务机构拥有床位数(含社区服务中心、居家养老服务中心等养老床位数)总和 /60 周岁以上常住人口数 × 1000

14.文化产业增加值占 GDP 比重(%)。指文化及相关产业创造的增加值与 GDP 之比。资料来源:统计部门。计算公式:

文化产业增加值占 GDP 比重 = 文化产业增加值 /GDP × 100%

15.人均拥有公共文化体育设施面积(平方米)。指按照本地区常住人口计算的每人拥有公共文化设施和公共体育设施的面积。资料来源:文化部门、体育部门。计算公式:

人均拥有公共文化体育设施面积 =(公共文化设施面积 + 公共体育设施面积)/ 年末常住人口

16.每千人拥有医生数(人)。指一个地区平均每千人拥有的在岗执业(助理)医师数。资料来源:卫生部门。计算公式:

每千人拥有医生数 = 年末在岗执业(助理)医师数 /年末常住人口 × 1000

17.党风廉政建设满意度(%)。反映党风廉政建设和反腐败的成效,根据党风廉政建设民意调查结果计算所得。资料来源:纪检部门。

18.法治和平安建设水平。包括法治建设满意度和公众安全感 2 个子项。资料来源:政法部门。

(1)法治建设满意度(%)。指通过对党政机关在宪法和法律范围内活动、公共权力行使、公民意识与社会秩序、人民群众民主权利和民生保障、法制宣传教育和法治文化等方面的调查,反映人民群众对法治建设成果的满意程度,通过第三方民调机构调查取得。

(2)公众安全感(%)。既反映公众的安全程度,也反映人民群众对政府和社会管理综合治理各个部门工作绩效的认可程度,通过第三方民调机构调查取得。

19.城乡居民依法自治。包括城镇居委会依法自治达标率和农村村委会依法自治达标率2个子项。资料来源:民政部门。

(1)城镇居委会依法自治达标率(%)。指按照有关文件要求,达到四民主(即民主选举、民主决策、民主管理、民主监督)、三自我(即自我管理、自我教育、自我服务)要求的居委会所占的比重。计算公式:

城镇居委会依法自治达标率 = 城镇达标居委会个数 /居委会总个数 × 100%

(2)农村村委会依法自治达标率(%)。指按照有关文件要求,达到四民主(即民主选举、民主决策、民主管理、民主监督)、三自我(即自我管理、自我教育、自我服务)要求的村委会所占的比重。计算公式:

农村村委会依法自治达标率 = 农村达标村委会个数 /村委会总个数 × 100%

20.单位 GDP 能耗(吨标煤 /万元)。指一定时期内能源消费总量与 GDP 的比值。资料来源:统计部门。计算公式:

单位 GDP 能耗 = 能源消费总量 /GDP

21.环境质量。包括空气质量达到二级标准的天数比例、地表水好于Ⅲ类水质的比例、城镇污水达标处理率、村庄环境整治达标率、生活垃圾无害化处理率、城镇污水达标处理率、康居乡村建设达标率等7个子项。

(1)空气质量达到二级标准的天数比例(%)。指按国家环保部新颁布的空气质量标准(空气质量指数 AQI)要求,空气质量达到二级标准的天数占全年天数的比例。资料来源:环保部门。计算公式:

空气质量达到二级标准的天数比例 = 空气质量达到二级标准的天数 /全年天数 × 100%

(2)地表水好于Ⅲ类水质的比例(%)。指地表水质达到Ⅰ、Ⅱ、Ⅲ类地表水断面数占监测断面总数的比重。以国家和地方水质监测断面为基础,考核全省及各地优良水质比例。资料来源:环保部门。计算公式:

地表水好于Ⅲ类水质的比例 = 地表水质好于Ⅲ类地表水断面数 /监测断面总数 × 100%

(3)城市污水达标处理率(%)。指报告期内城镇污水达标处理总量与排放总量的比率。资料来源:住建部门。计算公式:

城镇污水达标处理率 = 城镇污水达标处理总量 /城镇污水排放总量 × 100%

(4)村庄环境整治达标率(%)。指达到村庄环境整治标准的村庄个数占村庄总数的比重。资料来源:住建部门。计算公式:

村庄环境整治达标率 = 村庄环境整治达标村庄个数 /村庄总数 × 100%

(5)生活垃圾无害化处理率(%)。指报告期内城乡生活垃圾无害化处理量与生活垃圾产生量的比率。资料来源:住建部门。计算公式:生活垃圾无害化处理率 = 城乡生活垃圾无害化处理量 /城乡生活垃圾产生量 × 100%

(6)城镇污水达标处理率(%)。指报告期内城镇污水达标处理总量与排放总量的比率。资料来源:住建部门。计算公式:

城镇污水达标处理率 = 城镇污水达标处理总量 /城镇污水排放总量 × 100%

(7)康居乡村建设达标率(%)。是指规划布点村庄达到康居乡村建设标准的比例。资料来源:住建部门。计算公式:

康居乡村建设达标率 = 达到康居乡村建设标准的村庄个数 /规划布点的村庄总数 × 100%

22.绿化水平。包括林木覆盖率和城镇绿化覆盖率2个子项。

(1)林木覆盖率(%)。指林木覆盖面积占土地面积的比重。林木覆盖面积包括:郁闭度0.2以上的乔木林地面积和竹林地面积、灌木林地面积、农田林网以及村旁、路旁、水旁、宅旁林木的覆盖面积。土地面积中扣除大于10平方公里的湖泊水面及重盐碱地等面积。资料来源:林业部门。计算公式:林木覆盖率 = 林木覆盖面积 /土地面积 × 100%

(2)城镇绿化覆盖率(%)。指城镇建成区内绿化覆盖面积与建成区总面积的比例。统计范围包括城市、县城、建制镇建成区。资料来源:住建部门。计算公式:

城镇绿化覆盖率 = 城市、县城、建制镇建成区绿化覆盖面积之和 /城市、县城、建制镇建成区面积之和 × 100%

23.服务业增加值占 GDP 比重(%)。指当年第三产业增加值及农林牧渔服务业增加值之和与 GDP 的百分比。资料来源:统计部门。计算公式:服务业增加值占 GDP 比重 =(第三产业增加值 + 农林牧渔服务业增加值)/GDP × 100%

24.工业全员劳动生产率(万元 /人)。该指标是反映工业企业从业人员平均生产效率的相对指标。用工业增加值除以同一时期全部工业企业从业人员的平均人数来计算。资料来源:经信部门。计算公式:

工业企业全员劳动生产率 = 工业增加值 /工业企业从业人员平均人数

25.高新技术产业产值占规模以上工业产值比重(%)。指一定时期内高新技术产业产值与规模以上工业总产值之比。资料来源:统计部门、科技部门。计算公式:

高新技术产业产值占规模以上工业产值比重 = 高新技术产业产值 /规模以上工业总产值 × 100%

26.自主品牌企业增加值占 GDP 比重(%)。指拥有省级以上自主品牌(驰名商标和著名商标)的企业所创造的增加值与 GDP 之比。资料来源:统计部门、工商部门。计算公式:自主品牌企业增加值占 GDP 比重 = 自主品牌企业增加值 /GDP × 100%

27.万人发明专利拥有量(件)。指每万人口拥有的经国内外知识产权行政部门授权且在有效期内的发明专利件数。资料来

源:科技部门、知识产权部门。计算公式:万人发明专利拥有量 = 年末发明专利拥有量 /年末常住总人口 × 10000

28.居民健康水平。包括人均预期寿命、每千人拥有医生数和国民体质合格率等 3 个子项。

(1)人均预期寿命(岁)。指在当前的年龄别死亡率水平下,同批出生的人平均一生可存活的年数。资料来源:统计部门。

(2)每千人拥有医生数(人)。指一个地区平均每千人拥有的在岗执业(助理)医师数。资料来源:卫生部门。计算公式:

每千人拥有医生数 = 年末在岗执业(助理)医师数 /年末常住人口 × 1000

(3)居民体质合格率(%)。指达到国家体育总局制定的《国家体质测定标准》合格以上标准城乡居民人数的比例,是反映城乡居民在生活水平、生活方式、医疗保障等因素共同作用下其体质健康状况的指标。资料来源:体育部门。计算公式:

居民体质合格率 = 达到《国家体质测定标准》合格以上标准城乡居民人数 /人口总数 × 100%

29.人力资源水平。包括每万劳动力中研发人员数和每万劳动力中高技能人才数 2 个子项。

(1)每万劳动力中研发人员数(人年)。指每万劳动力中从事科学研究与试验发展人员全时当量数。研发(R&D)人员指参与科学研究与试验发展项目研究、管理和辅助的工作人员。资料来源:统计部门、科技部门。计算公式:

每万劳动力中研发人员数 =R&D 人员全时当量数 /从业人员年平均人数 × 10000

(2)每万劳动力中高技能人才数(人)。指每万劳动力中取得高级技工、技师和高级技师职业资格人数。资料来源:人社部门。计算公式:

每万劳动力中高技能人才数 = (高级技工人数 + 技师人数 + 高级技师人数)/ 从业人数 × 10000

30.基尼系数。指在全部居民收入中,用于进行不平均分配的那部分收入占总收入的百分比。资料来源:调查总队、统计部门。

31.和谐社区建设水平。包括城市和谐社区建设达标率和农村和谐社区建设达标率 2 个子项。资料来源:民政部门。

(1)城市和谐社区建设达标率(%)。指达到城市和谐社区建设标准的社区数占城市社区总数的比重。计算公式:

城市和谐社区建设达标率 = 城市和谐社区达标数 /城市社区总数 × 100%

(2)农村和谐社区建设达标率(%)。指达到农村和谐社区建设标准的社区数占农村社区总数的比重。计算公式:

农村和谐社区建设达标率 = 农村和谐社区达标数 /农村社区总数 × 100%

32.居民文明素质水平。包括居民科学素质达标率、居民综合阅读率、注册志愿者人数占城镇人口比例等 3 个子项。

1)居民科学素质达标率(%):指具备基本科学素质即在"了解科学知识(包括科学术语和科学观点)"、"理解科学方法"、"理解科学技术对个人和社会的影响"三方面都达到标准的 18 岁至 69 岁的居民人数占 18 岁至 69 岁居民总人数的比例。资料来源:科技协会。计算公式:

居民科学素质达标率 = 具备基本科学素质的 18 岁至 69 岁居民人数 /18 岁至 69 岁居民总人数 × 100%

(2)居民综合阅读率(%)。指 18 – 70 岁居民对各种媒介(包含图书、报纸、期刊等纸质出版物,网络在线阅读和电子阅读器阅读等数字阅读方式)的阅读率,主要体现全民阅读参与情况。委托第三方独立调查机构通过问卷调查取得。资料来源:宣传部门。

(3)注册志愿者人数占城镇人口比例(%)。指注册志愿者人数占 16 – 70 岁城镇常住人口的比例。注册志愿者是指依据《中国注册志愿者管理规定》明确的条件和程序,在文明办、民政、体育、工会、共青团、妇联、科协、残联、红十字会、老龄办等组织和志愿服务组织注册登记,每年志愿服务时间在 24 小时及以上的人员。资料来源:宣传部门。

33.单位 GDP 二氧化碳排放强度(吨 /万元)。指一定时期内二氧化碳排放总量与地区生产总值(GDP)的比值。二氧化碳排放是指化石燃料燃烧过程中产生的排放量。

二氧化碳排放量 = 燃煤排放量 + 燃油排放量 + 燃气排放量 + 电力调入二氧化碳排放量 – 电力调出二氧化碳排放量。资料来源:发改部门。计算公式:单位 GDP 二氧化碳排放强度 = 二氧化碳年度排放总量 /本年度地区生产总值

34.主要污染物排放强度。包括单位 GDP 化学需氧量排放强度、单位 GDP 二氧化硫排放强度、单位 GDP 氨氮排放强度、单位 GDP 氮氧化物排放强度等 4 个子项。资料来源:环保部门。

(1)单位 GDP 化学需氧量排放强度(千克 /万元)。指一定时期内化学需氧量排放量与 GDP 的比值。GDP 按 2010 年可比价计算。计算公式:单位 GDP 化学需氧量排放强度 = 化学需氧量排放量 /GDP

(2)单位 GDP 二氧化硫排放强度(千克 /万元)。指一定时期内二氧化硫排放量与 GDP 的比值。GDP 按 2010 年可比价计算。计算公式:单位 GDP 二氧化硫排放强度 = 二氧化硫排放量 /GDP

(3)单位 GDP 氨氮排放强度(千克 /万元)。指一定时期内氨氮排放量与 GDP 的比值。GDP 按 2010 年可比价计算。计算公式:

单位 GDP 氨氮排放强度 = 氨氮排放量 /GDP

(4)单位 GDP 氮氧化物排放强度(千克 /万元)。指一定时期内氮氧化物排放量与 GDP 的比值。GDP 按 2010 年可比价计算。计算公式:单位 GDP 氮氧化物排放强度 = 氮氧化物排放量 /GDP

评判指标:人民群众对全面建成小康社会成果满意度(%)和基本现代化建设成果满意度(%)。这是公众参与的主观感受指标,反映人民群众对全面建成小康社会成果和基本现代化建设成果的认可程度,委托第三方调查机构,采用问卷、电话访问等抽样调查方式取得。资料来源:统计部门。

附录二 江苏省市、县主要经济指标(2013年)

MAJOR ECONOMIC INDICATORS OF CITIES AND COUNTIES OF JIANGSU

版面负责人：张玉强

编　　辑：徐向忠

中华人民共和国统计法

（1983 年 12 月 8 日第六届全国人民代表大会常务委员会第三次会议通过，根据 1996 年 5 月 15 日第八届全国人民代表大会常务委员会第十九次会议《关于修改〈中华人民共和国统计法〉的决定》修正，2009 年 6 月 27 日第十一届全国人民代表大会常务委员会第九次会议修订。）

第六章　法律责任

第四十二条 作为统计调查对象的国家机关、企业事业单位或者其他组织迟报统计资料，或者未按照国家有关规定设置原始记录、统计台账的，由县级以上人民政府统计机构责令改正，给予警告。

企业事业单位或者其他组织有前款所列行为之一的，可以并处一万元以下的罚款。

个体工商户迟报统计资料的，由县级以上人民政府统计机构责令改正，给予警告，可以并处一千元以下的罚款。

第四十三条 县级以上人民政府统计机构查处统计违法行为时，认为对有关国家工作人员依法应当给予处分的，应当提出给予处分的建议；该国家工作人员的任免机关或者监察机关应当依法及时作出决定，并将结果书面通知县级以上人民政府统计机构。

第四十四条 作为统计调查对象的个人在重大国情国力普查活动中拒绝、阻碍统计调查，或者提供不真实或者不完整的普查资料的，由县级以上人民政府统计机构责令改正，予以批评教育。

编辑：李　广

江苏省市、县主要经济指标

（2013年）

市(县)名称	土地面积(平方公里)	年末总人口(万人)	当年出生人口(人)	当年死亡人口(人)	年末总户数(万户)	从业人员(万人)	第一产业	第二产业	第三产业
南京市	**6 587**	**643.09**	**63 954**	**36 955**	**218.04**	**452.4**	**48.5**	**150.2**	**253.7**
溧水区	1 064	42.33	5 221	2 805	14.99	32.23	3.95	18.29	9.99
高淳区	790	43.53	4 591	3 202	15.19	30.82	6.01	16.42	8.39
无锡市	**4 627**	**472.23**	**41 364**	**32 020**	**158.09**	**389.2**	**18.1**	**222.5**	**148.6**
江阴市	987	121.73	11 412	8 058	36.66	99.52	5.15	62.90	31.47
宜兴市	1 997	107.88	9 470	8 413	37.91	74.43	9.12	41.61	23.70
徐州市	**11 259**	**1 006.85**	**211 582**	**33 430**	**275.57**	**542.6**	**142.2**	**220.0**	**180.4**
丰　县	1 446	118.23	24 003	7 594	31.59	68.07	26.33	25.38	16.36
沛　县	1 349	128.91	26 730	5 911	37.07	65.87	17.92	29.41	18.54
铜山区	1 909	137.06	33 522	4 681	38.22	73.01	23.81	26.55	22.65
睢宁县	1 767	140.74	36 745	1 800	33.53	74.70	24.45	28.31	21.94
新沂市	1 571	109.66	27 848	2 162	31.86	62.48	19.79	24.99	17.70
邳州市	2 088	182.95	33 486	4 859	45.39	92.78	23.09	38.89	30.80
常州市	**4 372**	**365.91**	**33 666**	**28 502**	**128.81**	**280.9**	**31.5**	**147.2**	**102.2**
溧阳市	1 535	79.01	7 573	5 783	26.34	49.37	11.35	25.81	12.21
金坛市	976	55.16	4 984	6 396	20.60	35.13	6.86	16.48	11.79
苏州市	**8 488**	**653.84**	**67 396**	**44 478**	**215.57**	**695.2**	**25.1**	**425.9**	**244.2**
常熟市	1 276	106.73	8 166	8 741	33.05	105.50	4.25	66.60	34.65
张家港市	990	91.47	8 881	6 352	33.54	78.02	4.66	48.30	25.06
昆山市	932	75.29	9 419	4 261	25.42	116.23	1.90	76.57	37.76
吴江区	1 238	80.86	8 029	6 092	25.65	84.77	4.29	45.73	34.75
太仓市	823	47.45	3 368	3 804	14.68	46.12	2.72	27.76	15.64
南通市	**8 001**	**766.51**	**54 137**	**61 249**	**283.35**	**467.2**	**107.3**	**216.6**	**143.3**
海安县	1 108	94.18	5 670	6 987	37.02	55.20	12.20	29.00	14.00
如东县	1 733	104.38	6 101	9 874	37.31	63.10	14.80	31.00	17.30
启东市	1 208	112.35	7 508	7 922	45.55	68.70	20.50	29.60	18.60
如皋市	1 492	143.22	11 139	11 042	45.31	75.60	21.20	35.10	19.30
海门市	939	100.06	6 092	8 288	38.37	66.60	18.60	31.70	16.30
连云港市	**7 615**	**520.18**	**109 189**	**18 561**	**139.45**	**250.2**	**81.8**	**78.3**	**90.1**
赣榆县	1 514	117.85	24 249	2 510	34.32	57.36	18.35	19.02	19.99
东海县	2 037	120.20	29 973	6 850	28.97	56.43	18.61	17.70	20.12
灌云县	1 538	103.58	19 585	2 270	26.38	47.77	19.62	14.05	14.10
灌南县	1 028	80.34	20 779	4 463	20.69	36.38	16.79	8.84	10.75

注：2010年区划调整，铜山县改为铜山区。2013年徐州市从业人员数为全社会口径，其它9市为劳动力抽样调查推算数，两者不可比。

续表 1　　　　（2013 年）

市(县)名称	土地面积(平方公里)	年末总人口(万人)	当年出生人口(人)	当年死亡人口(人)	年末总户数(万户)	从业人员(万人)			
							第一产业	第二产业	第三产业
淮安市	**10 072**	**552.96**	**90 140**	**24 084**	**161.13**	**281.3**	**82.6**	**85.2**	**113.5**
涟水县	1 676	112.10	23 546	5 127	29.25	47.65	17.61	10.65	19.39
洪泽县	1 394	38.80	4 468	1 349	12.29	20.20	6.62	6.27	7.31
盱眙县	2 497	79.27	11 304	4 003	21.56	39.23	12.34	12.00	14.89
金湖县	1 394	35.74	3 045	3 101	12.82	21.72	6.95	7.62	7.15
盐城市	**16 972**	**823.77**	**94 009**	**68 651**	**273.37**	**446.4**	**132.9**	**146.9**	**166.6**
响水县	1 461	61.77	7 378	4 693	17.03	28.90	9.99	9.20	9.72
滨海县	1 915	120.10	14 094	8 844	34.02	55.51	19.47	16.86	19.18
阜宁县	1 439	111.07	18 250	13 604	36.35	51.39	18.09	15.71	17.59
射阳县	2 855	96.63	9 779	6 891	32.04	55.35	17.99	17.47	19.89
建湖县	1 160	80.25	8 158	7 247	30.28	44.60	13.69	15.61	15.30
东台市	3 221	113.58	9 181	8 969	39.55	66.19	19.60	22.20	24.39
大丰市	3 059	72.54	5 718	5 864	27.78	46.32	14.53	14.40	17.39
扬州市	**6 591**	**459.84**	**40 136**	**32 466**	**150.65**	**265.7**	**51.9**	**120.6**	**93.2**
宝应县	1 462	90.72	8 725	4 958	28.45	42.07	12.78	17.89	11.40
仪征市	857	56.42	5 310	4 149	18.98	39.71	9.39	18.34	11.98
高邮市	1 922	81.82	5 906	6 132	25.99	45.55	13.17	19.38	13.00
镇江市	**3 847**	**271.75**	**24 386**	**21 061**	**101.41**	**192.1**	**24.2**	**91.4**	**76.5**
丹阳市	1 047	81.33	7 608	6 510	28.20	62.81	6.31	34.88	21.62
扬中市	331	28.18	2 766	2 341	10.67	21.49	1.44	12.13	7.92
句容市	1 387	58.94	5 484	4 328	22.55	38.88	10.42	16.16	12.30
泰州市	**5 787**	**507.80**	**46 959**	**39 621**	**169.55**	**284.2**	**70.8**	**119.4**	**94.0**
兴化市	2 395	157.79	16 848	11 986	52.81	77.01	24.63	29.89	22.49
靖江市	656	66.79	4 741	4 675	21.56	42.03	8.32	20.92	12.79
泰兴市	1 170	119.95	10 273	10 138	39.50	66.12	19.83	26.36	19.93
姜堰区	928	79.57	6 447	6 290	27.33	9.55	1.05	4.78	3.72
宿迁市	**8 524**	**572.11**	**131 065**	**18 575**	**148.55**	**276.4**	**110.5**	**92.0**	**73.9**
沭阳县	2 299	190.95	43 955	7 111	49.27	101.76	39.18	35.22	27.36
泗阳县	1 378	105.18	20 792	4 953	27.27	47.74	18.45	18.52	10.77
泗洪县	2 694	107.51	28 134	2 650	29.23	48.13	27.67	11.32	9.14

续表 2

（2013 年）

市(县)名 称	地区生产总 值(亿元)	第一产业	第二产业	# 工业	第三产业	人均地区生产总值(按常住人口计算,元)	地区生产总值指数(上年=100)	三次产业占 GDP 比重(%) 第一产业	第二产业	第三产业
南京市	**8 011.78**	**204.64**	**3 450.58**	**2 997.63**	**4 356.56**	**98 011**	**111.0**	**2.6**	**43.1**	**54.4**
溧水区	450.70	32.62	250.21	212.97	167.87		112.5	7.2	55.5	37.2
高淳区	441.75	33.32	222.27	176.32	186.16		112.3	7.5	50.3	42.1
无锡市	**8 070.18**	**148.54**	**4 207.42**	**3 893.56**	**3 714.22**	**124 640**	**109.3**	**1.8**	**52.1**	**46.0**
江阴市	2 706.06	51.53	1 518.07	1 457.48	1 136.46	166 307	109.6	1.9	56.1	42.0
宜兴市	1 190.23	51.71	629.44	543.21	509.08	95 295	110.5	4.3	52.9	42.8
徐州市	**4 435.82**	**418.88**	**2 118.32**	**1 793.48**	**1 898.62**	**51 714**	**111.8**	**9.4**	**47.8**	**42.8**
丰 县	281.78	53.80	128.04	93.20	99.94	29 711	113.0	19.1	45.4	35.5
沛 县	495.37	76.47	228.20	185.41	190.70	44 514	112.7	15.4	46.1	38.5
铜山区	737.14	59.79	397.77	338.28	279.58	66 649	112.8	8.1	54.0	37.9
睢宁县	360.16	62.46	158.68	123.70	139.02	35 177	113.1	17.3	44.1	38.6
新沂市	412.22	52.43	174.89	148.54	184.90	45 414	113.2	12.7	42.4	44.9
邳州市	599.14	89.64	257.50	212.87	252.00	41 800	113.0	15.0	43.0	42.1
常州市	**4 360.93**	**138.12**	**2 250.80**	**2 036.27**	**1 972.01**	**92 995**	**110.9**	**3.2**	**51.6**	**45.2**
溧阳市	637.20	42.61	338.43	304.51	256.16	83 815	112.2	6.7	53.1	40.2
金坛市	406.12	30.15	211.56	179.81	164.41	72 755	108.6	7.4	52.1	40.5
苏州市	**13 015.70**	**214.49**	**6 849.59**	**6 370.37**	**5 951.62**	**123 209**	**109.6**	**1.6**	**52.6**	**45.7**
常熟市	1 980.31	40.50	1 048.29	1 000.75	891.52	131 338	109.0	2.0	52.9	45.0
张家港市	2 145.31	30.41	1 192.34	1 142.35	922.56	172 093	106.1	1.4	55.6	43.0
昆山市	2 920.08	26.94	1 691.09	1 605.40	1 202.05	177 923	109.7	0.9	57.9	41.2
吴江区	1 415.47	38.10	773.90	730.15	603.47		109.6	2.7	54.7	42.6
太仓市	1 002.28	36.84	532.46	501.69	432.98	141 785	110.1	3.7	53.1	43.2
南通市	**5 038.89**	**345.41**	**2 623.50**	**2 168.16**	**2 069.98**	**69 049**	**111.8**	**6.9**	**52.1**	**41.1**
海安县	538.73	52.09	266.48	219.47	220.17	62 199	112.5	9.7	49.5	40.9
如东县	536.03	62.11	263.93	212.46	209.99	54 431	112.2	11.6	49.2	39.2
启东市	658.31	65.26	333.35	258.07	259.70	68 653	111.9	9.9	50.6	39.5
如皋市	657.01	57.04	343.33	285.93	256.64	52 185	111.8	8.7	52.3	39.1
海门市	740.01	50.76	407.60	337.09	281.65	82 005	112.1	6.9	55.1	38.1
连云港市	**1 785.42**	**259.17**	**807.42**	**642.67**	**718.83**	**40 416**	**111.8**	**14.5**	**45.2**	**40.3**
赣榆县	376.41	56.24	187.55	146.39	132.62	39 612	112.7	14.9	49.8	35.2
东海县	320.17	58.09	144.60	123.86	117.48	33 645	111.6	18.1	45.2	36.7
灌云县	249.92	56.17	115.56	87.96	78.19	31 544	111.9	22.5	46.2	31.3
灌南县	235.90	42.72	117.18	99.62	76.00	37 844	111.6	18.1	49.7	32.2

续表 3

（2013 年）

市(县)名 称	地区生产总 值（亿元）	第一产业	第二产业	# 工业	第三产业	人均地区生产总值(按常住人口计算,元)	地区生产总值指数(上年 =100)	三次产业占 GDP 比重(%) 第一产业	第二产业	第三产业
淮安市	**2 155.86**	**272.58**	**983.15**	**819.60**	**900.13**	**44 774**	**112.0**	**12.6**	**45.6**	**41.8**
涟水县	260.31	48.00	105.92	84.25	106.39	30 997	112.0	18.4	40.7	40.9
洪泽县	178.06	28.03	75.88	63.70	74.15	53 399	112.2	15.7	42.6	41.6
盱眙县	260.15	46.13	110.49	87.80	103.53	40 333	112.4	17.7	42.5	39.8
金湖县	166.42	26.03	67.41	58.82	72.98	50 461	112.3	15.6	40.5	43.9
盐城市	**3 475.50**	**489.18**	**1 635.98**	**1 405.02**	**1 350.34**	**48 150**	**112.3**	**14.1**	**47.1**	**38.9**
响水县	203.12	38.08	100.47	90.21	64.57	40 382	113.3	18.7	49.5	31.8
滨海县	300.10	52.98	131.54	112.11	115.58	31 794	112.7	17.7	43.8	38.5
阜宁县	302.17	49.56	140.76	105.06	111.85	36 003	112.0	16.4	46.6	37.0
射阳县	351.47	74.69	137.29	124.49	139.49	39 402	112.0	21.2	39.1	39.7
建湖县	360.75	45.06	167.78	145.64	147.91	48 915	112.7	12.5	46.5	41.0
东台市	564.09	84.10	252.34	223.18	227.65	57 201	112.7	14.9	44.7	40.4
大丰市	443.52	68.60	194.15	168.43	180.77	63 229	113.4	15.5	43.8	40.7
扬州市	**3 252.01**	**224.45**	**1 693.70**	**1 468.79**	**1 333.86**	**72 775**	**112.0**	**6.9**	**52.1**	**41.0**
宝应县	364.42	59.94	168.76	136.31	135.72	48 481	112.4	16.4	46.3	37.2
仪征市	410.16	21.23	231.75	204.87	157.18	72 963	112.1	5.2	56.5	38.3
高邮市	381.50	62.79	173.31	141.24	145.40	51 590	112.5	16.5	45.4	38.1
镇江市	**2 927.28**	**129.00**	**1 549.40**	**1 431.04**	**1 248.88**	**92 633**	**112.1**	**4.4**	**52.9**	**42.7**
丹阳市	925.15	49.75	484.06	463.45	391.34	94 839	112.8	5.4	52.3	42.3
扬中市	395.10	12.65	215.25	207.22	167.20	116 001	112.5	3.2	54.5	42.3
句容市	385.65	37.08	196.01	178.72	152.56	61 912	112.5	9.6	50.8	39.6
泰州市	**3 006.91**	**205.90**	**1 574.06**	**1 362.30**	**1 226.95**	**64 917**	**111.8**	**6.8**	**52.3**	**40.8**
兴化市	575.84	87.67	248.10	215.86	240.07	45 911	111.6	15.2	43.1	41.7
靖江市	670.43	20.19	368.02	340.09	282.22	97 730	111.8	3.0	54.9	42.1
泰兴市	610.61	46.01	322.57	281.79	242.03	56 735	111.9	7.5	52.8	39.6
姜堰区	452.89	34.12	231.92	190.01	186.85		111.6	7.5	51.2	41.3
宿迁市	**1 706.28**	**235.00**	**815.61**	**679.18**	**655.67**	**35 484**	**112.5**	**13.8**	**47.8**	**38.4**
沭阳县	543.51	75.80	251.79	222.35	215.92	35 155	112.4	13.9	46.3	39.7
泗阳县	305.20	47.50	156.83	130.68	100.87	36 076	112.7	15.6	51.4	33.1
泗洪县	300.28	49.60	129.84	103.08	120.84	32 782	112.5	16.5	43.2	40.2

续表 4 （2013 年）

市（县）名 称	农林牧渔业总产值（亿元）（现价）	农作物总播种面积（千公顷）	#粮食作物	粮 食总产量（万吨）	油料产量（万吨）	棉花产量（吨）	肉 类总产量（万吨）	水产品产 量（万吨）	农业机械总 动 力（万千瓦）
南京市	**351.31**	**324.47**	**161.35**	**116.95**	**10.79**	**4217**	**12.16**	**22.17**	**218.08**
溧水区									
高淳区									
无锡市	**241.43**	**178.67**	**112.00**	**79.64**	**0.90**		**10.32**	**12.68**	**100.96**
江阴市	84.47	47.49	28.09	19.95	0.21		4.37	2.60	24.69
宜兴市	83.58	93.59	67.55	48.00	0.65		3.66	8.06	52.35
徐州市	**802.94**	**1 126.58**	**729.75**	**451.13**	**9.96**	**36 291**	**98.48**	**18.37**	**626.68**
丰 县	102.77	145.87	85.36	51.76	0.45	16 230	16.19	0.46	77.83
沛 县	135.22	148.84	88.01	58.99	0.27	4 552	18.55	1.54	95.94
铜山区	115.22	189.94	130.54	83.33	0.56	7 000	11.09	4.60	98.92
睢宁县	118.30	188.00	149.53	85.03	1.46	1 564	14.34	2.25	106.30
新沂市	102.87	157.00	98.86	62.68	5.51		13.28	5.46	81.13
邳州市	162.85	229.80	124.63	78.74	1.50	5 845	20.62	2.93	113.25
常州市	**240.11**	**224.17**	**150.32**	**113.71**	**4.26**	**462**	**15.68**	**18.53**	**159.16**
溧阳市	75.89	94.38	68.38	53.63	3.16	439	2.38	6.56	53.38
金坛市	57.23	56.16	37.96	28.29	0.86	23	5.64	4.59	40.86
苏州市	**369.82**	**257.63**	**154.27**	**113.12**	**2.42**	**1 038**	**12.84**	**27.99**	**164.99**
常熟市	68.02	74.03	42.32	31.61	0.89	648	1.92	3.75	33.94
张家港市	53.63	54.96	38.62	27.23	0.45	44	1.18	1.76	31.73
昆山市	45.98	23.16	15.66	11.21	0.16	22	0.57	5.03	17.18
吴江区									
太仓市	63.10	49.37	29.35	21.45	0.48	324	5.42	3.16	19.06
南通市	**594.78**	**843.53**	**519.67**	**333.46**	**40.84**	**50 657**	**47.89**	**87.04**	**365.53**
海安县	95.71	102.95	79.13	64.09	1.48	26	9.33	3.36	60.90
如东县	120.51	171.58	132.56	92.28	4.69	13 751	10.02	30.23	83.29
启东市	115.71	152.74	72.37	26.12	10.34	16 894	5.82	36.21	50.96
如皋市	92.36	150.54	108.78	74.04	3.84	160	10.95	2.54	78.48
海门市	80.43	106.97	37.81	18.38	9.54	11 472	4.21	8.75	33.74
连云港市	**474.24**	**628.82**	**498.68**	**354.73**	**12.11**	**2 837**	**29.72**	**75.05**	**512.07**
赣榆县	131.79	108.77	78.63	55.69	6.98	517	6.68	45.91	106.62
东海县	106.31	202.39	157.12	112.17	4.83	60	7.95	6.01	132.82
灌云县	101.82	134.05	111.21	79.34	0.09	216	5.35	5.50	116.60
灌南县	78.16	108.50	87.19	61.91	0.20	30	5.07	3.41	97.28

续表 5

（2013 年）

市(县)名称	农林牧渔业总产值（亿元）（现价）	农作物总播种面积（千公顷）	#粮食作物	粮食总产量（万吨）	油料产量（万吨）	棉花产量（吨）	肉类总产量（万吨）	水产品产量（万吨）	农业机械总动力（万千瓦）
淮安市	**499.83**	**799.26**	**657.65**	**461.02**	**9.62**	**147**	**32.18**	**25.93**	**518.40**
涟水县	91.19	167.92	132.60	90.02	3.32		6.94	1.86	93.45
洪泽县	56.15	69.77	58.81	44.02	0.28		2.34	5.57	71.86
盱眙县	85.62	166.13	141.26	95.57	2.49	147	7.62	5.38	102.63
金湖县	47.36	82.31	74.68	52.89	0.77		1.42	4.83	72.41
盐城市	**991.66**	**1 460.13**	**972.32**	**686.51**	**31.52**	**97 529**	**88.93**	**110.06**	**596.35**
响水县	68.05	112.61	78.93	53.65	2.46	97	5.02	6.40	66.45
滨海县	95.13	175.50	125.70	93.01	4.34	1 062	11.11	9.70	78.75
阜宁县	98.65	168.99	125.76	93.02	1.80	108	18.54	7.07	79.36
射阳县	165.21	208.18	154.07	110.35	3.47	21 461	8.34	20.54	78.61
建湖县	82.86	116.46	99.45	72.07	1.70	2 004	6.40	9.74	50.27
东台市	181.05	250.04	143.27	95.08	8.58	9 603	14.20	17.62	82.68
大丰市	155.41	246.49	119.30	77.92	6.18	41 598	12.57	16.91	76.09
扬州市	**403.93**	**510.27**	**419.80**	**312.19**	**7.57**	**4 637**	**18.42**	**39.37**	**246.81**
宝应县	107.54	137.29	119.91	92.30	1.50		4.77	14.67	47.91
仪征市	38.10	60.90	48.89	33.75	1.04	85	2.23	0.62	35.15
高邮市	113.96	142.62	115.96	87.52	2.29	3 384	4.78	16.27	68.21
镇江市	**196.14**	**237.44**	**176.70**	**125.79**	**5.80**	**1 120**	**8.55**	**9.27**	**151.27**
丹阳市	70.67	84.24	70.48	50.88	1.05	8	2.58	3.83	41.79
扬中市	19.98	18.69	13.84	10.52	0.17		0.98	0.69	21.35
句容市	56.99	78.03	50.69	35.37	3.45	1 091	1.56	2.55	53.01
泰州市	**344.59**	**582.32**	**438.52**	**326.68**	**12.29**	**14 047**	**26.63**	**37.30**	**254.25**
兴化市	147.89	230.18	184.05	141.11	3.83	12 408	5.87	28.47	112.18
靖江市	33.66	54.01	45.63	33.59	0.48		3.21	1.00	24.93
泰兴市	76.30	138.05	96.33	70.37	4.06		8.48	2.41	58.57
姜堰区									
宿迁市	**445.10**	**705.80**	**572.71**	**375.99**	**4.99**	**1 883**	**35.70**	**25.65**	**499.36**
沭阳县	145.93	249.22	184.60	126.73	1.42		10.21	1.80	185.73
泗阳县	87.97	112.30	90.14	58.68	0.99	26	5.16	8.04	85.54
泗洪县	104.51	187.33	166.06	100.96	2.08	1 790	7.75	9.74	127.88

续表 6

（2013 年）

市(县)名称	工业总产值(当年价)(亿元)	#内资企业	#大中型企业	#轻工业	主营业务收入(亿元)	利税总额(亿元)	利润总额(亿元)
南京市	**12 647.14**	**7 480.99**	**8 808.35**	**2 562.47**	**12 428.16**	**1 421.24**	**751.27**
溧水区	797.13	667.38			788.40	90.93	134.22
高淳区	714.88	630.69			724.19	53.47	85.26
无锡市	**14 890.65**	**9 653.68**	**10 048.85**	**3 537.31**	**14 450.48**	**1 125.17**	**741.88**
江阴市	6 140.78	4 598.86	4 904.45	1 771.81	5 928.67	523.52	336.69
宜兴市	2 896.51	2 464.16	1 348.39	246.68	2 788.26	175.27	104.62
徐州市	**10 523.10**	**9 638.91**	**5 208.98**	**3 120.51**	**10 506.88**	**1 533.37**	**856.08**
丰　县	425.68	392.31	102.01	182.66	411.50	61.99	35.85
沛　县	1 212.61	1 193.54	559.08	465.69	1 164.22	157.76	85.02
铜山区	2 916.16	2 740.18	1 797.92	850.80	2 867.63	437.12	278.18
睢宁县	702.14	603.88	270.04	378.91	682.74	108.40	77.36
新沂市	1 212.17	1 156.49	160.44	380.10	1 208.03	140.97	73.37
邳州市	1 885.40	1 742.55	630.53	414.28	1 866.03	279.60	173.74
常州市	**10 067.88**	**6 969.21**	**5 939.26**	**2 121.06**	**10 223.05**	**844.46**	**512.56**
溧阳市	1 581.98	1 141.47	921.69	100.13	1 597.46	139.04	80.88
金坛市	657.64	466.45	334.42	195.40	667.16	78.73	50.29
苏州市	**30 392.90**	**10 713.40**	**22 587.57**	**7 774.24**	**29 937.18**	**1 879.59**	**1 305.95**
常熟市	3 582.25	2 061.53	2 505.95	1 551.41	3 557.36	252.19	179.08
张家港市	4 922.05	3 754.12	3 773.71	1 172.49	5 071.75	218.92	115.12
昆山市	8 157.30	901.82	6 751.96	995.82	8 171.68	526.26	385.05
吴江区	3 096.17	1 359.14			3 073.93	100.48	156.69
太仓市	1 994.70	1 005.00	1 053.91	782.10	1 930.48	154.86	103.15
南通市	**11 351.54**	**7 336.64**	**5 503.85**	**3 756.02**	**11 093.04**	**1 290.70**	**828.49**
海安县	1 546.88	1 228.89	810.81	631.80	1 558.28	183.03	125.42
如东县	1 482.04	998.73	572.59	658.54	1 482.48	175.69	113.92
启东市	1 356.46	938.04	510.98	282.58	1 341.92	176.51	114.53
如皋市	1 412.27	1 116.20	762.22	428.14	1 336.23	106.47	59.72
海门市	1 629.51	1 046.84	722.13	502.71	1 646.99	272.71	180.88
连云港市	**4 130.59**	**3 186.00**	**2 261.59**	**1 150.96**	**4 041.62**	**482.17**	**301.21**
赣榆县	1 090.75	1 032.34	572.00	219.73	1 079.91	109.33	62.17
东海县	620.54	518.71	87.86	227.58	618.74	69.79	44.92
灌云县	506.13	490.98	214.77	164.23	498.02	49.54	35.02
灌南县	500.13	486.68	357.30	32.53	497.71	60.69	34.84

注:工业统计范围为年主营业务收入 500 万元以上工业企业,下同。

续表 7

（2013 年）

市(县) 名　称	工　业 总产值 (当年价) (亿元)	# 内资企业	# 大中型 企　业	# 轻工业	主营业务 收　　入 (亿元)	利税总额 (亿元)	利润总额 (亿元)
淮安市	**4 802.92**	**3 679.13**	**1 992.13**	**1 897.86**	**4 731.24**	**413.31**	**218.77**
涟水县	375.51	338.06	122.96	224.74	472.65	33.28	21.46
洪泽县	442.20	400.89	62.74	159.78	434.62	46.77	31.06
盱眙县	606.21	572.67	129.81	241.19	639.64	42.77	24.49
金湖县	340.97	292.68	111.64	140.47	357.82	21.46	14.47
盐城市	**6 454.58**	**4 823.52**	**3 069.35**	**2 198.50**	**6 297.05**	**703.69**	**404.19**
响水县	517.19	439.16	293.52	150.79	519.41	78.19	56.59
滨海县	491.01	470.87	209.31	265.53	501.08	54.10	29.95
阜宁县	487.11	442.87	106.87	168.62	485.40	42.73	21.31
射阳县	494.93	434.15	89.57	330.09	491.88	38.51	19.54
建湖县	651.20	554.86	292.36	274.74	618.26	73.65	39.45
东台市	863.06	730.72	266.98	347.38	872.68	86.75	47.69
大丰市	657.95	528.63	307.73	266.10	689.06	64.01	36.89
扬州市	**8 499.39**	**6 206.34**	**5 519.41**	**1 943.92**	**8 189.53**	**951.75**	**540.53**
宝应县	759.11	691.36	446.98	150.82	713.15	63.66	36.97
仪征市	1 257.42	686.70	780.75	169.82	1 256.18	155.88	100.59
高邮市	881.71	754.26	365.04	323.32	876.66	112.18	70.93
镇江市	**7 197.27**	**4 744.73**	**4 455.77**	**1 243.42**	**7 021.31**	**673.12**	**427.23**
丹阳市	2 263.70	1 620.12	1 543.16	411.53	2 246.59	176.14	117.89
扬中市	1 056.61	924.30	837.18	45.33	1 013.05	116.93	70.10
句容市	1 096.64	713.34	500.84	358.57	1 085.04	102.87	50.21
泰州市	**8 501.65**	**6 296.11**	**4 248.58**	**2 212.48**	**8 149.57**	**1 022.33**	**605.06**
兴化市	1 163.75	1 046.16	197.46	280.02	1 143.21	112.39	64.30
靖江市	1 933.65	1 134.76	1 498.20	245.92	1 812.60	228.15	139.13
泰兴市	1 682.32	1 323.44	714.24	444.91	1 670.17	249.11	149.41
姜堰区	948.86	756.98			877.30	62.18	100.05
宿迁市	**2 845.15**	**2 632.99**	**1 010.89**	**1 483.21**	**2 821.44**	**439.73**	**305.83**
沭阳县	957.46	906.63	194.31	420.85	946.99	136.40	90.89
泗阳县	492.30	478.91	119.13	224.29	493.64	61.55	44.06
泗洪县	519.59	496.78	127.95	322.64	512.74	88.05	61.06

续表 8

（2013 年）

市(县)名 称	社会消费品零售总额（亿元）	#批发和零售业	进出口总额（海关数）（亿美元）	#出口总额	实际到帐外资(商务部口径)（亿美元）	固定资产投资（亿元）	#房地产开发投资	商品房建筑面积（万平方米）	#住宅
南京市	**3 531.73**	**3 203.34**	**557.57**	**322.66**	**40.33**	**5 093.78**	**1 037.71**	**1 222.01**	**1 143.15**
溧水区	113.77		2.57	2.46	1.81	427.53	35.56		
高淳区	89.69		4.10	3.74	1.11	356.29	35.43		
无锡市	**2 759.98**	**2 535.82**	**703.71**	**411.48**	**33.39**	**3 973.52**	**1 128.91**	**909.44**	**780.77**
江阴市	581.95	544.57	199.99	108.33	8.08	948.79	234.01	185.48	157.34
宜兴市	419.18	395.97	58.08	36.62	3.30	555.34	129.97	140.23	125.68
徐州市	**1 495.91**	**1 313.59**	**62.89**	**48.97**	**15.00**	**3 090.13**	**380.47**	**856.82**	**765.84**
丰　县	78.25	70.40	1.83	1.71	1.33	144.97	18.09	56.96	49.01
沛　县	141.97	132.39	2.67	2.59	0.94	331.30	18.20	61.79	57.14
铜山区	132.97	115.96	7.77	7.20	2.01	486.94	24.51		
睢宁县	97.41	88.51	7.18	4.74	1.12	174.79	17.07	55.02	47.95
新沂市	94.77	88.89	5.22	3.89	0.62	307.58	32.46	96.99	85.65
邳州市	130.26	109.90	7.31	6.57	2.52	449.06	33.52	115.94	114.33
常州市	**1 607.63**	**1 459.16**	**292.15**	**203.74**	**31.11**	**2 850.12**	**681.39**	**875.98**	**769.45**
溧阳市	227.48	207.32	12.02	9.17	4.65	411.66	42.24	79.78	73.63
金坛市	177.15	160.56	14.68	11.90	1.26	214.36	34.31	73.57	61.22
苏州市	**3 662.24**	**3 197.24**	**3 093.48**	**1 757.06**	**86.98**	**5 822.14**	**1 414.01**	**1 875.05**	**1 633.41**
常熟市	561.71	512.22	186.26	116.43	10.24	715.21	134.23	180.53	150.04
张家港市	410.90	356.26	322.19	128.24	6.42	762.22	98.18	110.44	90.23
昆山市	561.26	457.28	889.84	546.73	17.54	840.00	306.11	545.47	468.86
吴江区	353.55		220.41	124.77	9.70	713.55	146.67		
太仓市	218.70	185.68	127.60	55.14	6.18	500.54	67.79	105.65	90.35
南通市	**1 940.41**	**1 775.26**	**298.14**	**212.78**	**22.87**	**3 298.73**	**596.52**	**1 035.26**	**937.83**
海安县	204.99	188.93	22.85	20.06	2.61	374.28	47.69	109.65	99.73
如东县	226.70	208.45	28.70	10.66	2.74	359.24	38.40	65.69	52.96
启东市	255.62	234.77	32.33	26.51	2.54	407.17	44.18	90.42	87.86
如皋市	257.81	235.56	31.54	23.72	2.48	374.86	46.06	102.17	89.38
海门市	266.37	244.98	18.76	15.44	2.48	423.49	40.07	99.01	90.88
连云港市	**655.57**	**600.91**	**66.41**	**37.84**	**8.70**	**1 350.12**	**174.07**	**489.64**	**427.70**
赣榆县	123.64	111.54	4.21	3.22	1.22	203.08	21.71	68.33	59.58
东海县	120.89	112.23	3.17	2.65	1.36	187.20	28.43	100.51	82.41
灌云县	89.57	85.43	1.83	1.65	0.96	158.56	12.21	45.31	40.78
灌南县	61.48	55.14	2.26	1.85	0.05	155.61	15.84	73.64	68.00

续表 9　　（2013 年）

市(县)名称	社会消费品零售总额(亿元)	#批发和零售业	进出口总额(海关数)(亿美元)	#出口总额	实际到帐外资(商务部口径)(亿美元)	固定资产投资(亿元)	房地产开发投资	商品房建筑面积(万平方米)	#住宅
淮安市	**721.22**	**648.36**	**36.61**	**27.81**	**11.51**	**1 453.05**	**312.22**	**842.43**	**749.88**
涟水县	73.60	64.48	2.63	2.22	0.26	166.65	35.09	107.05	94.66
洪泽县	66.96	59.49	2.02	1.58	1.75	105.64	20.14	45.64	40.71
盱眙县	71.66	62.71	3.57	3.11	1.89	203.26	52.53	121.49	100.93
金湖县	63.45	56.69	3.09	3.04	1.00	99.46	15.28	57.51	50.67
盐城市	**1 163.38**	**1 048.44**	**65.28**	**37.79**	**15.50**	**2 217.69**	**327.31**	**742.32**	**589.93**
响水县	47.54	43.40	4.02	3.24	0.95	163.35	10.12	34.72	32.53
滨海县	78.89	71.03	2.75	2.25	1.30	215.11	21.51	55.03	47.06
阜宁县	92.55	87.48	2.19	1.82	1.46	183.29	23.44	55.40	50.49
射阳县	123.88	108.56	2.75	1.79	1.32	188.72	24.10	71.01	67.17
建湖县	123.37	104.33	3.72	3.39	1.32	205.09	25.24	61.66	52.88
东台市	179.91	160.94	5.71	5.23	1.76	327.36	36.42	67.60	58.80
大丰市	123.48	113.19	8.77	5.71	1.76	255.60	28.99	72.40	62.61
扬州市	**1 106.88**	**999.10**	**95.07**	**75.50**	**18.28**	**2 025.18**	**315.91**	**699.49**	**140.05**
宝应县	120.35	114.43	7.15	5.43	0.84	224.14	25.36	6.28	4.49
仪征市	125.56	112.19	9.96	5.75	3.17	281.37	22.72	18.99	17.97
高邮市	124.30	112.12	3.85	3.61	0.73	278.48	34.98	49.66	45.83
镇江市	**872.13**	**773.07**	**99.50**	**62.23**	**30.97**	**1 753.15**	**296.31**	**592.21**	**551.25**
丹阳市	228.20	202.41	25.81	21.08	6.30	322.13	55.99	106.68	99.42
扬中市	101.95	84.20	4.59	3.75	2.66	174.15	14.84	19.23	15.76
句容市	103.73	95.59	6.15	4.75	5.81	207.19	61.99	168.37	161.47
泰州市	**837.09**	**721.96**	**104.41**	**62.91**	**13.23**	**1 764.17**	**271.16**	**491.41**	**455.74**
兴化市	126.48	108.85	5.28	4.43	1.60	234.73	28.56	80.50	71.17
靖江市	138.34	114.64	27.28	16.25	0.76	342.41	48.49	75.75	68.39
泰兴市	161.17	132.67	24.88	11.67	2.73	323.75	39.48	83.24	76.58
姜堰区	137.38		8.58	7.06	1.47	267.36	37.15		
宿迁市	**442.43**	**385.44**	**33.22**	**27.80**	**5.09**	**1 290.75**	**305.46**	**822.73**	**745.18**
沭阳县	123.50	107.52	6.98	6.18	1.42	310.74	69.94	169.44	153.19
泗阳县	72.54	62.49	6.20	6.10	0.91	229.43	47.81	143.62	129.24
泗洪县	74.04	67.87	4.48	4.29	1.00	226.39	65.47	277.98	256.26

续表 10

（2013 年）

市(县)名 称	公共财政预算收入(亿元)	#税收收入	公共财政预算支出(亿元)	年末金融机构各项存款余额(亿元)	#居民储蓄存款	年末金融机构各项贷款余额(亿元)	公路里程(公里)	#等级公路	公 路客运量(万人)
南京市	**831.31**	**684.47**	**850.91**	**18 050.82**	**4 883.29**	**13 791.06**	**11 131**	**10 166**	**10 493**
溧水区	35.40	29.26	42.93						
高淳区	25.52	21.20	37.70						
无锡市	**710.91**	**579.11**	**711.49**	**11 205.78**	**4 086.84**	**8 108.14**	**7 655**	**7 655**	**7 152**
江阴市	182.28	151.90	171.19	2 606.77	872.36	1 987.44	2 362	2 362	1 608
宜兴市	86.61	73.71	91.02	1 622.90	742.40	1 240.47	2 342	2 342	2 180
徐州市	**422.84**	**341.11**	**595.61**	**3 884.46**	**2 089.77**	**2 360.80**	**16 332**	**15 207**	**14 814**
丰 县	31.22	26.53	54.14	205.87	156.08	114.68	1 813	1 813	511
沛 县	46.01	39.18	67.22	323.18	221.48	141.79	2 288	2 288	1 015
铜山区	60.08	50.45	82.42				2 549	2 447	
睢宁县	31.92	27.09	57.14	244.65	180.76	139.21	2 460	2 278	989
新沂市	39.62	33.98	61.70	218.13	139.81	186.21	2 802	2 298	925
邳州市	48.88	42.05	77.74	297.61	208.26	226.04	3 043	2 722	1 115
常州市	**408.88**	**327.18**	**417.90**	**6 348.10**	**2 753.31**	**4 318.32**	**8 847**	**8 795**	**6 657**
溧阳市	45.60	38.77	52.01	795.50	387.38	536.21	2 512	2 512	1 162
金坛市	25.89	22.10	33.30	472.11	264.69	338.75	2 059	2 007	822
苏州市	**1 331.03**	**1 138.33**	**1 212.68**	**20 037.58**	**6 408.32**	**15 495.24**	**12 608**	**12 608**	**39 050**
常熟市	138.58	115.74	128.08	2 208.20	987.42	1 658.50	3 158	3 158	4 101
张家港市	154.18	125.02	145.02	2 286.21	832.72	1 675.57	1 539	1 539	4 224
昆山市	243.52	213.04	221.70	2 660.40	880.48	1 814.90	2 005	2 005	4 762
吴江区	129.51	104.64	122.92						
太仓市	100.13	82.12	92.36	1 145.18	420.82	994.92	1 296	1 296	1 953
南通市	**485.88**	**399.89**	**576.41**	**7 342.00**	**4 130.22**	**4 508.54**	**17 995**	**17 924**	**9 833**
海安县	46.63	39.21	64.58	823.33	497.64	583.34	2 362	2 289	830
如东县	40.66	33.78	67.11	605.84	410.91	302.45	2 537	2 532	412
启东市	58.54	48.73	68.87	825.53	564.37	487.30	3 513	3 462	876
如皋市	60.13	50.16	83.49	762.31	506.02	443.49	3 191	3 127	434
海门市	61.17	50.57	66.37	864.86	557.31	522.96	2 464	2 406	695
连云港市	**233.30**	**188.79**	**362.38**	**1 671.65**	**823.19**	**1 366.94**	**11 771**	**11 679**	**5381**
赣榆县	34.93	29.81	59.47	213.69	141.66	170.75	2 827	2 827	331
东海县	32.78	27.71	53.97	217.73	139.72	154.00	2 931	2 931	812
灌云县	30.88	26.72	49.99	163.04	103.73	115.82	2 564	2 564	381
灌南县	30.53	26.27	47.77	109.33	72.67	88.67	1 920	1 889	724

续表 11　　(2013 年)

市(县)名　称	公共财政预算收入(亿元)	#税收收入	公共财政预算支出(亿元)	年末金融机构各项存款余额(亿元)	#居民储蓄存款	年末金融机构各项贷款余额(亿元)	公路里程(公里)	#等级公路	公　路客运量(万人)
淮安市	**271.42**	**221.39**	**385.05**	**1 721.30**	**931.81**	**1 375.15**	**12 930**	**12 040**	**8 296**
涟水县	25.74	22.02	48.62	206.12	120.97	134.74	2 532	2 278	1 396
洪泽县	20.14	16.93	31.21	117.49	58.06	93.11	1 465	1 357	594
盱眙县	27.13	22.55	45.68	198.63	108.67	175.07	2 675	2 674	1 143
金湖县	18.27	16.27	31.85	143.09	89.29	118.99	1 387	1 212	743
盐城市	**366.77**	**302.51**	**555.62**	**3 196.06**	**1 788.34**	**2 179.75**	**19 141**	**17 122**	**9 284**
响水县	23.98	19.71	38.21	109.41	61.95	94.63	1 763	1 680	762
滨海县	29.07	23.37	53.01	181.96	114.79	134.74	2 138	1 851	358
阜宁县	29.45	24.12	51.47	240.82	162.91	173.97	1 842	1 495	1 073
射阳县	22.50	18.03	45.08	243.33	164.23	171.08	2 484	1 932	381
建湖县	38.42	31.90	59.77	277.95	190.28	209.06	1 762	1 648	880
东台市	52.46	43.62	73.47	497.98	375.52	267.22	3 185	2 976	854
大丰市	50.07	41.09	68.62	380.76	235.05	238.60	3 076	2 720	958
扬州市	**259.26**	**212.75**	**319.28**	**3 836.87**	**1 931.02**	**2 341.85**	**10 415**	**9 155**	**4 746**
宝应县	23.72	19.45	41.95	297.36	197.02	197.77	2 196	1 844	1 370
仪征市	28.37	23.64	33.49	395.23	223.23	217.76	1 483	1 482	717
高邮市	25.44	20.89	41.15	342.38	234.14	205.91	2 532	2 073	1 477
镇江市	**254.52**	**208.65**	**286.23**	**3 289.46**	**1 475.49**	**2 364.38**	**7 201**	**7 201**	**4 418**
丹阳市	60.42	51.48	69.85	860.93	422.15	729.36	2 140	2 140	941
扬中市	27.15	23.12	31.50	408.73	229.76	293.16	1 000	1 000	445
句容市	30.51	26.11	39.68	367.41	206.11	271.92	2 459	2 459	787
泰州市	**251.28**	**206.55**	**343.81**	**3 544.42**	**1 786.01**	**2 344.27**	**9 335**	**9 317**	**8 809**
兴化市	33.53	27.55	67.43	457.59	322.19	320.59	2 690	2 677	2 120
靖江市	57.45	48.12	53.76	761.87	355.06	501.88	1 308	1 308	1 332
泰兴市	38.20	31.68	55.48	564.47	340.91	323.34	2 095	2 095	1 920
姜堰区	26.92	22.16	39.16						
宿迁市	**185.12**	**157.98**	**311.16**	**1 475.58**	**736.29**	**1 282.09**	**10 731**	**9 395**	**6 623**
沭阳县	58.16	48.28	90.41	317.01	214.79	266.46	3 409	2 579	1 805
泗阳县	26.29	22.08	50.45	225.02	135.51	204.48	1 690	1 646	1 275
泗洪县	24.18	19.98	50.45	223.87	135.98	209.85	2 404	2 396	2 169

续表 12

（2013 年）

市(县)名 称	公 路货运量（万吨）	私人汽车拥 有 量（万辆）	全 年用电量（亿千瓦时）	#工业用电	邮电业务总量（亿元）	本地电话用 户（万户）	移动电话年末用户（万户）	国 际互联网用 户（万户）
南京市	**10 912**	**117.72**	**462.67**	**286.71**	**187.63**	**305.66**	**992.27**	**214.95**
溧水区								
高淳区								
无锡市	**11 579**	**89.60**	**606.40**	**476.28**	**141.35**	**229.52**	**815.16**	**143.74**
江阴市	4 473	23.21	239.47	211.62	26.85	47.18	216.98	46.48
宜兴市	2 372	14.87	90.76	70.65	16.95	35.19	151.44	39.66
徐州市	**15 455**	**59.08**	**336.42**	**252.97**	**78.46**	**161.01**	**727.18**	**102.92**
丰 县	1 249	5.21	18.13	11.08	6.57	10.00	63.70	6.78
沛 县	1 138	5.26	30.05	22.18	8.14	14.69	80.10	8.49
铜山区		9.80	53.40	44.08	7.31	17.01	77.11	10.33
睢宁县	1 639	5.90	21.61	14.08	7.59	15.53	70.88	8.42
新沂市	1 871	4.74	38.49	31.74	7.25	13.38	67.03	8.95
邳州市	2 030	8.40	24.97	14.99	9.71	15.78	94.65	10.39
常州市	**9 620**	**62.02**	**390.98**	**308.06**	**87.44**	**160.80**	**523.07**	**107.76**
溧阳市	1 758	7.80	67.75	57.25	7.39	23.48	59.71	14.13
金坛市	930	5.17	42.92	35.34	5.59	18.78	48.00	10.72
苏州市	**10 799**	**173.04**	**1 263.21**	**1 030.61**	**307.90**	**357.92**	**1 474.47**	**273.42**
常熟市	1 241	23.41	155.98	129.35	32.14	41.48	202.87	45.13
张家港市	1 896	20.25	278.38	256.85	23.96	33.51	174.11	43.19
昆山市	1 324	25.51	190.03	150.57	47.98	48.87	287.34	57.75
吴江区								
太仓市	1 273	11.59	89.54	75.83	15.19	18.83	100.33	20.54
南通市	**10 137**	**71.66**	**326.15**	**234.38**	**97.30**	**248.98**	**641.87**	**121.76**
海安县	1 614	6.71	42.28	33.03	8.46	35.35	90.73	20.07
如东县	1 024	7.82	39.75	29.12	8.04	29.29	95.12	17.81
启东市	746	9.41	26.76	17.14	9.12	35.71	102.84	19.17
如皋市	1 400	11.21	45.38	31.70	11.79	36.49	131.49	21.84
海门市	584	8.91	34.58	23.78	10.25	34.10	98.31	18.47
连云港市	**7 554**	**27.01**	**134.94**	**88.73**	**41.70**	**103.12**	**352.50**	**63.59**
赣榆县	1 514	5.28	32.82	24.55	6.64	19.92	84.13	13.63
东海县	1 427	5.90	18.56	11.12	7.29	17.94	79.54	11.95
灌云县	1 085	4.07	11.13	5.86	4.54	12.30	57.79	7.07
灌南县	475	2.73	24.03	18.85	3.54	10.06	46.83	5.93

注：此表中的公路客货运量为营业性口径，下同；邮电业务总量按 2010 年价格计算。

续表 13

（2013 年）

市(县)名　称	公　路货运量（万吨）	私人汽车拥有量（万辆）	全　年用电量（亿千瓦时）	#工业用电	邮电业务总量（亿元）	本地电话用　户（万户）	移动电话年末用户（万户）	国　际互联网用　户（万户）
淮安市	**5 076**	**24.52**	**148.39**	**102.30**	**40.21**	**95.19**	**357.85**	**53.62**
涟水县	1 165	3.66	14.86	8.87	3.99	12.03	44.16	5.64
洪泽县	380	1.23	16.60	13.55	1.91	5.96	21.84	4.13
盱眙县	1 108	2.18	15.10	9.00	3.26	9.13	37.27	5.21
金湖县	203	1.26	10.48	7.23	2.17	6.11	22.35	4.13
盐城市	**4 639**	**40.28**	**275.16**	**204.19**	**63.57**	**162.92**	**562.02**	**87.45**
响水县	306	2.22	51.35	47.00	2.02	9.32	19.16	4.33
滨海县	638	4.16	24.45	17.50	3.93	17.87	29.68	6.72
阜宁县	151	3.73	30.48	23.28	3.86	16.20	27.94	9.73
射阳县	93	4.58	18.69	11.29	4.45	18.20	40.93	7.78
建湖县	247	2.77	17.26	10.93	3.82	14.26	33.86	6.84
东台市	725	5.29	38.99	29.62	5.82	26.67	44.48	11.64
大丰市	368	5.20	47.88	39.62	4.89	18.68	41.88	9.21
扬州市	**5 924**	**34.94**	**197.38**	**139.13**	**60.53**	**142.21**	**430.23**	**77.24**
宝应县	770	3.54	16.49	10.00	5.84	16.11	61.77	9.91
仪征市	1 076	3.94	32.24	26.60	5.39	15.37	60.85	10.74
高邮市	1 117	3.90	27.57	19.96	6.37	18.00	71.31	12.22
镇江市	**6 290**	**28.00**	**212.20**	**163.38**	**43.00**	**103.35**	**318.43**	**59.83**
丹阳市	1 433	9.20	66.79	53.64	12.77	28.17	101.70	20.72
扬中市	383	3.49	14.79	10.25	4.54	12.31	38.91	9.87
句容市	945	2.28	22.19	14.82	5.82	17.69	55.21	9.51
泰州市	**2 265**	**33.63**	**222.55**	**169.02**	**51.93**	**138.59**	**380.00**	**73.73**
兴化市	386	6.02	60.57	49.75	8.15	26.26	88.38	14.62
靖江市	315	6.72	34.81	25.15	7.28	19.60	65.97	13.19
泰兴市	441	6.48	50.95	40.69	8.99	27.55	85.06	14.69
姜堰区								
宿迁市	**3 458**	**28.57**	**136.58**	**94.86**	**46.23**	**80.55**	**366.89**	**51.33**
沭阳县	1 776	7.88	37.36	25.50	13.63	21.52	106.13	13.71
泗阳县	465	4.44	17.98	10.83	8.16	17.86	64.66	9.82
泗洪县	455	3.82	15.41	7.52	8.00	14.28	65.14	8.89

续表 14

（2013 年）

市(县)名称	私营企业和个体从业人员（万人）	乡村从业人员（万人）	#农林牧渔业	在校学生总数(万人) #普通中学	小学	公共图书馆（个）	公共图书馆图书总藏量（千册、件）	卫生机构床位数（张）	卫生技术人员（人）	#执业(助理)医师
南京市	**248.37**	**120.24**	**26.36**	**22.43**	**32.14**	**18**	**15 053**	**41 760**	**58 032**	**20 662**
溧水区	13.71			1.55	1.93					589
高淳区	17.13			1.51	1.88					664
无锡市	**260.56**	**115.10**	**19.41**	**20.82**	**32.53**	**10**	**3 921**	**33 243**	**38 940**	**14 767**
江阴市	67.02	39.17	5.67	5.51	8.99	1	880	7 402	7 852	2 999
宜兴市	54.58	35.44	9.96	4.35	6.10	1	503	4 575	6 556	2 441
徐州市	**170.80**	**361.44**	**140.10**	**37.52**	**66.18**	**8**	**2 994**	**43 138**	**43 573**	**16 175**
丰　县	11.15	54.14	26.02	4.87	7.02	1	192	3 552	3 768	1 948
沛　县	18.94	49.89	16.97	3.94	7.75	1	307	4 083	4 282	1 719
铜山区	14.92			4.23	8.56		308	2 829	3 318	1 412
睢宁县	13.99	59.28	24.02	6.29	7.24	1	410	3 503	3 116	1 129
新沂市	28.45	46.63	18.83	3.40	8.55	1	128	2 817	3 682	1 458
邳州市	22.03	68.22	22.42	7.04	14.58	1	438	4 526	5 640	1 828
常州市	**188.70**	**128.33**	**24.70**	**16.48**	**24.36**	**4**	**2 849**	**21 286**	**26 733**	**10 850**
溧阳市	25.24	31.69	8.12	2.98	3.79	1	327	2 771	3 583	1 645
金坛市	20.93	20.09	5.25	1.99	2.49	1	243	2 079	2 608	1 138
苏州市	**443.84**	**176.85**	**23.49**	**26.69**	**47.24**	**11**	**13 539**	**51 663**	**61 051**	**24 296**
常熟市	58.96	39.16	3.80	4.07	6.89	1	1 771	6 868	7 887	3 350
张家港市	59.45	31.16	3.31	3.71	6.11	1	1 925	7 878	7 937	3 278
昆山市	71.26	20.90	1.82	3.56	7.32	1	1 995	5 966	9 804	3 959
吴江区	46.82			3.47	5.43					2 521
太仓市	25.13	15.92	3.18	1.94	3.02	1	873	3 297	3 872	1 541
南通市	**317.67**	**306.30**	**68.84**	**26.00**	**31.82**	**11**	**5 284**	**33 234**	**36 515**	**15 579**
海安县	40.32	37.80	7.41	2.94	3.46	1	580	3 955	3 702	1 572
如东县	36.53	47.70	8.80	3.08	3.05	1	446	3 233	3 620	1 582
启东市	35.62	50.41	13.32	3.30	3.77	1	493	3 385	3 533	1 575
如皋市	50.90	60.60	14.26	4.97	6.22	2	915	4 791	4 952	2 457
海门市	54.88	49.22	12.07	3.69	4.53	1	711	3 410	3 651	1 595
连云港市	**54.81**	**175.06**	**81.98**	**23.15**	**35.52**	**7**	**2 977**	**17 500**	**20 453**	**7 647**
赣榆县	9.20	43.24	18.86	5.89	8.34	1	241	2 801	3 568	1 317
东海县	9.90	44.23	19.97	5.00	9.10	1	771	2 753	2 883	1 076
灌云县	6.90	37.51	19.06	4.31	6.18	1	243	2 370	2 349	804
灌南县	7.46	31.68	16.39	3.16	5.23	1	171	2 624	2 429	936

注：此表中十三市的地市级的卫生机构数、卫生技术人员数和其中的执业(助理)医师均包括村卫生室，与本书第 16 部分卫生机构数不可比。

续表 15

（2013 年）

市(县)名称	私营企业和个体从业人员（万人）	乡村从业人员（万人）	#农林牧渔业	在校学生总数(万人) #普通中学	小学	公共图书馆（个）	公共图书馆图书总藏量（千册、件）	卫生机构床位数（张）	卫生技术人员（人）	#执业(助理)医师
淮安市	**94.56**	**212.49**	**87.45**	**22.71**	**32.54**	**8**	**2 081**	**23 467**	**27 799**	**11 173**
涟水县	10.75	49.93	21.18	4.69	7.94	1	128	3 721	3 941	1 863
洪泽县	10.68	17.13	6.33	1.46	1.89	1	219	1 450	1 700	683
盱眙县	9.08	32.87	12.99	3.26	4.74	1	91	3 064	3 388	1 432
金湖县	9.13	13.61	5.25	1.20	1.44	1	182	1 287	1 658	680
盐城市	**222.53**	**302.48**	**113.07**	**28.24**	**40.41**	**11**	**2 652**	**30 461**	**32 883**	**15 008**
响水县	6.82	21.25	9.04	2.02	4.30	1	72	2 025	1 973	954
滨海县	28.72	45.43	17.54	3.49	6.86	1	205	3 870	3 805	1 739
阜宁县	28.82	37.56	15.75	3.52	5.45	2	257	2 741	2 385	1 258
射阳县	15.17	34.93	12.95	3.27	4.52	1	220	2 806	3 579	1 839
建湖县	20.88	30.32	9.30	2.69	4.06	1	218	2 597	2 918	1 493
东台市	31.85	48.14	20.14	3.68	3.61	1	261	4 412	4 347	2 176
大丰市	30.71	31.36	10.21	2.56	2.83	1	343	2 895	3 169	1 685
扬州市	**133.32**	**180.78**	**34.48**	**19.02**	**22.06**	**7**	**3 270**	**19 202**	**22 464**	**9 276**
宝应县	15.17	42.01	10.13	3.53	4.08	1	132	2 049	2 501	1 116
仪征市	14.26	22.75	3.45	2.10	2.43	1	327	2 011	2 582	1 020
高邮市	22.07	36.15	8.84	3.26	2.98	1	197	2 462	2 779	1 332
镇江市	**120.40**	**99.16**	**23.97**	**9.95**	**13.44**	**8**	**2 559**	**14 311**	**17 666**	**7 204**
丹阳市	37.92	36.14	8.01	3.38	4.65	2	458	3 324	4 135	1 793
扬中市	15.31	13.07	2.20	0.97	1.39	1	289	970	1 527	696
句容市	18.84	24.93	8.21	1.87	2.30	1	174	1 805	2 284	1 008
泰州市	**128.01**	**211.64**	**44.74**	**18.46**	**22.04**	**6**	**2 177**	**19 937**	**21 794**	**9 567**
兴化市	23.73	61.16	20.24	4.29	5.56	1	232	4 582	4 102	1 859
靖江市	21.43	27.30	5.56	2.45	3.14	1	441	3 450	3 584	1 691
泰兴市	26.85	56.46	9.20	4.96	5.33	1	305	3 907	4 513	2 072
姜堰区	20.94			3.35	3.41					1 439
宿迁市	**127.72**	**224.09**	**87.46**	**25.26**	**35.08**	**6**	**1 030**	**19 085**	**21 080**	**7 457**
沭阳县	62.71	83.30	28.74	8.29	11.11	1	162	5 507	6 406	2 455
泗阳县	16.45	39.19	15.16	5.05	7.38	1	240	3 946	3 575	1 229
泗洪县	15.54	38.62	22.14	4.73	7.00	1	85	3 540	4 196	1 519

续表 16

（2013 年）

市(县)名称	城镇居民人均可支配收入（元）	城镇居民人均消费性支出（元）	#食品	城镇居民恩格尔系数（%）	城镇居民人均住房建筑面积（平方米）	农村居民人均纯收入（元）	农村居民人均生活消费支出（元）	#食品	农村居民恩格尔系数（%）	农村居民人均住房面积（平方米）
南京市	**38 531**	**24 591**	**8 243**	**33.5**	**32.8**	**16 531**	**12 392**	**4 554**	**36.7**	**59.9**
溧水区	34 686									
高淳区	36 137									
无锡市	**38 999**	**25 392**	**8 787**	**34.6**	**38.0**	**20 587**	**14 147**	**5 065**	**35.8**	**68.2**
江阴市	43 144	29 058	9 652	33.2	40.8	21 882	13 315	4 698	35.3	71.0
宜兴市	36 412	20 771	8 060	38.8	43.1	18 783	13 873	5 367	38.7	67.8
徐州市	**23 770**	**15 963**	**5 380**	**33.7**	**37.5**	**12 052**	**7 246**	**2 593**	**35.8**	**47.5**
丰　县	17 740	13 071	4 210	32.2	37.8	10 957	8 325	2 933	35.2	44.0
沛　县	21 073	14 696	4 415	30.0	41.5	12 725	7 207	2 313	32.1	47.3
铜山区	24 884	15 848	5 052	31.9	36.0	13 924	7 858	2 859	36.4	59.7
睢宁县	18 009	12 021	4 775	39.7	45.1	10 686	6 190	2 475	40.0	43.9
新沂市	19 255	16 316	6 105	37.4	43.1	10 979	7 141	2 643	37.0	45.9
邳州市	22 473	12 815	4 030	31.4	57.7	12 635	6 969	2 179	31.3	52.8
常州市	**36 611**	**22 831**	**7 884**	**34.5**	**41.5**	**18 643**	**13 563**	**4 799**	**35.4**	**56.0**
溧阳市	32 804	22 560	7 751	34.4	33.8	16 985	14 221	4 997	35.1	47.0
金坛市	34 722	23 049	7 937	34.4	41.0	17 371	13 778	4 918	35.7	51.0
苏州市	**42 748**	**26 739**	**8 861**	**33.1**	**43.1**	**21 578**	**16 251**	**5 429**	**33.4**	**74.0**
常熟市	43 161	27 028	8 418	31.1	40.1	21 691	17 023	5 450	32.0	82.1
张家港市	43 426	29 070	8 432	29.0	38.1	21 689	17 414	5 158	29.6	70.0
昆山市	43 436	29 876	9 212	30.8	40.7	21 793	18 345	6 176	33.7	55.0
吴江区	43 439									
太仓市	43 010	28 420	9 653	34.0	60.0	21 605	15 102	4 922	32.6	76.9
南通市	**31 059**	**19 647**	**6 776**	**34.5**	**40.1**	**14 754**	**10 931**	**3 864**	**35.4**	**55.7**
海安县	29 474	18 600	5 849	31.4	48.3	14 119	11 168	4 099	36.7	54.0
如东县	29 445	17 571	6 190	35.2	45.3	13 529	10 112	2 483	24.6	53.5
启东市	29 482	19 543	6 644	34.0	40.0	15 766	11 784	4 302	36.5	54.0
如皋市	28 611	17 716	6 005	33.9	47.3	13 004	9 186	3 031	33.0	51.9
海门市	32 387	20 877	7 320	35.1	42.0	16 920	12 361	4 584	37.1	59.0
连云港市	**22 985**	**13 992**	**5 091**	**36.4**	**39.1**	**10 745**	**6 932**	**2 457**	**35.4**	**43.0**
赣榆县	21 506	12 513	4 637	37.1	39.5	11 564	7 633	2 521	33.0	41.1
东海县	21 719	13 225	4 761	36.0	41.9	11 118	7 326	2 623	35.8	41.7
灌云县	17 617	10 723	4 006	37.4	39.7	10 016	5 467	2 066	37.8	45.0
灌南县	20 479	11 451	3 994	34.9	40.3	9 488	6 567	2 504	38.1	41.0

注：此表中的城镇居民人均住房建筑面积为城镇居民人均现住房建筑面积，下同。

续表 17 （2013 年）

市(县)名称	城镇居民人均可支配收入(元)	城镇居民人均消费性支出(元)	#食品	城镇居民恩格尔系数(%)	城镇居民人均住房建筑面积(平方米)	农村居民人均纯收入(元)	农村居民人均生活消费支出(元)	#食品	农村居民恩格尔系数(%)	农村居民人均住房面积(平方米)
淮安市	**23 107**	**16 763**	**5 800**	**34.6**	**37.1**	**11 045**	**7 373**	**2 670**	**36.2**	**46.4**
涟水县	19 892	14 720	5 215	35.4	41.1	10 333	6 106	2 037	33.4	44.0
洪泽县	23 889	15 831	5 979	37.8	36.8	12 160	6 989	2 633	37.7	44.0
盱眙县	24 409	15 381	4 799	31.2	36.0	11 255	5 738	2 173	37.9	43.0
金湖县	24 260	14 721	5 560	37.8	36.7	11 931	9 090	3 494	38.4	60.0
盐城市	**24 119**	**16 678**	**5 824**	**34.9**	**37.2**	**13 344**	**7 712**	**2 686**	**34.8**	**46.9**
响水县	20 045	9 466	3 418	36.1	36.9	11 084	5 714	2 144	37.5	45.0
滨海县	21 037	12 709	4 807	37.8	31.8	11 702	6 459	2 108	32.6	40.8
阜宁县	20 115	16 353	6 078	37.2	33.5	11 853	6 424	2 256	35.1	42.2
射阳县	21 291	16 608	5 547	33.4	36.1	13 121	6 273	2 264	36.1	41.3
建湖县	23 272	10 947	3 963	36.2	37.3	13 156	8 489	2 906	34.2	43.3
东台市	26 241	16 510	5 405	32.7	45.2	15 312	8 726	2 854	32.7	54.8
大丰市	24 707	15 960	5 644	35.4	39.9	15 166	9 226	3 092	33.5	51.0
扬州市	**28 145**	**17 653**	**6 583**	**37.3**	**37.6**	**14 214**	**9 725**	**3 435**	**35.3**	**48.6**
宝应县	20 773	14 017	5 343	38.1	35.8	13 093	9 104	3 192	35.1	46.1
仪征市	29 057	17 283	6 710	38.8	35.0	13 701	12 088	4 376	36.2	59.0
高邮市	24 711	14 941	5 939	39.8	37.0	13 248	10 002	3 462	34.6	35.0
镇江市	**32 977**	**19 795**	**7 056**	**35.6**	**40.4**	**16 258**	**11 995**	**4 276**	**35.6**	**51.0**
丹阳市	33 083	17 962	6 576	36.6	42.8	16 983	13 105	4 610	35.2	62.0
扬中市	36 599	20 187	6 218	30.8	53.0	18 644	11 381	4 000	35.1	64.0
句容市	32 422	19 678	6 773	34.4	41.0	14 824	10 358	3 554	34.3	46.2
泰州市	**29 112**	**18 223**	**6 341**	**34.8**	**40.4**	**13 982**	**9 862**	**3 210**	**32.5**	**55.9**
兴化市	26 461	15 560	5 773	37.1	37.0	13 247	8 669	2 993	34.5	43.6
靖江市	31 597	21 621	7 022	32.5	50.4	15 347	12 553	4 169	33.2	58.0
泰兴市	28 840	18 393	5 911	32.1	43.4	13 993	8 678	2 804	32.3	64.0
姜堰区	29 306									
宿迁市	**18 846**	**13 135**	**4 766**	**36.3**	**39.9**	**10 703**	**7 454**	**2 751**	**36.9**	**44.0**
沭阳县	19 091	13 500	5 303	39.3	37.6	10 799	7 931	3 100	39.1	41.3
泗阳县	18 270	12 663	4 486	35.4	41.1	10 765	8 193	2 928	35.7	42.8
泗洪县	17 655	12 936	4 661	36.0	43.0	10 540	5 847	2 217	37.9	42.6

附录三 淮海经济区主要经济指标(2013年)

MAJOR ECONOMIC INDICATORS OF HUAIHAI ECONOMIC ZONE

版面负责人：张玉强

编　　　辑：唐子午

中华人民共和国统计法

（1983 年 12 月 8 日第六届全国人民代表大会常务委员会第三次会议通过，根据 1996 年 5 月 15 日第八届全国人民代表大会常务委员会第十九次会议《关于修改〈中华人民共和国统计法〉的决定》修正，2009 年 6 月 27 日第十一届全国人民代表大会常务委员会第九次会议修订。）

第六章 法律责任

第四十五条 违反本法规定，利用虚假统计资料骗取荣誉称号、物质利益或者职务晋升的，除对其编造虚假统计资料或者要求他人编造虚假统计资料的行为依法追究法律责任外，由作出有关决定的单位或者其上级单位、监察机关取消其荣誉称号，追缴获得的物质利益，撤销晋升的职务。

第四十六条 当事人对县级以上人民政府统计机构作出的行政处罚决定不服的，可以依法申请行政复议或者提起行政诉讼。其中，对国家统计局在省、自治区、直辖市派出的调查机构作出的行政处罚决定不服的，向国家统计局申请行政复议；对国家统计局派出的其他调查机构作出的行政处罚决定不服的，向国家统计局在该派出机构所在的省、自治区、直辖市派出的调查机构申请行政复议。

第四十七条 违反本法规定，构成犯罪的，依法追究刑事责任。

编辑：李　广

淮海经济区主要经济指标

（2013 年）

地　区	地区生产总值（亿元）				人均地区生产总值（元）
		第一产业增加值	第二产业增加值	第三产业增加值	
江苏省					
徐州市	4 435.82	418.88	2 118.32	1 898.62	51 714
连云港市	1 785.42	259.17	807.42	718.83	40 416
淮安市	2 155.86	272.58	983.15	900.13	44 774
盐城市	3 475.50	489.18	1 635.98	1 350.34	48 150
宿迁市	1 706.28	230.07	815.32	660.89	35 484
山东省					
菏泽市	2 050.01	255.00	1 113.51	681.50	24 542
聊城市	2 365.87	287.15	1 258.15	820.57	40 083
枣庄市	1 830.63	149.81	1 037.55	643.27	48 346
济宁市	3 501.54	418.93	1 789.75	1 292.86	42 796
泰安市	2 790.70	260.10	1 367.80	1 162.80	50 296
日照市	1 500.16	131.45	784.33	584.38	52 778
莱芜市	653.48	49.34	366.19	237.95	49 390
临沂市	3 336.80	324.30	1 583.90	1 428.60	32 902
德州市	2 460.59	273.54	1 301.67	885.38	43 542
安徽省					
亳州市	791.10	195.00	320.10	276.00	16 071
淮南市	819.40	66.20	508.50	244.70	34 897
蚌埠市	1 007.85	172.36	515.68	319.81	31 482
淮北市	703.70	57.00	473.20	173.50	32 996
阜阳市	1 062.48	272.57	436.60	353.31	13 839
宿州市	1 014.33	244.46	425.95	343.92	18 768
滁州市	1 086.17	208.20	575.60	302.30	27 474
六安市	1 010.30	209.60	478.20	322.60	17 778
河南省					
周口市	1 790.56	445.96	893.65	451.04	20 359
商丘市	1 538.22	343.17	719.99	475.06	21 073
信阳市	1 581.16	419.53	639.60	522.03	24 762

续表 1　　（2013 年）

地　区	地区生产总值中三次产业比重（%）	粮食总产量（万吨）	油料总产量（万吨）	棉花总产量（万吨）	肉类总产量（万吨）
江苏省					
徐州市	9.4:47.8:42.8	451.13	9.96	3.63	98.48
连云港市	14.5:45.2:40.3	354.73	12.11	0.28	29.72
淮安市	12.6:45.6:41.8	461.02	9.62	0.01	32.18
盐城市	14.1:47.0:38.9	686.51	31.52	9.75	88.93
宿迁市	13.5:47.8:38.7	375.99	4.99	0.19	35.70
山东省					
菏泽市	12.5:54.3:33.2	673.17	25.79	17.82	65.96
聊城市	12.1:53.2:34.7	466.63	11.74	4.76	53.78
枣庄市	8.2:56.7:35.1	171.20	9.56	0.49	26.24
济宁市	12.0:51.1:36.9	578.60	17.40	11.20	83.50
泰安市	9.3:49.0:41.7	281.30	23.30	0.90	45.40
日照市	8.7:52.3:39.0	102.02	24.62	0.22	21.16
莱芜市	7.6:56.0:36.4	28.24	1.72	0.14	6.58
临沂市	9.7:47.5:42.8	494.33	85.20	1.20	76.80
德州市	11.1:52.9:36.0	834.70	1.87	10.40	71.41
安徽省					
亳州市	24.6:40.5:34.9	447.45	4.84	1.91	30.90
淮南市	8.1:62.0:29.9	133.90	1.50	0.20	8.90
蚌埠市	17.1:51.2:31.7	263.60	37.91	2.15	31.62
淮北市	8.1:67.2:24.7	120.08	0.46	0.15	8.79
阜阳市	25.7:41.1:33.2	526.11	7.82	1.60	61.04
宿州市	24.1:42.0:33.9	379.14	22.62	2.60	49.77
滁州市	19.2:53.0:27.9	413.83	20.62	0.92	37.93
六安市	20.8:47.3:31.9	444.10	17.50	1.85	52.80
河南省					
周口市	24.9:49.9:25.2	793.87	39.80	5.06	61.00
商丘市	22.3:46.8:30.9	644.16	42.15	3.07	54.81
信阳市	26.5:40.5:33.0	586.40	64.82	0.13	65.49

续表 2

（2013 年）

地　区	规模以上工业利税合计（亿元）	规模以上工业利润总额（亿元）	规模以上固定资产投资（亿元）	房地产开发投资（亿元）	社会消费品零售总额（亿元）	居民消费价格总指数（以上年为 100）
江苏省						
徐州市	1 532.70	856.08	3 090.13	380.47	1 495.91	102.3
连云港市	485.60	301.21	1 350.12	174.07	655.57	102.2
淮安市	413.23	218.77	1 453.05	312.22	721.22	102.4
盐城市	704.48	403.75	2 217.69	327.31	1 163.38	102.7
宿迁市	463.48	328.30	1 290.75	305.46	442.43	102.4
山东省						
菏泽市	729.98	450.85	810.77	206.18	1 027.75	101.8
聊城市	787.88	542.45	1 511.09	146.10	820.82	102.0
枣庄市	367.18	191.44	1 238.21	220.36	627.00	101.8
济宁市	560.10	343.60	2 188.31	275.40	1 475.90	101.5
泰安市	719.90	448.50	1 981.78	126.20	1 053.80	101.8
日照市	133.43	80.35	1 069.05	72.04	476.20	102.1
莱芜市	63.94	34.86	472.63	36.71	257.75	101.9
临沂市	732.40	481.10	2 431.59	300.50	1 781.00	101.6
德州市	878.84	494.41	1 686.61	195.80	990.50	101.9
安徽省						
亳州市	70.80	41.60	541.49	149.10	345.10	102.6
淮南市	82.82	18.92	800.50	128.20	291.20	102.6
蚌埠市	142.37	62.06	1 060.89	325.32	424.82	102.2
淮北市	129.20	57.60	700.53	134.00	195.50	102.1
阜阳市	162.80	71.80	645.26	140.48	508.02	102.2
宿州市	66.70	39.95	773.30	142.50	303.67	102.3
滁州市	306.10	217.60	1 075.80	331.70	338.48	102.3
六安市	125.70	86.30	845.00	144.80	434.20	101.4
河南省						
周口市	38.87	23.51	1 151.55	207.20	756.80	102.7
商丘市	194.49	132.88	1 246.79	189.68	623.42	102.3
信阳市	155.57	99.01	1 447.28	226.29	674.76	102.4

续表 3 （2013 年）

地　区	进出口总额（亿美元）	进口总额	出口总额	实际利用外资（亿美元）	邮电业务总量（亿元）	年末固定电话用户（万户）
江苏省						
徐州市	62.89	13.92	48.97	15.00	78.46	161.01
连云港市	66.41	28.58	37.84	8.70	36.85	97.60
淮安市	36.61	8.20	27.80	13.00	28.01	87.53
盐城市	65.28	27.49	37.79	15.50	52.74	286.30
宿迁市	33.22	5.42	27.80	5.09	46.23	81.55
山东省						
菏泽市	29.67	12.17	17.50	2.18	46.83	60.64
聊城市	61.89	41.86	20.03	1.63	28.88	59.03
枣庄市	12.51	3.05	9.47	1.59	57.74	65.68
济宁市	52.30	19.00	33.30	8.30	50.20	94.50
泰安市	24.85	11.20	13.70	3.51	35.40	96.80
日照市	330.39	291.60	38.79	5.30	17.70	45.35
莱芜市	25.04	17.53	7.51	1.21	8.57	22.53
临沂市	94.08	47.70	46.40	3.10		
德州市	35.38	15.12	20.26	2.15	34.45	65.81
安徽省						
亳州市	4.26	0.50	3.80	5.00	24.80	44.40
淮南市	5.04	0.99	4.06	2.47	16.77	40.20
蚌埠市	15.80	4.30	11.50	10.13	22.58	52.90
淮北市	4.68	0.30	4.38	4.59	13.10	37.20
阜阳市	13.66	2.52	11.14	1.34	37.70	76.20
宿州市	5.35	0.63	4.72	4.88	29.53	52.60
滁州市	18.55	4.73	13.83	5.57	27.16	65.64
六安市	8.01	0.23	7.77	3.04	28.00	65.30
河南省						
周口市	7.75	1.86	5.89	4.42	46.96	50.68
商丘市	2.52	0.40	2.12	2.77	48.94	63.03
信阳市	6.82	3.92	2.90	4.22	34.63	60.91

续表 4

（2013 年）

地　区	地方财政一般预算收入（亿元）	地方财政一般预算支出（亿元）	金融机构年末存款余额（亿元）	# 城乡居民储蓄存款余额（亿元）	金融机构年末贷款余额（亿元）
江苏省					
徐州市	422.84	595.61	3 884.46	2 089.77	2 360.80
连云港市	233.30	364.93	1 709.93	850.95	1 425.50
淮安市	271.42	455.26	1 737.07	934.30	1 397.43
盐城市	366.77	557.44	3 219.99	1 793.26	2 214.59
宿迁市	185.12	300.06	1 475.58	736.29	1 282.09
山东省					
菏泽市	159.30	321.76	1 918.86	1 428.86	1 230.75
聊城市	135.55	258.25	1 930.94	1 198.54	1 414.58
枣庄市	130.72	207.80	1 249.85	781.64	975.08
济宁市	302.20	428.40	3 561.10	1 956.30	2 276.50
泰安市	168.80	259.10	2 261.30	1 375.10	1 416.40
日照市	100.09	158.24	1 780.07	762.49	1 489.45
莱芜市	46.76	75.81	751.75	417.86	573.78
临沂市	216.10	405.50	3 685.60	2 250.30	2 475.60
德州市	150.02	267.30	1 924.22	1 266.44	1 925.00
安徽省					
亳州市	64.40	206.40	927.60	639.20	521.70
淮南市	110.70	168.60	1 209.90	651.60	879.20
蚌埠市	92.84	191.50	1 258.58	604.20	810.18
淮北市	50.70	108.70	863.90	470.80	612.10
阜阳市	85.46	312.65	1 749.14	1 216.78	784.58
宿州市	66.35	222.66	1 155.88	762.96	558.60
滁州市	114.42	250.13	1 284.70	712.04	892.68
六安市	82.03	285.90	1 528.20	876.50	824.30
河南省					
周口市	76.05	358.80	1 655.62	1 311.63	703.71
商丘市	85.84	315.26	1 559.11	1 098.58	833.41
信阳市	67.93	304.26	1 830.06	1 306.03	909.49

续表 5 （2013 年）

地 区	各级各类学校数（所）	各级各类学校在校学生数（万人）	卫生机构数（个）	卫生技术人员数（人）	卫生机构床位数（张）	城镇居民人均可支配收入（元）	农民人均纯收入（元）
江苏省							
徐州市	1 797	172.70	4 454	43 573	43 138	23 770	12 052
连云港市	646	69.13	2 616	20 453	17 500	22 985	10 745
淮安市	748	80.42	710	27 800	23 467	23 107	11 045
盐城市	681	82.25	3 067	32 883	30 461	24 119	13 344
宿迁市	466	70.54	2 345	21 080	19 085	18 846	10 703
山东省							
菏泽市	1 965	141.71	736	44 372	31 273	21 236	9 309
聊城市	1 017	80.32	553	26 588	24 460	26 087	10 083
枣庄市	680	54.66	2 416	27 434	16 084	25 238	10 878
济宁市	3 214	141.00	6 805	52 497	44 728	27 956	11 348
泰安市	1 891	85.11	4 119	34 048	29 636	28 201	11 547
日照市	518	44.50	585	13 501	11 741	25 090	11 304
莱芜市	219	16.96	282	7 168	6 440	29 179	12 161
临沂市	1 869	33.70	6 977	45 889	45 483	27 511	10 389
德州市	1 995	95.49	210	25 300	22 126	24 812	10 876
安徽省							
亳州市	1 598	80.78	358	12 864	13 063	22 605	7 456
淮南市	716	44.43	1 202	13 197	12 611	22 920	8 869
蚌埠市	927	51.60	1 428	15 591	15 996	22 739	8 741
淮北市	734	40.20	707	10 200	10 905	22 460	8 240
阜阳市	3 287	156.14	861	26 243	25 769	20 933	6 763
宿州市	1 788	91.88	1 852	18 800	16 800	21 713	7 571
滁州市	751	56.20	1 645	14 513	14 543	22 591	9 235
六安市	1 963	85.67	2 654	18 486	18 593	21 275	7 430
河南省							
周口市	5 641	215.82	1 377	33 217	30 086	18 046	6 950
商丘市	3 696	173.22	6 497	33 009	29 199	20 214	7 217
信阳市	2 416	125.18	3 956	21 029	19 756	19 150	7 982

附录四 企业选介(2013年)

INTRODUCTION OF ENTERPRISES

版面负责人：李　燕　许　清　袁晓昀
陈晓红　王廷宝

编　　辑：殷溪晨　柏　慧　刘云祥
孙　伟　董　方　王玉叶
梅　灿

中华人民共和国统计法

（1983 年 12 月 8 日第六届全国人民代表大会常务委员会第三次会议通过，根据 1996 年 5 月 15 日第八届全国人民代表大会常务委员会第十九次会议《关于修改〈中华人民共和国统计法〉的决定》修正，2009 年 6 月 27 日第十一届全国人民代表大会常务委员会第九次会议修订。）

第七章　附则

第四十八条　本法所称县级以上人民政府统计机构，是指国家统计局及其派出的调查机构、县级以上地方人民政府统计机构。

第四十九条　民间统计调查活动的管理办法，由国务院制定。

中华人民共和国境外的组织、个人需要在中华人民共和国境内进行统计调查活动的，应当按照国务院的规定报请审批。

利用统计调查危害国家安全、损害社会公共利益或者进行欺诈活动的，依法追究法律责任。

第五十条　本法自 2010 年 1 月 1 日起施行。

编辑：李　广

2013年徐州市工业企业前五十强

（按主营业务收入排序）

序号	企业名称	序号	企业名称
1	徐州工程机械集团有限公司	26	江苏晋煤恒盛化工有限公司
2	维维集团股份有限公司	27	江苏金彭车业有限公司
3	江苏中烟工业有限责任公司徐州卷烟厂	28	徐州富山医疗制品有限公司
4	江苏天裕能源化工集团有限公司	29	徐州伟天化工有限公司
5	徐州矿务集团有限公司	30	肯纳金属（徐州）有限公司
6	大屯煤电（集团）有限责任公司	31	睢宁县宁峰钢铁有限公司
7	徐州东南钢铁工业有限公司	32	江苏原元生物工程有限公司
8	卡特彼勒（徐州）有限公司	33	圣戈班（徐州）管道有限公司
9	江苏协鑫硅材料科技发展有限公司	34	江苏四方锅炉有限公司
10	沛县金虹特钢有限公司	35	江苏嘉利精细化工有限公司
11	江苏沂州煤焦化有限公司	36	徐州丰源铝业有限公司
12	江苏星星家电科技有限公司	37	徐州固城铜业有限责任公司
13	江苏中能硅业科技发展有限公司	38	江苏省仙潮药业有限公司
14	江苏胜阳木业集团有限公司	39	沛县万隆化工厂
15	国华徐州发电有限公司	40	徐州三原电力测控技术有限公司
16	徐州东亚钢铁有限公司	41	徐州泰发特钢科技有限公司
17	徐州光环钢管科技有限公司	42	徐州徐轮橡胶有限公司
18	铜山县宏达精细化工厂	43	江苏南瑞银龙电缆有限公司
19	徐州市永大化工有限公司	44	徐州金广机械有限公司
20	徐州大长实工程机械有限公司	45	江苏永鹏科技实业有限公司
21	徐州宝丰特钢有限公司	46	江苏润阳药业有限公司
22	江苏兴达钢铁集团有限公司	47	邳州市金龙生化制品有限公司
23	铜山华润电力有限公司	48	江苏江昕轮胎有限公司
24	徐州海天石化有限公司	49	徐州长江生物科技有限公司
25	徐州市建平化工有限公司	50	江苏侨昌诺恩农化有限公司

2013 年徐州市高新技术产业前五十强

（按主营业务收入排序）

序号	企 业 名 称	序号	企 业 名 称
1	徐州工程机械集团有限公司	26	徐州恒业化工有限公司
2	卡特彼勒(徐州)有限公司	27	徐州市海利达工程机械有限公司
3	江苏协鑫硅材料科技发展有限公司	28	徐州沛华化工有限责任公司
4	江苏沂州煤焦化有限公司	29	徐州天龙液压机械有限公司
5	江苏星星家电科技有限公司	30	江苏省精创电气股份有限公司
6	江苏中能硅业科技发展有限公司	31	徐州金属熔剂厂
7	徐州光环钢管科技有限公司	32	徐州崇德化工助剂厂
8	铜山县宏达精细化工厂	33	徐州海成食品添加剂有限公司
9	徐州市永大化工有限公司	34	徐州亚东气体厂
10	徐州大长实工程机械有限公司	35	江苏恩华药业股份有限公司
11	徐州市建平化工有限公司	36	江苏万邦生化医药股份有限公司
12	江苏晋煤恒盛化工有限公司	37	江苏润源能源科技发展有限公司
13	肯纳金属(徐州)有限公司	38	徐州楚王机电设备有限公司
14	江苏原元生物工程有限公司	39	徐州通用高新磁电有限公司
15	江苏四方锅炉有限公司	40	徐州市华泰化工有限公司
16	江苏嘉利精细化工有限公司	41	徐州卫生材料厂有限公司
17	江苏省仙潮药业有限公司	42	沛县卫星化工厂
18	沛县万隆化工厂	43	徐州吉文电子有限公司
19	徐州三原电力测控技术有限公司	44	徐州程铭漆衬实业有限公司
20	徐州金广机械有限公司	45	徐州金石彭源稀土材料厂
21	江苏永鹏科技实业有限公司	46	徐州科达电器厂
22	江苏润阳药业有限公司	47	沛县恒瑞化工有限公司
23	邳州市金龙生化制品有限公司	48	铜山县光明金属添加剂厂
24	江苏江昕轮胎有限公司	49	徐州百德力电源科技有限公司
25	江苏侨昌诺恩农化有限公司	50	徐州中达高压法兰制造有限公司

2013年徐州市贸易零售企业前五十强

（按销售额排序）

序号	企业名称	序号	企业名称
1	徐州金鹰国际实业有限公司	26	兖州中材建设有限公司徐州分公司
2	徐州申鑫建材市场管理有限公司	27	徐州江淮汽车销售服务有限公司
3	徐州之星汽车有限公司	28	徐州润东洲际汽车销售服务有限公司
4	徐州宝景汽车销售服务有限公司	29	徐州沪彭东源汽车销售服务有限公司
5	徐州中央百货大楼股份有限公司	30	徐州润东之田汽车销售服务有限公司
6	徐州医药股份有限公司	31	徐州久誉汽车贸易有限公司
7	江苏欢乐买商贸股份有限公司	32	徐州润东之风汽车销售服务有限公司
8	徐州彭鑫金属材料贸易有限公司	33	徐州市五星空调器有限公司
9	徐州沪彭奥通汽车销售服务有限公司	34	徐州润东丰田汽车销售服务有限公司
10	徐州市海荧汽车销售维修有限公司	35	徐州润平商业有限公司
11	徐州苏宁云商销售有限公司	36	徐州国美电器有限公司
12	徐州龙源金属材料贸易有限公司	37	徐州新东方汽车贸易有限公司
13	徐州市洋德商贸有限公司	38	徐州市国美家用电器有限公司
14	上海科达汽车销售服务有限公司徐州公司	39	徐州瑞宇汽车销售有限公司
15	徐州中收农机汽车销售有限公司	40	徐州通亚汽车销售服务有限公司
16	徐州恒运汽车销售服务有限公司	41	徐州市青云电脑有限公司
17	徐州悦家商业有限公司	42	徐州万帮金通汽车销售服务有限公司
18	徐州弛平汽车销售有限公司	43	润东汽车集团有限公司
19	徐州润东汇通汽车销售服务有限公司	44	徐州贵翔实业发展有限公司
20	徐州东辰汽车销售服务有限公司	45	徐州联矿钢铁有限公司
21	江苏新合作惠客隆连锁超市有限公司	46	徐州凯驰汽车贸易有限公司
22	徐州海宁皮草城有限公司	47	徐州安达汽车销售服务有限公司
23	徐州金茂汽车贸易有限公司	48	徐州沪彭众达汽车销售服务有限公司
24	徐州北方汽车销售服务有限公司	49	维维茗酒坊有限公司
25	徐州朗驰汽车销售服务有限公司	50	徐州金慧汽车销售服务有限公司

2013年徐州市建筑企业前三十强

（按总产值排序）

序号	企 业 名 称	序号	企 业 名 称
1	江苏大汉建设实业集团有限责任公司	16	沛县防腐保温工程总公司
2	江苏中阳建设集团有限公司	17	江苏中昊建设工程有限公司
3	江苏长安建设集团有限公司	18	江苏圣邦建设集团有限公司
4	江苏汉中建设集团有限公司	19	江苏嘉泰建设工程有限公司
5	中煤第五建设有限公司	20	徐州市政建设集团有限责任公司
6	江苏九鼎环球建设科技集团有限公司	21	江苏荣邦建设有限公司
7	江苏中盛建设集团有限公司	22	江苏贝德铭建设集团有限公司
8	陇海建设集团有限公司	23	江苏省淮海建设集团有限公司
9	江苏集慧建设集团有限公司	24	徐州大通市政建设工程有限公司
10	徐州运成建设(集团)有限公司	25	江苏博大建筑安装有限公司
11	中国石油天然气管道第二工程公司	26	徐州送变电有限公司
12	徐州汉韵环球建筑安装工程公司	27	江苏宁航建筑工程有限公司
13	江苏汉邦建设集团有限公司	28	徐州市水利工程建设有限公司
14	江苏昱诚建设有限公司	29	江苏东泰建筑安装工程有限公司
15	江苏汉皇安装工程有限公司	30	江苏长实基业建设有限公司

2013年徐州市房地产企业前三十强

（按销售面积排序）

序号	企业名称	序号	企业名称
1	徐州万科城置业有限公司	16	徐州苹果置业有限公司
2	上海绿地集团徐州新诚置业有限公司	17	沛县瑞盛投资置业有限责任公司
3	绿地地产集团徐州东部置业有限公司	18	江苏润泽置业有限公司
4	徐州华美房地产开发有限公司	19	徐州广达置业有限公司
5	徐州金洋置业有限公司	20	徐州德信置业有限公司
6	徐州市恒嘉置业有限公司	21	沛县恒盛房地产开发有限公司
7	徐州鑫苑置业有限公司	22	新沂阳光置业有限公司
8	荣盛(邳州)房地产开发有限公司	23	徐州美的置业有限公司
9	江苏中大环球房地产开发有限公司	24	徐州沪建房产有限公司
10	徐州市天华房地产开发有限公司	25	徐州市锦绣山水房地产开发有限公司
11	新沂市金桥置业有限公司	26	徐州恒江房地产开发有限公司
12	徐州万达广场有限公司	27	徐州汇力置业有限公司
13	徐州开元名都置业有限公司	28	徐州市美的新城房地产发展有限公司
14	徐州润金房地产开发有限公司	29	徐州亚新置业有限公司
15	保利协鑫(徐州)投资开发有限公司	30	徐州隆章置业有限公司邳州分公司

2013年徐州市重点耗能工业企业前百家

（按综合耗能量排序）

序号	单 位 名 称	序号	单 位 名 称
1	国华徐州发电有限公司	26	江苏润丰生化有限公司
2	徐州矿务集团有限公司	27	江苏龙远钢铁有限公司
3	徐州华润电力有限公司	28	江苏恒鑫化工有限公司
4	大屯煤电(集团)有限责任公司	29	徐州丰成盐化工有限公司
5	江苏徐塘发电有限责任公司	30	沛县金虹特钢有限公司
6	江苏阚山发电有限公司	31	徐州市龙山水泥厂
7	铜山华润电力有限公司	32	徐州天成氯碱有限公司
8	江苏晋煤恒盛化工有限公司	33	徐州铁矿集团有限公司
9	徐州东南钢铁工业有限公司	34	江苏沂州煤焦化有限公司
10	徐州华鑫发电有限公司	35	睢宁县宁峰钢铁有限公司
11	江苏天裕能源化工集团有限公司	36	徐州利国镇北钢铁有限公司
12	徐州东亚钢铁有限公司	37	江苏协鑫硅材料科技发展有限公司
13	维维集团股份有限公司	38	徐州金山桥热电公司
14	徐州中联水泥有限公司	39	徐州腾达焦化有限公司
15	圣戈班(徐州)管道有限公司	40	徐州聚成铸造科技有限公司
16	江苏中能硅业科技发展有限公司	41	徐州华隆热电有限公司
17	淮海中联水泥有限公司	42	徐州西区环保热电有限公司
18	徐州宝丰特钢有限公司	43	邳州市金龙生化制品有限公司
19	铜山县利国钢铁有限公司	44	徐州瑞泰玻璃瓶厂
20	徐州牛头山钢铁有限公司	45	江苏久久水泥有限公司
21	徐州成日钢铁有限公司	46	沛县坑口环保热电有限公司
22	徐州博丰钢铁有限公司	47	徐州腾达玻璃制品有限公司
23	徐州荣阳钢铁有限公司	48	丰县鑫源生物质环保热电有限公司
24	铜山县兴达冶炼铸造有限公司	49	徐州东兴能源有限公司
25	徐州龙固坑口矸石发电有限公司	50	江苏苏醇酒业有限公司

（按综合耗能量排序）

序号	单位名称	序号	单位名称
51	徐州华联玻璃制品有限公司	76	徐州前进玻璃瓶厂
52	徐州市荣辉钢铁有限公司	77	江苏星星家电科技有限公司
53	徐州宏达玻璃制瓶有限公司	78	铜山县新汇热电有限公司
54	徐州建平环保热电有限公司	79	徐州鑫泰玻璃瓶厂
55	徐州坝山环保热电有限公司	80	江苏花厅生物科技有限公司
56	徐州蔺家坝水泥制造有限公司	81	徐州博瑞特钢有限公司
57	徐州强盛城市煤气有限公司	82	邳州市天正生物工程有限公司
58	保利协鑫(徐州)再生能源发电有限公司	83	徐州建滔能源有限公司
59	徐州金象冶金有限公司	84	徐州市祥源洗煤有限公司
60	徐州工程机械集团有限公司	85	徐州海天石化有限公司
61	江苏新春兴再生资源有限责任公司	86	徐州徐腾木业有限公司
62	徐州大华玻璃制品有限公司	87	江苏永鹏科技实业有限公司
63	徐州徐轮橡胶有限公司	88	徐州东鹏精细化工有限公司
64	江苏省瑞丰盐业有限公司	89	徐州百德力电源科技有限公司
65	泰山石膏(邳州)有限公司	90	邳州市瑞丰木业有限公司
66	徐州恒发玻璃制品有限公司	91	徐州市新星纸业有限公司
67	徐州泰发特钢科技有限公司	92	徐州天福缘食品有限公司
68	徐州苏洋环保热电有限公司	93	新沂福源钢构有限公司
69	江苏胜阳木业集团有限公司	94	利民化工股份有限公司
70	江苏江昕轮胎有限公司	95	徐州天虹时代纺织有限公司
71	徐州嘉丰特种合金有限公司	96	沛县灭火剂厂
72	徐州建平纸业有限公司	97	徐州金虎工具制造有限公司
73	睢宁县亿源钢铁有限公司	98	沛县第一化工有限公司
74	江苏蓝丰生物化工股份有限公司	99	江苏中烟工业有限责任公司徐州卷烟厂
75	徐州荣昌玻璃制品有限责任公司	100	徐州胜海机械制造科技有限公司

2013年徐州市其他服务业企业前五十强

（按主营业务收入排序）

序号	企 业 名 称	序号	企 业 名 称
1	中国石油化工股份有限公司管道储运分公司	26	徐州大屯劳动服务有限公司
2	江苏徐工工程机械租赁有限公司	27	徐州市鹏顺运输有限公司
3	江苏徐州港务（集团）有限公司	28	邳州市东方航运有限公司
4	中国移动通信集团江苏有限公司徐州分公司	29	江苏创新投资集团有限公司
5	徐州东方运销实业集团有限公司	30	徐州春森花卉有限公司
6	中国电信股份有限公司徐州分公司	31	徐州飞达运输有限公司
7	睢宁县润企投资有限公司	32	徐州矿务集团第二医院
8	邳州市润城资产经营集团有限公司	33	邳州市汽车运输公司
9	中国石化集团管道储运公司	34	徐州大屯工程咨询有限公司
10	新沂市交通投资有限公司	35	徐州大汉船务有限公司
11	江苏省邮政公司徐州分公司	36	邳州市中远运输有限公司
12	中国联合网络通信有限公司徐州市分公司	37	徐州市长兴运输有限公司
13	徐州公路运输集团有限责任公司	38	邳州市九龙山景区开发有限公司
14	江苏集群信息产业股份有限公司	39	邳州市铁佛寺景区管理有限公司
15	徐州金地商都集团有限公司	40	徐州仁慈医院
16	徐州矿务集团总医院	41	中国铁通集团有限公司徐州分公司
17	徐州报业传媒集团（徐州日报社）	42	徐州玛雅商贸有限公司
18	徐州铁路经营集团有限公司	43	邳州苏源农电管理有限公司
19	上海铁路局徐州货运中心	44	徐州丸全外运有限公司
20	邳州华通物资贸易有限公司	45	沛县航联运输有限公司
21	徐州报业传媒有限公司	46	江苏省沛县轮船运输有限公司
22	徐州市公共交通有限责任公司	47	徐州五岳生辉生态农业发展有限公司
23	徐州市国有资产投资经营集团有限公司	48	徐州市保安公司
24	邳州港上银杏博览园景区管理有限公司	49	徐州矿务集团第一医院
25	徐州中国矿大岩土工程新技术发展有限公司	50	徐州市大鹏汽车客运有限公司沛县公司

中国统计出版社最新图书简目

(仅供参考,以最后出书为准)

统计资料

综合类: 中国统计年鉴　中国统计摘要　中国发展报告

国际资料类: 国际统计年鉴　金砖国家联合统计手册　世界能源资源年鉴

区域资料类: 中国区域经济统计年鉴　中国县域统计年鉴　中国城市统计年鉴　中国农村统计年鉴　中国地区经济监测报告

经贸与投资类: 中国贸易外经统计年鉴　中国对外直接投资统计公报　中国商品交易市场统计年鉴　大中型批发零售和住宿餐饮企业统计年鉴　中国零售和餐饮连锁企业统计年鉴

住户与物价类: 中国住户调查年鉴　中国价格统计年鉴　中国农产品价格调查年鉴

资源与环境类: 中国环境统计年鉴　中国能源统计年鉴

产业类: 中国工业统计年鉴　中国建筑业统计年鉴　中国房地产统计年鉴　中国第三产业统计年鉴　中国证券期货统计年鉴

科技类: 中国科技统计年鉴　中国高技术产业统计年鉴　工业企业科技活动资料

人口与就业类: 中国劳动统计年鉴　中国人口和就业统计年鉴　中国人才资源统计报告

社会与文化类: 中国社会统计年鉴　中国文化及相关产业统计年鉴

公共管理类: 中国民政统计年鉴　中国民族统计年鉴　中国乡镇街道行政区域简册

省级综合统计年鉴系列

北京 天津 河北 山西 内蒙古 辽宁 吉林 黑龙江 上海 江苏 浙江 安徽 福建 江西 山东 河南 湖北 湖南 广东 广西 海南 重庆 四川 贵州 云南 西藏 陕西 甘肃 青海 宁夏 新疆 新疆生产建设兵团

市(县)级综合统计年鉴系列

天津滨海新区 石家庄 唐山 邯郸 太原 大同 阳泉 长治 晋城 朔州 晋中 运城 忻州 临汾 呼和浩特 鄂尔多斯 包头 沈阳 大连 长春 吉林市 四平 哈尔滨 黑龙江垦区 上海浦东新区 南京 无锡 徐州 常州 苏州 南通 连云港 淮安 盐城 扬州 镇江 泰州 宿迁 江阴 丹阳 杭州 宁波 温州 嘉兴 绍兴 金华 衢州 舟山 台州 丽水 合肥 福州 厦门 宁德 福州经济技术开发区 南昌 济南 青岛 郑州 洛阳 平顶山 三门峡 南阳 武汉 十堰 荆州 宜昌 荆门 咸宁 长沙 广州 深圳 惠州 东莞 南宁 柳州 桂林 来宾 海口 三亚 成都 贵阳 昆明 西安 兰州 庆阳 银川 乌鲁木齐 兵团一师 兵团十师

调查年鉴系列

山西 内蒙古 吉林 辽宁 上海 福建 湖北 广西 重庆 四川 云南 甘肃 宁夏 新疆 南宁 桂林

"十二五"规划教材

统计学(经济管理类专业本科适用,单薇 等)　抽样调查理论与方法(冯士雍 等)

贝叶斯统计(茆诗松 等)　统计学(黄良文 等)　试验设计(茆诗松 等)

统计学:从数据到结论(吴喜之)　医学统计学(于浩)　统计学(经济、管理类专业基础教材,张小斐)

概率论与数理统计三十三讲(魏振军)　概率论与数理统计三十三:学习指导与习题解答(魏振军)

非参数统计(吴喜之 等)　统计学:经济与管理中的数据分析(李慧云 等)

卫生管理统计学(新编医学院校基础课教材,尚磊)医院统计学(新编医学院校基础课教材,徐天和 等)

社会统计学(蒋萍 等)　现代金融投资统计分析(李腊生 等)

国民经济核算初级教程(经济类、统计类、管理类专业适用,蒋萍 等)

重点图书

新中国 65 年　新编英汉汉英统计大词典　中华医学统计百科全书

挑大学选专业 2014—考研择校指南　挑大学选专业 2014—高考志愿填报指南